云南大学研究生优质课程建设项目

中国经济史研究的理论与方法

The theory and method of Chinese economic history studies

林文勋　黄纯艳　主编

中国社会科学出版社

图书在版编目（CIP）数据

中国经济史研究的理论与方法/林文勋，黄纯艳主编．—北京：中国社会科学出版社，2017.12

ISBN 978－7－5203－2153－2

Ⅰ.①中…　Ⅱ.①林…　②黄…　Ⅲ.①中国经济史－研究　Ⅳ.①F129

中国版本图书馆CIP数据核字(2018)第037714号

出 版 人　赵剑英
责任编辑　宋燕鹏　巴　哲
责任校对　李　莉
责任印制　李寡寡

出　　版　中国社会科学出版社
社　　址　北京鼓楼西大街甲158号
邮　　编　100720
网　　址　http：//www.csspw.cn
发 行 部　010－84083685
门 市 部　010－84029450
经　　销　新华书店及其他书店

印　　刷　北京明恒达印务有限公司
装　　订　廊坊市广阳区广增装订厂
版　　次　2017年12月第1版
印　　次　2017年12月第1次印刷

开　　本　710×1000　1/16
印　　张　28
插　　页　2
字　　数　515千字
定　　价　118.00元

目　录

“资本主义萌芽”范式与明清经济史研究

徐　泓

一　前言

今天来这里作报告非常荣幸，今天讲的题目是《“资本主义萌芽”范式与明清经济史研究》。主要是讨论“资本主义萌芽”研究范式对我们研究明清社会经济史的作用。在讨论之前得先说明中国资本主义萌芽这个问题。

一位研究近现代中国史学史的土耳其裔美国学者 Arif Dirlik 说：“中国的资本主义问题是一个长期困扰社会历史学者的谜，其中最著名的是马克斯·韦伯（Max Weber）。中国为什么从未发展到资本主义社会这个问题的意

阿里夫·德里克（Arif Dirlik）

义，不仅在于人们想要理解中国社会的发展动力，也与欧洲和世界资本主义的兴起与发展有关。此外，在他们试图发掘中国历史中的资本主义的努力中，中国历史学家发掘出的史料，大幅度地改变曾经流行一时的中国经济停滞论。的确，近年来相关的学术著作显示帝制时代晚期中国社会是持续渐进的商品化。”①

二 中国社会史论战与资本主义萌芽问题研究范式的起源

中国从近代以来，尤其是从鸦片战争以来的失败，使得我们大家都在思考近代中国为什么会衰弱会落后，检讨他的病因，希望找出解决的办法。在这个过程里，我们也注意到西方帝国主义的侵略的作用。西方帝国主义者对他们的侵略有一套说法，尤其是19世纪的“新帝国主义”者，他们认为第三世界的国家，尤其像中国社会是长期停滞的，靠自己的力量无法解决；西方帝国主义者说他们带来新科技和资本来帮助我们，把停滞的社会生产力激活。他们不是侵略者，而是教育者。② 这种说法后来被日本军国主义者所袭用，他们在侵略中国的时候，就说“皇军”是来给中国社会长期停滞力量予以最后的打击，这样中国社会才可以从长期停滞中解放出来。

这种说法当然引起中国人非常不满。大家就来研究我们中国社会有没有长期停滞，如果停滞，是为什么。在这检讨过程中曾经有过一次重要的讨论，也就是民国十六年（1927），国民党和共产党合作的北伐革命军分裂，共产党遭受了相当大的打击，当时有人认为这是革命的失败，一些学者不只是共产党的学者，左派学者、右派学者都参加，大家一起来讨论中国革命倒底出了什么问题。他们认为中国革命出问题是因为参加革命的人没能正确地理解当前社会的性质、当前的社会问题和当前社会的形态，因此发动了错误的革命。当时不论左右派所用的理论和词汇都是马克思主义的，他们都认为中国社会的发展跟世界各国人类社会发展的进程是一样的，都是先有原始社会，然后发展到奴隶社会，奴隶社会发展到封建社会，然后在封建社会的晚

---

① Arif Dirlik, “*Chinese Historians and the Marxist Concept of Capitalism*: *A Critical Examination*,” *Modern China* 8 (1) (Jan., 1982): 105 - 132.

② Ramon H. Myers & Thomas A. Metzger 合著，刘纪曜、温振华合译：《汉学的阴影：美国现代中国研究近况》（上）（下），《食货月刊》，10：10，第28—41页；10：11，第37—51页。

期就发生了资本主义萌芽，这个萌芽不断地壮大，就进入资本主义社会。有了资本主义以后，资本主义的腐败和它的错误就引起了社会主义的革命，社会主义革命再进一步发展就到了共产主义社会。

如何来判定现代社会的性质，就要注意到现代社会之前的社会。于是就进一步讨论近现代之前的社会发展阶段及其性质。这个讨论并不成功，因为参加讨论的人基本上是“以论代史”，而且所用的支持他的证据和史实，并不充分，多采选精和集萃法。所用的史料也只选跟他相符，能够支持他的实证的。在这样的情况下，就各说各话，没有交集，没有真正的讨论。但在讨论中还是找到一些过去少人知道的史料和史事，像吕振羽先生和邓拓先生，就因此说中国在封建社会的晚期已经有了资本主义的萌芽。这个讲法，后来被毛泽东主席写进《中国革命与中国共产党》，成为一句经常被引用的名言：“中国封建社会内的商品经济的发展，已经孕育着资本主义的萌芽，如果没有外国资本主义的影响，中国也将缓慢地发展到资本主义。”① 就是说中国在封建社会的晚期已经有了资本主义的萌芽。如果没有外力的干预，我们也会缓慢地走上资本主义社会；因而，这个讨论就证明了中国在近代以前的社会，

① 毛泽东：《中国革命和中国共产党》，《毛泽东选集》第2卷，华东新华书店1939年版，人民出版社1952年版，第620页。

是一个在发展中的社会，而不是停滞的社会。但这个资本主义萌芽为什么没有发展为成熟的资本主义，这就成为大家要问的问题，这就是资本主义萌芽问题的研究范式的起源。

三 "五朵金花"与中国资本主义萌芽问题研究的任务

当时，吕振羽和邓拓只是简单地提出资本主义萌芽，讲得并不是很清楚，用的文字也不多。1949 年中华人民共和国建立，针对社会主义新中国成立的历史必然性，要从历史发展来说明，于是有 5 个被称为"五朵金花"的历史问题，在 20 世纪 50 年代初期就被提出来。①

第一个问题是中国古代史分期问题，包括原始社会与奴隶社会的分期以及奴隶社会与封建社会的分期两大问题。② 中国古代史就是近代以前，鸦片战争以前的历史。中国的历史怎么来分期，分期基本上是证明人类 5 段社会发展的正确性。后来衍生出近现代史分期问题的讨论。③

第二个问题是中国封建土地所有制形式问题，也就是在战国时代到清朝前期中国的土地是"国有制"还是"私有制"的问题。古代中国社会是农业社会，农业社会里面农民问题最重要，而农民最重要的问题就是土地所有制。由于私有制存在，而经常产生"富者田连阡陌，贫者无立锥之地"的土地兼并现象。地主就成为支配阶级，他们在社会与政治上都占重要地位。④

第三个问题是封建社会农民战争的问题，中国古代的农民起义和农民战争规模之大，持续的时间之久，是世界历史上罕见的；对中国历史发展产生过重大的影响。经常在朝代的末期或是中期发生政治社会危机。受迫害的农民起来反抗。毛主席说农民战争就是推动社会的重要动力。虽然农民战争大

---

① 卜宪群、杨艳秋、高希中：《"五朵金花"的影响和地位不容抹杀》，《中国社会科学报》第 578 期（2014 年 3 月 28 日）。

② 《历史研究》编辑部：《中国古代史分期问题讨论集》，生活 · 读书 · 新知三联书店 1957 年版。林甘泉等：《中国古代史分期讨论五十年》，上海人民出版社 1982 年版。张广志：《中国古史分期讨论的回顾与反思》，陕西师范大学出版社 2003 年版。

③ 张海鹏：《关于中国近现代史的分期问题》，《北京日报》2015 年 7 月 27 日。

④ 南开大学历史系中国古代史教研组：《中国封建社会土地所有制形式问题讨论集》，生活 · 读书 · 新知三联书店 1962 年版。

多失败，少数成功的也未建立农民政权，而是向封建政权蜕变，但农民战争还是教训了统治阶级，统治阶级为维护它的统治，必须向农民让步，因而仍然能推动历史的前进。因此农民战争不能视为流寇之乱，要把过去颠倒的历史颠倒过来。①

第四个问题是汉民族形成问题。主要讨论汉民族形成的时限，究竟是秦汉之际、明代后期、清代或鸦片战争。中华人民共和国是一个多元的民族国家，这个多元民族国家里面有一个最大的部分就是汉族，所以要阐述这个多元民族国家就必须讨论汉族是怎么形成的。汉族本身就是由一个多元民族构成的，讨论民族形成问题就是要理解多元的概念。这才可避免单一或多数民族的沙文主义；1949 年以前，像翦伯赞就提出"大汉的沙文主义"的问题。我们是一个多元民族国家，从孙中山就讲国内的民族不分大小，一律平等，所有的民族在大中华里面都有一个重要的地位，每一个少数民族都有他主要的贡献。虽然在持续时间及成果数量上，与其他四朵"金花"相比，"汉民族形成问题"在 20 世纪 50 年代"昙花一现"，但从 20 世纪 80 年代起直到现在，历史文化认同、多民族统一发展、国家及民族起源等重大理论问题日益成为热点，其学术意义影响深远。②

第五个就是我们今天要讲的中国资本主义萌芽问题。首先，我们要解决的问题是前近代中国社会是否是停滞的，长期以来，西方人的讲法是，比较《马可·波罗游记》和清末传教士们传回欧洲所叙述的中国社会情况，就发现中国没变。这个讲法是亚当·斯密（Adam Smith）在《国富论》（*An Inquiry into the Nature and Causes of the Wealth of Nations*）提出来的，他说："中国似乎长期停滞不发展了。五百多年前访问过中国的马可·波罗曾对它的耕作、制造业以及众多的人口做过详尽的描述，然而它们与今天到过中国的旅游者的描述还几乎相同。也许在马可·波罗（Marco Polo）时代之前，中国的财富就已经完全达到了该国法律和制度的性质所许可达到的程度。"③依他的说法：几百年来，中国的经济从马可·波罗的时代一直到近代，到现代都没有什么改变。所以要解决中国经济的问题，中国人自己是办不到的，只有靠外来的力量，引进外来的资本，引入外来的新科学技术，才能解救这

---

① 史绍宾：《中国封建社会农民战争问题讨论集》，生活·读书·新知三联书店 1962 年版。

② 《历史研究》编辑部：《汉民族形成问题讨论集》，生活·读书·新知三联书店 1957 年版。王兴：《汉民族形成问题论争》，《中国社会科学报》，2017 年 3 月 8 日。

③ 亚当·斯密（Adam Smith）著，谢祖钧译：《国富论》（*An Inquiry into Nature and Causes of the Wealth of Nations*），新世界出版社 2007 年版。

个发展停滞的古老中国。照这个说法，停滞的中国当然产生不了资本主义萌芽，更不要说构成近代文化主要成分的资本主义了。中国资本主义萌芽问题的讨论，主要在辨明历史上的中国是否能自力更生发展出资本主义，如果能，就表示我们自力更生，不靠外力，也能近代化。如果有困难，困难出在哪里，该如何解决。这对20世纪50年代的中国是有现实意义的，是古为今用的史学任务。

四 资本主义萌芽问题研究范式

我们要谈资本主义萌芽，就要先说资本主义萌芽到底是什么，最具有代表性的说法是吴承明先生在《中国资本主义发展史》的第一册里面讲的。他提道：中国资本主义萌芽就是生产关系的发展过程，具有过渡性和双重性。这个生产关系是在封建社会晚期产生的。资本主义萌芽对它所出现的社会跟时代是一个新的、先进的生产关系，是有延续性的。① 要判定封建社会晚期是否有资本主义萌芽，就要讨论生产关系。这生产关系到底是不是农奴性的，工匠的身份到底是否受地主或作坊主人控制，有没有自由的雇佣，也就是他有没有自由地选择主人的权利。资本主义萌芽问题的讨论主要集中在雇佣关系。虽然说在资本主义的发展中生产力是很重要的，可是当时重点在于生产关系。

20世纪50年代发动的中国资本主义萌芽问题讨论，主要集中于明清时代，但许多研究明清以前的古代史的学家，也参与讨论，出现的论文相当多。那个时代，不像现在有网络，大家看文章很不容易，尤其很多文章发表的期刊，很难读到；中国人民大学就把讨论资本主义萌芽问题的重要文章收集起来，出版了一本《中国资本主义萌芽问题讨论集》（上、下）。在论文集“编者的话”里面，不但说明了讨论的学术任务和意义，并且指出这个历史问题讨论的政治任务，他说：“这个问题的讨论，不仅有助于我们比较科学地解决中国封建社会解体过程中的社会发展规律，而且有助于我们把中国历史从特殊论、循环论等唯心主义泥坑中解救出来。”② 所谓的“特殊论”

---

① 吴承明：《中国资本主义发展史》，第一卷，第一章，《导论 · 一、什么是资本主义萌芽》，人民出版社1985年版。

② 中国人民大学中国历史教研室编：《中国资本主义萌芽问题讨论集》（上、下），生活 · 读书 · 新知三联书店1957年版，第3页。

就是中国跟世界其他的国家不一样，就像说有一种什么先进的东西到中国来是不适合的，因为中国有特殊的国情，这叫作"特殊论"。还有一种是"循环论"，就是说中国历史发展模式是循环的，那些讲法都是唯心主义的讲法。

20世纪50年代的学者认为：中国资本主义萌芽问题的讨论，不但有助于把我们从唯心主义的泥坑里面解救出来，而且还能"有力地驳斥帝国主义污蔑我国社会只有外力侵入才有进步和发展的胡说。"这就是对新帝国主义者所说的他们是来解救我们的讲法，予以驳斥，从而证明了毛主席所说的那段话的正确性。那段话是所有讨论资本主义萌芽问题的人都要引用的，就是："中国封建社会内的商品经济的发展，已经孕育着资本主义的萌芽，如果没有外国资本主义的影响，中国也将缓慢地发展到资本主义社会。"① 也就是说，虽然资本主义是可恶的，是罪恶的，是对人民不好的，所以我们要发展出进步的社会主义来解救它。可是封建社会是人类历史的发展必经的过程，封建社会晚期出现的资本主义萌芽是一个新生的事物，是进步的。只是发展壮大了的资本主义，弊病丛生；相对于社会主义，资本主义就是退步的，是不好的。对封建社会来讲，资本主义萌芽却是进步的。所以，中国如果有了资本主义的萌芽，也就是说，我们的DNA里面有了自己能发展出资本主义的因子，是自发的力量，不是引进的，资本主义不必从外面引进来，我们自己可以发展出来，即使是"缓慢"的。

后来大量的研究就讨论到，为什么我们没能把资本主义萌芽发展成资本主义，要等到近代西方帝国主义者来了以后才使封建社会完全解体。于是说有两个力量阻碍或迟缓了中国资本主义萌芽的发展。一个是外力的帝国主义入侵，把正在发展的程序打乱。另外就是内部敌人，封建地主阶级扯住了发展的后腿。内部扯后腿，外力搞破坏。因此，中国要发展就得对付这两个力量，要反帝、反封建。反帝就是反对外面力量的干涉，反封建就是要打倒内部扯后腿的力量，我们才可以挣脱这些束缚，继续向前发展。这就是中国社会史论战和资本主义萌芽问题讨论的任务。

---

① 毛泽东：《中国革命和中国共产党》，《毛泽东选集》第2卷，人民出版社1952年版，第620页。

五 西方学者对资本主义萌芽问题研究范式的关注

中国资本主义萌芽问题的讨论，受到美国跟苏联史学家的关注，他们认为认识它是了解中国政治的途径之一。《中国资本主义萌芽问题讨论集》出版后不久，美国的中国研究领头人费正清（John K. Fairbank）的学生费慰恺（Albert Feuerwerker）就写了一篇文章评述中国学界资本主义萌芽问题的研究。① 接着费慰恺又发表两篇文章："China's History in Marxian Dress," *The American Historical Review* 66（January 1961）：323－353. 与"China's Modern Economic History in Communist Chinese Historiography," *The China Quarterly* 22（1965）：31－61.《中国季刊》（*China Quarterly*）社还在1964年主办为时7天的《中共史学研讨会》（Conference on Chinese Communist Historiography），评论包括中国资本主义萌芽问题在内的中共新史学，其结论为大多数西方学者所认同。②

费慰恺

① Albert Feuerwerker, "From 'Feudalism' to 'Capitalism' in Recent Historical Writing from Mainland China：Collected papers on the Problem of the Incipiency of Capitalism in China," *The Journal of Asian Studies* 18（1）（Nov.，1958）：107－116.

② 论文在《中国季刊》上发表，后来收入费慰恺编的 *History in Communist China*《中共史学》（Cambridge：Massachusetts Institute of Technology Press，1968）。

西方史家基本看法是认为中国并没有资本主义萌芽。中国史学家为什么要这么说，是因为要证明自己有解决这个问题的力量；中国近代兴起的主要动力，就是中国人要站起来。西方史学家说这个动力就是"民族主义"；中国资本主义萌芽问题讨论要放在这个脉络中来看。费慰恺引用当时苏联史学家对中国史学家的批判，说：中共史学家采取"教条的，反马克思主义的，毫不掩饰的民族主义与种族主义的观点"，是"资产阶级的民族主义"。[①] 这个说法我们当然不能够接受，可是改革开放以后，西方史学家的论述传入之后，我们的资本主义萌芽问题研究范式就受到了很大的冲击。以前，以美国为主的西方阵营把中国包围起来，我们当时所提出来的口号是没有外边任何力量的帮助，我们也可以自己站起来的，自力更生，勤俭建国。因为自力更生，我们就有自己的历史解释体系，有一套自己的说法，这就是刚才讲的"五朵金花"。

1949 年以后，两岸不通，台湾史学界一直到 20 世纪 60 年代后期才接触到这些讲法，相当震撼。过去我们讲明清历史都是黑暗的，只有特务横行，地主欺负农民，农民生活很苦，起来造反又被镇压，统治阶级内部的政治也都是黑暗的。突然在"中研院"图书馆禁书室看到大陆讲明清社会有资本主义萌芽的书，对明清社会经济史有很多正面的评述，改变了我们对明清历史的看法，对大陆史学同行的研究好是佩服。

改革开放以后，外面东西进到大陆，西方学者对资本主义萌芽研究范式

---

① It will be evident to a reader of historical works produced in the People's Republic of China that this article, in the choice of subject – matter and in its treatment, is decidedly influenced by the current domestic and foreign political "line" of the Communist Party and Government. This is a relative matter, not absolute, but I would suggest that the dominant "class viewpoint" of the first decade of the Peking régime which produced an anonymous history of dynasties without "feudal" emperors or bureaucrats, literature minus the landlord – scholar – official literatus and nameless peasant rebellions as the central matter of China's history, was to a degree correlated with the process of the internal consolidation of power which may more or less be said to have been accomplished with the completion of the collectivisation of agriculture. The more recent "historicist" trend, which while not rejecting entirely its predecessor concentrates on what may be "positively inherited" from the "feudal" past, represents a quickening of Chinese nationalism fanned to a red – hot intensity, one cannot resist the temptation to conjecture, by the increasingly severe quarrel with the Soviet Union. Soviet Russian commentary on recent Chinese historiography, for example, accuses the Chinese of the "introduction of dogmatic, anti – Marxist and openly nationalistic and racist views." The Chinese, for their now relatively favourable view of the thirteenth – century Mongol conquests (which are seen as calamitous by the Russians and other Europeans), for their claim that Chinese "feudalism" is the classical model of this historical phenomenon, and because they exaggerate the role of Confucian ideas and their influence on Western philosophy, are roundly condemned by the Russians for "bourgeois nationalism."

的批评也传进大陆。大陆史家受到不同解释说法的挑战，不少人开始反省这一长久接受的明清社会已有了资本主义萌芽说法，甚至开始怀疑这种说法；慢慢的，资本主义萌芽问题的讨论开始从历史研究的主要舞台退场了。

在这个过程中，李伯重老师，我们云大李埏老师的哲嗣，当今中国经济史研究领域非常重要的领头人，他就在《读书》发表一篇《“资本主义萌芽”情结》，之后又在《历史研究》发表《资本主义萌芽研究与现代中国史学》。[①] 李老师反省资本主义萌芽研究范式，讨论“资本主义萌芽情结”，他说：我们坚信中国历史上确实有过资本主义萌芽，但可能这只是我们强烈的希望如此，不一定真是如此。在此意义上而言，我们对萌芽的信念，只是一种情结。无论对资本主义萌芽的解释有多大的分歧，它毕竟指的是最早状态的资本主义。不清楚资本主义是什么，当然也就无从谈论资本主义萌芽是什么。然而，资本主义到底是怎么一回事，直到今日，在国际学坛上仍然是一个聚讼甚多、争论不休的问题。大陆史学界本来对资本主义萌芽就有各种不同的说法。据尚钺先生讲的，几乎是说到了明清之际资本主义萌芽已经很壮大，如果是这样讲，前近代的明清社会就具有近代性，有了近代性因素的社会，就应该是近代史的开始，则近代史的开始应该就是明清之际，这就跟长期以来，中国近代史的开始是鸦片战争的讲法就不一样了。尚钺的讲法遭来很多批判。尚钺的这种讲法，应该就是李伯重先生所说的强烈的希望。

我们在做历史研究的时候，常常因为我们的强烈的希望而改变或是主导了我们的结论。[②] 李伯重老师特别提出这个问题，就是要反省和检讨我们史家的情结。我们说历史研究必须要求真，求真就是要客观，情结会把客观性给破坏掉，会影响结论的正确性。但研究历史要求真，也要求用，但真的东西才有用，不能求得客观真相，我们得到的就会是假结论。拿这个假的结论去用就会有偏差，就会有错误。所以对这个情结我们必须要反省。

这里要补充讲一下西方学界的中国研究。中华人民共和国成立以后，西方国家对于中华人民共和国是非常的关注，20 世纪 50 年代的朝鲜战争，20 世纪 60 年代的越南战争和东南亚的局势，当时中华人民共和国非常支持东

---

① 李伯重：《“资本主义萌芽”情结》，《读书》1996 年第 8 期；《资本主义萌芽研究与现代中国史学》，《历史研究》2000 年第 2 期。接着陈支平谈大陆史家自身难以摆脱的人文情结，其中政治情结、道德情结、洋人情结，也提到资本主义萌芽研究讨论的情结。详见陈支平《20 世纪中国历史学的三大情结》，《厦门大学学报》（哲学社会科学版），2001 年第 4 期，第 38—45 页。

② 陈支平：《20 世纪中国历史学的三大情结》，《厦门大学学报》（哲学社会科学版）2001 年第 4 期，第 38—45 页。

南亚的社会主义革命，支持反帝运动。以美国为首的西方集团认为他们最大的敌人，一个是苏联，另一个就是中国。美国为掌握世界霸权，就必须了解他的敌人；因此他们很注重苏联研究和中国研究。1958 年，美国国会就通过了一个《国防教育法案》（*National Defense Education Act*），鼓励资本家出钱来资助各大学的第三世界研究，尤其是中国研究。于是，许多基金会拨款资助中国研究，尤以福特基金会出钱最多；在他们资助下，各重点大学如哥伦比亚、耶鲁、普林斯顿、华盛顿、匹兹堡等 23 所大学成立东亚（以中国为主体）研究机构，已有中国研究与教学机构的大学如哈佛、芝加哥、加州大学伯克莱分校等，也接受资助培养中国通。[①] 他们特别注意中国的历史研究跟政治的关系，许多政治运动是从讨论历史问题开始，从历史问题进而联系到政治争论，如《海瑞罢官》与“文化大革命”，如批林批孔、儒法斗争与“四人帮”。要读现代的中国历史著作，是从历史著作的论述去判断中国政治的走向。所以要大量培养研究中国历史文化的人，来作为他们的情报工作或是商业发展的参考。这类研究人员的来源就是各大学的东亚系。20 世纪 60 年代初期，美国就送了大批的博士研究生到台湾来学中文、做研究，写论文。虽然他们很多人研究的是中国近现代史，也有不少人研究中国古代史。

刚才讲到苏联史学家说中共史学家采用的是资产阶级民族主义。对于这个论点，美国史学家也表赞同，一直到现在还是如此。他们认为中国史学家的研究是为希望重新站起来的中国政治服务的，是爱国主义的，是民族主义的；因此，不客观。对一些有争论的议题，他们讨论到不大能够招架的时候，就会打出一张非常厉害的王牌，说中国学者是不可救药的民族主义者，其历史研究只是为政治服务的工具。

最近非常流行的热门的“新清史”论争，就是一个好例子。过去西方人研究历史都以欧美为中心，近年来，这种“欧美中心论”遭到严厉的批判；于是美国学者柯文（Paul Cohen）就写了一本 *Discovering History in China*，提倡不要从欧美中心看，要回到从中国人的立场，以中国人的观点

---

① 参见韩铁《福特基金会与美国的中国学》，中国社会科学出版社 2004 年版，朱政惠《美国中国学发展史》，中西书局 2014 年版，第 347—354 页，第八章《中国学研究新契机·国防教育法和福特基金会》；何培忠主编《当代国外中国学研究》，商务印书馆 2006 年版，第 48—58 页，《冷战时期的美国中国学和费正清时代》；Mark Selden, January - March 1997, “Introduction,” “Asia, Asian Studies, and the National Security State: A Symposium,” *Bulletin of Concerned Asian Scholars* 29 (1)。

来看历史，称之为“中国中心观的中国史（China - Centered History of China)”。[①] 柯文提出来是以中国为中心，所以很多人看到这篇文章就很高兴，说洋人不再以欧美为中心而以中国为中心。但是西方学者会进一步讲，以中国为中心虽然是好，还是不够。因为我们现在所讲的中国是多元民族国家，中国的历史有很多朝代的统治者不是汉人，蒙古人建立元朝，满洲人建立清朝，我们应进一步以蒙古人或满人的立场，来看中国的历史。西方学者又说以中国为中心，这个中国只能等于汉民族的地方，不能代表所有的满、蒙、回、藏等少数民族及其土地。中国为中心实际上就是以汉族为中心。所以，美国学者首倡进一步以满族、蒙族为中心看历史，而且要用少数民族的文字史料，用满文所写的史料，用蒙文所写的史料。再进一步，西方学者又主张要把满族所建立的大清帝国，蒙古族所建立的大元帝国，都看作是帝国主义的帝国。现在流行的帝国主义理论也适用于诠释中华帝国。他们说：你们中国人说我们西方是帝国主义，其实你们自己也是帝国主义。用这个讲法来反驳中国史学家对他们的批判。

新清史的论争起源于何炳棣教授的《清代在中国历史上的重要性》，[②] 何先生提出来大清帝国对中国历史有很多很重要的贡献，第一个贡献就是中华民国到中华人民共和国的疆土，跟它构成的多元民族，都是继承大清帝国的。大清帝国虽是满洲人建立的，但到后来发展成一包含汉、满、蒙、回、藏等民族的多元民族国家。辛亥革命后，隆裕皇太后下的《清帝逊位诏书》就说道：“总期人民安堵，海宇乂安，仍合满、汉、蒙、回、藏五族完全领土，为一大中华民国。”但以美国为主的西方学者却说这个大中华民族只是中国人自己建立起来的“想象的共同体”，不是实在的。中国学者过去和现

---

① Cohen, Paul A., *Discovering History in China: American Historical Writing on the Recent Chinese Past.* New York: Columbia University Press, 1984. 这本书两岸各自出版中文译本，一为林同奇译《在中国发现历史——中国中心观在美国的兴起》（中华书局 2002 年版）。一为李荣泰等译，古伟瀛校订，《美国的中国近代史研究》，（*Discovering History in China*）（台北联经出版有限公司 1990 年版）林同奇把“discovering”翻译成“发现”，而普遍通用，其实“discovering”有研究的意思，“Discovering History in China”应该是“研究中国历史”，而不是“发现中国历史”；书中检讨的事例是美国学者以近代中国史研究为主的论著，由台湾大学历史系古伟瀛教授领着研究生翻译的《美国的中国近代史研究》比较贴切。

② Ping - ti Ho, “The Significance of the Ch' ing Period in Chinese History.”（《清代在中国历史上的重要性》）*The Journal of Asian Studies* 26 (2) (Feb., 1967): 189 - 195. 陈秋坤译：《清代在中国史上的地位》，《史绎》第 5 期（台湾大学历史学系，1989），第 60—67 页。新清史论争详见徐泓：《“新清史”论争：从何炳棣、罗友枝论战说起》，《首都师范大学学报》（社会科学版）2016 年第 1 期，第 1—13 页；《新华文摘》2016 年第 10 期，第 57—62 页。

在把大清帝国当作中国传统王朝是错误的。“中国”一词只等于汉族所在之地，汉族以外的民族不必加入中国，他们可以独立。中国学者的清史研究是受民国以来民族主义学者和政治家如梁启超、孙中山等人的影响的，中国学者是民族主义者，是大汉沙文主义者。其实西方学者尤其是美国学者的研究，跟他们成立的中国研究和教学机构一样，打的是学术旗号，其实并没那么纯粹、那么无辜（innocent）。我们在讨论中国资本主义萌芽问题研究范式时，就不要盲目附和西方学者的说法，要实事求是地探究。要厘清的这个讨论的发展过程并把它搞清楚，我们才能进一步厘清资本主义萌芽问题的讨论。

六　资本主义萌芽问题讨论的第一个阶段：1930 年到 1940 年

资本主义萌芽问题讨论的第一个阶段，是从我们刚刚讲过的“社会史论战”之后的 1930 年到 1940 年，重要的史学家除了吕振羽先生和邓拓先生以外，还有一位重要的史学家傅衣凌先生。曾任厦门大学副校长的傅衣凌先生，原任职于福建省研究院，抗战期间，随省政府迁到永安，在永安的一个村子的一个阁楼里面找到了一箱从明代后期一直到近代的地契、契约文书，他又利用这些契约文书就写了一本《福建佃农经济史丛考》，不但讨论土地所有制，而且指出一个新的研究方向，就是我们研究社会经济史，不能只靠《食货志》这一类的官书，必须注重民间的文献。[①] 现在非常流行的做历史研究要到历史现场，做田野调查、口述历史，去找遗留在民间社会的史料，如碑文、墓志铭、家谱、账本等，就是傅先生首倡的。

傅先生说过一段话，足以说明“社会史论战”对明清社会史经济史研究的影响，他说：“我踏进大学之门时，初是念经济系的，嗣又想进国学系，后才转到历史系来的。因而在选修和自学的过程中，不仅修习本系的课程，还大量选修社会学系、国学系以及经济系的课程。刚好那时国内正在掀起社会史论战，我们几个同学对这次论战都十分感兴趣。在这次论战中，我开始接触到一些马克思主义的书籍，学到一些马克思主义的知识（不用说，

---

① ［日］田中正俊：《戦时中の福建郷土史研究 1.2》，《歴史学研究》，158（1952）；161（1953）。

那是极初步的点滴知识)，尤其对社会发展诸形态以及亚细亚生产方式等问题，最喜谈论，并时时和同学邓拓、陈啸江等人交换意见。”①

傅衣凌

当时，这些青年学者开始探讨社会史论战引发的中国封建社会长期延续的问题，批判需要靠外力才能打破中国社会长期停滞的谬说，尤其反对日人秋泽修二所谓“皇军武力”会“给予中国社会之特有的停滞性以最后的克服”的说法。于是，他们在明清社会经济史料中寻找手工业与商业发展的“资本主义生产因素与生产关系”的“萌芽”，来证明在近代外国资本主义入侵以前，中国社会经济不是停滞的，已经出现重要的变化。尤其反对日本

吕振羽

① 傅衣凌：《我是怎样研究中国社会经济史的》，《文史哲》1983年第2期。

所谓"皇军武力"会给予中国社会特有的停滞性以最后的克服这种说法。开始在明清社会经济史料中寻找手工业、工商业发展的史料，来证明近代外国资本主义入侵以前，中国社会经济不是停滞的，而且已经出现了重要的变化；这就是资本主义萌芽这个问题讨论的起源。

这些新一代史学家中，最重要的是吕振羽先生。[①] 吕先生在1937年上海黎明书局出版的《中国政治思想史》首次提出明末已有资本主义萌芽的说法，认为王夫之、黄宗羲等人的思想反映了"萌芽状态中的市民思想"，"明清之际，布尔乔亚的都市经济的成长，已成为社会经济领域中之一个重要因素"。1940年，吕振羽更在《"亚细亚生产方式"和所谓中国社会的"停滞性"问题》(《理论与现实》第2卷第2期)，具体指出明清之际，东南沿海沿江地区已经出现资本主义萌芽。接着在1948年出版的《简明中国通史》(大连：光华书店）中特立一章《由封建经济的复兴到崩溃和资本主义因素的产生》进一步论述。

第二位重要人物是邓拓。1935年，邓拓在《中山文化教育馆季刊》上发表《中国社会经济"长期停滞"的考察》说："在西方列强侵入以前，中国封建社会的体内，已经存在和发展着否定它的母体的因素了。假设当时没有国际资本主义的侵入，中国这一封建社会，也可能由其自体内所包孕的否定因素的发展而崩溃，蜕化为资本主义的社会的。可是外来资本主义的侵入，却截断了这一历史的阶段，使中国经济走上了半殖民地半封建而转向社

① 朱发建、张林发：《吕振羽传——湘籍史学家研究》，湖南师范大学出版社1999年版。吕先生身后将藏书捐赠吉林大学，2016年，吉林大学图书馆特辟纪念室典藏。

会主义的发展道路。”①

第三位就是前面介绍过的傅衣凌先生，他说：“一九五四年一月我写了《明代苏州织工、江西陶工反封建斗争史料类辑——附论手工业劳动者在农民战争中所起的作用问题》。同年九月，我又发表了《明代江南地主经济新发展的初步研究》。我在文中提出江浙的纺织业已向工场手工业发展，出现接近资本主义家内作业的最初生产形态，虽然新出现的东西尚非完备，而只是片断的，偶然的散在，但这种新的力量却逐渐孕育滋长于封建社会的母体中则是不可否认的事实。同时也发现明代江南地经济成分，在跟着社会生产力发展的同时，也已初步显现出新的经济成分，逐渐排除封建劳役制的束缚，而向资本制的过渡阶段的道路前进。那时，关于资本主义萌芽问题，史学界还很少有人作过专门的研究，明清经济现象的叙述与分析几乎还是一个空白，因此，我的研究成果发表后，引起国内外学者的注意，侯外庐、尚钺、陈振汉、杨开道等先生都有来信商榷。日本的天野元之助教授等也向我索取文章。第二年，关于《红楼梦》时代背景讨论后，许多文章才接触到中国资本主义萌芽问题。”

七　资本主义萌芽问题讨论的第二个阶段：1950 年中期—1960 年中期

这就进入第二阶段的 1950 年中期—1960 年中期。最初研讨的重点是关于红楼梦的时代背景跟资本主义萌芽。中华人民共和国成立之初，为了加强民族自信心，抵抗美帝的围堵，而强调传统中国即使没有外国资本主义的影响，没有外力的帮助，仍然可以自力更生，发展出具有近代性的资本主义，虽然脚步可能缓慢一点。因此，要证明明清时代已经有了自己的资本主义萌芽。要讨论中国资本主义萌芽是什么，出现在什么时代。有很多学者主张是明清，也有学者主张是唐代，有人主张宋代，有人主张元代，甚至有人主张在春秋战国时代。怎么样来评价这个资本主义的发展过程跟水平呢？

对于明末到鸦片战争之前，中国社会有没有变化，学者们提出了不同的观点，有人主张是有质的变化，也有人主张只有量的变化。如果是质的变化，则资本主义的萌芽已茁壮成长，于是就有人提倡近代中国应始于明清之

① 邓拓：《中国社会经济“长期停滞”的考察》，《中山文化教育馆季刊》第 2 卷第 4 期，1935 年。

际。黎澍先生为此发表一篇重要的文章，"中国近代始于何时?"予以驳斥。① 另外，资本主义萌芽对当时社会的阶级结构有没有影响？明清之际是否出现过市民社会跟市民运动？这些问题也引发许多讨论，有人引用明代史籍中出现的"市民"二字的史料，来肯定明代的资本主义萌芽使社会产生布尔乔亚的"市民"阶级，明末城市发生市民暴动，有资产阶级市民运动的性质。② 但王毓铨先生解读这个史料的时候，就发现"市民"是指"市居之民"，而非欧洲 civics 的译词，把明末"市民"比作欧洲中世纪末期的新兴资产阶级，把万历年间"市民"反矿监、税使的斗争称之为"市民运动"，是不对的。况且根据刘志琴的研究，万历民变主要是官员士大夫领导的，不是由新兴工商业主要人物领导的。所以，王毓铨先生说：今人称反矿监、税使斗争为新兴资产者阶级的"市民运动"，难免有将古代中国"近代化"，把中国"欧洲化"之嫌。③

还有一个我们要比较深入探讨的是，手工业部门中的资本主义萌芽问题，不仅要讨论纺织业，棉织业和丝织业，也要讨论矿冶业、制陶业、制瓷业、造纸业、榨油业、制糖业、盐业等的资本主义萌芽。在讨论资本主义萌芽问题过程中，学者们从明清文集、地方志、小说、笔记、族谱等各种史料中爬梳，发掘出明清社会经济史相关的史料，填补了这段历史的空白，尤其是农业、手工业与商业史料。

---

① 《历史研究》1959 年第 3 期。

② 刘炎：《明末城市经济发展下的初期市民运动》，《历史研究》1955 年第 6 期。

③ 王毓铨：《研究历史必须实事求是》《明史国际学术讨论会》，黑龙江大学主办，（1987 年 9 月 14 日），收入《王毓铨史论集》（下册）中华书局 2005 年版，第 695—707 页。明代典籍中的"市民"，不是谓西方资产阶级的布尔乔亚"市民"。这是我们讨论资本主义萌芽问题，翻译布尔乔亚的"市民"是时借用了中国古籍中的用语，其实是不同脉络的；因而造成似是而非的混淆，引起许多不必要的纷争。就如在翻译西方中古历史上的 Feudal Society，借用西周的"封建"；钱穆批评马克思主义史家把秦汉以后历史称为"封建社会"，虽同样说"封建"，其实说的并不是一回事。这是引用外来理论和关键词时要小心的。所以王毓铨先生人就主张我们要老老实实地去解读史料，不要随便把外来的名词和理论拿来就用。http：//study. ccln. gov. cn/fenke/lishixue/lsjpwz/lssxll/199658. shtml。刘志琴：《试论万历民变》，《明清史国际学术讨论会文集》，天津人民出版社 1982 年版。刘志琴对万历二十四年至二十八年间二十起反矿监税使的事件作过考察，她发现那二十起中有十五起是由州县官和举人生员等士大夫领导的；有五起领导者不太明确，但其中三起和士大夫有密切关系；二十起中只有两起是由织工、负贩商人领导的。由士大夫领导的斗争，其人数之多、打击之重、影响之大，都远远超过织工商贩领导的。详见刘志琴《试论万历民变》，《明清史国际学术讨论会文集》，天津人民出版社 1982 年版。

八　殊途同归的中日学者之资本主义萌芽问题研究

我们今天能对明清社会经济史历史的理解，就是讨论资本主义萌芽问题学者努力的成果。这不只是中国学者，日本的学者的贡献也很大，我们知道日本学者过去多都被军部给予重大的任务，为他们的侵华服务，比如说秋沢修二就在1939年出版的《支那社会构成》为日本侵略建立其正当性而说道：中国社会的根本性格就是停滞、循环和倒退，只有依赖“皇军的武力”，才能彻底打破这种局面，促进中国社会的发展。[①] 研究盐业的佐伯富就被派到江浙调查盐业和私盐，写过一篇《盐と支那社会》。[②] 酒井忠夫研究民间信仰，也研究民间组织，他就被派来调查研究帮会。[③] 第二次世界大战，日本战败了。战后，日本学者反省侵华战争，他们说他们的研究过去只注重中国历史里面的负面东西，尤其注重少数民族入主中国的经验，叫作“异民族”统治中国史，专门研究少数的非汉族如何统治大多数的汉族。要从中国历史中吸取外来少数民族统治多数汉族的经验，作为他们要侵略中国、占领中国和统治中国的参考。[④] 战后日本学者觉得他们错了，中日战争对中国人力和物力予以不可估量巨大的损害，没想到六亿中国民众经此强力打击，不但没有被打倒，反而结集强烈的民族意识。中国就像一大块脆弱的

---

① ［日］秋沢修二：《支那社会构成》，东京白杨社1939年版。参见白钢《中国封建社会长期延续问题论战的由来与发展》中国社会科学出版社1984年版，第43—49页。

② ［日］佐伯富：《盐と支那社会》，《东亚人文学报》3卷1期（1943）。

③ 第二次世界大战前日本人都是用“支那”称中国，是有贬义的，最近香港的有些主张港独的议员在宣誓就职时也以“支那”称中国，来表达他们不认同中国的立场，而遭到撤销当选资格。“支那”这两个字其实是在佛教里面是一个好的名词，但近代日本人使用的是侮辱中国人的意思。

④ 东亚研究所编：《异民族の支那统治史》，讲谈社1941年版。韩润棠、张廷兰、王维平译：《异民族统治中国史》，商务印书馆1964年版。日本学者总结出来的经验是：当异民族进入中国之后，要“采用汉人王朝原有的机构和文化”，并使“采用汉人治理汉人，统治民族采取从旁监督的态度”，以使其从表面上看来，“和原来汉人王朝并没有多大差别”。他们对历史地理非常注意，尤其顾祖禹写的军事地理书《读史方舆纪要》，他们熟读这本书，因为历史上很多东西会变，地理形势却不会变，他们分析这本书提供的战争史事及其发生场地的地形地貌作为他们侵略中国的参考。青山定雄就于1933年编了一本非常好的索引《读史方舆纪要索引·支那历代地名要览》（东京文化书院1933年版）。

生铁，经大战的灼热熔解，千锤百炼，锻炼成富弹性坚硬的钢铁。[①] 过去日本学者只注重研究中国历史的负面，现在要改从正面看了。西嶋定生先生首先研究江南农村手工业的棉纺织业，我们知道产业革命的发生跟纺织业有关系，珍妮纺纱机一次可以纺两根纱，他发现明清太仓式的纺纱机一次可以纺四根纱。而且中国的纺织业早就用水力的纺麻。[②] 虽然这不足以证明中国在明代手工业具备产生产业革命的条件，但至少可以说中国的手工业技术在当时是领先的。许多日本学者接着从事推动明清农村与城镇手工业及商业的研究，他们也运用马克思主义史学理论，想从纺织业、矿业、盐业、陶业等，研究明清手工业中是否出现手工工场（Manufacture），讨论商品经济的发展及商业资本进入农村与城镇手工业部门产生的问屋制（putting - out system）。问屋制就是我们说的包买制，在手工业生产方面叫散作制；产业革命的生产方式是把工人集中在同一个厂房里面工作的工厂制，产业革命之前，东方西方都一样，是工人分散在个别作坊或在家庭工作的手工工场散作制。[③]

---

① ［日］植村清二：《教养としての中国史》（东京讲谈社现代新书1965年版），第209页，〈中国の近代化．民族意识を植えつける〉。

② ［日］西嶋定生：《十六・十七世纪を中心とする中国农村工业の考察》《歴史学研究》，137号（1948）。栾成显译：《以十六、十七世纪为中心的中国农村工业之考察》，收入刘俊文主编《日本学者研究中国史论著选译》第6卷，中华书局1993年版，第1—25页。西嶋定生：《松江府に于ける绵业形成过程について》，《社会経済史学》，13：11（1944）；西嶋定生：《支那初期构业の成立とその构造》《オリエンタリカ》，11（1949）。永井和：《戦后マルクス主义史学とアジア认识—「アジア的停滞性论」のアポリア—》，古屋哲夫编：《近代日本のアジア认识》（东京绿荫书房1996年版）。

③ 参见波多野善大《中国史把握の前进——西嶋定生氏の研究成果——》，《历史学研究》，139（1949）；里井彦七郎：《清代矿业资本にっいて》，《东洋史研究》，11：1（1950）；波多野善大：《中国近代工业史の研究》（京都大学东洋史研究会1961年版）。佐伯有一：《日本の明清时代にぉける商品生产评价をめぐって》，《中国史の时代区分》（东京大学出版会1957年版）；田中正俊、佐伯有一：《十六・七世纪の中国农村制糸・绵织业》，《世界史讲座》（一）（东京东洋经济新报社1955年版）；田中正俊：《明末清初江南农村手工业に关する一考察》，《和田博士古稀纪念论集》（东京讲谈社1961年版）；田中正俊：《明清时代の问屋制前贷生产について－－衣料生产を主とする研究史的覚え书》，收入西嶋定生博士还暦纪念论丛编集委员会编：《东アジア史における国家と农民：西嶋定生博士还暦纪念》（东京山川出版社1984年版）；中译《关于明清时代的包买商制生产》，载刘俊文主编《日本学者研究中国史论著选译》（第二卷），商务印书馆1993年版；寺田隆信：《明代苏州平野の农家经济にっいて》，《东洋史研究》，16：1（1957）；寺田隆信：《山西商人の研究》（京都东洋史研究会1972年版），张正明译，《山西商人研究》（山西人民出版社1986年版）；藤井宏：《新安商人の研究》，《东洋学报》36：1、2、3、4（1953—1954）；傅衣凌、黄焕宗译：《新安商人的研究》，收入江淮论坛编辑部编：《徽商研究论文集》（安徽人民出版社1985年版）；横山英：《中国近代化の经济构造》，东京亚纪书房1972年版。

因此，我们可以说：在20世纪50年代，日本学者与中国学者不约而同地研究明清社会经济史中的资本主义萌芽，对前近代的中国手工业商业的发展达成一些共识。这就促成了1957年翦伯赞率团访问日本，与日本学界就明清社会经济史中的资本主义萌芽展开对谈研讨，双方的论文后来编辑出版《中国史の时代区分》（东京大学出版会1957年版）；是为资本主义萌芽问题研究史上的一重要里程碑。

我们看一下几张图，这位是翦伯赞先生，这位是西嶋定生先生，另外两位是尚钺先生和傅筑夫先生。

翦伯赞

20世纪50年代中国资本主义萌芽问题讨论的代表作有：尚钺《中国资本主义关系发生及演变的初步研究》、傅衣凌《明清时代商人及商业资本》和《明代江南市民经济试探》、傅筑夫《中国封建社会内资本主义因素的萌芽》，另外中国人民大学中国史教研室选编具代表性的论文，出版《中国资

西嶋定生

尚钺

傅筑夫

本主义萌芽问题讨论集》《明清社会经济形态的研究》。[①] 后来南京大学中国古代史教研室接着1960年出版的《中国资本主义萌芽问题讨论集续编》，选录1958年以后发表的论文。在1957年以前的讨论，学者们的态度是比较严肃的，但其后的论文夹杂一些非学术的因素，甚至上纲上线的越来越多，例如刘大年批判尚钺："推翻了马克思主义观点""否定马克思主义关于中国历史的根本观点，大大地提前和'创造'了中国资本主义的历史""一面推翻了马克思主义关于中国历史的根本观点，另一面又提出了作者自己的与马克思主义相对立的正面主张"。[②] 如中国人民大学中国历史教研室近代现代史组批判尚钺说："要像尚钺同志的看法，清朝大土地所有制已经都是经营地主，资本主义关系已深入农村，地主与农民之间的隶属关系已为契约关

① 尚钺：《中国资本主义关系发生及演变的初步研究》，生活·读书·新知三联书店1956年版；傅衣凌：《明清时代商人及商业资本》，人民出版社1956年版和《明代江南市民经济试探》上海人民出版社1956年版；傅筑夫：《中国封建社会内资本主义因素的萌芽》，上海人民出版社1956年版，另外中国人民大学中国史教研室选编具代表性的论文，出版《中国资本主义萌芽问题讨论集》，生活·读书·新知三联书店1957年版和《明清社会经济形态的研究》，上海人民出版社1957年版。

② 刘大年：《关于尚钺同志为"明清社会经济形态的研究"一书所写的序言》，《历史研究》1958年第1期。参见仲伟民《资本主义萌芽问题研究的学术史回顾与反思》，《学术界》2003年第4期。

系所代替。既然三百年前资本主义已在农业中占领了如此雄厚的阵地，那就不会有中国共产党所领导的反封建土地革命。"① 在《中国资本主义萌芽问题讨论集续编》中收录不少类似的论文，编排的方式也跟《中国资本主义萌芽问题讨论集》很不一样，几乎每篇文章一开头就以引经典作家的话，如毛主席的话、马克思的话、列宁的话、斯大林的话，然后才展开论述，论述都在为经典作家的话作注疏，证明其理论的正确性；不再是1957年以前那种实证为主的历史论述，走向"以论代史"为主的政治批判。因此，20世纪60年代的讨论，就很难有新的发展。接着便发生"文化大革命"，十年动乱中几乎所有的学术研究停滞了，中国资本主义萌芽问题的讨论没有进展。

九　改革开放新时期资本主义萌芽问题研究的发展与反省

但是在困难之中，还是有不少学者仍然暗中进行研究工作，白天去参加运动，晚上偷偷地坚持研究；这就是为什么改革开放初期突然出现大量关于资本主义萌芽研究论著。有些是"文化大革命"以前就写好了，可是到了"文化大革命"的时候书稿不见了，"文化大革命"结束，有的书稿重新找回来的，有的是找不回来。基本上，这时期出版的论著大部分还是秉承1957年以前那种从事手工业和商业各部门的实证研究，讨论的问题和结论也跟以前差不太多。大概还是找寻更多新史料来论述明清手工业和商业各部门的实况，并且讨论为何资本主义萌芽不能茁壮成长为资本主义。②

就在改革开放之初，中美于1978年底宣布建交，两国的学术交流也因此展开。最初由费孝通先生领着一批中国学者去美国访问，那时我在哈佛大学进修，亲睹他们的访问交流。访美的中国学者中历史学者只有李新，他当时主持中华民国史的编撰，接待他的是孔飞力教授。李新到孔飞力的研究班

---

① 南京大学中国古代史教研室：《中国资本主义萌芽问题讨论集续编》，生活·读书·新知三联书店1960年版，第333页。

② 南京大学历史系明清史研究室就编了两本论文集：《明清资本主义萌芽研究论文集》上海人民出版社1981年版和《中国资本主义萌芽问题论文集》江苏人民出版社1983年版。前者附录《建国三十年来有关明清资本主义萌芽问题论文目录（1949—1979）》218篇，后者附录《有关中国资本主义萌芽问题论文目录（1980年1月—1982年4月）》84篇。

上，跟学生讨论交流。当时的学生中有几位后来成为知名的学者，如印度籍的杜赞奇（Prasenjit Duara），华裔的王国斌（Bing Wong）。接着美国学者也组团到大陆来，介绍美国学者的历史研究，把所有有代表性的学者所写的文章都翻译成中文，方便交流。因为改革开放，西方史学方法与理论传进来了，某些禁区开始突破了，不再纠缠于概念的争论，大家的思想活泼了，提出很多新的思想、新的问题、新的观点、新的方法，真的叫作百花齐放。史学研究的新发展有两方面，第一是较多地进行中西比较，主要是中国跟西欧的比较。第二是扩大史料的运用范围。在中西比较上，大家有这个认识，不过成果不是太好，主要的原因就是我们对西欧的历史了解的不够。所以有些研究比较有问题，但是总算是把自己的研究视野打开了。另一方面，实证研究受到相当程度的重视，接续20世纪50年代傅衣凌先生注重民间文献的传统，改革开放新时期的史学研究，特别注意契约、文书、碑刻、档案等的搜集与运用，并且开始注重实地调查与口述历史。这恰好与从西方引进的年鉴学派的理论与方法相契合。中国史学传统与外来新理论与方法的合流，产生很大的作用。例如20世纪五六十年代的“新四史”运动，注重村史、家史、公社史、厂矿史，鼓励学者到民间去做调查研究，对较少文字史料的工人、农史作口述历史访谈，重建他们的历史。① 这个传统也跟西方引进来的田野调查结合起来，恢复了当年费孝通先生他们所做的农村社会调查方法。

这一史学研究的新趋势，吸引了许多史学工作者，尤其是青壮年学者，开始投入运用新方法和理论研究社会史和文化史，中国资本主义萌芽问题的研究范式，不再像以前一样受到重视。20世纪90年代以后，学术界关于资本主义萌芽问题的讨论的热潮明显地降温，在各个史学研讨会中，资本主义萌芽问题相关的论文越来越少，专门的论著出版的也少了，取而代之的是对资本主义萌芽问题的反思。比较有代表性的观点可以归结为“情结论”“死结论”和“假问题论”等，如我们前面讲过李伯重先生的情结论，也有人说资本主义萌芽问题根本是个假问题，甚至总结资本主义萌芽问题讨论的吴承明也不再提，而代以市场经济论明清社会经济，他讨论明清经济主要谈市场经济，谈全国市场。这给人的一个印象就是资本主义萌芽这个范式已经下台了。讲到它是假问题，起于1989年何兆武先生对于封建社会长期停滞问题的讨论，他首先提出来说这是个假问题，当时不少人接受这个讲法的，而且从封建社会长期停滞问题联系到中国资本主义萌芽，但并没有人好好地写

① 赵庆云：《专业史家与“四史运动”》，《史学理论研究》2012年第3期。

文章讨论。①

吴承明

何兆武

① 何兆武：《历史研究中的一个假问题——从所谓中国封建社会长期停滞论说起》，《百科知识》，1989 年第 5 期。《历史理性批判散论》，湖南教育出版社 1994 年版，第 232—237 页。

一直到2005年才有两位轰动一时的学者杨师群跟曹守亮，针对中国资本主义萌芽到底是不是假问题展开一场论战。杨师群当时非常有名，他曾因为在课堂上批评主流的正统的学术和政治，有学生去告他上课散布反动言论，引起网络上大讨论。① 杨师群先比较明清城镇与欧洲中世纪城市，从王权统治与工商经济、私有产权与自由雇佣等方面，论证明清社会不可能产生资本主义萌芽，所谓“萌芽”是一个不存在的虚假问题。接着又从中西方专制王权对工商业经济发展所起的作用及中西方私有产权对自由雇佣劳动的影响等方面，论述明清资本主义萌芽是伪问题。曹守亮则主张中国资本主义萌芽不是假问题，他从“雇佣劳动”“城市政治斗争”“明清时期中国的经济发展状况”等方面，与杨师群针锋相对地讨论，批评杨师群以中国资本主义萌芽最终没有发展成为资本主义社会形态为依据，否定中国资本主义萌芽的存在，逻辑上是有问题的。接着周广庆也加入讨论，从独立的工商人口、独立的生存基地、独立的工商资本、独立的组织体系4个结构性要素，来证明中国古代的工商业天生患有资本主义基因缺乏症，所谓的“中国资本主义萌芽”是根本不存在的伪命题。② 王学典先生则从史学史来讨论，他回避了这个真假问题的二分法论争，认为即使中国资本主义萌芽是个“假问题”，但它所孕育的里面是有真学术的，其真学术的含量比以前的相关讨论有过之而无不及的，主张不要用“假问题”去抹杀过去学者对中国资本主义萌芽的研究成果的努力。明清时期社会经济史的研究可能就是1949年以后中国史学界最值得骄傲的一个研究部门，因为它把一片空白的历史给补上，这个研究从无到有，完全是资本主义萌芽问题讨论的结果。也就是说，我们不要去争论它是真问题还是假问题，要看这个讨论实际上让我们了解多少明清社会经济史，这才最重要。至于它戴什么帽子，不是我们在这个时代

---

① 杨师群是著名史家杨宽之子，杨师群事件的报道见《杨师群教授的“反革命”风波》（2008. 11. 21）. http：//www. todayonhistory. com/11/21/YangShiQunJiaoShouDe - FanGeMing - FengBo. html

② 杨师群：《明清城镇不存在资本主义萌芽—与欧洲中世纪城市的比较研究》，《浙江社会科学》2005年第1期。杨师群：《再论明清资本主义萌芽问题是伪问题——答曹守亮先生》，《浙江社会科学》2006年第4期。曹守亮：《比较方法与中国资本主义萌芽问题研究——与杨师群先生商榷》，《浙江社会科学》2006年第1期。曹守亮：《唯物史观与新中国初期“十七年史学”研究——二十世纪五六十年代关于中国历史问题论争的辨析》（北京师范大学博士论文，2006）；曹守亮：《再论中国资本主义萌芽问题及其研究的史学意义—与杨师群先生再商榷》，《中国社会经济研究》2008年第3期。曹守亮：《中国资本主义萌芽问题理论基础辨析》，《学习与探索》2011年第3期。周广庆：《从社会基本结构看“中国资本主义萌芽”是伪命题——与杨师群、曹守亮二先生共同探讨》，《浙江社会科学》2010年第10期。

所需要做的事。说戴的帽子不对，就把整个人给否定掉，这个讲法是有问题的。

王学典

黄宗智

对于中国资本主义萌芽这个研究范式的学术分析，最重要的学者是黄宗智（Philip Huang）。1991 年，他在加州大学主办的 *Modern China*（《近代中国》学报）发表一篇讨论中国研究面临的范式危机的论文。[①] 黄宗智认为中国学术的主要模式源自马克思的古典理论。“封建主义”与“资本主义”的范畴均出自马克思对西欧，尤其是对英国的分析。资本主义萌芽论则是中国特殊的模式。如果中国在帝国主义入侵之前是单纯的封建社会，那么就必须肯定西方帝国主义为中国带来了近代化；但这是任何爱国的中国人所不能接受的。资本主义萌芽的范式解决了这一问题：在西方帝国主义入侵之前，中国已经开始了自己的资本主义发展进程。西方帝国主义打断了这一进程，才使中国沦为“半殖民主义”。如此，资本主义萌芽模式协调了斯大林的5种生产方式的公式（以及列宁的帝国主义学说）和基于民族立场的反帝情绪。

十 资本主义萌芽问题研究范式逐渐退场与新研究范式的出现：以产业化（“原始工业化”）的初阶到早期工业化

王国斌、彭慕兰（Kenneth Pomeranz）与李伯重的著作出现，是这段时间的代表，是资本主义萌芽问题研究范式逐渐退场后的新发展。他们虽然不

① Philip Huang, “The Paradigmatic Crisis in Chinese Studies: Paradoxes in Social and Economic History,” *Modern China* 17 (3) (July 1991): 299 - 341. 黄宗智：《中国经济史中的悖论现象与当前的规范认识危机》，《史学理论研究》1993年第1期。黄宗智：《中国研究的规范认识危机》，牛津大学出版社1994年版。黄宗智：《中国研究的范式问题讨论》，社会科学文献出版社2003年版。

用资本主义萌芽范式，虽然没有清楚地说要批判停滞论，实际上他们是在批判停滞论。他们提出来以东西方历史做比较，提出来西方在前近代有哪些发展，中国在前近代有哪些发展；又说过去比较中国跟西欧，由于中国地大而多元，各地发展不均衡，如果拿一个比较落后的地区的案例跟欧洲最先进的英国来比，等于是拿最差的跟最强的来比，这是不合比较原则的。要比，就双方面都得拿出最强的来比；所以他们主张拿当时西方发展最典型的英国跟中国发展最先进的江南来比，才能看出来一些问题。

比较中西历史的时候，过去总是以西方经验为准，来查看中国合不合其标准，看看从近代西方历史经验总结出来的"近代性"，中国历史上有没有，这其实是"欧洲中心论（Euro - centrism）"的产物。人类历史发展有普世的共性，也有各地特殊的个性；不能一概而论。王国斌，就写了一本谈欧洲经验来研究中国会有什么样的问题 *China Transformed*：*historical change and the limits of European experience*《转变中的中国——历史变迁与欧洲经验的局限》，从经济变化、国家形成和社会抗争三方面入手，通过比较中国与西欧之长时段历史的异同，否定了长期盛行的各种西方中心主义研究框架，也展现了中西社会、经济、政治史的总体脉络和各自特点。① 另外，彭慕兰写了一本 *The Great Divergence*：*China*, *Europe & the Making of the Modern World Economy*《大分流：中国、欧洲与现代世界经济的形成》，② 他认为基本上18世纪产业革命之前，中西双方的社会发展是很接近的，均处在基本同样的发展水平上，也都在发展农村和城镇手工业及商品市场经济，西方并没有任何明显的和独有的内生优势；18世纪末19世纪初，西方发生产业革命，历史才来到了一个岔路口，东西方之间开始逐渐背离，分道扬镳，此后距离越来越大。造成这种背离（即西方走向了现代化而中国却没有）的主要原因，一是美洲新大陆的开发，二是英国煤矿优越的地理位置。彭慕兰把这个

---

① R. Bin Wong, *China Transformed*: *historical change and the limits of European experience*, Ithaca: Cornell University Press, 1997. Reviewed by Tim Wright, *Journal of Social History* Summer, 2000. 李伯重、连玲玲译：《转变中的中国——历史变迁与欧洲经验的局限》，江苏人民出版社1998年版。李伯重：《理论、方法、发展趋势：中国经济史研究新探》清华大学出版社2002年版，第190—207页，"相看两不厌：王国斌《转变中的中国——历史变迁与欧洲经验的局限》研究方法评介"。

② Kenneth Pomeranz, *The Great Divergence*: *China*, *Europe & the Making of the Modern World Economy*, Princeton: Princeton University Press, 2003. 史建云译：《大分流——欧洲、中国及现代世界经济的发展》，江苏人民出版社2003年版。邱澎生等译：《大分流：中国、欧洲与现代世界经济的形成》，台北：巨流出版公司，2004。Reviewed by 郭慧英（Huei - ying Kuo） http://www.sinica.edu.tw/~mingching/newbooks/book1.htm

东西方分道扬镳的过程称之为“大分流”。

其实这个论点并不是彭慕兰凭空发明的。20 世纪 60 年代末，西方已经由 Franklin F. Mendels 提出一个近代经济发展的新讲法，把产业革命前的经济形态称为“Proto - Industrialization”，这个名词国内翻译为“原始工业化”。其实这个翻译是有点问题的，“proto”不是“原始”，而是“初阶（the first stage）”，“Industrialization”也不能翻译成“工业化”，应该翻译成“产业化”，因为它包含了农业，光讲工业就不对了，“产业化”发展农业，工业都在内的。①

这个产业化初阶包含两个要素，一个是农村手工业（Cottage Industry），另一个是散作制（Putting - out System）。一方面，因应人口增加的生活压力，农村家庭发展手工业副业，以为生活补助；另一方面，城镇手工业者或商人资本家就利用农村增加的人口而产生的廉价劳力，将手工业原料供给分散于农村家庭手工作坊，或预付包买农村家庭手工业产品的方式，获取农村生产的利得。②产业化初阶理论所注重之西欧农村手工业及商业资本介入生产之包买制，的确与明清社会经济发展相似，可作研究借鉴。尤其主张原始工业化与工业化有联系的论断，甚为中国学者所欣赏。因此，当改革开放之初，国内学者接触到西方传入的学说时，就发现这个“Proto - Industrialization”很可以补充马克思学说来诠释明清资本主义萌芽问题。傅衣凌先生首先在《中国传统社会：多元的结构》一文，提到“原始工业化”。③ 于是不少学者提倡以“Proto - Industrialization”研究范式取代被批评而渐失势的资本主义萌芽研究范式，虽然有学者质疑这个“Proto - Industrialization”研究范式，因它过分强调农村手工业的作用，忽视城镇手工业及其与农村手工业

---

① F. F. Mendels, “Proto - Industrialization: The First Phase of the Process of Industrialization,” *Journal of Economic History* 30（1972）: 241 - 61. 其实依 Mendels 的原意，“原始工业化”“Proto - Industrialization”的“工业化”（Industrialization）包含农业、工业等产业，则“Industrialization”似乎应译作“产业化”；所以“Proto - Industrialization”宜译为“产业化的初阶”。

② UNESCO, ed., *Science and synthesis, An International Colloquium organized by Unesco on the Tenth Anniversary of the Death of Albert Einstein and Teilhard de Chardin*, [By] René Maheu, Ferdinand Gonseth, J. Robert Oppenheimer [and others]. Barbara M. Crook (translation), Berlin, Heidelberg, New York: Springer - Verlag, 1971. p. 30. Sheilagh C. Ogilvie, “Proto - industrialization in Europe,” *Continuity and Change* 8: 2 (August 1993): 159 - 179.

③ 傅衣凌，《中国传统社会：多元的结构》，《中国社会经济史研究》1988 年第 3 期。

的关系，而且其强调原始工业化与工业化有联系的论断遭受质疑。① 但由于一般中国经济史研究学者对西欧经济史知识生疏，以之为借鉴的实际研究成果很少，难以成为主流研究范式。②

这是我的看法，后来很被大家都注意的彭慕兰的讨论其实就是顺着这个"Proto – Industrialization"理论发展来的。我们要跟西方的学者对话，应该就在这方面去做努力。这有一位学者做到了，就是我们云南大学李埏先生的哲嗣李伯重教授。李伯重教授主张今后中国经济研究要摆脱旧的"资本主义萌芽情结"，开创史学新局面。③ 李教授从"Proto – Industrialization"出发，他提出"早期工业化"理论来取代"Proto – Industrialization"研究范

① Daunton, Martin, *Progress and Poverty*: *An Economic and Social History of Britain* 1700 – 1850. New York: Oxford University Press, 1995. M. J. Daunton, for example, argues that proto – industrialisation "excludes too much" to fully explain the expansion of industry: not only do proponents of proto – industrialisation ignore the vital town – based industries in pre – industrial economies, but also ignores "rural and urban industry based upon non – domestic organisation," referring to how mines, mills, forges and furnaces fit into the agrarian economy. 王加丰：《原工业化：一个被否定但又被长谈不衰的理论》，《史学理论研究》2002 年第 3 期。

② 个人所知只有一位吉林大学经济系于秋华教授利用这个理论写了《明清时期的原始工业化》，东北财经大学出版社 2009 年版。

③ 李伯重：《理论、方法、发展趋势：中国经济史研究新探》，第 5—21 页，"中国经济史学中的'资本主义萌芽情结'"。

式。他要改变中国资本主义萌芽研究范式过分注重生产关系的研究，忽略生产力的研究。于是提倡研究工业赖以发展的主要物质条件，比如说劳动力的供求、资源的配置、技术跟资本构成等这些方面的问题；要开展纺织工业以外的其他手工业及其生产力的研究，而且要将城乡手工业作为一体来研究，不能够分别的，单独来研究。[①] 李教授提倡的“早期工业化”研究范式，是中国经济史研究学界非常值得关注意和努力的新方向。

十一　结语：中国资本主义萌芽问题研究范式为寻求适合解释前近代的明清社会经济发展的贡献

1. 20 世纪 50 年代以来，中国资本主义萌芽问题研究范式大量的研究成果，搜集大量方志、笔记、文集及官方档案和民间文献、碑刻、契约及实地调查材料中相关史料，从无到有，填补过去我们对明清社会经济史认知的空白。

2. 中国资本主义萌芽问题研究范式破除长期盛行的“中国停滞论”及忽略传统中国社会内变能力，只有靠外力才能打破停滞的“新帝国主义”理论；对现代史具有极重大的现实意义。

3. 中国资本主义萌芽问题研究范式为寻求合理解释前近代的明清社会经济发展迈出重要的一步，在学术史上有极重大的贡献。20 世纪 50 年代以来的大量明清社会经济研究成果，都是以资本主义萌芽问题研究范式完成的。

---

① 李伯重：《江南的早期工业化（1550—1850）》，社会科学文献出版社 2000 年版。李伯重：《理论、方法、发展趋势：中国经济史研究新探》，第 45—62 页，“早期工业化理论：特点与重要性”。谢美娥、江长青、何淑宜：《评〈江南的早期工业化（1550 - 1850）〉》，《台湾师大历史学报》第 30 期，2002 年 6 月，第 159—196 页。

财政、经济与社会：中国财政史的研究路径

陈　锋

非常荣幸有机会来云南大学和大家一起交流。

我们云南大学的经济史是全国经济史研究重镇，是研究中国经济史最有名的几个高校之一。现在北方的一些学校也在做经济史这个讲座论坛，像清华大学、北京大学、南开大学等，当然他们的研究水平也非常高，但是如果按历史传统来讲，研究经济史延续几代学者，应该还是南方的几所高校更有特点。在我的印象里面，像我们云南大学，李埏先生开创了经济史的研究，已经延续了几代学人。另外像厦门大学，在明清经济史领域，傅衣凌先生是第一代学者，杨国桢先生是第二代学者，第三代像陈支平教授、郑振满教授，第四代有钞晓鸿教授等。中山大学也是这样，最早的开山掌门人应该是梁方仲先生，梁方仲教授之后是汤明檖先生、黄启臣先生，再下来就是刘志伟教授、陈春声教授等，再下来青年学者也很多。武汉大学也应该是非常有传统，第一代学者是李剑农先生，新中国成立前已经有中国古代经济史的教材，接下来就是我的导师彭雨新教授，彭雨新教授和梁方仲先生他们是同代人，他们当年一起在国民政府中央研究院做研究员。到我这一辈，还有张建民教授，下面还有任放教授、杨国安教授等。所以说在高校里面，在南方甚至在整个的中国经济史学界，像我们的云南大学，像厦门大学，像中山大学，像武汉大学，实事求是地讲，是中国经济史非常有传统的研究重镇。而且这几个学校，由于开创者的研究领域及其研究的风格，后辈学者也基本上延续了他们的这个传统。像我们云南大学，李先生当年的经济史研究除了专门的土地制度史外，主要的研究时段是唐宋这一块。现在云南大学主要的研究力量或者最著名的恐怕还是在这一块，当然现在也上下贯通地做。厦门大学主要是社会经济史色彩更浓，这和当年傅衣凌先生的学术风格有关系，中山大学梁方仲先生最早应该是搞财政的，一条鞭法研究、易知由单研究，是他的成名作。后来刘志伟教授也还是做赋役财政这一块。武汉大学李剑农先生的研究方向比较广泛，一个是中国经济史的整体研究，另外他对中国政治

制度史非常有研究，《中国近百年政治史》，应该是名著了，大家应该都读过。我的老师彭雨新教授主要还是研究财政，我研究财政史，也是沿袭了老师的做法。厦门大学的钞晓鸿教授，中山大学的刘志伟教授等，有经济史研究传统高校的学者都来这里讲座。

我今天讲的题目是《财政与经济、社会：中国财政史的研究路径》，我想讲4个问题。

一 财政与经济、社会的关系

（一）由“国用”到“财政”：财政释名

不管是研究经济史也好，研究财政史也好，都有财政学、经济学出身的学者，以及历史学出身的学者的研究。不同的出身，研究的路数不太一样。我们历史研究学者，一般不太对名词进行追究和讨论，对相关的理论也不是那么太注意。相对来说呢，研究经济史的学者或者研究财政史的学者，他们可能就会追根溯源，对一个新的名词的出现，就会有所认识。

财政问题我觉得非常重要，“财政”这个词在历史上出现得非常晚，到了光绪年间才出现，那么在之前呢，实际上没有财政这个说法。有的是“国用”“度支”和“财征”“户政”等。

现在我们研究非常方便，各种数据库非常多，我检索了一下《四库全书》电子文本，《四库全书》电子文本中，“国用”这个词大概出现数千次，在整个传统社会里面，用“国用”这个词指代财政是一个普遍的现象，我捡出几段史料。

唐贾公彦疏《周礼注疏》卷十三：“计九谷之数足国用”。

《旧唐书》卷十一：“量其国用，而立税典”。

宋胡瑗：《周易口义》卷四：“凡王者治天下，国用既阜，民财既实，则不可更务奢侈，必当吝啬其财，节俭其用，然后终于富盛而获吉也”。

宋王安石：《周官新义》卷十五：“制国用，王受民数，图国用而进退之”。

宋苏轼：《书传》卷五：“各则壤之高下，以制国用”。

宋王与之：《周礼订义》卷二：“国用之大，有祭祀宾客，有丧荒羞服，有工事币帛，有刍秣……”

我认为，宋代之前，甚至一直到明代和清前期，“国用”这个词，有时候指财政，有时候它也比较泛，也不单纯的能够对应我们后来所讲的财政，而且有时候“国用”“度支”以及“国计”，像这些词，都反复交叉地出现，就是说它不是非常严格的一种用语。那么到了后来呢，大概到了明清时期就比较清楚了。除了几段材料外，我们重点看这段材料：

清阎若璩《尚书古文疏证》卷五上：“经世之书莫尚《通典》，其门凡八，曰食货，曰选举，曰职官，曰礼，曰乐，曰刑，曰州郡，曰边防。《文献通考》就其八门析而为十九，曰田赋，曰钱币，曰户口，曰职役，曰征榷，曰市籴，曰土贡，曰国用……”

这段材料是阎若璩的一段话。这段材料应该是非常有用，他从《通典》《文献通考》说起，他说《通典》里面没有“国用”这一门。但是在《文献通考》里面，有“国用”这一门，《文献通考》《续文献通考》《清朝文献通考》《清朝续文献通考》，都专门的有《国用考》。这应该是一个比较重要的变化，基本上把它规范化了。清代的人已经指出来这一点。

另外，就是乾隆年间这两段话，我认为非常重要。

乾隆《钦定礼记义疏》卷三十四：“制国用，量入以为出，虽有凶旱水溢，民无菜色”。

乾隆《钦定礼记义疏》卷七十三：“有财此有用者，为国用。有财丰，以此而有供国用也。德者本也，财者末也者，德能致财，财由德有，故德为本，财为末也”。

“制国用，量入以为出”，这和财用的关系都比较密切了，我后边会讲到，我们中国整个传统社会的特征到底是“量入为出”，还是“量出制入”？我的看法是什么，我后面会讲，这里只是一个提示。

“有财此有用者，为国用”，这是对国用的一个解释，一个释名。“有财丰，以此而有供国用也”。后来说“德者本也，财者末也”，德能致财，就是说财和德之间的关系，德为本，财为末，值得认真体味。

我们再来看看历史上“财征”一词的出现。

宋王昭禹：《周礼详解》卷十五，在谈到“遂师”的时候说：“辨其可食者，周知其数而任之，以征财征”。详解：“地有可食，有不可食，必辨之，然后其数可以周知，既知其数，然后可以颁地以任民，征其财谓之财征，征其力谓之力征。征者以正行也”。

这段话说得很清楚，就是说，征其财谓之财征，征者以正行也，这是财征。我认为财政这个词，虽然说从日本过来，但是实际上跟我们中国传统社会里面，古代的历史文献里面，有些东西应该有密切的关系。这里，“财征”，是用的这个“征”，但是这里说得很清楚，“征者以正行”。

另外，还有一个“户政”。“户政”这个词，我认为对“财政”这个词的形成也有非常大的关系。“户政”一词出现较晚，主要是《清朝经世文编》的应用。我们知道，清朝的《经世文编》有很多种，有《清朝经世文编》，有《清朝经世文续编》，有三编、四编、统编、新编等，经世致用嘛。经世文编里面专门有一类，叫户政类，这一类有两解，一解呢就是因为清朝的《经世文编》跟明朝的《皇明经世文编》在编撰体例上不太一样，明朝《经世文编》的编撰方法没有按类来分别，它是按时间顺序，从明朝的开国一直到后来，所以我们想从明《经世文编》查个材料是非常困难的。清代就不一样了，清代的编撰体例是按吏、户、礼、兵、刑、工六部来编，我们研究经济史，研究财政史，主要是看户政。第二解，所谓的“户政”，基本上就是财政。《清朝经世文编》“户政”的内容包括：理财、养民、赋役、屯垦、八旗生计、农政、仓储、荒政、漕运、盐课、榷酤、钱币12类。我这里列了12类，12类基本上都是跟财政有关系，也就是说户政所包含的内容，都是财政方面的。日本在明治维新之前，他们所编的一些典籍书里面，也有“户政”这个词。我认为，现在没有非常确切的把握，日本用“财政”这个词，跟我们传统社会里面说的国用、财征、户政等词语应该有一定的关系。

接下来我们说“财政”一词，最早出现在什么地方。

不少学者认为“财政”一词，最早出现在清朝皇帝的“诏书”上。光绪二十四年，在戊戌变法“明定国是”诏书中有“改革财政，实行国家预算”的条文，据说这是官方文件中最早使用“财政”一词。光绪二十九年印行的《十一朝东华录分类辑要》（清代何良栋编）中也使用了“财政”一词等。主要是财政界的学者与论著，这在很多教材里面，我翻了一下，二三十种教材里面都是这种说法，如陈共《财政学》、孙健夫《财政学》、裴育《财政学》，等等。现在上百度搜索一下，也是这种说法，就是说这是一种通常的概念。

又有学者认为，我们现在通用的“财政”这个词，是在清末由日本移植而来。关于“财政”一词在中国的使用，绝大多数观点都认为是从日本“移植”，或者“传入”。那么，日本究竟是从什么时候开始使用“财政”一词。至于日本从何时开始使用“财政”一词，目前所能够查到的资料是：在日本国立图书馆，已经馆藏了在1874年出版的由福井信编的《财政摘要》一书和1878年日下寿翻译的《财政约说抄译》。尤其是《财政约说抄译》。“财政”一词在日本使用的时间实际上要早于蔡次薛先生所谓的松方正义1882年提出的《财政议》（蔡次薛：《试论我国财政的起源》）。

这些说法，都不是那么确切。

最近李俊生、王文素写了一篇文章叫《再论“财政”》（《财政研究》2014年第6期），试图把这个问题解决，当然是比前面讲的都确切得多，但是有一些问题还需要进一步探讨。

所谓光绪二十四年，在戊戌变法“明定国是”诏书中有“改革财政，实行国家预算”的条文。查《清德宗实录》卷418以及《光绪朝东华录》光绪二十四年夏四月乙巳条，均没有这样的记载。原文如下：“数年以来，中外臣工，讲求时务，多主变法自强。迩者诏书数下，如开特科，裁冗兵，改武科制度，立大小学堂，皆经再三审定，筹之至熟，甫议施行。惟是风气尚未大开，论说莫衷一是，或托于老成忧国，以为旧章必应墨守，新法必当摈除，众喙哓哓，空言无补。试问今日时局如此，国势如此，若仍以不练之兵，有限之饷，士无实学，工无良师，强弱相形，贫富悬绝……朕惟国是不定，则号令不行，极其流弊，必至门户纷争，互相水火，徒蹈宋明积习，于时政毫无裨”。都没有这样的记载。不但没有这几个字，而且差别也比较大。我们现在就搞不清楚，这么多教材，这么多次反复引用，这些话是从哪里来的。不好的毛病就是你抄来我抄去，到后来不知道到底是谁先发明这个词。

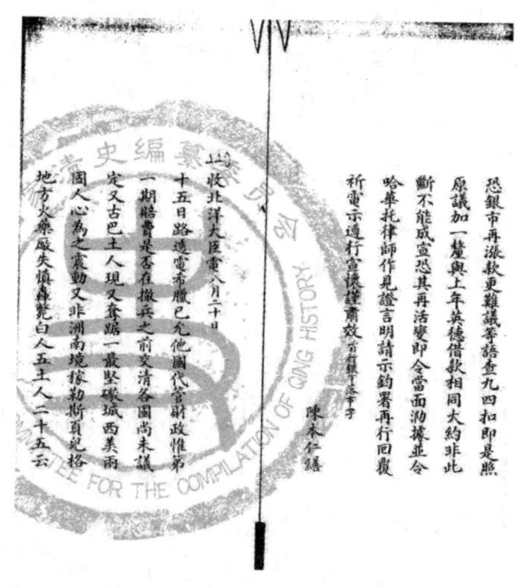
恐銀市再漲款更難議等語查九四扣即是照
原議加一釐與上年英德借款相同大約非此
斷不能成宣恐其再活變即令當面泐據並令
哈華托律師作見證言明請示鈞署再行回覆
祈電示遵行宣懷謹肅效
陳本仁繕

收北洋大臣電八月二十
十五日路透電希臘已允他國代管財政惟第
一期賠費是否在撤兵之前交清各國尚未議
定又古巴土人現又聚踞一最堅礮城西美兩
國人心為之震動又非洲南境據勒斯頁紀格
地方火藥廠失慎轟斃白人五土人二十五云

王文韶电报

在我阅读档案的范围之内，也没有光绪二十四年就是这个“明定国是”诏令原始档案里面也没有“改革财政，实行国家预算”这个词。而且前不久我专门到清史编撰委员会，他们现在搞了一个可以检索的档案系统，我专门去查，也没有。

那么，最早是什么时间出现“财政”一词呢？这是我在档案里查出来的，光绪二十三年八月二十日王文韶的电报，比光绪二十四年要早了。请看档案原件。

北洋大臣王文韶这个人很有名，大学者，他在电报里说：“希腊已允他国代管财政。”明确用了“财政”这个词。

我又查出光绪二十三年九月二十六日唐绍仪的电报，这是驻韩国领事唐绍仪的电报。电报里说：“俄派俄人阿厘斯掌韩财政。”也明确用了“财政”这个词。

52 收唐紹儀電九月二十六日
俄派俄人阿厘斯掌韓財政飭韓辭柏卓安顧
問度支事柏稱合同未滿不肯退經朱邇典電
英嗣接英電詢辭柏故朱請見王王稱病不見
昨俄使告王阿厘斯係韓所請今既來宜速安
置否則電俄云王請通融辦俄使不允朱柏已

唐绍仪电报

这是原始的电报，是目前我们所能看到的，中文的文献里面最早出现的财政这个词。那么，在出现财政这个词之后，在具体的一些大臣的奏折里面，以及其他官方文件里面，是不是用了“财政”这个词呢？在电报里面用了这个词，和实际应用，是两码事。

光绪二十三年，在中文的电报里面出现了“财政”这个词，但事实上在很多地方，比如在奏折里面，照样还是没用“财政”这个词。

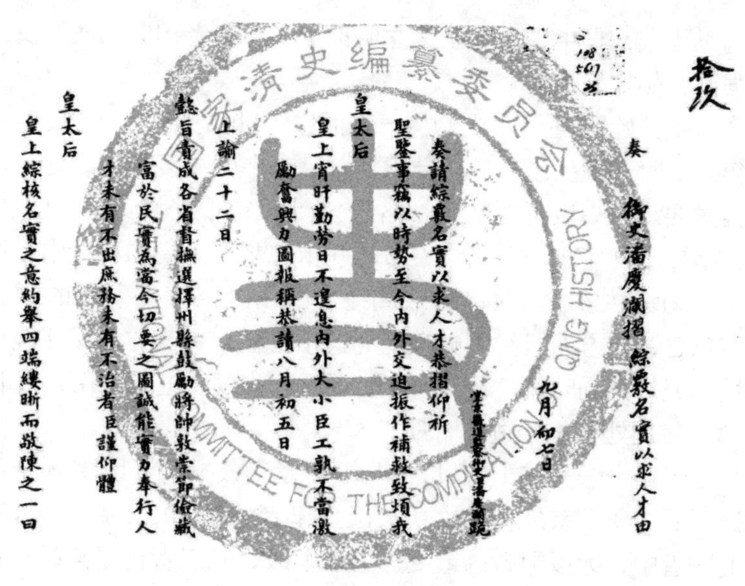

拾玖

奏

御史潘慶瀾摺 綜覈名實以求人才由

九月初七日

掌京畿道監察御史臣潘慶瀾跪

奏請綜覈名實以求人才恭摺仰祈

聖鑒事竊以時勢至今內外交迫振作補救致頃我

皇太后

皇上宵旰勤勞日不遑息內外大小臣工孰不當激

勵奮興力圖報稱恭讀八月初五日

上諭二十二日

懿旨責成各省督撫選擇州縣鼓勵將帥敦崇節儉藏

富於民實為當今切要之圖誠能實力奉行人

才未有不出庶務未有不治者臣謹仰體

皇太后

皇上綜核名實之意約舉四端縷晰而敬陳之一曰

奏折

这是光绪二十四年九月初七日的一份奏折。这份奏折是非常有名的，京畿道监察御史潘庆澜上折言吏治、财政四事，其一曰“制国用”，仍然用“国用”一词。

光绪二十四年有很多上谕，除了“明定国是”诏以外，也还有很多上谕，这些上谕里面也同样没有用财政这个词。笔者查阅光绪二十四、二十五、二十六、二十七等年，这么多年份里面，所有重要的奏折和皇帝的上谕里面，基本上还是用“度支”和“国用”这个词，而依然没有用财政。如光绪二十四年针对臣僚要求预算的上谕中，仍用“度支”“国用”。上谕称：“翰林院奏，代递庶吉士丁维鲁《请编岁入岁出表颁行天下》一折。户部职掌度支，近年经费浩繁，左支右绌，现在力行新政，尤须宽筹经费，以备支用。朕维古者冢宰制国用，量入为出，以审岁计之盈虚。近来泰西各国，皆有豫筹用度之法，着户部将每年出款、入款，分门别类，列为一表，按月刊报，俾天下咸晓。然于国家出入之大计，以期节用丰财，蔚成康阜，朕实有厚望焉”。又如光绪二十五年，盛宣怀上奏要求预定一年会计，将来年实在进出各款预先筹议，开缮清单，刊行各省，实行预算。仍用“度支”。当时户部的议覆亦称：“近时泰西各国每年由该国度支大臣预将来岁用款开示议政院，以为赋税准则。说者谓其量入为出，颇得周官王制遗意，而实则泰西之法量出以为入，与中国古先圣王之所谓量入为出者相似仍属相反，中西政体不能强同，颇如是也”。

什么时候开始明确用“财政”一词呢，大概是光绪二十八年底、光绪二十九年。这时期发生了一件重要事情，就是在中央设立财政处，这个财政机构非常重要。中央设了财政处，各个省就裁定很多财政机构，改成财政局。在光绪二十九年十一月二十五日署两折总督李兴锐的奏折中，奏折的名称就用了《为裁并各局所改设财政局经理财用以裕度支事》的题目，这个题目很有意思，一方面已经用财政局的这个机构，另一方面又在混用，他说了财政局，但是又同时用“财用”“度支”这些词。这种混用，表明了“财政”词语的使用处于一个过渡时期。

光绪三十年十一月二十三日，《时报》发表该报记者所撰《论今日宜整顿财政》云：“今日京外各官之所汲汲皇皇者，莫不曰财政、武备、教育、实业，而四者中，尤以财政为最要。善理财政，则三者皆可具举；不善理财政，则任举其一，亦不能实行。……夫财政学与行政学本相钩连，因预算财政不能不委之行政官吏，欲整顿财政，先宜改良行政机关。”这里已经提出“财政”与“财政学”“行政学”的概念。

《时报》发表的这个记者的文章在《东方杂志》里也有。我在看《东方杂志》的时候，发现《东方杂志》里面非常多的文章没有署名，就说本刊记者，写得非常有水平。这个绝对不是一般记者所能写得出来的。后来一次偶然的机会，在武汉大学校内的 BBC 上看到一个帖子，说武汉大学民国年间有三个杰出的女性、三个校花，其中有一个人的丈夫叫杨端六，写过《清代货币金融史稿》，杨端六和我导师彭雨新差不多年龄，也是留英的。其中有一段话说杨端六留学归来之后，没有到大学里去，就在《东方杂志》任记者，写时评。所以《东方杂志》有这么多有水平的好文章。所以我们看这篇《论今日宜整顿财政》，就说得非常清楚，不但反复论述“财政”，认为财政为最要，而且提出了“财政学”概念，又认为“财政学与行政学本相钩连”，认识深刻。这也说明，“财政”成为惯用词语，以及“财政学”的提出，是在光绪二十八、二十九、三十年。

（二）财政史与经济史、社会史的关系

财政史与经济史、社会史的关系，我认为有三个方面的问题值得特别注意。一是财政史是研究经济史、社会史的重要基础；二是历史上没有严格意义上的经济政策，所谓的经济政策，主要是财政政策；三是历史上的财政问题，往往是经济问题、社会问题，财政与经济、社会交织在一起。

所谓财政史是研究经济史、社会史的重要基础，是因为历史上的大多事项，均与财政有关。具体的财政收入与财政支出涉及社会经济的方方面面。我们举出一个黄金的例子，一个白银、铜钱的例子加以说明。

关于黄金，我在这里列举两份档案材料。

乾隆三十三年十二月初五，总管内务府奏称："总管内务府大臣三和遵旨交到两淮盐商洪充实之子洪箴远、汪启源二商先行解到金三千两，计三百条。臣等饬交该库（广储库）磨验，得八五色金一百七十三条，八成色金一百二十七条，按库法（砝）平兑，共二千九百八十八两，计短平十二两。其成色，以八五色金较此头等金，计应补色二百一十六两六钱，八成色金较此头等金，计应补色二百十八两四钱四分。"

乾隆三十四年九月初七，总管内务府又奏称："总管内务府大臣三和遵旨交到两淮盐商洪充实之子洪箴远、汪启源二商复行解到金五千两，并补上次平、色金四百四十一两五钱，计五百四十四条一块。臣等饬交该库（广储库）眼同解官磨验，得九成色金三十二条，八五色金一百六十九条，八成色金三百四十三条一块，按库法（砝）平兑，共五千四百三十两，计短平十一两五钱。其成色，以九成金较此头等金，计应补色金二十三两四分，八五色金较此头等金，计应补色金二百五两七钱五分三厘，八成色金较此头等金，计应补色金五百八十八两八钱四分二厘。共短平金十一两五钱，计应补色金八百十七两六钱三分五厘，二共短金八百二十九两一钱三分五厘。"

列举连续两年的这两件档案，看似烦琐，事实上很能说明问题。第一，两淮盐商每年都捐解内务府数量不等的金条，以供内务府造办处打造工艺品、器物所用。第二，当年金的成色已经达到了较高的程度，除九成金、八五成金、八成金外，还有头等金，头等金一定在九成之上，一些鉴定专家所说的乾隆时金的成色最高九成，显然是无稽之谈。而且，金的补色是以头等金为标准的。第三，盐税是清朝的重要财政收入之一，除盐税正项、杂项等外，还有其他的征收或报解、捐解，还涉及地方与中央、国家与皇室的关系。

关于白银和铜钱，我列举一段档案史料。

道光七年四月二十八日，长芦盐政阿扬阿奏称："东运商盐，自永阜场舂筑，运至雒口，复分运至各引地行销，自数百里至一千八百里不等。……长途盘运，亏折实多。在从前物价平贱，成本较轻，虽斤重有亏，而余息尚可抵补。迨后百物逐渐加昂，运脚人工递增数倍，以致累益加累，殷商渐疲，疲商益困。……且应价今昔悬殊，在前纹银一两仅易钱八九百文，近日易制钱一千二百数十文至三百数十文不等，以今比昔，亏折甚而赔累实深。虽有一文加价调剂之名，而此款归商尚属迟而有待，且车薪杯水。”

清代的货币是双本位或复本位货币，一方面是用银两，一方面是用铜钱。银两在光绪年间之前就是银元正式使用之前，是一个非标准的货币，是一个称量货币。铜钱呢，一个铜钱是一文钱。铜钱和银两之间有没有固定的比值关系？原来好多老先生说是没有固定的比价关系，我不同意这个观点，我认为一定有固定的比值关系，没有的话就没法换算，这两种货币就根本没法进行。它们是怎么换算的呢？是一两白银兑换一千文钱，这一千文又叫一串，或者叫一贯。

上面的材料说明一个什么问题呢，说明当时盐商的兴衰，与银两和铜钱的比价有关。因为商人卖盐，收回来的是铜钱，上交税的时候要上交银两。清朝是大处用银，小处用钱，这是嘉庆皇帝说的一句话，就是“我朝银钱兼权，大处用银，小处用钱”。如果当时这个铜钱非常不值钱，那么他卖出去东西再折算成银两，他就亏损很多，如果这个铜钱非常值钱，折成银两，就有很大的利润。长芦盐政阿扬阿说，“在前纹银一两仅易钱八九百文”，意味着不做任何生意，商人就有10%到20%的利润。我们查档案材料，可以发现，乾隆年间最高的时候一两银子只能兑换六百多文，即所谓“钱贵银贱”，这个兑换比例，意味着商人从银钱比价的变动方面就能够赚40%—30%。所以为什么乾隆年间以及康熙年间中期那些盐商这么容易赚钱。这不是本身的商业利润问题，是银两和铜钱之间的兑换关系变化导致了商人财富的积累。道光年间一两银子只能换一千二三百文，再往后，就是一千七八百文、两千文，甚至到了三千文，这样一种情况之下，由于银两和铜钱比价的波动，由于“钱贱银贵”，导致了很多商人的破产。清代中后期盐商的破产，除了其他原因外，应该跟这个有非常大的关系，是银两跟铜钱的关系。这也说明财政史是研究经济史、社会史的重要基础。

所谓历史上没有严格意义上的经济政策，主要是财政政策。我认为，在不同的历史阶段和不同的历史背景之下制定的财政政策，虽然由于政策目标的不同而表现出诸多效果差异，但从总体上看，传统社会的经济政策更多地表现为一种财政政策，统治者对经济的重视，毋宁说是对财政的重视，在经济活动中，财政问题被首先考虑是毋庸置疑的。即便如此，财政政策的制定与实施，也必然是社会经济的反映并进而影响到社会经济。

所谓历史上的财政问题，往往是经济问题、社会问题，财政与经济、社会交织在一起。我们可以举出我们刚刚编撰完成的《晚清财政说明书》中的几段史料加以说明。

《山西全省各府厅州县地方经理各款说明书》记载的地方士绅作用。

兴县戏捐：“此款为地方经常之收入，系光绪二十九年正月，经前县陈令试办戏捐，邀同绅耆，妥为筹商，戏价市钱十千者，扣收钱二千文，戏价五千者减半，禀奉批准照办。向由绅董收支，不假官吏之手”。

宁乡县皮捐：“因学堂无款，邀同绅耆，拟抽皮捐，每羊皮一张，抽捐钱五十文，牛、驴、狐、狼等皮按价钱一千，抽捐钱五十文，选派诚实妥靠之人充为行头，经收捐钱，于收数内提二成以作行头津贴工资，八成归学堂支用，禀奉批准。由学堂司事经理，不假官手”。

屯留县铺捐：“光绪二十八年成立巡警，筹办经费，商同绅耆，按城镇各铺生意之大小，酌定抽收数目，由该商等自行均摊交县”。

沁源县戏捐：“光绪三十年，前署县汪令因奉文兴办学堂，经费奇绌，遂与学界绅士议定，每演戏三日，抽捐钱二千，充作高等小学堂经费。三十四年，实收钱二百五十千文，合银一百五十六两，系由学堂收支，概不假手官吏”。

壶关县戏捐：“光绪二十九年，前县刘令因巡警经费不敷，谕饬四乡绅士，按其村之大小，演戏之多寡，酌量节省，每村有摊钱一千文至三、四千文者，年实收钱四百五十千文，充作巡饷。三十四年，因高等小学堂经费支绌，复经前县刘令会商绅董，加倍收捐钱四百五十千文，以充学堂经费，均由绅经理”。

沁水县戏捐：“光绪二十九年，经前县张令因筹学堂经费，以各里每年共演戏一百三十余台，无论上、中、下，每台捐钱二千文，通年抽收钱二百六十余千。嗣于宣统元年，前县李令因学堂经费不敷，会绅筹议，将各里演戏派定一百九十台，每台抽钱二千文，分作三节缴钱，通年应得戏捐钱三百八十千文，充作高初二等学堂经费，向由学堂经收，不假官手”。

这些史料乍一看，可能没多大意思，但是仔细一琢磨，应该是意思很大。我们都知道，在中国传统社会，收税都是官府来收的，定什么税种，也是由官府来定的，这个税种的征收比例有多高，也是由官府来定的。在中国传统社会，一直到现在，税收都跟国家密切相关。

清朝末年不太一样，所以这个捐，不是上面要办的，上面的史料说，经前县陈令，就是姓陈的这个县令，试办戏捐，是他地方上自己来搞的这么一个税种。由谁来收呢？由绅董来收支，由绅士、绅董他们来处理的，“不假官吏之手”。宁乡县的皮捐，皮捐由“绅耆”——就是老年的绅士来抽这个皮捐，抽了以后，就归学堂来用，也是由学堂的司事经理，跟国家跟政府也没有关系，不假官手。“铺捐”也是有绅耆、学界来商量。

我们知道，清代前期的正税就是田赋、关税、盐税，另外其他的都称为杂税。晚清有很大的变化，不但杂税、杂捐名目繁多，最重要的是由地方上来议定税种，由地方上来决定怎么征收，怎么支出，涉及的面就比较广。不单纯是一个财政问题，它和经济、社会历史的关系密切相关。

二　财政史研究的路径之一：结构性选择

所谓的结构性选择是什么呢？就是我们财政史到底应该研究什么，研究的主要内容是什么。

我认为，财政史的研究，主要应该研究这么几项：一是财政思想；二是财政政策；三是财政制度；四是财政管理；五是财政收入；六是财政支出；七是仓储与财物调配；八是财政与货币的关系；九是中央财政与地方财政的关系；十是国家财政与皇室财政的关系；十一是财政与经济、社会的关系；等等。

由于时间的关系，以及研究的路径，我主要讲四个问题。

第一是财政思想以及财政思想与财政政策的关系。

目前存在两个突出的问题，一是财政思想研究的碎片化和孤立性。一方面，我们研究历史的学者对思想史不是太重视，不管是财政思想也好，经济思想也好，真正历史系出身的人研究思想应该是非常之少，基本上都是在经济系、财政系研究的比较多。另一个方面，在财政金融界和经济学界，研究财政思想，孤立研究的现象非常多，基本上就是一个思想家一个思想家的研究，连贯性和系统性非常之差，许多财政思想史，或者经济思想史，基本上是财政思想家传记的汇集，没有把它贯穿起来。一种财政思想，从先秦中经隋唐，一直到明清，到底有哪些变化，最早提出来的财政思想，在中国传统社会的中期，以致后期，它的变化到底有哪些，我们目前看一些财政思想史的著作，是发现不了，我觉得这一点应该引起我们的注意。

二是财政思想与财政政策的脱节。这一点我觉得也非常重要。我们一般认为，由思想到政策，由政策到制度，由制度然后到执行，应该是这么一个过程。

但是，我们所谓的财政思想家的思想到底有多少进入了传统社会统治阶层的政策层面。到底有多少，仔细一梳理的话就会发现，非常可怜，基本上没有多少，就在各说各话。现在挖掘出了很多著名的经济思想家，财政思想家，大多对当时现实没有太多的影响。除了有一些，像王安石变法，张居正变法，他本身在那个位置之上，那么他提出了思想，可能产生了作用。如果是一个平民在野的思想家，基本上就没有进入这种决策的进程。这点我觉得非常重要，也是中国财政史和西方财政史不太一样的地方之一。我们如果看西方的财政史，对思想、政策、制度之间的关系，非常注意梳理。我们中国的学者不太注意梳理。有没有可以梳理的地方呢？我认为是有的，就是没太注意。我在研究清代盐政的时候，曾经注意过梳理，梳理两江总督陶澍与他的幕僚包世臣之间的关系。两江总督陶澍曾经做过非常多的事情，写过很多奏折，我把陶澍（陶文毅公）的奏稿和包世臣的文集做对照，可以发现，当年陶澍所上的奏折，所谓他写的文章，基本上都是包世臣的文章，这是包世臣的财政思想间接的进入了政策层面。就是一些思想家的思想进入了政策层面，是间接的进入。有一些思想家根本没有，包括非常著名的洪亮吉人口思想。洪亮吉的人口思想拔得很高，洪亮吉和当时的社会经济到底有什么关系，我认为关系不大，不过现在把这些思想家大大的拔高了。思想家的孤立化、碎片化，思想与实际的脱节和背离，或者吻合，应该是我们研究历史的学者今后需要注意的问题。

第二是财政政策问题——财政政策的制定与实施。

研究财政政策，一个需要注意的问题，是财政政策制定过程中各阶层的作用。罗兹曼主编《中国的现代化》中有一段话："君临一切的中国政府，具有强大的力量去影响那些直接牵涉生产和分配的各种组织。政府可以重新分配财产权利，决定赋役负担的数量和规则，调整市场和货币投放，维持并开发诸如灌溉体系和运河之类的经济基础设施，为赈灾和垦荒等各式各样的目的提供补贴资助，协助新技术的推广使用，并履行许多其他的服务职能"。好像是中国传统社会的帝王，具有无限大的权力，好像什么事情都是他说了算。事实上我觉得不是这样的事情。

一般地说，以帝王的谕令形式颁布的财政政策，高度体现着专制主义集权的特点，一纸诏令即可形成决策，决策迅速，程序简单，表面上不受权力的制衡，具有很大的随意性和独断性，即所谓："君主是国家中个人意志的、没有根据的自我规定的环节，是任性的环节"。但事实上没有如此简单，帝王的出令仍受到许多制约。任何一件事情都由地方大臣或有关方面的大臣上了奏折，上了奏折之后上到部里面，部里面即户部也好其他部也好，部里面又到皇帝那里去，皇帝一般的情况下都有批示。在传统社会里面，文官制度非常成熟，经过各个环节反反复复的讨论，有一定的决策程序。财政政策具有以下的主要特点。第一，所谓的“财政政策”的语义或内涵较为宽泛，它既包括了典型政策意义上的典章、条例、法律等，也包括了帝王的谕令、意旨，甚至后者更能代表财政政策的走向和更张，充分体现着封建皇权与官僚政治特征。第二，由此“糅合”起来的财政政策，在一定程度上具有明显的随意性和超经济性。一方面，受着帝王的智能、品性、好恶的制约以及权力的极度膨胀，其谕令在某些情况下可能仅仅是个人的憎恶，或者甚至是各种纯粹个人怪癖的表现；另一方面，财政政策中的过度的政治化倾向，也正标志着政治权力支配经济权力，标志着政治利益对经济发展自身规律的遏制。第三，与官僚政治的根本利益相一致，财政政策的一个基本导向是伴随着政治的等级制而进行财产的等级分配，这包括了土地的占有、徭役的优免、俸禄的分配以及经济特权的攫得等方面。

财政政策制定以后，政策的实施也非常重要。比之于财政政策的制定，财政政策的实施更为重要也更为复杂。之所以这样说，其底蕴是：政策实施是一个由抽象到具体的过程，以抽象的一般准则性的形式表现出来的政策，一旦付诸实施，就会泛化成具体的行为和措施。而在具体的实施过程中，又不可避免地要受到各种因素和各个环节的制约。一句话，决策效能或政策目标的实现，取决于各级官僚实施政策的最后结果。在许多情况下，政策的颁布是一回事，政策的实施又是一回事，官僚政治影响社会经济的一个显著特点就是政策在逐级执行过程中的变异，尤其是一种似是而非的带有缺陷的政策，各级官僚最后执行的结果可能恰恰就是对缺陷的逐级放大，从而导致统治者始料不及的种种弊端。在这种认识的基础上，对任何政策的研究，决不应止于政策本身，更为重要的是揭示出政策执行过程中的种种问题和症结。一般说来，在财政政策的实施过程中，大致有三种结果：一是财政政策得到切实的执行；二是财政政策根本未得到执行；三是财政政策得到了部分执行或全部执行，但在执行过程中任意扭曲、出现了偏差或变异。

第三是财政制度与财政管理问题。

列宁在《论国家》中曾经指出：“国家一直是从社会中分化出来的一种机构，一直是由一批专门从事管理、几乎专门从事管理或主要从事管理的人组成的。……只要国家存在，每个社会就总有一个集团进行管理，发号施令，实行统治，并且为了维持政权而把实力强制机构、暴力机构、适合于每个时代的技术水平的武器把持在自己手中”。国家在设官分职之后所体现出来的管理或统治特征，从表面上看是各级官僚直接行使或大或小的政治权力的结果，但事实上在这背后，正常权力的行使（当然排除了权力的滥用）则受制于一系列的政策或法令。换句话说，正是在政策、法令的规范下，各级官僚借以发挥各自的行政职能。

传统社会的财政，从总体上体现着国家政权为实现其职能，对一部分社会产品进行分配和再分配而形成的以国家为主体的分配关系。这种分配关系的简明形式就是国家对财政收入与支出的把握，其实质则是国家凭借权力对剩余产品的占有和重新分配。在不同的社会制度下，国家财政具有不同的性质，财政随着国家的产生而产生，并随着国家本质（社会性质）的变化而变化，但其主要职能并不因社会制度的变化或朝代的更替而改变。在清代，为了实现国家的财政职能，形成了一套沿袭自前代并不断完善的财政管理体制，中央由户部及各“清吏司”衙门主管全国及某一门类、某一区域的财政事务，地方上则有布政使司衙门主管一省的财政，下至各府州县，也有相应的财政管理职能。在这套财政管理体制的运作下，以保证财政收入与支出程式的贯彻与协调。同时，对赋税钱粮的征解与奏销，清政府又制定有各种制度，以便于官吏的遵循和有关事项的规范。

第四是财政的收入结构与财政的支出结构问题。

财政的收入结构，每个朝代不太一样，我这里说是清代的情况。清代前期，财政收入的构成主要是田赋、盐课、关税、杂赋四项（也有学者将其分解为田赋、漕粮、盐课、关税、杂赋、耗羡六项）。

田赋是对民田、屯田等田制类别的直接课税（其中主要是民田）。摊丁入地之后，田赋中又包括了丁银，因此，田赋又称作“地丁”。田赋征收主要采取货币地租形式，大多征收银钱，但也有一小部分征收实物地租，直接征收粮食、草束。在山东、河南、江苏、浙江、安徽、江西、湖北、湖南等省征收的“漕粮”以及在江苏、浙江二省所属五府一州征收的“白粮”，除了在某些时候进行漕、白二粮“改折”外，也全是征收实物（另随征经费银）。因此，田赋又称作“地丁钱粮”或“地丁漕项”。

盐课又称作盐税，一般来说是对食盐消费者征收的一种间接税（其中的灶课是对食盐生产者课纳的直接税）。分作灶课、引课、正项、杂项等许多类别，除了“贡盐”之外，全部征收银钱。盐课向来被视作税制中最复杂的一种。

关税是对商人征收的商品过往税。清代前期的关税主要是指内地的“常关税”（康熙年间开海禁，已设置海关），以别于清代后期的“海关税”。征收关税的各关就其隶属关系而言，又分为户部关、工部关，户关主要征收衣食百货税，工关主要征收竹木船料税。

杂赋又称“杂税”，是指其他杂项税种。也有人认为除传统的正项钱粮——田赋之外，都可称之为杂赋，即“地丁之外取于民者，皆为杂赋”。但在实际征收的过程中，杂赋有较为确实的内涵。

田赋当然一直是最重要的收入之一，盐税、关税也比较多。杂税的变化比较大，情况稍微复杂一点，从咸丰年间实行厘金之前，整个的财政收入事项和财政收入的数额，都比较固定，每年是四千多万两白银。但是到了咸丰年间开始征收厘金，情况不太一样了，厘金征收数额也非常高，有人把厘金放到杂税里面，有的把厘金专门作为一项，有的又把杂税分为杂税和杂捐。每一类税都是非常重要的，也非常值得注意。

咸丰之前，清朝每年的收入是四千多万两白银，咸丰以后，由于厘金的抽收以及其他杂税的征收，岁入不断增加，到光绪中期，已经达到八千多万两白银。光绪末年又达到二亿数百万两。具体的情况，我有专门的论文《清代财政收入政策与收入结构的变动》探讨，可以参考。

那么财政支出呢，财政支出结构主要是军费、俸禄、河工水利，历代的情况大致差不多，也就是所谓的三大财政支出。清代的情况，我也有专门的论文《清代财政支出政策与支出结构的变动》探讨，可以参考。

我们所关心的问题是什么呢？是它们各自占的比例是多少。军费支出到底占多少呢，在我写《清代军费研究》之前，有各种说法，军费支出，就是固定的经常的军费支出是占60%左右，经过我的统计，大概是占70%左右。军费支出占整个财政收入的70%，俸禄支出是占20%左右，河工水利支出10%还占不到，每年只有几百万两白银。那么，这就造成一种现象，就整个的财政支出而言，主要是维持国家机器的运转，对社会经济的发展没有太多的帮助，这就是马克思所说的，东方的这种收入支出模式是种非常可恶的模式，“赋税是喂养政府的奶娘”。这又导致另外一个问题，就是为什么中国传统社会几千年停滞不前，有很多讨论，我的看法是，中国的传统社会经济一直处于一种比较原生态的状况之下，是一种自生自灭。自己在慢慢地发展，政府没有钱，没有财政支出项目来支持社会经济的发展。公共财政更是没有，好多地方事业，包括公共水利的兴修，包括修城墙、修衙门等，都没有钱，都需要另外进行筹措或另外加征赋税。从财政收入、财政支出结构来看，财政史上的很多问题值得我们思考。

另外一个问题，就是中国传统社会的财政模式，到底是“量入为出”，还是“量出制入”？一般的财政学者认为，中国传统社会的财政模式是“量入为出”，就是收入多少，就支出多少。我认为，在大多数情况之下应该是这样子，在正常时期，我们传统社会所执行的这种基本政策，是“量入为出”，但是在非常时期，特别是在财政困难、战争时期，实行的政策有转换，由“量入为出”转为“量出制入”，这点我觉得也是非常重要，在1992年出版的《清代军费研究》的导论中已经做过论述。

三　财政史研究的路径之二：方法略说

财政史的研究当然需要一定的方法。但“史无定法”，仅供参考。

方法论的第一个问题就是数据应用与计量分析。财政史研究中的数据应用与计量分析是一个最基本的方法，涉及的问题很多。财政史研究，包括经济史研究，数据应该说是最为重要的一种东西，但是在财政数据方面，整个来讲应该是有许多缺失或者说不系统，这是问题的一个方面。另一个方面，就是这些财政数据到底准确性如何，怎么来判断。第三个就是涉及财政数据的具体问题，或者说是具体概念的厘定。

我这里首先讲财政数据的具体问题，具体概念的厘定。

这个问题是数据应用与计量分析的初阶，不可以不讲。刚才我讲银钱比价，银钱比价问题当然也是涉及的问题非常多，另外还有“平”和“色”。

什么叫“色”，一般的讲，财政史上有本色，有折色，本色就是实物东西，粮食、米啊、稻子都是本色，折色就是折成银两或者铜钱。在折色里面的这个“色”，就是成色、成分。上面已经讲到金的成色，有头等金、一等金、二等金、三等金的区别。如果不知道这些区别，就不知道有所谓的“补色”，就不知道五千两黄金不一定就是缴纳五千两，统计数据就会出现差错。银子同样有成色问题，同样有是否“足色”的问题。

“平”是什么呢？平这个东西也非常复杂，有时候我们统计一组数据甚至无法准确统计，因为“平”不同，需要进行细致的折算。有所谓的“部平”“库平”“关平”“漕平”“湘平”等。这种多“平”的关系，势必影响我们的一些统计数据。我们专门做财政史的，有些问题有时候也搞不清楚，也需要慢慢来查对。

我讲这个问题，是什么意思呢，就是不要看到一种数据，就随便来运用，要分析一下，要细致。

另外，再说石和斗。石和斗这个问题，看起来非常简单，实际上也非常复杂。我们一般的说，从秦始皇开始，统一度量衡，我有一种观点，中国的度量衡从来都没有统一过。比如说这个石，一石到底是多少，恐怕各种记载，各种地方不太一样，有的是一百五十斤，有的是一百六十斤，各种情况都有。这种情况有时候可能不太会影响到我们的研究结论，但有一些问题就影响到结论，比如说这个斗，这个斗到底有多大。我在研究清代军费的时候，就差一点犯了一个错误，就是我们云南的士兵待遇，一般的士兵，一个月发给两斗粮食，我查云南地方志，里面说一个士兵发四斗粮食。这四斗粮食当时我已经写到书稿上去了，而且还加以论述，论述为什么云南发四斗。因为新疆有发四斗的个例。我就得出一个结论，说清朝在边缘地区，因为条件比较艰苦，一个人发四斗，比内陆地区多了一倍。这种论述当然是合乎情理的。后来我发现有的地方又不一样，再进一步查对其他资料，结果发现云南这四斗，是所谓的“小斗”，实际上是两斗。这个问题当时如果不改过来，不进一步深究，就是一个非常大的硬伤。

数据很枯燥，有些东西也觉得很有意思，特别是在我们观察一些事情的时候。比如说刚才我讲一两银子能够换一千个铜钱，一千个铜钱叫一串，或者叫一千，或者叫一贯。有一个戏剧叫《十五贯》，《十五贯》里有一个娄阿鼠，偷了十五贯钱，十五贯钱挂在娄阿鼠身上，娄阿鼠在舞台上跳来跳去。如果我们知道十五贯是多少钱，你就会注意他是绝对拿不动的，他跳不起来。一贯钱是一千个铜钱，十五贯是多少，是一万五千个铜钱。一贯是多重呢？我没有一千个铜钱来称过，当然每个朝代铜钱的重量也不一样。我在研究耕牛的时候，在日语资料里面有这个贯的重量单位，日语念 kan，就是 yikan，我请教日本人的时候，日本人说 yikan 就是两个寿司嘛，到餐馆里吃寿司，你说要 yikan，就是说两块寿司。后来我又请教一个老教授久保田先生，他查出来了，大概一贯的重量是 4.7 公斤，九斤左右，那么十五贯的话，就是一百四五十斤了，一百四五十斤，娄阿鼠拿得动吗？即使拿得动，能够在舞台上跳来跳去吗？这样看来，这《十五贯》就是在胡说八道，没有历史知识，跟历史事实根本不符合。像这些东西，也是我们研究财政史需要注意的问题。

其次，数据真假的判断。

数据真假的判断有两种，一种是所谓的官方史书不可尽信，有些记载大都是错的。我觉得这是非常表象的一种说法。我们研究历史，在没有别的数据可用的情况之下，只能引用官方的记载，至于真和假，你不能上来就说假，只能靠具体的分析。一种是同样的记载，看你如何运用，运用的好，就是正确的数据，运用的不好，就是错误的数据。看你对这个数据如何利用，如何截取。这样讲有点玄乎，我就举两个例子来讲这个问题。

一个是清朝的常额军费。清朝的常额军费，在魏源《圣武记》里面就有记载，说清代前期一年在一千三百万两左右，很多人都直接引用。我在《清代军费研究》中说这个数字不对，我考证出来一年是一千七百万两。为什么这样呢？魏源记的数字，没包括京城的军队费用，是各个省的费用。魏源做学问还是很严谨扎实的，他实际上已经说明是“各直省军费”，并没有说全国。后来引用的学者，没有细致的体会。需要我们认真来辨别。

另外就是清朝的战时军费。台湾有位学者叫赖福顺，他写过一本书叫《乾隆朝军需研究》，这本书写得非常之好，而且台湾学者也比较敢讲话，他在这本书里面批评其他的学者，说好多学者动不动就说什么叫康乾盛世，这个事情怎么样怎么样，实际上一些重要的数据都没搞清楚，就在那里“妄说”。赖福顺自己把乾隆朝的战时军费都已经搞清楚了，“一一会计得知”。但在我看来，同样有问题。比方说我考证了台湾的一场战争，就是乾隆五十六年台湾的“林爽文之役”。这场战争，按赖福顺的统计数字，花了三百多万两白银，按我的统计，是七百多万两白银，差了一半。他的数据也同样引用的是档案材料，我的数据也是档案材料。那么为什么相差这么大呢？他用的是档案材料，我也用的是档案材料，关键是对当时的历史事实的辨别。因为一次战争发生之后，有很多后勤部门，当时叫“军需台”，台湾“林爽文之役”，军需台有两处，一处是设在台湾，一处是设在福建。赖福顺只统计了福建的这一处，没统计台湾这一处，导致了数据的不准确。另外，乾隆年间的“金川之役”，我们的统计也不一样。赖福顺依据的档案，是他看到一份战争刚结束的奏报，是一百零八十次奏销案，把一百零八次统计出来，这也不容易。而我统计的数据不是这次。我认为，研究历史，一次战争刚刚打完不可能搞清楚，非要隔几年之后才能计算，还有战后的善后费用，报销的反复核查，等等。这次战争过了五年还有不同的统计数据，我根据多份档案，最后的统计数据比他多了三百多万两。就是说，同样是一个数据，由于你选取的节点不一样，你对问题的认识不一样，那么，数据结果就不一样。

再次是财政个案研究中的宏观视野。

我们做财政史研究，喜欢搞实证研究，在过细的考察当中，能不能用宏观视野，我觉得这是做历史研究最重要的一个问题，就是说小中见大，从一个小事件里面，能够看到比较大的问题。我这里可以举两个例子，举一个赌饷，举一个妓捐。

晚清的赌饷，在全国主要是广东征收，台湾有个学者叫何汉威，非常有名，他写过清代广东的赌税，写了七万多字，可见写得非常详细。征收赌饷，不仅仅是财政问题，实际上涉及经济和社会方面的许多问题，我们不能单纯的以赌饷或者赌税来研究这个问题，而是要把其放在晚清广东的大环境中加以研究。

妓捐这个问题就更加有意思，妓捐当时大概在15个省有征收，包括云南、贵州这些比较偏远的省区都有，而比较发达的省份山东则没有。妓捐的征收不单纯是一个财政问题，还有社会风俗方面的影响和问题。另一方面，这个钱征上来做什么，怎么开支，主要是做了警察的费用、卫生的费用。为什么做警察的费用、卫生的费用？因为需要警察来管理，需要卫生部门检查。

赌饷和妓捐都是不太好的税种，有碍良风美俗。但即使是这些不好的税种，对晚清公共财政的建立，对社会公共事业的开展，也有很大的关系。如果单纯研究一个赌饷，研究一个妓捐，我想应该是意思不太大，最多就是把这个问题搞清楚。我们应该把一个具体的财政问题，向经济史、社会史方面来扩充，这样就比较有意义。

最后是历史研究中的财政观察。

在我们研究一般的历史问题时，如何加上财政的因素，如何考虑财政的因子，也是一个有趣的问题。我认为，财政因素无处不在，只要花钱，就有可能涉及财政。许多历史研究课题中，没有涉及财政，那是因为没有从这方面考虑，没有这方面的问题意识。

我这里也举个例子，前年毕业的一个学生写了《清代的鼻烟壶制造与玻璃生产》博士论文，专门研究清代的鼻烟壶和玻璃生产，为什么选择这个题目呢？因为这个学生是山东博山人，对博山有感性认识，博山这个地方又是玻璃生产的传统地区，鼻烟壶又涉及工艺史、技术史，涉及物质文化。这个题目本来也可以不涉及财政问题的，但事实上有很大的篇幅对财政问题进行了研究，比如造办处匠人的待遇——工资待遇，他们的工资待遇是多少呢？他们最低的学徒的匠人工资一个月3两白银，最高的匠人工资一个月13两白银。每个月13两，超过了总督一年130两的标准，一比较，就能说明很多问题。另外还有安家银、探亲银、养赡银等待遇。这些钱是不是列入中央财政、地方财政，还是列入皇室财政，是很有意思的。本来造办处里的工作完全是皇家的内部事务，应该从皇室财政开支，事实上不一定，有的来源于关税，有的来源于盐商，有的来源于派出工匠的地方。

本来是研究一个文化史的东西，研究一个技术史的东西，把财政史的内容加进去，研究的角度就不一样了，研究的空间也不一样了。

四 财政史研究的路径之三：史料支撑

我认为研究历史上的任何一件事情，缺不了几个问题，一个是架构——结构问题，一个是方法问题，一个是史料问题。所以在这里讲财政史的史料支撑。

财政史一般的研究史料到底有哪些呢？我认为大概有四种，一个是政书史料，一个是档案史料，一个是专门史料，另外就是其他史料。

其一讲政书史料。

政书史料就是一般说的典章制度史料。政书体，也称典制体，其内容以典章制度为中心，记述历代政治、经济、文化、军事等典章制度的演变。以“政书”为名，将图书加以分类，始于明代，钱溥所撰《秘阁书目》中列有“政书”一类。到清代，政书成为一种重要的载籍，《四库全书》中的史部专列政书类。

我们最熟悉的“政书”就是“十通”：《文献通考》《通典》《通志》《续文献通考》《续通典》《续通志》《清朝文献通考》《清朝续文献通考》《清朝通典》《清朝通志》。史料浩如烟海，不说看别的东西，就光这个“十通”，如果全部看下来，没个三年两年看不完。我们作一个硕士学位论文作一个博士学位论文根本没办法看。在“十通”里面，如何有选择的来看，到底是看通典系列，还是看通志系列，还是看文献通考系列？我觉得看一个系列就差不多了，其他的只是参考，这样效果会比较好。我认为看《文献通考》系列相对来说比较好。为什么这样说呢？《文献通考》系列的系统性、延续性比较好，线索非常清楚，而且也分了类。研究财政问题，主要看“国用考”。如果是有些疑问的问题，再去看其他的类别，同时去核查一下《通典》《通志》。我觉得这是一种比较省时省力的方法。

当然，除了“十通”之外，其他政书也还有很多。我们用得最多的，以明清为例，就是“会典”和“会典事例”。“会典”在明代基本上是有两种，一种是正德《大明会典》，一种是万历《大明会典》。清代的“会典”

有五种，有康熙、雍正、乾隆、嘉庆、光绪五种会典。清代在五种会典之外，还有《大清会典则例》《大清会典事例》。

我们看史书，有时候应该注意史书的编纂体例。这个也非常重要。“会典”的编撰体例是不一样的。康熙《大清会典》和雍正《大清会典》延续了两种大明会典的体例，主要是“通史”性的记事和编纂。简单地说就是，正德《大明会典》，从明初记载到正德年间，万历《大明会典》从明初记载到万历年间，康熙《大清会典》从清初记载到康熙年间，雍正《大清会典》从清初记载到雍正年间。后来的《乾隆会典》《嘉庆会典》《光绪会典》是单独的一种体例，具有断代性特色，乾隆《大清会典》仅仅是记载乾隆年间的事情，嘉庆《大清会典》仅仅记载嘉庆年间的事情，光绪《大清会典》仅仅记载光绪年间的事情。这个非常重要，我们见一些人写的清史论著里面，参考文献注明乾隆《大清会典》或光绪《大清会典》，这是不可以的，怎么能够用这个会典的资料论述清朝一代的事情呢，只能论述乾隆中期以前和光绪中期以前一个朝代（严格地说是半个朝代）的事情。为什么乾隆《大清会典》的体例会发生这种变化？我认为和乾隆年间编《大清会典则例》有关系。乾隆《大清会典则例》是按吏、户、礼、兵、刑、工六部，按门类，按时间顺序来叙述，类似于原来的《大明会典》和康熙、雍正的《大清会典》。由于乾隆《大清会典则例》的这种“类似”，再编乾隆《大清会典》就只有改易，只记载本朝的事情。那么到了嘉庆年间，为什么成了《大清会典事例》，光绪也是《大清会典事例》，叫“事例”而不叫“则例”了呢？我们如果对照乾隆《大清会典则例》和嘉庆《大清会典事例》、光绪《大清会典事例》，就可以发现，体例几乎是一样的。我觉得又与当时从乾隆年间开始，编各部的则例有关系，乾隆年间开始编《户部则例》《工部则例》等，分别编了很多则例，已经有了各部的“则例”以及《军需则例》等，后来编的就改称“事例”了。如果了解了这个过程，了解了这种史书编撰体例的变化，我们就会在运用这些史书的时候，不致犯一般性的错误。

另外还有顺带的一个问题需要注意。需要注意什么呢？就是清代的法律文本和明代、唐代的不同。唐代的法律文本叫《大唐律》，明代叫《大明律》，清代则叫《大清律例》。表面上看好像很简单，但是我觉得事实上也不简单。清代从法律体系来看，有一个最重要的特点，就是所谓的“以例代律”，这个“例”更加重要。如果将《大清律例》与《大唐律》《大明律》对照的话，大概重复的条文占了70%，律文没太多的变化。这种重复可能会受到一些质疑，我反而不这样看，因为法律本身具有长久性，不能乱改乱动。法律作为国家的根本大法，一定不能够乱改，只能是小修改。清代人的判案也好，遵守的一些规章制度、政策条文也好，往往不太注重律，而注重例。这个“例”，《大清律例》里有，《大清会典则例》《大清会典事例》和各种会典当中也有。这些“例”，除了政策的色彩外，同时具有法律色彩。我们在研究好多法律条文的时候，比方说，我研究清代食盐走私的处罚，《大清律例》中的条文非常之少，反而是在《大清会典则例》《大清会典事例》和各种会典中的户部、兵部、刑部里面，有非常具体的记载。

其二讲档案史料。

档案史料也不神秘，什么叫档案呢？把各种资料文件存到一个机构，存下来后就是档案了。

档案文献的保存与利用，在我国由来已久，但“档案”一词出现较晚。单士元认为，我国档案史可以从殷墟甲骨文记事写起，已历 3000 多年，而档案这个词则始于近 300 年。

唐宋以来，收藏旧文书的地方，叫架阁或架阁库，现在所习惯称呼的“档案”一词，在明代末年人所著《柳边纪略》中首次出现，到清代康熙、雍正两朝已属成熟的语汇，但对早期“架阁”一词，有时仍在应用。至传统社会末期，政府各种文书有“卷案”之称，将文书存储起来者，总其名曰“档案”。

在档案中最著名的是清代档案，20 世纪 20 年代，清代档案一经发现就引起轰动，学术界将其与殷墟甲骨、战国秦汉竹简、敦煌经卷并称为四大学术发现。清代档案的数量很大，目前在中国第一历史档案馆保藏的即有 900 多万件，在台北有 300 万件左右。档案的类别有题本、奏折、军机处录副、军机处上谕档册、奏销黄册、舆图、外务部档、国史馆档、满文档等。档案的内容则包括了方方面面，如“题本”一事一题，按吏、户、礼、兵、刑、工六科分类，与财政史、经济史研究关系密切的户科题本的内容有户籍、田赋、关税、盐税、杂税、俸禄、军费、货币、漕粮、库储、仓储、经费等。其他档案也有财政经济史的资料。另外，中国社会科学院经济所的清代钞档及各地方档案馆所藏档案也值得注意和利用。

档案的编辑出版也为研究者利用提供了方便。解放前已经编辑刊印了《掌故丛编》《史料旬刊》《文献丛编》《文献论丛》《文献专刊》《明清史料》等。20 世纪 70 年代以来，除《历史档案》《清代档案史料丛编》定期整理编辑出版清代档案资料外，许多类型的档案陆续出版。主要者如：《明清档案》《康熙朝汉文朱批奏折汇编》《康熙朝满文朱批奏折全译》《雍正朝汉文朱批奏折汇编》《雍正朝满文朱批奏折全译》《雍正朝汉文谕旨汇编》《乾隆朝上谕档》《嘉庆道光两朝上谕档》《咸丰同治两朝上谕档》《光绪朝朱批奏折》《乾隆朝惩办贪污档案选编》《中国海关密档》《吴熙档案选编》《江宁织造曹家档案史料》《李煦奏折》《第二次鸦片战争档案史料》《戊戌变法档案史料》《义和团档案史料》《清末筹备立宪档案史料》《天地会》等。

这些档案史料应该说是非常重要。档案材料运用的重要性表现在几个方面。第一，我们在研究过程当中发现了一个新的档案，这就是稀有史料，别人从来没有用过，我用了，就有首见之功。第二，在档案材料里面，确实有很多其他地方看不到的东西，确实有很多新的材料，一般解决不了的问题，可以用档案材料解决。

利用档案，也有值得注意的问题。一是档案的命名。原来研究敦煌文书的时候，就有一个定名问题，其他材料也有一个定名问题。因为一件档案是没有具体名称的，我们引用的时候要用个书名号把它引起来。这个名应该怎么来定，一般应该注明什么类别，什么时间，奏本或题本名称为什么什么事。整理以后的档案，则要注明档案号。二是档案中的简体字、繁体字、异体字问题，需要认真识别。在“军机处录副”档案中，有很多行书、草书的简体字、异体字，比如“毫”字可能就简成“毛”字。三是繁简字转换。我举一个最典型的例子，就是这个著作的“著”，奏折里面非常多，皇帝讲完一句话，经常讲“著”怎么怎么样来办，这个“著”不是著，是一个着急的“着”，有什么“着落”，“着”如何做。

其三讲财政史研究的专门史料。

这种专门史料应该是各个类型都有，比如说研究漕运，有漕运的史料，研究盐政有盐法志。单就盐法志讲，明代有汪砢玉《古今鹾略》、朱廷立等《盐政志》、史起蛰等《两淮盐法志》、杨鹤《两浙订正鹾规》、周昌晋《福建鹾政全书》等。清代的盐法志数量比前代有较大的增加，除《清盐法志》《盐法通志》外，各盐区大都有官修的盐法志，有的盐区还不只一种，如长芦盐区有雍正《新修长芦盐法志》、嘉庆《长芦盐法志》，两淮盐区有康熙《两淮盐法志》、乾隆《两淮盐法志》、嘉庆《两淮盐法志》、光绪《两淮盐法志》以及道光《淮北票盐志略》、同治《淮南盐法纪略》，河东盐区有雍正《河东盐法志》、乾隆《河东盐法备览》、光绪《增修河东盐法备览》等。盐法通志类著作，便于了解整体上的盐政官职设置、政策条例和法令律例，如《清盐法志》卷五《职官门一·官制》有盐政衙门的设置与变更，《清盐法志》卷三《通例·征榷门》有盐税征收的政策变化，《清盐法志》卷六《职官门二·考成》有对盐政官员和其他官员的考成条例，《清盐法志》卷四《通例·缉私门》有食盐走私与缉私的记载等。同时，也有分盐区的叙述，如《清盐法志》卷二十七为《长芦·缉私门》，卷二十九为《长芦·经费门》，卷一百四十八为《两淮·经费门》，卷一百八十一为《两浙·缉私门》，卷一百八十八为《两浙·杂记门》，等等。至于各盐区的盐法志，对了解一个盐区的食盐生产、运销、课税诸环节则大有裨益，如嘉庆《长芦盐法志》，共有20卷（另有附编10卷），就分别记载了谕旨、天章、盛典、奏疏、文艺、图识、优恤、律令、场灶、转运、赋课、职官、人物、营建等门类。其他各盐区的盐法志篇目大致类似。

又有《赋役全书》和其他财政专书。《赋役全书》是征收赋税的基本册籍，也是研究赋役制度的基本典籍。以现存的《赋役全书》来看，明清两代，篇目各有差异。如嘉靖《河南赋役总会文册》，分为10卷，卷之一“税粮”包括征收税粮起存本折规则、派征钱粮、夏税额麦、税丝、秋粮额米等23目，卷之二“均徭”，包括定审编之官、审编官员下乡、审编告示、三等九则之法等20目，卷之三“王府校厨等役”，包括民校、民厨、库子斗级3目，卷之四“岁办”，包括光禄寺牲口、光禄寺果品、工部胖袄裤鞋、工部麂皮、工部大角活麂等19目，卷之五“岁支”，包括岁支总数、王府禄粮、官员俸粮、禄俸折钞、月俸月粮等8目，卷之六“里甲”，包括支应、接递夫役、走递马骡3目，卷之七“课程”，包括户口食盐、税课钞银2目，卷之八“驿传”，包括驿传总议、审编规则、浙江市户马价、驿递马驴牛额数、各驿递船只水夫等11目，卷之九“杂用”，包括司府州县新官到任执事家火、举贡盘缠、修理城池衙门、民壮、黄河夫役等15目，卷之十“军卫”，包括各卫所屯粮、各卫所军器、各卫所军差3目。顺治《江南简明赋役全书》，则分府分县记载原额户口人丁、优免人丁及免征丁银，实在当差人丁及该征人丁银，原额田地山塘，抛荒田地山塘、实在田地山塘及应征地亩条编银，起运本色、起运折色，存留等项。

其四是其他史料。

财政史研究的其他史料或一般史料，就很多了。如果按大类来划分，这类史料的品种最多，包括实录、文集、地方志、笔记、碑刻、调查资料，等等。所有这些一般性的史料也非常重要，不可能一一来讲。总之一句话，就是挖掘发现新史料，在一般史料中发现一般人发现不了的问题。

宋代财政史研究的取径与方法

杨宇勋

各位老师、各位同学，早上好。本人今天很荣幸，感谢林文勋校长、黄纯艳院长给在下机会，来到云南大学中国经济史研究所，做一场讲座。我今天报告的主要内容，只是分享自己的研究观点。经济史或财政史研究，是永无止境的，而且某部分与社会科学是互动的，社会科学的经济史理论越往前推进，历史学的经济史研究也将随之转变。首先介绍两本拙著，人家说十年磨一剑，我不能说拙著是两把好剑，仅供参考而已。第一本《取民与养民：南宋的财政收支与官民互动》由博士学位论文改写，大约50万字，第二本《先公庾后私家：宋朝赈灾措施及其官民关系》大概40多万字，由于不懂得裁减，敝帚自珍，向大家说声抱歉。第二本出版5个月之后，李华瑞教授也出版荒政专书上下两册，对照的结果，各有擅长。我要表达的是，学术竞争是全球性的，你永远不知道别人在做什么，你可能只知道周遭的情况，一不小心，便有井底之蛙之憾。要怎么样才能改变呢？首先把自己的视野开阔起来，用功读资料是最基本的。光是云南大学中国史经济研究所的研究生就不少了，本身就竞争激烈，何况在外面。这不只华南地区而已，日本、美国、欧洲都有，竞争很激烈，大家共勉之。个人的研究领域，两本书名后面的标题都有“官民互动”，我很关心这项议题。第一本专书谈论赋税收去哪里？它的作用是什么？跟老百姓有没有互动关系？第二本“荒政”也是，政府把这些税收了，如何救灾赈济？怎样动员民间的物资来救援？这些都跟民间有互动。其他关注的领域，还有解读士大夫文本，稍早我曾对士大夫家贫的话语重新解释。不要完全相信士大夫所讲家里没钱，有些是真，有些是假。解读士大夫文本还有几篇，检索网络即有，兹不详论。晚宋历史也写过几篇，我从助理教授升为副教授之时处理过社会边缘人议题，像乞丐、精神疾病等方面，还有自杀研究，耗费差不多十年的时间。黄繁光老师曾经问我：“你还好吗？精神状态如何？”倘若时间允许，我将陆续出版这四个领域的专书。

傅斯年对于台湾史学界的影响力很深，所以史料史学盛行，着重史料的考证，围绕史料做扎实的研究。这是正确的，但是史料史学不是史学的全部，就算全说对了，难道就没有问题吗？一本历史专著平铺直叙，都写正确，没有错误，就是好作品吗？这可不一定。因为一部作品没有思想，没有内涵在里面，很难成为优秀的作品，我个人认为如此。另外，一篇好的论文，重点在于设计问题，探讨些什么？问对了问题，将会刺激日后的研究，或引发众人的兴趣，算是一篇成功的作品。当然，问题意识也不是所有论文的规范，有可能是假问题或是小问题，研究了半天，也没有历史意义。譬如探讨司马光每天要不要吃早餐？或中国古代谁跑最快？并无多大的历史意义。如何提出问题？如何解决？重点是更深层次的研究，要勇于突破。我们都听过古典力学之父牛顿与苹果树的故事，大家也在苹果树下走过，不一定会被砸到，砸到后的反应也不一样。牛顿在故事里，产生了问题意识，为什么苹果不往上飞？而是往下掉呢？当然这可能是虚构想象的故事，但这个故事告诉我们：自然科学很重视问题的设计，我们的现代史学某部分奠基在于模仿自然科学，所以重视问题的设计与探讨是必然的。

再者，以史带论或以论带史，有什么好坏？我个人觉得各有优缺点。先谈以论带史，自然科学多有假说，或是设计出模型，开始实验找证据，然后逐渐修正。社会科学亦复如斯，虽有假说，但心里要开放，适度地修正。然而，有些学者为了假说而假说，刻意选择有利的资料，虽证明自己是对的，却经不起重复验证。以史带论的好处，建立在扎实的史料当中，但有其局限性，局限在哪边呢？原因就是归纳法。收集很多的相同史料，只证明一件事，看题目便知道结论。以史带论或以论带史都可以，要看你抱着什么心态。史料学派的局限，史书没记载的，不代表不存在。司马光没有记载他吃饭、上厕所，难道他就不吃饭不上厕所吗？史料不足怎么办？就要细读文本，善用反向思考，特别是内考证的方式，可以整理出某些史料隐含的文意。我所写的士大夫家贫论文之中，文天祥也自述家贫，而且讲好几次，后来在《宋史》本传发现他是富室，家里还蛮有钱的，生活多彩多姿。后来他将多数的家产捐出去，作为抗元基金。当然不只有文天祥一例，所以不要完全相信史料跟你讲些什么，你必须抱持怀疑的精神。胡适很早以前就说过，做学问先要怀疑，不要轻信古人所言。就算古人讲的是对的，也有他个人的立场，或是阶级意识。陆九渊也说家贫，结果发现陆家是个药材批发商，老大陆九思是那间大药铺的“首席执行官”，经营得不错，雇工有百余人，在墓志铭无意中透露出来。为何自称家贫呢？原因很简单，因为药商的身份，在宋代的四民社会，商贾被视为下等。

研究经济史，细心读资料是根本，还要读些经济学理论。写论文尽量简化成图表，以简御繁。有些研究生的论文，从头到尾都是文字，不知如何运用表跟图，这是很可惜的。我们生活在这个时代，不是只有文字，还有其他可以辅助的工具。严耕望院士的《治史经验谈》《治史答问》两本书值得拜读，他的治史八字诀："无孔不入，有缝必弥"。他是史料学派的杰出学者之一，大家如果要了解唐代的交通状况，必须参考他的《唐代交通图考》，北宋的交通路线基本跟唐朝还没有很大的差异，我们治宋史也可以参考。他是一条一条史料推敲出来的，功力下得惊人，而且他写完文章不是马上发表，而是放在手边几年，慢慢修饰，觉得差不多了才发表。

硕士学位论文，就怕是泛论之作，未有学术意识。以研究王安石而言，曾有几千几万篇谈论过，很难找到突破口，倘若没有新意，应该另寻题目。倘若硕论开始就谈泛，一旦养成习惯，学术前途就比较困难了。先做个专题研究，可能比较好点。虽然有人会说，面积不宽何以深掘，话是没有错，但却只说了一半，读书要越宽越厚，但写论文则要越精越深，如果一开始没有专题的训练，将来很难成为第一线学者。博士学位论文，必须要有问题意识或新的视野来进行，因为你已经快走上学术岗位，应该要做系列的专题研究。还有，越多的非学术框架越是不利于学术研究，应该尽量避免。

财政史研究，很重要的一点就是要了解再分配政策，政府税收进来，它已经是一种资源分配了。对谁征税？采取累进税或是其他？课税的对象是谁？国家财政作为一个媒介平台，它的资源转移，可能转到军人、官员的薪俸，或者是公共建设，或是教育文化等方面，造成不同的再分配效果，研究财政史的人必须了解这层道理。现在再分配理论往往强调社会正义，但不可讳言，任何财政制度都有其时代性，它可能解决原来的分配问题与不公平的问题，但又制造新的问题。有些财政数字如果不了解，会犯很多错误，譬如钱贯的足陌和省陌是不同的。唐朝在两税之前基本以实物税收为主，货币税收从两税开始，到宋朝逐渐成熟。我们还要留意，二税课征什么项目？是直接税还是间接税？表面上，直接税对于社会资源分配似乎较好，间接税好像不好，但不能一概而论，间接税也有它存在的意义。

再者，乡村课税跟坊郭课税有何不同？主户的居住地不同，自然税收也有不同的形态。中国财政史不光是赋税，赋税只是财政的二分之一，还有差役。邓小南教授曾提倡活的政治史，强调政治实际上是动态运作，而非静态的。汪圣铎的《宋朝财政史》上下册，有系统地研究宋朝财政史，日人曾我部静雄的《宋代财政史》将零星的章节合辑，跟汪圣铎两本书的意义不同，其下册后面有一半都是财税表格，对于基础研究有很大的贡献。包伟民的专著虽以地方财政为题，实际上也关心中央财政，他试图建构大框架，与多位学者对话。接着就是在座的黄纯艳院长的《宋代财政史》以宋代财政的中央集权、军需供应、商品经济三个特点来探讨宋代财政，很敏锐看到宫泽知之的缺陷，宫泽太强调军需供应，好像没有军需供应，北宋商品供应什么对象都没有。宫泽知之认为北宋的市场流动以军需供应为主，其假说虽有语病，但他的问题意识值得学习，设计问题然后解决问题。李晓的《宋代政府购买制度研究》提到"梅原郁的疑问"，为什么宋朝的货币比例比唐朝来得高？为何不用征税的方式来执行，而用购买或交换来进行和籴、和市、和买绢这种行为呢？直接加税不是简单多了。为什么宋朝不增收二税呢？我的《取民与养民》就提到这个核心问题，宋朝政府受到儒教影响，孟子主张什一之税，再加税就是暴政政府，所以二税的税率上有"天花板"。怎么办呢？就要改变岁入方式，宋朝开展了中国前所未有规模的专卖事业，还有国营事业。

宫泽知之的问题意识在哪儿？从商税统计趋势图可知，宋仁宗朝的商税突然到达最高峰，比南宋还高很多。这个奇特现象，第一个怀疑是统计错误，宫泽知之则认为与宋夏战争有关，社会动员的核心就是军粮供应，由于军粮供应之故，导致商税暴增。政府的军粮需求，对商业市场或全国性市场造成很大的影响。他还解释范增盐政改革，改成通商法之后，商税总数跌下来。姑且不论他解释对不对，至少他试图解释。他进而推论北宋的政治中心、军事中心、经济中心分开所造成的结果。北宋的政治中心在汴京，军事中心在西北，都必须仰赖其他地区供应物资。宫泽的视野开阔，但结论越来越大，北宋的商业流通，特别全国性的流通，是以官方的专卖、票据、货币等财政活动为媒介，他称为财政型的物流，换言之，北宋的商品流通是国家财政的军粮供应，还有专卖活动为核心。

财政史的专业性很高，变数也大，有时候掌握数据很困难，中国很大，区域性的差异很大。我最近发表一篇关于晚宋广西羁縻州的论文，羁縻州的统治方式，与内地的州县不一样，统治的模式不同，所以千万不要相信全国的税役措施是一致的，铁板一块。有些数据有其缺憾，都是由官吏记录下来，有些是承袭照抄往年的假数据，只改几个数字，差异不大，所以要小心使用。譬如贯跟钱就差了一千倍或七百七十倍，也有知名的学者不小心犯下这种错误，把钱看成贯，做出错误的结论。

收入减去支出就等于利润。政府的收入，如税入、专卖、科敷等。政府支出，如军费、军饷、官吏薪俸等。我们以专卖为例，官营酒务的成本可以降低，不少是派遣厢军担任工匠，成本来自厢军费用，酒坊却不用负担这项成本。你要用现在的经济学跟财政学理论的话，必须要知道这些收入、支出、利润在哪里。讲得很简单，但是细节必须自己去体会。厢军很奇特，到处打杂，不是只有酒务，甚至巡视与清洁西湖的工作，也是厢军在做，如果大家有兴趣，可以参看王曾瑜的《宋朝兵制初探》、淮建利《宋朝厢军研究》、王云裳《宋代军队经营问题研究》等专著，很多专卖都有厢军的角色在里面，特别官运、官造、官卖的部分。

宋朝征税很重要两把钥匙，一个是年额，另外一个是科敷。最近二三十年不少学者注意到岁额或祖额方面，税赋本身是个庞杂的东西，在没有现代的资讯科技以前，如何将复杂的税赋简单化呢？最好的方式，就是把税额固定下来，既简单又方便。清初康熙永不加赋出自于此，以康熙五十年（1711）作为定额。科敷也是很重要的财政概念，晚明三大征就是摊派，不用增加二税，却可以临时应变国家财政的空缺。我们来看宋朝这段史料："祖来年额系招趁住卖茶引二十二道，自旧将买引价钱均敷于民"。因为有祖额，此时的茶引二十二道不容易推销，没人买，有上级的业绩压力，怎么办？最好方式，把它均敷下去。有哪些均敷基准呢？其一是户等，均敷于主户；其二是物力或家业钱，从字眼便可看出宋朝的货币观念已经深入到某个程度；其三是二税，特别是秋苗；其四是田亩数量；其五是人丁，比较少。过世的郭正忠教授《宋代盐业经济史》估计，宋宁宗开禧年间的食盐批发价大概是收购价的 9.6 倍，相当惊人，倘若没有定额，也不能强迫贩卖的话，很难推行下去。宋朝三令五申不能强迫，实际上强迫到处都是，因为有上级的压力，所以大家解读法令之时要特别小心。大家有没有看过路上有个牌子："此处不准乱倒垃圾"，请问这边到底有没有人倒垃圾？一定有。法令就是这样，有此规定就表示有这个现象，我们读史料要反向思考，如果你读史料说不准倒垃圾，就认为这些地方好守法，不会乱倒垃圾，如果这样解读就错误，法令往往这样，越是强调越表示这种现象越多。我们再看下条史料："州县出卖食盐，既无定额，依法止令人从便收买，辄敢均敷科抑民户，显是违法"。"显是违法"，究竟有没有处分呢？语焉未详。宋朝基本是个儒学为底的政府，不愿苛敛于民，所以在诏书或是律令都会三令五申这些宣示，但这只是宣示，不要把它当真。当然有些诏令是真的，有些是宣示。诏令公布不代表全国如火如荼的实行，以朱熹社仓为例，宋孝宗淳熙九年

（1182）公布全国，很多地方政府把它放在档案库，连公布都没有公布。

我注重财政的官民互动研究，第一本取名《取民与养民》，介绍从税收到支出，并非全面型研究，而是偏向官民互动。这本书有几处至今还有新意，其中谈到贡院配置空间，发现它跟士大夫的阶级利益有密切关系，我在今年的宋史年会再作诠释。贡院，在北宋陆续新建，南宋建得更多，为什么呢？此为士大夫的核心问题，宋朝的国家利益偏向士大夫这群人身上，你要考科考，空间就在贡院。贡院的空间有特权性，三年才使用一次。揽户也值得一提，宋朝已经有代行纳税的揽户，社会中介人已经很发达。宋人纳税不容易，不知道如何应付衙门胥吏，只好找中介揽户代输。曹家齐教授曾经问我：百姓如何跟官方互动呢？我在《先公庾后私家》序文提到，表面上官跟民没有互动，只有由上而下的关系，实际不然。我去过韩国，韩国人喝酒，后辈要向长辈敬酒之时，他们不能当面喝，必须侧身喝酒，不侧身是不礼貌的行为。这就是互动，通过敬酒，他们彼此认定他们的身份，他是尊者，我是幼者。我们从小被长辈灌输多听少讲，有耳朵没有嘴巴，这是一种人际互动的模式。受到西方文明洗礼之后，开始鼓励年轻人多发言，这个互动模式就迥然不同。财政与荒政都是官民互动较多的资料，所以我就用这两个议题来探讨，互动是一种彼此身份的认定，还有角色扮演，如果双方有共识，就按照之前议定的秩序来进行，相反的，如果双方不认同，就会改变互动模式。以民变来讲，如果你服从政府，自然就会按时缴税，政府也准时收到税，在这个情况之下，官民关系是良性循环。然而，税收太重或是课征不合理，超过负担，荒年不积极赈济，甚至还照常收税，官逼民反，出现骚动、民变，甚至推翻这个政府，走向另外一个王朝，此时的官民关系是恶性循环。我在《先公庾后私家》将官民互动理论阐释得稍微好些，这是我的学术理路。社会互动当然存在着不对称的情形，这种不对称权力秩序在政治文化社会方面，都有上下或尊卑的关系。官方在互动上占很多优势，百姓处于劣势，无力反击。

财政学的政府支出，分为消费性支出，还有转移性支出，一般的财政史论著较少探讨转移性支出，我两本专书都有探讨。消费性支出大家较耳熟能详，比方军饷、俸禄，还有政府的消费物资，购买柴米油盐酱醋茶，透过当行、和市来进行。还有军粮的供应，以和籴来进行；还有武器制造、公共工程等方面。转移性支出呢？政府只是充当媒介，把右手取出来的钱，左手转出去，它会造成再分配的效应。有哪些呢？譬如政府赈荒、社会福利，广义也可将教育文化列入。转移性支出所造成的效应，与消费性支出的意义不太一样，它对于政权塑造正当性比消费性支出来得高。当然，消费性支出如果官吏没有薪水可领，也会造成很大的乱子。

宋朝的中央财政结构上，专卖、商税、纸币这些在岁收上变得日趋重要。在地方财政结构上，由于中央财政吃紧，开始掠夺地方财政，比如经制、总制、月桩、版账钱等调拨性窠名。地方政府没钱，不可能支撑下去，必须被迫再去找钱，慢慢变出戏法来。我的《取民与养民》写作时间刚好跟包伟民教授《宋代地方财政史研究》很近，我写博论的时候在2001 年，包教授专书于同年出版，博论改写出版于2003 年，顺势加入包教授的观点，两书的结论很接近。地方政府不得不苛扰于民，获得非法性的收入，有时比法定的收入来得多。在课征方法上，有定额拘收，经制、总制、月桩、版账钱都是定额拘收，属于调拨性赋税。再者就是科配均敷，宋朝财政收入的双轨保障，一是定额拘收，二是科配均敷。和买绢变成折帛钱，科买，和籴等科敷行为多少都侵犯私有财产权。和买绢本来是预先购买，事先付款，有贷款的性质，后来演变成类似高利贷，最后在南宋高宗朝赋税化。我现在觉得，和买绢有其时代意义，国家预先订购皇家、官用及军用布料，还有赏赐、外族岁币等，必须掌握绢帛的来源，所以向民间预购。不只有绢帛，还有粮食，甚至有些稀有的东西，都有这个模式。这在当时的全世界，算是非常先进的创新，所以和买绢的意义不完全是负面的。财政史与经济史研究，有时要带着批判的精神，有时要有历史同理心，询问政府为何要推行这些敛财术？

宋朝的军费压力真的很大，北宋一连串的外患，北方防线要养庞大的部队。西夏兴起之后，西北防线不仅要作战，而且要筑堡，大量的物资往那边送，没有水运条件，人力运输成本很高。南宋的北方防线，守着淮河秦岭，驻扎大批军队，要供养这批军人，实在不容易。通过加税，或其他取财渠道，如和买绢之类，因应军费支出。

在养民部分，“绍兴和议”决定金君宋臣的政治格局。国格受屈辱，但若要存活，必须找到政权正当性的论述。我从税收、荒政两方面来诠释，南宋政府如何塑造其正当性。宋朝在武功比不上汉朝跟唐朝，士大夫有其焦虑感，不自觉的自卑，他们越是瞧不起北方敌人，就越加反映其自卑。日本学者曾我部静雄强调过南宋重税，但为何没被民变推翻呢？两宋都未被民变推翻，而且民变的规模，比起汉、唐、明朝小得多。所以我们理解宋朝历史，不能只从重税考虑。接前所论，宋朝试图重塑政权的正当性，因而加强惠养百姓这些统治策略，所以我的两本专书是互训的，宋朝既有重税养兵的剥削色彩，也有养民荒政的惠民一面。

研究宋朝专卖论著很多，也开拓很多议题，尽管拓展新议题很难，但专卖的领域还是很大，仍有挥毫的空间。譬如专卖的官运官卖，运输如何进行？从生产到贩售，监当官的角色，这些还可以再深入研究。

接下来杂谈宋朝的财政特色。黄纯艳院长在其专书提到宋朝的财政特色，以下结合他的看法。第一，支出以军需供应为核心，宋朝因为实行募兵制，军费耗费国家财政的七八成。和籴对于军粮供应很重要，宫泽知之就是将和籴、盐钞、军粮供应作系统性研究。南宋建立四个总领所来解决军粮供应问题，晚宋公田法也是因为军粮供应问题而改革。宋朝有些变革是围绕着军粮供应，甚至专卖的改革也会跟着军粮军事的变化而发展。第二，宋朝岁入的改变，改变什么呢？中晚唐二税取代原先的租庸调，专卖、商税收入变成宋朝财政的主要来源之一。商税经过多位学者研究，发现以前低估了商税的重要性，因为部分商税隐藏在地方税，所以呈现在政府的数字会偏低，有的学者甚至认为比盐课多，但过度高估，也可能失真。免役钱、和市、和籴等都是货币收支，南宋的楮币在岁入支出也扮演重要角色，这些都在世界历史上具有高度的意义，研究宋朝的财政与经济史绝对不会寂寞。第三，财政中央集权化，这是众所周知的。第四，地方分权化，宋朝的政治核心设计是分权制衡、强干弱枝，行政效率相对低些。第五，许多杂税被中央掠夺，封桩、系省、上供在北宋被掠夺，经制、总制、月桩、版账钱在南宋被掠夺，新增税项不是直接向老百姓征税，而是从别的项目，地方或中央挖出来，将其集合成一个总额。各个机构自行想办法，透过专卖或是附加税、衍生税来弄钱。有些学者说那个不是加税，实际上还是会造成加税的效果。第六，政府采购与市场的发达。除了通过官营生产之外，也向民间采购，如上面提到的和买绢。很多官营生产事业转为买扑竞标的承包方式，释放给民间，宋朝的承包制其实还蛮重要的。马端临《文献通考》言："古之国用，食租衣税而已"，谈到古代实物征税。接着他又讲："毋得俟于籴也"，就是没有仰赖和籴，政府透过征税来取得这些物资，帝制时代很少用采购来取得民间物资。唐朝才开始有和籴的方式，国家向市场购买粮食，宋朝扩大和籴的规模，对军粮边储很重要。第七，承包制的盛行，扑买竞标、实封投状的出现。第八，科敷的广泛使用，在政府征税、采购、贩售等方面普遍采用。有的是强迫买，有的是强迫卖；度牒、茶引强迫你要买，和买是布帛强迫卖给政府。第九，国家总岁入的统计，郭正忠认为，北宋在神宗元丰之前，地方造账供省，三司借此可以掌握全国的大概总收入。元丰之后，从账籍已无法看出全国的数字。南宋之后的岁入只知道上供而已。所以北宋跟南宋的资料无法对比，因为有些数据失真。《文献通考》提道："英宗治平二年，内外入一亿"，可以看出有内外之分。又言："出一亿二千，非常出者又一千一百"，几项支出加起来，英宗治平年间的国家支出已经大于收入，出现财政赤字，必须透过其他方式来平衡。南宋岁入岁出的高峰在理宗后期，高斯得曾说："岁入之数，不过一万两千，而其所出乃两万五千余万，而取办之数，则亦不过增楮而已"。此时的财政赤字，透过发行纸钞、有价证券，贩卖度牒官诰，弥补这些财政赤字，跟我们现在发行公债很像，所以宋朝有些财政做法还蛮先进的。

从北宋南宋时期起都在讲："关市之征，逮于山泽之产，咸助军国之资"。这在北宋初期的诏令就有了，到了南宋初年亦是如此。茶盐榷酤日益增羡，主要供养军队，南宋三大战区，两淮、荆湖还有川陕，兵力部署这么多，补给线这么长，究竟要守长江，还是守淮河，重点就是涉及物资、人力的调度，避免备多力分。专卖税虽然对政府财政很重要，因为要养兵，但对于民间的资本的壮大具有排挤效应，因为国家垄断了最赚钱的行业。

个人认为，财政史是了解一个国家体制运作的一把钥匙，此与借由经济史了解整体社会的发展趋势是一样的，要好好利用财政史、经济史这两把尺。云南大学是中国经济史研究的重镇，我们彼此勉励一下。十几年前有论著提到，宋朝的经济其实没有那么发达，他利用很多是南宋初期跟晚期的战时资料，取样出现偏差，结论自然有待商榷。几天前，我参观西南联大，如果光看学生到处逃难，吃不饱穿不暖，还要兼差打工等面相，觉得抗战的中国教育好像没希望。然而，追踪西南联大老师和学生的日后表现，甚至培育了诺贝尔物理奖得主，就是另一种结论，所以史料筛选与史识是很重要的。

我个人以为，宋朝的纳税主体是中上主户，虽然很多文献都说转到中下户。还有学者认为坊郭主户的纳税比例已经超过乡村主户，似乎还未到达那个程度，中国岁入大宗脱离农业生产要很晚。日本明治维新之后，国家的税收大宗仍以农村税收为主，而非城镇税。宋人王柏言："农夫输于巨室，巨室输于州县，州县输于朝廷。"这段话引用的人非常多，有的宋人已意识到不要压抑这些豪民，要重视他们的存在，他们对社会也有贡献，林文勋校长的富民社会理论，对此有发挥。如果只看《名公书判清明集》豪横的数据，可能认为豪民都横行乡里，进而误解历史，梁庚尧教授便发现他们有豪横、长者两种截然不同的形象。

最后，与大家分享乡原体例，日本柳田节子很早就提出，后来包伟民教授也开始阐释。什么是乡原体例呢？譬如我们刚讲的定额，也可以用乡原体例来解释。宋朝尊重地方惯例，税收如此，法律也是。《宋刑统》基本就是唐律，实际要如何运作呢？除了透过诏令格式之外，还有就是乡原体例，习惯法来运作。宋神宗时的免役钱，计算的基准各地不一，有些用丁口、有的用等第，听容各州县的惯例来做。同样的，科敷、二税，各地的标准也不一样，这些都是乡原体例，地方官实行，只要遵循惯例即可。《续资治通鉴长编》记载："其后国家用度浸广，和买更不给钱，而输官者并照旧额，温州、嵊县独免"。和买在东南并非全都有，有的地方就没有，这也是乡原体例。

国外学者喜欢建构一个大理论，这点风险其实很高。以郝若贝（哈维尔）为例，他认为新旧党争到北宋灭亡，党争的残酷性，还有亡国的痛苦，使得长期占据中央官员的家族遭受重大的打击，南宋士人就不再把仕途当作唯一的选择，开始关心经营地方，重视乡里的声誉，热衷公共利益。他为明清乡绅的出现铺一条路，把宋朝士人连起来。他的高足韩明士继续阐释，以抚州个案研究来证明，南宋士族确实加强地方经营，有地方化的倾向，连联姻都一样，此为明清士绅的由来。他们所讲似乎言之凿凿。然而以价值观来切入，"书中自有颜如玉，书中自有黄金屋"，好好念书，才能出人头地，这个价值观在宋元明清未曾改变过。既然如此，怎么会把科考仕途当成第二顺位呢，将地方经营列为第一呢？说不通。以陆九渊家族为例，如果他们觉得经营药商光荣的话，他们的墓志铭就不需要隐晦经商了。士人首选是科考出仕，假如他没办法如意，才有其他的选择。如果韩明士在北宋筛选周敦颐或张载，南宋换成真德秀或魏了翁，两道资料对比，可能有不同的结论，北宋士人比较重视经营地方，不重科考，南宋则相反。

中国古代技术史研究的路径与方法：以宋代造船业为中心

黄纯艳

一　绪论

（一）中国古代的技术与社会

中国古代社会一般被认为是农业社会，以农立国，把手工业当作“末业”，把技术当作“奇技淫巧”，所以很多的学者也都认为中国的农业社会是不利于技术发展的。当然，随着对中国历史自身发展的道路探索的不断深入，大家也越来越认识到，简单地以农业社会概括中国古代道路的认识是有局限性的。所以，不断地有学者提出一些新的阐释模式，在我们这个讲坛上讲过的“农商社会说”、“富民社会说”，都指出了中国古代自身发展道路的多元状况，特别是阶段性的变化，不是每个时期都一样的，这是一个方面。

另一个方面，我们虽然强调中国古代是农业社会，但是我们不可否认的是，技术在任何时候都是推动社会前进的基本力量，中国古代也是这样。比如说中国发明的造纸术和印刷术，在中国古代文明传播和知识传播中发挥了重要的作用。我们的文明之所以遥遥领先，有一个非常重要的因素就是知识传播的成本比外国要大大地降低，因为我们有造纸术和印刷术。从这个方面去考察，可知我们的印刷术意义有多么的重大。

另外，比如说农耕技术，从先秦开始的铁器、牛耕和秦汉以后逐步成熟的精耕细作技术，它产生了人口最庞大的、经济总量长期居于世界领先地位的中国古代大帝国。这与我们成熟的农业技术是密切相关的，如果没有农业技术，我们就没有经济长期遥遥领先的这样一个国家。还有以造船业为主的交通运输，中国古代帝国从汉唐以来幅员辽阔，地区差异非常之大，这么一个帝国能够有效地运行，其物资的流动、人员的流动、信息的流动能够有效地保障，非常重要的就是交通运输的技术，特别是造船的技术。没有这些的保障，这个帝国的运行是不可想象的，所以我们要考虑的是技术如何影响了中国社会的运行，或者说一个行业如何影响了中国古代社会的运行。这是我们在研究中国古代史的时候，必须要重视的一个问题。

（二）关于技术史研究方法的几种代表性观点

在讲这个议题以前，我想先讲讲目前关于技术史研究的代表观点和几组概念。

我们知道，研究中国技术史的头号人物就是英国著名的科技史专家李约瑟先生，中国的潘吉星先生也是非常著名的。李约瑟先生在其《中国科技史》的序言里面讲了中国科技史研究的六条法则：第一个是有科学素养和研究经验；第二个是了解西方科学史，有一个专科史功底；第三个是了解欧洲历史时期社会经济背景；第四个是有在中国各地旅行的经历；第五个是懂汉语；第六个是能够得到中国人的帮助。当然，李约瑟的六条主要是对外国人说的，是作为外国学者研究中国科技史的一些基本方法，比如说后面的第六条对中国人说不是问题。

潘吉星在李约瑟的基础上总结了五条：一是掌握科学技术的基础知识；二是熟悉中国和外国科学史，具有某个学科史功底；三是了解中外科学交流史；四是能够阅读古汉语；五是懂两门以上外文。这是主要针对中国科技史研究者说的。

还有一些学者也讲到这样的一些方法，比如华觉明、张秉伦等是有名的科技史专家，提出科技史要掌握文献，做一些实验。

以上一些学者对方法的谈论，主要讲的是一些科学史研究的主要素养，以及一些操作层面的研究方法，而且他们是从科学技术学的角度谈科技史的研究。科技史本身是一门历史学，从历史学的角度，会有不同的视野，我们主要从历史学角度讨论技术史研究的路径和学科方法，也就是从哪些方面研究技术史，注重哪些相互关联的学科方法。

（三）几组基本概念

一个是科学和技术，通常我们合称科技。

1. 科学与技术

我们知道科学和技术是不同的。《辞海》的解释是这样的。

科学：是关于自然、社会和思维的知识体系。

技术：是根据生产实践和自然科学原理发展成的各种工艺操作方法与技能。

进一步讲，科学是回答“是什么”和“为什么”的问题，它的目的是认识自然。技术的目的是“做什么”和“怎么做”，它是解决实际问题的，是改造自然的。

2. 科学与技术的关系

我们可以看两者之间的关系，技术不完全来自科学，技术有经验的技术和科学的技术，所谓经验的技术就是长期实践中总结出来的一些技能，科学的技术是根据科学的原理推导出来，或者是把科学运用于实践中产生的一些技术。两者之间既有区别也有联系。如果从科学的角度看，是科学产生了技术，科学是技术的基础。在19世纪后两者关系越来越紧密，越往古代，科学和技术的分界越清楚，就是说在技术领域中，经验的技术占的比重越大。19世纪后，科学和技术逐步合一，而且越来越融为一体，特别是到了今天，我们重要的技术完全是从科学中产生的。

在讨论古代的科学和技术的时候，我们通常是没有做严格的区分，统称为“科技”，也会有用“科学”涵盖“技术”的现象。所以，我们后面讲到一些概念的时候，有些讲科学史问题时，实际上包含了科学和技术。

3. “古代和中世纪科学”与“现代科学”

讲中国古代科技，还需要明确两个概念，就是“古代与中世纪科学”与“现代科学”的区别。我们不能用看待现代科学的方法去看待古代科学。研究古代科学的时候，我们一定要知道在古代背景下来谈古代的科学。

这两组概念是李约瑟提出来的。李约瑟认为古代和中世纪科学是以经验为基础的模糊的科学，他把它称之为“达芬奇式科学”。古代的科学因为其本质的模糊性，总是无法得到证明，或者得到反证，而且容易在空想的认识中结合在一起，这就是他认为的古代和中世纪的科学。现代科学是数学和实验相结合而产生的科学，又称为“近代科学”，他把它称为“伽利略式科学”。现代科学是把数学假说运用于自然，所有的自然科学都运用数学方法以后，整个自然科学完全改变了它的状况，而且它能区分第一性质和第二性质，能得到很多的证明和否认。所谓第一性质和第二性质就是物质的物化的本性和抽象的本性，比如说一朵花的样子是它的物化的第一性，它的芳香和气味是它的第二性。现代的科学能区分第一性和第二性。这也是需要我们明确的一组概念。

二　造船业与宋代社会运行

下面我们以造船业为主讲一讲技术史研究的方法。我们应该怎么研究造船史或造船业呢？我们刚刚讲到，技术对社会产生了非常深刻的影响，可以说是社会前进的基本动力。

首先我们要看一看造船业在宋代社会运行中到底发挥了什么样的作用，我们就能够明白我们研究造船业时需要关注哪些视角。

我们知道宋代是中国科技史发展的一个高峰，李约瑟给予了非常高的评价。他说“中国的科技发展到宋朝，已呈巅峰状态”“谈到11世纪，我们有如来到最伟大的时期”，而且他说在整个中世纪时代，中国几乎在所有的科学技术领域，都遥遥领先于西方。用他的话总结起来说就是，宋代的科学技术不仅在中国历史上处于高峰，而且在当时的世界上处于领先的地位。当然有很多的标志，比如四大发明中间三大发明的运用等。作为最重要交通工具的造船制造业的发展也是一个非常重要的体现。

宋代造船业获得了空前的发展，是基于以下背景：一个是商品经济发展到第二个高峰；再一个是经济重心的南移和江南经济的空前发展，以及海外贸易的发展；还有一个重要的因素就是南宋江海防成为国防要务。在这些因素推动下，宋代造船业获得了空前发展。国家的漕运、国防的安全、商业的流通和百姓的生计，都与船舶紧密地联系在一起。

（一）造船业与宋代朝运兴衰

1. 漕运与北宋国家机器的运行

国家机器的运行与船是紧密结合在一起的，我们举两个例子。我们先看一看国家的漕运。北宋的漕运与国家机器运行有密切的关系。我们知道北宋是这样的一种格局：政治重心、经济重心和军事重心相分离。它的政治重心在今天的河南开封，军事重心在沿边的三路，就是陕西、河东、河北三路，经济重心在江南，特别是东南地区。这样一个基本格局就使得北宋国家机器的运行对漕运十分依赖。

张方平讲“国依兵而立，兵以食为命，食以漕运为本”“故国家于漕事至急至重”①。苏轼也讲到“东南馈运，所系国计至大”②。每一年有数百万石粮食和其他物资进入开封。汴河有六百万石，广济河有六十二万石，惠民河有六十万石，这仅仅是漕粮。除了漕粮以外，还有大量的绢帛、钱币等等物资也要通过漕运进入京师。特别是通过几条重要的运河，张方平言：“国初浚河渠三道，通京城漕运。自后定立上供年额，汴河斛斗六百万石，广济河六十二万石，惠民河六十万石”③。特别是通过南边的汴河把各地的物资运到开封来，汴河承担的漕粮就是六百万石，如果没有这六百万石的粮食，宋代的整个国家机器就没法运行。

这些漕粮运到开封，供养开封庞大的官僚系统和军队，还有要转输到沿边去供应军队。北宋开封常年屯驻的军队有四五十万，沿边军队也是数十万。所以宋朝皇帝把这五条运河称为国家的五个“宝带”。最重要的是通过东南六路的六百万石到六百二十万石的粮食汇聚到京师开封，直接关系到国家的运行，有一部分到了开封以后会通过原来的永济渠运到北方去。

整个的漕运对于北方来说是非常重要的，所以宋朝对漕船的打造非常重视，在各地设置了船厂，而且制定了造船的额度，即岁额或是年额，多的会达到每一年 3000 艘以上，少的时候也是 2000 多艘。如至道末年就是三千多艘，“诸州岁造运船，至道末三千三百三十七艘”④。治平二年也是两千五百多艘，“诸路创漕船二千五百四十艘”⑤。大观三年，“责限江、湖路打造粮船二千七百余只”⑥，仅江、湖两路打造的就是 2700 多艘，全国肯定远远超过 3000 艘。而且各个造船场有固定的造船岁额，通过这样严密的组织来保障漕船的打造，所以宋代的漕船保有量至少在 15000 艘以上，都是通过国家的机器保障的。

2. 舟楫之利与南宋国运兴衰

另一个是南宋的江海防，我们可以称为舟楫之利与国运兴衰。南宋的边

---

① （宋）李焘撰：《续资治通鉴长编》卷二六九熙宁八年冬十月壬辰，中华书局 2004 年版，第 6592 页。

② （宋）苏轼著，张志烈等校注：《苏轼全集校注·文集》卷三四《论纲稍欠折利害状》，河北人民出版社 2010 年版，第 977 页。

③ （宋）李焘撰：《续资治通鉴长编》卷二六九熙宁八年冬十月壬辰，中华书局 2004 年版，第 6592 页。

④ （宋）马端临撰：《文献通考》卷二五《国用考三》，中华书局 2011 年版，第 743 页。

⑤ （元）脱脱等：《宋史》卷一七五《食货上三》，中华书局 1977 年版，第 4253 页。

⑥ （清）徐松辑，刘琳等点校：《宋会要辑稿》职官四二，上海古籍出版社 2014 年版，第 4088 页。

防格局与北宋不一样。南宋逐步建立了川陕、荆襄、江淮和海防组成的国防体系，江海防首次成为了国防的要务。而北宋，沿边三路是国防的前线。通过多年的经营以后，南宋在川陕和荆襄遏制住了金军的有效进攻，形成了分区防御，在江淮一带与金朝形成正面争锋的格局。逐步形成了四大战区加上行在三衙的军事边防格局。川陕战区、湖广战区又称为荆襄战区、淮西战区和淮东战区是抵抗金朝的最前沿。这个格局最重要的是淮西和淮东在江淮一带与金朝正面争锋。前面当然也十分重要，就是宋朝人所讲的上流。如果上流不保，那么江南就不保，历朝历代都是一样的。偏安江南的政权守上流都是非常重要的，“其一曰严上流之备，其二曰审防江之势”，称“荆、蜀上流苟有阻绝，则江南不能以奠枕”①。我们如果回顾隋朝灭陈、宋朝灭江南等都是从上流突破，上流是保障。江淮在宋朝是正面争锋的前线。

在江海防中又形成了以江防为根本，淮防为藩篱，海防为辅助的格局。宋朝也多次争论守淮还是守江的问题，但是最终形成的一致意见和实际实施的国防战略就是以淮防为藩篱、以江防为根本、以海防为辅助的格局。“淮水浅而易涉，独江势深阔平缓”②。“若保淮之计，今之事力或未能及，则保江之计在所必守”③。“戍淮不可必而守江”“至于保江则尽也。江若不必守，则后何以继乎”④。宋朝人称之为“长江为户庭，两淮为藩篱尔”⑤。长江是南宋的大门，淮河是篱笆，大门一破，就进到房里来了。具体到海防，又分为北方海防体系和南方海防体系，以明州为界线。北方主要的职责是拱卫京师，所以建立了非常复杂的海防体系。南方主要的职责是打击海盗和保障贸易顺利进行。总之江海防在宋代成为了维系国家安全和社会运行的非常重要的国防体系。

对国家安全来说，宋朝由于定都于江南，所以江防非常重要，南宋统治者认识到，要保守住偏安江南的局面，必须要发展水师。“车驾驻跸于此（指临安），边江接海，舟楫之利最为紧急”⑥ “国以江为险，江以舟楫为

---

① （宋）陈元晋：《渔野类稿》卷四《上曾知院书（丙申三月）》，文渊阁《四库全书》影印本，1990 年。

② （宋）叶梦得：《石林奏议》卷一一《奏措画防江八事状》。

③ （宋）杨万里撰，辛更儒笺校：《杨万里集笺校》卷一一六《李侍郎（椿）传》，中华书局 2007 年版，第 4456 页。

④ （宋）叶梦得：《石林奏议》卷一二《奏论防江利害札子》。

⑤ （宋）程珌：《洺水集》卷五《江淮形势》，文渊阁《四库全书》影印本，1990 年。

⑥ （宋）张纲：《华阳集》卷一五《乞修战船札子》，文渊阁《四库全书》影印本，1990 年。

备”①。他们分析金宋各自的长处：金朝长于用石炮攻城，长于用骑兵，这两项宋朝都可以用舟师制之，都可以用船破之。“金人攻城长于用炮，我之舟师中流以守，则矢石有所不及。金人野战长于用骑，我之舟师中流以守，则骑兵不能奔冲。是二者固可以夺金人之所长矣”②，所以宋朝充分重视水军和战船的使用。而且事实上也正是因为拥有舟楫之利，南宋才能够得以偏安江南，保住国运。

我们举四次关键性的水战。第一次是建炎四年张公裕在明州海域大败金军。宋高宗在扬州一路被金军追得仓皇南逃，逃到明州的时候就下海从海路到了温州，张公裕在明州截住了金人，高宗得以安全脱险。如果高宗被抓，南宋就没有了，南宋本身在开封之战中，高宗是唯一一个独苗幸存下来，这是非常重要的一战。同年韩世忠在镇江“以海舟扼于江中”③，把金军在黄天荡围了四十多天，虽然最后金军逃跑了，但是金军由此也认识到在水上与宋人争锋，他们是力所不逮的。这两次水战的胜利非常重要，使得宋朝在江南暂且安居下来。

还有两次是绍兴三十一年完颜亮南征和胶西海战。完颜亮的目标非常清楚，是要灭南宋。南征中关键性的两次水战保住了宋朝的国运。一次是采石之战，金人从合肥下来到采石，宋利用船队将金军打败，使金军不能渡河。金军又下到镇江，准备从镇江渡河。宋军的车船在江面上耀武扬威，使得金朝人一看就知道不是对手，干脆就把完颜亮杀了退兵。还有一次是胶西水战。金人在采石渡江从陆上南征的同时在胶西训练了一支水军，准备南下进攻两浙。宋朝李宝从苏州率领水军长途奔袭到胶西，就是今天的青岛，把金人的水军船队一把火烧掉，使金人辛辛苦苦打造的一支水军付之一炬。

这四次水战可以说是南宋存亡之战，四次水战的胜利，使得南宋能够立国江南。到最后也是因为宋朝失去了舟楫之利，导致了国家加速灭亡。

元朝打造了一支强大的水军，瓦解了南宋的舟楫之利，元军在围攻襄阳的时候，就接受了宋朝的降将刘整的建议，打造战船，训练水军。攻下襄阳后，他们就沿着汉水一直南下，从鄂州攻破了宋朝的江防。攻破江防后又经历了三次水战，加速了整个南宋的灭亡：一次是丁家洲之战；一次是焦山之战；还有一次是崖山之战。这就像宋人所讲的，“自吴以来立国江南者莫不

---

① （宋）方大琮：《铁庵集》卷四《嘉熙元年四月上进》。

② （宋）杨士奇等：《历代名臣奏议》卷三三四“章谊再论舟师水战之利”。

③ （宋）李心传撰：《建炎以来系年要录》卷三二建炎四年四月丙申，中华书局2013年版，第747—748页。

恃江以为固。江又恃人以为固。人谋善而武事修，则江为我之江，否则与敌共尔”①。如果江防经营得好是保障，如果经营得不好就被敌人攻下。元朝就是打造了一支强有力的水军，让宋朝的舟楫之利不能有效地发挥，从而加速了宋朝的灭亡。

江海防事关南宋的朝运，所以宋朝非常重视打造战船。南宋战船的制造和保有量比北宋远远要多。从鄂州水战、丁家洲水战和焦山水战这三次大的水战中我们可以看到，双方投入的战船总数要超过 20000 艘，而且这仅仅是长江中下游的战船数量，不包括其他地方的战船，也不包括海上的战船，所以可以想象当时战船的规模有多大。据何锋的研究，南宋沿海地区国家的战船有 18000 艘，远远的超过北宋的战船。②

（二）船舶与宋代商业贸易及民众生计

船舶、贸易与民众生计之间也有密切的关系。我们讲到宋代是商品经济发展的第二个高峰，利用船舶进行的交通和运输可以说构成了整个宋代社会经济运行的经脉，离开了水上的运输和贸易，宋代的社会经济是无法正常运行的。相关的事例非常丰富，我们仅以米船为例来讲一讲。

由于宋代地理环境和经济结构的差异性，有一些地方是缺粮的地区，有一些地方是粮食输出和富裕的地区，之间就会形成大量的米船贸易相互补充。比如江东路就是一个缺粮的地区。江东路建康府食米“全仰客贩”③“米船一日不至，米价即倍腾踊”，还有南康军每年也是靠长江上游下来的米船贸易，南康军“地瘠民贫，米谷不多，递年虽是丰熟，亦仰上流州军客船贩米粜粜食用”④ “常岁上江米船蔽江而下，本路（指江东路沿江州军）之所仰给”⑤。可以说整个江东路沿江的各州都是依靠上游舟军的米船供应。福建也是这样，沿海四州不管是丰收还是歉收，粮食都是不够，是绝对的缺粮地区，依靠船只从浙西、两广把米运过来，维持社会的运行。“虽

① （宋）周应合：《景定建康志》卷三八《武卫志一》，《宋元方志丛刊》本，中华书局 1990 年版，第 1955 页。

② 何锋：《12 世纪南宋沿海地区舰船数量考察》一文中认为食米“全仰客贩”，《中国社会经济史研究》2005 年第 3 期。

③ （宋）周应合：《景定建康志》卷二三《城阙志四》，《宋元方志丛刊》本，中华书局 1990 年版，第 1686—1687 页。

④ （宋）朱熹撰、刘永翔点校：《晦庵先生朱文公文集》卷二〇《乞申明闭粜指挥札子》，第 925 页。

⑤ （明）杨士奇等：《历代名臣奏议》卷二四七“知建康府洪遵上奏”。

无水旱，岁收仅了数月之食，专仰舟船往来浙、广，般运米斛，以补不足"①。还有浙东地区的温州、台州也是依靠各地来运粮，明州也是"米船辐凑""二广之米舻舳相接于四明之境"②。没有米船贸易，这些地区的社会经济就无法运行。

还有宋代民众的生计，不管是海边、河边还是湖边，都有很多"以船为家"者，他们一家老小常年生活在船上，"吴侬水为命，舟楫乃其职"③。比如太平州，姑熟江上就有一些商人是以船为家的，长期住在船上，"小商十数，皆以船为家"④。杭州的"诸郡米客船只""其老小悉居船中，往来兴贩"⑤。内河、湖泊和沿海都有"以船为家，以鱼为食"的渔户⑥。洞庭湖上有一种"潭户"，也是以船为生，"多以舟为居处，随水上下。渔舟为业者，十之四五，所至为市"⑦。沿海有一种大家非常熟悉的"蜑民"，也是以船为家，长期居住在船上，"以舟为室，视水如陆，浮生江海"⑧。还有福建有一种人叫"白水郎"，也是以船为居，"以船为居，寓庐海旁"⑨。当然还有一些是居住在岸上的，濒水而居的居民，也兼营渔业。如湘江两岸有"沿流渔户"。洞庭湖青草庙外"有巡检司居民十数家，以渔钓为业"⑩。像明州的濒海地区，他们已经熟练地掌握了捕鱼的季节性规律，已经有非常成熟的渔业了。每年"三四月，业海人每以潮汛，竞往采之（石首鱼），曰洋山鱼""每春三水，业海人竞往取之（春鱼），名曰捉春"。⑪

除了渔业外，很多其他生计及出行、娱乐都与船结合在一起。比如说一些生产就是这样，南宋时期淮南地区粮食丰收，浙西的人驾着船到收获的季

---

① （宋）周必大：《文忠集》卷八二《大兄奏札》。

② （宋）朱熹撰，刘永翔点校：《晦庵先生朱文公文集》卷一七《奏救荒画一事件状》、卷二六《上宰相书》，第793、1177页。

③ （宋）苏舜钦：《苏学士集》卷二《吴越大旱》，四部丛刊初编本，第825册。

④ （宋）周必大：《文忠集》卷一七一《乾道壬辰南归录》。

⑤ （宋）吴自牧：《梦粱录》卷一二《河舟》，浙江人民出版社1980年版，第113页。

⑥ （汉）班固：《汉书》卷二七中之上《五行志第七中之上》，中华书局1962年版，第1376页。

⑦ 范志明著，潘超群整理：《岳阳风土记》，《全宋笔记》第二编第七册，大象出版社2006年版，第90页。

⑧ 蔡絛撰，李国强整理：《铁围山丛谈》卷五，《全宋笔记》第三编第九册，大象出版社2008年版，第240页。

⑨ 梁克家：《淳熙三山志》卷六《地理类六》，《宋元方志丛刊》本，中华书局1990年版，第7839页。

⑩ （宋）张舜民：《画墁集》卷八《郴行录》。

⑪ 罗濬：《宝庆四明志》卷四《郡志四》，《宋元方志丛刊》本，中华书局1990年版，第5041页。

节帮其收割，收割完后又驾着船回去。“浙民每于秋熟，小舟载其家，至淮上为淮民获”，与田主对分收成，“以舟载所得而归”①。还有湖北很多的水池、湖泊有鱼，也会有江西的人到捕鱼的时候，载船帮其捕鱼，捕完鱼再回去。还有竞渡，水上娱乐，以及各种人等的远距离航行都是依靠船的。特别在宋代，远距离航行的主要交通工具就是船舶。船舶航运可以说在古代社会中，相当于今天的高速公路，是远距离贸易首选的交通方式。

水上航运的发展，产生了数以十万计的以船为业的艄公、水手、纤夫等行船群体，包括通过船只旅行、贸易的旅行者和商人，它推动了整个水上信仰的高度发展。创造了很多新的神灵。妈祖就是宋代造出来的。妈祖信仰，在北宋后期传播到江浙一带，整个长江的下游，到了南宋封为圣妃，到了元代以后越来越发展，封天妃、天后，成为最重要的一个水神。妈祖只是一个代表，如果细致的去考察，宋代还产生了很多新的神灵，就是因为水上航行的扩大。

还有一些是原有与护航无关的神灵，到了宋代水上航行越来越多，就会给它赋予一些护航的职能。比如说伍子胥信仰、曹娥信仰等。曹娥本来是东汉的一个孝女，到了宋代的时候，由于人们希望她保佑航行，把她变成了一个水神。此后内河的女性水神中最厉害的就是曹娥，海上最厉害的就是妈祖。

还有是原有的护航神灵在宋代获得了空前的发展。例如，彭蠡小龙，是江西彭蠡一带非常有名的一个信仰，扩展到长江中下游一带。还有三元水府信仰在宋代也有空前的发展。特别是海神信仰在宋代也得到很大的发展。在唐代国家大、中、小祀中是中祀，比天地社稷低一等，到了南宋的时候，就把它上升到大祀，与天地社稷是同一个等级的神灵，原因就是它对国家安全和航海等方面的重要性大大增强。

宋代的纤夫数量是非常之大的，宋代内河航行的主要方式是拉纤，一些主要的河段上必须有纤道，比如《清明上河图》中的河道边上就是纤道。国家有法律保障纤道不受侵害。纤夫、艄公、水手等群体仅仅在宋朝的内河就可以达到五六十万人。这是我们讲的第一个问题，就是造船业与宋代的社会经济。

---

① （宋）李心传：《建炎以来朝野杂记》甲集卷八《陈子长筑绍熙堰》，中华书局 2013 年版，第 166 页。

三　技术史的多视角综合研究

第三个我们讲一讲技术史的多视角综合研究。前面我们讲了造船业与上至宋朝国家的命运，下至百姓的生计都有非常密切的关系，所以要考察造船业的时候，我们就必须要联系社会经济、政治、军事的各个领域，分析对它们的影响。综合的研究十分重要，其中技术史的研究、技术视角仍然是一个最基础的视角，所以我们首先来讲讲技术史视角研究的优势。

（一）技术史视角研究的优势

为什么李约瑟、潘吉星都强调要懂得一门专业的学科知识或是科学知识，就因为研究技术史必须要熟悉该门技术的专业知识。技术史视角的研究为制度的研究提供了一个专业基础。技术史研究在造船业研究中也一直是一个重心，这个重心是优势也是不足。我们长期以来偏重技术史的研究，是因为技术史的研究确实有优点。

一个是它能从中国古代造船业发展的长时段的历史中间明确各朝代或各时期造船业的创新、发展和地位。中国造船业中一些非常重要的核心技术，比如说龙骨、风帆、水密隔舱、车船、橹、导航技术等到底在什么时候出现的？何时候被广泛地运用？在中外造船史上居于什么样的地位？技术史的视角能够很好地回答这些问题。

还有一个就是善于运用实物考古资料进行研究，精熟于船舶构造和制造工艺。这通常是我们纯历史背景的学者达不到的。我做了造船史以后，参加了几次这方面的会议，有机会向当前造船史最著名的专家席龙飞先生等人请教。我就特别佩服他们丰富的船舶技术层面的知识。船舶技术其实是非常复杂的，它涉及船舶的结构、功能、工艺、属具、材料、航行等很多的问题。

比如《龙江船厂志》记载船样图涉及多少部位名称。在工匠的眼里，制造的时候，每一个步骤、每一个结构都是不能少的，都是非常精确的，但是我们学历史的人，恐怕很难纯熟地掌握。另如南宋泉州海船的技术特点，也是研究技术的人能够充分地解释它为什么是这样的一种形制，它的长宽比应该是什么样比较合适。这是典型的宋代远洋海船，V 字底的，与运河船不一样。运河船如果是这样的话，早就搁浅了，必须是平底的，因为水情是不一样的。从技术史的研究中，能够很好地解释。

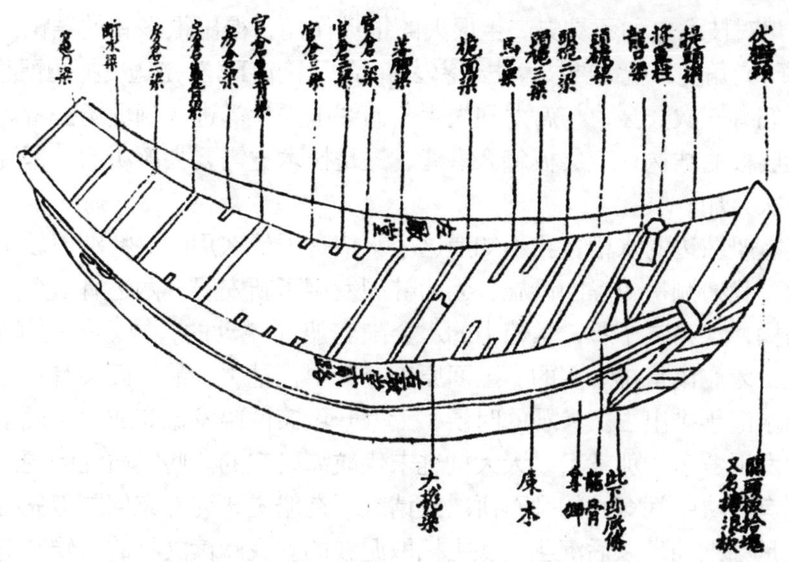

图 1　来自《龙江船厂志》

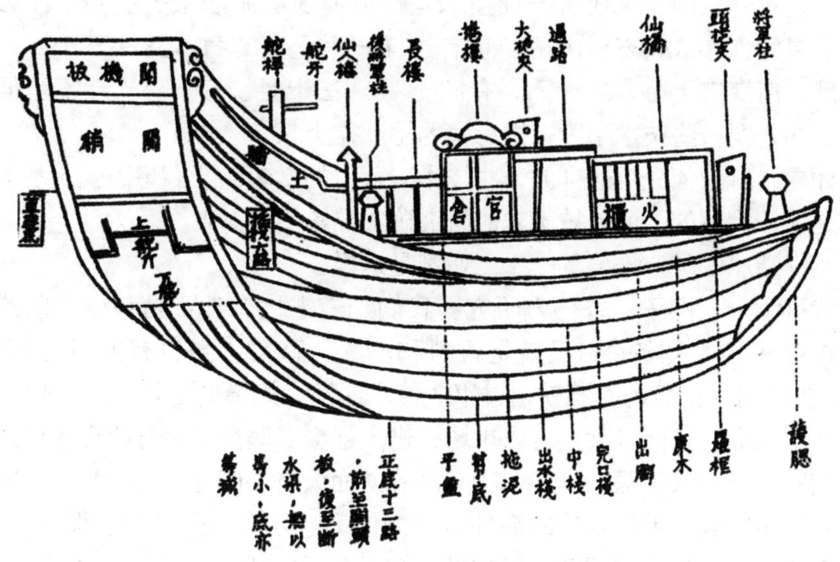

图 2　来自《龙江船厂志》

还有比如说现在非常著名的“南海Ⅰ号”，整体出土保存在一个叫水晶宫的博物馆里。它的出土为技术史、贸易史等的研究提供了一个最完整的材料，必然对技术史和贸易史产生很大的推动作用，得出很多新的结论。从技术史的研究角度，就需要技术史专家去解释。“南海I号”是边发掘边展览。

我们有一次开会，与席龙飞先生、何图卫先生等进入到现场去看。看到船舶三层板的结构，三层板怎么搭建，这是技术史需要去解决的，据说是每修复一次会加一层。

还有船舷边的水槽，我不知道这个水槽是干什么用的，特别请教了席龙飞先生。我猜测是减摇的设施，因为韩国发掘了新安船，两边有一个类似水箱的结构，水箱装了水，水箱中的水会随着船而晃动的，减少船的倾斜度。席先生认为应该是排水用的。上面原来会有甲板铺平，最下面会有孔，把甲板上的水汇集排出去。参观的时候，大家开玩笑说船发掘完成后，说不定会在上面发现罗盘，那就可以大大推进宋代航海研究的一些实质性问题。

还有两块中间穿孔的圆石饼。我请教了造船史研究专家何国卫先生，他推测这是粘上油膏以后沉到水底去拈取泥沙的。我阅读文献的时候知道有这么一种导航技术。《萍洲可谈》就记载了“或以十丈绳钩取海底泥，嗅之便之所至”①。不同的海域，海底的泥沙是不一样的，包括它的气味、颜色各方面都是不一样的。宋代有一项技术是提取海底的泥沙来辨别到了什么海域。成寻的《参天台五台山记》也有这样一个记载“日本海深五十寻，底有石砂。唐海三十寻，底无石，有泥土”②。三十寻、五十寻当然不是伸手可拿到的，要一些技术手段，把海底的泥沙捞上来。

如果没有像何先生这样的一些技术史背景的学者，我们想破脑袋都不知道它是干什么用的，所以技术史的研究确实非常重要。

不仅造船业是这样，其他手工业都是这样。

我再举一个例子：香药方研究。我们知道宋代海外贸易获得空前的发展，进口品中最大宗的商品就是香料和药材，香料本身也有很多是药材，《宋会要辑稿》记载的香药就超过400种，这样大规模的香药进口不仅仅是满足宫廷的需要，而且大量进入市场，进入社会。医疗社会史研究也涉及香药的问题，从士人尚医、中外药物交流等方面谈香药问题，但是我们还需回答一个基本问题，就是宋代的海外贸易如何影响了中医药发展，程度如何，方式怎样。这样的一些问题，恐怕是我们现在医疗社会史无法解决的。

---

① 朱彧著，李国强整理：《萍洲可谈》卷二，《全宋笔记》第二编第六册，大象出版社2006年版，第149页。

② ［日］成寻著，王丽萍点校：《新校参天台五台山记》卷一，上海古籍出版社2009年版，第9页。

图 3　“南海 I 号”

图 4　“南海 I 号”出土石饼

有一个重要的技术史切入点，就是香药方的研究。宋代是香药方书最多的朝代之一，方书的数量远远超过唐代，这么空前多的方书中可以看到一个显著的现象，就是香药入方。那么香药入方到底改变了中医药哪些的功能，原来不能治的病，现在是不是可以通过香药方治好，原来能治的现在是不是有了新的办法。有可能通过这样的研究来解决。

但是香药方的研究本身是一个技术史的研究，它需要中医药学的知识。宋朝官方的一个方书叫《太平惠民和剂局方》，太平惠民和剂局是宋朝的一个慈善机构，该书就记载了大量的香药方。我们举一种例子，就是用香药做汤头的药方。汤头是什么意思呢？就是医方的名称。在很多的医学分科的药物中，香药做汤头的药方占的比重非常大，最高的占到42.3%，一般的也会占到百分之几，有30%多的，有20%多的。从香药方的运用，很好地体现了香药的重要性。

还有一个民间最著名的方书叫《博济方》，其中有很多香药做汤头的药方。香药做君药的，比做汤头就更多了。中医药中有一个“君臣佐使”的概念，发挥核心主导作用的那一味药叫君药，辅助作用的叫臣药，发挥再其次作用的叫佐药和使药。

宋代大量的香药被用作药方中的君药。我们举几个例子。比如说收录苏轼和沈括编纂药方的《苏沈良方》中的辰砂丸，用进口的药材做君药，还有四倍饮、五香汤、四圣圆等都是用香药作为君药的。四圣圆所有的药都是用的香药。这样的例子举不胜举。

表1　《太平惠民和剂局方》香药作汤头药方

方书名	各科名	香药作汤头的医方数（个）	医方总数（个）	香药方所占比例（%）
太平惠民和剂局方	诸风	8	84	9.5%
	伤寒	19	63	30.2%
	治一切气	40	105	38.1%
	治痰饮	9	43	20.9%
	治诸虚	4	61	6.56%
	治痼冷	2	25	8%
	治积热	2	24	8.3%
	治泻痢	11	54	20.4%
	治眼目疾	0	23	0
	治咽喉口齿	3	15	20%
	治杂病	2	26	7.7%
	治疮伤骨折	2	33	6.1%
	治妇人诸疾	5	84	6.0%
	治小儿诸疾	8	90	8.9%
	诸汤	11	26	42.3%

宋代还出现了使用香药的高潮，甚至偏爱香药的状况。元朝人反思宋朝中医药的时候，都指责宋朝人滥用香药。宋朝海外贸易空前发展，第一次进来那么多的香药，大家觉得是个新鲜事，广泛的去用。所以元朝人说是滥用。比如苏合香丸是当时普遍使用的一种药方，是《苏沈良方》中记载的，包括了多种进口香药。方中的白术是进口的，沉香是进口的，诃子、肉丁香、木香、白檀香、乳香、龙脑、安息香是进口的，乳香和安息香都是从阿拉伯进口的，麝香有进口的，也有本国产的。还有圣散子方，这个药方在宋朝因为是苏轼来推行，所以非常盛行。它也治好了很多病，也惹出了很多麻烦。

像这样一些香药入方的现象，在宋朝是非常普遍的。一方面它丰富了中医药药材的种类；另一方面宋朝是一个理论用方的开端，也极大地丰富了宋朝的中医药理论，比如说芳香药性理论、理气的理论，极大地推动了中医药的发展。我们还要去考察原来的病我们用的是什么方，香药方记载的病以前用了哪些药，现在有些什么效果等，会有很多可以深入探讨的问题。

我再举个例子，就是杨际平先生对秦汉农耕技术的研究。农业史研究中，有一些学者认为，从春秋战国时期中国就已经是精耕细作了，到秦汉的时候，亩产已经达到了264斤。杨先生认为这是不可能的。20世纪50年代和“文革”期间他在湖南的农村教中学，当地的农民亩产量就只有一百多斤。怎么春秋战国的时候就可以达到200多斤？他就来研究这个问题。他除了用史料论证外，还很好地运用了技术史的方法，他统计了新中国成立后出土的所有秦汉时期的农具，一共是1350件，其中有关犁的只有146件，其他都是人力耕作的工具，如锸，这些都是手工劳动的工具。犁的配件在全部的出土文物中只占了10.8%，大量的是手工劳动的，占了将近90%，这是从考古出土文物中进行的统计。他从出土文书中也做了统计。出土文书《东阳田器志》记载的各种农具500件中没有一件是谈到犁的。还有就是农具俑，出土的陶俑中犁俑只有3件。他通过以上的量化分析得出结论，秦汉时代是一个铁器锸锄耕时代，不是一个牛耕时代，而是由耜耕向犁耕过渡的时代，他由此得出的结论是秦汉的耕作还是粗放的。通过其他资料的印证，技术史的支撑，认为亩产只达到40多斤。一直到东汉后期魏晋南北朝，北方才开始进入到牛耕，魏晋南北朝后，牛耕才确立主导地位。技术史研究就非常有力地说明了春秋、战国、秦汉是不是精耕细作。像这类技术史研究在农业史研究中是非常多的，要了解它的耕作方式，从农具入手是非常好的切入点。南宋开发淮南，淮南经过战乱，人口流离，土地荒芜官方要鼓励人们去淮南开发，就配发农具，从配发的农具中，就可以知道是一种什么样的生产流程，农业生产中要用到哪些工具，等等。

（二）多视角综合研究的重要性

有一个非常重要的问题，我们通常称为“李约瑟难题”，到网上搜索“李约瑟难题”这个关键词，可以看到数以百计甚至上千篇论文来讨论这个问题。这个问题的核心是什么呢？就是“从公元1世纪到公元15世纪，没有经历过‘黑暗时代’的中国人总体上遥遥领先于欧洲……为什么现代科学只能在西方发展起来？”[①] 李约瑟指出这个难题思考的方向：“毫无疑问，思想和哲学上的许多因素都起了各自的作用，但肯定也有社会经济方面的重要原因需要加以研究”[②]。也就是说，要很好地解释一个科学史或是技术史的问题，实际上要从社会经济、思想文化多层面进行综合研究，宋朝造船业研究当然也是如此。

例如宋代车船。车船被认为是中国人领先于欧洲400年的重要的发明，被称为一次技术革命，在南宋首次大规模地付诸实践。中国科技史研究的一些学者有一个情结，就是领先于欧洲多少年的情结。但是在这个情结之下进一步还要回到一些更深的问题。比如说车船领先于欧洲400年，被称为一次技术革命（当然它是不是技术革命另当别论），那么必须要回答车船在宋代及宋代以后为什么没有广泛地运用到社会经济领域去？没有用到商业贸易领域去？它只是在军事领域使用，而且在军事领域使用后，一个倾向就是不断的小型化，不断的走向车、桨合用船。这就不是单一的技术史研究视角可以回答的问题。更不是我们领先几百年的情结可以回答的问题，而必须要结合社会经济，以及军事史的视角综合地考察。车船还有许多关键性的技术问题需要进一步的推进研究，如车船到底出现在什么时候？车船的“车”到底是什么含义？有些人说“车”是外面的轮，有些人说是指踏车人，有些人说是指桨叶。它本身就有很多争论。

我们今天不讲技术层面的问题。我们要回答车船在宋代为什么会首次被广泛运用，而且没有运用到社会经济领域。如明代《武备志》记载的车轮舸，是以轮击水推动船前进的形式。车船在技术上有很大的先进性，它以轮击水，因为轮子会转。如果用桨击水，有半边做功是虚功，即划出水面的做功，但是轮船可以轮连续击水。当然还有橹也以没有虚功的，但它是在大型

---

① ［英］李约瑟：《中国科学技术史》，科学出版社1990年版。

② ［英］李约瑟：《中国科学技术史》，科学出版社1990年版。

船只中使用。车船确实在技术上有很多先进性。

李约瑟在《中国科技史》中自己按照资料画了宋代二十三车船，两边各十一个，后边有一个，一共二十三个。我们从经济史的角度可以看到车船的建造、维修和运行都有非常高的成本，远远高于其他船只，成为了它运用到社会经济领域一个非常大的障碍。加上当时贸易运行的周期和方式，与今天是不一样的，所以它不适合运用车船。

图 5　明代《武备志》记载的车轮舸

程昌寓在洞庭湖打造的二十车船，所需要的成本是 20000 贯，“所用板木材料、人工等共约二万贯”①。我们做一个比较就知道 20000 贯是什么概念。比如说马船，是宋代军用船，最早用于运输战马的，南宋前期吴璘主持四川军事时，川陕购买了战马要运到杭州和江上诸军去，曾短暂地采取水运，专门打造船运马。这种船比较结实，七百料的马造价是四百贯，六橹的马船是八百贯。戈船是一种海上的战船，其造价是八百余贯。还有一种梁头

① （清）徐松辑，刘琳等点校：《宋会要辑稿》食货五〇，上海古籍出版社 2014 年版，第 7129 页。

图6　李约瑟在《中国科技史》画的二十三船

阔丈二三的海船造价是五百贯。“梁头阔丈二三”是一种什么概念呢？就是相当于宋朝中等以上大船的起始标准。宋朝为了加强明州和临安海防，每年都要征调浙东和福建的船去明州和临安治海，福建船征调的起点就是梁宽一丈二尺。“梁宽”是船两边船舷之间的最大宽度。为什么要征一丈二尺以上呢？一丈二尺以下在海上根本不能有效地抵抗风浪，不能用于作战，所以可以把一丈二尺当作大中型船只的起点。其他的民船或是官府的漕船一般造价都在一千贯以下。比如说有一种内河魛鱼船，一丈二尺算是比较大的，因为运河的船只一般都在八尺五寸以内，运河的船只要过闸，闸口的宽度就是八尺五寸。所以一丈二尺的船算是比较宽，造价是四百贯，“依民间工料造打，每支约四百余贯”①。通过这个比较我们就知道车船的造价是多么昂贵，这不是民间能够承担的。还有维修也非常昂贵，因其设置结构比较复杂。比如南宋镇压了杨幺起义后，南宋把洞庭湖的车船都拉到江西维修，每一艘车船的维修是四百贯，“每只计用钱四百余贯”，相当于造一艘一丈二尺的魛鱼船，或者是造七百料马船的钱。而且说了“每只恐非四百贯可了”②，四

① （清）徐松辑，刘琳等点校：《宋会要辑稿》食货五〇，上海古籍出版社2014年版，第7125页。

② （清）叶梦得：《石林奏议》卷一〇《奏乞参酌古制造战船状》，《续修四库全书》本，上海古籍出版社2002年版。

百贯还不一定够。这是它的维修成本。

还有它的运行成本也是非常高的，比如说六橹的川江船，川江船用的民工是最多的，一千料川江船用艄公、水手的总数是 40 人。漕船是每五十料配一夫，一千料算下来大概是 20 人。车船需要的民工就更多了，比如说八车船就需要 32 个踏车夫，一个车需要 4 人踏，最大的车船在宋朝记载是 40 车船，需要 160 个踏车夫，160 个人常年在船上，其雇钱、食钱，不是一个商人所能承担的，所以其运行成本非常之高。船在顺风的时候可以用帆，减少人力成本，也间接性地拉纤，宋朝并不是所有的纤夫都在船上，特别是过滩的时候，会有当地的纤夫帮着拉。宋朝船过大滩的时候就敲锣招呼周边村子里专门帮人家过滩的人，叫作“滩子”。所以不需要常年养这么多纤夫，或者是全程供养纤夫，成本可以降低。如果是车船就需要养很多人。而且当时的贸易周期通常是依据季节算的，粮食收获季，通常米船出发了。

海上贸易船更是如此，是以年为周期的，必须随着季风往返，所以当时的贸易周期也不需要用车船。车船的长处就是进退自如，速度非常快，但是当时的民间贸易从成本、周期的计算不需要用。在军事上也是这样，代价太高，大规模的打造车船是一个非常庞大的支出，宋金对峙逐步平稳以后，战事越来越少，维修车船就成为一个巨大的负担。所以宋朝就逐步地开始造小型车船，或者车、桨合用船。

因为车船的优势，使得宋朝的军队始终保有车船。所以要解决一个车船的问题，光有技术史层面的知识是不行的。有学者把车船称为技术革命，是因为它貌似今天的轮船，但是实际上它跟今天的轮船有本质的区别。一是它的动力，其基本原理是“人在舟中，踏车以行船”[①] “以轮激水”[②]，其动力是人力，不是机械力。二是车船是以木材为原料的，所以车轮的转数与车轮增大的空间是有技术极限的。从木材来说，转到一定的速度，木材承受不了强烈的离心力，会散架。包括我们木头制造的陆上的车也是一样，这种原料本身技术增长的空间是有限的。人力也是如此，用人踏车，人的最快反应速度据研究是 0. 4 秒，所以踢足球要把射门的点和球门间的距离控制在 0. 4 秒以内，0. 4 秒外反应不过来，只能靠运气和职业训练。人踏车，车速超过人最快反应速度，脚根本踏不上去。所以不管是动力还是原料，其整个增长空间是有限的，若没动力和原料的革命，在原有的技术路径上，是过渡不到机

① （宋）马端临：《文献通考》卷一五八《兵考十》，中华书局 2011 年版，第 4741 页。
② （元）脱脱等：《宋史》卷三六五《岳飞传》，中华书局 1977 年版，第 11384 页。

械动力的。

再举一个印刷业的例子。印刷业目前的研究也是技术史视角为主。研究技术史的人做过这样的总结，郭平兴这样总结中国印刷业的研究，“研究古代的多、研究近代的少，研究技术的多、研究与社会关系的少，单一研究的多、综合研究的少”。这是目前中国印刷史研究的一个基本概况。而且他进一步讲道：“中国的学术语境中对于印刷史的研究，只重视其技术发展史的梳理，而鲜有探讨印刷技术背后意义的”①。对这样的研究取向，也有新的反思，被技术史学界称为“大印刷史观”。

那么“大印刷史观”又是一种什么路径呢？它强调的所谓全方位、整体的研究，也是从技术的视角研究印刷史问题的观念，只是把它区分于图书出版印刷的一种路径，“大印刷史观”的路径也是一个技术史视角的研究，还不是与政治经济社会背景充分结合的研究。

目前国内印刷史研究最著名的两部著作，一是张秀民先生的《中国印刷史》，一是辛德勇先生的《中国印刷史》。这两部著作在中国印刷史上成就非常高，影响非常大，但是因为他们所关注的视角的原因，我们可以看到，仍不是整体上的综合研究。当然因为其研究取向的问题，你不能说他研究得不好。但要继续拓展这方面的研究，我们还可以进行综合的多视角的研究。宋代印刷业的发展，目前也没有人做过很好的综合的多视角的研究。

宋代是印刷业空前发展的时期，印刷业的发展及技术的进步，实际上与宋代的社会环境和社会需求密切相关。一方面，印刷业发展在宋代科举社会形成中发挥了怎样的作用？对宋代教育和知识传播产生了怎样的影响？目前还没有得到很好的揭示。另一方面，宋代社会环境和社会需求以什么样的方式推动印刷业的发展？也没有得到很好的揭示。这还是非常值得大家去探索的很好的领域。所以要综合地研究才能更好地阐释印刷业在宋代社会经济领域中到底扮演了怎样的角色。

比如说，宋代是一个科举社会，大家都去读书，当然这与制度的推动是有关系的，科举制度不断完善，科举制度的取向，关注基层，取士与养士相结合，开放的理念等等是有关系的，但此外还有一个非常重要的条件，就是技术的支持，不然全社会怎么可以去享受教育，形成科举社会。宋真宗的《励学篇》就是非常典型地说明了宋代科举社会：

---

① 郭平兴：《论中国印刷史研究的现状及其重构的基点》，《河南大学学报》（社会科学版），2016年第2期。

富家不用买良田，书中自有千钟粟。
安房不用架高梁，书中自有黄金屋。
娶妻莫恨无良媒，书中有女颜如玉。
出门莫恨无人随，书中车马多如簇。
男儿欲遂平生志，六经勤向窗前读。

他讲到有钱你不要去买田，也不要去修高房子，也不要遗憾没有好的媒人给你找一个好的妻子，不要遗憾没有随从，通过读书所有的需求都能够解决。宋代的科举社会给大家提供了无限的可能。宋代就是一个考试社会，与我们今天一模一样。今天的男儿通过读书也可以实现，当然女子也可以。在科举社会中，全社会都形成非常强的读书风气。读书风气不仅城里是这样，乡村也是这样，晁冲之《夜行》一诗讲道：

老去功名意转疏，独骑瘦马取长途。
孤村到晓犹灯火，知有人家夜读书。

当一个偏远的小村里，都有人通宵达旦地读书，他首先要能读得起书，你要让他在汉代去读书呢，那时书的成本非常高，都是刻在竹简上、写在绢帛上的，一般的人是读不起的。

还有教育程度在宋朝大大提高了，包伟民先生曾经研究过 9 世纪至 13 世纪社会识字率有很大提高。这与教育普及有关系，教育普及的基础就是印刷业的发展，书籍的成本大大降低，当然也包括造纸业的发展，所以印刷业的发展是当时社会发展的重要基础。

四　宋代技术发展的空间与制约

第四个大的问题我们讲一讲宋代技术发展的空间与制约。我们研究技术史的时候，讲到要与社会的很多领域，如政治、经济、文化、思想进行交叉的研究，同时我们也要看到中国古代的技术到底是哪些因素在推动，特别是我们在回答现在技术史研究中若干观念的时候，我们要特别重视一些什么样的因素。

李约瑟曾经指出西方对中国科技史研究的三个悖论：一是中国古代没有

科技；二是中国古代的官僚制度压制了科技创新；三是他称之为“悖论的悖论”，停滞的中国馈赠给西方那么多的发明和发现。中国的学者也有受这个影响的。比如说冯友兰先生就讲道：“我想斗胆地下结论，中国向来没有科学，因为按照她自己的价值标准，她毫不需要”①。他就认为中国古代没有科学，当然他从思想观念的层面讲，可能有一定的道理，但未必是符合史实的。还有王立斌先生讲：“中国封建专制制度对科学的束缚，中国工商业发展没有独立性是经济落后的重要原因”②。林毅夫先生也讲道：“封建社会的教育政策和科举制度，具体说就是科举考试的课程设置和其激励结构阻碍了科学技术的发展”③。特别是科举考试的科目设置成为技术发展的一个障碍。从政治制度、商业的政策和观念、思想文化等角度，很多人认为它们是不利于技术发展的。

但是以宋代为例，我们在前面举了李约瑟先生的一个论断，他认为宋代科学技术不仅是中国古代的巅峰，而且遥遥领先于当时的世界。那么如果这么多的因素束缚着它，它为什么还发展到比当时的欧洲领先的地位呢？这是值得我们思考的。

（一）国家力量与技术创新

那么到底古代中国，不管称之为封建制度也好、专制集权也好，国家的力量和技术的创新到底有什么样的关系？我们通过宋代来看一看。学者们在回答“李约瑟难题”的时候，就强调了专制政体、科举制度、儒道哲学和思维方式等束缚。我想，这需要将古代科技本身发展的自然环境和古代科技向近代科技变革或者转变的问题剥离开来。它是两个问题。

“李约瑟难题”提出的是中国古代科技遥遥领先，但是为什么没有过渡到近代科技，而是由欧洲打开了近代科技的大门的问题。这与中国古代和中世纪技术发展的环境是两个问题。事实上在宋代，从造船业来讲，不论是船舶数量的剧增，还是核心技术的推广，国家都扮演了重要的角色，其他技术领域也是这样。核心技术就是对某一个技术领域中间起关键性作用的技术。

如宋代造船业中的船模放样技术。就是先做成一个船舶模型，然后根据一定的办法放大做成实体船。宋朝要大规模制造漕船和战船，所以船模放样技术被创造出来，并且被广泛使用。南宋初期，有一个叫张觷的人在处州

① 冯友兰：《三松堂全集》第11卷，河南人民出版社2001年版，第31—35页。

② 王立斌：《“李约瑟难题”的经典解答及理论启示》，《长春大学学报》2006年第11期。

③ 林毅夫：《制度、技术与中国农业发展》，上海人民出版社2005年版，第257—258页。

（今浙江丽水）造大船，下面的人不知如何造，他就做了一个小型船模，教他们放大，“欲造大舟，幕僚不能计其直，𦙶教以造一小舟，量其尺寸，而十倍算之”①。这就是船模放样。这个办法被广泛地运用到战船和漕船。宋高宗时，曾经叫江、浙两路各个州打造九车、十三车战船，“江、浙诸州军打造九车、十三车战船”，而且要“仿湖南五车十架小船样制”②，把湖南五车十桨的船样发给各个州，按照船样来制造。宋孝宗时，在江西抚州打造二十车船，“打造二十车船一只”，而且江西路“州州承打船”，也是发放船样进行造船。③ 再如建康府的水军用海船样打造多桨飞江战船。还有理宗嘉定十四年给温州“降下船样二本，仰差官买木，于本州有管官钱内，各做海船25只，赴淮阴县交管”，曾经下船样二本造海船25只。④ 这样的一种制造办法，适合于国家大规模制造规定形制的船舶，只有在官府组织的高度系统化的管理中才能够推广。当然，它对推动整个造船业的发展是非常有用的。

我们再看看船闸的制造。船闸是运河中非常重要的具有革命性的一种装置。在宋代四条主要的运河中，除了汴河能够全程通流以外，其他三条：淮南运河、浙西运河、浙东运河都存在着各个河段地势高低不一的问题。地势高低不一的河段的通航问题常用堰和闸解决。比如淮南运河上就有11个堰。堰是什么样子，宋代没有保存下来的图，但是清朝有两个外国人画了运河堰的情况。宋代的堰应该也是这样。外国人所画清代这个堰是从另外一端下到这边的水中，因为船头有激起的水花。它是怎么过堰的呢？堰上设有绞车，船通过绞车从那边拉过来，越过河段中间的堤，也就是堰，中间修有滑道。宋朝的文献记载很清楚，这个滑道是由圆木铺成的，减少船体的摩擦力。

宋朝船舶过堰除了用人，主要是用牛。成寻的《参天台五台山记》记载，他从明州经运河到开封，沿途过堰过闸。但是李约瑟在《文明的滴定》一书对清代这个装置的解读显然是错误的，他认为这是一个闸，他在画下面解说到：“不过水闸纯粹是中国人的发明，可以追溯到984年当时的乔维岳

---

① （元）脱脱等：《宋史》卷三七九《张𦙶传》，中华书局1977年版，第11696页。

② （清）徐松辑，刘琳等点校：《宋会要辑稿》食货五〇，上海古籍出版社2014年版，第7130页。

③ （宋）汪藻：《浮溪集》卷一《抚州奏乞罢打造战船等事》，四部丛刊初编本（以下版本同）。

④ （清）徐松辑，刘琳等点校：《宋会要辑稿》食货五〇，上海古籍出版社2014年版，第7139页。

（淮南转运使）制造了第一座这样的装置"①。他把堰误解为闸了。

图7 取自李约瑟《文明的滴定》

那我们看看乔维岳制造的装置是什么样子。乔维岳"创二斗门于西河第三堰，二门相距逾五十步"②，西河堰是淮南运河中的一个大堰，将堰改造成两个斗门，即可以开关闸。这两个闸之间相距50步。宋代的1步是5尺，我们以宋代准尺31厘米来算，1步就是一米五六，50步差不多80米，也就是说，这两个斗门之间有80米的距离，显然是一个复闸系统。船到第一个闸，闸门打开，进入两门之间的河段，等待水进来，与下面河段的水齐平以后，开下一个闸门，让船进入下一个河段。

乔维岳制造了第一个复闸以后，淮南的各个堰都相继改堰为闸。浙西运河全程都有堰，到北宋后期也逐步改堰为闸。闸大大提高了通航的能力，船可以成批的通过，进到第一个门和第二个门之间，把第一个闸门关闭，打开第二个闸门，船通过第二闸门。如果有第三个闸门，让水先进入第二和第三闸门之间，与下一个河段水面齐平，一步步往前走。今天长江三峡的水闸仍然是这样。它可以成批量通过船只，如果是堰，只能是一只只通过。通过文献记载看，宋代的闸也是差不多的，比如它中间有槽口，就是安闸门的。宋代的两个闸门之间宽八尺五寸，元代也是这样，所以漕船的宽不能超过八尺五寸，超过就过不去了。

宋高宗把他母亲的灵柩从金朝接回来的时候，船宽超过八尺五寸，要毁

① ［英］李约瑟：《文明的滴定》，张卜天译，商务印书馆2016版。

② （元）脱脱等：《宋史》卷三〇七《乔维岳传》，中华书局1977年版，第10118页。

掉很多闸，可见闸宽就是八尺五寸。进入闸门的宽阔的空间，给我们很好的展示了大批量的船进入到第一个闸门和第二个闸门之间，停在里面等待这个闸门的水和下一个河道的水平齐以后，开闸再出去。还有一些闸是为了解决浑水和清水隔离的问题。在长江口和钱塘江口有这样的闸。图中这个叫浑水闸，是由钱塘江进入杭州的，船只进来以后先开浑水闸，海水是浑的，进来让它停在这里，把这个闸门关掉，让海水澄清，然后往前走，开清水闸让水和船进来，这里的水就是清的，可防止运河淤塞。

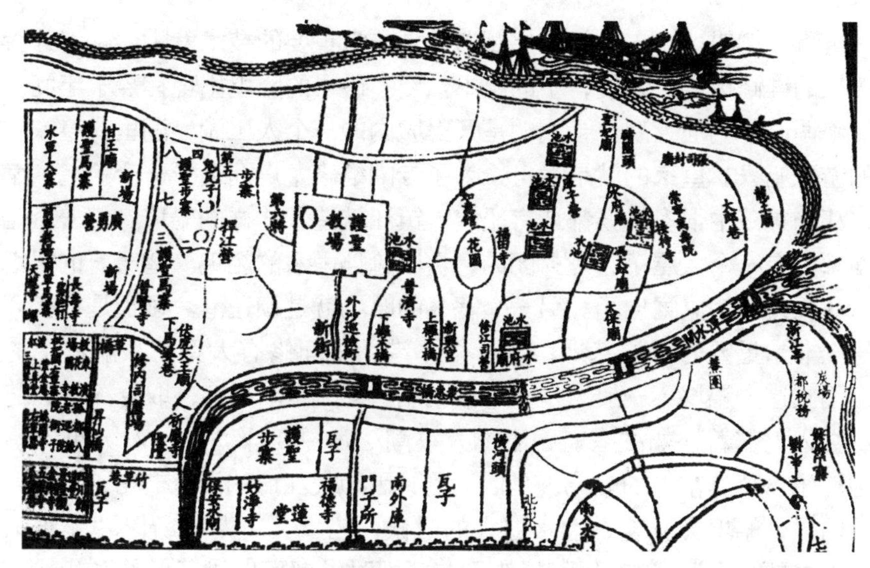

图8　钱塘江口图

这样的复闸和堰都是非常复杂的系统，它的修造和运行成本也是非常高的，比如堰和闸是设有监官和厢军，称为“堰军”和“闸军”，维持堰和闸的运行。船只过堰需要牛力或人力“推舟过堰”①。北神堰和江口堰改闸后，“岁省堰卒十余万”。王安石称，楚州“去堰为闸，岁省卒二十一万七千人，钱一百三十万，米六万八千石”②。但闸仍需闸军或牛拉闸门。闸需要有严格的启闭制度。不同地势之间的河段的水会互相流通，为了保水节水，就不

① （元）脱脱等：《宋史》卷一七五《食货上三》，中华书局1977年版，第3258页。

② （宋）王安石：《临川文集》卷九八《右领军卫将军致仕王君（乙）墓志铭》，文渊阁《四库全书》影印本，1990年。

能无限制地让它流通，以免造成一段的水源紧张。淮南运河的水来源非常紧张，主要是靠雨水囤积在运河旁一些小潭里，往运河里补水。北边的淮河、南边的长江，都比淮南运河低，两个大河都不能成为运河水源，所以就要非常珍惜运河的水，需要有严格的启闭制度。“须管每一闸要船一百只已上到，一次开。如三日内不及一百只，第三日开”。[①] 启闭制度主要是两种，一种是定时开启，就是三天开一次。另一种就是定量开闸，汇齐一百艘到闸口开闸一次。这需要非常复杂的管理系统，其管理和维修不是民间所能承担的。

再讲一例船坞。宋代的船坞制造也是非常重要的技术发明。船坞为大中型船只的维修提供了方便，小的船不需要。最早的船坞出现在熙宁年间。在开封修凿的金明池大澳。金明池是开封城内的一个人工湖，湖里有皇家和市民的游乐船只。皇家的就是龙舟，为了专门维修龙舟而造了一个船坞。南宋时，江防重镇中很多地方都造有船坞。镇江就造了这样的船坞，每一个船坞上面都盖有一个大屋子，是封闭的，可以遮挡雨水的船坞。建康府的船坞也有 250 间大屋，立闸启闭。另一个著名的船坞就是顾迳港。顾迳是在长江口上一个非常重要的海防基地，是一个军港，里面修有大型的战船停泊的船坞。而且这个船坞不一般，是一个活动船坞：“港岸开坞，取令深阔，将战船尽数入坞安着，如法搭盖，不拘大小潮泛，并要浮动，出入快便”[②]。在岸边挖了一个非常大的船坞，是活动的，因为长江口的潮水非常大。潮水上涨的时候，船坞会浮起，潮水退去的时候，船坞会下落，所以“不拘大小潮泛，并要浮动”。这就保障了船只在任何时候都可以进行维修和出入。这个浮动的船坞是一个非常复杂的系统。而且它专门摆泊大船，所以“海、湖战船尽泊此港”[③]。这样的船坞造价也是非常高昂的，不是官府的推动也不能办到。

另外一个就是火药武器。宋代的军事技术中最有代表性的革命，或称技术革新，也对世界军事技术产生重要影响的就是火药武器。李约瑟有一段对宋代火药武器的评价，他说“公元 9 世纪，中国人最早发明了火药，自公

---

① ［日］成寻著，王丽萍点校：《新校参天台五台山记》卷八，上海古籍出版社 2009 年版，第 694 页。

② （清）徐松辑、刘琳等点校：《宋会要辑稿》食货五〇，上海古籍出版社 2014 年版，第 7137 页。

③ （宋）范成大：《吴郡志》卷五《御前许浦水军寨》，《宋元方志丛刊》本，中华书局 1990 年版，第 722—723 页。

元1000年以来，爆炸也有了蓬勃发展，这比欧洲大约早了3世纪”，最重要的发明也许是12世纪初的火枪，它将制造火药弹用的混合物密封在竹管内作为近距离作战武器。公元1000年时，火药被制成简单的炸药和手榴弹。公元1044年第一次出现了火药的成分配方。火药武器的运用首先是中国创造的①。在当时确实是一个重要的革命。

宋代有一本军事书叫《武经总要》，记载了最早的火药配方和多种火药武器。这就是《武经总要》记载的一个火药配方，叫“火药法”。它记载了制造火药的各种物质的比例，非常复杂的，共有14种物质配成火药。这样的火药是军事配方。还有火药制成的各种武器，比如说有藜蒺火球。里面装的是火药，把它扔到敌人队伍里产生爆炸，其外面是铁制的各种尖锐的东西，有很大的杀伤力，是一种火药武器。还有一种叫“霹雳火球”，里面装火药，火药会爆炸，爆炸后产生杀伤力。这些在北宋的时候就有了。

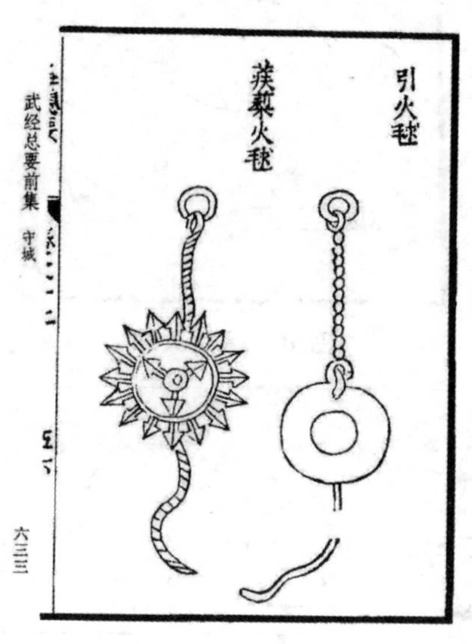

图9　藜蒺火球

金朝进一步发展了宋朝的藜蒺火球，制造了“震天雷”，与元朝军队作战的时候使用，各种形状都有，就是炸弹、手榴弹。与今天的手榴弹相比，爆炸力没有这么大。但这在当时都是革命性的。还有火枪、火箭，里面装有

① ［英］李约瑟：《文明的滴定》，张卜天译，商务印书馆2016年版。

火药。影响最大的是“突火枪”，出现于南宋，它使用竹管制成的发射火药的近距离的武器。它具备了今天射击武器的三个要素，是今天枪、炮的鼻祖：一个是身管；一个是火药；一个是弹丸。它有一个长长的竹管，里面装有火药，通过火药燃烧以后产生的推力把里面装的弹药射出。它具备了管制武器的几个基本要素，所以被称为枪炮之祖。南宋的时候用竹管做，到金朝时开始用金属管做，威力更大。后来西方所有的管制武器，依据李约瑟的看法，都应该从其中受到了某种影响。

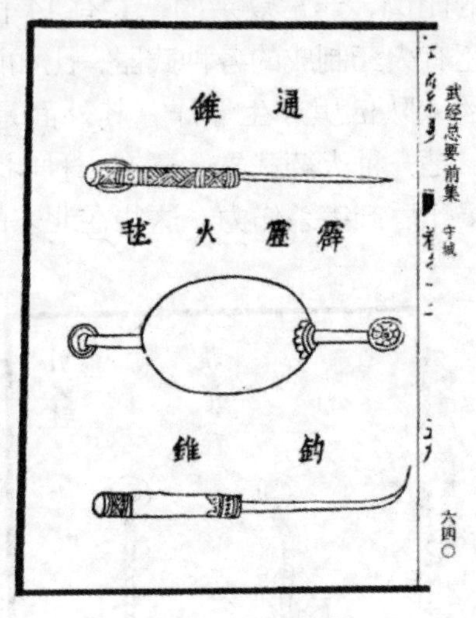

图 10　霹雳火球

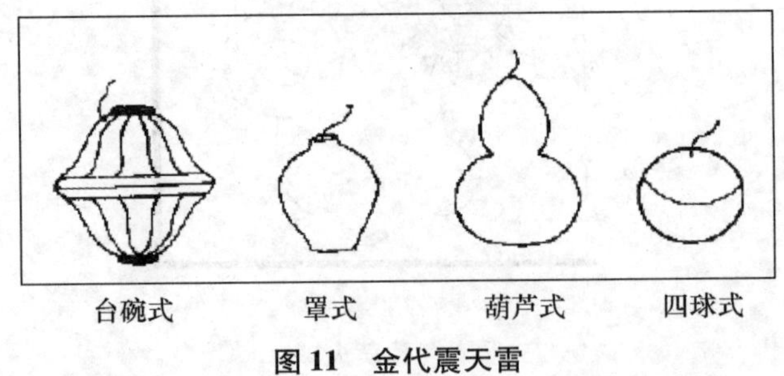

台碗式　罩式　葫芦式　四球式

图 11　金代震天雷

图 12　突火枪

这些火药武器的创新影响是很大的。当然你要按照人道的意义来看它有负面的影响，但是就军事技术本身来说，具有重大的创新意义，这样的创新本身就是国家推动的技术进步。

再看看宋代的制茶。宋代是属于饼茶时代，元代特别是到明清时期，才逐步盛行散茶，就是将散茶叶直接冲泡。唐代宋代都盛行饼茶，制成饼，有非常复杂的喝茶程式。宋代的制茶技术最先进的、最顶级的就是宋代官府造茶的北苑官焙，在从福建，所以宋代福建茶是最好的。制茶技术我就不详讲了，但是可以看到，它是官方推动的。宋代的茶书中说“茶有千万状”，它确实有千万状，制成龙团、凤饼，还有各种各样其他形状，做成钱的形状的，做成花形的、方形、圆形、六边形的。这一套茶具不是宋代的，是唐代的，宋代和唐代喝茶方式有所不同，但是这些基本用具宋代也会使用。

从西安法门寺出土的一套唐代宫廷茶具可知唐宋喝茶的制作技术有多么讲究。先要烘脆，但是还不能焦，然后碾成粉末，用筛子把细的筛出来，多余的放到坛子里。唐代喝茶的时候要放盐，宋代不放盐，然后去煮。宋代有煮有冲，但是主要是冲，所以宋代叫点茶，唐代叫煮茶，煮的时候很讲究，汤会煮出泡沫，著泡沫的功夫要让它咬盏，要像积云堆雾一样的堆在碗边上，还不会掉下来，茶汤必须要乳白胶质，等等。但是所有斗茶技巧都立足于制茶的技巧。

从造船也好、军事武器也好、制茶也好，这些技术的进步、官方起到了非常大的作用。这仅仅是一部分。

（二）商业贸易与技术创新

再谈谈商业贸易与技术创新的关系。李约瑟认为中国古代商人地位低下，缺乏健全的商业信用是技术发展的不利因素。学界也一直存在着夸大中国古代重农抑商传统和小农经济自足性及其对技术束缚的问题。不少言论是没有进行深入的研究，凭观念、概念讲中国农业社会重农抑商和小农社会自给自足，判定其不利于技术发展。重农抑商这个观点我们今天看，并不能完全概括整个中国古代社会经济，它有阶段性的重大变化。小农经济更不是纯粹的自给自足的，中国的小农经济是一种商品性农业经济。这样的观点夸大了商业发展的不利因素对技术的束缚，实际上宋代造船业一个重要的推动力量就是发达的商业，而且是发达的民间商业。

以海上贸易为例。宋代的海上贸易获得空前发展，而且完全是民间经营。海船制造的发展也主要是商业力量的推动。宋代政府积极鼓励海上贸易，通过市舶条法实现与海商分利，官府抽税，再买一部分需要的，即抽解和博买，其他的给商人自己经营，通过市舶体制分利，大力鼓励贸易。贸易积极且达一定规模有奖励。商人之间也形成了一种互相合作的贸易分利机制。比如说船主雇用纲首贸易，纲首可以得到雇钱，船主可以得到利润。还有船主自己去经营的、中小商人合伙经营的，大家一起凑钱打造一只船，或者凑钱一起租一只船。宋朝文献记载那些商人一人占一小块地方，堆上自己的货物，晚上就睡在货物上，若干的小商人共用一条船出海。这样的贸易形式也形成了商人之间的一种分利机制。当然，船上人员也形成了严密的组织分工，构成了一个行船社会。所以从国家到商人，都建立了成熟的海上贸易运行机制和分利机制，极大地推动了民间造船的热情。

海上贸易海船大增。南宋嘉熙年间明州、温州、台州三州民船的总数“自一丈以上共三千八百三十三只，以下一万五千四百五十四只”，达到了19287只。① 这个数据是非常准确的，因为是官府挨家挨户统计出来的。《四明志》记载这个数据是大小无遗地统计出来的。如果加上浙东路也靠海的绍兴府，整个浙东一路民间的海船肯定超过20000艘。而海上贸易最兴盛的地区福建的海船应该也超过这个数字。加上浙西路、两广、淮南，整个沿海地区的海船数量会更加庞大。葛金芳先生估计，宋代的海船应该有七八万艘。我认为这个估计是成立的，而且可能还是保守的。所以宋代海船数量非常大，而且还是民间建造的。

商业贸易不仅推动了造船的规模，也推动了海船制造技术的进步和创新。通过南宋的泉州古船和“南海Ⅰ号”可以看到，宋代开始大规模地、非常成熟地运用水密隔舱技术。因为西亚欧洲很多船是通舱，通舱船一旦破损就会下沉，抗沉能力比较差。宋代海船，例如泉州古船已采用了水密隔舱，一个舱漏水，不影响其他舱，还可以迅速地去处理，增加了抗沉性。“南海Ⅰ号”，也采用水密隔舱，不同舱放的货物不一样，堆放的方式也不一样，有的放各种坛子和碗。宋代水密隔舱技术已经非常成熟了。水密隔舱技术除了抗沉外，还可以增加船的横向的强度，是非常先进的一种技术。

宋代的导航技术也发展到中国古代有史以来的顶峰。北宋中期以前，导航技术主要是三种：一是牵星术导航；一是地表目标导航；一是水情包括海底泥沙导航。北宋后期把指南针运用于航海，对世界产生了非常大的影响。

---

① （宋）吴潜：《开庆四明续志》卷六《三郡隘船》，《宋元方志丛刊》本，中华书局1990年版，第5991页。

日本僧人在宋神宗朝来到中国，他在《参天台五台山记》中记载了三种导航技术。一种是牵星术导航，“入夜不晴，不见星宿。只任风驰船，不知方角”，但到了乌云密布的晚上就没办法，不知道方向，只好把船停下来。如果晚上天晴，“仿佛见日光，即知方角”，看得见星星和月亮，可以根据牵星术导航。还有一种地表目标导航，“令人登桅，令见山岛，悉称不见”……“令人登桅，见山”，派人爬到桅杆上设的望楼，去看山和岛，在成熟的路线上，山和岛被详细的记载在航海图中，看到三角形的山就知道到了什么位置，看到马鞍形的山就知道到了什么位置。此外还有水情导航，“以绳结铅，入海底，时日本海深五十寻，底有石砂。唐海三十寻，底无石，有泥土”①。前面讲到过取海底泥沙判断位置。

《萍洲可谈》记载的指南针导航可以看到北宋后期就开始运用指南针导航，“舟师识地理，夜则观星，昼则观日，阴晦观指南针”②。该书此内容是朱彧记录其父朱服从元符二年到崇宁三年在广州任官的见闻，反映的是哲宗末至徽宗朝初期的情况。徐兢的《宣和奉使高丽图经》记载了出使高丽使团的船只的导航情况。除了成寻所论的导航办法外，也出现了指南针导航。“若晦冥（不能见星宿），则用指南浮针以揆南北。”③ 可见在徽宗的时候，指南针已经开始用于导航。

我们肯定地说，在熙宁五年以前没有使用指南针导航。为什么呢？因为指南针在当时使用方式就是水浮法，即做一个有方位刻度的罗盘，把磁化的针用一个东西附着漂浮在水面上，时针就会在水面上转动，根据刻度判断方向。与现在罗盘的原理是一样的。它比较简易，但非常有效，成本非常低，极易推广。这种简易办法在中国看风水已经使用很多年了，技术是非常成熟的。如果这个办法在熙宁五年已经运用到航海的话，成寻的船上一定会用，不至于到了晚上大家看不到星星，只好把船停下来，因为成本太低，使用也非常成熟了。所以我们可以肯定，在熙宁五年前没有用指南针和罗盘。到南宋指南针导航更加成熟了，如《梦粱录》所称“风雨晦冥时惟凭针盘而行，乃火长掌之，毫厘不敢差误，盖一舟人之命所系也”。船只若“撞礁必坏

① ［日］成寻著，王丽萍点校：《新校参天台五台山记》卷一，上海古籍出版社 2009 年版，第 6、9 页。

② （宋）朱彧著，李国强整理：《萍洲可谈》卷二，《全宋笔记》第二编第六册，大象出版社 2006 年版，第 149 页。

③ 徐兢撰，虞云国等整理：《宣和奉使高丽图经》卷三四《海道一》，《全宋笔记》第三编第八册，大象出版社 2008 年版，第 134 页。

船，全凭南针，或有少差，即葬鱼腹”①。

指南针运用于航海本身就是民间商业贸易推动的一种技术创新。宋代航海技术除了以上办法以外，还总结了非常成熟的其他导航技术。有经验的舟师，也就是船长可根据太阳、云气、浪花、电光、水的清浊、风、鱼等信息判断船的位置和风汛。《梦粱录》：“舟师观海洋中日出日入则知阴阳，验云气则知风色逆顺，毫发无差。远见浪花则知风自彼来，见巨涛拍岸则知次日当起南风。见电光则云夏风对闪。如此之类，略无少差。相水之清浑便知山之近远。大洋之水碧黑如淀，有山之水碧而绿，傍山之水浑而白矣。有鱼所聚必多礁石，盖石中多藻苔，则鱼所依耳”。每月 14 日、28 日谓之大汛等日分，“此两日若风雨不当，则知一旬之内多有风雨。凡测水之时必视其底，知是何等泥沙，所以知近山有港”。② 这都是宋代根据大量的民间贸易经验积累总结出来的技术。

我们再简单地讲一下印刷业。宋代印刷业和印刷技术发展的一个因素就是民间商业贸易的推动。宋代推动印刷业发展最主要的动力一是科举、二是佛教。科举制度印各种教科书，佛教大量地印佛经。还有印各种各样的农书、皇历等。宋代有农师专门辅导农民耕作，也会发放农书，发放皇历。若干年前，我们国家民间仍在发历书。宋代几个大的印刷中心都是商业运作的。成都、杭州、福建三大印刷中心的产品就是通过商业贸易运销到各地。福建的麻沙镇是印刷中心，书可以销到开封去。开封国子监太学的课本都会用麻沙本。麻沙本因为质量不好，教书的先生会把字念错，学生读过其他版本的书，知道老师念错了。可见民间印刷的书会一直传到官方的太学里去。福建的书还会卖到高丽去。高丽的商人徐戬受高丽官方委托到两浙民间定制印刷书籍。这都是商业的推动。

五　结语

下面我们做一个简单的结论。

技术史研究既需要以技术史视角和方法为基础，同时如制度史研究不能

---

① 徐兢撰，虞云国等整理：《宣和奉使高丽图经》卷三四《海道一》，《全宋笔记》第三编第八册，大象出版社 2008 年版，第 111 页。

② （宋）吴自牧：《梦粱录》卷一二《江海船舰》，浙江人民出版社 1980 年版，第 111—112 页。

停留于文本一样，技术史的研究也不能成为单一的“工艺研究”，需要充分运用多视角综合的研究。

在“古代和中世纪科学”的背景下，宋代技术的增长和创新拥有比较充分的空间。国家力量在诸多重要技术的发展和创新方面发挥着推动作用。

过分强调中国古代小农经济自足性及其对技术发展的束缚是片面的，宋代商业贸易已成为推动造船业发展的重要力量。

中国古代科技未能突破向近代科技变革的瓶颈是客观的事实，但不能因此反向地放大中国古代社会制度、经济结构和文化观念对作为“古代和中世纪科学”的中国古代科技发展的不利影响。

中国社会经济史研究的理论与方法

——以傅衣凌先生为例

钞晓鸿

各位老师、各位同学，上午好！今天讲座的题目是《中国社会经济史研究的理论与方法——以傅衣凌先生为例》。在讲座之前，首先要做几点说明。第一，中国经济史研究有不同流派，中国社会经济史是其中的重要流派之一。所以要全面掌握经济史研究的话，就需要了解中国社会经济史。第二，中国社会经济史是一个庞大的体系。作为一个流派来说，它不可能是一个人，而是一批人、几代人。所以这方面的内容非常丰富，要在一个讲座里边把它的内容介绍给大家，这是非常困难的。因此我选择中国社会经济史研究的奠基人之一——傅衣凌先生为例子，来向大家介绍。第三，讲傅先生的相关内容，最好让傅先生带的那些弟子来讲，这样会更好一点。不过我在厦门大学工作，傅先生几十年都在那里工作，厦门大学也被认为是社会经济史研究的重镇。因此我们也有责任学习傅先生的学术成就，并把它发扬光大。既不能骄傲自满，又不能妄自菲薄。下面我以傅先生为例，介绍中国社会经济史研究的相关理论与方法。

围绕这个专题，我的讲座分为四个部分。第一部分是生平与论著。第二部分讲史料。第三部分谈谈方法。第四部分是总结理论。标题既然是“中国社会经济史研究的理论与方法——以傅衣凌先生为例”，那么为什么要加上史料一节内容呢？这是因为历史研究中，史料是最基础、最关键的东西，所以要强调史料，特别是我在学习中体会到，傅先生把方法和史料融为一体。这一点我会在后边的讲座中具体加以说明。

一　生平与论著

首先来看傅先生的生平。

说到生平就有文献的引用。怎样研究一个人的生平呢？有几种资料。首先一个就是他自己说的。比如个人的回忆录、自传等。其次就是其他人——他的同事、晚辈、同行，对他的考察、追忆等。在傅先生生平资料中，目前流传最广、引用最多的就是他的自传。但是，傅先生的自传、传记有很多版本，所以首先要对这些版本做一简要介绍。

一般引用《傅衣凌自传》时，会标注《文献》1982 年第 2 期。我觉得，这个标注只是间接介绍，严格说来，这个注释不对，至少不严谨。这与《文献》各期次的标注变化有关。《文献》在 1979 年创刊的时候标注为第 1 辑、第 2 辑，后来 1980 年分为 4 辑刊行，分别是 1980 年第 1 辑……第 4 辑，同时版权页夹注总期次，如 1980 年第 1 辑在版权页注明“总第三辑”，1980 年第 4 辑则注明“总第六辑”。但是到了 1981 年，则仅标注总期次，即《文献》第 7 辑，而非 1981 年第 1 辑，依此类推，一直到 1984 年最后一辑——《文献》第 22 辑，也就是说在此期间按照总期次编排，并在封面明确显示。到了 1985 年又恢复前面的编排方式，如 1985 年第 1 辑。所以虽然说 1981 年至 1984 年，标明《文献》哪一年哪一期，别人大概也知道什么意思。但是在注释文献出处时，最好还是按照该刊的标注形式，刊物本身是怎么标注的就怎么标，是多少辑就是多少辑。如果说到傅先生《自传》的文献出处，最好不要标注为《文献》1982 年第 2 期/辑，而是《傅衣凌自传》，文献丛刊编辑部编《文献》第 12 辑，北京：书目文献出版社，1982 年 5 月第 1 版，第 127—136 页。现在的年轻人更容易把一些杂志的期刊号甚至名称标错，原因是什么呢？今天文献检索的基本方法和以前有所不同。以前直接翻阅杂志，今天用网络。网络直接生成一个期次，但这也许并非该杂志的原始期次。杂志的名称也是这样，需要细心引用。以前我引用《陕西师大学报》1977 年的一篇文章，有人认为这个标注有问题，不应该用简写，而应该写作《陕西师范大学学报》。如果仔细追溯就会发现，该学报 1975—1995 年间就使用《陕西师大学报》这一名称，1996 年刊名才变为《陕西师范大学学报》。所以把 1975—1995 年的《陕西师大学报》写成《陕西师范大学学报》反而是错误的，因为它当时没有这个名称。可见做学问还是要老老实实，不能抄近路、想当然。傅先生其实也是这样教导我们的——“做一个老实的读书人”。

除了《文献》刊发的《傅衣凌自传》，《晋阳学刊》编辑部编辑的《中国现代社会科学家传略》第 3 辑也有《傅衣凌自传》（山西人民出版社 1983 年版，第 444—452 页）。两个《傅衣凌自传》是一模一样的吗？

将《中国现代社会科学家传略》中的《傅衣凌自传》，与上面《文献》中的同名自传比较一下，就会发现其中的不同之处。一是缺少傅先生的标准照。《中国现代社会科学家传略》中的《傅衣凌自传》也有照片，但是傅先生作报告的照片，不是标准照。二是收录的论著不完全一样。《中国现代社会科学家传略》中的《傅衣凌自传》，收录论著截止到1979年。而《文献》中的收录论著截止到1981年。而且在《中国现代社会科学家传略》本的《傅衣凌自传》中，傅先生的著作目录，著作、论文不加区分，还有非常明显的一点不足就是，没有收录傅先生的译文目录。若以此为史料，就体现不出傅先生在外语方面的能力与优势。所以尽管都是《傅衣凌自传》，二者绝大部分内容都是一致的，但也有细微的差别。

还有其他各种版本的傅先生传记，下面我讲几个典型的。傅先生生前是民主党派人士。在他去世之后，福建省委统战部有一个内部资料，刊出了他的传记，篇名《傅家麟》[①]，因为傅先生原名叫"傅家麟"。网上有20世纪80年代第一批博导名单，有人就说"傅家麟"写错了，那位学者应该是"傅衣凌"。实际上并没有错，但"傅衣凌"这个名字在学界更流行、更通行。这个传记写得更生活化，披露了他家庭的一些情况，有助于了解傅先生的家庭与人生。另外，傅先生的同行和学生里边，也写过一些傅先生的传记。比如杨国桢先生，他在《明清农村社会经济》这篇文章里边介绍了傅先生。这是一篇书评，评介傅先生的同名著作[②]。因为杨先生在傅先生身边学习、工作过，所以他更有条件记录傅先生人生轨迹与学术成就。还有傅先生带的博士，比如李伯重先生也写过《〈世界名人录〉中的人物傅家麟》[③]。写的比较简略，大概是与篇幅有关。还有傅先生的另一位学生陈支平先生，在《中国大百科全书》里边撰写"傅衣凌"词条（中国大百科全书出版社编《中国大百科全书·中国历史》，中国大百科全书出版社1994年版，第154页）。这个词条补充了傅先生一些学术职务、论著，特别是其他的一些贡献。后来《傅衣凌著作集》由中华书局出版的时候，陈支平先生撰写前言，其中也介绍了傅先生的生平。最重要的是，在《傅衣凌著作集》里增

---

① 中共福州市委宣传部、福州市社会科学所主编《福州历史人物》第六辑，1992年，第184—189页。

② 仓修良主编：《中国史学名著评介》第五卷，山东教育出版社2006年第2版，第112—124页。

③ 李埏，李伯重著：《良史与良师：学生眼中的八位著名学者》，清华大学出版社2012年版，第75—76页。

加了一批傅先生的照片，生动地再现了傅先生各个时期的学术与生活。总之，版本反映了治学态度与材料的信息量，不同文本具有不同的信息量，而且在一定程度上反映了视角、观点甚至立场的差异。

下面介绍傅先生生平。傅衣凌，原名傅家麟，笔名休休生，福建福州人。一般傅先生的传记中关于生卒日期并不详细，经查知，傅先生生于宣统三年五月初二（星期一），即1911年5月29日；于1988年5月14日，就是农历的三月二十九（星期六）去世。

傅先生的家庭情况，我们目前知道的不多，但有些信息与他的生活、学术密切相关。他的父亲傅晟烈曾是公务人员，起初家境不错，还开过钱庄。后来钱庄经营失败，父亲也去世了。这一年傅先生18岁。在此之前，傅先生5岁时母亲去世，后来父亲续弦。可见傅先生年少时是不幸的，失去了双亲。但是，不幸中有万幸。傅先生《自传》写道，他的继母对他非常好，支持他去日本留学。

中学时代，傅先生上过几个中学。其中有一个奇怪经历，至今是谜。傅先生曾经上过一个艺术学校——马海艺术学校。为什么初中的时候上艺术学校？想学艺术还是其他原因？这个现在还搞不清楚。不过后来很快，也就是半个学期后，傅先生转到福州第一高级中学。他有一位同学后来很有名，叫邓拓，原名邓子健，笔名更多，1937年出版的《中国救荒史》就署名“邓云特”。他们一起编杂志、写文章。傅先生在高中就发表了《三民主义的人口论》论文。

1929年，傅先生考入了福建学院经济系。这个经历很重要，在经济系学习。第二年转入厦门大学历史系，1934年毕业。后来主要从事社会经济史研究。傅先生1930年到1934年在厦门大学学习的时候，也有一位同学很优秀，叫陈啸江，是位历史学家。由于后来陈先生去美国了，所以大陆人知道他的相对比较少。他们在大学期间就组织历史学会，印刷刊物，发表文章。傅先生在大学期间就发表了学术论文，其中包括《秦汉之豪族》一文。所以很多文章都写这个时期他开始步入史坛。1935年傅先生进入日本法政大学研究院，攻读社会学。这个经历与傅先生开创社会经济史研究不无关系。他的导师松本润一郎先生，是社会学家。除学习社会学，傅先生在留学期间还旁听了“古典文字”等课程。所以傅先生对好多文献，是亲自搜集、仔细阅读、鉴别比较，这是傅先生学术风格之一。与他的经历有关系。“七七事变”之前，中日关系就已经恶化了，傅先生于是回国。

1937年傅先生从日本回国，在福建省银行经济研究室工作，投入抗日救亡运动，在福建省抗敌后援会任编辑股股长，主编《战地通讯》。他那个时候从事的是当代经济研究。傅先生是《中国社会经济史研究》的创刊者。早年他就有编杂志的经历，编辑《战地通讯》。一次偶然的经历，奠定甚至改变了傅先生的人生。这个经历大家都在提，就是1939年的时候为了躲避日本飞机的轰炸，他钻进一个破房子，破房子里边有个箱子，箱子里边发现了明代到民国的一批契约文书。于是傅先生后来就有了民间文献的发掘利用。这个地方在永安县的城郊——黄历，有的材料写作黄历村；有的写作黄历乡。他以这些契约文书为基本史料，完成《福建佃农经济史丛考》一书，从而一举成名。这个偶然的经历，也算傅先生比较幸运，也算一个历史的巧合。但是话又讲回来，如果一个普通人，当时看见这些材料可能不去理会。为什么是他偏偏看重这些破旧文书？傅先生还是有这方面的学术意识，所以才会有这样一个经历与成就。

从1941年到1945年，傅先生在多所高校任职。在福建邵武，傅先生在邵武的福建协和大学任教。他的第一本专著就是在这个学校出版的。第二个任职单位是福建学院，是他的母校。当时学校在福建闽清。第三个学校在福建南平，南平省立师范专科学校。一般人以为，傅先生只写明清史，甚至只懂明清史。这不对。傅先生在这几所学校开设的课程有：中国通史、中国近代史、魏晋南北朝史、日本史、史学方法、中国经济史、中国政治思想史等。既有史学方法论的，又有通史，还有断代史。傅先生以前发表了好几篇魏晋南北朝史的文章，最早发表的论文其实是秦汉史。既有政治史，又有经济史，还有日本史。傅先生在日本学习时，一度想研究日本史，他的日语很好。虽然他后来开创中国社会经济史研究，特别在明清社会经济史方面建树很多，但傅先生也有政治史的基础与意识，这在他后来的乡族研究中就体现出来。另外也具有国际视野，将他在日本的知识学习与中国的历史研究结合起来。1942年，傅先生出版了资料集《福建省农村社会经济参考资料汇编》。傅先生一生都重视资料，如果只是按照著作来说，他的第一本书实际就是这个资料集。1944年，他以契约文书为基本史料，出版了《福建佃农经济史丛考》，实际上只包括3篇文章，非常薄。从篇幅来说，仅相当于现在985院校硕士学位论文的厚度。但这是他的成名作，在当时水平很高，而且开启一代风气。他的这本书，日本人非常关注，山根幸夫先生曾摘要翻译刊登在《史学杂志》上，田中正俊先生亦在日本的《历史学研究》杂志上作专文介绍。

抗战胜利后，傅先生回到福州。1946年到1949年，被聘为福建省研究院社会研究所研究员兼文史组长。他的研究范围也扩大了，从以前的福建农村经济扩大到商人及商业资本，连续发表了徽州商人、洞庭商人、陕西商人、福建海商等论文。又从商业扩大到手工业，1947 年写成《清代中叶川陕湖三省边区的手工业生产形态》一文，在我国首次提出手工业中资本主义萌芽问题。1947 年加入中国民主同盟，改革开放后又加入了中国共产党。

1950 年，傅先生回到母校厦门大学任教，先后任教授、历史系主任、历史研究所所长、副校长。他非常重视社会调查，也有社会调查的经验。早年参加土改和社会调查过程中，发现历史上的“族工”“牛福”“鸭禁”等现象，以此作为剖析“封建社会”的一个证据。1956 年、1957 年、1961 年分别出版了《明清时代商人及商业资本》《明代江南市民经济试探》《明清农村社会经济》等书。《商人》与《商业资本》是以前研究的继续与汇总。而《江南》不仅较早地注意到了市民社会这一突出现象，而且推动了江南的区域研究。南京大学的范金民先生出版了一本关于江南研究学术动态、学术史的书，认为《明代江南市民经济试探》是新中国成立后国内第一本研究江南经济的专著。后来又对《福建佃农经济史丛考》修订扩充，出版了《明清农村社会经济》。20 世纪 50 年代，出书的教师不多，傅先生接连出版了 3 本书，又受到国内外的关注，声名鹊起。“文化大革命”时期，他受到一定冲击，但还是设法进行学术研究，搞封建土地所有制，与当时的大环境有关，完成了《明清封建土地所有制论纲》初稿。

“文化大革命”之后，傅先生研究中国的社会经济结构，特别是明清时期的社会经济结构，完善了自己的《明清封建土地所有制论纲》一书，论证了中国传统社会是一个“弹性社会”，一种“既早熟又不成熟”的社会。20 世纪 70 年代末到 80 年代初，傅先生赴美国、日本、加拿大的著名高校讲学。据记载，1979 年曾到美国斯坦福大学、哈佛大学、芝加哥大学、耶鲁大学、普林斯顿大学、南康州大学、纽约州立大学奥尔巴尼分校、加州大学伯克利分校和洛杉矶分校讲学。回国经日本，又在东京大学、京都大学、名古屋大学讲学。1980 年，到加拿大不列颠哥伦比亚大学、维多利亚大学、渥太华大学、多伦多大学、约克大学、蒙特利尔大学、麦吉尔大学等讲学。1982 年任日本京都大学客座教授。7 月在日本京都、东京讲学，见到东京大学田中正俊先生，得知田中正俊、重田德先生曾翻译《福建佃农经济史丛考》一书，并见到了日文译稿。此书原定由日本的未来社出版，后因 1961 年三联书店出版了修订本《明清农村社会经济》，因而未能实现。1982 年傅先生出版了《明清社会经济史论文集》。

来看傅先生讲学的照片。这一张在日本，傅先生旁边这位是日本明史学界的权威小野和子，也是一位研究中国女性史的专家，再旁边傅先生的太太，姓柯。另一张在美国，应该是在哈佛大学，傅先生旁边这位就是孔飞力（Philip Alden Kuhn）。傅先生《自传》中写作“孔恩”，其实就是孔飞力。他后来成为国际著名学者、哈佛大学讲座教授。

傅先生在日本（傅先生右一）

傅先生在美国（傅先生居中）

当傅先生在学术方面最辉煌的时候，身体却出现了问题。一个偶然的机会，我是听傅先生的弟子讲的，他们去一个地方，傅先生感到身体不适，就上医院检查一下，结果发现身体出现了大问题。1984 年 3 月，进行了贲门癌手术。所以傅先生晚年是在和疾病做斗争的过程中搞学问的，所以他很痛苦，但还是组织出版和筹划了《明清福建社会与乡村经济》《中国通史参考资料·明史部分》《明史新编》等书。

傅先生除在厦门大学任职外，还担任第五、六届全国政协委员，中国民主同盟中央委员、中央参议委员会委员、福建省委副主委，中国史学会第二、三届理事，中国经济史学会第一届副会长，福建省社科联第一、二届副主任、第三届顾问，福建省历史学会第一、二、三届会长。中国科学院历史研究所兼任研究员。1988 年 5 月 14 日，傅先生因病医治无效，在厦门大学医院逝世。

下面来看傅先生的主要著作。

傅先生主编的《福建省农村经济参考资料汇编》，1942 年由福建省银行经济研究室出版。上面写的是"傅家麟主编"。该书学术界提得较少，可能与署名"傅家麟"有关。这是一本资料集，篇幅不小。傅先生一辈子都重视资料，甚至有些情况下，写一本书的后记，后记的主要内容附记一两条资料。有些人说该书是 1941 年出版的，不对。版权页写的是 1942 年出版。

《福建佃农经济史丛考》，协和大学中国文化研究会出版，1944 年，"傅衣凌著"。此后傅先生的著作均署名"傅衣凌"。这是他的成名作，其中的契约文书是他 28 岁时发现的，该书出版时他 33 岁。

《明清时代商人及商业资本》，人民出版社 1956 年版，"傅衣凌著"。傅先生 20 世纪 40 年代已经研究商人和商业资本，这本书是相关论文的汇集与补充。20 世纪 80 年代，商业史曾经红极一时，而且出现了所谓的"十大商帮"等。实际上，不少明清商人方面的研究都是傅先生开拓的。

《明代江南市民经济试探》，上海人民出版社 1957 年版，"傅衣凌著"。这本书也是新中国成立后第一本江南区域史专著，而在内容方面也提出一些问题，比如市民阶级的觉醒等。

《明清农村社会经济》，生活·读书·新知三联书店 1961 年版，"傅衣凌著"。实际是 1944 年《福建佃农经济史丛考》的修订与扩充版。两相比较，就可以发现其中的区别所在，以及傅先生在不同时期、不同学术环境之下的学术历程。

《明清社会经济史论文集》，人民出版社出版，1982 年，"傅衣凌著"。

这个时候他身体还很好，也是学术如日中天的时候自己编定的论文集。

主编《明清福建社会与乡村经济》，厦门大学出版社 1987 年版，“傅衣凌、杨国桢主编，厦门大学明清经济史研究组著”，是厦大师生的一本论文集。当时傅先生主持、承担了全国哲学社会科学研究“六五”“七五”规划重点项目，这本论文集是《明清福建社会经济史研究》项目的阶段性成果。

主编《中国通史参考资料》（古代部分第七册），中华书局出版 1988 年版。这个参考资料系列由翦伯赞、郑天挺先生主编，这一分册是明史部分，“本册主编傅衣凌”。该册 1988 年 4 月正式出版，次月，傅先生就去世了。

《明清社会经济变迁论》，人民出版社出版，1989 年，“傅衣凌著”。该书是傅先生给厦门大学历史系开设课程的讲稿，也是他在国外讲学的一部分内容。原本 1983 年定稿，后来由于健康问题，在弟子陈支平博士协助下 1987 年完成的。侯外庐先生题写书名。这本应该是傅先生在世时过目出版的最后一部专著。《后记》作于 1987 年 6 月。1989 年元月正式出版时，傅先生已经过世半年多了。

《傅衣凌治史五十年文编》，厦门大学出版社 1989 年版。从傅先生 1934 年到 1984 年 50 年间的论文中选编而成。杨国桢先生撰写《前言》，时间是 1984 年 10 月 26 日，正式出版已经是 1989 年 12 月。

《明清封建土地所有制论纲》，上海人民出版社出版，1992 年。这是“文革”时期就关注的一个论题，后来国外讲学也是内容之一。共 6 章，是陈支平先生整理出版的，《跋》作于 1991 年元月。

主编《明史新编》，人民出版社出版，1993 年。“傅衣凌主编，杨国桢、陈支平著”。该书既有断代史的一般特征，又突出社会经济史这一特色。其内容与体例其实在上面提到的《中国通史参考资料》第七册中已见端倪。

《傅衣凌著作集》，中华书局 2007 年到 2008 年陆续出版，由陈支平先生统筹整理。这套著作集除以前出版的傅先生主要著作之外，还查阅各种报刊书籍，将散见的其他论文汇集为《休休室治史文稿补编》。“休休室”是傅先生书房名称。《傅衣凌著作集》已出版 6 册，是对傅先生学术成果的集中体现。

二 史料

第二部分讲史料。这是我自己总结的，也是我自己的学习体会。也许总结得不对，只是自己的认识与看法。我认为傅先生在史料方面，有以下的贡献和特色。

第一，让史料说话，全面地占有资料。这不是从一个理论到另一个理论，或是大量引经据典，说某一个经典学说怎么怎么说，再得出自己的结论。而是主张要有史料根据、让史料说话，是从史料自然得出结论，而不是以史料作为某种即有学说的注脚。他在《治史琐谈》（原载《书林》1984年第1期）一文中说，“我在研究历史中，还有一种‘史料癖’，常常记住‘当人类沉默时，石头开始说话’，没有史料，就没有发言权。”明清史料从总体来说非常丰富，所以掌握全国各地的各类史料显然是不可能的。所以傅先生更多地选择区域研究，把那方面的资料全面占有，然后才进行某一方面的研究。从史料入手，不仅要有史料，而且注意史料的性质与丰富程度，主张全面地占有资料。傅先生在《福建佃农经济史丛考·集前题记》写道：“我常想近十数年来中国社会经济史的研究，至今尚未有使人满意的述作，其中的道理，有一大部分当由于史料的贫困。这所谓史料的贫困，不是劝大家都走到牛角尖里弄材料，玩古董；而是其所见的材料，不够完全，广博。”大家注意，《集前题记》相当于该书的前言，后来好多人都只写作“《题记》”，是不正确、不严谨的。这个《集前题记》写得非常好，傅先生不少的学术脉络、学术思考，从这里可以找到一些蛛丝马迹。《福建佃农经济史丛考》史料丰富，甚至不惜大段引用，这是傅先生的风格，也是他的特点。由于这些史料不见于一般史书，读者无法按图索骥去阅读，契约等又不能掐头去尾，所以这也是没有办法的办法。《集前题记》最后说：“我要重复的说一句话，本书只是一个长编，并根据史料申述我对于中国社会经济史的一些意见，所以在内容上，不免有些庞杂之感。这无可奈何的缺憾，尚要请读者原谅的。”傅先生很谦虚，该书关注中国社会经济的基本问题，他说自己的研究只是“史料长编”。史料多且大段引用，从而显得内容庞杂，对此“缺憾”傅先生心中有数。但在当时学术环境下，能有什么更好的办法呢？他忠于史料、忠于原文，不是削足适履来达到论证目的，而是以原文来体现文献作者的思想与倾向。后来《福建佃农经济史丛考》扩充修订为《明清农村社会经济》出版。在此书1959年12月《后记》中，他写道：“原作……在引用时，不免有客观主义的倾向，特别其中关于阶级斗争的记载，都出于封建地主阶级之手，未曾删削改正，希望读者阅读时予以注意，特并说明。”这反映在当时学术环境下，傅先生对于涉及政治史料的态度与做法。

第二，细致阅读鉴别，积极开拓资料来源。积极地开拓资料来源，主要强调资料的性质不能单一。比如只是通过《明实录》研究某一个区域，那资料的来源就单一。尽管资料的部头很大，但性质却很单一，只是官方的且是中央编辑的资料。傅先生是明清商人研究的开拓者，他是怎样发现这一问题的呢？他在《治史琐谈》中说："如能搜集到人们所不注意的东西，便可有所突破，有所发现。"抗战胜利后，他借阅到明人谢肇淛的《五杂俎》，仔细阅读，发现其中记载："富室之称雄者，江南则推新安，江北则推山右"。这一记载实际是说，明代的大商人，南方要数新安商人也就是徽商，北方则是山西商人。根据这一线索，深入搜集明代徽州商人史料，又从明清地方志和文集中获得大量资料，于是写成《明代徽商考》。说来也凑巧，日本研究徽商的著名专家藤井宏先生，后来给傅先生来信说，自己的《新安商人的研究》，也是从《五杂俎》这段话中得到启发，后来又查阅地方志，日积月累撰写而成。20 世纪 50 年代，傅先生曾将藤井宏《新安商人的研究》译为中文，在《安徽历史学报》《安徽史学通讯》上连载。至于洞庭商人，则是傅先生阅读笔记小说时发现的。他后来回忆说，20 世纪 40 年代为进行明代商人的研究，又发现苏州的洞庭商人，冯梦龙《醒世恒言》记载："……话说两山（指洞庭东山，西山）之人，善于货殖，八方四路，去为商为贾，所以江湖上有个口号，叫做钻天洞庭"。这"钻天洞庭"一词很新，"引起我的注意，于是，我在阅读明人文集及其他记载时，便不放过，从此追踪，触类旁通，由此及彼，终于发现大量史料，使我对于明代商人集团有一轮廓的认识"。可见不仅要仔细地阅读，还要开辟史料来源。傅先生在日本留学期间，就注意到对地方志的利用。他在《我是怎样研究中国社会经济史的》（原载《文史哲》1983 年第 2 期）中说："我奉母亲之命，东渡日本，一面学习社会科学理论，一面到东洋文库看书，开始懂得地方志在史学研究中的重要地位，这就为后来我的社会经济史研究打下了基础。"他写的"我奉母亲之命"，是指他的继母。傅先生在日本留学，不仅学习理论，也开始懂得地方志的功用。几年后，他的《福建佃农经济史丛考》就引用了地方志、寺庙志等资料。在史料里面，还有实物资料。傅先生对此类史料也十分珍视，例如《福建佃农经济史丛考》书稿已经校印后，他在邵武东郊外的一间破庙边发现一块石刻与自己本研究密切相关，史料价值较高。于是傅先生就将其录文，收录于该书的《校后跋》中。现在不少人引用傅先生的论著，包括引用其中的资料。因为这些资料现在都找不到了，只有傅先生以前的某个论著中收录，而这些资料往往真实可靠，典型珍贵。当然不能盲从史料，还要懂得鉴别史料，将二者有机地结合起来。他在《谈史学工作者的知识结构和学术素养》（原载《文史哲》1987 年第 2 期。陈春声、郑振满补充整理）一文中强调：“史学认识过程必须以史料为中介，因而，广泛地搜集和利用史料、严格地鉴别史料，是史学工作者必不可少的学术素养之一。”

第三，大力发掘民间资料，极大扩充资料范围。虽然一般情况下我们使用“民间文献”一词，但是“民间资料”更具包容性。对民间资料的发掘利用，极大地扩充了资料的范围。他在《治史琐谈》中讲到正史、政书，主要涉及的是官方的国家经济的史料，注重赋税财政方面的内容；而关于生产力和生产关系的记载却很少。所以就要另辟蹊径，就要搜集其他资料，特别是发掘民间资料。这类资料一般是以文字作为载体的，但也包括非文献资料！傅先生明确说明，资料的范围很广，不限于文字资料，“历史是一种综合的知识，任何文字记载、口碑传说、实物资料、正面记载和反面记载，包括一些破铜烂铁的东西，都是有用的”。发掘与利用民间资料，正是傅先生的学术特点与贡献之一。他在《谈史学工作者的知识结构和学术素养》中进一步解释，“在农村发现的契约、账簿、碑刻、谱牒、民间习俗等材料，已成为我进行社会经济史研究的重要资料来源”。“所有人类活动留下的痕迹，包括非文献的民俗、传说、故事和其他口碑资料，都应该成为史学研究的依据。我自己的研究就时常以民间传说、路途传闻、儿提故事作为有用的资料。”大家可以看到，今天傅先生的研究流派，与人类学、民族学、社会学结合得比较多。顾颉刚先生当年出任厦门大学国学研究院主任的时候，曾经给当时的国学研究拟了一些研究课题，其中有一些标题，今天看了就觉得很欣慰、有意思。例如研究儿童游戏，研究福建儿童做什么游戏。所以这些人非常有眼光。傅先生认为所有的都是资料，为我所用，甚至说“破铜烂铁”都可以作为资料，这就是要极大地扩充资料的范围。

第四，史料方法相辅相成，开一代风气。我在报告开始部分提到，为什么今天的讲座首先列出史料一节来讲？我在学习的过程中体会到，傅先生是把方法和史料融为一体。《福建佃农经济史丛考·集前题记》写道：“本书对于此点也特加注意，其所引用的资料，大部分即从福建的地方志、寺庙志以及作者于民国二十八年夏间在永安黄历乡所发现的数百纸民间文约类辑而成，皆为外间所不经见的东西，这一个史料搜集法，为推进中国社会经济史的研究，似乎尚值提倡。”从今天严格的文法来讲，这个行文能挑出毛病来。说“其（本书）所引用的资料，……这是一个史料搜集法”，可见傅先生把史料包括史料来源作为一种方法。所以在傅先生的思想体系中，史料是体现方法的，史料和方法是相辅相成的。这是我的概括，我的学习体会。《傅衣凌自传》中则表述得更为直接清楚，傅先生说“这种引用大量民间资料，即用契约文书、族谱、地方志来研究经济史的方法，以前还很少有人做过，我深感到，这种研究方法，不仅可以进一步开拓新资料的来源，而且还能发人之所未发，提出新的见解。所以，自此以后，我就把它作为我的研究方法之一。”这里说“引用大量民间资料……来研究经济史的方法”就是“开拓新资料的来源”。从而开一代风气，起到了引领与先导的作用。杨国桢先生在介绍《明清农村社会经济》时说：“他提倡利用草根社会的材料，眼光向下的史料搜集法，并身先垂范，开拓了研究的新途径，起了发凡起例的作用。”傅先生所开之风气还远及国外，对于国际明清史研究产生了直接、重要的影响。日本著名专家岸本美绪教授说：“战后历史学界对明清契约文书研究的浪潮，则可以说发端于社会经济史学者傅衣凌的福建文书研究。”① 因此，我们可以说傅先生是社会经济史研究的开拓人之一。

三　方法

傅先生的治史方法，我把它概括为这几个方面。

第一，注重学术史与学术创新。大家可能觉得这个用词当时非常时髦了。《谈史学工作者的知识结构和学术素养》就强调了学术源流、现状和发展趋势：“学术的发展总是通过不断的创新来实现的，而所有的创新又都是在批判继承传统的基础上进行的。”所以，“学术工作者必须十分熟悉本学科的学术源流和研究现状，从中把握学术发展的归趋。……而且要对中外史学史有较好的了解，明瞭当代东西方史学的研究现状和发展趋势。”要了解专题的研究现状，就要做学术史，就要进行学术史回顾。而把握世界史学的现状与发展趋势，就有了国际眼光与视野。傅先生还直接批评那些缺乏创新的文章，他说，“当前史学研究中普遍存在的重复劳动的情况，不能再继续下去了”。20 世纪 80 年代的某些文章，写的都是一个内容，标题稍微有点差异，但没有新的观点。文章就这样写完了、发表了，所以学术创新不够。

① ［日］岸本美绪：《明清契约文书》，见滋贺秀三主编《中国法制史——基本资料的研究》，东京大学出版社 1993 年版。

傅先生很少有这样的措辞，上面的批评比较严厉。那在傅先生眼中学术目标与使命是什么呢？他说："以超越前人、不断提出新理论、新观点和新方法作为自己最重要的学术使命。"前面讲过他对史料的挖掘与重视，这里又强调了新的方法、新的观点甚至新的理论。

第二，将经验研究与问题意识相结合。傅先生主张将具体的个案研究与问题意识结合起来，不是说只做经验性的研究，仅停留于具体的史实，研究一个村子，就是研究一个村子罢了，他不是这样，经验研究只是手段，而不是目的。《福建佃农经济史丛考·集前题记》写道："本书即是站在历史学的立场上，考察福建农村的经济社区的一个尝试。"注意他尝试研究"经济社区"，反映了傅先生早年受到社会学的直接影响。因为"社区"是社会学的概念。这是留学回国之后出版的学术著作，傅先生在日本主攻社会学。虽然他研究社区，不过不会使大家失望。因为学术旨趣是探讨一些重大问题，而且是以扎实的研究来反思以前的理论观点。他批评以前的研究以偏概全，他说，"尽管大家在总的轮廓方面，颇能建立一些新的体系，惟多以偏概全，对于某特定范围内的问题，每不能掩蔽其许多的破绽，终而影响到总的体系的建立"。这些问题是什么是呢？有一些人认为，秦汉以后已不存在农奴制，所谓佃客、客户、佃户等都是国家的自由佃农。其与地主所发生的关系，是契约的，而非为身份性的隶属。他反问"这一个推论，和历史的事实是否相符合呢"？所以这本书虽然表面看来是研究福建，而且仅是福建的一些地区。但他的问题意识却是宏阔普遍的。傅先生在书中说，"本书的内容，虽侧重于福建农村的经济社区的研究，然亦不放弃其对于中国社会经济形态之总的轮廓的说明，尤其对于中国型封建主义的特点的指明的责任。譬如中国封建社会史的分期和氏族制残存物在中国封建社会史所发生的作用这一些问题"。为了论证说明这些重大问题，为了反思以前的理论观点，傅先生才选择福建农村的"社区"进行具体研究。并且他搜集了这方面的大量资料，大家知道，这些资料主要是契约文书。后来，傅先生就使用了区域社会经济史这样一类表述。这是对早年所提出"经济社区"概念的一个提升与发展。后来这一研究成为国际潮流，得到蓬勃发展。他在 1987 年的《谈史学工作者的知识结构和学术素养》一文中说："要加强区域经济史的研究。社会经济史的区域性研究，近几十年来已成为国际性学术潮流，方兴未艾。"目前在中国社会经济史的研究中，区域社会经济史成为一个基本研究方向与手段。从区域入手，进行田野调查，全面搜集史料，可以对该区域进行全面而深入的研究。但这只是经验研究。好多人没有理解傅先生的学术旨趣，以为这就是区域社会经济史研究。其实，区域社会经济史的学术旨趣是解决、回应大家普遍关心的重大问题。

第三，是开展多方位的比较研究。傅先生重视比较研究，但不是说专门写个题目，其中包括“比较”二字，比如写中国和日本之间某某问题的异同，不是这样。他是将比较这一理念，具体的落实到研究实践与文章写作之中。他很重视比较，从早年在日本学习，到晚年给学生授课均是如此。《谈史学工作者的知识结构和学术素养》一文写道：“比较历史学也是当今国际学术发展的一种重要趋势。我在研究中国历史时，就注意把日本资本主义与中国的半封建半殖民地社会进行比较，讲座学派的重要著作《日本资本主义发达史讲座》对我产生过很大影响。”比较有多个方面与层次，其中具体提到的包括以下几个方面。一是中外比较。他在《治史琐谈》中说：“我深刻体会到历史学比较研究的重要性，研究中国史的人如能结合学习一些外国史的知识，将很有好处的。我在学习日本资本主义发达史时，常用它和中国史相比拟，在比较中得到启发。可以说，后来我所进行的明清社会经济史研究，与此是有些关联的。”他山之石，可以攻玉。二是具体研究中进行区域比较。因为各个区域的自然生态、人文因素对经济发展的制约和影响不一样。傅先生的研究还注意了沿海与内陆边远地方，比如研究了闽浙赣、研究了秦巴山区，就边远地方的生产方式和生活方式。既有发达的江南，也有落后地区；既有沿海，也有山区；既有内地，也有外边毗邻其他国家的地区。刚才提到他主持的国家重大攻关课题，就有一个沿海和内陆的比较。他主张，“在区域研究中要分别考察沿海、内陆和边远地区的生产方式和生活方式，研究自然生态和各种人文社会因素对经济发展的制约和影响”。① 三是新旧比较。历史本来就重视历史变迁，但傅先生长期研究明清社会经济史，从新、旧两种因素的矛盾变化来论证明清社会的发展与迟滞。四是公私比较。傅先生除了国家的、公的社会经济系统之外，特别重视对于乡族、私的社会经济系统的探索，他晚年曾说：“社会调查使我注意到中国封建社会发展的复杂性和区域不平衡性，注意到乡族势力和与国家制度相对立的‘私’的社会系统的存在，注意到中国历史发展不同于欧洲的许多特点。”②

第四，进行多学科的综合研究。现在学术界都提跨学科研究、进行多学科研究，炒得很热，但是怎样实现呢？我觉得傅先生有些经历、经验值得学

---

① 《谈史学工作者的知识结构和学术素养》，《文史哲》1987 年第 2 期。

② 傅衣凌：《谈史学工作者的知识结构和学术素养》，《文史哲》1987 年第 2 期。

习。跨学科不仅需要这种意识，而且需要付诸行动。他曾回忆说："我踏进大学之门时，初是念经济系的，嗣又想进国学系，后才转到历史系来的。因而在选修和自学的过程中，不仅修习本系的课程，还大量选修社会学系、国学系以及经济系的课程。这样，便形成我平素读书不拘一格，好博览的习惯。"[①] 可见在大学时期，他就学习经济学、国学、历史学、社会学等学科的知识，除自学之外，"选修"其他系的相关课程。作为中国社会经济史学派的开创者，傅先生是受过相应的学术训练的。所以每个人都想综合研究、都想跨学科，但要创造跨学科的条件。一个人不可能天生就会其他领域的知识与技能，作为一个科学研究，要经过系统的训练，要经过一些系统的学习。后来，他已经注意到多学科的综合研究成为国际学术潮流与趋势，所以身体力行，不惧批评，不怕闲言碎语。他晚年曾说："我在研究中国社会经济史的实践中，也曾经进行过多学科研究的探索，试图把经济学、社会学、人类学、民俗学、统计学等学科的一些理论和方法同历史学的研究方法结合起来。这些工作虽然不是很成功的，也曾遭到各种批评，但今天看来仍然是不无意义的。"对于这方面的追求与努力，傅先生毫不动摇，并且还有了新的拓展。以前历史学主要是与人文、社会学科的相关学科融合。而傅先生特别提到了与自然科学的联姻，他说，"历史学是一门综合性的学科，它的研究对象不仅涵盖了人类社会生活的各个方面，而且还会涉及人与自然的各种关系"。[②] 我现在对环境史很感兴趣。环境史最通俗简单的说法就是研究人与自然的关系，实际上傅先生晚年曾敏锐地涉及这一方面的内容。傅先生注意到其他学科的这些内容，试图把经济、社会、人类学、民俗学、统计学甚至自然科学融合起来，不仅具有这方面的意识，而且付诸实践。

第五，倡导社会调查，关注基层社会。这一点，今天学术界提得比较多，会说厦门大学的同人倡导田野调查、研究基层社会。这一学术脉络，实际上是直接得益于傅先生的。他早期的几名学生回忆，傅先生批评他们待在学校里，督促他们到外地去，去搜寻史料，去了解民俗、乡例。傅先生以切身体会回忆说："历史工作者……绝不能枯坐在书斋里，尽看那些书本知识，同时还必须接触社会，认识社会，进行社会调查，把活材料与死文字两者结合起来，互相补充，才能把社会经济史的研究推向前进。这样，就初步形成了我的中国社会经济史的研究方法。"今天好多的历史学院都说有社会

① 《我是怎样研究中国社会经济史的?》，原载《文史哲》1983 年第 2 期。

② 《谈史学工作者的知识结构和学术素养》，《文史哲》1987 年第 2 期。

调查：拿一面学院的旗帜，跑到一个地方去参观，到那里集体合影照个相，考察就算完了，返回了。这不是社会调查，是参观。另外，搜集资料过程中，不能把资料带走，最好拍照摄像。资料带走之后，它的体系就被打乱了，给以后的研究整理留下了麻烦。而且田野调查不限于在地方上搜集史料，还有其他的重要事项。他接着说："在收集史料的同时，必须扩大眼界，广泛地利用有关辅助科学知识，以民俗乡例证史，以实物碑刻证史，以民间文献（契约文书）证史，这个新途径对开拓我今后的研究方向是很有用的。"① 也就是说在收集契约文书等材料的同时，还要用文献材料、实物材料以及风俗习惯来作为分析与论证的工具。他回忆说："社会调查是搜集资料、了解社会、理解历史的重要途径。我自己的学术研究，在很大程度上就得益于社会调查。……在永安、沙县、三元等地发现的城堡制度，使我联想到类似欧洲中世纪社会的庄园制度在中国也可能存在；我在闽清见到木材运输以及其他商品流通有各种规约，注意到这就是封建割据的反映；在农村发现的契约、账簿、碑刻、谱牒、民间习俗等等材料，已成为我进行社会经济史研究的重要资料来源。"② 他晚年还有一篇专门谈社会调查的文章，发表在《群言》1988 年第 1 期，题目是《社会调查在历史研究上的作用》，不仅进一步倡导并强调社会调查的作用，而且还补充自己的商人研究也得益于这一点。他说，"……特别是研究中国社会经济史，民间的各种习俗风尚、口碑谚语，都是十分值得注意的材料，许多问题的探讨，都可以在社会调查访问当时人民的风俗等方面得到启发。我曾从各地流传的'无徽不成市'和'钻天洞庭'等谚语，来探索明清时代商人和商业资本的发展情景"。这一研究的意义与功用，已经不限历史学领域，对于了解社会、改造社会也会起到一定的作用，"其（社会调查）收获将是多方面的，它能够从各个角度，扩大史料学的范围，开拓我们的史学研究领域。不仅如此，社会调查对于现实社会的研究，也有着不可忽视的意义，现在农村中还有一些旧社会的不良残余物，我们通过社会调查，便可清楚地了解到这些不良残余的历史渊源及其危害，从而能够更冷静地认识现实和改造社会"。这些都体现了傅先生作为一名优秀学者的人文素质与家国情怀。

---

① 《我是怎样研究中国社会经济史的?》,《文史哲》1983 年第 2 期。

② 《谈史学工作者的知识结构和学术素养》,《文史哲》1987 年第 2 期。

四 理论

怎样概括傅先生提出的有关社会经济史理论，见仁见智，其中的层次划分很关键。我试图将其概括为以下几个方面。

第一，提出并论证明清变迁论，否定停滞论。这个停滞论在国际上流行。大家知道在西方冲击与反应模式，它的基本前提就是中国是个停滞社会。傅先生早期就否定停滞论。另外，傅先生的明清变迁论，不是唐宋变迁的那种以朝代作为区别的标志，而是明清时期特别是明代中期到清代前期，中国发生了很大变化；不是说明朝和清朝之间发生了很大的变化，尽管明、清之间有变化。而且主要是从社会经济方面来论证的。傅先生认为，明清时期无疑是社会经济史上一个重要的转折时期，所以他出版的一本论文集，就叫《明清社会经济变迁论》。

那明清时期最主要的社会经济变迁是哪些呢？比如衣食的变化、种植的作物变化……这些当然可以提。但是，他提出的都是非常核心的——在当时理论建设过程中也是非常核心的变化。一是工场手工业生产。1946 年撰写的秦巴山区的手工业形态论文，傅先生已经接触到“资本主义萌芽”问题，首次提出并论证了当地的手工业已经达到了工场手工业阶段。“我看到严如煜的《三省边防备览》一书，此书记载了清代中叶乾嘉时期四川、陕西、湖北三省边区手工业生产发达的情况。于是写了《清代中叶川陕湖三省边区手工业形态及其历史意义》一文。我在文章中指出，这些地区的手工业形态，已不是原始的家内工业的生产形态，而极接近于工场手工业的发展阶段”① 后来学界认为，这是国内第一篇有关清代工场手工业的论述。二是农业的商品化与企业性经营。以当时的学术用语，这是“资本主义萌芽”的表现之一。他说：“我在《明代江南地主经济新发展的初步研究》一文中提出，明代江南地区不仅使用雇佣劳动者，而且把农业变成一种企业，这就与墨守成规决裂了。而这时的经济计算范围扩大了，诸如鱼豕、果树、茶漆、药材、鸟凫昆虫都计算在内，而不仅是单一性的农业。同时，当时地主的收入，有一部分是依赖于市场的，和单纯的依靠地租剥削有明显不同。”在对江南的研究中，他发现了当时不仅使用雇佣制，而且把农业变成一种企业。

① 《我是怎样研究明清资本主义萌芽的》，原载《文史知识》1984 年第 3 期。

雇佣本身并不新鲜，陈胜、吴广那个时期都是受雇于人。你说傅先生有个贡献——他发现雇佣制，那别人会笑你，雇佣在历史上是常见现象。但是把农业变成一种企业经营则是傅先生的发现。这已不再是单一的农业，不再是自给自足，依赖于市场，面向市场。[①] 三是商业与商业资本发展，促进独立货币资本形成，成为“封建制度的对立物”。上面讲手工业、农业，这里从商业方面来考察论证。《明清时代商人及商业资本发展概述》[②] 指出：“到了明清时代，根据本书所搜集的各项资料，显然的，在这一时期中，商业的规模、商人的活动范围和商业资本的累积，都大大的超越了前一个历史阶段的水平。”达到了怎样的水平呢，如果说上面是从量的方面表述的话，那么在质的方面，他认为：“明清时代商人与商业资本的发展，……总是孕育着封建制度的对立物的一种力量。……并促进独立货币资本的形成和集中，促使直接生产者，即小私有者破产，因而也就为中国资本主义的发展，准备了若干历史前提……”可见当时已经达到了传统社会向资本主义过渡这一水平。所以说傅先生的商人与商业资本研究是有大的学术关怀，不是单纯的为了研究某一地域商人。商人在中国历史上出现很早，周代即有。但是明清时期的商人与商业资本，已经直接促成了生产者的破产、小私有者的破产，为中国资本主义的发展创造了历史前提。结合上面各个方面的考察，他以当时的学术话语提出，“在中国封建经济史上，明清时代无疑的是一个重要的转折时期”。四是社会风习、思想观念的显著变化。《明史新编》一书中，比较全面地考察了这一问题。嘉万时期社会上形成逐利拜金风气，体现了商品经济、货币关系发展对于传统社会的冲击。经济变化，社会风尚也变化，商品经济的发达，大大刺激了社会的消费能力，奢侈成为当时社会的另一个时兴的风尚。其中还包括思想方面的内容，例如李贽大力鼓吹个性自由，感情解放，呈现出一股清新、开朗、活跃的气息，猛烈地冲击着传统的封建价值观和伦理观，冲击着明王朝的统治秩序。但是，我觉得傅先生下边一个发现比较重要，就是明人陆楫对于奢俭问题的看法。我们传统时期提倡禁奢，奢靡是个坏东西，明朝的时候陆楫却提出“崇奢黜俭”，就像我们今天刺激消费一样，所以这个不容易、难能可贵。傅先生是最早从陆楫《禁奢辨》中发现“崇奢黜俭”主张的学者之一，在20世纪50年代就发现了。五是否定

① 《我是怎样研究明清资本主义萌芽的》，原载《文史知识》1984年第3期。

② 《明清时代商人及商业资本发展概述》收入《明清时代商人及商业资本》，人民出版社1956年版。

中国社会的长期停滞说。以上的各个方面变化，都说明中国传统社会并非铁板一块基本不变，实际在农业、手工业、商业、思想观念、民风习尚等各个方面都出现了显著变化，特别是明代中期到清代前中期。这一变化部分地突破了传统社会经济结构，反映了中国自发地向新的社会经济形态过渡。因此停滞论是不能成立的。傅先生在具体论述过程中明确提出这一问题，否定停滞论。他说，“在研究苏州洞庭商人时，发现有一节史料，内载明清之际，洞庭商人一位姓席的人曾有雇募工人，供给‘絮本及纺车、织床诸具’，以从事纺织生产的事。（汪琬：《尧峰文钞》卷 15《席舍人墓志铭》）这一节史料很重要，它告诉我们，跟着历史的前进，洞庭商人亦在前进着。还告诉我们，中国封建社会内部已出现有商业资本和生产相联系，商人控制生产的初步萌芽，这就否定了中国社会的长期停滞说”①。

第二，提出传统社会的多元结构理论体系。这是一个理论体系，不是单一的。所谓的体系就是有层次，层次相互之间存在着关系。要有这些内容。《中国传统社会：多元的结构》是傅先生的遗作，是在傅先生去世以后才发表的，发表在 1988 年《中国社会经济史研究》第 3 期。以下的总结，主要就是通过这篇文章而来的。我体会，该理论体系的要点如下。

傅先生主张用“中国传统社会”这一表述来替代“封建社会”。以前“封建社会”是中国学术界普遍使用的名词，但具有多种含义，且同一含义在不同国家对应的历史形态有所不同。“鸦片战争以前的中国社会，与西欧与日本那种纯粹的封建社会（Feudalism），不管生产方式、上层建筑或者是思想文化方面，都有很大差别。为了避免在比较研究中出现理论和概念的混淆，本文使用‘中国传统社会’一词。”虽然傅先生一生都关注“封建社会”，但到了晚年却避免使用“封建社会”，代之以“中国传统社会”，这是他学术生涯的一个重要变化。傅先生的这篇文章，对中国传统社会的多元结构进行了理论概括与总结。

在经济方面，他提出了多种经济因素长期并存。他主要是从两个方面来论证说明的：多元的经济基础和多元的财产所有权形态及其观念。傅先生提出多种经济因素长期并存。我们以前笼统地说，封建社会就是地主与佃农的矛盾统一，奴隶社会就是奴隶主与奴隶的矛盾统一，从奴隶社会到封建社会的转变，就是奴隶到佃农的转变。傅先生认为这些因素在中国社会是长期并存的，他说，“从原始社会末期开始，中国多元的社会结构已经形成，很难

① 《我是怎样研究明清资本主义萌芽的》，原载《文史知识》1984 年第 3 期。

用一套适用于欧洲社会的模式来进行规范。秦汉以后，这一特点表现得更为明显，奴隶制因素、地主制因素、自耕农经济成分和其他多种经济因素长期并存”。甚至明朝都会存在奴隶制的残余，多种经济因素长期并存，所以很难套用欧洲社会的模式来规范、来进行概括。所以傅先生提出了多元的经济因素并存。此外就是多元的财产所有权形态及其观念。这是我的概括与学习体会，在傅先生文章里边没有直接这样讲，但显然有这样的观点与层次。傅先生认为，“国有经济、乡族共有经济和私有经济的长期共存，是中国传统社会财产所有形态的一大特色”。我们一般只提国家和私有，傅先生还强调了乡族的共有经济。比如土改过程中，划分地主就遇到这样的问题。特别是南方、东南沿海，像福建、浙江、广东，好多土地是家族占有。到底这个家族是地主还是哪一户是地主？尽管这些土地为某些人所主导，族长更有发言权，这些都是事实。但族田这些其实是共有经济。中国传统社会财产所有权的特色就是多元的财产所有权形态及其观念。这一认识相当精辟。直到今天，中国好多的财产所有权观念都不明晰，这就与历史传统密切相关。傅先生的这个概括与认识，是非常有眼光的。

上面讲的经济基础，那么在上层建筑方面呢。傅先生概括为官僚专制与多元的思想文化。“由中国传统社会内部产生的官僚专制主义国家政权，就是为了协调该社会多种并存的经济因素和阶级矛盾而产生的。”专制主义的国家政权，大家一般都提到。但是傅先生把这个纳入他的理论体系里边，并且从官私来体现。多元的思想文化方面，他说：“中国传统社会既有代表地主阶级的思想，也有反映农民平均主义、‘劫富济贫’的社会观念；既有理性主义倾向比较明显的上层士大夫的精英文化；也有比较非理性的下层大众文化。中国长期以来有儒、释、道三教合一的主张，但文化的多元使这一主张根本无法变成现实。而且，儒教、佛教和道教在中国社会的作用，也是多元的。”中国的思想文化，既有官僚地主的思想文化，也有平民的平均主义思想——“苟富贵，勿相忘”“均贫富”等。这些既有理性主义的思想，又有大量非理性的大众文化。甚至现在福建的某些乡村，老太太认为小孩子病了怎么办，就到土地庙等求神，供奉神明、祈求保护，再将祭品拿回来让孩子吃，这就是非理性的下层大众文化。而且中国社会长期以来儒、释、道三教合一，甚至出现一个寺庙里面儒、释、道都有，当地人进去就拜。当然不排除有些人临时抱佛脚，现在好多地方还存在这种现象。

在社会控制方面，傅先生提出两套控制系统及其中介。哪两套控制系统？“由于多元的经济基础和高度集权的国家政权之间既相适应及相矛盾的运动，中国传统社会的控制系统分为‘公’和‘私’两个部分。”就是公、私两套控制系统在控制社会。哪些属于公呢？“公”就是国家政权，就是各地行政权力。“私”的则比较广，包括乡族的、个人的、家庭的、家长的……实际上，对基层直接控制的是乡族。那么这就存在问题了，最高的是国家，国家的管理没有直接到基层，而最底下的是乡族。那么是谁把这两个串联在一起呢？是乡绅。这是傅先生的体系，乡绅起到一个中介的作用，“在公和私两大系统之间发挥重要作用的，是中国社会所特有的‘乡绅’阶层”。这是傅先生常用术语——“乡族”“乡绅”。其中有些概念傅先生生前没有明确解释过。刚才我向大家介绍的日本森正夫教授，20 世纪 80 年代访问厦大访学，请教傅先生，到底这个“乡族”该怎样理解？傅先生当时没有明确的界定。他的遗作里边倒是对“乡族”有一个说明，什么是乡族？“乡族保留了亚细亚公社的残余，但在中国历史的发展中已多次改变其组织形态，既可以是血缘的，也可以是地缘性的，是一种多层次的、多元的、错综复杂的网络系统，而且具有很强的适应性。传统中国农村社会的所有实体性和非实体的组织都可被视为乡族组织，每一社会成员都在乡族网络的控制之中，并且只有在这一网络中才能确定自己的社会身份和社会地位。”还有对“乡绅”的解释，“既包括在乡的缙绅，也包括在外当官但仍对故乡基层社会产生影响的官僚，既包括有功名的人，也包括在地方有权有势的无功名者”。我们一般认为乡绅是要有功名的。在傅先生的体系里边，乡绅还包括有权有势、没有功名的人。所以傅先生的“乡绅”是一个比较大的概念。大家知道，以前张仲礼先生在美国有两本书是研究乡绅的，他对乡绅专门有界定。张先生的界定和傅先生的界定是不一样的。当然，张先生的解释也是自成体系的。

第三，概括出了中国传统社会（特别是后期）的基本特点。中国传统社会后期的基本特点是什么呢？它不同于欧洲和日本的在哪些方面呢？傅先生概括说，“中国的封建制不同于欧洲和日本的纯粹封建社会，而是以地主制为中心所建立起来的一种生产关系。因而她具有东方社会的某些特点，发展较为缓慢，新旧社会形态的交替，没有截然分开，藕断丝连，纠缠不清。但她又不是长期沉睡的社会，而是一种弹性的封建社会。这种社会是早熟而又未成熟，既发展而又停滞”。[①] 这就是学界经常提到的傅先生学说。虽然发展了，但是发展缓慢，新旧社会形态藕断丝连。所以他说中国的传统社会

① 《我是怎样研究中国社会经济史的?》，《文史哲》1983 年第 2 期。

是一个“弹性的”社会，“这种社会是早熟的又未成熟”。“早熟”我举一个例子，比如中国的土地买卖，中国很早土地就可以买卖了。但是直到民国期间，土地买卖的时候亲邻都有优先权。家族里边如果要买，你就不能卖给外人。我如果是邻居，我要买你就要优先给我，不能卖给别人。所以这就是一个“既早熟又未成熟，既发展又停滞”的社会，是傅先生对于中国传统社会基本特点的概括。与世界相比，中国社会既有共性，也有个性。个性如“早熟又未成熟”“多元”“弹性”“死的拖住活的”。但是与世界又有共性，就是他的明清社会变迁论，都在变化没有停滞。吴承明先生对此有高度评价。吴先生是学贯中西的学术大家，也是中国经济史学会的前会长。“吴先生高度评价傅衣凌关于中国封建社会的早熟性与不成熟性，中国社会发展的多元性与不平衡性的论断。他指出，这个总体性的研究是自梁启超提出‘近世’这个概念以来对近世（16 世纪以来）史的最精辟的观点，这种博大精深的历史观是前无古人的。”① 我们知道，吴承明先生理论水平很高，而且治学严谨，他是不会轻易下结论的。他对傅先生理论的评价已经非常非常高了。

第四，创立了中国社会经济史学派。社会经济史学派不是傅先生一个人创立的，是以傅先生为代表的一批人创立的。但不管怎么说，傅先生是其中最主要的代表人物之一。学术界提出“社会经济史”比较早，傅先生自己也提得比较早，例如 1944 年出版的《福建佃农经济史丛考》就多次直接使用这个词——“中国社会经济史”。他后来进一步解释说：社会经济史不同于以往的国民经济史。以前研究国民经济史，沿用苏联的国民经济史模式，研究赋税、研究财政。他说，“我认为，经济史的研究对象应该包括整个社会经济生活，而且，应该通过经济史的研究来解释各种社会历史现象”。也就是说，应该包括社会、经济和生活。杨国桢先生在评介《明清农村社会经济》这本书时，对厦门大学的社会经济史学科进行了概括总结：“这个学派，在研究方法上，以社会史和经济史相结合为特征，……特别注意发掘传统史学所弃置不顾的史料，以民间文献（诸如契约文书、谱牒、志书、文集、账簿、碑刻等）证史；强调借助史学之外的人文科学和社会科学知识，进行比较研究，以社会调查所得资料（诸如反映前代遗制的乡例、民俗、地名等）证史。特别注意地域性的细部研究和比较研究，从特殊的社会经

① 刘秀生：《深切缅怀傅衣凌先生——纪念傅衣凌教授逝世十周年学术座谈会侧记》，《中国社会经济史研究》1998 年第 4 期。

济生活现象中寻找经济发展的共同规律。从社会史的角度研究经济，从经济史的角度剖析社会。……近五十年中，社会经济史研究在中国学术界蔚然成风，参与研究的学者已远远超出历史学界和经济学界的范围，扩大为社会学、人类学、文化学、法学、地理学、心理学等众多学科专家共同参与的一个重要的研究领域。”傅先生是中国恢复学位制度后的首批博士生导师之一，1980 年创建全国第一个中国社会经济史博士学位授权点，1982 年创办全国第一家经济史专业杂志《中国社会经济史研究》。1988 年厦门大学专门史（中国社会经济史）学科被评为首批国家级重点学科并蝉联至今。早期培养的博士，就包括李伯重、刘秀生、陈支平、郑振满、陈春生等先生，他们早已是中国社会经济史的知名学者。我们知道，中国社科院的《中国经济史研究》是 1986 年创刊的，而《中国社会经济史研究》1982 年就创办发行了。所以它是新中国成立后的第一本经济史期刊。

傅先生在《治史琐谈》① 一文中说：“必须不怕艰难险阻，刻苦钻研，不可急于求成，更不可轻浮自满，日积月累，做一个老实的读书人，就有可能攀登科学的高峰，取得较好的成绩。”我们要读书得间，刻苦钻研，做一个老实的读书人。我也用这句话和大家共勉。

① 《书林》1984 年第 1 期。

史料、方法与理论：冀朝鼎先生的中国水利史研究

钞晓鸿

1936 年，冀朝鼎先生根据他的博士学位论文出版了学术专著——*Key Economic Areas in Chinese History*。这本以中国水利史作为直接研究对象的著作一经出版，就引起国内外学术界的高度关注，引用、再版延续至今，经久不衰。这本书首次出版到现在已经 80 年了，但今天我们还引用它、出版它、翻译它。比如在出版方面：除了以前的各种版本之外，2014 年，商务印书馆出版这本书的英文本，同时还增订了它的汉译本。今年也就是 2017 年，浙江人民出版社还出版了它的另一种汉译本。一本学术专著，在 81 年间引起人们的持续关注、相继有多个版本包括外译本出版，这在学术界是罕见的。世界名著，名不虚传。我今天讲的基本是两大思路：首先，总结冀朝鼎先生的中国水利史研究及其理论。其次，我们知道，所有的研究都有可推进的余地，所有的研究都不可能尽善尽美，所以第二个思路就是反思冀朝鼎先生的这一研究，而且只有反思，我们才能推动学术进步。不过需要说明的是，学术批评并不否定冀朝鼎先生的贡献。我们都是站在巨人的肩膀上，虽然我们今天批评他的某些研究方面，但不可抹杀他当年的学术贡献，同时也不能否定这本学术著作的学术地位。

一　生平、版本、汉译

要深入理解一部学术著作，首先要了解其作者。除了学术之外，一般人大多关注冀朝鼎的革命生涯。冀朝鼎是中共地下党员，在国民党里边潜伏很深，做了大量的工作，所以现在看一般的材料，一般关于他的传记，基本的内容都是讲他怎样潜伏在国民党里边，怎样搞垮了国民党，怎样成就了共产党，等等。今天，用百度检索的同学可能比较多，但我建议大家在做学问

时，不能轻信网上包括百度的检索结果。比如用百度检索一下冀朝鼎的照片，就会发现其中一些照片，比如这张照片，实际上不是冀朝鼎先生的照片，而是陈立夫先生的照片。陈立夫当时是国民党要员，很早就怀疑冀朝鼎是共产党员，并且给国民党高层建议要注意这个人，但是据说没有引起国民党高层的注意，冀朝鼎也多次机智的化险为夷。根据《成败之鉴》这本书，这本书就是陈立夫先生写的，其中一节叫作"冀朝鼎祸国阴谋之得逞"，专门辟出一节写冀朝鼎是怎样把国民党政府搞垮了。

陈立夫

总之对于一般人来说，如果说到冀朝鼎，首先会说他是一名中共地下党员，是一名搞垮了国民党、成就了共产党政治人物。有些传记即使提到他的学术，也比较简略。

为什么讲一个人学问的同时也要讲他的生平呢？因为一个人的生活经历、所受到的教育及程度、家庭背景、性格等与这个人后来的人生经历，甚至包括做学问的态度……密切相关的。所以阅读材料、开展学术研究，作者的生平值得注意，需要知道文献是谁写的？谁在什么样的情况写的？如此等等。所以今天讲座的第一项内容就是冀朝鼎的生平。

第一个问题是冀朝鼎的去世日期。网上搜索或者查阅一些书，冀朝鼎哪一天去世存在三种说法：第一种认为 1963 年 8 月 8 日。1963 年 8 月 8 日正在准备出访的过程中得了脑溢血，人就去世了。第二种说法，1963 年 8 月 8 日脑溢血病发，次日中午去世。照此推理就是 1963 年 8 月 9 日中午去世。第三种说法，曾有一位学者给冀朝鼎这本名著撰写书评，发表在一本不错的学术刊物上。这篇书评说冀朝鼎是20世纪70年代去世的。我认为，以上三种说法都是错误的。为什么是错误的？怎样来解决这个问题呢？我们就需要找到直接的证据。

《人民日报》，这是当时国内影响最大的报纸。因为冀朝鼎晚年已是党的高级干部，如果他去世的话，新闻媒体应该会有报道。照此逻辑去查，果然在《人民日报》上查到了。1963年8月10日的《人民日报》有这样一则讣告，清晰写着冀朝鼎先生的去世消息：（冀朝鼎同志）不幸于1963年8月9日晨1时25分逝世。可见上面说的1963年的8月8日、1963年8月9日的中午，甚至有人说70年代（那差得更远），这三种观点都是错误的。

做学问就要抽丝剥茧，就是要究根问底。讣告接着说：治丧委员会本日成立，并定于8月13日的上午在嘉兴寺举行公祭。那好，如果我们把材料看到这儿就完了，不再去深究，我们就会说——冀朝鼎1963年8月9日去世，然后1963年8月13日上午在嘉兴寺对他举行了公祭。对不对？都有这样的直接证据，对不对呢？但是，搞学问不认真、不究根问底，往往就会犯错误。嘉兴寺是一个很重要的地方，比如任弼时先生去世，当时就在嘉兴寺给他办的追悼会。能在嘉兴寺给冀朝鼎先生办公祭，那也体现了他当时的地位，这也是党和人民对他的尊敬。逻辑上正确，又有材料根据，我们当然会这样想。不过事实上，当时并没有在嘉兴寺为他举办追悼会。所以还要继续深究。再看《人民日报》，8月14日星期三报道了他的追悼会消息，而且是在头版。上面写着："首都各界人士一千多人今天上午在首都剧场举行公祭"。是在首都剧场而不是嘉兴寺举行公祭。首都剧场，它的场面应比嘉兴寺更大。除了头版这个公祭报道，《人民日报》后边儿还登有他追悼会上的照片与报道。但报纸上的照片往往不清晰，以前画报上的照片比较清晰。1963年《人民画报》第十期，有他去世追悼会的清晰照片。我们可以看到追悼会上一些党和国家领导人：一个是周总理，看他的胳膊就可以认出来，旁边是陈毅。那当时的周恩来是什么身份呢？是中共中央的副主席兼国务院总理，地位非常高。陈毅呢？是政治局委员兼副总理，这个级别也高。主持人是谁呢？是廖承志先生，也就是廖仲恺先生的公子。这才是冀朝鼎追悼会的具体情况。所以我们搞学问还是应该究根问底！

如果要用一句话来概括冀朝鼎先生去世时间与追悼会，就可以说——1963年8月9日凌晨1时25分去世，8月14日在首都剧场举行公祭。这才是准确的表述，而不是网上，包括一些文字材料上所说的前述几种观点，上边几种观点是错误的。所以说，没有刨根问底想当然是容易犯错误的。

第二个问题是冀朝鼎的学位。关于他的学位，也有好几种说法。

第一种说冀朝鼎在美国留学，在哈佛取得博士学位。这一说法也不是空穴来风，美国参议院的报告就持这一说法。美国参议院在中华人民共和国成立之后，它要清算一笔老账，认为国民党里边和与共产党关系好的美国人，是他们葬送了国民党政权的前途。有哪些人犯错误，当时有个调查，在这个调查里边就涉及冀朝鼎。当时那个调查很有名，其中也牵扯大家熟悉的费正清（John King Fairbank）。那个调查材料里边说，冀朝鼎是哈佛大学毕业，这是我自己几经辗转看到的材料。不过，现在一些人所说的冀朝鼎在哈佛毕业，到底是取自于美国参议院的调查报告，还是想当然，目前我还不清楚。不过我认为这个观点是错误的，冀朝鼎和哈佛大学没有关系，也就是说没有在哈佛大学取得过学位。

第二种说法认为，1928 年，冀朝鼎在英国获得学位。冀朝鼎确曾到过英国，在去德国、法国和当时苏联搞革命的过程中，途经英国，这是事实，但是待的时间很短。冀朝鼎在英国可以说没有取得学位，也和学位没有任何关系。一位著名学者说，冀朝鼎 1928 年在英国获得学位。我认为这一观点是错误的，因为找不到支持这一说法的任何证据，在冀朝鼎自己的材料里边，还是其他的材料里边都找不到。当然不能说你没有找到你就说它没有，但是现在所公开的所有证据都表明冀朝鼎只是在美国读书、拿学位，没有见到他去英国攻读学位的证据。

第三种说法比较啰唆一点，说冀朝鼎在美国取得了几个学位。说他 1924 年去美国之后，先在芝加哥大学读的政治和历史，后来读了法律，1926 年获得了哲学学士学位，就是说冀朝鼎 1926 年在芝加哥大学获得了哲学学士学位。然后 1927 年获得了法学博士学位。冀朝鼎先生非常聪明，但是我到现在为止，还没有见过一名中国人能够在获得学士学位一年之后在美国获得博士学位。如果有那将是一个登峰造极的成就，要么就是美国的“野鸡”大学。芝加哥大学是名校，在美国这些名校获得博士学位不容易，所需时间一般较长，特别是搞文科的，读书的时间需要好几年。我发现一位中国学者获得博士学位，所用时间相对较短，他就是吴景超，是社会学家。他从硕士到博士在美国大概只用了两三年时间。冀朝鼎取得学士学位一年之后就拿到了博士学位，我觉得这在逻辑上难以实现。有些人又改说 1927 年或是 1928 年获得硕士学位。

我目前得到的证据是，冀朝鼎在芝加哥大学只获得了学士学位，没有获得任何研究生的学位，也就是说他没有获得硕士学位，也没有获得博士学位。没有获得研究生学历的相应学位，除了上面的逻辑证明还有其他什么证据呢？我有证据——冀朝鼎的行踪。因为根据1927年到1929年他的行踪，就可以看到冀朝鼎在此期间不可能在美国取得过硕士学位或博士学位。1927年他回到美国不久，再次去欧洲，冀朝鼎当时就热爱革命，参加反帝、反殖民地运动，到欧洲去开会。当时他作为美国留学生的代表，经过了柏林，到了莫斯科，直到1929年才返回美国。在此期间，冀朝鼎基本上不在美国，在欧洲也没有攻读学位。这个时间段，冀朝鼎要在美国拿到学位，这个可能性是极小的。所以我觉得1928年、1929年冀朝鼎是无法获得芝加哥大学的硕士学位或者博士学位。我后边会给大家展示，美国人也会犯错误，美国有材料说他在芝加哥获得博士学位，但材料中这个“博士学位”的文字，我认为是不真实的，是存在疏误的。我们还可以利用其他材料来证实我的观点。美国东方学会所办的一份杂志，这个刊物会刊登美国东方学会会员的学历、住址等信息。在一期杂志中也收录了冀朝鼎。注意看这些名单及其行文存在这样一个规律：一旦某个人是教授就必须给他有头衔——Professor要写在姓名前面；一旦某人有博士学位——Doctor就要写在姓名前面；如果某个人既不是教授又没有博士学位，那就只在姓名之前写Mr.或Mrs.等。注意观察分析，其实名衔是存在这个规律的。那冀朝鼎的信息是怎么写的呢？他的姓名前只是Mr.，就是“冀先生”。如果冀朝鼎拥有PHD的话前面就会写Dr.。注意看，是Mr. Chao - Ting Chi，住址是纽约的Brooklyn，1934年。1934年登记的时候，他还没有取得博士学位，这是一个直接证据。我们再找其他证据。冀朝鼎后来返回国内之后就在国民党高层里边潜伏下来，主要是从事金融方面的管理工作，曾经代表当时的国民政府出席国际货币金融会议，出任代表团秘书长。所以当时的《银行通讯》有报道介绍。《银行通讯》是银行系统的刊物，而且冀朝鼎就是金融系统的管理人物。所以这个介绍材料若不是来自冀朝鼎本人，也很可能要经过冀朝鼎的过目或允许，至少在逻辑上是这样，至少对冀朝鼎的报道不能有重大遗漏。但是看这个报道材料，在对冀朝鼎的这个专题报道中，并没有他在芝加哥大学接受研究生教育的任何文字或证据，而是说，他先在芝加哥大学攻读哲学，取得了哲学学士学位，后来进入哥伦比亚大学学经济学，取得经济学的博士学位。他的这本英文名著就是他在哥伦比亚大学的博士学位论文，和芝加哥大学没有关系，他在芝加哥取得的是哲学学士学位。另外，该报道还说，冀朝鼎在纽约大学学习过国际金融。请注意，这个介绍报道里边连纽约大学商学院进修都写了，如果他在芝加哥这样的名校拿到研究生相应学位那肯定是不能遗漏的。如果取得过这样的学位，芝加哥大学的博士学位或者硕士学位不记载，却将在纽约大学进修写上去，这是不符合逻辑的。而且从整个行文的语气可以看出，这篇简介是非常赞赏冀朝鼎先生的。所以，如果冀朝鼎先生在芝加哥这样的名校获得硕士特别是博士学位，这么有才华，这么短的时间取得这么多的学位，那当然肯定要写上了。这恐怕只能用冀朝鼎没有在芝加哥大学取得过硕士或博士学位来解释。

我找到一份国外刊物，说冀朝鼎 1926 年获得博士学位。这是美国的老牌杂志，叫《美国经济评论》。这个杂志会不时地公布，以前大概每一年都会公布，哪些人要作博士学位论文、博士学位论文的题目是什么、博士学位论文预计什么时候完成。在第 29 期的博士学位论文的目录中有冀朝鼎，说冀朝鼎 Ph. D. Chicago，1926。也就是说，冀朝鼎 1926 年在芝加哥大学已经获得了博士学位，然后呢，他预计 1932 年在哥伦比亚大学 Columbia 完成另一个博士学位论文，准备研究中国的土地制度——*The Land Syetem of China*。这里“Ph. D. Chicago，1926”是错误的。1926 年才获得芝加哥学士学位的人，是不可能在当年就取得博士学位的。1924 年 9 月冀朝鼎才到美国求学，1926 年才取得学士学位，当年要取得博士学位，而且是在同一大学的不同专业，这是不大可能的。后面我会专门写一篇这方面的文章，我准备这个问题已经比较久了。

要了解冀朝鼎的生平，还要了解冀朝鼎的家庭。现在看到的这张照片，是我见到的冀朝鼎的最早照片。冀朝鼎在这儿，这是冀朝鼎的爸爸冀贡泉。冀贡泉先生很厉害，留学日本，学法律，曾经在山西当过山西高等法院的院长，参与过审判日本战俘的工作，后来在北京大学法律系任教。冀家殷实富足，今天山西汾阳县还有一个冀家大院，那就是冀朝鼎的老家。今天如果去山西省图书馆，据说山西省图书馆后边也是冀朝鼎的爸爸所居住的地方。所以说冀朝鼎出生在既富足又有文化的家庭。这个是冀朝鼎的爸爸冀贡泉，这是冀朝鼎的祖父，这个女的是冀朝鼎爸爸的夫人，但不是冀朝鼎的生母。冀朝鼎小时候母亲就去世了，他爸爸续弦，续弦之后给他们生了个妹妹，也就是他的妹妹。后来冀贡泉的第二位太太又去世了，娶了第三位太太，也就是张陶然女士，很有文化。他们当年在山西，就是今天的山西省图书馆后边那个大院住的时候，大家见了张陶然女士都把她称作张先生。张先生是个艺术家，她擅长画画——指画，用手指头画，非常好，以前夫妇俩在美国待过，据说还计划办个张陶然女士的画展。

冀家合影（1951 年?）1

冀家合影（民国初年）2

冀朝鼎与继母张陶然女士同年同月同日生。他们大家庭很和睦，一起给两人过生日。根据后边儿这个人写的回忆录，也就是张陶然女士小儿子冀朝铸的回忆录。他父亲当年来求亲的时候，她妈妈就从门缝里偷看未来的老公，一看是个老头，差点从凳子上跌下来，有些不愿意。人们以刘备东吴招亲为例，才成全了这门亲事。冀朝铸先生的回忆录上面记载，当年他妈妈28岁，他爸爸快40岁了。这可能有误，而且两个版本的回忆录都是这样记载。实际上应该是张陶然女士18岁，不是28岁。否则，夫妻年龄差距、张陶然女士与冀朝鼎同年出生，这些都对应不上了。

施滉、罗静宜

冀朝鼎的妻子和孩子。这个就是施滉和他的太太——罗静宜女士的照片。施滉后来被国民党杀害了，罗静宜女士最后和冀朝鼎结婚了。这是冀朝鼎先生最后一段婚姻，实际上他的第一段婚姻今天更需要讲，为什么？因为冀朝鼎这本名著 *Key Economic Areas in Chinese History* 的扉页上写着：以挚爱、尊敬与感激之情，谨此献给海丽 Harriet。Harriet 是冀朝鼎的第一位夫人——美籍犹太人。冀朝鼎赴欧洲参加反帝运动时，在船上遇到了一个皮肤白皙、身材丰腴的女士，两个都对帝国主义有看法，对共产主义有向往，然后共同去欧洲，所以谈着就谈上了。后来两个人就结婚了，婚后生有两个孩子，为了纪念中国，两个儿子的名字里边儿都带有“中”字。冀朝鼎从美国回国后，打入国民党高层，夫人和孩子也来到中国，但由于生活不习惯，所以后来 Harriet 带上两个儿子回美国了。这就是冀朝鼎的第一段婚姻，而且与他的这本名著存在直接关系。还有一本书——《我是顺妈黄爱莲》，作者自称，她实际上也是冀朝鼎的亲生女儿，她的生母叫熊淑忱。

下面我们进入版本问题。

冀朝鼎的名著 *Key Economic Areas in Chinese History*，中国社会科学出版社 1981 年出版汉译本——《中国历史上的基本经济区与水利事业的发展》，这是国内通行的一个版本。这是第一版，后来又印刷过两次。这个版本是由朱诗鳌先生翻译的。2014 年，商务印书馆出版了增订本《中国历史上的基本经济区》，也是朱诗鳌先生翻译的。两个版本之间有区别，有增订，也有修改。2016 年，浙江人民出版社出版了冀朝鼎著作的另一种汉译本《中国历史上的基本经济区》，由岳玉庆教授翻译。两位汉译者的翻译，在有些地方差别比较大。比较冀朝鼎著作的这些版本，是具有学术意义的。既然云南大学是经济史研究的重镇，更是宋史研究的重镇，那我们就来探讨一下这一版本问题对于宋史研究的意义。

大家知道斯波义信先生是著名的中国经济史专家，也是宋史专家，他的《宋代江南经济史研究》这本书，我相信我们不少人都看过，甚至研究过。江苏人民出版社出版的《宋代江南经济史研究》，这本书首先在版本标识上有问题。一处写着 2011 年，一处写着 2012 年，同一版权页居然写着这两个出版年份，我不知道大家以前有没有发现。这本书的版权页，同一页上却有两个出版年份——2011 年、2012 年。我还特意让出版界人士查一下内部系统，反馈信息说，这本书的出版年份应该标识为 2012 年，不应该是 2011 年。我们重视版本问题当然不只是关注出版年份问题，还有其他重要问题。在《宋代江南经济史研究》这本著作中，斯波先生引用了冀朝鼎先生的这本书。其中第 51 页说，冀朝鼎的这本《中国历史上的主要经济区》，1930 年出版于上海。即便我们现在把它理解为 20 世纪 30 年代，说冀朝鼎这本书出版于 30 年代，也是不对的，它没有在上海出版过。所以，这个说法是值得商榷的。后面接着又说这本书 1963 年在美国的一个公司出版，参见第 51 页斯波先生的引用。还有另外一处记载，见斯波先生这本书汉译本的 373 页，说冀朝鼎先生这本书——《中国历史上的主要经济区》是由乔治·阿兰与安温出版，但并没有说明出版的时间和地点。汉译的人很仔细，特地添加译者注：冀朝鼎该书“初版于上海（1930 年），后为派拉贡图书重印公司于纽约再版（1963 年）。此处作乔治·阿兰与安温出版，似有误”。前面说了，冀朝鼎这本书并没有于 1930 年或 30 年代在上海出版。并且，它的第一个汉译本迟至 1981 年才由北京的中国社会科学出版社出版。虽然在 1981 年之前，有些中国人自己翻译过，但从来没有正式出版过。到目前为止，没有人可以提供 1981 年之前出版汉译本的证据。有些人会说，1979 年朱诗鳌先生就把它翻译出来了，这是因为朱诗鳌先生的序写于 1979 年，但这本书的朱诗鳌译本，1981 年才由中国社会科学出版社出版第一版。而斯波先生著作译者注所说的"乔治·阿兰与安温出版，似有误"。实际上没有误。因为这恰是冀朝鼎著作首次在英国的出版社出版。即 George Allen & Unwin, Ltd. , 1936。所以说，关于冀朝鼎该书的版本，斯波先生原著与译者注均存在失误。

再来看冀朝鼎这本名著的其他外文版。第一本是日文版，第二本也是日文版，均由佐渡爱三译为日文，分别于 1938 年、1939 年在日本出版。第三本是 1963 年美国重印的英文版。第四本是 1970 年美国另一出版社的英文版。此外还有翻译为意大利文的版本、1972 年出版。以上是现在所知的关于冀朝鼎这本书的所有版本。其中 1938 年日文版、1970 年英文版，学界较少提及。

下面来看这本英文名著的汉译，怎么把它翻译过来更合适？

大家知道搞学术翻译，不是说外语好，就一定能翻译好，而是对外文与内容都非常了解，才能翻译好。搞翻译，最大的痛苦和悲哀是什么？我的体会是，每个单词都认识，但就是不会翻译、不能恰如其分地翻译出来。另一方面，虽然我们的外语不是很好，但是由于我们对论著的内容比较了解，所以有时还可以把某些内容翻译好，还能够判断某些已有的翻译并不恰当。可以举个例子。冀朝鼎先生这本书最重要的翻译是"key economic areas"这个词怎么理解、怎么翻译，"key Economic Areas in Chinese History"既是书名又是核心内容。这本书出版之后，国内刊发了一系列书评，其中就有 1936 年吴景超先生的书评。吴景超先生就是刚才我说的在美国留学，后来成为社会学家的那位。吴先生把它翻译成"中国历史中的经济要区"。后来杨联陞写有书评。杨先生当时是清华大学的一名学生，后来在哈佛大学当了教授，是位非常有才华的学者。是他的老师张荫麟教授让他写书评，杨联陞先生的那篇书评，对吴景超先生的书评有一点点不同意，但是书名也翻译为"中国历史中的经济要区"，不过他又说了，说"Key Economic Areas"可以翻译成"经济锁钥区"。陶希圣是著名的理论家，虽然和我们的政见不一样，但是在学问方面还是要具体分析，他是中国经济史研究的开拓者，是食货学派的代表人物。他写的是《冀筱泉著中国历史上的经济枢纽区域》，是这样翻译的——"经济枢纽区域"；"筱泉"是冀朝鼎的号。另外是费孝通先生的翻译。费孝通当年已经在英国留学了，非常有才华，外语非常好。他的翻译是《中国历史上的经济钥区》。吴承明先生，是中国经济史学会的前会长，也曾在美国留学，学贯中西，从历史哲学一直谈到经济史的理论，非常有才华，他说，所谓的 Key Economic Areas，“乃关键、核心区之义”。以上几位学者都是大家，这些大家的翻译我都同意。但是也有一些专业的人士进行过翻译，其中我找出两种典型翻译，我觉得这些翻译可能存在问题。

第一种是将“Key Economic Areas in Chinese History”翻译成“中国历史上的经济要害部门”。我认为这个翻译不恰当，甚至是错误的。因为 areas，任何方面的词义都不是“部门”，这里的 Key Economic Areas，areas 不能把它翻译成“经济要害部门”，何况冀朝鼎这本书更不是针对任何的经济部门。所以这个翻译要不得，但不少冀朝鼎传记都是这样翻译的。

第二种翻译为“中国历史上重要的经济区”。一看翻译者就是外语非常好的，因为 Key 这个词在英语中词义比较多，而且会根据宾语而变化，Key 可以翻译成“钥匙”“核心”“关键”“重要”等。但是我认为，这本书不能翻译为“中国历史上重要的经济区”，虽然在词义上没有问题，但是针对这本书的具体内容则存在问题，会引起误解，不能这么翻译。也就是说，这本书中 Key Economic Areas 的“Key”不能翻译成“重要”一词，这是为什么呢?

在这本书的英文原版中，绘有地图，是英文地图，冀朝鼎把所谓 Key economic areas 标识出来了，包括 A 和 B。A 区大致是渭河流域、汾水流域和其他黄河中下游地区，B 区大致是长江中下游地区。冀朝鼎这本书的基本逻辑，实际是 Key economic areas 由 A 向 B 的转移，在水利方面是考察解释这个演变。但是要注意，在地图中，他同时又讲了 C 区和 D 区，而且 C、D 是和 A、B 并列的，是有所区别的。注意冀朝鼎对 C 和 D 区是怎么表述的? Important Regional Division——重要的区域。所以，如果要把 A、B 区域即 Key economic areas 翻译成“重要”区域的话，那么，与 C、D 区即 Important Regional Division，在汉语方面就难以区分了。可见，我们历史专业的人也要有信心，我们的外语也许不是优势，但是只要把我们历史的知识与优势发挥出来，有些东西我们还是可以翻译的，可以分清优劣的。

二 此前的学术评论

冀朝鼎这部著作的各种版本出版之后，国内外陆续刊发了各种各样的学术评论。

首先来看英文部分。

有一位撰写书评的人，名叫 Karl August Wittfogel，有人把它翻译成“威特福格尔”，比如朱诗鳌先生，不仅在 1981 年出版的书里边，而且在 2014 年的增订本里边，都翻译为“威特福格尔”。实际上这个人就是大名鼎鼎的魏特夫。魏特夫这个译名在中国更为流行。魏特夫给冀朝鼎的这本书写了一篇书评。首先赞扬冀著是一项非凡的研究。第二点说，冀朝鼎与其使用“半封建”一词，还不如用魏氏自己所说的“东方社会”“东方专制主义”更好一些。我们知道魏特夫的代表作就是《东方专制主义》这本书。可见魏特夫撰写书评的同时又在阐发自己的主张。第三点，魏特夫注重将公共工程与 20 世纪的研究相结合，而冀朝鼎恰恰在他这本书的结尾说，自己提出的理论在 1842 年之后就不适用了。

罗格斯大学 Sidney Klein 撰写的书评。说冀朝鼎的观点与解释，对于 1930 年代中期以前的认识，比对后来的预见要好得多。冀朝鼎说自己的理论并不适用于鸦片战争之后，而恰恰这个评论者却主张并赞赏以此解释中国近现代的历史。可见，国外的有些相关评论，是针对中国现实的。

再看另一人的书评，从 Chang Chung - i 名字推测应该是中国人。刊发杂志是辅仁大学办的，这个杂志到今天还在发行，只是编辑部已经移到国外去了。这是本英文杂志，汉语刊名叫《华裔学志》。这篇书评首先赞扬冀朝鼎做了一项开创性的工作，检索了大量的各省地方志，完成了一个表格，而且这个表格做得非常好，反映了中国治水的历史和地理分布，这个表格和统计是该书的精髓。同时又批评说，冀朝鼎自己认为其概念适用于 1842 年之前，但又将中国历史的几个发展阶段的最后期限定在清朝灭亡，也就是 1911 年。

来自美国哥伦比亚大学的 Duyvendak 也撰写了书评。除了肯定冀朝鼎清晰的图表统计与理论解释之外，还批评说，书中对井和井田的讨论值得商榷；在书中把北宋划分在分裂时期还是统一时期，也是值得再斟酌的；还有变迁原因分析中，除了水利之外，还需要对其他因素，如人口密度等进行分析。

Barbour 在《国际事务》这个英文杂志发表书评。肯定冀朝鼎的基本经济区概念与理论解释，并且说该理论与此前魏特夫的“经济政治核心区理论”存在直接的关联。这个书评又批评说，有些内容写的不实在，是摘录别人的成果，比如地理基础部分，诸如气候分析、黄土特性等。甚至直接批评说冀氏的理论并不成熟，过于强调统治者的目标与意识，忽视农业文明本身的发展结果。批评书中假设性的论断方式，到底是中国古代人的思想意识，还是冀朝鼎自己的思想意识。这些意见都值得鉴别与斟酌，这个人的批评比较严厉，而且有深度。

还有一个人，这个像我们以前用笔名一样，是以 H. H. 为名发表书评，说冀著是一项杰出的研究，肯定他的水利统计方式。但是对甘肃的统计结果表示怀疑，因为甘肃的一些地方早先其实并不野蛮，以前泾水的上游曾是最发达的地区，在先秦时期就是如此。还有其他一些重要问题冀著需要研究，比如华北平原的生成等问题。

与冀朝鼎及其博士学位论文相关的，有一篇长文非常值得注意，是亚利桑那州立大学的一篇博士学位论文。这篇博士学位论文是未刊稿，1999 年完成，作者是 Gregory Scott Lewis，我们不知道他有没有对应的中文名字，但是他的导师有名，也有中文名字，就是亚利桑那州立大学研究中国现代史的 Stephen R. MacKinnon（麦金农）。麦金农退休之后据说还被聘到四川大学。他有一本名著，是写袁世凯在北京与天津的。Gregory Scott Lewis 这篇博士学位论文的材料非常好，除了一般的通行资料之外，还利用了美国 FBI 的档案。当年不仅国民党里面有人怀疑冀朝鼎是中共地下党员，而且美国人也早就盯上了冀朝鼎。FBI 在 20 世纪 40 年代盯上冀朝鼎之后，就给冀朝鼎建了一个档案。根据这篇博士学位论文介绍，我未必记得准确，好像大致是将冀朝鼎的详细材料追溯到 1928 年。也就是说，美国的联邦调查局掌握了冀朝鼎此后的基本行迹。这反而说明冀朝鼎厉害，在美国从来没有被抓起来。据说有一次差点让宋子文把他揪出来，宋子文当面问他是不是共产党，用的是英语，因为宋子文的英语好，冀朝鼎灵机一动说："你看我像共产党吗?"对方只好说不像。化险为夷，就这样挺过去了，化解过去了。可见冀朝鼎是个非常机警的人，非常聪明。之所以介绍他的生平、生活片段，就是为了更深入地了解他，要深入地研究某著作就要深入了解其作者。Lewis 先生的博士学位论文，主要不是写冀朝鼎的学术，而是他的革命生涯，这通过这篇博士学位论文的标题就能直接看出来，是写"冀朝鼎的生平与政治生涯"，大概可以这么翻译吧。这篇博士学位论文涉及我们这个讲座的主题。第一点，肯定冀朝鼎当年是在哥伦比亚大学完成博士学位论文的，说冀朝鼎讨论了亚细亚生产方式，具有理论关怀。第二点，确认冀朝鼎 1924 年 9 月 7 日登上了美国海岸，可见美国人对冀朝鼎那一天到达美国是掌握着的。通过 FBI 的冀朝鼎档案，可以明确冀朝鼎哪天去了欧洲，哪天回到了美国。我以为，冀朝鼎 1926 年才取得哲学学士学位，后面两年多的时间不在美国，难以在芝加哥大学取得博士学位。若是 1928 年、1929 年期间在芝加哥大学获得了博士学位，FBI 的档案应该不会遗漏。第三点，Lewis 先生的博士学位论文披露，冀朝鼎在德国的时候曾经会见过魏特夫，国内的人从来没有讲过。说冀朝鼎以前见过魏特夫并讨论学术与政治，大概在我们国内不少人看来是一个比较隐讳、比较敏感的话题。第四点，认为冀朝鼎利用水利工程统计进行研究，是首批尝试者，研究得很好。除了以上我总结的肯定之外，Lewis 先生对冀朝鼎也提出批评。认为冀朝鼎的理论与魏特夫讨论的亚细亚生产方式之间存在矛盾。这是说他们两个人的理论之间的矛盾，而不是冀朝鼎与魏特夫本人有矛盾，也不是冀朝鼎理论本身存在矛盾。另一个信息很重要，披露了冀朝鼎作这篇博士学位论文还是比较仓促的，特别是查资料的时候。所以我们可以从这突破，别人当时没有认真做，那我们今天就认真做。Lewis 先生透露，冀朝鼎在 21 个月内没有发表东西、没有固定职业，又有老婆孩子，生活很艰辛，还需要他岳母的资助。中国和美国的年轻人，家庭观念特别在家庭经济方面的观念是完全不一样的，我们中国的孩子大概觉得上学了，还要家里来供养，还是正常的。在美国的话 18 岁以后就是自己的事情，上学也是你自己的事情，当然家庭也会资助你，但不能资助你方方面面。对于美国人来说，如果一个青年人不能自食其力，需要他的太太供养他，甚至还需要他岳母供养，这不是一件光彩的事情。所以可见冀朝鼎当年做博士学位论文的时候，比我们当年在国内做博士学位论文更心酸，更痛苦，漂泊他乡，没有工资，还有老婆孩子呀，但是博士学位论文还要做。怎么做的？Lewis 先生的论文披露，他的太太 Harriet 曾经资助丈夫六周的 foray，我把它翻译成搜掠。什么意思？就是资料量很大，赶快翻，赶快查，因为六周要把基本史料查完。冀朝鼎先生聪明、智商高，但是要在六周的时间把大量的资料，我们不能说他查的所有的资料都是六周内完成，但他至少是在美国国会图书馆查阅最核心的资料，六周要查完，我觉得至少在时间方面来算、从逻辑上推理，是有困难的。所以做出有些东西来，做得不彻底，资料不到位或者存在错误，也是情有可原的。但是做学问，不能说当时条件不好，可能某些研究不到位，我们就不推进了，我们今天有条件就要继续推进研究。

现在对以上英文评论部分进行简单的总结。肯定、赞赏冀著的方面如下。第一，大家都肯定冀朝鼎的基本经济区研究。冀朝鼎提出这个理论，很好。第二，都肯定其中的水利工程统计部分，认为这个统计分析非常好，包括肯定冀朝鼎对清朝前期的统计。第三，他的理论对于传统中国及亚细亚生产方式的研究工作做出了贡献。以上是肯定的方面。商榷批评的方面如下。第一是阶段划分。有些人认为阶段划分里边有点问题，特别是宋朝，到底是划到统一时期还是分裂时期呢？批评较多。第二，具体事实的考释存在瑕疵。比如“井”与“井田”怎么认识？如此等等。第三，研究区域的认定与评价。比如甘肃的水利如何、以前是否属于落后的地方？北京与作为基本经济区的黄河中下游怎么研究？学术史既要总结此前研究的主要贡献，又要指出存在的最主要问题，这是我们推进研究的基础与前提。我们永远站在巨人的肩膀上，但是巨人永远不能做了所有的事情，巨人也不是十全十美的，所以我们要在他们的基础上继续前进。

以上是对英文评论部分的简要回顾与总结，下面来看中文部分。

首先来看张荫麟的书评。张荫麟是当时中国最有才华的史学家之一，英年早逝。陈寅恪先生为之惋惜，写诗纪念，“流辈论才未或先，著书何止牍三千”，对他的评价很高。张荫麟先生当时已经是清华大学的教授了，冀朝鼎曾是清华的学生。张荫麟在书评中，肯定冀朝鼎是一位马克思主义者，资料的收集和统计非常好，用“经济要区”来解释中国历史变迁，理解分析很有特色。但他同时批评说，冀朝鼎将五代与两宋，统一划分为分裂时期，不伦不类。另外在区域划分方面，虽然书中界定了所谓“经济要区”的基本概念，但很抽象，不易把握。

再看杨联陞的书评。杨联陞先生我们前边只是说到他对核心词汇的翻译，现在来看他的书评。不过需要说明的是，杨联陞当时还只是清华的一名学生。他的这个书评说，冀朝鼎著作最精彩的就是第三章，也就是对地方志做的统计，冀朝鼎的观点也许我们可以揣想出来，但这样论证——就是用统计的方法来论证，得出这样的历史见解恐怕以前还没有。在批评方面，我们知道杨联陞先生在发凡起例、上下贯通以及以小见大上的功夫非常深，他发现冀朝鼎著作中的硬伤，比如说对《晋书》一则史料的理解就有误，“大治”不是地方名称，而是动词。后来杨联陞先生在哈佛大学当了教授，对有关问题的看法与以前不一样，比如1954年探讨中国历史上朝代的更替兴衰，实际与冀朝鼎这本书的主题是一样的，尽管他没有在此直接提到冀朝鼎的书，但是却直接涉及相应的研究方法。杨联陞先生说，中国历史上许多的数字都不能仅从表面的价值来了解。大家知道，在美国学界，对中国古代有关数据批评得最多、建树最多的人是何炳棣先生，但何炳棣先生系统提出这样一些思考是在1959年以后。后来，当杨联陞先生1962年受邀到法国去演讲的时候，他演讲的是《从经济角度看帝制中国的公共工程》，大家注意这个题目与冀朝鼎这本书的题目非常接近。在这个学术演讲稿的学术批评部分，并没有直接注明冀朝鼎。但是大家都知道，在此之前，在国际上最有名的探讨政府在公共工程中的角色，就是冀朝鼎，所以我觉得虽然这里没有加注释，但是让一个局外的人来讲是谁，可能第一个会想到冀朝鼎。读书得间，大概就是这个意思吧。杨联陞先生说，应该考虑在中央政府和地方政府之间做一个区分，而冀朝鼎这本书里边没有区分。

萧立岩的一篇书评，发表在《中国史研究》上。萧立岩先生大家不大熟悉，因为他写的东西比较杂、留下的东西比较少，去世也比较早一点。但是他们家却是一个史学世家，他的叔叔很厉害，他的叔叔是青年时期就已经成名的、中国最著名的清史学家萧一山。萧一山先生在大学期间就写了《清代通史》，篇幅很大，在此之前没有一个人、用一个人的力量写过如此篇幅的清史巨著。萧立岩先生的书评，肯定冀朝鼎的历史唯物主义史观，肯定冀朝鼎的水利研究以及“基本经济区”概念。同时也提出一些批评，从这些批评中我们可以看到 20 世纪 80 年代痕迹，比如说冀朝鼎对于人民群众推动历史前进的作用强调得不够。其次认为，讲封建社会的时候应该从经济基础讲起，因为我们马克思主义讲经济基础。而冀朝鼎是从统治者的选择、从这个角度来讲的，所以说还有进一步发挥的余地。

吴景超是著名社会学家，也是留美的，可惜在“文革”期间被迫害致死，非常可惜。他生前评价冀朝鼎这本书，他说这个方法很好，从各省通志中搜集水利资料，以水利兴办多寡来评估区域的重要性。但是他批评说，这个理论解释太简单了，如果谁掌握了“经济要区”就统一天下的话，那么，南宋当时就掌握了这一区域，为何没有恢复中原？而元朝在北边，没有掌握“经济要区”，后来为何却统一了中国？清朝未尝不是这样。

另一社会学家费孝通先生的书评。费孝通早年还在英国读学位的时候，有一年回国了，在北京的街道上，遇到一名著名的学者问他在研究什么。他高兴地回答，找到了研究中国的秘密，这就是水。对方反问，那冀朝鼎的书你看过没有？他回答没看过。当时急着出国，就没有拿到冀朝鼎的这本书，后来到英国就买到这本书，仔细阅读。费孝通先生当时就显露出他的学术锋芒。虽然，我们今天看费孝通先生晚年的一些文章，写得非常随和，非常口语化，但是看看青年时期的费先生写的文章还是非常有锋芒的，批判力度很大。对冀朝鼎著作的肯定方面：首先肯定这是一本社会史著述；其次，视角不错；再次，农业很重要。这些都是泛泛的，其实着力点是在批评方面。第一，冀朝鼎的水利统计数据不具有说服力。他以自己为例，以前搞社会史，搞社会学，也想采用统计，统计一下这个“亲迎”风俗的地理分布，结果统计了一年，统计出来觉得啥也说明不了。这个水利统计能有说服力吗？当然我们以为，亲迎风俗不能统计，并不完全意味着水利不能统计。实际到底各种事项能否统计、如何统计、能说明什么问题，需要具体去操作、去分析。这个我们后面再讲。第二，批评冀朝鼎的论著不是经过严密的论证得出的结论，是配格子，是幼稚病。这个话已经说得非常重，这也有点儿年轻气盛。配格子是什么意思？就是拿材料往那儿一填，完成框架，实际在此之前已经有结论了。所以费孝通先生说，需要以审慎的态度去检讨史料。

现在对以上中文评论部分做一简单总结。首先，大家都基本上肯定他的“基本经济区”分析。其次，虽然不能说全部，基本上都认同他的统计分析，当然包括对清前期的分析。再次，认为冀朝鼎的著作对传统中国的研究非常有意义。批评方面。第一，对水利工程的统计能否反映水利事业的发展。这方面社会学界的反思尤为激烈，其中费孝通就以亲迎风俗为例，说明即使有统计数字也可能会失实，所以需要谨慎对待。第二，对传统中国商业与市场的评估。陶希圣先生曾经写过文章，批评冀著缺乏对于商业和市场的恰当分析。冀朝鼎当时解释为什么修运河，包括清朝的财政，需要依靠漕运才能实现漕粮北运，财政收支才能实现。但是我们想一想，如果商业和市场发达的话，或者说发展到一定水平的话，通过市场也能实现物资的合理流通。我们知道明朝的“开中法”实际就是这个原理。总体看来，冀朝鼎对于传统中国尤其是明清时期的商业发展水平，估计不足。第三，掌握所谓的“基本经济区”，就相应地取得统治甚至统一中国，这二者之间是否存在因果关系？有人提出，为什么地处“基本经济区”的南宋没有统一中国，而未掌控“基本经济区”的元朝、清朝，后来都统一了中国？

对于上面的有些问题，冀朝鼎的专著其实已经注意到了，并以某种方式进行了解释，至少是自圆其说。他书中写道：“如果撇开外部入侵、农民起义、商业及其他因素不谈，那么，关于领土扩张连同经济与政治重心的改变（但注意，社会或经济的结构不变）问题，就成了一个关于基本经济区转移的问题了，而这一问题的解决，就为了解中国历史，提供了一条重要的线索。”元朝、清朝都是其他少数民族入主中原，冀朝鼎在理论体系中撇开对这此类朝代统一中国的解释。因为他既认为元、清等朝是外部入侵，又要在其解释体系中排除这一因素。不过，在更大的层面上，冀朝鼎认为，这种周期较短的变化是附属于周期较长的经济转移现象的，也就是他所说的“基本经济区”的转移。如同外族入侵一样，他将“商业”因素也从自己的解释体系中剔除。后一考虑，可能与冀朝鼎对于传统中国商业的发展水平估计不足相关。他认为，中国历史上商业的发展水平，从来都没有达到能够克服农业经济的地方性和狭隘的闭关状态的成果。这些地区性的组织是高度自给自足的，且彼此间又互不依赖。这与当代学界的认识存在较大差距，特别是对于明清时期而言。

三　史料

史料方面，我会分为优势和劣势来讲、来总结。

首先看史料的优势方面。

第一，资料丰富。我做了一项最基础的工作，就是在座的任何一位，甚至一个初中的学生只要愿意做，都可以做的。有人说冀朝鼎这本书引用的文献多达 300 多篇（部）。上面有一篇书评，又说这本书引用的论著 130 多种。到底哪一个数字更接近实际？为此我就一页页翻阅，当然我的这个统计也未必准确，但可能更接近实际。这本书的参考文献里边列出的著作有 138 种，其中包括有 20 本地方志，但也有正文里面引用了，但是在后面参考文献没有列出的文献，我把这两项加起来，结果是 162 篇（部）论著，这是我的统计。其中地方志有 22 种，除了 18 个行省的通志之外，还有不属于通志的地方志，一个是《苏州府志》，另一个是《临颍县志》；此外还有正文引用了两部其他地方志，参考文献里面没有列出的《朔方志》和《蓝田县志》。

第二，种类丰富。冀朝鼎利用了中文、英文、日文、俄文、德文等文献，参考文献的门类也比较丰富。

第三，发掘有力。这从一篇文献就可以看得出来。他可能是学术界首次发现并利用了阎绳芳《镇河楼记》的人。阎氏也是山西人，明朝进士，写过一篇《镇河楼记》。这个文献非常有意思，和我们今天谈环境史的人、谈环境保护的人，逻辑思想是一样的：说以前我们这儿环境非常好，后来开垦，然后水土流失了，冲毁了河流下游的各种建筑，也影响了当地经济的发展。这与我们今天逻辑一样，但是这是明朝人谈他们当地的事情。阎绳芳的这篇文献，现在经常为学界所引用，实际上可能肇始于冀朝鼎。

下面来谈冀朝鼎专著在文献方面的不足。

第一，忽视版本。冀朝鼎在美国接受历史学的训练，而且是在经济学体系中接受经济史的训练。我们搞学问一定要开放，要学习各个学科的长处，不能有门户之见。但是，我们也要发挥本专业的长处，比如历史学的训练就非常注意基本功，其中就包括版本。因为版本是基础，版本方面的失误就可能直接导致其他的解读与认识错误。冀朝鼎的著作中引用过一部汉语书籍，他用英文写作，把它翻译过去，书名是 *Geography of China* 直译就是《中国地理》，是吧。然后是中山（Chungshan），这个中字拼错了，本来是 h 他弄成了 n，也许是打印错误，变成了 Cnungshan，1932 年在南京出版的版本。作者是 Chang Gee – Yuen。顺便指出，后来冀朝鼎这本书的汉译本，一种翻译为“张继骏”，另一种翻译成“张其昀”；一种书名翻译为《中国地理》，另一种翻译成《本国地理》；一种翻译为《中山教科丛书》，另一种翻译成《钟山教科丛书》。我们先别管汉译，来查找冀朝鼎上述正文中引用的这本书，在后面的参考文献 Bibliography 中是怎么标识的。Chang Chi – Chün（Chang Gee – Yuen）、Pen – Kuo Ti – Li.，*Geography of Our Country*，Vols. 1 and 2. Shanghai，Commercial Press，vol. 1，1926；vol 2，1928. 268 and 490 pages. The best existing textbook in the Chinese language。作者姓名是 Chang Chi – Chün，其中标的 Chang Gee – Yuen 与正文一致。书名是 Pen – Kuo Ti – Li，然而英文却翻译为 Geography of Our Country，这与前面正文的名称 Geography of China 不一致，但好在意思相对应。但是出版社的版本，却变成了 1926 年、1928 年，（上海）商务的版本了，与正文中 1932 年的南京版本不同，完全是两个版本。实际上，该书就是张其昀的《本国地理》。

第二，前后抵牾。冀朝鼎的著作中还有其他版本疏误，比如正文第 29 页注 1，就把 Huntington——就是研究气候的那个 Huntington，与人合著的气候变化这本书的出版信息，完全遗漏了，后面的参考文献中没有列出这本书，列的却是 Huntington 研究种族特征的一本书。这些前后抵牾，前后矛盾应该避免。也许有人说，这是雕虫小技，那个 our country 和 china 不是一个意思吗？但作为引用书名就要追求形式与内容的完全统一、前后一致。再看另一个矛盾之处。正文中引用了顾炎武的《日知录》这本书，并未引用顾炎武的其他书籍。但是，在参考文献中，冀朝鼎列的却不是《日知录》，而是顾炎武的《天下郡国利病书》和《历代宅京记》。这就不只是不严谨的问题了，而是前后矛盾了。这些都是用英文表述的，有兴趣的，可以去查核冀朝鼎的英文原著。

第三，解读疏误。看冀朝鼎的英文原著，其中引用一本汉籍，书名《江北运程》。这部书并不罕见，《江北运程》这部书在不少图书馆都能找到，有兴趣的人可以找来看看，与冀朝鼎英文原著相对照。在冀朝鼎英文专著的正文与参考文献中，都引用、收录有《江北运程》这部本，这是无疑的。但是，冀朝鼎却将作者写作 Tung Hsün – he。查《江北运程》这部书，作者是董恂。而根据冀朝鼎的英文来汉译，就对不上。有人将作者译作董恂和。董恂就是董恂，不同于董恂和，字号等方面也不存在这样的称呼。正文与参考文献多处均写作 Tung Hsün – he，可见这不是冀朝鼎的拼写失误。为什么会出现这样的失误？学界无人回答，值得探讨。

第四，史料不足。最明显的不足就是统计资料的截止时间不一。来看该书的统计表，有的地方志迟至 1921 年才发行的，比如《湖北通志》，而有的却早在 1735 年就刊行了，比如《陕西通志》。一个是在民国时期完成的，一个早在雍正年间就刊行了。1921 年刊行的地方志，记载了此前的事情，可以对清朝中期以前的水利工程进行统计——如果可以统计的话。但是陕西 1735 年刊行的通志，它不可能记载此后的事情。1735 年距离 1842 年、1911 年还有很长的时间，没有记载当然无法统计在内。没有统计在内，那么怎么进行不同区域的水利工程数量比较？拿一个省截至 1735 年的统计数据和另一个省截至 1921 年（肯定包括 1911 年在内）的数据进行比较，这怎么比较？不具有可比性。所以我觉得这个统计资料里边有各方面的问题，但是最明显的是资料的截止时间不一，这是统计中最忌讳的问题之一。当然如果你是细心人，你会做更细致的学问。其中就有一个细心的人，搞元代的历史，他发现冀朝鼎统计的元代数字，总数与各省的数字实际上对不上。不信你把元朝各个省的水利工程数字加起来，总和不是冀朝鼎表中所列的 309。

四　方法

首先谈方法方面的优势。

第一是综合和分析。根据冀朝鼎自己的观点，搞学问存在两种方法，一种是综合，另一种是分析，当然两者不能截然分开。他认为这本书虽然最终的目的是综合，而大量工作主要还是分析。通过文献中的有关水利记载，分析中国历史上水利的发展，然后提出基本经济区概念，反过来分析水利事业的发展变化，解释中国历史上的分裂与统一。学界有人曾经提出，中国学术的两种传统，一种叫求真，另一种叫求解。求真的比如胡适先生，具体论证，而且是小心求证。求解的比如冀朝鼎先生，提出理论，而且用以解释历史现象。用今天的话说，冀朝鼎实际是理论与实证相结合。

第二，利用地方志进行水利统计。前面的学术史回顾中，不少学术评论都对冀朝鼎这一方法表示赞赏，给予肯定。实际上，冀朝鼎对此也充满自信，他说：试图以这样的方法着手研究这个问题还是第一次，这里所用的资料，是由各个省志的有关水利章节中所记载的治水活动搜集和编辑起来的。利用通志的水利记载来统计与研究，是“首次”以此来研究中国经济和社会历史的一种尝试。

第三，吸收最新成果、反映最新动态。冀朝鼎专著在这个方面表现得非常突出。这本博士学位论文 1934 年 4 月基本完成，参考文献里边，比如中文的中国史研究论著中，70% 以上都是最近发表的成果，30 年代的，甚至包括 1934 年的成果，说明作者对学术动态、最新成果非常重视。我们坦诚地讲，这从侧面反映了美国学术界对学术动态的重视。试想一想，中国大陆出版的书，要运到美国，当时不是飞机而是船舶运输，还要编目上架，这样在美国的读者才能在书店或图书馆读到。包括 1934 年才创刊的《禹贡》，冀朝鼎都引用了。还有一本名著，作者 Cressey 是地理学家，中文译作葛德石，他的 China’s *Geographic Foundations* 一书，1934 年才在纽约出版，冀朝鼎的这本书也引用了。而葛德石的这本《中国地理基础》，我们国内 1945 年才汉译出版。

第四，吸收其他学科的研究成果与方法。冀朝鼎的这部著作，吸收了自然科学方面的研究成就，采纳了土壤试验、水土保持的一些成果。今天搞历史上的环境演变，在中国，我们主要是 20 世纪 80 年代才广泛运用树木年轮分析研究气候变化。虽然说树木年轮的分析在中国大概 20 世纪 30 年代就开始，甚至 20 世纪前十年就有人介绍过，但直到 30 年代都是零星的，介绍的较多，操作的很少。直到今天，我们都认为这一种比较科学，对于史学研究来说是比较新颖的方法手段。但是冀朝鼎先生在其博士学位论文写作期间，已经注意到而且引用了这一方面的研究成果。他引用的成果不仅方法新，而且成果的档次与水平也比较高，今天看来他书中的那些论著、那些作者，不少都是名著、名人，这说明冀朝鼎当年还是非常有眼光的。

我们再看方法方面的不足。

第一个，不区分水利工程的类别和性质。按照冀朝鼎自己的说法：“象渠道、堤坝、水塘或其他类型的任何一种水利工程的兴建或修复，都把它看作为一种治水活动，而且每一记载都作为一项治水活动列入表格。”若是这样的话，不管是修一条渠道、修一道堤坝、修一处水塘，在冀朝鼎的研究中，其统计意义与权重是一样的。特别是，兴建与修复，性质不同，区别更大，如果不加区分，在统计中一视同仁，甚至不同的数据混在一起，至少大大降低了数据的说服力。

第二个，不管工程的大小和重要性。按照冀朝鼎自己的说法："至于各种工程的大小与重要性，我们就不去管它了，因为即使这些内容是有价值的，也不好把它们拿来进行比较。好在这些记载被列入地方志时，就已经很理想地照应了这种关于工程大小方面所存在的差异性。"如果具体翻阅一下各种地方志的水利记载，就会明白，地方志是否照顾到工程的大小与重要性，这非常值得怀疑。冀朝鼎接着还说，因为这些记载往往是由县一级政府负责记录的，那么，范围跨几个县的较大工程，就要被几个县同时记录几次，因之，较大的工程在记载中则会多次出现。如此看来，冀朝鼎的水利工程统计，每一数据的本质并非水利工程的数量，而是这些水利工程被地方记录的次数。一些转引者，想借助冀朝鼎的数据来说明某时某地修建了多少项水利工程，实际是不理解冀朝鼎数据的本质，是个误解。

五　理论

冀朝鼎先生很有理论关怀，他关注到亚细亚生产方式，也引用了马克思的《不列颠在印度的统治》。今天人们对马克思这篇文章耳熟能详，但冀朝鼎当年就关注并引用，是难能可贵的。他关注中国社会的性质，特别是大革命失败之后中国社会的性质。但是冀朝鼎理论中最突出的，是以建立在水利统计基础上的基本经济区为杠杆，来研究、解释中国历史的变化尤其是统一、分裂的变化。

下面我试图概括他的基本经济区理论要点。

"基本经济区"的构成有三要素：一是统治者想要建立、维护以及控制的地区；二是受到统治者特别重视的地区；三是农业生产条件和运输条件优越、新建和发展水利的地区。

而"基本经济区"的建立需要三个条件。第一是自然条件。就是发展水利的自然条件基础，没有这些基础，即使统治者想建立也建立不起来。第二是历史条件。虽然具备建立基本经济区的自然条件，也未必会自然形成基本经济区。冀朝鼎认为，优越的自然条件为水利事业的发展提供了基础，但是否加以利用，又受到基本经济区的位置、当时总的社会经济和政治条件的制约。第三是统治阶级的政治需要。冀朝鼎说："兴建以及发展这类土木工程的目的，最初都不是出自人道主义的考虑，而是决定于自然和历史的条件以及统治阶级的政治需要。" 我们知道，冀朝鼎的基本经济区是以水利工程的统计作为论证基础的，但是水利在中国历史上是个复杂的概念，水利包括那些内容，不仅随着时代而变化，而且同一时代的人们，对于水利内涵也见仁见智。

在冀朝鼎的著作中，水利工程包括了三种类型：一个是灌溉工程，另一个是防洪工程，还有一个是运河工程。他就此使用了不同词汇，如 irrigation、flood control，artificial waterways。

根据我的概括，冀朝鼎所说的基本经济区具有五项基本功能。一是政治疆域上的统一。谁掌控了基本经济区谁就可以掌控天下，版图上也就可能呈现为统一。二是政体上的中央集权。就是中央政府可以建立他的中央集权。冀朝鼎说：中国的统一与中央集权问题，就只能看成是控制着这样一种经济区的问题。三是可以进行经济史分析。他说，本书提出了基本经济区这样一个重要的概念，这对了解中国经济史是大有裨益的。冀朝鼎认为这是一部经济史著作，这也与他在美国哥伦比亚大学攻读经济学、做经济史有关，但是这本书到底是属于经济史，还是历史地理，甚至是环境史，这个可以考虑。四是可以进行地理分析。他说：政权同中国地理区划之间的关系，一地区何以能一再地控制另一地区，以及具有显著地区差异、范围广阔的地域在政治上得以形成统一的途径等问题。再也找不到别的方法能如此清晰地说明这几方面的问题了。五是有利于对农民起义进行分析。他说：地区经济地理还影响到了中国农民起义的历史（这种起义往往是朝代更换的原因），它不仅为起义提供了聚众的地点，而且还会左右到这种起义能否获得成功。基于此，他认为农民起义成为次生问题，甚至在自己的研究与解释中可以不予考虑。来看冀朝鼎的理论解释体系中不予考虑的几个因素：这就是外部入侵、农民起义、商业等因素。他说：如果撇开外部入侵、农民起义、商业及其他因素不谈，那么，关于领土扩张连同经济与政治重心的改变问题，就成了一个关于基本经济区转移的问题了，而这一问题的解决，就为了解中国历史，提供了一条重要的线索。

冀朝鼎先生的理论及其论证，多年来学界已经进行了一系列的反思，主要是学理方面的。我以为，其论证的基石，实际是根据地方志资料所统计的——中国治水活动的历史发展与地理分布统计表。这是其理论大厦的基石。所以考察分析这张表，显然尤其重要。

这张统计表的问题，除了我上面提到的统计资料的截至年份不一，有几部通志，在雍正年间、乾隆年间刊行的，不会包括此后的水利数据，这与该表统计、该理论所主张的截止鸦片战争之前还有大约百年的时间差距。其次，冀朝鼎在有些数据后面标有星号，即河南的清代统计数据，山西的元、明、清统计数据。冀朝鼎先生认为，河南的清代水利统计为 843，这个数据明显偏大，他解释说，这里所记载的水利工程，至少有 90% 都是很小的，所以 843 这个总数大得难以置信。既然如此，那么其他的地方中难道就不存在记录很小的水利工程了？而且前面提到，冀朝鼎自己曾说，他对于工程的大小与重要性不加以考虑。这里却考虑，这也从侧面反映了这一因素不能不考虑。但考虑还是不考虑，在冀朝鼎的研究中并不统一。至于山西的元、明、清数据，冀朝鼎也认为偏大，并解释说，山西的私人水利工程繁多，这是山西商业高度发展的结果。至于要不要考虑官修还是私工工程，如何看待传统社会后期商业的发展水平，在冀朝鼎的论证中也不统一。在冀朝鼎之后，有人也对水利兴修进行了统计，且批评并修正了冀朝鼎的论证与分析，其中最值得注意的是哈佛大学教授珀金斯（Perkins）。

珀金斯的《中国农业的发展》，这本书已经被翻译过来了。他当年的研究，得力于他的助手王业键，王业键先生后来当选为台湾中研院的院士。珀金斯批评了冀朝鼎的研究。一是没有考虑到工程的规模。因为，某些省份所记录的 12 世纪以前的水利工程，其规模比 13 世纪以后的大得多。二是各个地方志记载水利的详略程度不一。可见看到，某些省份的材料相比于其他省份，特别详细。三是应选清代以后的省志。他发现冀朝鼎所用的省志中，有 8 个省是在 18 世纪前半叶出版的。显然这距清朝 1911 年灭亡接近近两个世纪，这近两百年中兴建的工程冀朝鼎并未包括在内。珀金斯修正了冀朝鼎的做法，其数理统计更加合理。但是，珀金斯研究明代以来中国农业的发展，所以他的问题意识和冀朝鼎是完全不同的。冀朝鼎是要着力体现平面的、各个区域的差异，体现出哪些区域是基本经济区。而珀金斯着力体现纵向的，体现中国农业的发展，体现纵向的变化。珀金斯的统计更符合统计学的逻辑，对我们反思冀朝鼎的观点与论证是有帮助的。但他不是针对冀朝鼎的观点，他对冀朝鼎关心的这个学术问题也没有多少兴趣，对于中国统一、分裂没有兴趣。他研究中国农业如何发展了，他的学术意识实际上是来自何炳棣先生，就是中国人口增加那么多，到底通过什么样的方式养活了那么多的人口？那么多人口活下来了，通过什么样的方式？中国的农业是如何发展的？

我自己以明清的陕西水利建设为例，也发现冀朝鼎的资料与论证存在问题。《陕西通志》中，水利工程的大小，差别很大，甚至可以称作悬殊，一项灌溉工程，大到数万亩，小到一亩。若根据冀朝鼎的逻辑，在水利工程的统计中算作一项，显然统计结论是存在问题的。陕西关中最著名的郑国渠工程，在宋代以后，不断衰落，越修越衰落，引水口修到山根山边，渠道上建有好多桥，这些桥不是为了走路通行的，而是为了把山上的泥水通过桥面流到河里去，减少渠道内的泥沙淤积，但是下一次大雨或是泾水大涨，泥水往往就把渠道壅塞了，泥沙淤积之后就要修，如果按照冀朝鼎的统计逻辑，修一次就要算一次水利工程的话，这样的统计会更多。表面上反映了水利的发展，实际上是水利衰败的表现。这个地方越修证明了工程的毛病越多，证明水利得不到保障。所以修水利本身是一个复杂的概念，不要认为修水利就一定说明水利大发展了。水利的兴修和水利工程发挥的功能之间还存在不小的差距，所以就需要把一个政策、一个工程和它的具体的实施结合起来。

以上介绍了我的初步思考与反思，具体论证请参考我以后的专题论文。最后需要说明的是，我们都是站在巨人的肩膀上推进学术。虽然我们今天不同意冀朝鼎先生的某些观点，但是我们非常地敬仰冀朝鼎先生，也肯定冀朝鼎先生的功绩，正是他开拓了这样的道路，才引领了我们沿着这条道路不断地推进历史研究。

区位、交通与南宋空间经济

张锦鹏

谢谢各位老师和同学来到报告厅，我们一起共同讨论区位、交通与南宋空间经济的问题。

一　位置、空间与区位

（一）位置与空间

这个问题其实是个很有趣的话题，因为我们都生活在一个特定的空间里：在宿舍里面生活、在云南大学学习、在昆明这一城市里活动、居住在一个蓝色的星球……当你们仰望星空会不会追问自己：我是谁？我在哪里？要回答这样一个问题，涉及空间。

空间的问题，可从位置、空间、区位这三个方面来讨论。

什么是位置呢？所谓位置是指一个事物或者一个人、一个厂矿、一个学校、一个区域它所在的或者所占的地方。在一个空间里才能确定位置。那么什么是空间呢？一说到空间，我们就想到空间是一个三维的，在几何学里，三维空间用长、宽、高来表示。那么在我们这里所指的空间，是由前后、左右、上、下形成的维度。当然空间其实远远不止三维，当爱因斯坦相对论提出来以后，我们对空间的认识又进了一步。时间的维度告诉我们，人生活的空间不仅仅由长宽高所组成，还包含了时间流逝的过程。当有了四维空间的概念以后，人类对宇宙的理解大大加深了，同时我们也对自身所处空间的想象力大大的丰富了。到现在为止，科学界的发展不仅仅提出了四维空间，而且还有多维的空间。

（二）人与空间

回到上面的问题：我是谁？我在哪里？这个问题体现了人和空间的关系。看到一个人，最直观的感受是他的高矮胖瘦，这是个体所占据的空间的位置。加上了时间的维度，就使每个人和他人有了另外一个区别——年龄。同学们和我有区别？我们之间的区别在于我比你们长十多岁，我所经历的人或事比你们要多一些，这个是我的优势。那你们的优势是什么？你们年轻、朝气蓬勃。所以说，人的个体差异是有空间的意义在里边的。除此以外，考虑人和空间的关系还包括了人在地理空间的位置。同学们现在所处的地理位置，可用经度纬度来界定。这样一个地理位置它是定位在某一自然环境之中，大家必定和这个特定的地理环境发生关联。

不仅如此，人还处于人文空间之中。作为社会性的人，必然和其他人发生联系，这种联系也呈现出空间的关联性。就拿我们今天的空间关系看，我站在讲台上，同学们坐在下边，每个人都有一个地理的定位，坐标的定位，每个人都有这样一个位置。在这个位置之外我们之间还有一个距离的关系，你们之间也有一个距离的关系，你们坐在一起的同学是不是关系比较好的同学？你和我的距离比较远，这个远近的关系说明我和你今天在这里的角色不一样，我是演讲者你是听众。所以，距离的远近反映出人们的关系状况，反映出空间里面各事物之间的相互关系。

另外还有一个方向问题，大家发现每个同学的眼光都聚向我，所以在这个空间里有一个聚向力。因为今天我是主角，大家都把目光聚向我。当然也可能有离散力出现，有些同学不喜欢听这个演讲，他的目光就是游离的。所以，人与人之间的空间关系，完全可以用地理位置、双方距离的远近以及双方互动的方向来呈现人与人之间的关系。

（三）空间与区位

讨论了人和人、人和空间的关系后，把空间问题放大到一个地理区域，这个时候就呈现出区位的概念了。什么是区位呢？它一方面是指某一主体或事物所占据的场所（主体或事物是指一个企业或一个厂商、一个学校、一个机构等，场所即事物所处位置）；另一个方面是指某主体或事物与其他主体或事物的空间联系。这就是说区位问题不仅仅是指它在哪里，而且是指它和周边的其他事物之间的关系。

理解区位同样有三个维度：位置、距离、方向。著名的地理学家托布勒提出的地理学第一定律强调了距离的关系，越密切的事物它们的距离是越靠近的。说到区位时经常提到区位因素这一概念。什么是区位因素呢？所谓的区位因素是一个经济主体、事物或地区的经济优势。这个优势是如何表现出来的呢？它是和区域运动中的两个力量相互关联：向心力和离散力。在两个事物互动过程中，向心力和离散力互相较劲，谁赢了就向谁的方向倒，所以空间经济学的研究最重要的内容就是关于区位的向心力和离散力的研究。

（四）集聚效应与核心区

向心力我们通常称之为集聚，空间会产生集聚效应。集聚效应如何产生？它通常是由五个因素综合作用的。第一个因素就是人口的扩张，当一个经济区域里的人口增长，就会因人的增加产生很大的物质流动需要。当人口发生扩张的时候，集聚效应就会产生，就会有大量的物资、大量的经济要素向这个地方流动。所以在经济研究中人口数据十分重要，人口规模与经济体量的变化有非常大的关系，人口数据的分析在经济史的研究中是一个不可忽视的指标。

第二个因素是分工与专业化的发展，这是事物之间的关联效应。当人口扩张的时候，需要为它的活动提供一系列所需要的物品和服务，提供这些物品和服务就会导致人的专业化分工。分工出现使一个部门和另一个部门的关联度加强。部门之间关联度加强还会衍生出相关需求，这些需求会促使更多的经济要素往这里集聚，产生更细化和更迂回的分工。

在分工扩大的过程中，第三个因素——市场的厚度——也体现了出来。市场的厚度和市场分工及专业化是相关联的，当消费需求大的时候，市场也在扩大，市场扩大人们能更容易从中获得经济利益和发展的便利性。比如在昆明开一家商店和在一个小县城开一家商店是不一样的。在云大园西路开一家服装店，每天都会有大量的学生路过，虽然每个人的消费不大，但是因有庞大的消费群体，每天的现金流量不小。服装店可以到昆明的螺蛳湾批发市场进货，可以利用周边的商业银行贷款，可以便利地享受城市交通系统和服务系统的支持，等等，远远比在小县城开店更为便利，也更赚钱。所以这样的市场厚度使得大量的人更愿意把商店开到城市里，更愿意来到城市里发展、工作。

同学们毕业后很多想留在一线二线城市工作，不愿意回老家小县城或农村。是因为老家的工资低吗？工资或许会有差别，但肯定不是最主要的。最主要的是现代化城市的吸引，在现代化城市里，出门可以坐地铁、打滴滴、骑共享单车，可以与世界同步看到最新大片，可以收到朝发夕至的快递，可以足不出户美团外卖订餐……你在大城市里能够享受到现代城市带来的外部经济效应。因此，外部经济效应就是引起区域集聚的第四个因素。所谓的外部经济效应是指在经济活动中，生产者或消费者的活动对其他生产者或消费者带来有益的影响。直白了说，就是当你处在某个环境中不用付费就能得到的种种益处。如，走在大街上，不用付费你可以得到路灯的照明，这就是外部经济效应。

知识溢出效应是区域集聚的第五个因素。同学们这个学期听了很多高质量的经济史讲座，这样的学术大餐在云南的其他学校就不一定能享受到。聆听高端学术讲座、与大师面对面交流；参与或旁听学术会议，在学界分享研究成果；老师同学之间课后讨论，观点思想碰撞……这些都是不能通过书本学习获得的，必须在某一大学这一特定空间才能获得，这就是知识溢出效应。这也是引起区域聚居的原因。

为什么同学们毕业后更愿意留在昆明或者去北上广？为什么我们的同行们愿意追逐一个有名气的学校任教？这些都是一个城市或者一个学校所产生的空间集聚效应，把人吸引到这里。人口扩展、分工与专业化发展、市场厚度、外部经济效应、知识溢出效应，这些因素悄无声息地把人、资金、劳动力、技术等等吸引到一个特定的区域里，区域就会产生集聚效应，然后形成一种核心竞争力。当一个区域的集聚效应形成后，它就会变成核心区，村庄就会变成城市、小城市就会变成大城市、大城市就会变成更具竞争力的大城市。北京、上海、广州，它们之所以被称为一线城市，是因为它们充满了竞争力并具有很强的集聚效应。

核心区形成以后就会和周边区域（外围区）形成强烈空间对比关系，核心区大量地吸引生产要素，外围区就会贫穷化。改革开放初期，我们的人才是孔雀东南飞，大量地跑到沿海地区，西部地区人才越来越匮乏。西部地区有限的资金被商业银行通过存款吸纳后投向沿海地区，因为东部地区投资回报率高，西部资金匮乏日益严重。所以就会形成核心区越来越好，越来越强的极化效应，而外围区就会越来越贫穷越来越落后，对一个国家来说区域是这样，对于世界体系来说也同样有这个问题。核心区发达国家从外围区发展中国家吸走了人才、资本，发展中国家日益贫穷，这也是区域集聚经济产生的结果。

（五）扩散效应与外围区

前面说到有两种力量，一种是把经济要素往内聚的力量，同时还有一种把经济要素向外推的力量，后一种力量称之为扩散效应。扩散效应就是引起经济要素由核心区向外围区流动的一种力量。前面说到集聚效应的时候大家也许会有些悲观，觉得外围区没有发展机会了。其实不用担心，经济要素往外分散的力量依然存在，而这种分散的力量主要来源于地租，因为土地是不可流动要素，它不像资本、人才、劳动力可以流动。当一个地区发展起来后，这个地方的土地价格就开始上涨，房价越来越高，地租越来越高，不管是商业用地还是生活用地，价格都很高。像北京和上海的年轻人很郁闷，因为房价太高，买房遥遥无期，丈母娘又逼着买房子，所以说房价都是丈母娘抬高的。这种由人口增长引起土地租金上涨，称为外部不经济。外部不经济还包括城市拥堵、雾霾等由他人引起的需要你承担的不利因素。正如有些人逃离北上广，到二、三线城市去发展一样，外部不经济是导致生产要素向区域外流动重要的一个重要推力。

另外一个条件是交通的改善。例如，昆明呈贡曾被媒体称之为“鬼城”。那里有几十个学校组成的大学城，十余万学生入住，还依然萧条。但是，自从地铁一号线开通以后，这种情况发生了变化，交通条件的改善使呈贡的区位发生很大改变：坐地铁从市区到呈贡工作很方便，在呈贡买房子房价低有优势，这就吸引了不少年轻人到呈贡生活工作。所以交通条件的改善会使一个地区的区位因素发生变化，增强了区域竞争力。外围区的吸引力，对于核心区来说就是形成经济要素扩散的力量。

此外，还有社会经济环境改善这一因素。比如改革开放初期，深圳只是一个小渔村，深圳作为中国对外开放的窗口，它很快就发生了变化，短短几年就成为中国最具有活力、发展最快的城市，中国第一座摩天大楼在深圳建成，“深圳速度”成为全国的标杆。可见，社会经济环境的变化会形成一种新的力量，使外围区发生变化，这种变化会改变外围区的空间地位。

一个好的区域应该是不仅仅具有强的集聚效应，同时应该有引起经济要素扩散使周边区域获得发展的能力，能够起到核心区带动外围区发展的作用。这是在区域经济中理想的效果，但是如果核心区和外围区处理不好的话，往往只出现极化效应，没有扩散效应。甚至有些区域自身出现了很强的极化效应，但却对周边区域发展几乎没有什么影响，这种情况被形象地称之为“飞地”。

二　杜能模型与中心地理论

（一）杜能的研究假设

分析了区域集聚效应、扩散效应之后，下面讨论的问题是关于杜能模型和中心地问题。

杜能是一个德国的地理学家、经济学家，他是空间经济学区位理论的鼻祖。杜能在《孤立国同农业和国民经济关系》这本书里边提出了一个假设：

假设有一个孤立国，它是一个与世隔绝的地方。全境都是肥沃的平原，土壤肥力完全相同，全国只有一个城市，这个城市在区域的正中间，中间没有通航的河道，全部都是由陆路通行，矿山和盐场都在城市的附近。除了这个城市以外，其余的地方都是农村，最远的地方是尚未开垦的土地。这样的一个国家里，城市的发展需要农村为它提供粮食和食物。那么，周边农村是如何来布局他们的农业生产活动，才能满足城市的经济需求？它通过一个模型来呈现城市与乡村的空间经济关系，即农业生产布局受制于乡村与城市的空间距离。

（二）简化了的杜能模型

表 1　　简化了的杜能模型

经济圈	与城市距离（km）	谷物生产成本（元）	运费（元）	总成本（元）	售价/总收益（元）	地租 + 超额利润（元）	
第一圈	1	100	10	110	500	390	生鲜食品谷物（次要）
	5	100	25	125	500	375	
	10	100	50	150	500	350	
	20	100	100	200	500	300	
第二圈	30	100	150	250	500	250	柴薪与木材
	40	100	200	300	500	200	
第三圈	50	100	250	350	500	150	谷物
	60	100	300	400	500	100	
第四圈	70	100	350	450	500	50	谷物
第五圈	80	100	400	500	500	0	谷物
第六圈	90						畜牧业

从表 1 可看到，假定谷物生产的成本是 100 元/吨，从农村到城市的运费随着距离的扩展而增加，从第 1 圈 1 千米 10 元增加到第 5 圈 80 千米的 400 元。谷物生产总成本（成本 + 运费）的变化主要是运费来决定，假如城市出售谷物价格都是 500 元/吨，不同地区农民获得的收益是不同的，距离城市 1 千米的农民可得到的收益为 390 元。随着运费的增长，它的收益在逐渐降低，最后为 0。换句话说，距离城市越近利润越高。当然，这样可观的利润不可能由生产者独享，因为利润很高的情况下，大家都想要那块土地去种粮食，这块土地的竞争价格（地租）就高，这部分利润是地租加超额利

润构成。随着距离增加，利润不断降低，地租也不断下降，到最后一圈的时候地租和利润都没有了。

这里分析的是谷物价格，那是不是所有地方都生产谷物呢？当然不是的，因为在城市里需要的不仅仅是谷物，它有可能还需要蔬菜、牛奶、奶酪、木材等一些来自农业部门的产出。那这样的食物的生产怎么布局更为经济？在第1圈（10千米以内），它种粮食划不来，因为种蔬菜、养鲜奶能够很快送到城市里面，卖的价格比粮食更高。第2圈（20千米以内），也不一定会去种粮食，这个距离不远不近，比较适合繁重笨重的物品往城里运输，所以柴薪和木材就会在这一圈来生产。到第3圈、第4圈、第5圈才会种植谷物，但是种植谷物的方式也不会一样的。所以杜能提出了这样一个农业圈，第1圈就是种植蔬菜这样的自由轮作；第2圈是农栽作物制，农栽作物制就是比如小麦、蚕豆轮种，夏季农作物和冬季农作物轮种；第3圈是农作休闲制，只种一季；第4圈叫作山区农作制，就是轮休制，土地种一年歇3年，土地肥力积累，粮食产量能保持高水平，到市场上才有竞争力；到最后一圈，种粮已经不划算了，就去养牛养羊，生产奶酪、提供肉食和牛羊制品。所以就会形成这样一种农业生产的区位布局。

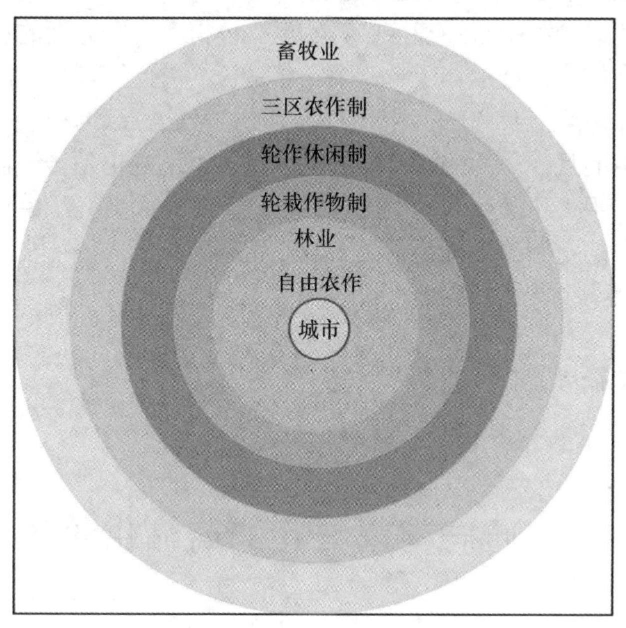

图1　杜能模型中的农业区划

杜能的模型可得出三个结论：第一，城市是农村的市场，农村生产出来农作物及粮食靠城市来消费；第二，运输成本决定农业生产布局，形成不同的农业生产圈；第三，地租与城市的距离关系密切，距离城市越近的土地，它的价格越高。

（三）克里斯塔勒的中心地理论

了解了杜能的模型后，我们来看一下克里斯塔勒的中心地理论。克里斯塔勒的中心地理论认为，不管人类经济活动的地理单元小到如何程度，它总是处于不均衡状态，在空间分布上永远有中心和外围的区别。就是说地理活动的经济空间是不均衡的，这种不均衡是市场活动所产生的集聚经济引起的一种不均衡。我们可以将其设想为一个一个的地理单元，这样的地理单元是由中心区和外围区组成，而中心区和外围区的关系可以简化为一种六边形的模型，中心区所在的地方被外围区所包围。

这样的模型只是一个假设的状态，不是一个现实存在的，因为不可能有这么均质的六边形的地理单元存在，自然地理的因素和交通效应的差别，必然会造成六边形模型发生畸变，但是无论怎么样的变形，我们都可以看到一个核心区由周边的外围区所包围的一种状态。

（四）杜能的模型和中心地理论启示

从杜能的模型和中心地理论中我们至少能得到三个方面的启示。

第一，在传统社会中，决定一个区域是否具有经济优势的两个主要因素是运输成本和市场。我为什么在此要强调传统社会？因为杜能的模型是从农业国来分析，而且在后面的研究当中我们重点讨论的也是传统社会，传统社会只有农业、手工业及商业三大部分，在此我不给大家介绍韦伯的工业区位论、弗里德曼的空间经济理论，因为我们主要聚焦于传统社会。

第二，在一个传统社会里，一个地区之所以能成为核心区，它的主要因素就是运输成本和市场。

第三，运输成本和交通条件有关，市场与人口规模相关，这个人口规模特别是与非生产性人口比重有关。

三　交通与南宋临安的商品供给模式

理论的魅力在于能够对事实和现象做出解释。当我们把这样的一个理论系统运用到传统社会研究之中，放到南宋经济的研究当中，如何用理论解释呢？我们可从交通与南宋首都临安商品供给关系的探讨中了解经济理论对传统社会的解释。下面将讨论两个问题：交通条件对南宋都城临安商品供给产生什么影响？会形成什么样的商品供给模式？

（一）浙江的地理环境

南宋临安即今浙江杭州，南宋属两浙西路，今浙江省全境包括在这个地理范围。从今浙江地形图中，我们可以看到西南地区地势比较高，东北地区地势比较低。平原地区主要在东北及东部地区，如杭嘉湖平原、宁绍平原，是一个山多平原少的状况，浙江地区的环境还有一个特点就是海岸线曲折、岛屿众多。

（二）浙江水系

临安地区周边有个最大的特点是水利条件非常好，河流和湖江纵横交错，其中由浙江水系组成的大小河流基本覆盖了今浙江省全境。浙江水系是由新安江、兰溪、桐庐江、富春江、钱塘江组成的，这些江河所连接起来的区域在南宋包括徽州歙县、严州建德、婺州、桐庐、富阳、钱塘这些地区。除此之外，连接临安的还有人工运河——江南运河。江南运河有个最大的好处就是和长江水系连贯起来，长江水系贯通东西，而且有很多大的支流，如赣

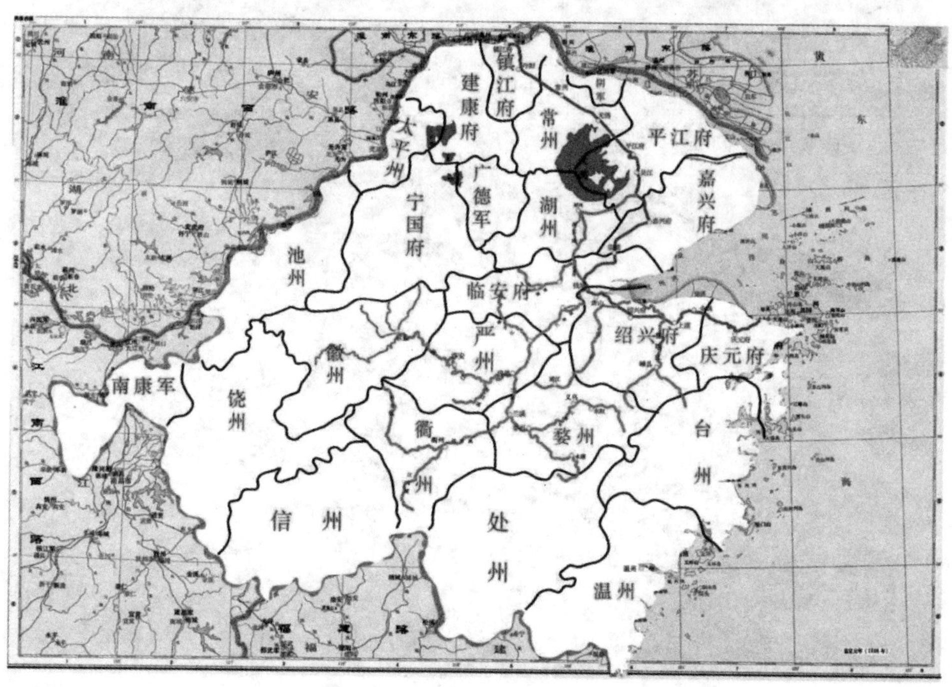

图2　浙江水系

江、湘江、闽江、嘉陵江……这些都是有很好的通航条件的。杭州东部还有一条人工河道——浙东运河，它加强了杭州与绍兴府、四明地区的联系。除此之外，浙江东部临海，有顺着海岸线向北、向南航行的海运条件。

（三）临安通往各地的交通网络

除了水利运输系统外，杭州有一个庞大的陆路交通网络体系联系全国各地。从图 3 中可以看到它形成一种网络状的格局，这是一个以临安为中心向周边辐射的庞大而密聚的交通网线系统，这样的一个交通网线系统很好地支撑了其他周边地区向临安输送物资的条件。这与杜能孤立国很不一样，因为孤立国假设只有陆路交通，而现实世界中的南宋临安则有便利的水利交通及网格状的陆路交通互相关联。其中有非常重要的水利交通可利用，那就是江南运河和浙东运河。江南运河是从镇江府一直到临安府，连接了周边的地区，关键是连接了长江水运系统；浙东运河连通明州，旁边有条自然河流与出海口相连。明州是一个重要的外贸港口，通过浙东运河和外部市场发生了联系，不仅仅是国内的市场、而且与外国的市场发生了密切的关联。后面我们讲到明州时还会再继续讨论这个问题。

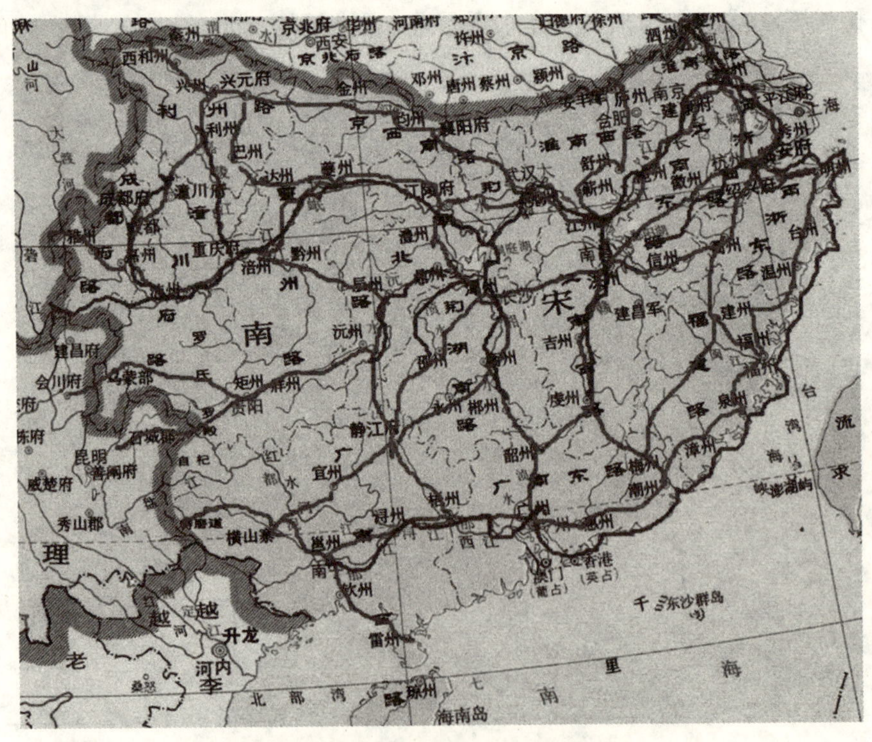

图 3　以杭州为中心的南宋交通网络

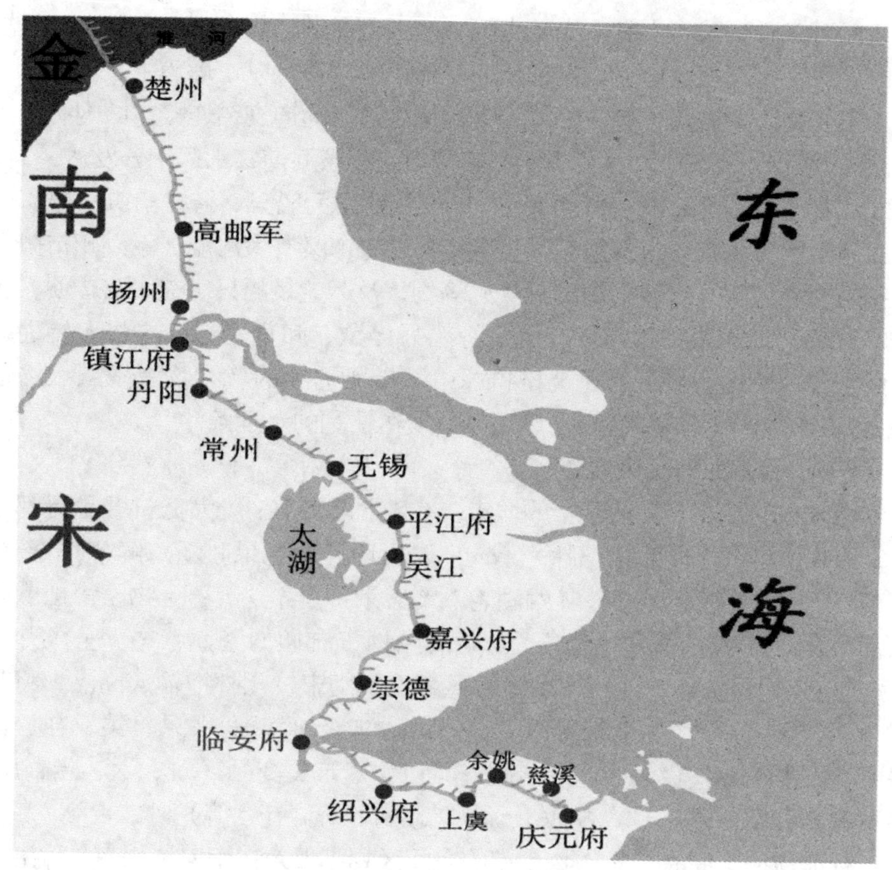

图4　江南运河和浙东运河

（四）临安交通条件特点

临安的交通条件几个方面的特点：有海运条件，有通往全国各地的水陆交通网络，有发达便利的区域性交通网络。南宋杭州是个大都市，这个大城市有很多城门。史载杭州城有“旱门仅十有三，水门者五”。① 这些城门的名字和分布为（参见图5）：城南门：嘉会门；城东南门：北水门，南水门，便门，候潮门，保安水门，保安门（小堰门），新门；城东门：崇新门（石桥门），东青们，艮山门；城西门：钱塘门，丰豫门（涌金门），清波门（暗门），钱湖门；城北门：余杭门，余杭水门，天宗水门。仅从城门的命

① （宋）吴自牧：《梦粱录》卷七《杭州》，（宋）孟元老等著：《东京梦华录（外四种）》，古典文学出版社1957年版，第183页。

名，就可以看到城门中有不少是水门，是水运通道，如南水门、北水门、候潮门、保安水门……可见连接杭州的交通运输体系是以水运为主。

不仅如此，城内也有很好的水运通道和陆路通道交错连接。城内有盐桥运河（大河）、市河（小河）、西河、茅山河四条河道，水运十分发达，“行都左江右湖，河运通流，舟船最便”①。“杭州里河船只，皆是落脚头船，为载往来士贾诸色等人，及搬载香货杂色物件等。又有大滩船，系湖州市搬载诸铺米及跨浦桥柴炭、下塘砖瓦灰泥等物，及运盐袋船只。盖水路皆便，多用船只。”② 城里很多地方都有码头等船只停歇、卸货之地。这些入杭之船载满了各种粮食、柴薪、建筑材料……城市所需要的各种物资多从水路运来，“盖水路皆便，多用船只”，可见其发达便利的水运条件。

（五）临安的商品供给圈

南宋临安是一个商业繁华的城市。《梦粱录》载：“大抵杭城是行都之处，万物所聚”③，《都城纪胜》载：“珠玉珍异及花果时新海鲜野味奇器，天下所无者，悉集于此”④，《西湖老人繁盛录》“各乡奇巧土物，都担戴来京都货卖，买物回程”⑤。描述了当时商品物资流通的繁盛状态。全汉升在《南宋杭州的消费与外地商品之输入》考证了南宋杭州外地输入商品，将其归为四类商品：饮食类商品（柴、米、水产、牲口、水果、菜、盐、药等）、服用类商品（绫、纱、丝帐、布等）、建筑类商品（竹、木、砖、瓦、芦草等）和奢侈品（珠、胡乐、玩具、珍禽、奇异花木等）。⑥

杜能模型里面有个农作物生产的空间区划，那么在南宋杭州商品供给中会不会也出现区域性的圈层呢？据《梦粱录》载当时的杭城有“东菜西水，

---

① （宋）耐得翁：《都城纪胜·舟》，孟元老等著：《东京梦华录（外四种）》，古典文学出版社1957年版，第99页。

② （宋）吴自牧：《梦粱录》卷十二《河舟》，孟元老等著：《东京梦华录（外四种）》，古典文学出版社1957年版，第236页。

③ （宋）吴自牧：《梦粱录》卷十三《团行》，孟元老等著：《东京梦华录（外四种）》，古典文学出版社1957年版，第239页。

④ （宋）耐得翁：《都城纪胜·市井》，孟元老等著：《东京梦华录（外四种）》，古典文学出版社1957年版，第91页。

⑤ （宋）西湖老人：《西湖老人繁盛录·遇补年》，孟元老等著：《东京梦华录（外四种）》，古典文学出版社1957年版，第117页。

⑥ 全汉升：《南宋杭州的消费与外地商品之输入》，《中央研究院历史语言研究所集刊》1936年第1期，第91—119页。

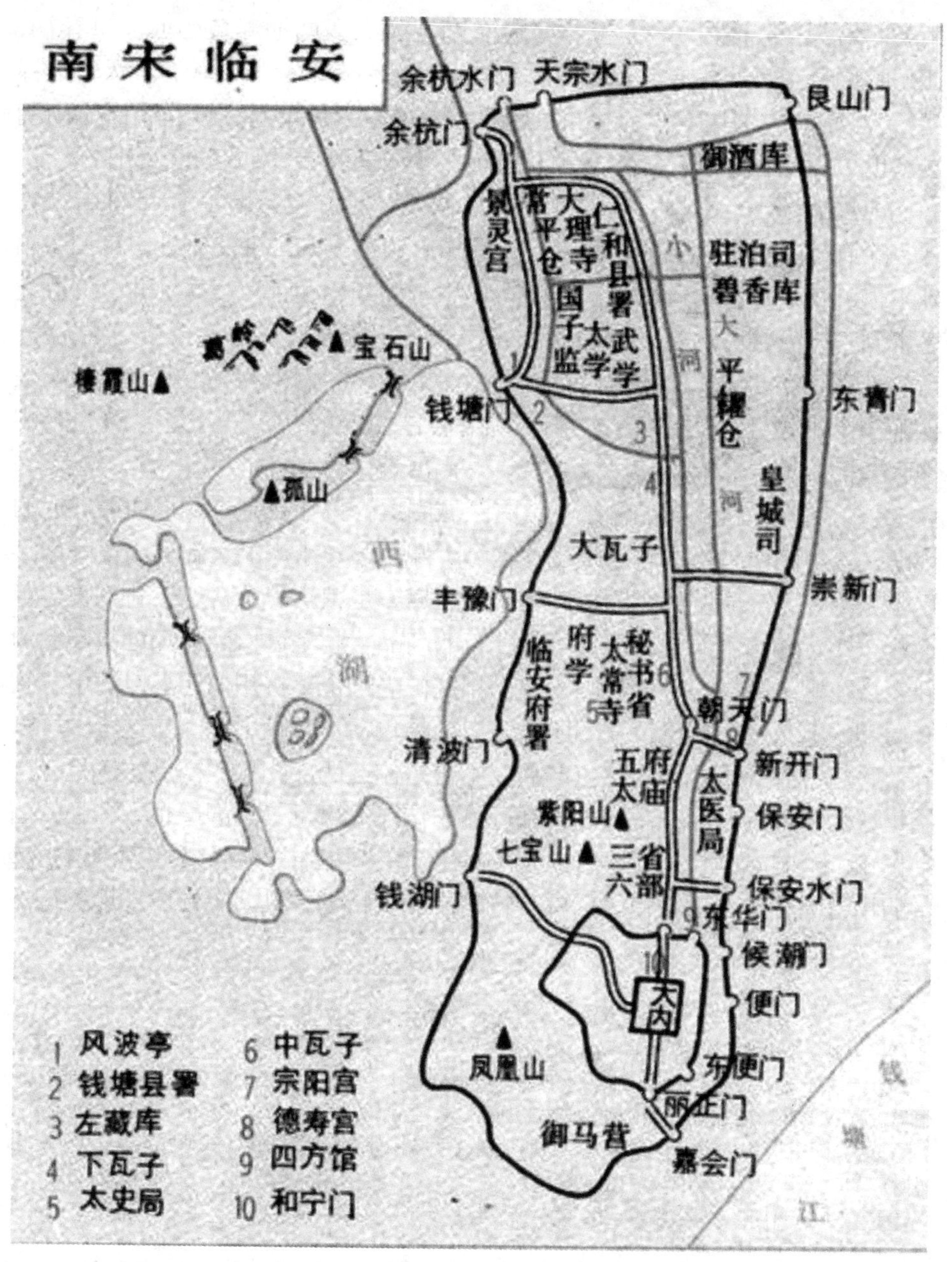

图 5　南宋临安城市布局①

① 资料来源：[日] 斯波义信：《宋代江南经济史研究》，方健、何忠礼译，江苏人民出版社 2001 年版，第 358 页。

南柴北米"[①] 的谚语。"会稽、诸暨以南，大家多凿池养鱼为业。每春初，江州有贩鱼苗者，买放池中，辄以万计。方为鱼苗时，饲以粉，稍大饲以糠糟，久饲以草。明年卖以输田赋，至数十百缗。"[②] 靠近杭州的绍兴府山阴县"明珠百舸载芡实，火齐千担装杨梅"。[③]

苏州、湖州、秀州，运到杭城销售的主要是粮食。杭城"每日街市食米，除府第、官舍、宅舍、富室，及诸司有该俸人外，细民所食，每日城内外不下一二千余石，皆需之铺家。然本州所赖苏、湖、常、秀、淮、广等处客米到来……杭城常愿米船纷纷而来，早夜不绝可也"[④]。金华县稍微远一点的区域，主要以织作为生计，产品销往杭州，"民以织作为生，号称衣被天下"[⑤]；郯县生产强口布："商人贩妇，往往兢取，以吴人为市"[⑥]；严州地区"民物繁庶，有漆楮林木之饶，富商巨贾多往来江浙"[⑦]。

可以看到，杭州商品供给也具有区域圈层：第一圈是杭州周边最靠近的地区，这个圈所提供的主要是生鲜食品，像蔬菜、水产品、新鲜山质鲜产品这些东西；第二圈距离杭州稍微远一点距离，是粮食、木材、柴薪、食盐等这些东西，在这个圈层上还有一个独特的商品，就是进口商品。进口商品为什么会在这个圈层里？就是因为有明州这样的一个离杭州很近港口城市，且有便利的浙东运河进行运输，所以进口商品也在这个圈层里。在这个圈层以外，我们看到其他各地的特色产品，不管是偏远西部四川的商品，还是在广南、江西等地的商品，都有向首都运输的特点。可见第三圈层也有很强的面向杭州供给商品的特点。不过，要注意，第三圈里有一种特殊产品供给：皇室的物资需要或军需物资。这属于特需产品，特需产品可不计成本地进行供

---

① （宋）吴自牧：《梦粱录》卷十八《物产·茶之品》，孟元老等著：《东京梦华录（外四种）》，古典文学出版社 1957 年版，第 283 页。

② （宋）沈作宾修，施宿等纂：《嘉泰会稽志》卷十七《鱼部》，《宋元方志丛刊》第七册，中华书局 1990 年影印本，第 7039 页。

③ （宋）陆游：《剑南诗稿校注》卷四十四《戏咏乡邻食物示邻曲》，钱仲联点校，上海古籍出版社 1985 年版，第 2749 页。

④ （宋）吴自牧：《梦粱录》卷十六《米铺》，孟元老等著：《东京梦华录（外四种）》，古典文学出版社 1957 年版，第 269 页。

⑤ （宋）刘敞：《公是集》卷五一《先考益州府君行状》，《宋集珍本丛刊》第 9 册，线装书局 2004 年版，第 766 页。

⑥ （宋）沈作宾修，施宿等纂：《嘉泰会稽志》卷十七《布帛》，《宋元方志丛刊》第七册，中华书局 1990 年影印本，第 7048 页。

⑦ （清）黄以周等辑注，顾吉辰点校：《续资治通鉴长编拾补》卷四十二《徽宗·宣和二年》，中华书局 2004 年版，第 1294 页。

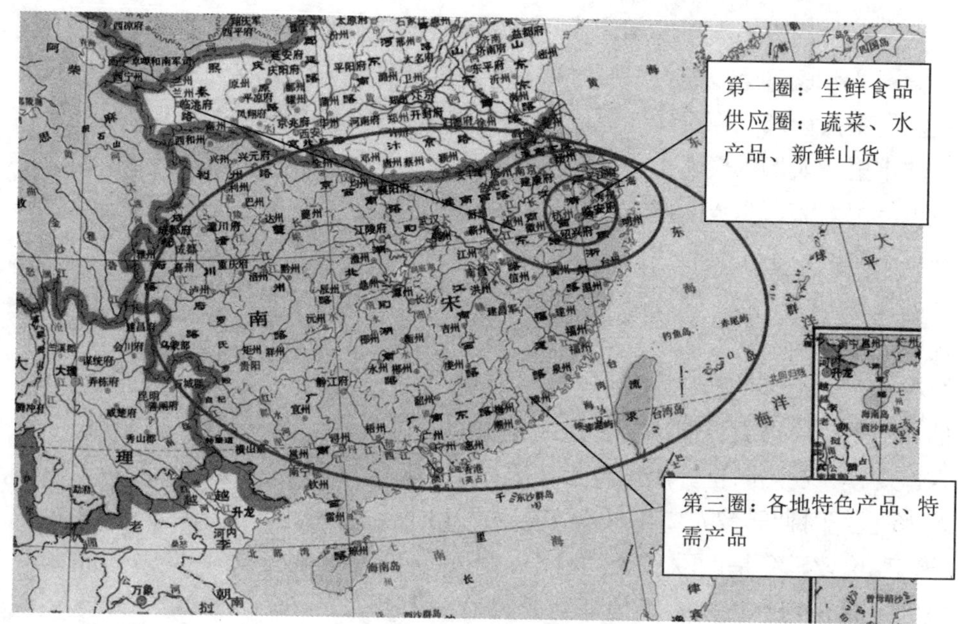

图6　南宋临安商品供给圈层

给。比如说川马南运。南宋时从四川西北边境地区向周边少数民族购买战马，马匹在西和州团纲后向临安输送，为此还专门开辟了马驿道，沿途配备马匹给养。马匹从西和州运到临安，需三个月甚至大半年的时间，其间马匹病死、累死过半，这些不计成本的运输活动，是为了保卫和保障首都的需要。

南宋首都临安因为有便利的交通系统支持，形成了很强的商品供给可能性；因有以临安为中心的全国性网络体系，特别是有以临安为中心的周边地区水运系统，所以临安商品供给的第一圈的圈层空间不小，第二圈的覆盖地理范围也不小，这都与临安的交通网络系统密切关联。

四　临安作为核心区的特点

（一）人口集聚

作为南宋最大核心区的临安，它具有哪些特点？

第一个特点是人口的积聚。《梦粱录》载："城内外数十万户，莫知其数。"①《都城纪胜》云："柳永咏钱塘词云：参差十万人家，此元丰以前语也。今中兴行都已百余年，其户口蕃息，仅百万余家者，城之南西北三处，各数十里，人烟生聚，市井坊陌，数日经行不尽，各可比外路一小小州郡，足见行都繁盛。"② 当然这样的说法并不切确，但至少说明了当时的人口规模是不小的。不少学者也对南宋临安人口规模作了估算，如日本学者加藤繁估计是有 150 万人，桑原骘藏和池田静夫估计大概有 500 万人，美国学者赵冈估计是城内 100 万人、城外 150 万人，中国学者林正秋先生估计最保守大概在 76 万人，吴松弟教授估计是城内 90 万人、城外 40 万人。虽然这样的估算结果差异很大，但是至少从最保守的来看也是七八十万人。这样的一个人口规模，在当时世界应该算是超级城市、特大城市了。为什么这样说？因为 16 世纪时期巴黎人口还只有 3 万人，18 世纪柏林也只有 14 万人，18 世纪末期伦敦已经是西欧最大的城市，当时它的人口规模只有 80 万。而 12、13 世纪的南宋临安其人口规模至少也七八十万人了，所以从当时临安人口规模看它有很强的人口集聚效应。

临安人口主要由三个部分构成。一个部分是官僚群体，有皇室成员以及中央一级官员群体。另一部分是驻扎首都的军队。此外就是坊郭户，主要是手工业者和从事服务业的人员组成。南宋临安不仅有数量庞大的常住人口，而且有不少的流动人口。比如每三年进行的科举考试，"诸州士人，自二月间前后到都，各寻安泊待试。……此科举试，三年一次。到省士人，不下万余人，骈集都城"③。除此以外还有来来往往到京城办事的官员，以及商人和周边百姓这些流动人口。一个城市的活力不仅仅体现在城市人口有多少，还体现在流动人口的流动频率、流动人口的规模上。随着人口的增长，南宋城市空间不仅不断扩大，而且人口活动区域也不断扩张，城内城外都有人居住。

（二）资本积聚

除了人口集聚以外，在南宋临安还呈现出一个明显的资本空间积聚的特

---

① （宋）吴自牧：《梦粱录》卷十三《铺席》，孟元老等著：《东京梦华录（外四种）》，古典文学出版社 1957 年版，第 241 页。

② （宋）耐得翁：《都城纪胜·坊院》，孟元老等著：《东京梦华录（外四种）》，古典文学出版社 1957 年版，第 100 页。

③ （宋）吴自牧：《梦粱录》卷二《诸州府得解士人赴省闱》，孟元老等著：《东京梦华录（外四种）》，古典文学出版社 1957 年版，第 147 页。

点。南宋榷货务设在临安，榷货务是一个什么机构呢？其实就有点类似现在的中央银行。它可以进行现金汇兑，同时还有信用货币的发行、回笼和兑换。当时国家禁榷商品的交易通过“引”“钞”进行管理，发行茶引、盐钞、交引等，它在一定程度上已经变成信用货币。

除了有榷货务这样国家金融机构外，还可以看到在临安街市上已经出现了金融一条街。“至官巷南街，两行多是金银盐钞引交易铺。前列金银器皿及现钱，谓之看垛钱，此钱备准榷货务算清盐钞引，并诸作分打钑炉鞴，纷纭无数。[①]”可以看出来当时这条街上的铺面，从事的经营活动是诸如货币交易、货币清算这样的金融贸易。这体现了临安已经呈现出资本积聚的特点。

（三）商品高度化

南宋临安，不仅仅有全国各地的商品向其汇聚的特点，而且这些商品也呈现出高度化特点。何谓商品的高度化？通俗地讲就是市场上出售的商品品质高以及商品差异化大这两个特点。比如说今天人们去上海、香港、巴黎买什么？最新款式的高档奢侈品。这就是国际大都市的特色。一些普通的大城市也有高档奢侈品出售，但是无论在规模、数量、品质和流行先锋上都不能和前面的这些城市进行比较。这就是国际大都市所具有的商品高度化特点。

这样的商品高度化在南宋临安也出现了，请看：“最是官巷花作，所聚奇异飞鸾走凤，七宝珠翠，首饰花朵、冠梳及锦绣罗帛、销金衣袖、描画领抹，极其工巧，前所罕有者悉皆有之。”[②] 市场上售卖的珠宝玉器或绫罗绸缎，不是“及其工巧”就是“前所罕有者悉皆有之”。市场上也卖蔬菜，但是这里卖的蔬菜不是大白菜，而是“买卖细色异品菜蔬”。[③] 在米市上，“其米有数等，如早米、晚米、新破砻、冬舂、上色白米、中色白米、红莲子、黄芒、上秆、秔米、糯米、箭子米、黄籼米、蒸米、红米、黄米、陈米”[④]等，这里什么米都有，高级的大米、中等的大米，普通的红米、黄米、陈米等等，不就是商品多样化的表现吗？

---

① （宋）吴自牧：《梦粱录》卷十三《铺席》，孟元老等著：《东京梦华录（外四种）》，古典文学出版社 1957 年版，第 239 页。

② （宋）吴自牧：《梦粱录》卷十三《团行》，孟元老等著：《东京梦华录（外四种）》，古典文学出版社 1957 年版，第 239 页。

③ （宋）吴自牧：《梦粱录》卷十三《天晓诸人出市》，孟元老等著：《东京梦华录（外四种）》，古典文学出版社 1957 年版，第 242 页。

④ （宋）吴自牧：《梦粱录》卷十六《米铺》，孟元老等著：《东京梦华录（外四种）》，古典文学出版社 1957 年版，第 269 页。

不仅市场上销售的商品有品质高、多样化特点，而且服务方面也有类似的特征。如一些酒店、茶肆建筑宏阔装饰豪华，内部装潢清雅考究："今杭城茶肆，亦如之，插四时花，挂名人画，装点店面，四时卖奇茶异汤"。[①]这里有名人字画、精美瓷器，里边卖的东西是"奇茶异汤"。高档商品和高端服务是人口集聚、商品集中所产生出来的市场效应，没有商品规模它不能形成商品高级化，没有商品的大量积聚不可能出现商品与服务趋向高端化的特点。

以外，这还与城市有挑剔的顾客有密切关联。迈克尔·波特提出的竞争优势理论指出：一个地区的产业能有竞争力，不仅是这个地区有技术创新能力，关键还在于这个区域有一批挑剔的顾客对品质提出的高要求。南宋临安住着皇室成员、住着达官贵人、住着一大批注重生活品质的士大夫，这些消费群体的对商品和服务质量的追求，也是区域商品高度化的重要因素。

（四）市场专业化

市场专业化是区域经济增强的重要表现。在南宋临安，市场专业化也是很明显。就像你们在昆明，要买电脑去园西路电脑一条街，要买日用品到家乐福等超市，要买高档服装到金鹰购物中心，要买大路货到螺蛳湾。因为市场已经出现了具有专业化特色的空间市场分布。

在南宋临安，也可看到这样的市场专业化特点。例如，官巷南街就是一条金融街，官巷南街旁边它有一个融合坊，就是卖珠宝玉石的一个市场，还有就是在御街卖的这些日用商品，这个商品可不是普通的日用商品，它卖的都是些小姐、贵妇太太用的折扇、香球、化妆品等这些东西。普通老百姓最喜欢去的地方是庙市，庙市旁边庙巷口全部是卖小吃，小吃一条街。朝天门是一个书画市场，卖的是书籍字画。在水巷河桥这个地方，专门卖针、瓷器、日用工具等这样日常生活用品。在平津桥沿河的市场，是一个专业布市。可以看到临安市场所呈现出的专业化特色的空间布局。

不仅有市场的专业化，还有人员的专业化，即经济活动的专业化。南宋的杭州，有修鞋的人、做服装生意的人、做金属加工器皿的人，担轿的轿夫、挑担的脚夫，还有专职的消防人员、清洁工等。杭州的河道是主要交通运输线，河道畅通自然很重要，当时有专门的清河工人负责河道疏浚。

---

① （宋）吴自牧：《梦粱录》卷十六《茶肆》，孟元老等著：《东京梦华录（外四种）》，古典文学出版社1957年版，第262页。

市场规模越大，专业化市场的区分就越明显，它表明市场的集聚度也高。

（五）城市景观化

第五个特点是城市景观化，即这个区域的景观出现了城市景观的特点。城市与农村相比较，其景观有三个方面的差异。

第一个差异是空间的功能划分。城市的空间是有功能区隔的，不同的区域它布局有特定行业、特定部门、特定机构，等等。而在农村景观则是随意性的，很难看到空间的功能划分。什么地方想盖一间房子就盖一间，什么地方想建一个粮草堆就建一个粮草堆，什么地方想搞一个私塾就拿出一间房子来搞个私塾，所以它的空间区格不明显。

第二个差异就是建筑的密集程度不一样。城市里各类建筑通常都是互相紧邻的，相对集中。就像现在城市里建一个楼盘要规定它的容积率，就是限制它不能过密化。而在农村里，房屋建筑的布局相对疏散，不会像城市里面这么密集。

第三个差异是建筑的高度。一般而言，城市里房子楼层较高，这是因为城市地价高，为了节省土地向空中发展。这一趋势导致的城市和农村建筑特征的分化，高楼大厦已经成为城市的标志。为什么很多城市要建摩天大楼，要争世界第一高楼，就是因为它代表着一个城市的发达程度。而农村的房子则多为低矮建筑，平房、院落，这才是农村景观。

南宋临安的景观如何？从图 3 可看出当时的临安城市布局：皇宫区、中央官府机构区、学校区、仓库区、居民区、市场区等，都有十分明显的城市空间功能区划。另外，在官府机构区和居民区里，还叠加着商业区。这也与今天的城市很相似。临安的建筑群和农村建筑群也有明显的区别，虽然它的建筑并不算高，多为平房或两三层楼房，但是建筑布局井井有条，装潢装饰材料高档，而南宋乡村建筑普遍的景观则是一家一户一个院子加简易围墙。这些特点从南宋杭城复原图和南宋时期保留下来的绘画作品中可以看到。

从以上五个方面可以看出来，当时临安已有明显的区域集聚效应，是当时最大的经济核心区，体现在人口集中、资本与商品的积聚，商品的高度化以及专业市场和城市景观这样的一些特点之中。

五　交通与南宋对外贸易港的发展

（一）南宋对外交通重心的变化

我们现在讲最后一个问题：交通与南宋的对外贸易港口的发展。南宋经济发展中一个突出特点是在沿海地区形成了带状结构的城市发展群落。这种带状结构城市群落与对外贸易港口发展关联，而对外贸易港口的发展又和南宋对外交通的变化关联。

早在西汉时张骞凿空之旅开拓了丝绸之路，它成为汉唐时期中国的主要对外交通道路。但是这条交通道路在北宋时期受阻，青海河湟一带的党项崛起，建立西夏政权，控制了丝绸之路重要咽喉地带河西走廊。西夏在那里常常强买强卖，收取很重的关税，对丝路贸易形成了一定的阻碍。但它没有完全阻断，完全阻断是北方女真政权金建立以后，向南扩张势力，因为宋金的恶交和战争关系，这一条对外贸易通道被阻断了。中国对外贸易通道转向东南寻求海上通道成为必然。当然，中国对外交通重心从西北转向东南的另一个重要的因素是，唐宋以来中国经济重心向东南地区转移，特别是江南地区商品经济的发展，市场出现了向外扩展的巨大张力，促使中国市场向近海乃至远海市场拓展。

从北宋开始，中国对外交通重心就越来越倾向于南方沿海地区的海洋航线。在我的著作《南宋交通史》中，我提出宋代是中国传统社会对外交通由内陆转向海洋的重大转折时期，而这一重大转折时期主要的定型或者是完成是在南宋。

（二）海外贸易的运输成本分析

南宋时期对外交通的重心发生了变化，这个变化的影响因素既有北方丝绸之路阻断的客观因素，也有江南市场向外拓展这样强大的内驱力驱使。开拓市场的内驱力，是以利润为主导。一定是有很大的利润空间，才能有这样巨大的动力去开拓海外市场。利润的高低取决于成本收益关系，在既定的价格下，成本越低，收益越高。当时构成对外贸易成本之中，权重最高的当然是交通成本。总体来说，海运成本肯定比陆运成本低。西北丝绸之路用骆驼运输，规模再大的骆驼队也只能驮运有限的物资，而且骆驼在沙漠上颠簸多日，商品损耗大，不适宜运输笨重易碎商品。所以丝绸贸易中商品多是绢帛、珠宝、玉石等价值高易保存和运输方便的商品。在海洋航路上，运输工具是船，一个大海舶可以装很多商品，虽然海船行进中它也有颠簸，但它是一种平滑型的颠簸，即便是易碎品其损耗率也相对低。海船运输有运输量大、损耗小、运输商品限制小等特点，在运输方面它有明显的成本优势。

海洋运输还有一个重要的技术保障是当时中国的造船技术和航海技术发达，中国可制造大型海舶，船上装备了罗盘指引方向，采用了水密隔舱技术，等等。这些技术能更好地保障海洋航行的安全性。从当时的航海线路来看，南宋商人的海舶主要是沿着海岸线航行，虽然海舶在深水区航行，但是基本走向是着海岸线航行，一旦出现大风浪可迅速停靠海岸，且容易获得淡水和食物补给，这些都提供了很好的保障。西北丝路补给主要是停歇绿洲补给，受这一区域游牧民族活动或部落战争的影响较大，有更多不确定性。比较起来海洋航线线上的航行它更有安全保障的优势。

还要谈到一个问题——商人。活跃在汉唐丝绸之路上的商人主要是外国商人，是胡商。但是，在宋代海洋航线上活跃的商人却是地地道道的中国人。从《高丽史》的记载中可以看到，有很多中国商人乘着海舶到高丽经商，一次就是几十人甚至上百人。日本市场上也有大量中国商人，南海航线上来往的也有很多中国商人。由此可见，西北丝绸之路上中国的对外贸易是“请进来”，东南海洋航道上中国的海外贸易是“走出去”，这是完全不同的格局。

（三）南宋东南沿海的港口分布

因有海外贸易发展的交通优势和市场驱动力，南宋沿海地区港口的发展也呈现快速成长之势。唐代主要港口有登州、扬州、明州、泉州、广州、交州等，当时第一大港是广州，第二大港是扬州。到了北宋，港口发展格局发生了变化：一是港口数量在增加，有登州、密州、莱州、明州、杭州、扬州、泉州、广州等；二是三大港口的排序发生了变化，广州、登州、明州成为三大港口城市，广州仍居第一大港。到了南宋时期，浙江一带发展起来很多新港口：杭州、华亭、青龙镇、温州、江阴军、泉州和广州等。海南也因对外贸易进入开发时期。庆元元年以后宋廷在明州、泉州、广州三个城市设置了市舶司，负责海外贸易管理，这三个城市成为南宋最重要港口城市，其经济优势一直保持到元代，其中泉州超过了广州成为南宋到元时期的最大贸易港口城市。

海外贸易的发展，也促进了时人产生了新的地理概念。今天的中国南海海域，北宋人称之为海外诸国、南海诸国、海南诸国等，到南宋时，则称之为上岸、下岸，深蕃、浅蕃。这个上岸、下岸很有意思，是一种从“我者”

出发看待其他区域的观念，是一种域内的视角，与将其称为“海外诸国”的域外视角有很大区别。到了元代，这个区域的地理名称又改变为东洋（小东洋、大东洋）、西洋（小西洋、大西洋），东洋、西洋大体上以龙牙门（马六甲海峡）和兰无里为分界。这些新的地理概念的出现也是因为海外交通的发展，中国人看世界的视角不断发生变化的表现。

（四）南宋对外贸易港的区位因素分析

南宋有三大贸易港口，这三大贸易港口城市在区位上各有什么优、劣势呢？也就是说它的区位特点是什么？我们从地理条件、国内运输条件、制度环境、海外市场状况这四个方面来进行比较。从地理位置上看，广州在南部，明州在北部，泉州在中部。明州港主要面向日本和高丽市场。广州港辐射的主要是南海诸岛、南海诸国。位于中部的泉州港，既可朝东部和东北辐射，又可向南边辐射。这些港口城市与内陆交通的连接哪个最便利？显然是明州，因为明州可通过浙东运河直达杭州，也可以经由杭州辐射全国的交通网络快速转运，流向全国的市场。广州主要是通过陆路运输，其中有一条翻越岭南的道路大庾岭路，然后向北及其他区域市场辐射。泉州也有陆路通道与全国市场联系，但是它更多是利用海岸线向北运输进口商品。这样一比较，我们可以看出来这三个港口向外辐射国际市场和向内辐射内陆市场，泉州都具有优势。

对外贸易制度环境对区位因素也有重要影响。南宋朝廷是鼓励发展对外贸易的，这三个港口都是受惠于这样的一个大政策环境。但是如果是仔细去研究这三个港口城市的小环境，区域制度环境却大为不同。明州可独享长三角的东亚贸易，“咸平二年，杭、明二州各置务，其后又增置于秀州、温州、江阴军，在浙者凡五务，光宗皇帝嗣服之初，禁贾舶至澉浦，则杭务废。宁宗皇帝更化之后，禁贾舶泊江阴及温秀州，则三郡之务又废。凡中国之贾高丽与日本诸蕃之至中国者，惟庆元得受而遣焉”①。之前长江三角洲一带有多个外贸港口，杭州、明州、秀州、江阴军等，那么后来这些都被废掉了，与日本、高丽的贸易主要通过明州港进出，所以说“惟庆元得受而遣焉”，它具有独享长三角东亚贸易的政策优势。

广州在南宋以前一直是中国第一大贸易港，唐首置市舶机构也在广州。但是从北宋以来，广州的贸易环境就很不好，市舶官员贪污腐败、克扣外

---

① （宋）胡矩修，方万里等撰：《宝庆四明志》卷六《郡志卷第六·叙赋下·市舶》，台北成文出版社 1983 年影印本，第 256—266 页。

商、侵吞外商权益的事情经常发生，它的政策环境一直不好。南宋时，当地市舶官员对外商盘剥问题以及行政效率低下问题日益加剧，很多外商不愿意到广州做生意，跑到别的地方去了。到哪里去了呢？泉州。泉州地方官员特别有进取之心，想方设法要把对外贸易搞好。他们很聪明，首先向朝廷要政策，有了政策就好做生意了。别的地方市舶税是十五税一，泉州官员向皇帝上书说我们需要减免税，要求三十税一，朝廷同意了这样的请求。三十税一的政策只在泉州实施，属于特许政策。除此以外，泉州官员还向皇上上书呈报：外商来中国进行市舶贸易，贡献很大，朝廷应考虑赏赐他们官职，这个建议也得到了朝廷的支持。有些阿拉伯商人就在当地得到了封爵封官。蒲寿庚是一个阿拉伯大商人，在泉州出任市舶使 30 多年。

除此以外，当地官员也想方设法拉拢国内外商人来泉州搞贸易。他们打起了感情牌：每年季风来临出海之时，最高长官把文武官员、商人们全部召集起来搞一个盛大的祈风仪式，郑重其事地写祈风文，把祈风文刻在石崖上，祈求顺风保佑海商顺利出航和回程。刻有南宋祈风文的摩崖石刻现在还完好地保存在泉州安南县九日山上。官方还主持祭祀海神天妃的仪式等、举行宴会礼待海商等等。这些都是地方官员力图从制度上创造一个良好的招商环境，从感情上建立一个良好的惠商富商环境，其结果是吸引了很多商人到泉州来从事海外贸易。

从海外市场的状况来看，这三个地区也是有区别的。明州的目标市场是日本高丽市场，明州主要针对日本和高丽的贸易，北宋日本政权进入藤原氏时代，这是一个内敛的政权，不鼓励对外贸易。南宋时候，日本政权也由外戚藤原氏执政移植到武门平氏手里，平氏政权好武尚功，重视海外贸易，中国和日本的贸易又重新活跃起来，但是高丽市场却因为宋、金交恶而衰落下去。泉州和广州的目标市场是南海市场，也就是说从泉州、广州到目标市场的海航路程相对较远。但是泉州和广州目标市场体量大，贸易规模很可观，尤其广州是中国最早的对外港口城市，外商对它的认知度、认同度也比较高，所以尽管市场环境不太好但还是有海商来。宋代的广州城里，因外商集聚还形成了一个特殊的社区——蕃商区。泉州是一个新兴的海外贸易港口城市，它有很好的吸引政策。这里也有蕃商区，还有不少外来宗教传入，如印度教、回教、摩尼教、基督教、喇嘛教等。建于真宗大中祥符二年的泉州清净寺是阿拉伯穆斯林在中国建造的现存最为古老的清真寺。这些文化输入足见这个城市的对外开放程度。当然，福建商人也很厉害，他们主动出击海外市场，他们不仅是去做生意，有的还在外国定居娶老婆生孩子了，东南亚地区有“土生唐人”，就是在海外定居的福建商人。明清以后福建、广东商人向东南亚地区移民更多，形成了移民潮。

通过地理条件、国内运输条件、制度环境、海外市场状况这四个方面分析南宋三个主要贸易港的区位因素，可以得出这样结论：南宋时期最具有竞争优势的核心区是泉州。南宋时期泉州港快速发展，超过广州成为中国第一大港，这种地位在元代得到了进一步发展，这一历史现象，是由泉州的区位因素所决定的，是区域集聚经济效应形成的历史必然性。

结　论

最后我们来总结一下我们今天这个讲座中所讨论问题的结论。

南宋的首都和海外贸易港口都呈现出区域经济要素集聚的特点，集聚是由于区域向心力和扩散力共同作用的结果，由于集聚效应大于扩散效应，呈现出明显的集聚经济效应，从而出现了核心区。

这种集聚经济是如何形成的？它主要是来自市场的发展，即国内市场的发展还有海外市场的发展，或者说是区域商品经济发展和区域市场扩张形成的。这也导致了南宋不仅仅出现像临安这类政治型、经济型复合城市为代表的经济核心区，在沿海地区也出现因经济力量而型塑的港口城市群。

交通必定对某一空间经济集聚的形成具有重要的支撑作用。无论是临安这样的复合城市还是泉州这样的港口城市，它都很好地利用了当时的水陆交通网络，特别是水运和海运航道的利用，对商品物资和人员流动都具有重要意义。交通还促进了一个重要的经济要素流动便利化——信息流动，交通便利性能够改进信息传播速度，而信息传播速度的加快对市场成长影响力非常大。

国家政策和地区政策对区位有积极的影响。前面我们看到泉州、广州区位竞争力的变化，我们明显感到这两个港口城市客观性条件差别不大，比如市场、交通条件等。他们之间最大的区别在于政策环境，尤其是来自区域内部的政策环境很不一样，政策环境能够积极地改变区位因素。所以中国为什么要改革开放，今天中国的发展要继续进行制度改革，进行顶层设计，讨论这些问题其实也都是基于制度对一个国家、地区的经济发展具有非常重要意义为前提的。

金元之际“银钞相权”货币流通格局的确立

王文成

今天，我与大家一起分享学习货币史的心得。按照这次课程的设计，我最初考虑讲一讲“货币史研究的理论与方法”。但备课的过程中尝试了一下“货币史研究的理论与方法”这个题目，很难在一堂课的时间中讲清楚。于是，最后我还是放弃了这个题目，考虑把“货币史研究的理论与方法”，落实到一个具体的题目上来。通过讲一个具体的货币史问题，与大家分享、讨论货币史的理论与方法。因此，最后把题目确定为“金元之际‘银钞相权’货币流通格局的确立”。

一　学术史回顾

关于金元之际的货币史，我们先看一下货币史学界现有的研究情况。彭信威认为：“蒙古人统治中国的时候，对中国的币制带来一种基本的变革，就是使中国从此采用白银为价值尺度”。“中统宝钞虽然是以钱贯为单位，……但宝钞却以金银为保证，而以白银为主，几乎可以说是一种银块本位制度”。①

萧清在《中国古代货币史》中强调：强制发行不兑换纸币，是元代基本的货币制度。中统钞发行之初，“均有现银作保证，而且银钞可以互易”。忽必烈时“正式建立了统一的、以银为本的‘中统钞’纸币制度。”②

李幹认为：元代货币史上，“将以往主要用铜钱作为价值尺度改变为以白银作为价值尺度，这是中国货币发展史上一个重要变化”。中统钞“是以

---

① 彭信威：《中国货币史》，上海人民出版社2007年版，第554、560页。

② 萧清：《中国古代货币史》，人民出版社1984年版，第265、266、275页。

银为本的信用兑换券性质，而且甚至是十足准备的银本位制度。”①

陈高华、史卫民认为：“成吉思汗建立蒙古国后，并没有发行自己的货币。在相当长的时间内，蒙古国中通用的货币是白银。”北方农业区在金朝使用铜钱、白银和纸币，“金朝灭亡后，原来的纸币完全停止使用，白银成为主要的流通手段”。从蒙古方面来说，灭金以后发行纸币，忽必烈即汗位后发行中统钞，“尽管面值都以贯、文计，但是没有发行铜钱”，中统钞实际上是和白银相联系，而与铜钱没有联系。②

这是大陆学术界具有代表性的观点。其共同之处有三：一是都强调了白银在这个时期的作用；二是都重视纸币和白银的关系；三是都把蒙元时期的货币史，放在整个中国货币史上，强调了在中国货币史上的地位。但是，我们也看到，他们关注的点、研究蒙元货币史的角度又是不一样的。彭信威着重于货币制度，在强调白银的同时说到了铜钱的贯文单位，但没有说明两者之间是什么关系；萧清强调的是纸币，只是这种纸币的价值基础是银；李幹论述的重点在银，强调了银的价值尺度；陈高华、史卫民注意到了蒙古与金朝之间的联系，并简要述及了银钱钞关系。其他的货币史著作，通常都采取了按币材叙述货币史的方式，分别讲铜钱、白银和纸币。但对相互之间的关系阐述，还很不够。

国外学者中，欧美学者、日本学者对蒙元时期的货币史也有很多的研究。其中，万志英认为：The Yuan regime ofpaper money marked a definitive break from the tradition of bronze currency that had underlain the Chinese economy since the beginning of the imperial era, and set the stage for the transition to the silver economy of Ming and Qing times. ③ 他在这里强调：元朝的纸币制度彻底脱离了传统中国铜钱，为过渡到明清时期的白银经济奠定了基础。他的研究综合参考了很多学者的研究成果，包括中国学者彭信威，也包括日本学者前田直典、岩村忍等，还有德国学者福赫伯的看法。因此，他的观点应该说在国外关于中国货币史的研究中，有一定的代表性。

最近日本学者高桥弘臣的《宋金元货币史研究》也翻译出版了。他在这本书里边，也强调：“在金末的华北，银获得了作为价值尺度的功能，银的重量单位两、钱等用于标价……从金的最末期到蒙古帝国时期，银的重量

---

① 李幹：《元代民族经济史》，民族出版社 2010 年版，第 1245、1248 页。

② 陈高华、史为民：《中国经济通史·元代经济卷》，经济日报出版社 2000 年版，第 401—407 页。

③ Richard Von Glahn, Fountain of Fortune : Money and Monetary Policy in China, 1000 - 1700, University of California Press1996, p. 56.

单位变得徒有虚名，开始成为纸币的货币单位。”① 他把白银获得价值尺度职能的时间提前到了金末，对蒙元时期则强调了纸币与白银的关系，特别是银两的“重量单位”变成了“货币单位”，把纸币放在了更突出的位置。

学术界的这些研究表明：蒙元时期，特别是金元之际这一段时期，在中国货币史上的地位非常重要，具有转折性的意义；但另外一方面，每一个学者的看法存在诸多的不同，特别是作为货币体系的论述，银钞关系以及银钱钞关系的论述，仍较为薄弱，且仁智互见，各不相同。系统探究银钱钞相互之间的关系，及其在金、元之际的变化情况，仍旧是一个摆在我们面前的难题。而其中中统钞和白银之间的关系问题，无疑是其中最主要的问题。

二 聚焦“元宝”与“元宝交钞”

探讨“元宝”（白银）与中统“元宝交钞”的关系，我们首先得回到历史文献中去。王恽的《秋涧集·中堂事记》，以日记体的形式记载了当时蒙元中统初年制定和出台货币政策的情况：

中统二年（1261）正月癸酉：“印造到中统元宝交钞，拟于随路宣抚司所辖诸路，不限年月，通行流转。应据酒税、醋、盐、铁等课程，并不以是何诸科名差发内，并行收受。如有诸人赍元宝交钞，从便却行赴库倒换白银物货，即便依数支发，并不得停滞。每两止纳工墨钞三分外，别无克减添搭钱数。照依下项拟定‘元宝交钞体例’行用：

一诸路通行中统元宝，街下买卖金银、丝绢、段匹、斛斗一切诸物，每一贯同钞一两、每两贯同白银一两行用，永为定例，并无添减（壹拾文、贰拾文、叁拾文、伍拾文、壹伯文、贰伯文、叁伯文、伍伯文、壹贯文省、贰贯文省）。

一各路元行旧钞并白帖子，止勒元发官司、库官人等，依数收倒，毋致亏损百姓。须管日近收倒尽绝，再不行使。”

这段史料前半部分交代了颁行“元宝交钞体例”的背景和基本原则。其中，“印造到中统元宝交钞”的时间是中统二年（1261）正月癸酉。通常我们讲中统钞的发行是在中统元年。但这里的记载表明，实际上“印造到

① ［日］高桥弘臣：《宋金元货币史研究》，林松涛译，上海古籍出版社2010年版，第152—153页。

中统元宝交钞”已经是第二年的正月了。此前虽然已有使用中统钞的记载，但这次明确“拟于随路宣抚司所辖诸路”“不限年月，通行流转”。即中统钞要发出去进行流通，因此蒙廷不仅要制定明确的政策，而且要把行钞的政策通告社会，并承诺回收的途径。

基于这样的背景，蒙廷货币政策首先明确了两个基本原则。一是“应据酒税、醋、盐、铁等课程，并不以是何诸科名差发内，并行收受”。也就是说，中统钞获得了法偿货币的地位，官方无论什么税收，都可以接受宝钞。二是“如有诸人赍元宝交钞，从便却行赴库倒换白银物货，即便依数支发，并不得停滞。”即任何人拿着这个纸币来换白银，是不得停滞，必须要换给他的，纸币是可以兑现的。兑现时，“止纳工墨钞三分外，别无克减添搭钱数”。除了手续费之外，是等值的兑换。宝钞的价值有充足的白银作保障。

史料的后半部分，应当是官府面向民众公布的“元宝交钞体例”。因为向民众公告，所以重点针对上当时市场上的实际情况，告诉民众如何与新发行的元宝交钞对接。其主要内容包括两个方面。

第一，“诸路通行中统元宝，街下买卖金银……斛斗一切诸物，每一贯同钞一两、每两贯同白银一两行用”。这说明，当时“街下”买卖诸物仍使用铜钱的“贯文”单位。元宝交钞上印制的单位，与此一致。因此，这是告诉大家，在买卖商品的时候，市场上原有的铜钱贯文单位，与相应的元宝交钞等值，两者之间通过“贯文”建立了价值对应关系。接下来，钱的“贯文”亦即钞的“贯文”又与银两的重量单位可以等值换算：“每一贯同钞一两”。也就是说，钞除了“贯文”单位外，还有一个“两”的单位，它与“银两”存在等值关系：钞2两亦即钞面2贯，等值于银1两。这里出现了三个单位，第一个是“贯”，它是以往的货币单位；第二个是“钞两”，钞也以“两”计；第三个是“银两”。但银和钞之间不是一一对应，而是二比一的比例，钞一两兑银半两，钞两贯（2两）兑白银一两。银钱钞这样的价值对应关系确定后，将“永为定例，并无添减”。因此，实际发行的中统钞也保留了贯文的单位，最小的是从十文开始，从十文到两贯。到了贯以上按省陌制的规定，按一贯文省、贰贯文省进行标示。“永为定例，并无添减”，既是一种承诺，也是向市场发出的通告。

第二，“元宝交钞体例”同时还向市场宣告，各路原来行用的旧钞并白帖子，要进行收回，可以兑换中统钞。也就是说，当时市场上作为货币流通的，还有各种旧钞以及“白帖子”。对这类用作货币的价值符号，通过“毋致亏损百姓”的方式收兑，不再流通。

这样，朝廷以颁行“体例”的方式，向市场、向社会发出通告，具体规定了当时市场上广泛存在的贯文单位（乃至铜钱）、旧钞、白帖子，如何与新发行的中统钞的对接，确定了中统钞与白银、与当时市场上的贯文单位之间的对应关系。当时人们手中持有的各种旧钱旧币白帖子，人们仍在使用的“贯文”单位，就可以顺利过渡到使用新钞；而按照这个“体例”，中统钞也就可以按贯文单位使用，能够用来购买商品了。

但是，仅仅依靠这个“体例”来规范一种新货币的发行和流通却是远远不够的。因此在中统二年到至元初年，蒙廷还重点采取了两方面的措施，来健全和完善货币制度。

第一个方面是强化宝钞的货币地位。这里面又包含有一系列的措施。如中统三年强调：私市金银、应支钱物，止以钞为准。① 朝廷再次强调，市场交易中只能以钞为准，不能再用其他的货币了。从多种货币并存到只用元宝交钞，这个转变有一个过程。似乎这时有的地方还没有执行，因此忽必烈再次下令给予强调。到了中统四年的时候，蒙廷又规定：包银以钞输纳，强调了元宝交钞的法偿地位。但是对产丝的地方，因为朝廷本身需要征收“本色”，所以允许以丝输纳。但在不产丝的地方，听以钞输纳。当然这并不是否定中统钞的货币地位，而是因为官府本身需要以丝料作为财政收入的科目，因此直接收丝。

特别重要的是，到了至元十二年（1275）的时候，元朝“添造厘钞”，其例有三：二文、三文、五文②。如前所述，中统年间发行纸币，钞面上以贯文为单位，最小的面额为“十文”。官方虽然曾考虑铸钱，但实际上一直没有付诸施行。于是货币流通中就有一个问题，就是十文以下的交易怎么办？市场交易中的零钱问题，在中统钞法中还没有解决。因此，基于市场交易中需要十文以下的零钱，元廷这时候发行了面值为二文、三文、五文的三种厘钞。厘钞发行之后，小额交易当中就不必再用铜钱了，已经可以完全用钞来解决市场交易问题。中统钞在各种规模的交易中，以及到赋税征纳中，都成为能够便捷、全面流通的货币。这进一步强化了宝钞的货币地位。

第二个方面是巩固宝钞的价值基础。中统钞作为一种纸币，如果没有充分的价值保障，大家是不会接受的。如何巩固它的价值基础？官府于中统四

---

① 《元史》卷5《世祖本纪二》，中华书局点校本1976年版，第86页。

② 《元史》卷93《食货志一》，中华书局点校本1976年版，第2370页。

年（1263）采取了“立燕京平准库”的措施。在前面说到的钞法里面，讲到了银钞兑换的问题。持有元宝交钞，从便“赴库”倒换白银物货，是可以倒换白银的。但是由谁来“倒换”，怎么“倒换”？这就需要有具体的机构来操作。因此到了中统四年的时候，首先在燕京设平准库。设这个平准库的目的，就是为了“均平物价，通利钞法”①。到了至元元年（1264）的时候，平准库设置的范围扩大到了“诸路”，遍布各地，“主平物价，使相依准，不至低昂”②。

不仅如此，蒙元还同时采取一项措施：“自立平准库，禁百姓私相买卖”金银③。这就明确规定，金银是专门作为纸币的价值保障，由平准库收储、兑换。因此民间不可以私自用金银购买商品。民众可以拥有金银，可以用白银做器饰，但是不可以私自用来购买商品。这多少有点相当于宣告白银国有。此后，至元三年（1266）诸路交钞都提举杨湜以“平准行用库白金出入有偷滥之弊，请以五十两铸为锭，文以元宝”。④ 把收兑入库、集中储藏管理，专门用于保障纸币价值的白银铸成了“元宝”。“元宝”保障纸币价值，元宝交钞对应等值的“元宝”。

这样，中统元年发行元宝交钞后，实际上经过一段时间的摸索，蒙元朝廷采取了这一系列措施之后，才形成了一个较为完整的货币制度和货币体系。对于历史上的情况，我们在研究中首先要回到文献中，围绕文献，对文本进行解读，理解它的含义，进而把文本所关联的前后发生的事件联系起来，看它经历了一个什么样的过程，是怎样形成一个制度的。只有把历史过程梳理清楚之后，才能对其性质有一个准确的把握。

现在，我们回到中统、至元间的货币制度上来，借助下面这张表格，对这时银钞关系的性质进行进一步分析。

序号	中统钞		白银	黄金
	面额	钞值		
1	2贯	2两	1两	7钱5分

① 《元史》卷5《世祖本纪二》，中华书局点校本1976年版，第92、95页。

② 《元史》卷93《食货志一》，中华书局点校本1976年版，第2370页。

③ 《元史》卷205《卢世荣传》，中华书局点校本1976年版，第4565页。

④ 《元史》卷170《杨湜传》，中华书局点校本1976年版，第4003页。

续表

序号	中统钞		白银	黄金
	面额	钞值		
2	1 贯	1 两	5 钱	3 钱 7 分 5 厘
3	500 文	5 钱	2 钱 5 分	1 钱 8 分 7 厘 5 毫
4	300 文	3 钱	1 钱 5 分	1 钱 1 分 2 厘 5 毫
5	200 文	2 钱	1 钱	7 分 5 厘
6	100 文	1 钱	5 分	3 分 7 厘 5 毫
7	50 文	5 分	2 分 5 厘	1 分 8 厘 7 毫 5 丝
8	30 文	3 分	1 分 5 厘	1 分 1 厘 2 毫 5 丝
9	20 文	2 分	1 分	7 厘 5 毫
10	10 文	1 分	5 厘	3 厘 7 毫 5 丝
厘钞				
11	5 文	5 厘	2 厘 5 毫	1 厘 8 毫 7 丝 5 忽
12	3 文	3 厘	1 厘 5 毫	1 厘 1 毫 2 丝 5 忽
13	2 文	2 厘	1 厘	7 毫 5 丝

这个表格把厘钞发行前后分为两部分。上半部分 10 行为厘钞发行前的情况，下半部分 3 行为厘钞的情况。两部分合起来，是厘钞发行后的情况。

首先我们看上半部分，表格左边是中统钞，中间为银，右边为金。蒙元初期实际上把金也包含在内。表格左边的中统钞，又包含面额和面值两个内容。第一栏是印制在中统钞上的面额，最大的面额是 2 贯，对应于铜钱的“贯文”单位。中统钞开始发行的时候，最小的面额是 10 文。从 2 贯到 10 文，形成一个分层的层级关系。第二栏是中统钞的价值。中统钞价值以“两、钱、分”计，所以钞的价值从一分到二两，也分为 10 个层级。白银和黄金两栏，按照中统钞法的规定，也按 10 个层级标出了与中统钞相对应的银两、黄金。这 4 栏的每一行中，虽然单位不同，但价值相等，逐行一一对应。表格把钱的贯文，合计为两、钱、分、厘的钞，以及金银的重量单位对应起来，相互联系，形成横向的价值对应关系。这显然是一个体系，是一个货币的体系，而不是单一某一种货币的问题。

在这个表格中，最重要的是第 1 行和第 10 行。第 1 行以白银的基本单位 1 两为起点，向下细分，最小可以分到银 5 厘，钞 1 分，钱 10 文，金 3 厘 7 毫 5 丝。因此，我们可以在第 10 行找到整个货币体系最小的价值单元：

钞1分。也就是说，这时的货币体系有两个价值基准点，一个是以银表示的最小整数“1两”，另一个是钞表示的最小整数“1分”。但两者相比，“1分”只是银1两的1/20，显然是整个货币体系的起点。由此可见，在中统钞发行的初期，金银钱钞的价值关系是以中统钞的“1分”为起点，分别对应10文铜钱、5厘白银和3厘7毫5丝黄金。中统钞的“1分”，构成了整个货币价值体系的起点，其他货币单位，或基于“1分”累加，或通过与“1分”的兑换，可以等值地连接在一起。而确定这一价值起点的依据，正是金朝以来的银钱兑换价：2贯铜钱兑银1两。这就是第一行所表示的等值关系，面额为2贯的钞，价值为钞2两，但所兑白银为1两。

显然，这个表格所体现的价值关系面临着两个主要问题。其一是与黄金的关系问题。在表格第一行，2两的钞可以兑1两银，只能兑黄金7钱5分。到了第3行，已是5钱钞兑2钱5分银、兑1钱8分7厘5毫金。可是，宋元时期实际使用的戥秤，最小单位却是厘，没有办法秤量厘以下的重量了。因此，兑黄金的情况已没有实际意义，无法在现实中操作。其二是以钞的最小单位“1分”为起点，可钞1分兑钱10文，意味着10文及以上的交易可用钞来完成。但市场上价值在铜钱10文以下的交易，显然不能用钞进行。虽然蒙廷可能曾准备铸钱，但却没有付诸实施。这两个问题中，如果说第一个问题因为实际用金不多影响不大的话，第二个问题却显然属于中统钞法的缺陷，所设计的价值体系仍不完整。

但是，厘钞发行之后，我们发现这一情况已经发生了根本性的变化。在这个表的下半部分中，我们看发行厘钞后的情况。在表格的最后1行，起点已经不是以钞的“1分”了，而是银的“1厘”。它是以银作为起点来计算，把银的最小的单位，在当时市场上可称量的单位1厘银作为起点，同时这张表又保留了原来贯文、金银与中统钞之间的对应关系。银两的单位从原来的5厘开始，向下延伸到了最小整数1，以此为起点，对应到钱2文，钞2厘，金7毫5丝。这一转变至关重要。通过这个转变，宝钞变成了十三等，而最小的单位变为以银的1厘为起点，银两获得了最小的基准定价地位。现在我们再看整张表格体现的货币价值体系，变成了以银的1厘为起点，贯文、钞两、黄金的价值，均以银为基准，服从于银的标准，按对银的等分关系来衔接在一起。而左边的钞面贯文，虽然继续保留了铜钱的贯文单位，所发厘钞仍旧印着五文、三文、二文，但是却“不名一文”。结合这一时期没有铸过铜钱的情况来看，元廷实际上已没有考虑铜钱的货币地位了，而是用以银为基准的厘钞，取代了小额交易中的铜钱！纸币上保留的贯文单位，就像我们今天的人民币上仍保留“圆”这个基本单位（渊源于银圆的“圆”），但实际上早已不用银圆一样。这样，蒙元时期通过发行百文以下的交钞，再到发行 10 文以下的厘钞，在把白银的价值和传统的贯文关系对应起来的同时，实际上以厘钞取代了铜钱，满足市场上小额交易的需要。再看黄金的情况，在这个表中我们仍旧可以列出与厘钞对应的黄金数量，但是，现实生活中已无法秤量 7 毫 5 丝的黄金。金在整个货币体系里面已经不重要了，只是可以计算出来的一个理论上的重量单位而已。

至此我们看到，从中统元年发行中统钞，中统二年颁布中统元宝交钞体例，直到至元初年发行厘钞，蒙元货币制度经历了两个阶段：一是把钞作为主体，确立元宝交钞货币地位的阶段；二是确立钞以银为本，把银作为元宝交钞价值基准。经历了这两个阶段之后，最终形成了以银为主体，银、钞对应贯文和黄金价值的一个货币体系。那么用当时的人的话来说，这叫什么？交钞与白银“子母相权，准平物估”。在互易银钞，以及以旧换新的过程中，银和钞的价值是对等的。除了收手续费以外，银钞价值并无增减，银和钞之间是一种“子母相权”的关系。因此我们可以把这种货币体系称之为“银钞相权”。它实际上形成一种货币组合。从金银钱钞的关系来看，它实际上是一种以银为基准，决定多种价值载体相互关系的一种货币体系。

为了更清晰地把握“银钞相权”中的银钞关系，这里向大家介绍一下金本位制。在货币史上我们看到，曾经存在过金本位制。银钞相权与金本位币制确实有很多类似的地方。金本位制最早出现在英国，所以英国的经济学家，总结归纳了“金本位制”的情况。戴维斯·皮尔斯在《现代经济学词典》中做出的界定如下①：

“一个国家的币值由法律确定为固定数量的黄金，国内货币采取金币形式和（或）随时可按法定比率兑换黄金的纸币。”

历史上存在过金币本位、金块本位、金汇兑本位 3 种形态。其中：“金币本位制”条件下，“有金币在各处流通，货币当局所负的出售之责即指出售金币”。而“金块本位制”——“没有金币流通，也曾暂停自由铸造，货币当局所负的出售之责即指出售金块。”第三是金汇兑本位制。

这里的金块本位制，与银钞相权颇为类似。这个时候没有金币的铸造，也停止了对货币的自由铸造，货币当局对货币所负之责是出售金块，并且有

---

① ［英］戴维斯·皮尔斯：《现代经济学词典》，宋承生等译，上海译文出版社 1988 年版，第 242—243 页。

很严格的限制，要达到相当的量之后，才能出售。也就是说在金块本位制下，市场上已经见不到黄金了，但是流通的纸币是以黄金的价值作本位的。英国在 1914 年之前实行的是金币流通本位制，1925 年到 1932 年则为“金块本位制”。结合这个情况来看，“银钞相权”和金本位制十分相似，它是以银为钞本，银两定价，禁银行钞这样一种货币流通格局。

当然，我们也清楚地看到，银钞相权与金块本位还是有区别的。以银为准备金，发行宝钞，保障银钞的等值兑换，以银两的最小重量单位为起点，按秤量单位确定并“通约”宝钞、黄金、钱文以及商品的价值，才是完整的银钞相权。在这点上和金本位是不一样的，金本位似乎没有那么多的货币，单独用金或用纸币就行了。那么法令禁止交易用银，单一通行宝钞，银钞有机组合、各有侧重，共同履行货币职能，这应该是与金块本位制最重要的区别。因此，这里没有使用“本位”这样的概念，而是从价值体系、货币体系的角度，把它叫做货币流通格局。这就是我们围绕蒙元时期的银钞关系，以文献记载为依据，对蒙元货币史做出的一个基本判断。

银钞相权货币流通格局，是今天作为经济史理论与方法课程的一个主要的切入点。在介绍了银钞相权在中统、至元年间确立的情况后，我们紧接着要问，这是从天上掉下来的吗？是人们头脑中固有的吗？显然，都不是。因此，接下来要和大家一起，追溯它从哪里来。

三　蒙古用银的源与流

前面先讨论了银钞相权货币流通格局的情况，现在我们来追溯它的渊源。当然，经济史研究的方法，或者说历史学研究的方法，是反过来的，不是追溯，而是编年。编年方法最重要的是按照时间顺序，梳理考订史实，从前到后依次编排，以弄清历史现象的来龙去脉。编年史的方法可以说是历史学作为一门学科最重要的方法。这里只是为了讲述的方便，先把蒙元时期的银钞相权讲了，再倒过来追溯其渊源。而追溯银钞相权的渊源，当然仍旧要按编年的方法进行，按照时间的先后顺序进行梳理。因为我们聚焦的是银钞关系，甚至首先是白银问题，因此，我们的追溯围绕白银的使用来进行。首先要回答的问题是：蒙古用银是从哪里开始的？银钞相权的货币流通格局仅仅是蒙古帝国建立的时候形成的吗？它的渊源在什么地方？

这里先给大家看几幅图，这是花剌子模的银币，这个是金币。花剌子模是当时在中亚地区比较强盛的一个王朝，使用打制的金银币。这是蒙古银碗，银制品，这个呢是成吉思汗时期的天赐银牌。最后这幅图是元朝银锭。这里以图像的形式直观地给大家对当时蒙古用银有一个感受。显然，中亚所用金银币与蒙古用银的差别是很明显的。

2355　花剌子模摩柯末沙　金质　4.1 克

2356　花剌子模摩柯末沙　银质　3.9 克

蒙古银碗花剌子模金、银币

天赐银牌

蒙元银锭

在很多学者的研究当中，都认为蒙古人是从游牧生活受到邻近民族的影响一跃而进入货币经济的。他们原来没有使用白银做货币，是物物交换；但很快学会了使用白银，蒙古人在统治中国以前以及统治中国以后的初期是使用白银的。彭信威认为："蒙古人是从游牧生活受到邻近民族的影响，一跃而进入货币经济的。"从铁木真时的物物交换，很快地就学会了使用白银。"所以蒙古人在统治中国以前，以及统治中国以后的初期，是使用白银的。"①

萧清、高桥弘臣的表述中，不仅都认为蒙古用银和周边民族有关，而且具体说到了中亚和金朝，亦即蒙古是受临近的中亚和金朝的影响，才很快使用白银作为货币的。萧清《中国古代货币史》说："蒙古人在铁木真时仍保有物物交换的方式，但是由于受到金人及中亚邻近民族的影响，便很快也使用白银了。"② 高桥弘臣《宋金元货币史研究》也说："而实施以银纳税不仅由于蒙古人和西域商人将银吸收到蒙古高原、西亚之欲望，在较大程度上也取决于金代末期的华北最普遍的货币是银这一状态。可以说适应当时的货币状况，作为征收货币税，以银纳税应为当然的结果。"③

接下来的问题是，蒙古兴起时有多个临近的周边民族，这其中有辽、夏、金，也有花剌子模等。辽还分两个阶段，第一个阶段就是和北宋对峙的契丹辽朝，第二个阶段是金朝把契丹辽朝灭亡之后，辽朝的一部分人口迁到中亚，建立了西辽。西夏在蒙古兴起过程中一直存在，从北宋时期建立，一直到最后被蒙古所灭。另外就是灭辽之后的金朝，它与蒙古是直接相邻的。而花剌子模在中亚地区，空间上与蒙古还隔得比较远。那么，这几个蒙古的周边民族，与蒙古用银的关系如何呢？这里我们有必要做一些回顾和探讨。

从历史地图的位置上看，在辽和北宋时期，北方的"萌古部"属于辽的辖区，在辽的管辖的范围内。辽朝在历史上影响很大，特别是对西边影响很大，对中亚影响很大。中亚乃至以西地区，这一时期是通过辽朝来认识中国的，因此他们用的契丹这个词，很多时候包含我们说的中国。类似的情况还有回鹘，在回鹘势力比较强盛的时候，中亚也通过回鹘来了解中国。到了南宋和金朝时期，蒙古的周边有西辽，就是金朝灭辽之后，耶律大石率领一部分人西征，迁到中亚建立了政权。西辽的西边才是花剌子模。蒙古兴起前

---

① 彭信威：《中国货币史》，上海人民出版社2007年版，第555页。

② 萧清：《中国古代货币史》，人民出版社1984年版，第275页。

③ ［日］高桥弘臣：《宋金元货币史研究》，林松涛译，上海古籍出版社2010年版，第128页。

后，所面临的是这样一个环境。因此，蒙古在兴起的过程当中，首先接触到的是地跨长城内外的辽朝、金朝，然后西边通过西域，通过回鹘、辖嘎斯到达黑汗朝和后来的西辽，通过西辽与花剌子模发生联系。

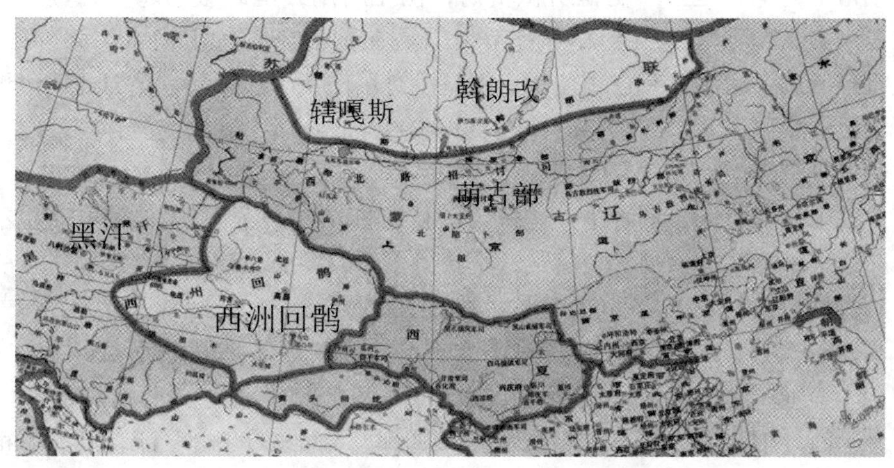

辽—北宋时期（政和元年，1111 年）

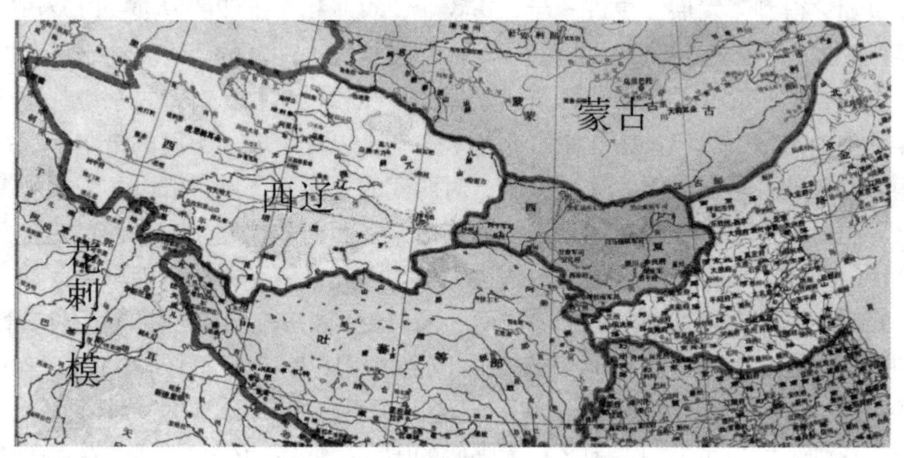

金—南宋时期（嘉定元年，1208 年）

蒙古兴起前，和辽、金以及西辽之间已经有密切的经济联系。在文献记载当中，契丹辽朝在建国前后，漠北的于厥、达打，后来的鞑靼、蒙古里等部，就以牛羊驼马等畜产品与契丹进行交易。蒙古兴起的过程中，成吉思汗五年（1210）以前，曾岁贡币于金，金主使卫王允济受贡于净州①。这时在蒙古和金朝之间，不仅有榷场贸易，而且有贡赐贸易，相互之间关系是很密切的。但是，这时的蒙古高原上似乎还没有货币，也没有用银作货币。南宋时期留下的记载是："鞑靼所积货财，初无所用，至以银为马槽，金为酒杌，大者重数千两"。② 金和银都有，但是在他们当时的交换水平条件下，没有把它用作货币，有白银使用，但是没有用作货币。从蒙古高原与周边地区的经济联系来看，与中原内地以及长城内外农牧区之间的交流，与辽、金之间的经济交流，显然要比与中亚的联系更为紧密。

在蒙古兴起的过程当中，蒙古与辽、金的贸易，与周边的经济联系也不断加强。蒙金榷场贸易和贡使贸易都获得了新的发展。这时蒙古高原本身的经济发展也达到了一个新的水平，特别是畜牧业。罗马教廷派遣教士到达蒙古高原时，所看到的情况也证明了这一点。普兰诺·加宾尼在《蒙古史》中记载，他不相信在世界上其他地方能够有这样多的马，畜牧产品非常多③。这一时期蒙古高原的畜牧经济，又借助农牧区的经济交流，增加了粮食的供给和保障。因此，原来单一的畜牧经济，在农牧区经济交流的支撑下，在农耕经济向草原渗透的过程中，发展到了一个新的水平，农业和手工业也随之得到了发展。更进一步，畜牧业、农业和手工业的发展，以及市场容量的扩大，进一步推动和提升了蒙古草原与周边地区的经济交往水平。在蒙古初兴但还没有西征之前，直接毗邻的金朝和畏兀儿，对蒙古来说都处于非常重要的位置。但蒙古在东、西两个方向上，却采取了不同的策略。对东南方的金朝，采取以攻为主的策略；对西南的畏兀儿，则采取以和为主的策略。也就是在蒙古发动对金朝进攻的同一年，西边的畏兀儿入贡，畏兀儿亦都护从此成为蒙古贵族最信任的周边力量。因此，蒙元兴起过程当中，整个畏兀儿地区基本上保持着和平的局面，没有受到战争的直接破坏。而对金朝则采取的是武力征伐。从1211年蒙古伐金，1216年占领了山东，1217年占领山西，至1219年发动西征，蒙古已经占领了金朝黄河以北的大片地区。

花剌子模当时是中亚地区较为强盛的国家。蒙古西征之前，与花剌子模已经有了直接的经济联系，并且有官方商贸使团往来。在波斯文著作《史集》中，记载了成吉思汗西征的原因：不花剌的商人来到蒙古，声称是花

① 《元史·世祖本纪》。

② （宋）李心传撰，徐规点校：《建炎以来朝野杂记》，中华书局2000年版。

③ 约翰·普兰诺·加宾尼：《蒙古史》，见道森编，吕浦译，周良霄注《出使蒙古记》，第9页。

剌子模国王派来赠送丝织物的。因此，成吉思汗向他们支付了金巴里失和银巴里失，并且吩咐宗王，选派了数百人，组成一个庞大的商队，带着金银巴里失，随花剌子模商人到算端国（花剌子模）去贸易[①]。但这个商队到达花剌子模之后，却遭到了花剌子模的掠杀。因此成吉思汗才决定于1219年发动西征。显然，西征前蒙古与花剌子模已有直接的经济交往，但在蒙古已占领金朝黄河以北的情况下，蒙金之间的关系更为紧密。蒙古似乎没有必要舍近求远，置金朝货币白银化的成果不顾，远赴花剌子模取经。

更进一步，在当时的交通条件下，蒙古高原与中亚地区的经济往来路远道阻，更为艰难。约翰·普兰若·加宾尼受教皇之命前往蒙古，1246年2月3日的时候他到达基辅，用了5个月的时间，最后才于7月22日赶到了蒙古汗廷附近的斡耳朵。由于时值贵由即汗位前夕，加宾尼要赶去参加贵由汗的即位大典，进入蒙古控制区后，蒙古人利用刚建立起来的驿传，一路奔驰，把他送到了蒙古汗廷。但通过驿传赶往斡耳朵的这段路程，也用了两个多月。从基辅到斡耳朵的整个行程，一个单边的行程，用了5个月。[②] 在这样的商路上的贸易，它的规模能够达到什么样的程度，是不难想见的。但是蒙古和金朝之间的贸易路线却要便捷得多。丘处机曾受成吉思汗之邀，从山东出发，北经，到达阿尔泰地区。其中，他从山东到达汗廷的旅途上，一路步行，所耗时间仅仅一个多月。从商路距离上来说，从沿线富裕的程度上来说，从贸易往来的便利程度上来说，蒙古受金朝的影响，显然要远比西域中亚花剌子模的影响大得多。

但是我们看到，蒙古西征之前白银已经作为货币使用了。波斯文献《史集》中有这样的记载：

“有三个不花剌商人带着各种织物，包括咱儿巴甫场、曾答纳赤、客儿巴思等织物及蒙古人需用的其他物品来到了那里。……那三个商人也被带到了成吉思汗处。当他们来到［他那里］时，其中一个商人拿出了自己的织物。凡是值十底纳儿或二十底纳儿的东西，他都索价二巴里失或三巴里失”。另外商人则“不对衣服要价，只说道：‘我们是奉国王之命送这些织物来的！’成吉思汗［听了］他们的话很喜欢，他下令每匹‘咱儿巴甫场’给一个金巴里失，每匹‘客儿巴思’或‘曾答纳赤’给一个银巴里失。”并

---

① ［波斯］拉施特：《史集》第1卷第2分册，商务印书馆2008年版，第258—259页。

② ［美］道森编，吕浦译，周良霄注：《出使蒙古记》，中国社会科学出版社1982年版，第11页。

“吩咐后妃、宗王们和每个异密［各］派两、三名亲信带着金银巴里失跟随（穆斯林商人）前去，到算端国内去进行贸易，［换］取当地的珍品。［后妃、诸王、异密们］？遂奉命每个人从自己的下述中指派了一、二个人；［当时］集合起了四百五十个伊斯兰教徒。”①

这段记载说明，花剌子模的商人在蒙古出售商品时，讨价还价使用的是“底纳尔”，他们观念当中的货币是金银“底纳尔”，是波斯银币。但是蒙古人使用的是“巴里失”，既有金巴里失，也有银巴里失。也就是说，蒙古人在与花剌子模商人交易和讨价还价的过程当中，用的价值尺度是“巴里失”，组成商队去经商，所带的货币也是金银巴里失。显然，蒙古人使用的巴里失，与花剌子模商人使用的底纳尔是不一样的。

不仅如此，从《史集》中有关“巴里失”的记载来看，蒙古人使用金银巴里失的情况，已不是偶然现象。窝阔台时期制定了赋税政策，把各地征收到的赋税送到蒙古高原。这其中既包括汉地，也包括了西边的阿力麻里、海押立、撒马耳干到不花剌，一直到呼罗珊（今天伊朗一带）。各地所征收的赋税，要集中送到蒙廷国库中来。当然，把这些地区收到的赋税集中到国库，并不是把当地所产的产品搬运过来，而是把它换成金银送达。于是，窝阔台时期可以说是蒙古高原最富有的时候。《史集》记载：窝阔台继任后，当他“下诏把多年来为成吉思汗从东西各国征集来的国库贮藏打开，其总数量帐簿的肚子都容纳不下”。② 正是基于“大海和矿场送上自己的财富”“强大的君主就有了慷慨的倾向和可能。”窝阔台因此成为蒙古帝国史上以富有和慷慨著称的大汗，“在赏赐财物中，他胜过了他的一切前辈”③。当他进入哈拉和林的国库，“看见约有两万巴里失，他于是说：‘我们积蓄这些有什么用？经常都要看守着，去宣布，让那些渴望［取得］巴里失的人来领取吧’。于是城中的居民，贵族和平民，富人和穷人，［都］向国库走来，每人都得到了丰富的一份。”④ 蒙古帝国的分封和赏赐，花了大量的金银，这是蒙廷财富的一个主要支出渠道。至贵由汗时，他同样“毫无限制地慷慨、挥霍，想使他的名声超过他的父亲，但是时间不容许他‘这样做，不

---

① ［波斯］拉施特：《史集》，第1卷第2分册，商务印书馆2008年版，第258—259页。

② ［伊朗］志费尼著，何高济译，翁独健校订：《世界征服者史》上册，中国人民大学出版社2012年版，第219页。

③ 同上书，第238页。

④ ［波斯］拉施特：《史集》第2卷，商务印书馆2008年版，第93页。

久他就去世了。’”① 从这些记载来看，蒙古帝国在兴起后，迅速积累了大量财富，并且这种财富主要以巴里失的形式存在，而巴里失的主体部分则是白银。蒙古兴起后，开创了蒙古高原上的白银时代，且白银被称为“巴里失”。

那么，我们不禁要问，巴里失到底是什么呢？提出这个问题之后，我们有必要对它进行一番考证。刘迎胜先生对《回回馆杂字》进行了专门的研究。他通过多个版本的比较，证实各本《回回馆杂字》《回回馆译语》中，都有“巴里失”条，并指出：“此字汉字音译‘巴黎本’与‘北图回译本’均为‘巴力石’，‘会同馆本’‘器用门’序号第1336词‘枕，巴力失’，即此。（bālish）在波斯语中指枕头、坐垫、靠垫。因中国银锭形似枕头，又义为银锭。元代波斯文史料言及银子时，常以‘把力石’为单位。一‘把力石’银子，相当于汉文中一锭银子（50两）。”②

也就是说，巴里失、巴力石、巴力失，是一个常见词，且为同一个词的音译。它（bālish）在波斯语中指枕头，坐垫，靠垫。因银锭形似枕头，转称银锭。我们再看宋代出土的瓷枕和宋代银锭图，它们的外形是不是很相像？

河南林州出土北宋瓷枕

宋代“京销银铤”

① ［波斯］拉施特：《史集》，第2卷，商务印书馆2008年版，第224页。
② 刘迎胜：《〈回回馆杂字〉与〈回回馆译语〉研究》，第229—230页。

确实如此，“巴里失”的本意原来是靠垫，是枕头。因为宋金银锭也是这个形状，所以在波斯人遇上宋金银锭时，直观而形象地把宋金银锭称之为“枕”“垫”了。这些像枕头一样的银子，汉语中称锭，波斯语中则称枕。他们借用枕头的这个词，来称呼了我们的银锭。至此我们看到，波斯文《史集》中记载了那么多的“巴里失”，蒙古帝国赋税征收到了那么多“巴里失”，这“巴里失”是什么样子？长什么模样？长的就是这个模样。显然，这不是波斯银币，这是宋元时期的银锭。

不仅如此，何高济、翁独健先生还指出：“巴里失”还是鲁布鲁克的iascot。他们引用了伯希和的考证：“iascot 是 iastoc 即 yastuq——金银锭的突厥名——的误读。yastuq 和波斯词 balish，译义都是‘垫子’。柔克义：卢不鲁克的一个 iascot 为重十马克的银块”①。

鲁布鲁克又译作“鲁布鲁乞”“卢不鲁克”，也是被遣派出使蒙古的西方人，他用拉丁文记下了“巴里失”的另一个名称，但他写成了 yastuq。音译翻译过来之后就叫作“雅斯科特”。但伯希和对这个“雅斯科特”做了进一步的考证：“雅斯科特”这一记音有误，鲁布鲁克在用拉丁文记音的时候，把读音弄错了。“雅斯科特”正确的记音应该是“雅斯特科”。这个词来源于突厥语，在突厥语当中，称金银锭为“雅斯特科”。因此现在的关于鲁布鲁克游记里面翻译出来的名称，还叫雅斯科特。那么，这个“雅斯特科”又是什么呢？也是银锭，而且该词的原意也是“垫子”。因此，鲁布鲁克的“雅斯科特”，亦即突厥语的“雅斯特科”，也就是波斯文中的“巴里失”，其原意都是“垫子”。德国汉学家柔克义还进一步指出，卢不鲁克的“雅斯科特”是重十马克的银块，亦即一锭银锭。所以银锭不仅有“巴里失”的波斯名，还有突厥语的“雅斯特科”还有拉丁文误记的“雅斯科特”。

更重要的是，金元时期的回鹘文书中，更清晰、具体地记载了把白银称为“枕”“垫”和具体的用银情况。回鹘文中的 yastuq 一词，也同时具有“枕头”和“银锭”两个含义。但是其中用于指金银锭货币单位的情况，是回鹘文书标志性的断代词汇。在金元以前的回鹘文当中，它不指银锭，只指垫子、枕头；金元之后它才具有了银锭的含义。德国汉学家和日本学者都做

① ［伊朗］志费尼著，何高济译、翁独健校订：《世界征服者史》上册，中国人民大学出版社2012年版，第24、26页。第26页注。

了充分的分析，他们做出了这样的结论。① 而从回鹘文当中的 yastuq，还可看到这种称为“枕”“垫”的银锭，是如何使用的。回鹘文社会经济文书中有明确的记载，yastuq 可按“两”“钱”的重量单位来计量使用。文书中不仅有“两”“钱”单位，而且可按照“两”“钱”单位，把一个 yastuq 拆零使用。并且“两”“钱”之间按十进制进位。② 这显然是很典型的宋元时期中国式的白银使用方式。

我们还看到，鲁布鲁克在蒙古，也亲自用银进行过交易。他怎么用呢？在他得到了十个雅斯科特后，他“立刻卖掉了一个雅斯科特，并且把卖得的零钱分给穷苦的基督徒们”③。他怎么卖呢？为什么要卖了之后把零钱分给基督徒？显然，他“卖”出一个“雅斯科特”的举动，实际是货币兑换，是将 50 两的银锭拆零使用。市场上专门有把整锭的银两拆零成两、钱，通过称量、拆零的方式来使用。鲁布鲁克自己也完成了这样一次兑换。另外，他还用拆零的银两来购买必需的衣物和用品。最后他用“雅斯科特”作旅费，返回了罗马，向罗马教廷做了汇报。

因此，在这一时期的蒙古高原上，源于突厥语的回鹘文“雅斯特科”也好，拉丁文记音转写的“雅斯科特”也好，波斯文及《回回馆杂字》中的“巴里失”“巴力失”也好，都是宋金元时期形似枕、垫的银锭，而且都是以中国式的称量方式和“两”“钱”标准来使用的。从银两的来源到银两的使用方式，到银锭的名称和形制，全部采用的是金朝的方式，中原内地的方式。因此，蒙古西征之前确实受临近民族影响，很快学会了用银作货币。而且所受影响首先是金朝，稍远或可溯及辽、宋乃至回鹘、西夏，但与中亚用银的传统，应当没有多少关系。

四 金元交替过程中的银、钱、钞

如果说蒙古用银直接渊源于宋金，特别是金朝的话，金朝用银的情况到

① 护雅夫：《回鹘文消费——借贷文书》，《西域文化研究》4，第 226 页。冯·佳班著，邹如山译：《高昌回鹘王国的生活（850—1250 年）》，第 40 页。

② 郭平梁：《高昌回鹘社会经济管窥》，《新疆社会科学》1990 年第 2 期。又见李经纬《回鹘文社会经济文书研究》，第 445 页。

③ 《鲁布鲁乞东游记》，道森：《出使蒙古记》，第 225 页。耿昇、何高济译《中外关系史名著译丛·柏朗嘉宾蒙古行纪鲁布鲁克东行纪》中译为“艾索特”第 312 页。译名对照中注 iascot，译为“艾索特（一种钱币）。”第 343 页。

底如何呢？接下来，我们从货币体系的角度来看金朝时期银钱钞关系，探讨蒙元“银钞相权”的历史渊源。这里也先让大家看几幅图片。

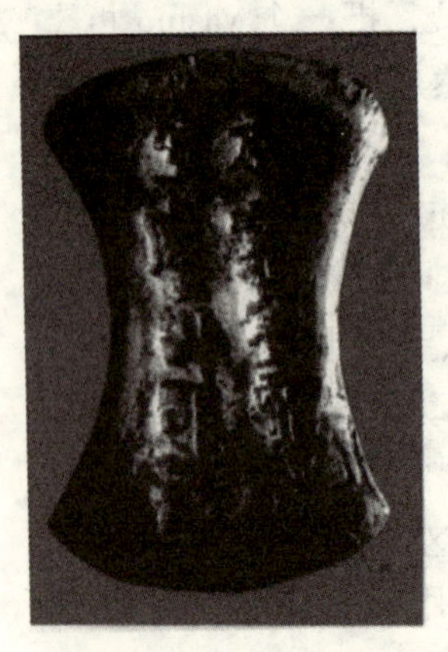

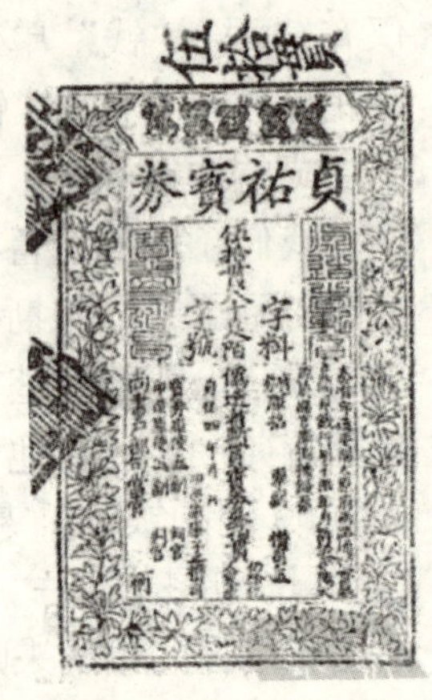

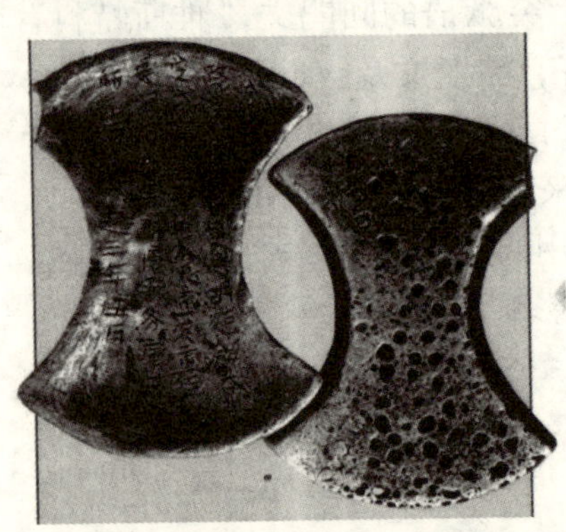

第一幅是金朝著名的承安宝货。以前只见于文献记载，似乎是一个传说。现在考古发现当中已经不止一次发现了承安宝货银锭。这个银锭制作的规整和精密程度应该说在当时达到了比较高的水平。第二幅是金朝铸的大定通宝铜钱。第三幅是金朝发行的纸币，贞祐宝券。银两、铜钱和纸币，均是金朝的货币。这三者共同构成了金朝的货币体系。第四幅是蒙元时期的银锭，第五幅就是中统年间的中统元宝交钞。这五幅图中的货币，是金元之际货币体系中，具有代表性意义的货币。

我们首先看金朝的情况。金朝在灭北宋的时候，获得了大量的白银。靖康之难的时候，金兵围住了开封城。给北宋提出退兵条件，索要金银。“开价”要金一千万锭，银两千万锭[①]。按五十两一锭计算，开出了五亿两黄金和十亿两白银的价。当然，当时北宋没能拿出这么多来。但是，金人检视北宋库藏的时候，在库藏里边看到的就有金三百万锭，银八百万锭[②]。相当于1.5亿两黄金和4亿两白银。除了向民间搜刮的金银之外，北宋府库里边的绝大部分最后被金兵带走了。所以金朝在灭北宋的时候，我的估计是获得了上亿两金银，即使每锭不按大锭50两计，而是减半按中锭25两计，也是两个亿的白银。金朝从北宋获得了两个亿的白银。绍兴和议之后，南宋又每年岁贡金朝银绢各25万匹两。中间南宋曾经北伐，岁贡中断，但重新和议之后，岁贡又增加到了30万两，但时间不是很长。因此，对于金朝来说，白银的数量是较为充足的。

在金朝的货币史上，不仅完成了白银货币化，而且开始了货币白银化，经历了一个从白银货币化到货币白银化的过程。金朝货币史上，贞元二年（1154）先发钞，然后正隆二年（1157）再铸钱。先行钞后铸钱，这是金朝货币史的一个特点。除了交钞和铜钱外，对金朝来说更重要的是银。现存金朝的银锭不少。《中国钱币大辞典》当中收录了100多枚能够断代为金朝的银锭[③]。特别珍贵的是，这100多枚银锭中，有15枚是纪年的。铭文上明确有金朝的年代，甚至具体到了年、月、日。15枚纪年银锭的铭文中，铭刻了银钱兑换的价格。它的时间从大定年间到金朝末年的大安年间都有。其中，有9锭是明昌以后的，也就是从明昌年间开始，银锭铭文中记载的银钱兑换价就没变过，全部为每两2贯文省，并且标明为80陌。这意味着什么？意味着在金朝的历史上，在明昌以后白银和铜钱形成了固定的货币兑换价格。这是一个标志，标志着金朝此后一直统一维持着固定的货币兑换价。有两点特别值得注意：一是这个价格是货币兑换价，即用银买钱或者用钱买银，两者等值。这与把白银作为商品，用钱买银的商品价格不同。商品价格是随市场波动的；二是银钱兑换价长期稳定，至少是金朝官方长期维持这个固定的兑换价。经历了银钱兑换的一个过程之后，金朝的货币就不仅仅只是交钞和铜钱了，而是增加了白银，实际上是三种货币并行，白银货币化完成了。

---

① 杨仲良撰，李之亮校点：《皇宋通鉴长编纪事本末》卷149，《钦宗皇帝・二圣北狩》，黑龙江人民出版社2006年版，第2491页。

② （宋）李心传：《建炎以来系年要录》卷1，中华书局2013年版。

③ 《中国钱币大辞典》编纂委员会编：《中国钱币大辞典・宋辽西夏金编・辽西夏金卷》，中华书局2005年版，第269—366页。

在承安年间，金朝还在原来发行的纸币交钞的基础上，新增发小钞。小钞和大钞是两种，情况不一样。这样，形成了银两（包括承安年间铸行的承安宝货，规定承安宝货每两折钱2贯，也是按这个兑换价，公私同见钱来使用，确定了银两的法定货币地位），和大钞、小钞，以及铜钱，一共4种货币同时流通的情况。货币最怕的就是这个问题对吧？那么多的货币放在一起，同时在市场上如何流通？因此承安年间货币发生了相当大的混乱。面对4币并行流通的混乱局面，金廷命令一贯以上俱用银、钞、宝货，铜钱不能再用，限制铜钱的流通范围。特别值得注意的是承安宝货是法定铸币，但是不仅仅是承安宝货才能流通，承安宝货与银两是同时流通的。无论是朝廷铸的宝货，还是民间的银两，都和钞一起并行流通。因此，金朝规定一贯以上的大额的交易必须用银、钞和宝货，限制铜钱的流通范围。承安之后的泰和年间，出现了铜钱既不在官又不在民，开始消失的现象。金廷干脆以银代钞，把并行流通的交钞与白银的价值联系在一起。这样，白银一边与钞的价值相联系，一边通过每两兑钱2贯的银钱兑换价，和铜钱的贯文单位相联系。在四种货币并行流通之后，形成了银进钱退，白银在整个货币体系中的地位上升的趋势。

因此，在我们前面讲的白银货币化，也就是白银从商品变成货币的这个过程完成之后，白银次要的货币变成主要的货币的过程——货币白银化，开始发生了。货币白银化是基于整个货币体系来看，白银成为主要货币，成为钞本，铜钱逃逸，既不在官又不在民，这样一个钱退银进的过程。因此在金朝的历史上，经历了前后相连的白银货币化和货币白银化相互交替的一个过程，它的时间起点就在承安年间。承安以前，金朝的货币体系，是在钱楮并用下的白银货币化阶段。它以拥有并大量使用白银为基础，以白银和铜钱形成兑换关系为标志。明昌承安以后，开始由白银货币化转而进入货币白银化阶段。整个货币体系中，白银的地位逐步提升，向钞本发展。

对于这个过程，最近刚刚写成了一篇论文《金朝时期的白银货币化与货币白银化》，可能在下一期《思想战线》上发表。在这里主要是对蒙元之前，金朝用银的情况作一个交代，所以不再进一步展开讲了。但回到前面的讨论上，这应该足以说明，蒙古用银不是中亚影响的结果，蒙古兴起时占领的金朝旧地，不仅完成了白银货币化，而且承安年间已经开始货币白银化了。与其说蒙古受中亚的影响，不如说蒙古是继承了金朝白银货币化及货币白银化的遗产。蒙古用银确实没有必要舍近求远，到中亚方向去找渊源。

接下来的问题是，蒙古兴起、金元交替的过程中，货币流通格局是如何传承演变的呢？或者说，金朝的货币白银化与蒙元的银钞相权有什么关系呢？这里，我们还是按照编年史的方式，先回顾一下金元交替中货币流通格局的情况。实际上，银钞相权在金朝末年就开始萌发了，这个萌发的过程刚好和蒙古灭金的进程时间上是吻合的。我们首先从金朝方面，把货币流通情况与蒙古灭金的情况结合起来，编一个年表，就可清晰地看出其间的相互关系。见表格。

大安三年（1211）	蒙破野狐岭、居庸关
崇庆元年（1212）	蒙破宣德、德兴
贞祐元年（1213）	蒙破东京
贞祐二年（1214）	迁都南京，增发百贯、千贯大钞
贞祐三年（1215）	蒙克中都。金罢铜钱，专用交钞、银货
兴定元年（1217）	行贞祐通宝“准银并用”，4 贯为银 1 两
兴定五年（1220）	行“兴定宝泉”，1 贯当通宝 400 贯，2 贯为银 1 两，置库兑易
元光二年（1223）	以银 1 两兑宝泉 300 贯，置平准务，以宝泉、银相易，私易及违法者告赏
天兴二年（1233）	开封城破。市肆唯用见银，“畸零尤难”。“天兴宝会”1 钱至 4 钱 4 等，同见银流转

从这个年表来看，大安三年（1211）蒙古开始发动对金的战争，接着先后破了宣德、德兴，然后破金朝东京，至贞祐年间金朝被迫迁都南京。在迁都的过程当中，金朝增发百贯、千贯的大钞，增发导致交钞贬值，白银的价值和地位进一步凸显。到了蒙古克金中都（今天的北京）的时候，金朝已明确宣告不再流通铜钱，“罢铜钱，专用交钞、银货”①。纸币和白银成为金朝末期法定货币，铜钱已经不是法定货币，已经被废除了。这是中国历史上第二次废除铜钱。这次废除铜钱之后，金朝和元朝相当长的一段时期既不铸钱，朝廷也不用钱。中国铜钱的历史，在这里中断了。所以蒙古占领金朝北方的时候，纸币、白银都还在使用，可铜钱的货币地位却已经被终止了。

此后，金朝决定发行新纸币——贞祐通宝。当贞祐通宝发生贬值时，明确贞祐通宝“准银并用”②。纸币的价值直接依托于银，按银来计算。怎么

---

① 《鲁布鲁乞东游记》，道森：《出使蒙古记》，第 225 页。耿昇、何高济译《中外关系史名著译丛·柏朗嘉宾蒙古行纪鲁布鲁克东行纪》中译为“艾索特”第 312 页。译名对照中注 iascot，译为“艾索特（一种钱币）。”第 343 页。

② 《金史》卷 46《食货一》，中华书局 1975 年点校本，第 1029 页。

计算？四贯为银一两。再过三年（兴定五年，1220），又发行兴定宝泉，明确一贯当通宝四百贯。特别值得注意的是，这次在贞祐通宝贬值的情况下发行兴定宝泉，名称既不叫交钞也不叫通宝，而称之为宝泉，金廷还明确规定：宝泉两贯为银一两。显然，这回金廷想要维持兴定宝泉的价值，在继续维持纸币以贯文计的同时，设法恢复到原来的银钱兑换价——2 贯兑银 1 两，并由官府置库兑易。可是，铜钱已经废罢了，所以金廷规定 2 贯兑银 1 两的比价，实际上是设法用银兑换兴定宝泉，维持纸币价值，并且设置了专门的兑易点。到了元光二年（1223）的时候，兴定宝泉仍不免急剧贬值，金廷又规定：银一两兑换宝泉三百贯，“京师及州郡置平准务，以宝泉、银相易，其私易及违法而能告者罪赏有差”。[①] 金廷不仅已把白银作为纸币的价值保障，规定银钞之间的兑换关系，而且规定由官方设置平准务兑换，禁止白银在民间流通。尽管史料没有明确说所置“平准务”的职能是什么，可名称与蒙元时期的平准库已十分接近。就此而论，元朝的平准库哪来的？应当与金末的平准务有直接的渊源关系。也就是说，蒙元时期货币制度的很多内容，实际上出现在金朝末年，金朝已经施行过类似的措施。当然，这些措施没有能够挽救金朝的命运，反而因为钞发得太多，纸币贬值，加剧了金朝的灭亡。

至此我们看到，蒙元初行中统元宝交钞时的“银钞相权”货币流通格局，实际上已经初具雏形了：纸币仍以贯文为单位，但铜钱废罢后，纸币的价值与铜钱已经没有关系；规定纸币 2 贯兑银 1 两，官府设置专门机构，发出纸币，收兑银两。甚至设置名叫“平准”的机构，专门从事银钞之间的兑易，禁止民间私自兑换。甚至可以说，以白银为价值基准的信用货币制度——银钞相权的货币流通格局，已经在金朝末年初具端倪了。

另外，还应该说明的是，天兴二年（1223）金哀宗已经离开了开封，还在蔡州发行了天兴宝会。天兴宝会的面额已经没有了铜钱的贯文单位，改而直接用银两为额，分为 1 钱到 4 钱，共 4 等。天兴宝会的 4 等面额，和银的小额单位“钱”对应。纸币的价值单位完全等同于银两。为什么纸币的面额要降到那么低？以“钱”而不是以“两”为单位？因为当时“市肆交易唯用见银”，但是面临着“畸零尤难”[②] 的问题。数十两的银锭，每次交易中都面临切割拆分的问题，使用上很不方便。它揭示了货币已经用银了，

---

① 《金史》卷 48《食货三》，中华书局 1975 年点校本，第 1090 页。

② （元）王鹗：《汝南遗事》卷 3，文渊阁四库全书本。

为什么还要用钞的基本原因。

以上从金朝方面，梳理了“银钞相权”在金朝末年的萌芽情况。从金、元更替的角度说，这可以看作是金朝留下的遗产。但蒙、元如何对待这些遗产？对此，我们还有必要从蒙元一方来进行探讨。

从蒙古方面来看，蒙古兴起以前总体上还没有进入货币经济。蒙金战争之初，蒙古受金朝影响，不铸钱而用银的情况已如前述。这里主要就蒙元纸币制度、信用制度及其与白银的关系，做一些补充说明。

蒙古兴起过程中发行纸币的情况，最迟在成吉思汗时期已见于记载。《元史·何实传》记载：太祖（即成吉思汗）末年，何实于博州“以丝数印置会子。”此后，太宗窝阔台元年（1228），王檝在中都调度经费，“自为券，假之贾人，敛不及民。”[①] 这说明在蒙古占领的金朝旧地，不少地区仍旧保持着原来的信用关系，而且原来的金朝旧臣（无论何实也好，王檝也好，都是原来金朝的旧臣）降蒙之后，在他们治理的地区恢复了金朝时期原有的信用关系，或发行有“会子”，或“自为券”“假之贾人”。通过把信用票据发给商人，借给商人，敛不及民。所以金朝原来辖地的民间信用仍旧在保持着，没有因蒙古灭金的战争而消失，传承下来了。

更重要的是，蒙古高原上的“投下”——蒙古贵族，占有了大量财富，非常有钱。但是他们受封的封地分散在各地。如拔都的封地在平阳，以至平阳“课银独高天下”。原因是要将银课“造为器皿，万里输献”[②]。蒙古贵族，蒙古“投下”拥有的财产由于分散在各个地方，怎么经营管理就成了一个问题。而“斡脱”特别善于经营，他们和投下，和蒙古贵族结成了合伙经营关系：由“投下”出钱，“斡脱”经营，经营之后“投下”分享收益。所以斡脱钱的利息是要帮“投下”经营之后分利的。而“斡脱”不仅为“投下”经营，而且为朝廷、为官府“转运官钱，散本求利”。在元朝文献《吏学指南》里边，对“斡脱”的定义就是“转运官钱，散本求利之名也”。这就叫“斡脱”。不仅如此，“斡脱”还直接参与到朝廷的财政当中来，买扑课税。如商人奥都剌合蛮就曾经“买扑中原银课”，他的势力非常大。所以从蒙古兴起之初，“鞑主以下以银与回回贾贩纳息”[③]，斡脱与投下就结成了委托代理的经营关系，后来进一步形成了投下、斡脱以及蒙廷、官

① 《元史·何实传》《元史·王檝传》。

② （元）郝经：《陵川集》卷32，《河东罪言》。

③ （宋）彭大雅：《黑鞑事略》。

府之间的信用关系。这种斡脱信用关系中，耶律楚材曾进行了限制。耶律楚材是金朝人，最后入降蒙古，在蒙古发挥了相当重要作用。他把金朝的信用经验也带入了蒙古。他曾经奏令“羊羔儿息”本利而止，民间所负利息官为代偿。这样，他对金朝信用关系，与蒙古贵族与斡脱之间的信用关系连接、糅合在一起，形成新的信用关系，发挥了很大作用。

不仅如此，蒙古灭金之后，没有直接治理金朝原来管辖的区域。蒙古总人口就那么多人，相当一部分组成了蒙古军队，这些军队像风一样来，又像风一样去，四处征战。因此在金朝旧地形成了一大批汉人世侯，汉人世侯不少是金朝旧将，他们向蒙古投诚，叫“纳土”。投诚之后，成为了蒙古在占领区任命的“始命之臣”且“咸令世守”①。他们在当地世袭管理金朝旧地，其数量达到上百户。这些世侯面对的民众，也是金朝遗民，他们自己也是金朝的遗民，他们对金朝的信用关系，对金朝用银、用钞，以及银钞之间的关系，都非常熟悉。但他们又和斡脱、投下之间，通过在金朝旧地征收赋税，通过商业贸易的关系，结成了新的斡脱信用关系。在世侯管理的地方，赋税也由商人们包纳。商人包税政策实施之后，他们要将本地赋税交给商人。实际上，金朝旧地的赋税，相当一部分先由世侯向斡脱商人贷款，贷了之后交给商人，商人再交到蒙廷。所以斡脱和世侯之间建立了一种官方的信用关系。也就是说，蒙廷允准的高额的包税确定后，世侯们也一时缴纳不了。因此，他们转而向斡脱商人去贷，从斡脱商人手中贷到银两之后，又交回给斡脱商人，然后由商人向蒙廷缴纳。因此他们所贷的这些款项，本来就是国家的钱——税收。也正因为如此耶律楚材会建议“民间所负，官为偿还”。若非如此，完全是私人借的账，为什么朝廷、官府要承担、要偿还？原来这实际上是朝廷自己的钱，是官府的税收。因此朝廷，窝阔台可以以官物偿“诸路官民积欠回鹘银”②；史天泽不仅“假贷充贡赋”，所欠银两可以“奏请官偿”，也可以“倾家资，率族属官吏代偿之”。③ 这样，在蒙廷、世侯、斡脱和投下之间，结成了一种相互依赖的信用关系。

同时，世侯也占有了为数可观的财富，他们也非常有钱，都是财富积聚的高资户。他们参与的交易，全是大额的交易。而大额交易，以银为基础的信用交易，背后都是以白银为基础。所以蒙古辖区不仅继承了金朝以来的信

① 苏天爵：《元朝名臣事略》卷6，《平章廉文正王》，中华书局1996年版。

② 《元史》卷2，《太宗本纪》。

③ 《元史》卷155，《史天泽传》。

用关系，而且新形成了以朝廷、世侯、斡脱和投下之间紧密联系的新型信用关系。而这个新型信用关系的背后就是白银。这实际上奠定了蒙元时期纸币的信用基础。

我们再来看金元之际的纸币。这也不能不提到耶律楚材。文献记载中，正是耶律楚材直接把金朝施行纸币制度的教训传入了蒙古。窝阔台时期是蒙古草原上白银最集中最富有的时期。也正是这一时期（太宗八年，1236），蒙古朝廷第一次发行了交钞。当时记载当中，发行交钞起因于于元的谏言，是他首先提出了行钞的建议。于元是什么人现在无证可考。但是，窝阔台时期首次发行交钞的事，却交由耶律楚材来主持。蒙古由此“立钞法，定均输”①。耶律楚材则以金朝滥发纸币为戒，开始印造交钞时既明确提出所造交钞“宜不过万锭”②。这里，特别值得注意的有两个方面：第一是蒙古通过任用耶律楚材主持发行交钞，直接借鉴了金朝的经验和教训；第二是所行交钞的单位是以“锭”计算的。这就很有意思了，现在虽然还难以确认交钞与银两的关系，但钞以“锭”为单位，很可能是以银为本位的。

窝阔台之后，定宗贵由汗时期，波斯文献《史集》里面记载：贵由汗的大臣、儿子、妻子们向商人们购买商品，商人们“做成了一些确实的交易，并拿到了地方上的支票”。贵由汗在位时间不长，他去世后宪宗（蒙哥）继位，蒙哥不得不从各地拨付50多万金银巴里失，兑付这些“支票”。《史集》中把银叫作“巴里失”，用银巴里失来兑付的债务单据，翻译为“支票”③。我们可以想见，这里的“支票”至少是一种信用票据，而且是用金银巴里失来兑现的。到了宪宗蒙哥的时候，从罗马教廷出使蒙古的鲁布鲁克，在蒙古不仅用10个“雅斯科特”备旅费，置行装，而且他明确记载了当时所见到的纸币：“通常的钱是一张棉纸，长宽各有一掌之宽，他们在这张纸上印有条纹，与蒙哥汗印玺上的条纹相同。”④显然，蒙廷这一时期继承了金朝的信用货币关系，在大量使用白银的时候，也同时发行了纸币。窝阔台时期明确叫作“交钞”，贵由汗时期的翻译过来叫“支票”，蒙哥时期的就是卢不鲁克见到的印有蒙哥印玺的“棉纸”。

更进一步，《元史》中还更为密集地记载了宪宗蒙哥时期汉地的地方性纸币。蒙哥时期，忽必烈受命主管汉地。而这时留下的记载中，我们看到了

---

① 《元史》卷146，《耶律楚材传》。

② 同上。

③ ［波斯］《史集》拉施特第2卷，商务印书馆1986年版，第262—263页。

④ ［法］鲁不鲁乞：《鲁不鲁乞东游记》，见《出使蒙古记》，第190页。

更多的地方性纸币，并且这些纸币的价值是与白银相联系的。王恽《秋涧集·史公神道碑》中记载，宪宗元年（1251）已是“各道发楮币贸迁，例不越境”“二三岁一更易，虚耗元胎，商旅不通”。“各道”意味着发楮币贸迁的已不仅限于一地，只是纸币流通受区域限制，而且2—3年定期更换新钞。也正是在这样的情况下，史楫在真定“立银钞相权法，度低昂而重轻，变涩滞为通便”。[①] 他把纸币和白银相联系，以白银作纸币的价值保障，取得了良好效果。“银钞相权”正式诞生。因此，“银钞相权”这个词不是我的发明，实际上当时的人在真定“立”的就是“银钞相权法”，这也是我现在见到的史料中，第一次出现“银钞相权”。但是，史楫发行的真定银钞，还是一种区域性的纸币。除了真定银钞之外，宪宗二年的时候，刘肃在邢州也“立楮币”，所发行的楮币，和前面说的宪宗元年各道发的楮币应该是一致的。宪宗三年的时候，孛兰、杨为中又在关中立“交钞提举司”[②]。关中是忽必烈的封地，是他“治漠南汉地”的“藩邸”。在他的封地不仅发行了纸币，并且设置的管理机构叫“交钞提举司”。这种交钞在使用时“价与银埒”[③]，形成了一种和银相关的价值联系。此外，至中统元年，真定的银钞发行量还达到了8000多贯，“交通燕赵以及唐邓间”，流通范围扩大，跨出了真定的区域。与白银价值相联系的地方性纸币，开始跨地区流通。

宪宗九年的时候，蒙哥在征宋的过程当中战死于合州（在今天的重庆）。忽必烈于中统元年（1260）立“中书省”，以继位诏天下，他要当皇帝了。于是，于当年五月的时候建元中统：使用“中统”年号，把这年定为中统元年。这在蒙古史上第一次。此前都是干支纪年，如把宪宗元年记为宪宗辛亥（1251）。而忽必烈这次却按照他所治漠南汉地的模式，按照汉地的传统，建元中统。建元中统之后，进一步按照汉地的方式，诏“造元宝交钞”。实际上把他原来在封地里发行的交钞，拓展为在蒙古帝国通行的纸币。这年10月，“初行中统宝钞”。到了第二年的一月，又正式制定“元宝交钞体例”，在全国推行。而“各路元行旧钞并白帖子，依数收倒尽绝，再不行使。”一种以集权方式，由中央统一发行流通各地，以白银为基准发行纸币的制度，在这个时候建立。显然，这正是我们这次课开头所讲的中统二年（1261）颁行“元宝交钞体例”的由来。

---

① （元）王恽：《秋涧集》卷54，《史公神道碑》，吉林出版集团2005年版。

② 《元史》卷4，《世祖本纪》一。

③ （元）姚燧《牧庵集》卷26，《开府仪同三司太尉太保太子太师中书右臣相史公先德碑》。

这样，通过分析蒙元纸币及其与白银关系的来龙去脉，我们回过头去，按照编年的方式进行梳理后，可以清楚地看到（无论从用银的角度，还是从银钱钞关系的角度），金朝时期是一个重要的转折点。金朝开始的时候是用唐宋旧钱，发行纸币，铸行铜钱。然后白银货币化完成之后，白银取代铜钱成为宝钞的价值基准，而铜钱在金朝历史上被废止了，停止了流通。到了元朝则以白银为价值基准发行纸币，禁止白银专行纸币，形成了这样一种银钞相权的货币流通格局。

五 结语

因此，我们做一个简单的小结，“银钞相权”是什么呢？是金元之际逐步形成，中统至元年间正式确立，以银为本、银两计值、禁银行钞的货币流通格局。银钞相权货币流通格局的确立经历了一个过程。到了忽必烈当皇帝的时候，从中统元年到至元初年，还经历了一个从纸币“一分”改为用银“一厘”的过程，它是一个逐步形成的过程，它不是天上掉下来的，是长期历史发展的结果。因此，它的确立，是继承和发展金朝钱楮并用、白银货币化一货币白银化的成果，借助民间商业信用，借助于投下一斡脱一世侯信用以及帝王权威、官府的信誉，解决跨区域批量贸易和财赋转输中的货币问题的结果。它不是一个偶然现象，它有很深的历史渊源。它既体现了从宋朝“钱楮并用”货币流通格局向元朝“银钞相权”转变的过程。在这个意义上，从“钱帛兼行”到“钱楮并用”，“钱楮并用”之后到“银钞相权”，形成中国货币史上货币体系承前启后的一个历史阶段。它就是这样一个连续性的阶段，但是在不同的阶段里边又体现出不同的特征。货币体系变迁的历史，从一个侧面体现了传统中国历史的阶段性和连续性，是两者的统一。蒙元没有在这个时候打断中国历史的进程，这是打不断的。

那么，货币流通格局演进的背后，更深层次的问题是什么？是货币流通格局演变的市场基础。“银钞相权”的货币流通格局，是以宋、辽、夏、金时期长城内外农牧区经济交流的空前发展为基础展开的。这是一个很大的课题。开始研究宋代货币问题的时候，我就感受到了这个问题。为什么这个时候北方民族不断地南下，最后一直打到了崖山，把南宋也灭了？以前北方民族南下没有达到过这个程度。其重要原因之一，就是在这个时期，农牧区之间的经济交流达到了一个新的水平。这是从唐以后中国历史发展的大背景。

长城内外农牧区交流的宏观背景，是我们研究这一段历史依托的一个舞台，相关研究中经常需要考虑到这方面的问题。从农牧区经济交流，农牧区市场的空前发展，以及市场整合的角度，探讨这一时期的历史问题。

接下来要涉及一些市场的概念。为什么在这里要涉及一些市场的概念？探讨货币问题，除了讲货币本身的情况之外，必须还要研究市场。这也是李埏先生做货币史传给我们最重要的一条经验，也是我们做货币史最突出的特点。我们不是做钱币学，仅仅研究钱币的形状、材质，也不是简单地把货币史写成某种货币材史，或者币种史，单一货币的发展演变史，或者某种货币币材的变迁史，而是研究交换，研究货币流通格局演变的市场基础，研究在市场推动下，交换发展所决定的货币流通史、货币体系变迁史。但是今天，作为一门课的方式，不可能展开讲整个市场的情况，但至少要在这里给大家交代一下市场的情况。

这个时期的市场是什么样的市场呢？其最主要的特征，第一是市场的整合加速了。宋辽金时期的贸易，已经体现了这种市场的整合性，市场跨区域的整合在加速，市场的容量也扩大。第二是市场主体的兴替。市场主体很重要。小农参与市场，推动了唐宋时期的乡村草市的发展，奠定了这一时期市场网络体系的基础。但是在金元时期，市场的主体发生变化，小农相当一部分变成了驱口，失去了自身的自由，甚至自己变成了商品。然后，市场的主体变成了由刚才说到的斡脱、世侯、投下结成的最典型的大商人群体。第三，在市场主体兴替的同时，市场空间拓展、北移，甚至市场的重心一度集中到了蒙古草原。刚才我们曾看到窝阔台时期那么富有，有那么多银子，他本人那么慷慨，这反映了蒙古草原的购买力强大，成为了当时的市场中心，甚至是影响和辐射到中亚、西亚、欧洲，影响整个东方以及中国各地的市场中心。市场的容量扩大了，空间拓展了，市场的层级结构也发生了变动。跨区域的批量贸易和大批量、远距离的财富转输，它需要什么样的货币？原有的货币已经难以满足市场的变动，这是当时的矛盾。正是在这样的矛盾推动下，货币流通格局发生了变化。也就是说，市场结构的变化，决定了“银钞相权”货币流通格局的确立，构成了“银钞相权”真正的基础。在这一基础上，“银钞相权”开启了金、元以后传统中国市场—货币史的一个新的纪元。大家都知道，以后用银的问题，用钞的问题，一直持续到了明、清时期。因此，“银钞相权”的货币流通格局，开辟了金、元以后传统中国市场—货币史的新纪元，对进一步推进传统中国市场的整合与发展，有着重要的意义。

明清山西商人多层次的金融体系创新及启示

周建波

尊敬的各位老师、同学们，大家上午好。能来到咱们云南大学和各位老师同学一起做一个学术交流，我感到特别的荣幸！在社会中得到人的信任是很不容易的，既然得到了信任，就要积极想办法不辜负大家的希望，对得住黄纯艳院长以及诸位老师对我的信任。

昨天晚上，我做了《中古社会寺院金融兴衰》的讲座，今天呢，我再做一个《明清山西商人多层次性金融体系的创新与建设》的讲座。虽然是两个不同的时期：一个是中古社会的魏晋南北朝、隋唐；一个是宋、元、明、清，更多的是明、清。但是两个讲座之间是有它们的内在联系的。尽管讲的都是金融，但有一个先后的差别。中古社会的寺院金融及其所带动的世俗金融的建设，为后来宋、元、明、清的商品经济的大发展，尤其是金融市场的大发展，奠定了技术的和伦理的基础。须知，这个技术和伦理是为超血缘的、跨地域的、广泛的社会人群服务的。可以说，没有这一超血缘、跨地域的降低风险的管理的技术进步，没有相应的降低跨血缘交易过程中的交易风险的伦理道德的进步，明清时期商品货币经济的大发展是不可能出现的。所以，外来的文化，包括佛教、基督教、马克思主义都对中国产生了非常大的影响，并在和本土文化冲突融合的基础上产生了既超越又包容的活力四射的新文化，对推动中国商品货币经济的发展发挥了重要作用。

在讲这个题目之前，我想给大家谈一下我对金融业发展的几点看法。在商言商，你干什么，就吆喝什么；既然我们探讨的是金融，那就该谈一下对这个行业的特点的认识。我们经常说“隔行如隔山”，那么金融这个行业的特点是什么？明白了行业的特点也就明白了这个行业工作的思路，为什么要这么干，为什么必须这么干？和别的行业相比，金融业的特殊性表现在哪里呢？我认为主要有如下四点。

第一，存贷的利差大。你看看我们今天的银行，存款利率有多低，贷款利率有多高，这当中的存贷差是不是翻番，一倍以上？你到全世界各地好好走一走，有什么行业有这么高的毛收入，你到哪里找这样高利润的行业？当然了，利润高的行业风险也大。你做二十笔业务，一笔业务砸了，全军覆没，甚至永世不得翻身。这就像现在国内的小额贷款公司，他做了三年的业务，挣了不少钱，可是一笔业务砸了，就不得不“跑路”，谁愿意背井离乡啊！你说商业风险又能大到哪里去？无非这个百货商场的货卖不出去了，亏本了嘛！可是卖不出去还有货在，折价销售，挣多少算多少，不致像金融出问题的代价那么高吧！

第二，上下游的环节少。如果做商业，做制造业，上下游的环节特别多。在上游，你得购买原料、能源、雇用劳动力，一大堆的事情。下游呢，一批发、二批发、零售，你得控制好多个环节，这在营销学上被叫作“价值链”，需要各个环节的共同努力提高竞争的优势。这个金融呢，只有存款、贷款，所以说上下游的环节少。

第三，风险特别大。我刚才说了，从事金融业的做二十笔业务，如果有一笔业务砸了，就有可能让他全军覆没。既然风险特别大，那就特别要求能够抵御外部的诱惑。这个诱惑说到底就是孟子所说的，“贫贱不能移，富贵不能淫，威武不能屈”。生活中的人们往往受不住这些诱惑。人的天性普遍是贫贱就“移”，贫贱夫妻百事哀；富贵就“淫”。大家想，富人的离婚率高还是穷人的离婚率高？显然，富人的离婚率高。人富了会从自信进一步走向自大，蔑视人啊。管子是贤人，讲“仓廪实则知礼节，衣食足则知荣辱”，贤人更多讲的着眼于当前社会问题的解决。孔子、老子是圣人，圣人的看法超越时空。他既讲了富的优点，还讲了富的弱点——骄傲、骄横、骄奢淫逸，这些都是富人的专利，穷人不会有的，他骄傲不起来。试问，他有骄傲的资本吗？所以“谦虚”一词在我看来更多不是对穷人讲的，穷人是天然的谦虚，这句话更多是对富人讲的。因为人富了就自信，若在富裕的自信中还能明白自己的弱点，这样才能有大出息，谦虚使人进步嘛。此外，人普遍是威武就“屈”，受不住外部环境的压力，于是“跑路”。

第四，金融是建立在实体经济发展的基础上，双方是鱼和水的关系。试想，实业垮了，为实业服务的金融业，不垮都不可能，因此金融业对实业不能竭泽而渔，要放水养鱼。从这个意义上讲，后来明、清山西商人的衰败不是偶然的。他们一贯依靠的实业，基本上被来自外国的现代工业所取代了，或者说他们原来依靠的那套实业体系基本垮掉了，在这种情况下，他们又能好到哪里去？建立在新工业基础上的现代银行建立起来后，若要进一步保持发展的态势，也必须要为实业服务，这是现代金融业发展的根本。当然了，金融业一旦发展起来，跟实业又会产生矛盾，毕竟它有自己独立的发展轨道，但从根本上说双方是相互依存的。金融不为实业服务，最终自己也是无本之木、无源之水。

那么，作为金融业来讲，既然风险这么大，怎么降低风险呢？降低风险的途径有两个。一个是有助于降低借贷风险的技术的进步，这当中就包含质押借贷、抵押借贷、担保借贷，等等。在中国，质押借贷，早在战国时候就创造出来了。质押有两种，一种是“人质”，一种是“物质”。所以词汇的本身往往透露出它起源的历史。那么，经济上的这种“人质”是从哪里来的？是从政治上来的。战国时期，各国互不信任，互相订立契约，怎么样才能让契约进行呢？往往用国王的儿女做人质，各国互派人质。这个做法后来就被引进到商业中来。再一个是“物质”，在战国、秦汉时，更多的是“人质”，“物质”并不多。这是因为，当时生产力的发展水平不高，大家不富，没那么多物可质，没有多少实物可作抵押，更多的靠人质。亦即，以我的劳动能力作为担保行不行？以我的劳动能力作为抵押行不行？有人会说，他跑了怎么办？那是后来才发生的事情。当时社会的流动性弱，他跑不了的，所以一方面劳动确有价值，另一方面他又跑不了。最有名的人质故事，以汉代的董永卖身葬父最典型。

还有一种抵押形式是“物质”。这更多发生在魏晋隋唐以后，魏晋南北朝爆发大范围的战争，这本身也是技术进步的一个体现，长期的战乱使得中国的民众不断向内地的山区和边疆移民，结果把这些边缘地区开发出来了。抵押借贷更多的发生在唐中叶以后，土地可以买卖了，拿着你的土地证可以做抵押借款，也可以给第三方做担保借款。

担保借款在战国时期就创造出来了。担保一般都是第三方担保。质押、抵押一般都是我的财产，我的土地。担保一般都是第三方，万一还不上，找担保人赔偿。你看看汉代的史料，担保特别多。而无论是质押、抵押、担保，都需要对借款方的相关信息进行搜集、分类、判断、保存，这在某种程度上跟今天的大数据很相似，体现出“知已知彼，百战不殆”的原则。

那么，如何判断“人质”这一特定的劳动力的价值到底有多高？老的人质、年轻的人质，男的人质、女的人质，其劳动力的价值是不一样的。“物质”也有怎么给它定价的问题。抵押也有定价的问题，你定的价格高了，他索性不要抵押物了，根本不来取；你定得低了，人家不愿意到这边来，到别处去了。所以这个定价确实是一个很棘手的事情，没有相当多的信息作基础，你很难够取得竞争的优势。总体来讲，降低风险的技术就这么几种，一两千年也没有发生大的变化。但是与时代的发展相结合的金融机构却在不断出现，南北朝产生的典当一直到现在还在社会生活中发挥重要的作用。

到明、清的时候，产生了新的金融业态——“印局”。印局，用今天的话说，就是给城市的流民、农民工做小生意、摆地摊的贷款。你不能说给社会底层放贷没有多大的价值，这个市场很大，只要肯做，也能得到丰厚的利润。为什么我们今天要学这个印局的经营？试问，今天的农民工有几个能得到贷款的？另外，为什么叫“印局”呢？因为债务人每天都得还款，每次还钱时都要盖一个手印。还有一种金融业态叫“账局”的，用今天的话来讲，就是给中、小、微企业贷款。在城市里，中、小、微企业，起码是有个商号的，很多需要依靠账局的贷款维持经营。

“钱庄”是专业从事货币兑换的金融业态。“票号”是为了给远距离、长距离的商人进行资金运输的金融业态。和主要依靠抵押、担保借款的现代银行相比，无论印局、账局、钱庄，还是票号，都是做信用放款的。这说明在明清时期，金融业的一个大变化是突破了质押、抵押放款，抵押物不多的限制，广泛的向信用放款方向，亦即，向以人的劳动能力作为担保，以人的经营能力作为担保进行放款的方向发展。

但是到了鸦片战争以后，这套信用放款体系维持不下去了。为什么呢？全球化了，中国的经济受到世界经济的强烈影响，企业倒闭率高了，信用放款的风险大大增加，你不得不走向质押、抵押贷款的道路上来。来自外国的以抵押、担保放款为特征进行借款的银行所以能在20世纪的中国大行其道，就是全球化时代竞争激烈，企业倒闭率提高情况下的产物。一直到今天，银行贷款必须有抵押、必须有担保。你说自己有“信用”，但银行是不敢相信的。为什么当前的社会对信用放款为主要特征的民间金融机构比较需要呢？因为抵押借款确实有它的不足。试想，大学生刚毕业，他哪有什么抵押物？在这种情况下，明、清山西商人多层次金融体系发展的经验，很值得我们今天来借鉴。其实，生活中，小老百姓熟人之间的借款，他需要做什么抵押？生活中有很多种进行交换的办法，所以大家看现在新发展的金融机构都是在已有的抵押、质押放款的基础上，向信用放款的方向去突破。

即使在抵押物的种类选择方面，也有必要向传统金融业学习。现在的抵押借款都要房产作抵押，别的都不相信，搁在过去，什么都能作抵押，就连锅碗瓢盆都能够作抵押，不少农民简直以抵押为生！比如，冬天的衣服到了春天不穿了，拿着到当铺去，正好找个地方做衣柜用，何况还能货出点款来。从这个角度讲，我们今天的金融机构在经营方面，和当时相比，确实存在比较大的差距。

降低借贷风险的伦理发达。你得让人自动的愿意还款，你不能老向人家催债，这样管理成本太高了，做业务就不合算，这就需要建立在共同价值观基础上的伦理发达来降低管理成本。在先秦和秦汉时期，贷款人更多的依靠血缘关系降低管理成本。所以我们看赵人、魏人，韩人，基本上都是从同一个血缘关系下来的。既然都是一个血缘关系，我们就有很多种聚会的形式，通过聚会来建立共同的价值观，形成“熟人约束”的巨大力量，降低管理成本。再一个就是通过“地缘关系”降低贷款的管理成本。地缘关系靠什么来凝聚民众呢？土地庙。在传统的社会，每个乡村都有土地庙，山民则有山神庙，以水为生的渔民则有水神庙，像山东微山湖和河北白洋淀那样的地方，自古以来就是这样。很多的大自然人和人合作的禁忌，亦即，不能干不能干之类的，都是通过这样经常的聚会一代代传承下去的。人们为什么建那么多庙呢？庙就是聚会的场所，公共聚会的场所。过去的每个行业都有自己的祖师爷，行业同人的聚会都有固定的地方，而这些固定聚会的场所，有助于形成共同的价值观，促进社会合作。除此之外，还可以靠超血缘、地缘的国家权威的力量降低贷款风险，这就是官府的作用。所以在先秦秦汉时期，借款的范围都是有限的，一旦借款的范围大了，他就控制不了了。此外，作为贷款者，不是富人便是官员，他们往往综合利用血缘，地缘、国家权威的力量降低贷款风险，这是秦汉时期金融业建立公众信用的办法。

那么到了魏晋、隋唐社会，在依靠传统的血缘、地缘以及超血缘、地缘的国家权威降低贷款的管理成本之外，又多了一个宗教信仰的力量。我们有共同的信仰纽带，借助共同的信仰，我们也经常见面，而共同的活动、共同的语言，才能锻造共同的价值观。所以寺庙为什么敢广泛的贷款呢？就因为寺庙遍布全国、遍布大半个世界，信徒们经常到寺庙去接受释迦牟尼的教导，受到的是同一个价值观的教育，所以信徒相互之间很容易建立起信任。如果说血缘关系是依靠一个共同的祖先把人们凝聚在一起的，那么非血缘关系的人则依靠共同的信仰，通过经常聚会的方式，将三世轮回，因果报应，积德行善，普度众生的佛教观念不断强化。

三世轮回、因果报应，更多的是讲一个人命运好坏的原因。积德行善、普度众生，更多的是讲我怎么改变命运的途径。有因必有果吧，有果必有因吧？你对人家好别人对你又如何，你对别人不好别人又对你如何，不一样的吧？各位，你们觉得因果报应有没有道理，是不是迷信？因果报应，你把它掰开了揉碎了，往深里理解，是不是就是生活中常说的“知己知彼，百战不殆”的另一个表达？它要求我们既看眼前也看未来，既想自己也想别人。

从内容上讲，报有两种报，“好报”和“坏报”，“报复”和“报仇”都是报。你让人高兴了，人家怎么报？你让人不高兴了，又怎么报？各位，人是这么一种动物，吃亏了难受；得便宜了，心中也不踏实，人追求的是公平。我在社会中，尤其是企业中见了很多借钱不还的事，每当这时，债权人往往特别生气，于是拼命地追款。我跟他们讲，你得好好看看，对方是有钱不还你，还是真的没钱？如果真的没钱，你就是把他的骨头敲碎了，他也还不上啊。你分文未得，还树了个仇敌，值不值啊？你不如学先秦的孟尝君，把欠款给免了，或者免一部分，或者延长还款期。如果对方不是不想还债，而是实在没能力还钱，那么不妨宽限他一定时间，我相信他有了钱一定会还你的。

俗话说，欠人的人情债难还。2003 年前后，我的一个做买卖的同学找我借了两万块钱，说好了一个月后还的，可是到了还款期却一拖再拖。我后来才知道，其实当初他向我借钱的时候，他就已经没有能力还钱了，只是我不了解这一情况而已。后来我追了大半年也追不回来，干脆不追了，权当积德行善。你要不回来了嘛，你没有那个控制力嘛！而且他确实是没有钱还你，倒不是他故意不还你的钱。三年过去了，忽然有一天接到他的电话，让我给他个账号。他有钱了，马上还钱，不仅还了我的 2 万元本钱，还追加了 8000 元，说是赔偿我的精神损失的利息，安慰我三年来受伤的心。大家看，这就是人。他有钱了十之八九会给你的，他没有钱了，你就是把他拉入十八层地狱，他还是还不了你。天底下哪有人生来是坏蛋？所以，对人有一个什么样的看法，就会产生什么样的行为。

刚才谈到了，“报”从内容来看，有好报、恶报两种有；从时间上来看呢，有现世报，有来世报。各位相不相信来世啊？我们经常听人讲“三世轮回”，哪三世？前世、今世、来世。读书要会读，应透过现象看本质。“世”指的时间，“界”指的是空间，从这个意义上讲，前世、今世、来世换成今天的话讲，不就是昨天、今天、明天嘛，不就是老子、儿子、孙子吗？昨天发生的事绝对影响到今天和明天，经济学上叫“路径依赖”。你看那些被看管抓起来的贪官，哪个是因为今天的事被抓起来的？哪个不是因为昨天、前天的事被抓起来的？因此，我们不要总想着眼前芝麻粒那点小事，要放远了眼光往未来看。从这个意义上讲，前辈子是牛马，这辈子是人，下辈子变猪的事，都是古人的“神道设教”，目的是教化众生，得用形象的语言表达啊。

再比如，怎么理解天堂、地狱？在我看来，这也是我们最想看到的，和最不愿意看到的结果的形象化的表达而已。你这样看就想明白了，是不是？依我之见，三世轮回是很有道理的。我们中国有句老话，叫失败是成功之母，骄兵必败。为什么？人失败了一定谦虚，谦虚使人进步嘛；人成功了后一定自信，自信沿着时间的惯性走下去，必定走向自大，而骄傲使人落后。人这一辈子就是这么个轮回，上去、下来，下去、上来。佛教要求摆脱轮回，指的是别像过山车一样，大起大落，而是要尽可能的把它缓和一下，变得平一些，这也是生活中常说的平常心吧。当然，这是我们一辈子努力的方向。你毕竟是人，有优点的同时一定也有弱点，但是这可以成为我们一辈子努力的方向吧，应该这么来理解，才是对头的。

佛教在南北朝的时候能够“征服”中国，把中国变成一个佛教国家，这与它的理论很有关系，它确实解释了中国文化中许多解释不清的问题。中国文化特别讲“德”，认为品行好的人结局好，品德不好的人结局不好，可是回到生活中就会发现许多的反例。司马迁的《史记》就讲了很多人的品德很好，可命运不好，好多坏蛋命运却挺好的，怎么解释这种现象？比如，司马迁的品德就很好，但最后竟然受了宫刑，屈原的《九问》也是不断问这个问题：你说人的品德好，命运就好；品德不好，命运就不好，可生活却不是这样，老天爷啊，您可真是不公平！为此，中国人在“德”的后面又加了一个“命”字，来解释生活中的种种悖论。意思是说，人的发展不仅取决于品德的好坏，还取决于天时地利的配合，而后者是我们所难以控制的。这种说法很有道理啊。比如，我们云南人民很努力，但以前就没有大发展，为什么呢？地利不和啊。我们周围的国家都不是富裕的国家，如果是日本这样的国家也能把我们带动起来。大西南又难以开发，山高林密的，运输成本高。不过，东部一旦发展起来，它一定往西南、西北走，要去拓展市场，要去开发原料产地。现在大西南发展的时刻就到来了吧！你看现在的报纸不断刊登大西南，包括云南、贵州的讯息。现在的人们还有一种看法，认为真正的中国文化是在西南，撑起民族脊梁的不是在广东，也不是在山东，而是在西南。因为沿海地方的人受外国的影响太多，被外国的文化打倒了，民族的自信心不够强。大西南受外国文化的影响比较少，民族自信心很强。你看当代的大企业家，好多都是大西南这个地方的，诸如任正非、刘永好，还有那个做老干妈辣酱的陶华碧，都是西南人。

佛教的解释不是这样，它把个人的成功如否完全归结到个人自身。它说为什么某个人这辈子那么的努力，品德那么好，还受很多磨难？是因为他前世作孽太多，就算把这辈子做的好事弥补了还不够，因此命运不好，但是只要他无限的做下去，下辈子的命运一定好。下辈子不就是指的儿女吗？显然，这很有道理啊。另外，某个人一辈子恶贯满盈，但为什么命运还好？佛教的解释是人家前世好事做的多，把这辈子坏事弥补了还有余，所以这辈子好，但只要他无限的把坏事做下去，他的儿女一定出问题。这个说法在生活中也很有道理。比如，我们常说前人栽树后人乘凉，问题在于你栽了棵什么树？参天大树还是歪脖子树？对儿女的发展能没有影响吗？从这个意义上讲，佛教的说法自有它的道理。

中国的典当怎么来的？典当作为一种金融业态，是佛教从印度带来的。“民间合会”呢，则是佛教在中国传播的过程中，围绕着一个寺庙，围绕着一个高僧，大家老在他的影响下开展活动，定期的聚会，由宗教活动慢慢走向世俗的经济活动的产物。庙会也是这样来的。由于全社会形成了佛教信仰，去寺院烧香进贡的人很多，这样围绕寺院就形成了很高的人气，尤其在佛教节日期间，人气更旺，由此为开展满足信徒需要的商业往来奠定了基础。而在寺院周围开展的商业活动，由于沾上了神圣气、庄严气，商人往往更自律，因此商业秩序更好，从而为形成大规模的商业集市创造了条件。这就是文化对经济影响作用的直接体现啊。

大家想一下，在寺庙里面聚会和随便找个地方聚会的感觉一样否？所以，欧洲人结婚在哪里结婚？在教堂里结婚，要对上帝发毒誓，我一辈子要爱这位姑娘。从这个意义上讲，我们学西方没有学到家。我们现在结婚时也学西式婚礼的样子，可我们是礼仪公司操办婚礼，完全的商业行为，因此，你就是再讲如何如何一辈子爱这位女孩，也没人相信。

佛教给中国带来了很多观念的变化，比如众生平等，而民众有了众生平等的观念，才有了生活中这样的说法：夫债妻还，父债子还。显然，这实行的是无限责任啊。它突破了儒家重视血缘关系的限制，由此走向了由非血缘关系的陌生人组成的广阔大社会。而亲兄弟明算账的说法，也是佛教来到中国后，影响中国人行为的结果。按照儒家的理论，亲兄弟怎么明算账？哥哥借了弟弟的钱，哥哥还不上，弟弟逼着要，弟弟的爱心体现在哪里啊？但这样一来，造成的结果就是以后哥哥再借钱，弟弟不愿借了，它使得资本供应量减少，导致金融市场萎缩。但是，佛教观念影响下的金融市场的发展却不是这个样子，它有助于金融市场的健康良性的发展。再比如，唐代为什么出现个武则天？众生平等。它提高了妇女、提高了儿童、提高了传统的弱势群体的地位。

另外，超越血缘家族的全社会的互助也是佛教来到中国后的产物。过去的中国是以家族为单位干事，或者几个家族通过通婚建立了更大的联合体来做事，但是在更广泛的社会，以一个村，以几个村，甚至以数个村庄集体开展活动，依靠的则是佛教信仰的力量。试问，是谁把大家凝聚在一起的？是共同的佛教信仰的力量。所以以这种社会合作的方式开展的修船、修桥、修路、建井等，前面往往加一个“义”字，如义船、义桥、义路、义井等。“义”体现的是非血缘的社会范畴，“孝”体现的是家庭血缘的范畴。在南北朝，这种突破血缘关系限制，以很多个村庄的结合共同开展公益活动的事特别多。在南方的福建，很多架桥、修路的工作，更是在佛教寺庙的影响下完成的。

近代基督教带来的欧美文明对中国商业发展的影响主要是什么呢？有限责任的观念。佛教带来了无限责任，但无限责任在近代出问题了。全球化时代，竞争激烈，企业倒闭率很高，你想实行无限责任也进行不下去啊！在这种情况下，基督教将有限责任带来了中国，即一旦经营失败，以投资额来赔偿债权人的损失，而不是以债务人的全部家产来赔偿。但是直到今天，基督教的有限责任在中国也没有很好地落地，佛教的无限责任在中国则完全落地。试想，基督教的有限责任观念在中国完全落了地，还有“跑路”的现象嘛？“跑路”怎么来的？商业往来上实行无限责任的反映。债务人必须还钱，如不还的话则以债务人的生命安全将受到威胁，如剁胳膊、断腿之类。如果有限责任在生活中完全落了地，欠债人他根本犯不着“跑路”啊，因此基督教的有限责任的观念并没有在中华大地完全落地！依有限责任的观念，经营亏本，就剩下这点钱了，你们拿走吧，放款人肯定不答应。因此，近代欧美文化对中国人心灵的影响远没有佛教大。

及至宋、元、明、清，中国人在学习超血缘的佛教的基础上，再跟本民族重视血缘的儒家文化相结合，遂形成了以儒家为核心，佛教、道教有效补充的儒、释、道三教合一的价值观，并利用庙、观、祠堂、牌坊、关帝庙、土地庙、坟墓等力量强力渗透，形成了全社会共同的价值观。我们目前的全社会是没有共同信仰的，所谓“国人信仰严重缺失”，讲的就是这个意思，而当时的全社会有共同的信仰，关公是儒、释、道三教共同尊崇的人物，是各民族、各阶层共同敬仰的人物。商人走哪里，先建关帝庙，这是公共活动中心。信仰指导商人的行为，它有助于形成稳定的预期，有助于降低管理成本，提高经营效率。当时，哪里发生灾荒了，商人纷纷赞助，这叫与社会分担忧愁；哪里发生了幸福的事情了，比如国家打赢仗了，商人也捐款，这叫与民同乐。总之，与市场同甘共苦，这样还能不得民心？尽管宋元明清以后，社会仍有“重农抑商”的说法，但这仅仅是一个口号而已，在民间已经没有什么市场了，做官的都是商人兼地主的子弟。我认为，正是明清时期的全社会建立了这种既立足本土，又吸收外来文明的儒释道三教合一的新文化，十大商帮才能发展起来。

大家再来看，这个“坟墓”的力量体现在哪里啊？生活中常听人说，爹妈在哪儿，哪儿是家，那么爹妈不在了呢？兄弟们还有围绕着父母的聚会吗？而有了这个“坟墓”——这个坟墓就是聚会的场所，就是爹妈的另外一个世界的家，兄弟一年起码聚会三次——清明节、十月一、春节，不仅如此，兄弟的儿子的儿子的儿子还要聚会。而有了聚会，就会形成积极性上的追求力量和避免堕落的熟人约束的力量，全社会的合作就容易实现，因为他有共同的价值观，有共同的追求。你可能会说好多商人，捐钱成了二品大员、三品大员等，这不是社会资源的浪费吗？我认为，捐钱也叫为社会做贡献，社会这才给他一个荣誉，这正是对他服务社会的行为进行表彰的体现。商人有了这顶官帽子，就拥有了跟社会成员，尤其上层成员对话的通用语言，就拥有了畅行社会的通行证。我是三品官衔的大员，三品的官员我都能见，二品的大员我可以拜访，商人通过这顶全社会认可的官帽子就可以走遍全国吧？就能得到社会各方面资源的支持吧？这跟今天的企业做大了，企业家做政协委员、人大代表是一样的性质——拥有了畅行天下的通行证。所以，宋、元、明、清时期的中国是“县县有文庙、村村有关帝庙”“家家弥勒佛，户户观世音”，每个行业都有自己的祖师爷。比如，孙膑是做鞋这个行业的祖师爷，张飞是杀猪、杀牛、宰羊这个行业的祖师爷——张飞以前杀过猪。管仲是妓院这个行业的祖师爷（管仲在齐国发展经济，招商引资，曾建立了800人的国家妓院），唐明皇是娱乐业这个行业的祖师爷，鲁班是建筑、打铁这些行业的祖师爷，伯乐是贩牛、兽医这个行业的祖师爷。总之，每个行业都有自己的祖师爷，行业中人在祖师爷共同的旗帜下聚会，既相互理解，为开展合作奠定基础；也容易形成共同的价值观，为建立行业规则，与社会和谐发展奠定了基础。

乞丐行业也有自己的祖师爷，也有自己的行业规则，事实上直到现在也有行规，主要是不偷、不嫖、打小偷（为社会做贡献）三大原则。中国有一个地方，我就不说名字了，这个地方位于黄泛区，从宋元以来由于人口增长，滥垦滥伐严重，经常闹水灾，一过了秋收，老百姓就出去要饭。民国以来有了火车、汽车，老百姓等秋收一过，就扒上火车、汽车，拉到哪里就在那里要饭，快到春耕了才打点行装，回家种地。俗话说，靠山吃山，靠水吃水，靠传统吃传统。改革开放以后，这个地方的人又奔向全国要饭，主要是到南方，尤其到深圳，据说要两年饭就能盖栋两层小楼，以至于当地人娶媳妇时，女方家往往问男方家有没有在南方工作的，即在深圳要饭的。它是几百年形成的这个传统，尽管生活富足了，还留下了不少的影响。他们也有行业规则，一是不偷。这个行业是靠人们的同情生活，你偷，你让人讨厌，还怎么生存？二是不嫖。你做乞丐这个行业，还出去嫖，谁同情你？三是帮助老百姓打小偷。小偷是流动生活的群体，要饭也是流动生活，流动生活的乞丐最明白谁是小偷。试想，你没有这个行业的行业准则，肯定干不下去。你跟这个社会不协调，你就会遭受社会的打击。

综上，要促进金融业的发展，（1）有利于降低借贷风险的文化很重要；（2）有利于降低借贷风险的技术很重要。因此，作为金融业的从业者来说，必须做到两点。第一，牢固地树立服务实业经济的意识，此乃鱼和水的关系，应放水养鱼，而不能竭泽而渔。第二，牢固地树立降低风险的意识，增加抵御诱惑的能力。而在降低风险方面，技术的进步固然重要，伦理文化的发达同样重要，甚至更重要。这就是我讲的第一部分的主要内容，围绕金融业这个行业的特殊性谈一点自己的看法。下面，我就详细谈一下对明清山西商人金融业创新的看法。

中国的金融业很早就有了信用借贷和质（抵）押借贷两种信用方式。但信用借贷主要局限于王公贵族势力所能控制以及家族势力所能影响的范围内；质（抵）押放款则主要局限于贵族富豪之家对周边无密切血缘、亲缘关系的范围内。质押借贷分“人质”“物质”两种。但落后的生产力发展水平所导致的物质资本的极端贫乏，使得保障债权人权益的最为通常的做法是强制债务人以人身的劳务，即“人质”作为债务的担保，抵押借贷很少见于其时的书籍记载。“物质”借贷的情况也不多见。即令是信用借贷，债务人一旦还不上，也要用人身劳务来抵赔。王充在《论衡·量知》中指出，“贫人负官重责，贫无以偿，则身为官作，责乃毕竟。”以人身劳务作担保借贷最为有名的例子，莫过于董永和织女的传说。在隋唐以前，封建国家对农民的控制主要体现在对人身劳务的占有上，而封建国家和豪强地主的斗争也主要体现在争夺劳动人口上，这从西汉末的限制奴婢买卖、魏晋南朝的土断、隋朝的大索貌阅、输籍定样、中唐宇文融的大规模括户中可充分反映出来。农民反抗封建政府的主要形式也是脱离其控制，或者逃到豪强地主处接受其保护，或者跑到封建政权控制不到的偏僻地区，实在走投无路，则揭竿而起。

南北朝以前，两种信用方式不分伯仲，甚至质（抵）押放款超过信用放款。这是因为，哪怕信用放款还不上债了，事实上也以质押、抵押作为保障。所以到了西汉末年就出现了两个问题：一、土地兼并厉害；二、奴隶问题厉害。你实在还不上款了，剩下的最后一个办法就是去做人家的奴隶，这样才会出现东汉豪强地主的田庄经济。

南北朝以后，寺院典当异军突起，开创了向广阔社会范围内的广大民众，尤其是底层民众大胆进行质（抵）押贷款的新局面。各位，这个很重要，一般的放款人总是有把握了才放款，中古社会的寺院金融正好相反，越是乱世，普度众生的理念越起作用。所以，如果没有佛教，我们真的走不出南北朝的乱世，更迎来不了盛唐的繁荣。隋唐大帝国建立后，商品经济发展，要求突破熟人社会的限制而走向广阔的陌生人社会，典当业由此得到了大发展的机会，开始从寺院推广到民间，而信用放款仍维持在熟人关系或官员仍控制得住的范围内，无甚大的进展。如果有发展，也是把质抵押放款，担保拉到了信用放款当中，比如说王安石的“青苗法”，他要担保，甚至好多人的担保。

及至明清，典当业的发展遇到了瓶颈。大量无地少地的农民到了城里，他们需要谋生。我们现在是城市化，当初起码也是城镇化吧？大量的中、小、微企业的发展需要融资，但是缺乏抵押品，或者抵押品不够，这就为信用放款的创新提供了契机。明清以后，以晋商为代表，突破了质押、抵押房款的限制，相继创立了为城里的农民工信用放款的“印局”，为中小型企业进行信用放款的“账局”，开展货币兑换的“钱庄”，以及为远距离贸易的大商号进行资金运输的“票号”等金融机构，将信用放款的功能大大发挥。这些金融机构按照主要业务，主要客户群和面临风险的特点，分别设计了不同的风险规避手段，建立起多层次性的金融体系，满足了社会各阶层的资金需求，推动了商品经济的发展。

各位，我们说今天的房价高，那个时代的房价也不低啊，徽商的发展很大程度上跟房地产有关。他做木业，试想，没有城建的发展，没有装潢、装修，这个行业能发展起来？假如说南北朝的寺院典当发起了中国的第一场金融革命，开创了向广大底层民众进行质（抵）押放款的先河，那么明清的山西商人就发起了第二场金融革命，不仅开创了向广大城乡贫民，中小工商业者信用贷款的先河，更以“酌盈济虚”“抽疲转快”等做到了“汇通天下”，使金融业的社会化程度进一步提高。而要为更多的陌生人服务，没有一个超越熟人界限的，不能超越血缘关系界限的新伦理文化，他怎么做得到啊？所以明清时期的中国人都讲：在家靠父母，出门靠朋友，指的正是陌生人关系的处理。

现在让我们看看晋商金融体系的建设情况。正如刚才所讲，明清时期的晋商有五大金融机构：典当、印局、钱庄、账局、票号。

典当业我刚才给大家谈过了。典当业，俗称当铺、典铺、质库、押店等，是以质（抵）押放款业务为主，高安全性为特征的金融组织。典当业最早产生于南北朝（420—589）时期寺庙中。从唐代开始，典当业转向世俗社会，明清时间达到鼎盛时期。我们看《水浒传》《金瓶梅》，都能看到，当时各地纷纷飘扬着“当”字的旗帜，随便一个偏僻的地方都有当铺，由此导致金融业的社会化程度大大提高，到明清时期更是发展到了顶峰。当时山西典商很有名、安徽典商也很有名。山西典商以资金规模大，分支机构多而独树一帜。史载“晋商当铺颇多，亦善营运。”“典肆，江以南皆徽人，曰徽商；江以北皆晋人，曰晋商”。雍正十八年（1740），山西典当数位居全国之首，共计2602家，约占全国总数的26%；乾隆十八年（1753），全国共有当铺18075家，其中山西省有5175家，占全国总数的28.6%。只是随着印局、账局的产生，明清典当业逐渐蜕变为主要为贫困农民、小手工业者以及下层知识分子和破落贵族等服务的金融机构，这使得当时的典当铺有个非常突出的特点：柜台非常高。为什么这么高呢？为无恒产者无恒心，更容易率性发作，不安全系数高的穷人服务。这几年我到韩国、日本去，发现人家银行的柜台都很低，真的是平易近人，我们银行的柜台则很高，还有大玻璃板，这反映了什么？不安全。我们的出租车驾驶室的周边全被玻璃板围住了，这正是人身不安全的体现。

典当业的风险很多。首先是典当业自身的风险。当物的种类越来越多，如何正确地定价成为问题。咱们刚才说过了，今天当铺的质押物种很少，或者汽车，或者房产证，或者珠宝，别的他不要。那个年代的当铺什么都收，什么都要。而当物的种类越多，判断当物价值的难度就越高，出现骗当的概率也越高。须知，在流动性强，一次性博弈概率更高的时代，骗子出现的概率是很高的。据我所看到的古书，唐中叶前你几乎看不到有关骗当的记载，但宋以后骗当的记载逐渐多了起来，为什么？流动性强了，都是陌生人的关系，人们倾向于自我放纵。在流动性弱的时代，人们低头不见抬头见，抬头不见低头见，按经济学的说法，叫“重复博弈”，民众有自我约束的动力。以农民为例，为什么都称淳朴的农民？他老见面吗，属于重复博弈。为什么农民到了城里当起了农民工，不少人就开始偷东西啊？他流动性强，今天见了明天不见，是个浑水摸鱼的环境，属于一次性博弈，更容易自我懈怠，更容易自我放纵。20 世纪 90 年代的北大有所谓的北大“三大坏”的说法：第一坏是 MBA，仗着有点钱，骄狂自大；第二坏是保安，脾气不好，还爱打人；第三坏是民工，偷东西。各位，当时的民工真的偷东西啊，这可不是瞎编的。其时我在北大历史系工作，被子晒在外边，被人拿走了。我还有件羽绒服晒在外边，也被拿走了。还有件衣服刚晒出去，正准备晒第二件，还滴着水呢，也被拿走了，甚至有的同学放在脸盆里的衣服，连衣服带脸盆都给拿走了。谁干的？民工。什么时间干？春节回家前。中国人强调衣锦还乡，可经济不景气，怎么办？经济景气了，他绝不会干这种缺德事，经济不景气了则增强了他干坏事的动力。那几年，我丢了两床被，一件羽绒服，一件风衣，还有准备回家结婚的那个呢子大衣也丢了。不见得都是民工做的，但是民工偷东西的概率确实很高。总之，在流动性强的时代，骗子好多，作为典当业的从业者，如何避免客户以次充好、以伪充真呢？明明是个假货，他偏说是真的，你把钱给了他，他永远不回来赎了，这是当铺业自身运营过程中必须要应对的第一个风险——防止骗当。

第二个风险是你怎么确定当物的价值。定高了，他不来赎当，定低了，他干脆不到你这儿当了。

第三个风险呢，防止老鼠咬的风险，以及火灾爆发的风险，等等。那么多的当物在仓库里，被老鼠咬了怎么办？所以好多当铺都供奉“耗君”，就是祈祷老鼠不要咬当铺的当物。试想，你把人家的呢子大衣让老鼠给咬了，人家来赎当时，你怎么办？另外，一旦发生动乱，乱兵第一个抢的是当铺，典当如何最大限度地避免趁乱抢当，也是一个很大的问题。

那么，山西商人怎么防止骗当，怎么确定当物的价格的？首先，山西典商多是世代经营，在判断典当物价值方面积累了丰富的经验。试想，他们世代干，干久了经验、教训就出来了，再加上行业协会的建立，大家经常聚会，有利于信息传播吧。其次，当铺在各地开设分支机构，如晋中祁县乔家在西北、京津、东北和长江流域各大商业区域，投入大量资本经营当铺。通过在全国范围内建立分支网络，当铺得以广泛收集市场信息，把握商品价值变动情况。再次，当铺也兼营其他商品贸易活动，如山西太谷曹家大院（曹家大院最多的时间，在国内外拥有 800 多个分公司，3 万多个雇员，各分号之间有定期交流信息的制度，从而使信息不断流通，这导致他掌握的信息更全，规避市场风险的能力更高，给当物定价自然也更符合市场的真实情况。所以，山西典商是从跨行业经营之中，获得不同种类商品质量情况的内部信息，提高鉴别能力的)。

大家看明清时期的古籍，可以发现有不少的当铺被骗当的记载，所以这个行业是不容易干的。你不在这个行业干很长的时间，各种的经验、教训很难积累起来，被骗当的概率就高。有句话怎么讲的？江湖多险恶，社会是个大酱缸，一不小心就会掉下去。互联网时代的骗子更多，互联网时代人人都是信息的来源，反正也不见面，为了提高别人对自己的评价，往往大量地说假话。所以，为什么强调知己知彼啊？会听话！等你到了社会上，你经历的久了就会发现，商人讲话百分之三四十是水分。有时候你到这个企业来考察，其实这并不是他的企业，他把你拉到别人的企业来了，但又扮作是自己的企业，目的是提高社会对他的评价。上述情况在我认识的人当中就发生过。可见作典当是不容易的，但艺高人胆大，偏往虎山行，这就需要努力学习，不断提高自己的经营能力。

下面我跟大家谈一谈印局。印局是为城市底层市民服务的金融机构，大致产生在万历年间，它是明代中后期土地兼并以及乡村地区城镇化发展的结果。土地兼并严重，正是农村土地市场激烈竞争的反映。在竞争不激烈的情况下，比如说在唐中叶之前，一旦形成大规模的组织，往往长期稳定，士族家庭就是这样的。但是，唐中叶之后竞争高度激烈化了，“千年田八百主”，富不过三代，甚至富不过十年。在这种情况下，一个家庭想长期保持富裕就不容易了，于是竞争失利的一方便流入城市谋生。张焘《津门杂记》记载：“印子钱者，晋人放债之名目也。每日登门索逋，还讫盖以印记，以是得名。每归还一次，盖一次印，还讫为止，故名‘印子钱’。”各位，你说这个商人为了开发市场，真是绞尽脑汁啊，真有化腐朽为神奇的魅力，一般人觉得赚不了钱的买卖他照样能做得有声有色。

印局放款的对象是城市贫民和小商小贩，这些人资产少，缺少抵押物。他们到了城里后哪有什么资产？房子都是租的，自然不能建立足够的个人信用，现有的金融机构——当铺难以满足他们的要求，于是专业为城市流民服务的金融机构——印局应运而生。考虑到这些人借款数额少，过于零散，贷款审查、贷款监管的难度很大的特点，印局因此设计了担保贷款、频繁还贷、高利率的无抵押担保贷款设计，和今天的小额贷款的模式很相似。贷款不要求质（抵）押品，但要求担保人。谁担保啊？老乡啊。各位，直到现在，农民工流动也有个规律，老乡往哪里流动自己就往哪里去，成群结队啊，流动过程中往产生数个既有资产也有号召力的领袖，领袖替大家的借款作担保。他固然承担了责任，但也有别的好处啊，起码这他担保的人都要感恩他，要为他服务，包括有事得替他打架，等等。另外，都是老乡，各种数不清的八竿子打不着的亲缘情缘关系，你不给人家担保，恐怕舆论的压力也大，自己的日子也不好过，在这种情况下，只能给人家做担保去。我的舅舅在下面的乡村做教师，已经退休了，一个月的工资差不多七千多块钱。当地的人借款时都来找他作担保，你说你担不担？第一，过去人家帮过你，你要还人情；第二嘛，就算他没帮过你，都是各种七大姑八大姨拐弯抹角都能牵得上线的人情，你干不干？当然了也不是白干，人家给你送只鸡，送个猪头，你以后找别人办事也方便，这也是交换啊，也是合作啊。

再次，印局放款金额较少，归还期限较短。一般都是贷一个月。因为你需求的数额不多，贷款的时间也不会太长。在这种情况下，印局贷款多发放铜钱，较少借贷银两。每笔贷款金额一般是百文、千文、数千文，也有少数借纹银三五两者。贷款期限呢，有的是朝借夕还（这样的业务，印局也不嫌细碎麻烦，照样做，真是不简单），即早上借了晚上还上。或者呢三五日还，或者十数日还，或者一个月还。至于还款的方式呢，根据信用的情况也分三种，有的是每天还，有的是三天一还，有的是五天一还。由于印局的贷款风险、监督成本都比较高，通常利息也是远远高于典当业的。黄鉴晖先生在《明清山西商人研究》中记录了印局几种不同的贷款设计："一曰，借钱一千文，贷期六十天，日还本利二十文，共还本利一千二百文，月利百分之十；还有一种，借钱十千文或者八千文，贷期一百天，三个月，日还本利钱一百文或一百二十文，利率百分之八点二；还有一种，借钱十千文，一万，先扣利息一百文，按五日一收，收足一千文为止。借钱一千文实付九百文，如果按每五天收取一百文的话，等于贷期五十天，利率为百分之十一点一。"这种分类别类设计的贷款方案，在营销学上被称为差别化营销。

为了提高无抵押货款的安全系数，印局普遍与地方势力有联系，利用其拥有的非经济力量追讨借货。康熙年间，两江总督于成龙发现有人借八旗的力量举放印子钱，危害社会秩序，于是明令加以禁止。这说明，印局放款时往往借助于军队的力量，借助于政府权力的力量作为还款的保证，这和今天的小额贷款很相似。没点背景，你也吃不好小额贷款这碗饭，万一债务人不还你了，怎么办？客观地说，在信仰严重缺失的当下，欠债不还的概率可比有共同信仰的明清时期高多了，你怎么追讨去？因此，不少小额贷款公司往往与黑社会有一定的关系。

大家可能会说了，怎么越是穷人借钱，利率反而越高？各位，确实是这样的。原因在于，越是穷人，信用越低，是不是啊？信用低了怎么办，只好出高代价才能赢得人们的信任。相比之下，富人的信用好，不借则罢，一借往往借很多，管理起来也简单，这意味着给富人贷款的管理成本低啊。穷人借的不多，每天都还，还害怕跑了，是不是管理成本高啊？这从经济学意义上都是能解释得通的。

印局放款为什么采取每天还款的方式？可怜之人必有可恨之事。越是穷人，信用越低，还往往今朝有酒今朝醉，你不赶紧来催款，他就花光了。因此，生活中是富是穷都是有他的道理的，除了环境等客观的因素之外，更多的与经营能力有关。比如说遇到灾荒了，大家都要变卖家产。富人往往先变卖衣服，再变卖金银首饰，再变卖房子，不到万不得已他是绝不会卖地的。这是因为，土地好比士兵的武器，武器丢了，还能打胜仗吗？穷人遇到灾荒呢，往往卖地，有的甚至把粮食种子都吃完了。种子吃完了，后边的日子还怎么过？因此经营能力很重要。依我之见，新中国成立后，相当一段时间经济搞得不好，这是很正常的。为什么呢？这正是依靠穷人打江山必须付出的代价的体现。试想，你连自己的小家都没搞好，你能搞好国家这么一个大家吗？非得等穷人坐江山碰得头破血流了，包括穷人在内的全社会才会觉悟，这才开始用文人，用能人发展经济，而这正是就改革开放后发生的事情。试想，你不在经济上栽大跟头，包括贫下中农在内的全社会也不会发现它的经营能力的不足，作为贫下中农来说呢，也不愿意让出权力。问题的关键在于，你刚依靠穷人打下了江山，凭什么马上让人家退下来，不坐江山？这不符合人对利益最大化追求的天性嘛。你既然依靠穷人打江山，你就不仅仅想他体力好，能打江山的好处，你还要考虑到他文化素质不高，坐江山带来的代价。总之，直到经济出大问题了，人们这才考虑换人，换思路。所以，没有“文化大革命”就没有后面的改革开放，这话是非常正确的。前两年，我到浙江去，浙江的学者告诉我，改革开放后浙江经济发展的好，不仅仅是邓小平改革开放的因素，还有一个重要的原因——山东的南下干部退休了，当地的文人上台。

账局，即放账之局，以经营存放款为主要业务的金融机构。随着商品经济的发展，贸易范围和运输距离的增大，工商业者提出了更大规模的资金需求。以晋商为例，从武夷山收购茶叶，运到北方的恰克图（现在是俄罗斯的地方了），万里之遥啊。试想，从收购到运输，到卖出去，一年的周期，他得需要多少资金啊？在传统的金融机构——典当根本没法满足的情况下，账局这一专门向工商业者进行信用贷款的金融机构应时而产生。账局也吸收存款。事实上，在明中期以前的世俗金融机构，都是依靠自有资金向外放款的，直到明中叶后才开始吸收存款。老百姓为什么敢把钱给他？你可能说相互熟悉，其实熟悉的人也会犯错误啊。可以说，没有儒、释、道三教合一的价值观，没有庙、观、祠堂、牌坊的广泛的普及，没有民众间经常的聚会，就不会有全社会共同的价值观的形成，谁敢把钱贷给别人啊？这是他的心血钱啊，哪个敢轻易放款，万一借款人跑了咋办啊？没有下地狱这个危险，没有进天堂这个激励，借款人早跑光了。

账局通过吸收存款、发放贷款集合社会闲散资金，支持工商经营所需资本，主要服务于小型零售商，也对各级官员，特别是候选官员贷款，什么是候选官员呢，就是具有做官的资格，但还在等位置，这跟当代师范学校毕业的大学生一样，具有当老师的资格，但是他得等位置，等编制，这段时间需要钱，还需要公关。他这钱哪里来啊？借。拿什么来还啊？对未来的良性预期。一旦得了官的位置，就有了稳定的薪水收入，因此账局不仅给这些候选官员放贷，还积极帮他们活动关系，命运共同体吗！一荣俱荣，一损俱损。此外，账局还对印局、当铺、钱庄等金融机构提供融资。和典当、印局相比，账局显然是大金融机构。

据清末资料记载，最早的账局“祥发永”，由山西汾阳籍商人王庭荣在张家口建的。走西口是通过杀虎口去包头，走东口指的是经过张家口，大量的与蒙古贸易，一直走到乌兰巴托。清雍正到咸丰年间，账局迅速发展，到咸丰三年的时间，北京一地的账局就达 268 家，其中山西人开设的就 210 家，从业人员不下万人，纹银的交易盈千累万。账局借贷的货币以小额银两为主，铜币为辅。贷款多以一年为期，每年归还并核发新贷款。显然，这是与当时主要的贸易物——农产品以年作为生产周期单位的特点相一致的。晚清有个官员叫王茂荫的，对账局的经营有细致的描述：“账局自来借贷，以一年为期。五六月间，各路货物到京，借者尤多”。商人要做批发，需要依靠账局融资，每逢到还款期，则将本利全数措齐，送到局中，谓之本利见面。账局看后，将利收起，将借者更换一券，仍将本银持归，每年如此。他这个叫过标，一年春夏秋冬四个季节都有，过标这一天很重要，过不了标你就没有信用了。换句话讲，他以三个月作为一个考核期限，让借款人有适度的紧张感。你每天都考核，太麻烦，管理成本高；你一年考核一次，管理成本倒是降低了，但滥竽充数的商人也多了起来，最终必定出问题。总之，过标这一天很重要，过不了标你就没有信用了。

账局的经营范围以本地和周边为主，没有开展汇兑业务，很长时期内不在外地设分庄。这一特点有利于账局集中精力收集本地工商业者的信息，覆盖了上下游商贸伙伴，成本、价格信息，内部管理水平、经营能力等内容，有助于其识别、选择放贷的对象。信用放款很大程度上取决于对借款人的能力、声誉的了解，同时必须要有共同的价值观，所以晋商走到哪里就把关帝庙设在哪里，另外借助戏曲的力量将民族共同的价值观广泛渗透，因此戏路就是商路，商路也是戏路。明清的戏班子一般唱什么戏？关公戏、杨家将、岳飞传等，将仁义礼智信，温良恭俭让的中华价值观广泛普及。当时山西商人的大商号，往往有一到两个戏班子，全国巡回演出，相当于人民解放军战地歌舞团，到边防哨所演出，一般来了就待上半个月，大家都来听，都受到影响。

账局的利率水平比较高，体现出对信用风险的补偿。账局发放贷款之后，非常注重贷款监督，坚决追索恶意拖欠贷款者。即使放款对象是达官贵人，也不惜千里“潜赴外省官员任所索欠者”，表明追索的决心。人都是讲理的，尤其官员，更讲脸面，你在他的门口堵他，一出来就抓住他，高喊“给我钱”，好多官员就感到很没有脸面，于是乖乖地交钱。还有的是官员的家人欠债，藏在官员的家里，官员出于脸面的考虑，往往帮家人还上。另一方面，对于实在无能力还款者，账局也会灵活变通。史书记载说，“放京债者山西人居多”，折扣也最多，利率也高，有“三不还”之说，一是“未到任丁艰者不还”，他还没有上任，爸妈不在了，回家守孝，这种情况的欠款不用还，这就叫与市场共担忧愁。再一个呢，“革职不还”。他也不想被革职，革职了还不上了，这个也要同情。还有一种情况是借款人死了，不用还，这正是账局业务中风险投资因素的反映。所以我们看《白毛女》这部戏，贷款人黄世仁为什么那么受到社会的谴责？为什么《白毛女》的影响那么大？黄世仁违反了社会放款的惯例，他至少违反了两个。第一，催款可以，但大过年的春节那三天不能催款，平时过节也不能催款，这个就是孔子讲的“武”中有“文”，让借款人心情不好的程度尽量降低，避免破罐子破摔，危害社会，这就是中国的传统中犯人被砍头前都要吃顿饱饭的原因，这才有了《红灯记》中李玉和的唱词：“临行喝妈一碗酒”，这就是文明社会人道主义的体现。大家看，黄世仁是怎么催款的？大过年的时间催款。第二，还不上款不要紧，你让他替你打工，甚至让他替你打架。有很多种变通的办法的，但你不能欺男霸女，把人家的女儿变成自己的小妾。黄世仁违背了这两条社会惯例，因而引起社会的公愤。这两条社会惯例怎么来的？这与中国传统社会既尊重效率又兼顾公平的治国原则分不开的，同时也与佛教众生平等理念的传播，使得尊重穷人的生存权和尊严权的意识深入人心是分不开的。

再看一下钱庄。商品经济的发展，一方面要求更多数量的货币，另一方面要求货币流通实现更大程度的社会化，于是提供不同区域货币兑换的金融机构——钱庄应运而生。钱庄早期的业务仅仅做货币兑换。在某种意义上，当时不同的地区在相当于现在的不同的国家。经济越不发达，地域性越强，货币的统一性便越弱。之后，钱庄又代替商人保管暂时闲置的货币，并受商人委托办理支付业务。再之后，钱庄又将这些闲置的货币往外贷款，从而发展起信贷业务。

大概从清代中后期开始，钱庄开始将代管的货币借给暂时需要货币的人，由此从货币兑换商和支付中介发展为信用中介。乾隆到咸丰年间，钱庄在货币兑换的基础上，又发行具有信用货币性质的钱票，俗称钱帖、凭帖、兑帖，上书具体数额，在一定范围内代替金属货币流通。铜钱很重啊，它不方便，于是出现了纸票。各位，为什么金属货币一定走向纸币啊？纸币是怎么来的？我认识一个山西的老板，他告诉我说，纸币就相当于领导写的一张纸条。谁写的纸条管用啊？他资产多，用房子作抵押，就管用。那穷人写的纸条根本不管用啊。可是，万一兑不了现呢，就发生信用危机了。所以，为什么做票号的都是大富商啊，他以全部的家产作为担保。国家发放货币以什么作为担保呢？以它的黄金作为担保，或者以它的实物资产作为担保，这样才能得到他人的信任。

钱票收付方便，便于携带，被用作货币广泛流通，避免了现钱搬运、清点的成本，大江南北因之广泛使用，钱票由此得以在较大范围内流通。但是，钱庄遇到的问题是什么呢？自我约束的问题。别的金融机构遇到的风险都是借款人不还钱，钱庄当然也存在这个问题，但还有一个问题是发行钱票太方便了，一张纸上面写多少钱，别人就要把同样金额的铜钱或银两给他，这样一来他就有动力不断发行钱票以吸收别人的真金白银的资本，再拿着这些钱向外贷款。问题的麻烦在于，一旦签票持有者前来要求钱庄兑现，钱庄因为把吸收来的资本全放出去了，这样就很容易发生信用危机，无奈之下，只好一跑了之。因此，对于钱庄来说，主要的问题在于怎么自我约束。钱庄面对的诱惑太大。试想，人家交了一百万的现金，自己只写一张纸就完成了交换，你说这个诱惑有多大？人家相信你，才把钱给你，可是如果你滥用这样的信任，会发生什么问题？钱庄最大的风险在这里。

票号是由山西商人中从事远距离贸易，在国内有众多分号，资金实力雄厚、信誉卓著的大商号所创办，是以异地款项汇兑为主要业务的专门金融机构。遍布全国的汇兑网络为晋商赢得“汇通天下”的美名。汇兑业务让票号与跨地域经营的大型手工业、商业机构结合起来，协助其完成资本汇兑、调拨、代收等工作。换句话讲，票号的服务对象都是大商号，大工商业者，因此我们对票号的诸多批评，诸如瞧不起小商人等，都是不正确的。须知，票号不是小资本。当前国内的银行为什么不给老百姓贷款？物以类聚，大银行为大资本服务，小银行为小资本服务。你把这个明白了就明白了票号为什么无论吸收存款还是放款都对小资本不感兴趣的原因。他处理的是大额的汇兑、放款业务，因为放款量大，所以贷款的利息也低于钱庄。

与大流通、大信用相伴随的往往是大风险。那么票号怎么降低风险呢？晋商票号普遍以号规的形式，对分散风险和保证资本充足做了硬性的规定，这与现代商业银行“巴塞尔协定”的思路有许多相契合之处。比如说，对单一客户借款金额的上限有所限制，规定最多贷多少，又比如把借款客户分成几个类别，不同类别客户的放款有什么限制等，旨在分散风险。比如说大德通，就是乔家大院办的票号，它有个规定：各庄，各分公司，你往外贷款，你可以把你的客户，分成几种，上上招牌的客户不能超过三万，上招牌的客户不能超过二万，上中招牌的客户不能超过一万。大家想，这就是差别化管理，他把客户分为上中下三种，上又能分为三种，上上、上中、上下。中能分为三种，中上、中中、中下。分层次管理吧，由此大大降低了风险。

另外，在巩固资本金方面，山西商人设立了“预提护本”的制度。现代商业银行为了防备存款户前来提现，规定有资本金制度，预备多大比例的资金放在家里不能对外放款。山西票号倒没有这么具体的规定，但是他也有一个准备金，用来防止挤兑。这个准备金是什么呢？就是分红中都要留出一部分作为护本之用。首先，从盈利里边抽出一部分钱来，专门放在这里。另外每个股东的分红当中，再抽出一部分来放在这里，这就叫保本。这些叫保本的钱放在票号里，只拿利息的。顾名思义，保本嘛，有了本钱才有了后面的一切，所以你看票号的股东们分了很多钱，但拿回家的并没那么多。比如说分了一万块钱，拿到家的恐怕也就四五千，很多是拿不回家里的，万一发生危机，得拿出这些钱来应付市场的压力，尤其是挤兑危机。

票号的出现是与降低资金运输的成本联系在一起的。举个例子，这位先生在云南，是家大商号的老板，你要把钱送到北京的分公司，传统上都是经过镖局，一路上不断发生有人劫镖这些事，就算是完全运来了，服务费也高达百分之三四十，毕竟镖局是拿人的生命给你做保险啊，保险费很高的。那么有了票号呢，你把钱交给我在云南昆明的票号分公司，两个月后你的人到我北京分公司这边来取款。前面讲过，建票号的都是大商号的老板，全国各地都有分号，这样才能迅速建立起遍布全国的分支机构。我这些年研究寺院金融的时候，有过一个思考，我认为中国汇兑的起源来自寺院，但后来得不到学界的承认，后来我也就不说了。为什么说中国汇兑的起源来自寺院呢？寺院是国际性的宗教组织，僧人为提高学识要云游四方，相互交流，如果他们带了钱上路，一则路上有风险，二则布帛很重（南北朝、隋唐的货币经常用布帛来表现），三则每到一个地方都要兑换成当地的货币，这是非常非常麻烦的事情。作为国际性组织的佛教寺院通过使用挂单制度解决了这一难题。我们现在到饭店吃饭，常说的签单一词就是从寺院来的。挂单的原意就是僧人的衣服脱下来挂在墙上，是挂衣服的意思，后来发展过程中出于简便的需要就演变成挂单了。有的寺院允许挂单一个月，指可以免费吃住一个月，有的只允许挂单三天，还有的允许挂单一周，总之根据寺院的经济实力而定。比如说，你到我的寺庙来，我给你挂单，那我到你的寺庙呢，你也给我挂单。因为寺院是遍布全国乃至大半个世界的大组织，相互的费用是不是就对冲了？这里边是不是有汇兑的因素在里边？可以说，如果不是大组织，不是拥有众多的分号的大组织，谁也做不了汇兑。寺院为什么能做到，一是与它是国际性的大组织，拥有众多的分号是分不开，二是僧人没有家庭，秉持普度众生的观念为社会服务，因此寺院是向芸芸众生开放的宗教组织，不仅僧人去得，老百姓也能去，因而它又有了宾馆的功能。《西厢记》的爱情故事不就发生在寺院里边吗？这说明，在金融业发展的初期，只有宗教组织才拥有强大的公信力，而后才逐渐向民间转移。

话归正传，对于票号来说，它还面临着泄密的风险。举个例子来说，你写封信给你北京的分公司，告诉他在某个时间到我的北京票号取款，我也写封信给我北京的票号分公司，某个时间给某公司一笔款。可是，万一路上信被人捡到了，怎么办？万一泄密了怎么办？所以，票号都是有密码本的，一般一个月换一次。票号发展了近百年，从没有泄密过，这是很不容易的。一方面与建立在关公崇拜基础上的强调诚信的商业文化有关，另一方面也与保密技术的进步有关。中国的唐诗宋词太发达了，每个月的密码就是一首唐诗，下个月再换，下下个月再换，光是唐诗就是一万多首，这是取之不尽的财富。就这样，票号发展了一百年从来没泄过密，没出过事。

下面，我再谈谈山西商人多层次金融体系的内部联系，我将从横向业务延伸和纵向业务互补的角度来讲。大家看，典当更多的做贷款，印局也做贷款，账局是贷款存款都做，钱庄是贷、存、兑都做，票号是贷、存、汇、兑全做。我们再看看它们之间业务的互补。当铺为谁服务？为中下层人民服务；印局呢，为城市流民服务；账局呢，为小零售商服务；钱庄呢，为中小零售商、批发商服务；票号呢，为大批发商大官员服务。从经营区域来讲，当铺、印局、账局开展本地业务，钱庄、票号做跨地域业务。

此外，就山西商人多层次金融体系内部资金的联系来讲，票号的钱除了贷给实业客户外，还贷给钱庄和当铺。钱庄的钱则贷给当铺，账局的钱贷给印局、当铺和钱庄，这样就形成了一个不同层次金融机构的资金的联系网络。从我们当前金融业的情况，也大致如此。现在很多银行的钱到了私人小额贷款公司手中，小额贷款公司再将其贷给私人工商业者。尽管国家规定，银行的利率不高，但是一般小微企业的资金实力有限，抵押物不足，银行不敢贷给他啊，而他又急需要钱，那就只好去小额贷款公司贷款。小额贷款公司的规模大，实力强，他能从银行贷到款，贷到了后再往上加码转贷给小微企业，所以人民银行的制度设想得挺好，但在实践过程中却贯彻不下去。还是一句话，国家老是让银行为中小企业服务，这是做不到的。为什么呢？物以类聚，大银行匹配大企业，小银行匹配小企业。只有建立起多层次的金融体，才能实现不同层次的金融机构为不同层次的实业服务的良性运转体系。

关于山西商人多层次金融体系内部不同金融机构贷款方式的多层次性。一般来说，各类金融机构采取信用贷款或者抵押贷款时，会考虑到服务对象的信用水平、声誉情况、并结合借款者信用不对称的情况、贷款拖欠风险等因素，综合决定。比如，中小客户难以通过信用进行约束，金融机构多采用抵押贷款、担保贷款方式。当服务对象是大工商业者，以及官员等信用高的客户时，金融机构主要采用信用贷款方式。从金融机构贷款的形式来讲，当铺作质押、抵押贷款，钱庄、账局、票号多采用信用贷款。“放款时立定借据，只凭信用，不收抵押。”钱庄业会馆碑记中也有“大信不约”的说法。这个话是很有道理的。当借钱需要打借条啊，说明你还没有得到别人的高度信任，若得到了高度信任，是不需要打借条的。所以，大家看，家庭买东西谁还拿发票报销啊，但是单位里边就拿发票来报账。为什么？家庭的规模小，管理成本低，容易形成高度的命运共同体；组织的规模大，管理成本高，容易出现败家子，是吧？你见过哪个家庭里，丈夫买部电脑还要拿个发票到妻子那里报账的？多麻烦，交易成本多高啊。两口子天天在一起，不自觉就交流了，充分的信任。

再看山西商人不同金融机构贷款利率的多层次性。大家看，票号的利率最低，钱庄次之，当铺再次之，账局再次之，印局最高。印局为谁服务？为城市流民服务，做小生意的，摆地摊的，挑着担子做买卖的，为他们服务。我们今天没有做到这点吧？今天的大学生都难以得到贷款。

另外，从货币形态演进的角度讲，在银、铜双本位货币制度下，钱庄开展的兑换业务，通过促进不同地区之间货币的兑换，以及本地银、钱的兑换，增强了货币的流通性，扩大了货币流通的范围，对业务迅速扩展期间的工商业有重要意义。汇兑业务的发展推动了货币向纸币甚至虚拟货币的演进，为中国金融市场的进一步发展——鸦片战争后股票交易所的出现，以及与外国银行的对接创造了条件。前面谈到，金属货币发展到一定程度一定走向纸币，为什么？一是随着商品货币经济的进一步发展，金属货币储藏量有限的局限性充分暴露了出来。贵金属货币的最大弱点是，受到储藏量，储藏额的限制，不能满足市场的需要。鸦片战争怎么打的？贵金属货币不足情况下的产物。二是对于远距离贸易来说，金融货币太笨重了，搬运不便。在这种情况下，纸币的优越性充分体现。但是有了纸币后，人类社会又有了新的麻烦。纸币最大的好处是什么呢？就是在社会广阔的范围内流通，广泛的满足社会使用，不够了就印，印纸币多快啊！但是纸币最大的不足在哪里？通货膨胀。纸币是建立在国家信用的基础上，国家一旦觉得有必要，就猛发货币，导致通货膨胀，所以现在的人不能老攒钱，通货膨胀把钱都变没了；你也不能不攒钱，万一有个特别需要的时候，你怎么办？我们目前通货膨胀的情况是：从实际购买力的角度来看，年前的一百块钱到年底变成七八元钱，因此我们不能不攒钱，也不能老攒钱。你老攒钱的结果就是把钱给攒没了。大家想想看，1980 年的 10000 块钱多值钱啊，现在在北京，月薪 10000 元都是穷光蛋，买不起房子。

在山西商人金融体系的建设方面，行业协会的监督协调作用发挥了重要的作用。商品经济在全社会范围内的发展要求超越单个企业之上的更大规模、更有力量的社会组织，在维护市场公平交易，规范商人行为，防止不正当竞争，处理商务纠纷方面发挥重要作用，明清时期的山西商人就是通过行业协会对各金融机构进行统一的监督和协调的。如前所述，山西商人的每个行业都有行业协会，行业协会一定建立在庙、观的基础上，在庙里边聚会的感觉那是不一样的，有种神圣感，它是人类文明的传承的体现。据统计，山西商人在山西省外创建的会馆，目前保留下来的，诸如在京城、奉天、山东、安徽等地，共计有49所。会馆的设立目的是“报神恩、联乡情、诚义举”。“义举”就是做服务社会的事情。山西商人通过定期不定期的聚会，彼此知根知底，相互帮助，服务社会，既在同行业内起到了合作、监督的作用，也给来自同一地域范围的商人提供了沟通感情、举办文化活动、兴办慈善事业的场所。当时，不少商人出于衣锦还乡或其他的各种考虑，在外边一辈子没回过家，死了后就埋在商人共同出资购买的公墓里。各位，你没有这个行业协会，没有个关帝庙，它怎么能起到如此的凝聚人心的作用？

比如，设于上海的“山西汇业公所”是当地24家票号商人每家集资500两黄金设置的，作为票号之间的联络场所，如果同业成员违背公所的规约时，协同加以制止。怎么加以制止啊？大致根据犯错误的性质和所造成的危害的程度，有以下几种依次递进的惩罚办法：第一，犯错者向大家道歉；第二，请大家看场戏；第三，写保证书，讲明今后怎么办；第四，商人们联合起来制裁他，跟联合国制裁某个会员国一样。试想，你不经常聚会，你能有这个作用？所以聚会是非常重要的。

再看一下山西金融商人制度建设方面高度的同一性。从企业组织形式来看，晋商的典当、印局、账局、钱庄、票号等普遍采取传统商号独资或合伙制的形式，对债权人承担无限责任，强调“父债子还”。当然，这都是竞争不激烈情况下的产物，员工也不像现在只定三年合同，而是定一辈子的合同，除非犯错误被开除。合作伙伴也是一旦选定就是一辈子的合作，生是张家的人，死是张家的鬼，除非中间犯错误被开除，这就是无限责任。现在呢，你想做鬼，人家都不要。为什么？世界变化快，今天合适明天不合适。过去世界变化慢，今天合适，下辈子还合适。

在文化建设上，山西商人秉承“信义为上，义从利来”的经营理念。为什么那么强调“义”啊？其实，在宋、元、明、清社会，儒家思想传播的重点也在发生变化，由原来的更强调孝，强调家庭，走向更强调忠，更强调“义”，在家靠父母，出门靠朋友。“义”是社会关系的范畴，“义子”不是亲儿子，是干儿子。为什么弄个干儿子呢？壮大自身规模的力量啊。试想，你能生几个儿子？生10个孩子能有5个儿子不错了，如果算上夭折，大概也就能成活3到4个，但能不能都成器呢？谁都不敢说。但凡成为“义子”，成为干儿子的，往往都是佼佼者，毕竟进入的门槛高啊！一般人进不来的，他通过这种方式壮大规模。所以赵本山通过什么来管理啊？招徒弟，这和传统上的招“义子”没什么两样。师傅要给徒弟承担责任，徒弟也要给师傅承担着责任，师徒们通过经常的聚会，做到知己知彼，同时建立共同的价值观，提高管理的效率。

在企业管理制度建设上，晋商实行“总经理负责制”和顶身股制度。为什么实行总经理负责制？他没有办法。在当时交通通信不发达，又要开展远距离贸易的时代，单靠着自我监督，自我负责，是很难凑效的。比如说，你到乌鲁木齐经商，我根本管不住啊，这才有了顶身股制度，让员工自己管理自己。晋商在股份公司的制度建设方面，既有资本股也有人力股。总经理是人力持股，目的是不求你为我而干，为你自己也要干，这有利于激励他看长远利益。正是因为这个原因，票号存在了一百多年，员工偷窃的事没发生过一起，显然这与员工顶身股市很有关系的，类似于当代企业的全员员工持股。晋商规定，员工工作 10 年，不犯错误就拥有了拿股份的资格。另外，总经理哪怕退休了，还拿两到三个账期（8 年到 12 年）的分红，这就是让他看长远利益，从而有动力选择一个更有能力的接班人。再加上关帝庙和戏班子等所起到的传承民族文化的作用，山西金融商人自然能将员工犯错误的概率尽可能的降低。

山西商人多层次的金融体系建设的作用是什么呢？一是满足了城乡百姓日常生产、生活的需要。当时的大城市里，有多少无业游民啊，他们靠什么谋生啊？没有印局，这些人根本没法生存。二是满足了工商业者的经营需要，这主要表现在账局方面。

至于山西商人多层次的金融体系的局限性，一是利率偏高，影响民众的生活。而这是没有办法的。原因在于当时的生产力不发达，资金供应量不足，因此价格一定高。二是每个组织的资产规模不大，社会化组织程度不高，普遍选择独资或者合伙制的形式，负无限责任。后来山西票号商人为什么倒了？西方人来了，把有限责任带来了，把大组织的规模优势带来了，票号没法跟人家竞争。三是信用放款的局限性在进入近代后，企业倒闭率大大提高的情况下，充分地暴露出来。四是金融界的联合程度不高，只局限在晋商有限的范围，跟别的区域商人难以形成更大的联合，一旦发生危机，它缺乏规模经济的力量应付这个危机啊。

总之，明清山西商人多层次的金融体系在业务范围、覆盖客户群等方面做得较为理想，但在降低金融风险、维护经济稳定等方面的作用发挥得不够。这主要针对晚清的情况而论，说明商品经济、金融市场在全社会范围内的发展，必定生发出许多的风险，诸如市场风险、经营风险等。在这种风险大大加大的情况下，仅靠金融企业和行业协会的自律是不够的，还需要依托中央银行的力量，通过控制货币的发行权，要求各银行上缴准备金，有权力对各银行的利率进行干预，从而将全国各类金融机构有机地，一体化地组织联合起来，这样才能应对全球化时代的经济危机，这也是为什么民国以后的历届政府纷纷强化国家力量，加强对社会经济事务干预的原因。

下面再谈谈晋商金融体系在近代中国的命运。从1840年到1900年，山西票号特别的繁荣。为什么呢？第一，从市场需求来讲，中国市场完全融入世界经济体系，商品贸易量大大扩大，由此提出对金融的高需求，第二，中国在反侵略战争中的屡屡失败，意味着不断的割地赔款，由此出现了对资金运输量的高要求，乃至出现了票号业务和利润的急剧增长。从竞争来讲，西方银行自沿海向内地是逐渐渗透的，这给山西票号提供了一段时间的“山中无老虎，猴子称大王”的机会。另外，西方企业来华的顺序是：贸易企业先行、接着是制造业，最后才是金融业的进入。大致来说，1900年以前，西方银行在华力量不大，金融市场的竞争不激烈，山西金融商人独占鳌头，业务量和利润量都迅速增长。甲午战争后，政府允许西方企业在华直接投资，由此促进了西方在华直接投资企业的迅速增长，尤其是1900年以后，不仅西方银行在华力量迅速增长，华商开办的银行也日益增多，金融市场的竞争空前激烈，票号面临的压力前所未有的大。在激烈的竞争中，票号根本不是人家的对手，最终败下阵来，于辛亥革命后迅速衰败。

这最根本的原因是：晋商资本规模不大，外国银行的规模却非常的大，毕竟后者是全球化的组织。银行的规模大，意味着他敢降低贷款利率向外放款，并提高存款利率吸收存款。晋商呢，自身规模的不大，使得他不敢降低利率对外放款，也不敢提高利率吸收存款。晋商票号为什么拼命拉政府的存款呢？政府财政的管理当时还不规范，在票号这里存款可不收利息或者利息很小。另外，一旦发生经济危机，大家都来提现，外国银行的资本很大，可以在全世界范围内调动资本应付危机，山西票号没有这个能力，他最多应付两天就受不了了。而某家票号一旦倒下，民众对未来没有信心，纷纷到其他票号提款，结果把别的票号也击垮了。说到底，在全球化时代越来越激烈的市场竞争面前，晋商应对的能力不高，远没有外来的金融组织更有竞争力，因而倒下是自然而然的事情，很正常。

晋商票号为什么向银行转轨不成？一个原因是票号的家数太多，需要联合，而联合有联合的成本。关键是第二个原因，大家没有认识到联合的重要性，如果认识到了也会联合。为什么没有认识到呢？这与它的制度有关，它是高度的两权分离，经营权、所有权分离，总经理说了算，老板在家里静等账期的到来。老板长期远离经营第一线造成的恶果是业务不熟悉，遇到问题只能听总经理的，总经理都是从部门经理发展来的，等做到总经理，都60多岁了，就愿意待在老家平遥，在总号里待着，结果不了解市场的行情，一遇到问题，就习惯于用过去的经验对待现在，决策时老是想当初如何如何，其结果就是部门经理纷纷提出要求转轨银行的意见，但总经理不支持，于是只好找股东，股东不懂，最后还是得听总经理的。

晋商票号什么时间全体觉悟，毅然下决心转轨银行的啦？1911 年辛亥革命爆发后，清政府的钱急着要从票号里提出来，用来镇压起义，考虑到政府的权力很大，你不能不让他提款，但他这一提款的结果，确实让别人对票号的实力产生怀疑，于是纷纷提款，遂使得票号发生挤兑风潮，最后不得不垮。就这样，辛亥革命一来，晋商的 23 家票号倒下了 19 家，到这个时间大家终于明白了必须转轨银行，但票号已经没有信誉了，连建银行的首付款都交不出来了。

这当中当然还有运气的因素。天要灭他，谁都没有办法，这就是运气因素的作用。1900 年以后，晋商金融商人中，越来越多的人明白了只有转银行，票号才有前途。正在大家集体酝酿着要转轨时，1908 年票号的新账期到来了。历史上，票号是四年一次分红，平时一个股份的分红也就是 6000 两银子，这时却达到 18000 两，最多的达到 32000 两。你说这么好的利润说明什么？说明我的制度是有效率的，说明我还是有竞争力的。于是，大家都松了一口气，好吧，慢慢转轨吧，结果第二口气没喘上来，票号集体就在 1911 辛亥革命中被击垮了。

其实，造成晋商票号垮台的更大的原因是亚欧大陆贸易通路的变化。原来晋商之所以占上风，是因为亚欧大陆是陆上贸易为主，现在变成海上贸易为主了。俗话说，要想富，先修路。随着沿海成了联系中外贸易的桥梁，以及国防重点由北方向东南沿海地区转移（洋务运动是在东南部沿海地区搞的，政府的钱也不断砸向这一带），晋商的地理优势不再，最终的瓦解是很正常的。

最后谈一下晋商多层次的金融体系建设对当代金融业发展的启发。

一是金融业应以客户多样化的金融服务需求为基础，实行多样化的策略。你不能光建银行，银行是满足大客户的，而要满足中等客户，满足小客户，满足流民的利益，就需要多层次的金融机构。如何建设呢？事实上，政府稍微放一下权，多层次的金融体系就初步建立起来了。须知，民众中蕴藏的力量是无穷的。

二是放宽中小金融机构设立门槛，提高全社会金融服务的覆盖水平。这话什么意思？目前政府规定，要建银行，建小额贷款公司，必须得多少个股东，必须拥有多少资本。事实上，越是小老百姓，他的合作能力越差，股东多了反而增加了管理成本。反之，你让他自己干，他反而干起来了。

三是创新金融机构设置和产品设计，发展普惠的农村金融体系。各种层次的金融机构之间应有所分工，互为补充，应当创新性地设立有别于城市地区的农村贷款设计。我有个什么体会：人们政府爱人民，但不相信人民，老怕人民出事，不放权；封建政府不爱人民，但相信人民，老说你行你行你肯定行之类的，于是大量的放权。明清时期这些金融机构绝不是政府办的而是民间建的，他这样做的理论基础是什么？人性善。人性是相对动物性而言，动物性指的是你争我夺，见利忘义。人性呢，指的是自我约束，尊重他人，见利思义，利人利己。平时我们经常说人性的光辉之类的话，哪有说动物性的光辉的？人是动物，但是一种特殊的动物。他的特殊表现在哪里？有认识能力，能自我约束、能尊重他人、能合作。从表面看，人和别的动物的最大差别是戴眼镜，你见过哪头猪戴眼镜？戴眼镜反映了什么？认识能力高，能自我约束，能尊重人，能合作。人就是因为这一点成为万物的主宰的。“善”指的是尊重他人的合作。

如果讲人这个动物的天性呢？他是人性和动物性，天使和魔鬼，善和恶的统一。人这个动物好起来不得了，所有的动物都比不了，原因就在于“戴眼镜”，认识能力高——你看我们这里边多少戴眼镜的？人这个动物要坏起来更不得了，所有的动物也都比不上，原因也在于“戴眼镜”，这使得他做好事聪明，做坏事更聪明。古往今来的人类社会是怎样管理人这个特殊的动物的呢？依靠着人类文明的传承。比如，基督教文明，佛教文明，儒家文明，伊斯兰教文明，都是通过不断的聚会向下传承的，这相当于给人这个动物戴上个紧箍咒，扬善抑恶，扬长避短！

那么为什么明清能够出现十大商帮？政府大力的对外开放的结果。唐中叶前，政府还自己建工厂（手工工业），现在不建了，直接从民间采购，这叫“和买”。白居易写的《卖炭翁》，就反映了这种向民间的采购，京剧也是这样发展起来的。政府向民间采购，结果出现“徽班进京”。因北京的达官贵人多，有钱的人多，文化欣赏力也高，于是这些进京为“老佛爷”演出的徽班不走了，留在北京发展，结果发展出个京剧。对于晋商来说，其大发展的一个重要契机是康、雍、乾三代对西北噶尔丹的征讨。那些为大军做饭、提供粮草的，全是民间的力量，尤其是山西商人的力量。我后来终于明白了什么叫开放？开放就是开禁，原来不允许干的现在允许干了。

在我看来，“计划经济”“一大二公”的人性论基础是人性恶。为什么建立“一大二公”，“计划经济”的体制？看不上民间组织，认为其竞争无序，抵御不了危机。而越强调民间的不足，就只能越是把权力交给集体，这意味着集体的代表一旦犯错误，民间没有力量来约束，当前的腐败就是这么来的。我认为，一大二公、计划经济体制有他的好处，这就是应付危机的能力强，但也有它的弱点——大组织的管理成本高，不然为什么要改革？改革不仅是制度的变革，也是理论的创新，是不是啊？邓小平创造性地发展了马克思主义，提出了三个有利于的理论：甭管大组织小组织，合适的就是好组织，充分肯定家庭，肯定孝道的价值，这就是改革的方向。

分工论与先秦历史研究

林文勋

大家好，我今天给大家讲授的题目是《分工论与先秦历史研究》。

一　社会分工的重要性

首先，社会分工在马克思主义理论中的重要性。在早期的历史过程当中，人类社会相继发生了三次社会大分工，第一次是畜牧业从采集经济中分离出来，第二次是手工业从农业中分离出来，从而使人们从游牧的经济转向定居的生活，第三次是商业从农业和手工业中分离出来，商业交换形成了整个社会独立的经济部门。这三次社会大分工离我们已经很久远，但是我们只要回过头去仔细研究人类历史上发生的这三次社会大分工，就可以明显地发现，每一次社会大分工都巨大地推动了历史的进步，也就是说，每一次社会大分工都是人类经济社会发展史上的一次重大飞跃。从这三次社会大分工后，人类社会分工的脚步从未停止过，我们目前就生活在一个社会分工快速发展、快速变化的一个历史阶段，社会大分工还在向深度迈进，这种社会大分工正在深刻的影响着我们人类的发展，影响着我们的生活、学习和工作的环境与条件。因此，从这样一个角度来说，社会分工是贯穿人类历史的主线，因此马克思、恩格斯是高度重视社会分工，在他们的著作当中，对社会分工理论进行了系统的研究和阐述，马克思、恩格斯曾经指出，分工是“政治经济学一切范畴的范畴”①。事实上，马克思、恩格斯是用社会分工理论为重要的基石来解释人类社会的发展与变迁，来构建马克思主义学说。著名经济学家卓炯先生曾经讲：“《资本论》的理论体系实质上是一个以社会分工为基础的生产体系，这个生产体系或生产资料与生产资料资本主义所有

① 《马克思恩格斯全集》第30卷，人民出版社1995年版，第304页。

制结合起来，就成了《资本论》体系。”① 这个话的意思是什么呢？马克思和恩格斯所构建的解释资本主义社会发展的资本论体系，事实上是一个社会分工论的体系，可见社会分工在马克思主义理论中的重要性。

其次，认识社会分工我们应该把握哪些重点？因为社会分工理论这个体系内容丰富、内涵深刻、影响极大，要认识的内容和东西实在太多，但是从开展历史研究的角度来讲，我们对以下几点要有足够的认识。

第一，要把握分工的社会属性。通观人类分工发展史我们可以看到，有自然分工与社会分工，而且这两种分工始终是交织在一起的。自然分工主要是表现在人们在年龄、性别上的分工，但是分工更重要的是它的社会性。分工的社会性表现在什么地方呢？只要大家认真地学习和研究马克思主义的社会分工，我们就可以清晰地看到，分工的社会性一方面表现在社会劳动分工上，另一方面表现在社会职能分工上。也就是说，分工的社会性表现在社会劳动分工和社会职能分工两个方面，这是大家在认识社会分工理论时应该首先把握的。

第二，充分认识分工与社会发展的紧密关系。分工程度越深，经济社会越发展。可以说，分工的水平代表了我们人类社会生产力发展的水平，也代表了社会发展的程度。所以马克思和恩格斯才会强调：“手推磨产生的是封建主的社会，蒸汽磨产生的是工业资本家的社会。”② 分工的程度代表着社会发展的程度，我们要认识一个社会发展得充不充分，社会发不发达，分工是一个非常重要的认识角度。

第三，充分认识分工问题的复杂性。我们可以看到，整个社会发展的进程当中，一方面是分工越来越细，制作同一个产品，分很多的工序与环节，要有很多的生产部门来完成，表明这个分工越来越细化。但另一方面，今天社会分工又表现出不断交叉渗透的趋势，这就导致了分工问题的复杂性。那么如何认识这个问题呢？实际上这个是分工与协作的关系问题。随着人类社会分工越来越细，越来越深化，整个社会就需要不断地加强协作。可以说，分工与协作是一个事物的两个方面，分工的目的是提高社会生产力，协作的目的同样是提高劳动效率，提高生产力。所以说，越是分工发展的社会，越需要整个社会之间的协作，所以在今天我们这样一个分工发展程度很深的社会，为什么要讲协同，要实现协同创新？就是因为协作的需要。

---

① 卓炯：《社会分工是一次有深远意义的产业革命》，《广东社会科学》1985 年第 2 期。
② 马克思：《哲学的贫困》，《马克思恩格斯文集》第一卷，人民出版社 2009 年版，第 602 页。

第四，分工既是经济基础层面的问题，又是社会制度层面的问题。也就是说，社会分工就是社会自我控制、自我调节的机制，社会分工的过程，就是社会制度不断更新、创新的历史过程。所以，分工不仅是技术层面我们需要重视的问题，更是我们在社会制度建设方面必须高度关注的重要影响因素。今天我们在研究社会制度变迁的时候，如果不研究分工问题，就很难认识社会制度的演进与变化。

第五，要充分认识到分工的细化过程，也就是经济结构调整的过程，是经济关系和社会关系重组的过程。分工理论一个重要的目的就是揭示引起社会组织变异的力量。因此，我们要了解社会组织的变化，以及建立在社会组织变化基础之上的经济关系和社会关系的重组，就不得不研究分工问题。可以说，文明社会的经济结构和社会组织就是建立在社会分工这一共同基础之上的，这个是马克思、恩格斯反复强调的观点。

以上五点归纳起来可以说：分工论是认识人类社会发展规律的重要理论。

二　分工论与早期国家统治秩序

我们知道，先秦是早期国家形成的重要阶段，在早期国家的形成当中，社会分工对国家统治秩序的形成产生了重要的影响，这个影响主要是表现在对“治民”思想的影响上，就是整个国家如何治理老百姓，其中对“四民分业”“等级秩序”的影响尤其大。《周礼·地官·司徒》中记载：“凡任民：任农以耕事，贡九谷；任圃以树事，贡草木；任工以饬材事，贡器物；任商以市事，贡货贿；任牧以畜事，贡鸟兽；任嫔以女事，贡布帛；任衡以山事，贡其物；任虞以泽事，贡其物。凡无职者出夫布。凡庶民，不畜者祭无牲，不耕者祭无盛，不树者无椁，不蚕者不帛，不绩者不衰。”《周礼》这段话是什么意思呢？治理国家、治理天下，最重要的是治民，也就是要任民，所谓任民就是要使各人有固定的职业，各人履行自己的职责，这样就能够建立起整个社会有序的秩序。所以说，分工论对先秦国家早期统治秩序的影响主要表现在治民思想上面。

同时主要思想家的观点与认识也反映了这一点。首先我们看孟子的观点，孟子从分工的角度对劳心者和劳力者的关系做了阐述，而且肯定了这种关系的合理性。他说天下之事“有大人之事，有小人之事。且一人之身，而百工之所为备，如必自为而后用之，是率天下而路也。故曰，或劳心，或劳力；劳心者治人，劳力者治于人：治于人者食人，治人者食于人；天下之通义也”。[①] 他认为天下的事有大人所做的事，也就是统治阶级所做的事，小人之事，即从事体力劳动者所做的事，一个人不可能穷尽天下所有之事，因此必须分工，各人从事适应你自己能力的事，如果说天下的人不进行分工，每件事都去做，是“率天下而路也”。因此他强调“或劳心，或劳力；劳心者治人，劳力者治于人；治于人者食人，治人者食于人；天下之通义也。”认为这是当时社会发展的一般性规律。所以我们可以明显地看到，孟子把整个人群划分为统治阶级和被统治阶级，从分工的角度来肯定其合理性和进步性。

管子也从分工的角度提出了“四民分业定居”论，他强调国家的治理必须做到“定民之居，成民之事，陵为之终，而慎用其六柄焉……昔圣王之处士也，使就闲燕；处工，就官府；处商，就市井；处农，就田野。故士之子恒为士……工之子恒为工……商之子恒为商……农之子恒为农”。只要能够做到这一点，就是太平盛世。那么，他为什么要提出“四民分业定居”论？为什么认为这个“四民分业定居”论非常重要？他的主要目的有三方面。

第一，他认为四民分业定居有利于交流信息，交流生产经验，所以他在《国语．齐语》里说，只要做到四民分业定居，就可以“相语以利”“相语以事”，因为同一人群定居在同一个区域，就可以交流生产经验和信息。

第二，四民分业定居有利于提升专业技能，聚居在一个地方，有利于提高大家的技能，所以他在《国语·齐语》里说，这样可以做到“相示以巧”“相陈以功”，提高专业技能。

第三，他认为四民分业定居有利于培育社会稳定环境与秩序。他在《国语·齐语》当中阐释道，只要做到四民分业定居，人们就可以，“少而习焉，其心安焉，不见异物而迁焉。是故其父兄之教不肃而成，其子弟之学不劳而能”。也就是说，只要做到四民分业定居，每个家庭就可以做到言传身教，社会保持很好的礼仪制度。所以，管仲的“四民分业定居”论是从分工的角度，提出四民分业定居是最合理的一种治民理论，这种治民的理论不但有助于生产技术的发展和生产效率的提高，而且有助于社会统治秩序的重构。

① 《孟子·滕文公上》。

在这里我要特别指出的是，过去学术界往往把“四民分业定居”论看成是一种职业的划分，实际上它更是一种等级制度，士、农、工、商在整个中国古代就是四个等级，这种四民分业的等级制度应该说到了唐、宋才突破，理解了这一点，就可以反过来更加深刻地体会到四民分业定居就是当时的国家统治秩序的建构。

荀子也从分工的角度阐释了他的“明分”理论，他讲到整个社会要有序发展关键在人，人的最重要的特性就是分群，分成不同的人群，所以古人才会说：“物以类聚，人以群分”，这是人的最本质的特征。因此荀子认为，一个社会“职业无分，如是，则人有树事之患而有争功之祸矣”，如果人不按职业把它分开，那么大家就会有争功的隐患，因此他主张“农分田而耕，贾分货而贩，百工分事而劝”，认为每一个群体从事好自己的职业，就是对社会最大的贡献。他又进一步强调：“人之生，不能无群，群而无分则争，争则乱，乱则穷矣” “职业无分，如是，则人有树事之患而有争功之祸矣”，[①] 并进一步指出：“故先王案为之制礼义以分之，使有贵贱之等、长幼之差，智愚、能不能之分，皆使人载其事，而各得其宜。然后使悫禄多少厚薄之称，是夫群居和一之道也。故仁人在上，则农以力尽田，贾以察尽财，百工以巧尽械器，士大夫以上至于公侯，莫不以仁厚知能尽官职。夫是之谓至平。”[②] 他认为“治平”的社会，也就是达到“大治”的社会，就是农、贾、工、士大夫，各人按职业划分，履行好自己的职责，这就是一个“治平”的社会。

此外，墨子、韩非子也从分工角度论述了他们对于国家治理的看法。墨子说：“君子不强听治，即刑政乱；贱人不强从事，即财用不足。今天下之士君子以吾言不然：然即姑尝数天下分事而观乐之害。王公大人蚤朝晏退，听狱治政，此其分事也；士君子竭股肱之力，亶其思虑之智，内治官府，外收敛关市、山林、泽梁之利，以实仓廪府库，此其分事也；农夫蚤出暮入，耕稼树艺，多聚菽粟，此其分事也。妇人夙兴夜寐，纺绩织纴，多治麻丝葛绪綑布縿，此其分事也。”[③] 他在这段记载中强调了几个群体，就是王公、大人、士君子、农夫、富人，他认为这些人群只要做到自己的分内之事，就可以做到天下财用足，行政不乱，反之如果做不到，那么天下就会财用不

---

① 《荀子·王制》。
② 《荀子·荣辱》。
③ 《墨子·非乐上》。

足，行政乱。他要讲的中心意思就是个人任其分事，那么社会就可以达到大治。

韩非子也强调："故有智而不以虑，使万物知其处；有行而不以贤，观臣下之所因；有勇而不以怒，使群臣尽其武。是故去智而有明，去贤而有功，去勇而有强。群臣守职，百官有常，因能而使之，是谓习常。"① 一个人们有社会分工，而且每个人都能履行好自己这种分工责任的社会，就是一种好的社会，"社会习常"，就是一个很正常的社会。

所以，我们通过这些思想家的这些思想，可以看出在先秦的统治阶级和思想家看来，只要人们按照分工各有定职，各有定分，且人尽其职，人尽其能，这就是理想的社会秩序。可见，分工论是先秦统治者思想家构建社会统治秩序的最重要的理论基石，这一点是相当清楚和明了的，由于时间的关系，我不可能把先秦思想家关于这方面的认识，大段的全部引述出来，但是他们确实留下了极为丰富而且宝贵的思想，值得大家深入地去挖掘，去系统的研究。这个是我们先秦史研究当中要解决的一个非常核心的理论问题，如果这个问题解决不好，我们就无法正确全面的理解先秦时期，我们早期国家统治秩序是怎么样的构建起来，又是怎样运行的。

那么，如何看待先秦思想家的这些观点呢？以往在学术界有不少的学者将上述思想家的观点看成是一种"反动"的观点，认为这些观点是为统治阶级辩护，认为劳心者治人，劳力者治于人，是一种违背历史进步潮流的思想认识，没有充分认识到人民群众在历史发展中的重要作用。但是，如果我们在先秦那样的历史环境下来认识这些观点，同时把这些思想观点，放在人类历史进程的长河当中来加以认识，我们应该充分肯定这些观点的进步性。为什么这样说，请看恩格斯的有关论述，在《暴力论》中，恩格斯说："当人的劳动的生产率还非常低，除了必需的生活资料只能提供微少的剩余的时候，生产力的提高、交换的扩大、国家和法律的发展、艺术和科学的创立，都只有通过更大的分工才有可能，这种分工的基础是，从事单纯体力劳动的群众同管理劳动、经营商业和掌管国事以及后来从事艺术和科学的少数特权分子之间的大分工。"② 恩格斯说，在人类历史上，人类社会分裂为奴隶主与奴隶两大阶级，人们分为脑力劳动者和体力劳动者两大群体，是历史的重大进步。而且他进一步指出，奴隶制虽然是以残酷剥削而出现的一种制度，

---

① 《韩非子·主道》。

② 《马克思恩格斯选集》第3卷上《暴力论》。

但是他取代原始公有制就是历史的重大进步。所以从这一观点来看，先秦思想家统治者从分工的角度把人们分为统治者和被统治者，是有巨大的历史进步性的。恩格斯在《反杜林论》里面讲到社会分工时再一次指出："分工的规律就是阶级划分的基础。"① 我们要认识阶级社会的阶级划分，阶级矛盾和阶级斗争，如果不研究不把握分工的规律，把这个基础搞明白搞清楚的话，你就去研究阶级，怎么能弄清楚阶级和阶级社会呢，正是因为分工影响很大，所以马克思、恩格斯才会进一步指出："分工不仅使物质活动和精神活动、享受和劳动、生产和消费由各种不同的人来分担这种情况成为可能，而且成为现实。"② 我们仔细体会马克思、恩格斯这几段话，可以归结起来这么说，正因为分工具有如此进步性，当时的思想家和统治者才会从分工论去论证制度的合理性，并以之为基础去构建理想的统治秩序。可见，从分工论的角度去构建早期国家的统治秩序，对这样一些思想观点应该加以肯定和给予高度的重视，可以说分工论是先秦统治者和思想家治国安邦的理论基石。我们原来不是没注意到这个问题，学术界有相当多的学者在讲分工问题，也有相当多的学者在讲先秦的国家统治，但是没有很好地把分工论的研究和先秦国家秩序的重构这两个问题有机的结合在一起研究，这个是我们在先秦史当中要做的一个重点的工作。

三　分工论与先秦重商思想

（一）重商思想的历史存在

应该说，先秦的重商思想是我们研究中国经济思想史值得特别注意的经济思想。我们知道中国古代社会重农抑商思想长期占据统治地位，但是在先秦重农抑商思想产生之前，社会上普遍存在着重商思想，所以胡寄窗先生在他的《中国经济思想史简编》当中强调："总之，在战国以前的文献中找不出任何轻视工商业的迹象。这一点凡是研究经济思想史的人，不论中外都应特别注意。"③ 先秦时期我们国家存在重商思想，这是在世界经济思想史上都是非常独特的现象，值得大家关注，因为欧洲是到了 16 世纪中叶以后，

---

① 《马克思恩格斯选集》第 3 卷《反杜林论》。

② 《马克思恩格斯选集》第 1 卷《德意志意识形态》。

③ 胡寄窗：《中国经济思想史简编》，中国社会科学出版社 1981 年版，第 6 页。

才出现重商主义，先秦社会发展程度那么低，为什么会存在重商思想呢？这是个非常值得注意的特别的经济思想，要了解先秦的重商思想，我们首先来看重商思想表现在哪些方面。先秦重商思想非常典型，它反映在人们的思想观念、行为意识、社会政策等各个方面。

首先，从典制方面来看，在先秦的重要文献当中，商业的作用得到充分的肯定，《尚书·洪范》讲“八政”，开篇即讲道：“一曰食，二曰货。”就是充分肯定商业的作用。《周礼·天官·大宰》讲“以九职任万民”“一曰三农”“六曰商贾”，把商贾跟其他八职平等对待，并没有轻视工商业的观念在里面，可见对商业的作用是非常肯定的。

其次，从人们的行为方面来看，先秦时期的人并不贬斥商业，相反还高度重视，特别是部落的首领都是亲自经商，这是非常值得注意的历史现象。我们传说中的黄帝、尧、舜等部落酋长，根据史籍的记载，都是亲自组织商业贸易行为，如《易·系辞下》记载：“服牛乘马，引重致远，以利天下。”《尚书·大传》：“舜贩于顿丘，就时负夏。”这些部落酋长，都是商业交换的首领，说明在人们的行为当中，从来就没有贬斥商业，排斥商业。

再次，从上古三代和春秋时期整个社会的工商业政策来看，对商业也是非常重视的。我们知道在西周时期，周王室就号召自己部落的臣民赶快到远处去经商，把发展商业贸易作为促进周代经济社会发展的一项重要的政策。到了春秋时期，各个国家都纷纷推出了通商惠工的政策，如郑国与商人签订了盟约，约定“尔无我叛，我无强贾”①，保护商人的利益。卫国也是“务财训农，通商惠工”②。晋国是“轻关易道，通商宽农”。③ 齐国也“通货积财，富国强兵”，④ 齐国甚至依靠渔盐之利称霸东方，可见从先秦整个社会的工商业政策来看，都是大力提倡和扶持工商业的发展，而不像秦汉以后的重农抑商。

最后，从思想家的思想方面来看，人们也是充分肯定商业的作用和从商的行为。由于时间的关系，我们主要以孔子的言行来看一下，大家都知道孔子是我们伟大的思想家、教育家，作为儒家的创始人，大家往往认为他只讲义，不讲利，认为他的义利观中只有义，没有利。但事实上孔子对经商是非常肯定的，孔子门徒三千，有七十二贤徒，七十二贤徒当中，子贡就是经商

---

① 《左传·昭公十六年》。

② 《左传·闵公二年》。

③ 《国语·晋语》。

④ 《史记·管晏列传》。

的能手，孔子经常表扬子贡，“赐不受命，而货殖焉，臆则屡中”①。他夸奖学生是经商的好手，每次经商必定成功，而且据司马迁的记载，孔子学问会名满天下，主要靠子贡。因为子贡经商结交的人很多，而且子贡每到一个地方就宣传老师的思想，孔子的思想学术就被传播出去，所以“夫使孔子名布扬于天下者，子贡先后之也”②。孔子在有人问他，说有一个美玉，是把它保存起来呢，还是把它拿到市场上去卖掉。孔子都是说：“‘沽之哉！沽之哉！吾待沽者也’。”③ 让赶快拿到市场上卖了。从这些言论来看，他不排斥商业。孔子之后，孟子、管子、荀子这些大思想家，一直到司马迁都纷纷肯定商业的发展。我们可以清楚的看出来，先秦的人们对商业是充分肯定和高度重视的，从典章制度、人们的思想，还有社会的政策等各方面来看，先秦确实是一个重商的社会，社会上有一股重商主义的思潮，这种思想与春秋以后的重农思想，形成鲜明的对比，这是非常值得注意的历史现象。

那么，为什么先秦这个时代能够产生重商思想呢？这个时期商业发展的形态是什么呢？概括起来说，先秦时期是一个部族交换的时代，这个时代的商业行为主要是发生在部落与部落之间，就是马克思在《家庭、私有制与国家起源》当中强调的，“商品交换是在共同体的尽头，在它们与别的共同体或其成员接触的地方开始的”。④ 什么叫共同体？就是不同的部落不同的农村公社，所以这时的交易，部落的首领都是交易的行为人，是以部落来开展交换。部落首领就要带着他本部落跟另外的部落进行交易，所以夏、商、周三代发生了很多部落首领到另外的领地上去交易，被其他部落杀死了，然后就引起了部落大战。部落大战一个重要的触发点，就是争夺商业利益，这个是解释上古很多部落大战的一个重要的历史线索。这一时期是一个部族交换的时代，典型地反映在《周礼·地官·司市》的这段记载上：“大市，日昃而市，百族为主；朝市，朝时而市，商贾为主；夕市，夕时而市，贩夫贩妇为主。”⑤ 这段史料中有两个问题，商业史学界和经济思想史学界一直解释不清，第一，为什么《周礼》当中，要把市场分成大市、朝市、夕市三种类型？第二，大市当中百族为主，这个“百族”是什么意思？回到我们现有的学术界出版的《中国经济思想史》和《中国商业史》等著作当中，

① 《论语·先进》。

② 《史记·货殖列传》。

③ 《论语·子罕》。

④ （德）马克思《资本论》第1卷，人民出版社2004年版，第107页。

⑤ 《周礼·地官·司市》。

都是把这个“百族”解释成老百姓，说大市以老百姓为主，实际上是不对的，这里的百族应该是指许许多多的部落，一个族就是一个部落，因为这个时候交换是以部族为单位来进行的，这个时候的老百姓，小农家庭在什么地方呢，小农家庭被整合在井田制农村公社里面，整合在部族里面。过去家庭只是一个生活单位，消费单位，他不是一个生产单位、分配单位和交换单位，这时候的生产单位、分配单位和交换单位就是部族。我原来想了写一篇文章叫作《部族交换时代的形成与终结》，但是一直没有完成，这个也是一个非常重要的课题，因为这个对先秦商业形态、交换形态的认识，直接关系到我们对重商思想的解释。

（二）学术界关于先秦重商思想产生的解释

刚才我们已经简单地从几个方面，归纳指出先秦时期整个社会确实存在重商思想这种经济思潮，那么对于先秦为什么会存在重商思想，经济史学界，古代史学界都给了不同的解释，这些解释归纳起来有两种。第一种就是生产与交换关系解释说。这种观点认为人类社会整个社会经济的运行，分成生产、分配、交换、消费四个环节，在四个环节当中呢，生产决定交换，交换反作用于生产。因此由于交换对生产有反作用，所以商业很重要，人们就形成了重商思想。我最初看到这样一种解释的时候也没有太在意，后来才发现它有问题，为什么呢？因为马克思对人类社会经济发展的这四个环节的总结，是对人类经济社会发展一般规律的总结。就是说，春秋战国之后整个社会产生了重农抑商思想，但整个社会的经济运行，生产决定交换，交换反作用于生产的规律并没有发生改变，交换对生产也有重要的反作用关系，为什么人们又形成了重农抑商思想呢？所以，生产与交换关系解释说不足以解释这个问题。

第二种观点是“工商食官”解释说。上古三代史的专家很多都认为，这个时候古人重视商业是因为这个时候商业和手工业是由官府经营的，“工商食官”，工商业都是由官府管理，产品直接供官府使用，属于官府生产生活的一个组成部分，所以很重视这个工商业。但是我们只要深入先秦的史实当中就可以发现：这样的解释也有问题，因为属于官府经营的工商业，只在社会当中占有极小的比例，社会上工商业的主要领域、主要部分还是民间私营的工商业的发展。所以，这两种解释都无足以说明先秦为什么会产生重商思想，对于先秦重商思想的产生，我们还得另外地去寻找答案。

3. 分工论是先秦重商思想的理论基石

请看当时思想家对于这个问题的认识与看法。《孟子》当中记载了孟子与农家学的门人陈相的对话，那么农学家就向孟子质问，说你们这个讲礼仪的，对这个经济交换行为怎么认识？孟子就问这个农家许行的门人陈相，你们的祖师爷许子“必种粟而后食乎？”“必织布然后衣乎？”“许子冠乎？”在得知许子的衣冠和工具都是通过“以粟易之”的交易方式得到后，孟子总结出这样的认识：“以粟易械器者，不为厉陶冶；陶冶亦以其械器易粟者，岂为厉农夫哉？且许子何不为陶冶，舍皆取诸其宫中而用之？何为纷纷然与百工交易？何许子之不惮烦？……然则治天下独可耕且为与？有大人之事，有小人之事。且一人之身，而百工之所为备。如必自为而后用之，是率天下而路也。”① 为什么孟子会得出这个认识？就是说社会是有分工的，不能每一个都能穷尽所有天下的职业去满足自己的需要，必须依靠交换，所以孟子通过与许行门人的对话，充分肯定商业交换是调剂有无的重要途径，孟子的这段话在分工论上具有重要的地位，大家可以去认真的去阅读体会，如果我们能够做到这一点，我们就能够认识到孟子分工论的要义，认识到孟子对商业的地位和作用的肯定。

管子对商业的功能和作用也是倍加肯定，他说：“市也者，劝也；劝者，所以起本事。”② 还说：“聚者有市，无市则民乏。”③“市者，天下之财具也，而万人之所和而利也。”④ 很明显，他充分肯定商业的作用，为什么他会肯定商业的作用？联系前面我们引述到的管子对于四民分业定居的认识，可见他是从社会分工论的角度，来肯定商业的地位，他认为国家的治理要推行“三其国而五其鄙”的政策，就能够天下大治，“三其国”就是将城郊分为市、工、商，三个部分，共划分为 11 个乡，市为 5 个乡，工与商各占 3 个乡，通过这样来构建他的统治秩序。如果我们把他对市场、对商业的肯定，放在他的四民分业定居的论中来看，可以发现他是从分工的角度来充分肯定市场和商业的作用，而正是在这个基础上，管仲提出了他的轻重论。

再看《左传》和《吕氏春秋》当中的认识，他们也从分工论的角度提出过重商的主张和思想，《左传·宣公十二年》：“商农工贾，不败其业。”那么《吕氏春秋·上农》：“凡民自七尺以上，属诸三官，农攻粟，工攻器，贾攻货。时事不共，是谓大凶。”都是从分工的角度，讲农工商并重，强调它们的重要性，也就是说，这些思想家重视的不是社会生产的某一个方面，

---

① 《孟子·滕文公上》。

② 《管子·侈靡》。

③ 《管子·乘马》。

④ 《管子·问》。

某一个领域，而是农、工、商同时并重，为什么？他们都认为不论是哪一个部门都是社会的正常分工和正常需要，离开哪一块都不行，必须三者并重，提高到治国理政的层面高度重视，认真解决，国家才能得到治理。

再看荀子和商鞅的认识。荀子就农工商的关系，也做了进一步的阐释，他讲了："农分田而耕，贾分货而贩，百工分事而劝，士大夫分职而听，建国诸侯之君分土而守，三公总方而议，则天子共己而已。"① 在他看来，商业流通货物，与农民从事农业，官吏治理人民一样，都是一种社会的分工，三者各司其职，不可或缺，离开了社会就会出问题，这完全是从社会分工的角度来讲的。商鞅也说："农商官三者，国之常食官也。农辟地，商致物，官法民。"② 都是有不同的分工划分，都离不开。为什么这些思想家要反复强调这个问题？所以可见分工对于认识农商关系和社会治理关系是多么的重要。

接下来我们再看伟大的史学家，思想家司马迁的认识。司马迁在《史记·货殖列传》里面为商人立传，在中国古代绝无仅有，只有他在《二十四史》当中写了一篇《货殖列传》，为商人立碑为传，成为史家绝唱。为什么司马迁会那么重视商人和商业，甚至专门为商人立传，就是因为他认为商业太重要，他说，整个社会"待农而食之，虞而出之，工而成之，商而通之"。并引用《周书》的话："农不出则乏其食，工不出则乏其事，商不出则三宝绝，虞不出则财匮少。财匮少而山泽不辟矣。此四者，民所衣食之原也。原大则饶，原小则鲜。上则富国，下则富家。"③ 如果离开工商业，整个社会的财富就不可能得到增值，所以司马迁认识到商业的出发点，还是分工论。

通过对这些思想家思想言论的一个简单的揭示和归纳，我们可以得出一个结论，分工论是先秦重商思想的理论基础。因为按照社会分工，商业跟农业、手工业等同样重要，所以大家要重视，是在这样的基础上形成的重商思想。

（三）附带应说明的几个问题

第一个要说明的问题是先秦时期商业的地位和作用。我们说从分工论的角度，先秦思想家和统治者都认为商业非常重要，重要到什么程度呢，我们

---

① 《荀子·王霸》。

② 《商君书·弱民》。

③ 《史记·货殖列传》。

刚才讲马克思在研究资本主义社会的经济运行和发展的时候，提出了生产、分配、交换、消费，四个环节的运行机制。在这四个环节的运行过程当中，生产起决定作用，但是其他三个环节，包括交换在内，对生产有反作用，因此形成了生产与交换的作用与反作用关系，但是正像我前面说到的，用生产与交换的作用与反作用关系解释不了先秦重商思想的存在原因，因为重农抑商社会也是存在这个作用与反作用的关系，那么在先秦交换起到什么作用呢？司马迁在《史记·货殖列传》的开篇中记载了当时中国天下的物产和资源，之后笔锋一转，他说："故待农而食之，虞而出之，工而成之，商而通之。此宁有政教发征期会哉？人各任其能，竭其力，以得所欲。"也就是说要满足人们的生产生活需要，必须待农而食之，虞而出之，工而成之，商而通之。在当时人们的观念当中，可能商业的作用比生产还重要，为什么呢？由于当时简单商品生产条件下，生产力水平太低，要生产一个东西也许花十天半个月你都生产不出来，可是这个商人一下子从远方给你弄过来了，所以在那种生产力水平低的情况下，交换和生产绝对不是作用和反作用的关系，我个人认为在先秦人们的观念当中，按分工论来说，在简单商品生产条件下，交换是生产的延伸和补充。它克服了生产的局限性，满足了人们的生活需要，弥补了生产的局限性，所以人们在那个年代对商业是非常重视的，它的地位甚至还超过了生产。说起这个我想起李埏先生给我讲的，他到大凉山彝族地区去做民族调查，那个时候彝族部落之间发生战争，遇到外面去的人都把他杀掉，唯有一种人不敢杀，就是商人，就是货郎。因为他知道一杀，这些货郎担再也不去了，他整个凉山部落内部的生活需要、生产需要就不能满足，就会引发很多问题。可见他对商业重要性的认识是相当高的。所以在先秦时候，理解商业的地位绝对不要用四个环节的作用与反作用去理解，交换一定是生产的延伸和补充，它克服了生产的局限性，所以古人对商业比生产还重视，这是形成重商思想的最深层次的原因。

第二个要向大家说明的问题是先秦重商思想与欧洲重商主义的区别。学术界有一批学者认为，先秦中国就产生了重商思想了不起。欧洲 16 世纪才产生重商主义，中国经济思想的发展相当辉煌，比欧洲早了多少多少年。这是不对的。先秦的重商思想与欧洲的重商主义完全不是一码事。先秦的重商思想强调的是社会分工，是从分工论的角度，认识到商业跟农业手工业做官一样，都是分工的结果，同等重要，甚至商业比生产还重要，其理论内核是分工论。而欧洲重商主义又叫商业本位主义，它产生于 16 世纪中叶，盛行于 17 世纪到 18 世纪中叶，是西欧封建制度解体和资本主义原始积累时候的一种经济学说和经济理论。重商主义强调的是贸易和市场的作用，强调的是贸易和市场在资本主义发展中的作用。两者完全不是一码事，我们现在很多经济思想史学界把两者扯在一起去讲，只能把问题越讲越复杂，越来越解释不清这个问题。

第三点要给大家强调，要在特定的历史条件下理解和运用理论。就像我刚才说的，我们用马克思概括资本主义社会的四个环节作用与反作用的关系是解释不了先秦时期重商思想的产生的，马克思对社会经济运行的生产、分配、交换和消费四个环节的概括，是基于资本主义社会化大生产高度发展，商品经济发展到相当程度的理论概括，这个是非常准确的，但是不能用高度发达商品经济条件下的理论去解释先秦简单商品经济条件下的社会问题。所以我们常讲一句话，尊重历史就是要在特定历史条件下应用理论。那么回到简单商品生产条件下，理解生产与交换的关系，就是交换是生产的延伸和补充，它克服了生产的局限性，起到了巨大的作用，与生产同等重要，这样才会产生重商思想。

四　分工论在先秦历史研究中的地位和作用

通过上以上的分析，我们可以看到：分工论是先秦国家统治秩序的理论基础，是先秦重商思想产生的基础。那么它到底在先秦史研究当中占有什么地位呢?

（一）分工论是解决先秦史重大问题的一把钥匙

要使先秦史的研究得到进一步的突破，我们必须掌握分工论，掌握不了分工论，要取得先秦史研究新的突破真的很难。马克思曾说："东方一切现象的基础是不存在土地私有制。这甚至是了解东方天国的一把真正的钥匙。"① 后来大家提炼了一个观点就是亚细亚生产方式是理解东方社会的一把钥匙，那么循着这一思路，我们认为分工论是解决先秦史重大问题的一把钥匙。原因很简单，第一就是分工在上古历史发展中产生了重要作用。古人对分工的感受比我们今天更直观，今天我们处在一个社会大分工，快速发展，分工越来越细的时候，反而感觉不到它的作用。但古代社会发展程度低，每一次社会大分工，都是人类历史的巨大飞跃，古人的感受很深刻，第

① 《马克思致恩格斯》(1853年6月2日)，《马克思恩格斯全集》第28卷，第256页。

一次社会大分工使畜牧业从采集经济当中分离出来，使饲养家畜成为一个专门的生产部门，极大地改善了整个社会的经济结构，为人们提供了更多的肉食产品，改变了人们的生活。第二次手工业从农业当中分离出来，使人们征服自然、改善自然的能力得到全面提高，手工业的分离使人们能够从游牧采集经济转向为定居生活，这个是人类历史上文明的一大进步。第三次社会大分工，商业分离出来，在那样简单商品生产条件下，商业克服了生产的局限下，一下子改变了人们的生产、生活，司马迁在《史记·货殖列传》中做了深刻的阐述。所以每一次社会大分工都是发展的飞跃，古人对分工的感受比我们还深。第二，分工论是上古时期人们认识社会的重要思维。通过刚才我的讲述，大家可以体会一下，人们在上古时期认识社会，都是从分工论出发的，分工的思维就是人们认识事物，分析事物，解决事情的思维方式，正因为这样，回到历史研究中，分工论就是解决先秦史重大问题的一把钥匙。古人都是通过这样的思维来认识事物，来构建社会秩序，为什么不用这样的思维去认识和构建先秦历史呢？所以分工论是认识先秦历史的一把钥匙。

（二）先秦社会分工的水平问题

对于先秦社会分工的水平，认识不太一致。其中有一种观点认为：先秦社会分工极不发达。比如唐嘉弘先生就是这样的观点。老先生学识深厚，他认为，先秦主要是一种部族经济形态，基层社会是农村公社和家庭公社，从而也不存在社会大分工。所以他讲："总之，中国古代社会基本上正如马克思所描绘的，具有自己的特点，在中国古代历史上要找出象希腊或罗马社会那样的三次大分工，似觉材料远远不够，甚至可以认为中国先秦史上是否出现三次社会劳动大分工，还值得进一步研究。"① 他的依据同样是马克思、恩格斯的分工理论，他几乎把马克思、恩格斯在《家庭、私有制、国家起源》中关于分工的论述，全部找出来了，在他的文章当中来论证他的观点。但如果说先秦的分工极不发达，怎么会出现分工论呢？其实我们只要认真地研究先秦的历史，就有必要对先秦社会分工水平进行新的评价。回到史实，我们可以看到早在新石器时代我们国家在黄河流域、长江流域已经有了比较发达的农业和手工业，这个时期至少完成了第二次社会大分工。畜牧业从采集经济当中分离出来，手工业从农业当中已经分离出来，我们可以从考古发现当中看到很多手工生产工具和畜牧业的产品，足以证明肯定完成第二次社会大分工。同时我们看《周礼》当中对手工业的记载："百工之事，皆圣人

---

① 唐嘉弘：《古代社会分工理论及其相关问题》（上、下），《史学月刊》1985 年第 3、4 期。

之作也。”大家注意了，书中认为百工中出现的各种各样的手工业，都是圣人创造出来的。这主要就是说它的历史合法性，那么《周礼》中记载周代的手工业分工已经很细了：“攻木之工七，攻金之工六，攻皮之工五，设色之工五，刮摩之工五，抟埴之工二。”① 而且在《周礼》记载这些分工下面又细分了几十种，说明商、周时期手工业的分工已经很细了，你说这个时候还没有完成社会第二次大分工吗？说不过去。那么到了春秋战国随着铁制生产工具的使用，牛耕的推广，社会生产力的进一步发展，有力的推动了交换，所以商人阶级得到迅速的发展壮大。做生意的人为什么叫商人，就是来源于商民族是一个做生意的部落，周民族征服商民族后，商民族继续保持他做生意的经济行为，所以商民族的人就叫商人，就是这样衍化而来了。到了春秋战国，商人阶级得到迅速的发展壮大，司马迁才写下了《史记·货殖列传》的名篇，为富商大贾立传。《货殖列传》记载的时代，就是一个社会大分工的时代，就是一个交换大发展的时代，就是一个商人大崛起的时代。可以肯定，到春秋战国，一个新的独立的阶级已经出现，就是商人阶级，所以第三次社会大分工也已经完成。所以先秦的社会分工达到了相当的程度，才为分工论的形成提供了良好的土壤，分工论就是在这样的土壤中出现的思想。

（三）学习理论的重要性

我们研究历史和任何事物都离不开理论的指导，大家千万不要认为理论是抽象的，是空洞的教条，一定要原原本本，系统地、深入地学习和掌握理论，大家要注意，理论不是空洞的教条，而是基于社会实践基础上的认识精华，是总结了很多思想认识才提出的智慧的结晶。理论既是认识问题和解决问题的根本指导，也是认识事物的根本方法。我们要学好理论，应用好理论，还不要把理论教条化，我们谈到理论，往往都认为是高大上，是指导，但是在我们的具体研究中，理论就是一种研究方法，不要把它看得太神秘。还要注意的一点是：理论可以使我们超越具体的史实，更好地把握历史大势和历史发展规律。理论使我们看得更远，看得更深，超越具体的历史现象去看到历史的本质，我们研究历史，既要埋头深入具体的史实当中，又要防止深入具体的史实当中去，超越不出来，只见树木不见森林。所以不论同学们是学习历史哪一段或哪个领域，都必须学理论。你不要认为我学古代文献整理的，那个理论对我没用。理论上去了，对这个话的意思理解不一样，标点

---

① 《周礼·考工记》。

符号打的位置不一样，话的意思就发生了全然的变化。所以，历史研究只有真正做到史论结合，才能不断推动其走向深入。所以我们今天早上讲分工论与先秦历史研究，最终落脚点要说明的问题，就是要引起大家对理论的高度重视，要充分学好理论并应用理论，指导好我们的研究，只要我们能做到这一点，我相信在座的每一个人都能取得很好的研究成果，都会把自己的研究能力，认识问题和解决问题的能力提升到一个新水平。谢谢大家！

中国古代“富民社会”的理论体系

林文勋

同学们好！今天很高兴跟大家一起探讨和交流。今天我讲授的题目是《中国古代“富民社会”的理论体系》。这是我和我的研究团队从20世纪90年代中后期以来提出的一项新的研究课题，我今天主要讲五个方面的问题。

一　问题的提出

我们知道，“唐宋社会变革”从20世纪初中外学者提出之后，成为20世纪中国古代史研究领域大家长期关注却没有得到根本解决的世纪性重大学术问题。漆侠先生在2000年发表的《唐宋之际社会经济的变革及其对文化思想领域产生的影响》这篇论文中指出：“唐宋之际社会经济关系是否发生变革，变革的内容是什么，以及变革的规模和程度究竟怎样，一直为国内外学者所关注，也一直成为困扰学术界的问题。”① 为什么漆侠先生会认为这是困扰大家的重要问题？因为如果我们对唐宋社会变革这个整体性的问题没有深入的把握，就会影响我们对唐、宋以来中国社会很多具体历史问题的解释和认识。

回顾学术发展的历程，关于唐、宋社会变革主要有以下几种观点。

第一种观点，中国学者普遍认为唐、宋时期是中国封建社会由前期向后期转变的时期，具有代表性的学者是侯外庐先生、胡如雷先生，当然很多老一辈学者都持这一观点。但这一观点后来越来越受到大家的质疑。主要的问题是：一方面，如果我们把唐、宋时期看成是中国封建社会由前期向后期的转变，那么按照这种历史逻辑，从宋代开始中国封建社会就已经进入后期阶

---

① 漆侠：《唐宋之际社会经济关系的变革及其对文化思想领域所产生的影响》，《中国经济史研究》2000年第1期。

段，进入了衰落期。但种种材料证明，中国传统社会从宋代到清前期在世界上始终保持领先的地位；另一方面，根据很多学者的研究，“封建社会”这样一种历史形态只是在意大利的部分地区出现的一种社会形态。所以大家对这种观点提出越来越多的不同意见。

第二种观点是以日本学者为代表的观点。一部分日本学者认为唐、宋时期是中国社会由古代向中世的转变。另外还有一部分学者认为唐、宋时期是中国由中世向近世的转变。所谓古代向中世的转变就是由奴隶制向封建制的转变，而由中世向近世的转变是由封建制向近代的转变。其中非常有代表性的就是内藤湖南先生、宫崎市定先生等一批老一辈日本学者，内藤湖南先生也是最初提出“唐宋社会变革论”的学者。

第三种观点是以一些西方学者为代表的观点，其中最具影响力的是法国学者谢和耐等的观点，他们认为宋代是中国近世的开端。

从这些观点来看，应该说大家对唐宋变革的看法分歧还是很大。这种分歧直接影响我们对唐宋时期乃至整个中国古代历史的认识，因此，我们必须回答这个重大的学术问题。21 世纪以来，这个问题一度成为我们学术界研究的重点问题和热点问题，全国很多高校和研究机构相继举办了多次以“唐宋社会变革”为学术主题的学术研讨会，大家围绕这个问题也发表了很多的研究成果。这是我们为什么要关注“唐宋社会变革”，为什么要研究“富民”这一问题的背景。

二 “富民”阶层的崛起及其历史作用

根据历史唯物主义的观点，判定一个社会的性质，主要应该看它的阶级基础和经济关系。根据这一思路，我们深入唐宋社会，在探讨它的阶级基础和经济关系的时候，我们看到了一个新的社会阶层——“富民”阶层的崛起。

（一）何谓“富民”？

从唐宋史书的记载来看，“富民”在史书的记载中又称“富室”“富家”“富户”“富人”“富姓”“多赀之家”，在某种情况下又称为“大姓”“右族”“望族”“豪族”“兼并之家”等。“富民”这个专有名词，在唐、宋以前的史书中已经出现过，但是频率还很少。中唐以后，史书中“富民”出现的频率越来越高，成为了社会上普遍使用的一个专有名词。从唐宋史籍的原始记载来看，“富民”主要是以农业致富的群体，但也包括了以工商业和其他途径致富的人。宋代实行“五等户制”，按照户等的划分，“富民”主要是乡村中的上三等户。

那么，如果我们把“富民”看作是一个社会群体或者一个社会阶层，它有什么样的社会特征呢？唐人孙光宪在《北梦琐言》中说：“不肖子弟有三变，第一变为蝗虫，谓鬻庄而食也；第二变为蠹鱼，谓鬻书而食也；第三变为大虫，谓卖奴婢而食也。”① 他说不孝之子破家败业有三步。第一步是变为蝗虫，就是说把田地出卖掉，像蝗虫把庄稼吃掉了一样。第二步是变为蠹鱼，就是把藏书统统卖掉，没有文化根基了。第三步就是变为大虫，把奴婢卖掉，像老虎吃人一样。如果结合其他史料深挖这一记载所包含的丰富历史信息，可以得出一个结论。孙光宪的记载实际上揭示了“富民”这一群体衰败的三部曲，也从本质上道出了“富民”家庭的本质和特征。也就是说：作为“富民”家庭维持其家道不败，一靠财富，二靠文化教育。换句话说，“富民”的显著社会特征，第一就是占有财富，第二就是拥有良好的文化教育。具备这两个特征，他就是“富民”群体。

（二）“富民”是否成为一个新的社会阶层？

根据社会分层的理论，一个新的社会群体是否成为了独立的社会阶层，要看这个群体的人数、它在社会中的作用，它有没有与社会其他阶层区别开来的自我认同等。

我们首先从社会的分布来看，当时“富民”群体的分布十分广泛。宋人苏辙曾说：“惟州县之间，随其大小，皆有富民，此理势之所必至。所谓：‘物之不齐，物之情也。’然州县赖之以为强，国家恃之以为固，非所当忧，亦非所当去也。”② 他这个话有几层意思：天下各州各县，无论大小，都有富民的存在，这是一种大势所趋，这是他讲的一层意思；第二层意思是，“富民”为什么会出现呢，“所谓物之不齐，物之情也。”他认为这个阶层的产生是社会贫富分化的必然结果。第三，他说：“州县赖之以为强，国家恃之以为固。非所当忧，亦非所当去也。”他认为“富民”已经成为州县所赖，国家所依。表明“富民”这个群体在社会中的地位非常重要。当然，在这个问题上大家也有不同的认识。我提出“富民”群体主要是宋代社会中的乡村“上三等户”，因此有学者对这个“上三等户”做了一个统计，他

① （五代）孙光宪：《北梦琐言》卷3《不肖子三变》，中华书局2002年版。
② （宋）苏辙：《栾城集·三集》卷8《诗病五事》，上海古籍出版社2009年版。

们认为这个群体在社会当中所占的比例并不大，因此他们认为既然这个群体比例不大，它是否对社会有那么大的决定作用？对此我们的观点是这样的：判断一个社会阶层的作用，主要不是看其人数，而是看其先进性和影响力。也就是说，作为一个社会阶层和群体，即使它人数不多，但只要它代表社会发展的前进方向，具有强大的生命力和生长性，那么它在社会当中的作用就会非常大。同时，由于宋代社会是一个高度流动的社会，在这样一个社会中，任何一个阶层都在不断地流动，处在不断的分化、组合之中，难以完全固定下来。因此“富民”阶层人数并不多。但总的来看，我们认为“富民”阶层的分布已经很广泛，在社会上已经具有全面的影响，不能单纯用它在社会人群中所占的比例来否定这个阶层的存在及其社会作用。

其次，更为重要的是唐宋时期“富民”阶层已经崛起，并迅速成为当时社会经济关系和阶级关系的核心。这里我举两段有代表性的史料。一段是南宋大思想家叶适所讲：“富人者，州县之本，上下之所赖也。富人为天子养小民，又供上用，虽厚取赢以自封殖，计其勤劳亦略相当矣。”① 他认为“富民”是州县的根本，上下所赖。从“上”的角度来说，因为“富民”为国家提供赋税，供“上”用。从“下”的角度来说，“富民”又为皇帝养小民，所以非常重要。另一位思想家朱熹也说：“乡村小民，其间多是无田之家，须就田主讨田耕作，每至耕种耘田时节，又就田主生借谷米，及至终冬成熟，方始一并填还。佃户既赖田主给佃生借以养家活口，田主亦借佃客耕田纳租以供赡家计，二者相须，方能存立。今仰人户递相告诫，佃户不可侵犯田主，田主不可挠虐佃户。”② 这告诉我们在整个宋代乡村社会中，如果离开“富民”就没有租佃关系，也就没有社会经济的正常运行。从这个角度来看，“富民”确确实实已经成为唐宋以来中国社会经济关系和阶级关系的核心。也就是说，如果不研究“富民”阶层，不研究“富民”这个群体，我们就不可能把握好唐宋以来中国社会经济关系和阶级关系的发展与变化。

最后就是“富民”这个群体对整个社会影响巨大。最突出表现在两个方面。第一就是“富民”阶层决定着国家的强弱兴衰。我们只要回顾唐宋以来中国社会的发展，凡是“富民”阶层发展壮大的时期，就是国家财力比较雄厚、国力比较强盛、社会经济发展比较快速的时期。反过来，凡是

---

① （宋）叶适：《水心别集》卷2《民事下》，《叶适集》，中华书局1961年版。

② （宋）朱熹：《晦庵先生朱文公文集》卷100《劝农文》，国家图书馆出版社2006年版。

"富民"阶层衰败的时期，就是国力衰弱、社会经济发展低落的时期。我举南宋末年的例子加以说明。我们都知道"富民"阶层从中唐崛起，到宋代得到了快速的发展。所以宋代社会为什么我们一方面讲它"积贫积弱"，但另一方面它在中华文明和世界文明的发展进程中又出现了很多伟大的发明，文化也走在世界的前面，主要就是由于"富民"阶层的发展。到了南宋，"富民"阶层已经很强大，但是面对蒙元入侵、国家财政困难的状况，南宋朝廷推出了"公田法"，跟"富民"阶层争夺土地。贾似道"公田法"的推行，导致大量"富民"群体的破产和衰败，所以，南宋末期是"富民"群体受到严重打击的时期。这引起了国家与"富民"的严重冲突。在这场冲突中南宋朝廷失去了"富民"群体的支持，所以蒙元入侵很快就把南宋灭掉。因此老一辈治元史的专家蒙思明先生讲："自公田法后，南宋政府与豪富阶级发生利益冲突而相背离，于是元兵所至，诸郡望风而降；绝无豪士、义民起而拒抗，如元末之义军风起云涌者；是政府不得豪富阶级之奥援，亦南宋速亡之一因也。"① 认为南宋灭亡的原因主要还是"富民"这个阶层的人心向背。从南宋时期"富民"的情况我们可以看出，"富民"群体在国家的强弱兴衰中，发挥的是非常关键而不是一般性的作用；另外我们从改革来看。宋、元、明、清各朝围绕赋役制度都推出了很多改革，从宋代开始的"方田均税"，到庆历新政、王安石变法，到南宋的推排经界，再到元代的江南赋税制度改革，明代的一条鞭法，清代的更名田，等等。我们只要把这些改革放在一起来看，就会发现一个现象：不论这些改革的措施有多少，范围有多广，程度有多深，但始终都没有离开一个问题：这些改革的根本出发点和主线都是在于调整"富民"群体与国家的关系问题。我们都知道中国传统社会经历了很多次改革，每一次改革都有效调整了经济关系和社会关系，推动了历史的进步。但怎样来看待中国传统社会的改革史？从"富民"阶层的角度来看，我们可以得出一个基本结论，就是：宋以后的中国改革史就是一部国家与"富民"阶层的关系史。也就是说，如果不清楚"富民"与国家的关系史，我们很难写好宋以来中国的改革史。漆侠先生主编了一套《中国改革通史》，我建议大家看一下，但是在看宋以来中国的改革的时候，大家应该高度重视"富民"与国家的关系问题。从以上两方面可见，"富民"这一群体对整个国家和社会的影响很大。列宁曾经指出："所谓阶级，就是这样一些大的集团，这些集团在历史上一定社会生产体系

① 蒙思明：《元代社会阶级制度》，上海人民出版社 2006 年版，第 25 页。

中所处的地位不同；对生产资料的关系不同；在社会劳动组织中所起的作用不同；因而领导得自己所支配的那份社会财富的方式和多寡也不同。所谓阶级就是这样一些集团，由于他们在一定社会结构中所处的地位不同，其中一个集团能够占有另一个集团的劳动。”① 根据列宁关于阶级的定义，我们某种程度上也可以把“富民”群体称为“富民”阶级。当然，我们称它为“富民”阶层主要是从社会分层理论的角度加以界定。总之，我们认为唐宋以来崛起的这个新的社会群体，就是有别于其他社会群体的新的社会阶层。

（三）“富民”阶层的作用

“富民”作为一个新的社会阶层出现后，它的作用到底是什么？归结起来就是一句话：它是社会的中间层、稳定层和动力层。

我们先看法国学者谢和耐先生的一个观点，谢和耐先生说：“从 11 至 13 世纪，由于新的势力在起作用，中国社会的总体结构逐渐发生变化。在上层精英和民众集团之间，一个极不相同又极其活跃的阶层出现了，并开始占据愈益重要的地位。这个阶层就是商人。……在宋代时期，从 11 世纪到 13 世纪，新的势力慢慢地削弱了中国社会的基础，却又未能把它引向新的形态。到了最后，这些势力实际上在统治精英和财主们之间造成了一种利益上的勾结，从而大大改变了士大夫的本性。从这个意义上讲，在宋代时期尤其是在 13 世纪，透出了中国近代的曙光。”② 谢和耐先生指出，从 11 世纪以来，中国社会发生了很大的变化。这些变化为什么会发生？是因为出现了一个新的阶层，这个阶层就是商人。但是根据我们的研究来看，这个阶层不是商人，富商大贾也是属于我们所说的“富民”群体中的一部分，因此这个中间层就是“富民”阶层。

“富民”作为社会的稳定层也毋庸置疑。我举两个事例。一个就是宋神宗朝苏轼任徐州知州时遇到大水，江河溃决，大水淹到城下，城内的富民纷纷争着出城避水，引起了全城的骚乱。苏轼就说：“富民出，民皆动摇，吾谁与守。”③ 意思就是说只要富民不争着出城，那么全城就可以稳定下来。最后他把这些出城的富民又赶回城里，全城的老百姓看富民都不走，大家都不走，这样全城都安定下来。可见富民对社会的稳定多么重要。第二个事例就是宋代灾荒救济中出现了一个名词叫“劝分”。在唐代以前，灾荒救济主

---

① 列宁：《列宁全集》第 37 卷，人民出版社 1986 年版，第 13 页。

② 谢和耐：《蒙元入侵前夜的中国日常生活》，北京大学出版社 2008 年版，第 49 页。

③ 《宋史》卷 338《苏轼传》。

要以政府单方面救济为主，唐宋以来除了政府的救济，还有社会力量参与到灾荒救济当中，从而使我国古代的灾荒救济在唐宋时期发生了重大转变。所谓“劝分”，就是政府劝富人拿出钱或粮食来，帮政府救济灾民。那为什么会出现这样的历史现象？一方面，肯定是“富民”阶层的力量壮大到能够承担得起这份社会责任。另一方面就是政府的管理能力确实不足，需要社会力量来弥补这个空间。我们知道宋代灾荒救济最典型的例子就是黄震的灾荒救济，黄震的灾荒救济为什么在宋代会被记载下来，反复地加以推广？他就是大力推行“劝分”之法的官员。他说：“照对救荒之法，惟有劝分。劝分者，劝富室以惠小民，损有余而补不足。天道也，国法也。富者种德，贫者感恩，乡井盛事也。”① 每到一个地方救灾，他首先的做法都是把富民找来。史书上记载他到好几个州去上任，还没有到州衙首先就直接在沿路召集富民，商议如何救灾。可见宋代的灾荒救济对富民的依赖是很强的，同时，富民也是国家维持乡村稳定的重要力量。所以无论是宋代社会的衙前里正，到王安石变法之后的保甲长，再到明代的里甲制度，清代的保甲制度，担任宋代衙前里正和里长、保长的往往都是富民，可见富民在乡村稳定中的作用。

同时，“富民”还是社会发展的动力层。只要深入研究唐宋社会，我们就可以看到富民推动了唐宋以来经济的发展和文化教育的发展。因为“富民”的一大根基就是文化教育，所以富民纷纷举办私塾，对推动唐宋以来乡村文化教育的发展起到的作用非常大。黄宽重先生就说：“宋代各地的公共建设与文化发展的动力，主要来自当地的士人与富豪，而富人是主要的赞助者。”② 从这些方面来看，可以充分地肯定富民就是当时中国社会发展的一个动力层。

所以，富民就是中国传统社会当中的中间层、稳定层、动力层，这就是它的历史作用。

三 “富民”社会的形成及其历史特征

随着“富民”阶层的崛起，整个社会的经济关系和经济结构发生了重

① （宋）黄震：《黄氏日抄》卷78《四月初十三日到州请上户后再谕上户榜》，大化书局1984年版。

② 黄宽重：《从中央与地方关系互动看宋代基层社会演变》，《历史研究》2005年第4期。

大的变化和调整。这种变化和调整导致形成了一个与汉唐不同的社会，即“富民社会”。

（一）“富民社会”的形成标志

“富民社会”的形成主要体现在以下几个方面。

第一是土地所有制方面，就是土地私有制确立起主导地位。我们都知道中国古代土地制度的变化经历过否定之否定的发展过程。在上古三代，土地国有，“田里不鬻”；到了商鞅变法，“民得买卖”，土地私有制逐渐发展起来，形成国有和私有并存的局面。到魏晋南北朝至隋唐，国家推行均田制，以国有为主，不允许土地买卖，土地的配置主要是国家按人丁进行分配。但到了唐玄宗时，均田制下土地的买卖已经非常严重。因此到了唐德宗建中元年，朝廷推出了两税法。之所以要推出两税法，就是因为土地买卖的情况太普遍，占有土地已经不能作为纳税的依据。两税法之后，土地买卖的情况更为严重，史书记载：“兼并者不复追正，贫弱者不复田业。”① 所以宋代政府适应土地买卖、土地私有制发展的趋势，“田制不立，不抑兼并” 正式成为宋王朝的国策。也就是说，国家公开承认土地私有的合法性，标志着土地私有制确立起主导地位。土地私有制的确立跟“富民”阶层的崛起是一个事物的两个方面。一方面，富民是土地买卖的主要力量，富民参与土地买卖推动了土地私有化进程。另一方面，土地私有产权的确立有效地保护了“富民”阶层的财产权，使“富民”阶层的经济力量得以迅速地发展壮大起来。这是一个历史性的变化。所以顾炎武在《日知录》中讲了这样一段话：“汉武帝时，董仲舒言：或耕豪民之田，见税什五……仲舒所言则今之分租，贽所言则今之包租也，然犹谓之豪民，谓之兼并之徒，宋已下，公然号为田主矣。”② 也就是说，在汉唐占有土地的人叫“兼并之徒”，你占有土地，但是你占有的手段、方式国家不认可，哪怕你是买来的，国家都认为你是兼并得来的，所以把你叫成“兼并之徒”。但宋代以后则公然号称“田主”。不论你是怎么得来的，你只要占有土地，就是田主，也就是地主。从“兼并之徒”到“田主”是中国历史的一个巨大跨越，它标志着土地制度的重大变化。从“兼并之徒” 到 “田主” 的过程，也就是从“豪民”阶层向“富民”阶层转变的历史过程。

第二，从经济关系方面来看，这一时期租佃契约制也确立起主导地位。

---

① （宋）马端临：《文献通考》卷3《田赋考三》，中华书局2006年版。

② （清）顾炎武：《日知录》，《苏松二府田赋之重》，上海古籍出版社2012年版。

我们都知道契约租佃关系在中国历史上出现得很早。在春秋战国时期就有租佃契约关系。所谓的租佃契约关系就是我占有土地，把土地租给你，你耕种土地向我交租，这其实准确地理解就是一种经济契约关系。租佃契约关系从春秋战国出现，到秦汉一直存在，但它不是整个社会经济关系的主导，租佃契约关系确立起主导地位就是从宋代开始。苏辙就非常清楚地表明："民之有田者，非皆躬耕之也，而无田者为之耕""故夫今之农者，举非天子之农，而富人之农也。"① 为什么"富民"阶层出现之后，会导致租佃契约关系确立起主导地位呢？因为富民尽管财富力量很大，但没有政治特权。他虽然富，但是与贫民同是一等齐民，和那些贫民地位一样，都是编在国家户籍上的平等的人，所以叫"编户齐民"。但是，富民富起来之后要去剥削那些穷的人，就不能抑良为贱，不能采取超经济的强制，只能采取经济手段。我把土地租给你，你耕种缴一点租，这就是经济关系。因此，唐宋"富民"阶层的兴起，直接推动了租佃契约确立起来，成为社会中占主导地位的经济关系。而租佃契约关系的确立又反过来推动了"富民"阶层的发展壮大。在这里我还要附带给大家说明一个问题。我们都讲，春秋战国是中国由奴隶制向封建社会转变的时期。为什么会发生这个转变呢？史书上告诉我们，这一时期由于铁器和牛耕的推广，社会生产力得到大发展，所以原有的生产关系再也不能适应生产力的发展，奴隶往往采取起义、暴动、怠工等一系列方式，反抗奴隶主统治，于是奴隶主就采取新的剥削方式，把土地租给奴隶，于是奴隶主变成了地主，奴隶就变成了佃农，中国奴隶社会就变成了封建社会。这样的解释事实上是说不通的。列宁在论述暴力革命时讲到，一切反动阶级是不会自动退出历史舞台的。哪有我当奴隶主，你起义一下、消极怠工就吓到我了，然后我找你商量不当奴隶主了当地主，你的奴隶也不干了当个佃农？最初的地主从哪里来的，就是从小农、贫农中来的。随着生产力的发展，土地开垦进入一个高潮，很多勤奋的人、技艺好的人，开垦的土地越来越多，自己种不过来，但是他又不是奴隶主没有政治特权，不能抑良为贱，于是就把土地租给其他小农，这样就产生了封建的租佃关系，产生了地主、佃农。所以最初的地主是从小农当中产生的，而不是从奴隶主当中产生的。中国社会是在这样的过程中进入封建社会，而不是我们过去史书上讲的那样。

第三，从政治上看，科举制取代了九品中正制。我们都知道在东汉魏晋

---

① （宋）苏辙：《栾城应诏集》卷10《进策五道·民政下》。

门阀社会下选官制度是九品中正制。隋代出现了科举制，而且不断地发展起来，成为主要的选官制度，甚至成为近代欧洲文官制度的渊源。什么是科举制？简单概括起来就是“开科取士”。开科取士很重要，它使没有政治特权但拥有财富的富民获得了一条进入仕途的重要通道，有力地促进了当时的社会流动。长期以来，学术界对科举制提出了很多否定的认识和意见。很大原因就是因为反对八股文从而否定科举制。但是从整个社会发展的进程当中来看，科举制的出现是社会的一大进步和贡献。八股文的“八股”实际上是讲求分析和认识一个问题的步骤与方法，要按照破题、承题、入题等八个步骤写下来，类似我们今天高考中的标准答案，标准答案的好处是提供了一个标准，让大家比较公平，你答到了我给你分，没答到不给分，但是坏处就是时间一长就容易走向僵硬死板，就失去了活力，失去了应有的作用。事实上，八股文和科举制度在历史上是一个重要的进步。我们认为，科举制就是“富民社会”下的选官制度。在这一方面，何炳棣先生做了大量深入的研究，现在我们要在这一基础上进一步研究“富民”阶层与科举制度发展演进的关系。

第四，思想方面的标志就是“保富论”成为一种新的社会思潮。什么是“保富论”？就是充分肯定富民的历史作用，要求保护富民的论调。这种论调出现于中唐，凸显于两宋，高涨于明清，成为当时社会的一种思潮。不但一般的思想家意识到这一点，就是赵宋的开国皇帝宋太祖都说：“富室连我阡陌，为国守财尔。缓急盗贼窃发，边境扰动，兼并之财乐于输纳，皆我之物。”① 他认“富民”阶层在国家中作用很大，国家要对他予以保护。我们都知道在汉唐之前，对于富起来的，朝廷都看成是兼并之家，予以打击，所以有抑兼并的政策，但到了宋代是不抑兼并，包括叶适在内的大思想家们都纷纷为富人阶层辩护，要求保护这些富人，承认富人的合法性。并为他们呼吁参政权。叶适就认为古代开科取士把富人排挤在外，规定“工商之流”不能入仕，是违背历史潮流的，必须给富人和工商业者参政权。对于他的观点，胡寄窗先生在他的《中国经济思想史》当中评价说，这样一种为工商业者、为富人，呼吁参政权的思想主张显然超出了叶适所处的历史时代，是种历史的空想。但从我们的研究来看，叶适这种为富人、为工商业者要求参政权的思想，正是“富民”阶层崛起后的一种政治要求和政治主张，叶适的思想有着深厚的阶级基础和社会基础。正是因为富民阶层的崛起，从而使

① （宋）王明清：《挥麈录·余话》卷1。

得“保富论”成为一种新的思潮。以往学术界对“保富论”持批判态度，认为“保富论”强调富人的重要性，要求保护地主阶级，是种反动的言论，阻碍历史进步。但是从我们的观点来看，它正是“富民”阶层崛起的要求和主张，符合当时的历史潮流，有着巨大的历史进步性。

第五，从文化方面看，唐宋以来，市井文化全面兴起。市井文化根本上就是平民文化，也是我们所说的“富民”阶层的文化。所以，市井文化的兴起是“富民社会”形成在文化方面的重要标志。

（二）“富民社会”的特征

我们说“富民”阶层兴起之后，形成了一个不同于汉唐的“富民社会”，那么作为一个社会，它到底具有什么样的特征呢？

第一个特征就是流动性。张邦炜先生在他的研究当中指出，两宋社会与前代相比呈现出明显的社会流动倾向，这种社会流动归纳起来就是：第一，政治上“贱不必不贵”，这个讲的是身份；第二，经济上“贫不必不富”，贫穷的人不一定不会富起来；第三，职业上“士多出于商”，很多士人都是出自于工商业群体。① 那么从整个唐、宋社会来看，“富民社会”的流动性主要表现在以下几点。第一是形成了新的社会阶层。除了“富民”阶层还有其他一些社会阶层形成，主要的是反映在宋代的户籍上出现了很多新的户籍名称。除了工商业者外，种花的有花户，种茶的有茶户等，新的户籍名称的出现不仅是一个新名词的出现，它反映了社会在迅速分化。第二就是形成了一系列新的职业群体，当时职业群体很多。第三就是兼业现象非常突出。这样就打破了传统中国社会“士之子恒为士，农之子恒为农，工之子恒为工，商之子恒为商”的社会结构。“士农工商四民分业定居”从管仲所处的春秋战国时代就提出来的，到这个时候被打破，表明我们的社会流动大大加快，整个社会的结构和对资源的配置发生了很大的变化。社会流动使唐宋以来的中国社会焕发出了巨大的活力，这个活力就来自社会流动，因此我建议大家要深入研究唐宋以来的社会流动问题，这是一个长期又重大的学术课题。

第二个特征就是市场化。唐宋社会呈现出明显的市场化倾向。我们都知道在汉唐之前，自然经济占绝对的统治地位，商品经济的发展很有限。特别是魏晋南北朝时期，史书上记载“钱货无所周流”②，表明社会商品经济的

① 张邦炜：《两宋时期的社会流动》，《四川师范大学学报》（社会科学版），1989 年第 2 期。

② 《魏书》卷 160《食货志》。

发展水平很低。但从中唐以来就不一样，市场对社会的影响越来越大，最典型的就是唐代出现了“宫市”。所谓“宫市”就是皇宫里面出来市场上购买日常生活所需要的东西。应该说在中国这种传统皇权社会，皇宫里面是自然经济最为坚固的堡垒，因为皇宫里面天下什么东西都可以通过贡赋来解决，其他社会群体做不到，所以它是自给自足能力最强的单位，是自然经济最典型的经济体。但到了唐代，这个最典型的经济体依靠贡赋体系也满足不了它的需求，必须出来市场上买。当然在这个买的过程当中由于宦官依靠政治权力有强买强卖的行为，所以我们过去对“宫市”持否定的态度。但是从中国商品经济的发展来看，“宫市”的出现是重大的历史进步，它表明市场已经叩进皇宫的大门，商品经济的发展程度已经非前代所比。与此同时，政府在财政供给当中也一改以往单纯上贡的方式，货币财政收入在财政总收入当中所占比重越来越大。很多国家需要的东西也通过入中、预买、和买从市场上来买，开始借助市场化手段，进行市场化运作。这个是在以前没有过的现象。同时我们可以看到，在宋王朝对周边民族的控制中，也大胆地采用市场这只看不见的手，以互市来控制周边民族，形成了以互市为中心的新的民族政策体系。我们都知道汉唐中央王朝对周边民族采取羁縻政策，但到了宋代，这样一种羁縻制度已经失去了它的效力。宋王朝适应市场化的趋向，以互市来控制周边的民族，它在沿周边民族、沿国境一带开了很多互市场，周边民族一旦发动战争，就关闭互市场，停止对你的商品供应，导致你国内市场商品匮乏，正常生活不能进行，然后等你来求和，又重开互市跟你进行交。这样一种利用互市手段控制解决周边民族问题的模式，甚至影响到朝廷的决策。为什么宋代会出现澶渊之盟、绍兴和议、隆兴和议等，这些和议就是通过谈判来解决问题。谈判解决问题当中重要的一条就是，你只要不打仗对我称臣，我就给你多少茶叶、绢帛、岁币，这就是一种变相的互市的经济手段。为什么汉唐不通过这种谈判手段来解决呢？不是因为那个时候的皇帝不聪明想不到这个手段，到了宋代我们才坐下来谈判，给你一些岁币，运用市场化的手段来解决这个问题。主要就是因为我们的历史发展已经进入“富民社会”，整个社会呈现出市场化的趋向。就像今天我们为什么要提出通过和平协商来解决一切争端，它也是在今天这个全球化和市场化大趋势下必然的一种解决问题的方式方法。

第三个特征就是平民化趋向。“富民社会”就是一个平民社会。对此钱穆先生就通过研究把宋代社会称之为平民社会。这个平民化趋向最重要的就是科举制的出现。科举制为什么会认为是平民化趋向的集中反映？因为九品中正制下选官制度的标准和依据就是你的出身。因此大家会普遍地修家谱、族谱，就是要记载这个门阀的传承性，保持家族传承不断。但科举制之下，已经不问出身，就是开科取士。它与九品中正制相比显示出了巨大的公平性，只要来参加考试，能考进都可以录取。所以我们看到宋代社会的一些宰相出生于寒门，就是在这样的背景下出现的。

四 "富民社会"理论的学术史意义

我们提出来这个"富民社会"的理论体系，它到底具有什么样的理论意义呢？这可以从两方面来认识。

（一）"富民社会"是解构唐宋以来传统社会变迁的一把关键钥匙

我们先看两段记载，第一段是明代陈邦瞻的记载，他说："宇宙风气，其变之大者有三：鸿荒一变而为唐虞，以至于周，七国为极；再变为汉，以至于唐，五季为极；宋其三变，而吾未睹其极也。变未极则治不得不相为因。今国家之制，民间之俗，官司之所行，儒者之所守，有一不与宋近者乎？非慕宋而乐趋之，而势固然已。"① 这段话的意思是在他所处的明代之前，中国古代社会有三大变革阶段。第一阶段就是从原始社会到夏代唐虞，他认为从夏朝、到周、到春秋战国是一个完整的历史阶段。第二阶段是春秋战国之后变为汉，认为汉唐到五代是一个历史阶段。宋其三变，宋代开始中国古代社会发生了第三次大变化，这个变化一直经历宋代、元代、到他生活的那个明代都"吾未睹其极"，还在延续发展。也就是说，他把宋、元、明看成是一个完整的历史阶段，并指出这个社会到了明代都没达到它的极盛时期。第二段史料是严复先生的记载，他说："古人好读前四史，亦以其文字耳。若研究人心、政俗之变，则赵宋一代历史最宜究心。中国所以成为今日现象者，为善为恶，姑不具论，而为宋人之所造就什八九，可断言也。"② 他认为你只要研究整个社会的人心、政俗的变化与社会之变迁，宋代最值得重视。因为中国社会成今日之现象，十有八九就是从宋代来。也就是说他认为从宋代到他所处的近代都是一个完整的历史阶段。这样一来就凸显我们"富民社会"研究的重要意义。在研究中我们注意要打破断代研究的局限

① （明）陈邦瞻：《宋史纪事本末·叙》，中华书局 1977 年版。

② （清）严复：《与熊纯如书札》。

性，加强跨时代的通贯性研究。现在对于唐宋社会变革学界持的观点不一样，有的学者在研究中把唐、宋连为一体，有的是把宋、元连为一体，还有宋、明或元、明的提法，更多地是把明清作为一个阶段来研究。这些阶段的划分都会给我们的研究带来一定的局限性，我们要把宋、元、明、清的社会作为一个完整的历史阶段，突破断代研究的局限性，做跨时段的通贯性研究。

（二）“富民社会”是重构中国古代史体系的重要理论基石

为什么这样说？我们从“富民社会”的研究可以得到一个基本的认识，就是“民”的演变是中国传统社会发展的一条主线。要理解中国传统社会，就要重视“民”的演变。这也是历史唯物主义的观点。历史唯物主义强调“人民群众创造历史”。从春秋战国孔子以来一直到今天，这种“民本”思想充分强调“民”在社会发展中的历史作用。从“民”的演变来看，中国古代社会的发展变化大致经历了这么几个阶段。

第一个阶段就是上古三代。这个时期已经有小农家庭，但是小农家庭是独立的生活单位而不是独立的生产单位和分配单位。这就像我们国家 20 世纪六七十年代实行生产队、社队体制下，生产队才是一个生产单位和分配单位，个体家庭只是生产队下面的一个生活单位。个体家庭作为一个消费单位和生活单位，但是生产单位和分配单位是生产队、队社组织，所以大家干劳动都是一个生产队整体出工，干完之后整体收工。那么井田制下也是这样，上古三代的小农家庭只是生活单位，小农家庭被整合在村社当中，一个村社就是一个部族，所以小农的生产单位就是村社，一个村社就是一个井，所以井田制就是村社制，某种程度上就可以这样解释：小农只是这个井田制下的生活单位，不是生产单位和分配单位。所以《诗经》上描述当时农业生产的景观“千耦其耘”，一到劳动时节全部都出来劳动，很壮观。就是因为整个村社很大，是一个生产单位，大家都同时间耕作，才出现这样的劳作盛况。这个时候部族就是社会的生产单位和分配单位，所以我们主张将上古三代称之为部族社会。《周礼》上有一段话讲市场：“朝市，朝时而市，商贾为主；大市，日仄而市，百族为主；夕市，夕时而市，贩夫贩妇为主。”[①]朝市就是早晨的市场，太阳刚出来这个时候交易主要是以商贾为主。“大市，日昃而市”，大市最热闹的时候是中午太阳正当天，“百族”为主。夕市就是太阳要落山的时候，“夕时而市，贩夫贩妇为主。”就是做一些零碎

① 《周礼·地官·司市》

小生意的人为主。对于“百族为主”这个“百族”是指什么？《中国商业史》等著作解释成老百姓，这是不对的。当时老百姓不是一个交换单位，不是一个生产单位和分配单位，它只是一个生活单位，商品的交换是以部族为主，因此“百族”就是许许多多的部落、部族的意思。所以夏、商、周时的交换都是部落间的交换，部落首领代表这个部落到另外一个部落交换，这也就成了一个部族时代。第二个时代就是春秋到汉晋乃至于唐前期这个阶段，这个阶段随着春秋战国铁器的运用、牛耕的推广、社会生产力得到巨大的发展，一批人迅速暴富起来，由于当时的社会不流动，所以富起来它就固化，这批人拥有庞大的社会财富、社会地位，社会身份又很固定，所以成为雄霸一方的豪族、豪民。特别是在魏晋南北朝时期中国处于大分裂的时候，国家力量不足，这些豪族纷纷出来建筑坞壁抵御外侵，可见他们在社会中的影响力和作用。仲长统就这样描述了豪人的经济实力，“豪人之室，连栋数百，膏田满野，奴婢千群，徒附万计。船车贾贩，周于四方；废居积贮，满于都城。琦赂宝货，巨室不能容；马牛羊豕，山谷不能受”①。可见他们的影响非同一般。日本学者谷川道雄先生将汉代以来南北朝社会称为“豪族共同体”，所以他有一本专著就叫《豪族共同体》。我完全同意他的观点，只不过我对应后面的“富民社会”，主张把春秋特别是汉代以来到中唐以前的社会称为一个“豪民社会”。豪民社会的特征就是它具有超稳定性，不流动是其社会的基本特征。正因为不流动，所以豪民要维持他的家道，很讲究氏族和谱系，修氏族谱。所以为什么武则天当了皇帝之后要修氏族谱，就是要打击山东的崔、鲁、李、郑这几个大族。武则天曾试图想把她的武姓修为第一，但最后还是不敢，可见豪族的力量多么强大。但到了宋代“富民社会”就不一样了，赵匡胤编《百家姓》，就是“赵、钱、孙、李”编下来，为什么《百家姓》中会有“赵钱孙李”的说法？就是宋代开始编百家姓，赵是国姓，所以编在第一位。钱氏家族是支持过赵氏统一中国版图的，所以排在第二位。这就是时代不一样出现的这些历史现象；第三个时期就是唐宋时期，唐宋时期随着社会分层的加剧，“富民”阶层崛起，形成了“富民社会”。“富民社会”与豪民社会最根本的区别就在于社会流动。同是占有社会财富的人，为什么汉唐叫“豪民”？因为他不流动，形成了社会财富与政治权利高度的结合，形成了一种凝固性。第四个阶段是明清时期，明清时期“富民”阶层随着整个社会生产力的发展，经济的发展更加壮大。特别是工

---

① （汉）仲长统：《昌言·理乱篇》《政论校注昌言校注》，中华书局2012年版。

商业富民，力量快速发展，推动了“富民”阶层更进一步的崛起，明清为什么会有十大商帮，这些都是影响力非常大的富民群体。在对明清社会的认识上，有一种观点认为在中国社会内部，特别是在江南地区已经出现了一个市民阶层。由于市民阶层的出现，中国社会出现了资本主义萌芽。对于这一观点我们的认识是，明清所出现的大家认为的市民群体，从史料上来判定主要是“富民”阶层，而不是市民阶层。傅衣凌先生有一本书叫作《明代江南市民经济试探》，我把傅老这本书的所有资料全部梳理出来，跟唐宋关于富民的资料比对了一遍，发现他所说的市民主要就是我们所指的富民。而中国的市民阶层到目前还没有出现。第五阶段就是近代以来，随着中国内部市民阶层的崛起与发展，整个传统社会正经历着从“富民社会”向市民社会的转变。当然，由于中国特殊的国情，近代西方列强入侵，中断了我们的进程，所以市民社会的形成过程是一个长期的历史阶段。这个历史阶段一直持续到20世纪80年代乃至今天。20世纪80年代以来，随着市场化改革的推进，中国工业化、城镇化、现代化步伐的加快，一个新的市民社会正在逐渐形成。

总结我刚才所说的五个阶段，我们可以对中国传统社会的体系提出新的认识。我们知道，以往我们对中国古代社会的认识，但凡是五种社会生产方式说，就是说中国古代社会依次经历了原始社会、奴隶社会、封建社会、近代的半殖民地半封建社会到社会主义社会。还有一种观点认为，我们古代社会经历了古代、中世、近世的发展演变。这些观点认识，不论它的认识角度、划分方法怎么样，但都是基于历史发展法则的历史体系。也就是说先假定人类社会原始社会之后一定进入奴隶社会，奴隶社会之后一定进入封建社会。但是现在这种历史法则的分期越来越受到挑战，很多学者认为中国没有经历奴隶制这个阶段，我们近代是半殖民地半封建社会，也没有经历资本主义社会这个阶段。根据我们前面讲述的内容，我们认为中国古代社会依次经历了部族社会—豪民社会—富民社会—市民社会这个完整的历史演进阶段。这个演进阶段是基于历史发展事实提出的中国古代史新体系。那么为什么我们会认为“富民社会”是重构中国古代史新体系的重要理论基石？因为在我们提出“富民社会”体系之前，上古三代已经被很多学者认同为一个部族社会、部族时代。汉唐社会也已经被认同为豪族共同体。近代以来也有学者不断地指出中国的市民社会正在起步和形成。唯独就是唐宋元明清这段社会性质未定，当然有的学者提出是个士绅社会。实际上，士绅只是富民当中的一部分，是富民当中获得政治权利和社会地位的一部分人群。是富民的特征决定着士绅的特征，而不是反过来。所以，“富民社会”的提出，就为整个中国古代史新体系的构建奠定了重要的理论基石，完善了古代史体系的发展链条。

五 中国古代“富民社会”理论体系的构建

我们提出来中国古代“富民社会”的理论体系，那么我们是如何来构建这个理论体系？

（一）何谓理论体系？

这个问题有点大，首先我们来从中国特色社会主义理论体系说起。那么什么是中国特色社会主义理论体系，为什么我们把它称之为理论体系，而没有用理论或是其他表述？因为中国特色社会主义理论体系是由若干重大论断构成的，所以它成为了理论体系。中国特色社会主义理论体系博大精深，但它重要的理论论断主要是：第一，社会主义的本质是解放和发展生产力；第二，社会主义是以公有制为主体多种所有制并存；第三，社会主义是市场经济与法制的统一；第四，中国长期处于社会主义初级阶段。第五，共产主义一定会实现。所以凡是理论体系，都是由若干重大论断构成的。离开论断不成其为理论体系。但论断与一般的观点和认识不同，论断不是一般的观点和认识。论断应具有统摄性、指引性，可以指引一个新的方向，开辟一个新的领域。

（二）中国古代“富民社会”理论体系的主要内涵

那么，中国古代“富民社会”理论体系也是由几个主要的论断构成。第一，“富民”阶层是唐宋以来中国古代社会的新兴阶层。这个阶层代表了社会发展的新方向，给社会发展提供了新的活力。它是一个新兴的阶层，与其他阶层完全不一样。第二，“富民”阶层是唐宋以来社会的中间层、稳定层、动力层，这个论断是对它的基本判断。当然富民也有跟国家博弈，与国家呈现出互相依靠、互相利用的关系。但从总体上来说，它的积极作用值得肯定，是社会的中间层、稳定层、动力层。第三，富民与国家的关系是唐宋以来社会关系的核心。也就是说，要了解唐宋以来的中国社会关系，必须研究富民与国家的关系。第四，士绅社会是“富民社会”的最高阶段，同时也是最后阶段。中外学者常把明清社会称之为士绅社会，但士绅只是富民当中获取了政治权利和社会资源的知识群体。所以到了1905 年废除科举制，士绅最终退出了历史舞台。列宁曾经指出：帝国主义是资本主义的最高阶段，同时也是它的最后阶段。我们的观点就是：士绅社会是“富民社会”的最高阶段，也是最后阶段。要研究清楚明清时候的士绅社会，总体上要把握清楚“富民社会”。第五，中国社会依次经历了部族社会—豪民社会—富民社会—市民社会的演进。所以，我通过初步的研究，目前提出了这五个论断来构建中国古代“富民社会”的理论体系，当然这五个论断还需要大家进一步的共同研究。

（三）中国古代“富民社会”理论体系研究的四步走

我们怎么去研究构建古代“富民社会”的理论体系呢？我们准备分四步。第一步就是先进行微观研究。我们现在已经出版了两本成果，第一部是《唐宋社会乡村力量与基层控制》，第二部就是《中国古代“富民”阶层研究》，当然也发表了大批论文。第一步微观研究的重点我们是放在揭示“富民”阶层的兴起和存在。第二步，上升到宏观研究，以“富民社会”为理论基石对唐宋社会变革进行新的阐释，回答这个世纪性的学术问题。通过我们的研究，认为这场变革是从汉唐的豪民社会走向宋代以来的“富民社会”，这个就是唐宋社会变革的本质。第三步，又回到微观研究，做了一个课题，形成了一部书稿《十至十九世纪富民与中国乡村社会变迁》，我们把“富民社会”置于宋元明清长时期的发展历程当中，重点考察“富民社会”对基层社会发展变迁的影响，当然我们还希望做一些江南富民家庭的典型个案研究，已经收集了一些材料，但是限于时间这些典型个案材料还没开始研究。第四步，上升到宏观，对“富民社会”做整体性的研究，重点在阐释“富民社会”的结构。这一步我们主要想出版两本专著，第一部就是《士绅社会——中国古代“富民社会”的最高阶段》，第二部就是《中国古代“富民社会”研究》。我们很多老师都参与了这项研究。我今天上午就想给大家简单地报告这五方面的研究情况，请大家批评，谢谢大家！

“农商社会说”的学术背景与理论资源

葛金芳

今天讲的是“农商社会说”的学术背景与理论资源。首先，我介绍一下“农商社会说”的主要内容。这是我在21世纪以来，自己提出的一个理论学说。这个学说的主要目的就是要概括中国历史发展演进的轨迹，这个轨迹我怎么描述的呢？我的切入点是什么呢？视角是什么呢？视角就是产业演进的角度。大家都学过马克思的唯物论，经济基础决定上层建筑，当然反过来也承认政治对经济基础的影响。从经济、生活的角度看，从产业演进的角度看，中国五千年文明史大致可以分为三个阶段。第一个阶段就是农业社会，我们华夏民族是以农业立国，不像匈奴是游牧；然后到了第二个阶段，在高度发达的农业生产基础之上，商业起来了，城市起来了，贸易起来了，货币起来了，交通起来了，等等，总之是商业起来了，我把它叫作“农商社会”；农商社会经过宋元明清阶段以后，到20世纪就跨入现代工商社会。我把中国几千年文明史从产业演进的角度划分为这样三个阶段，即古代农业社会、近世农商社会、现代工商社会。

“农商社会说”是我对宋元明清时期的一个概括，这个概括能不能成立，现在我还不好说，这是一个假说。我们前年（2014）在云南大学召开了第一届“农商社会富民社会”研讨会，我们去年（2015）在东北师范大学召开了第二届“农商社会富民社会”研讨会，我们今年（2016）第三届“农商社会富民社会”研讨会在北京开的，我们明年（2017）要在厦门大学开第四届“农商社会富民社会”学术研讨会，所以这个学说目前还在假说阶段，还不能进入到大学课本。十年以后会不会进入，或者是被推翻也是有可能的。这是我对中国五千年文明史的一个大致概括，它切入的角度就是产业演进的角度。

这三种社会在景观上来看，或者从观察的形态上来看，它们是有区别的。汉唐时期，它的主要景观是什么呢？是茅舍炊烟、春种秋收，一派田园风光，交换有没有？有；商业有没有？有。但是很少，无足轻重，在国民经济领域里面不起主导作用，它是辅助性的作用。今天的工商社会，当然大家都知道，我们就深处在工商社会中，城市崛起、机器轰鸣、工厂林立，商店鳞次栉比，绝大部分生产生活资料要从市场上获得，这是我们今天生活的场景。而在这两个场景之间，就是农业社会和工商社会之间，有一个过渡阶段，这个过渡阶段，我把它命名为“农商社会”。“农商社会”就是处在古代农业社会和现代工商社会之间的一个社会。这个社会有哪几个特征呢？我把我国宋元明清时期这个农商社会概括出五大特征。我用这五个支柱来支撑我的“农商社会假说”。

一　农商社会说的主要内容：五大特征和运行机制

农商社会的第一个特征是其经济结构发生了变化。和汉唐相比，这个变化有两方面。第一，从小农经济来讲，小农家庭经济收益表里面，从种植业拿到的收入比重在慢慢下降；从事非农产业，比如说编个草帽、打个席子、去做小商小贩、到城里打工、到城里当保姆、推小推车到城里运输，这些非农产业的收入在逐步增长。到了某一个转折点，哪一个点呢？当小农家庭非农业收入的比例超过 50%，也就是农业收入、种植业收入只占 50% 以下，这个时候我们就说这个小农家庭是“农商社会”的小农家庭。大家看到今天的农村里面，大概从 20 世纪 80 年代开始，他们家庭，除几亩粮食外，其主要收入就是靠他儿子打工维持。没有这个打工收入，家庭生活就没法维持。这就是“农商社会”小农家庭的典型。第二个标志点，放到一个村庄来讲，放到一个区域来讲，如果这个村庄它的农业种植业的收入低于 50%，它的手工业、商业、运输业、服务业等，这些收入在这个村庄超过它的种植业，超过水稻收入，超过它的小麦收入，这个时候这个村庄就进入了“农商社会”。农商社会的农村经济结构发生了变化，到了这个时候，我们就说，它是农商社会的村庄，农商社会的小农家庭。

“农商社会说”的第二个特征是城市化进程的加速。城市化进程的加速，这样一个状况是区别于汉唐农业社会的一个重大特征。我们知道，在宋元时期，加上明代也是这样，农村中的市镇在大量兴起。这种农村市镇兴起的土壤是什么呢？土壤就是农业经济的发达，比如说水稻产量的增加，耕作制度的革命，你也可以种个早稻、晚稻，省出一部分地来种桑树、种麻、棉花、烟叶、蔬菜。农业经济的发达，使得可以腾出一部分土地和一部分劳力进行经济作物的生产，这是市镇兴起的土壤。市镇兴起的活力是什么呢？是市镇周围的手工业发展起来，像浙江湖州周围的农村，到了宋代家家户户都会制毛笔，有名的制笔作坊更是不少，浙北的湖州就成了那时的制笔业的中心。城市周围的手工业和市镇商业的发达，这是市镇赖以兴起的活力。那么市镇兴起的血脉在哪里呢？血脉就是交通，源源不断扩大的交通，特别是江南水网地带，水利运输的成本低，把城乡连接起来。把这个地方的粮食运到那个地方，这个地方的蔬菜运到那个地方，把这个地方的土特产品运到那个地方，河道、桥梁、码头和不同等级的交通要道就是血脉血管。所以，市镇的兴起是农商社会的第二个特征。

农商社会的第三个特征是早期工业化的启动。什么叫"早期工业化"？早期工业化也叫原始工业化。西方的经济学家发现，在西方18世纪发生工业革命之前，有过一个主要分布在乡村地区的、为市场而生产的、传统组织方式的手工业发展。比如说意大利北部手工业兴起，比如说佛罗伦萨；比如说我们北宋的汴京，纺织作坊、手工业作坊都有。这个早期工业化、原始工业化进程，它主要的作用是什么呢？就是为后来的现代工业准备了企业家，准备了资金，准备了工人，准备了技术，准备了市场。就在这样一个基础上，后来的工业化才能不断推进。工业化不是凭空而来的，它前面有一个原始工业化、早期工业化在为它提供基础。我们看到在我们国家，有没有这种早期工业化进程的启动呢？我说是有的。这个早期工业化理论是美国的学者门德尔斯和德国的学者克里特共同发展起来的。

原始工业化的动力是什么呢？动力就是科技进步。你看我国四大发明，一个造纸业在两汉，现在可以推到战国，其他三个都在宋代，印刷业在宋代，有雕版印刷和活字印刷，火药、指南针。还有一系列新颖的科技发明，包括水利大纺车，水利灌溉的水车、纺织机、冶金技术、炼钢技术、灌钢技术，这些都是宋代发明的。英国有个著名的科技史学家李约瑟写了本厚厚的《中国科技发展史》，按照他的说法，在前工业革命时代，50%左右的技术发明是我们中国人贡献的，而古代科学技术发明的高峰就在宋代。

原始工业化的基础是什么呢？一个是人口增长，一个是农业生产率提高。在这样的基础上，有科技革命成果的不断推动，传统形式的手工业得到极大的发展。我专门写了一部《南宋手工业史》，描绘这个科技创新层出不穷的热潮。

原始工业化进程外在的拉力是什么呢？拉力就是日益扩大的市场。我们设想一下，北宋江西景德镇的瓷器，当地一个小小的镇，有300多号瓷业作坊，每个瓷业作坊小的雇佣三五个人，多的雇佣十几个人，乘以300，大好几千瓷业工人。他们300多间瓷窑，烧出几十万、几百万件的坛子罐子。他能不能早晨吃两个盘子当早餐，中午吃三个缸当午餐？不可能的，他非要卖掉，卖不掉就是废品。一定要卖掉后才能发挥它的潜力，才能够发工资，才能够补偿物质损耗。所以我说，日益扩大的国内市场和海外市场是原始工业化进程的拉力。

原始工业化进程的结果是什么呢？结果是使得两宋时期的手工业成长方式发生了变化。原来的农业社会，它是广泛型成长方式。什么叫"广泛型成长"呢？耕地在增加，人口在增加，税收在增加，但是除以人口后，发现劳动生产率没有提高，没有劳动生产率增加的经济成长叫"广泛型成长"。什么叫"斯密型成长"？你们看过斯密的《国富论》吗？斯密讲在16、17世纪以后，西方经济的成长方式开始主要依靠分工和专业化。通过分工和专业化来推动的经济成长，经济学界称之为"斯密型成长"。斯密举了一个制针厂的例子，说要做一枚扣针，如果由一个人完成所有的制作步骤，一天做不出一枚针；但如果实行分工，比如分为18道工序，每人完成一道工序：一人专抽铁线，一人专门截线段，一人专门磨尖，一人专门装圆头……最后有人专门包装，等等。这样一人一天至少生产4800枚。这是斯密在《国富论》里面讲的，这就叫"斯密型成长"。你力气大，就去拉矿车，我心比较细就去做绣花针，效率就提高了，这就是"斯密型成长"。斯密型成长出现在什么时候？出现在原始工业化时期，在古代农业社会，是广泛型成长，只有总量的提高，而没有效率的增长。或者效率有一点点提高，但是很慢。到了16、17世纪以后，在原始工业化进程中间，有了斯密型成长方式，这是原始工业化进程的结果。

我在原始工业化进程里面，依据国外的理论和中国的实际情况，把构成原始工业化进程的要素分解为五个要素。

原始工业化进程的第一个要素，各种各样的手工业比较繁荣，包括造纸、印刷、造船、炼铁、编席子、织布等。

第二个要素，手工业经济发展必须要农业经济的支撑，必定要有农业经济的繁荣才会有富余的力量，如从农业中游离出来的劳动力和种植经济作物的土地。

第三个要素，人口快速增长。人口快速增长，才有消费市场，2001年我们加入世贸组织后，我们的经济快速增长，什么道理呀？全球化经济打开了国内市场。

第四个要素，城市出现，并且向周围城镇扩展自己的影响，向周围城镇输出自己的商品，扩张自己的生活方式，扩散自己的价值观念。

第五个要素，为市场而生产。一个制铁厂一年能够生产300万斤，但是市场的消费量少，即使是再卖、再推销、再降价，不过只能卖到30万斤，那270万斤堆在仓库里了，这个厂可能要倒闭了。必须是市场的扩展能容纳这些产品，卖出去这些产品，它才能够活。所以“为市场而生产”，这是早期工业化、原始工业化的核心要素，是最最重要的标志，是它让农商社会与以自足为主要生产目的的农业社会有了本质的区别。

所以这五个要素的核心是什么呢？核心就是为市场而生产，没有市场的拉动免谈，你生产的产品卖不掉，明年你就倒闭吧。这就是原始工业化进程的五个要素。

农商社会的第四个特征是什么呢？那就是市场扩大了，与此同时外贸发展起来了，整个经济由封闭向开放转变。进入宋代以后，特别明中期以后，我们看到，越来越多的日用生活资料，如粮食、布匹、茶叶、手工业制品进入市场。同时也有越来越多的生产要素进入市场。宋代土地可以兼并了，牛可以买卖了，牛是生产资料。我们国家20世纪五六十年代，农村不可以杀牛。宋代以来，牛、土地、农具、煤炭、木材、船只等生产性资源都进入了商品流通领域，交换规模急速扩大。所以经济史大家傅筑夫讲：“宋代商业不再为少数富人服务，而变成为广大百姓服务的大众商业，这在性质上是有根本变化的。”市场扩大了，市场扩大以后在广大的农村和城市之间发生了越来越多的联系。市场在沿海地区扩大的又一重大表现是什么？——向东南亚、南亚、国外贸易发展。南宋的泉州港，根据真德秀的说法是“以蕃舶为命”的城市。当时真德秀到泉州去当知州，大概是在南宋中叶，真德秀前面那个知州千方百计地克扣外商，结果外商不敢来了，跑到宁波去上岸了，结果城市一片萧条。真德秀到泉州，整顿市舶市场，把贪官撤掉，降低进口关税，蕃商又来了，泉州又繁荣起来了，所以真德秀讲泉州“以蕃舶为命”，就是以外国的船为生命的城市。外国的船来，泉州就繁荣，外国的船不来，泉州就衰落。这就是沿海地区向国外市场拓展，向东南亚拓展。

农商社会的第五个特征是：带有近代色彩的新经济因素已然出现。我们发现，在近代资本主义市场经济才开始出现的东西宋代就开始有了，纸币开始出现了，宋代的交子、白银开始进入交换流通领域了。你看过《水浒传》吗？拿了碎银子到酒楼上喝一盅酒，掏几个碎银子出来买点东西。你们学校的王文成先生，现在在云南省社科院，他就写过一本书《宋代白银货币化研究》。云南大学的张锦鹏教授专门写过书考察过商品贸易的扩大，商品市场的规模。纸币是属于近代社会的现象，贵金属为基础的货币不是近代出现的，宋代已将白银用作支付手段、储藏手段。宋代又有了商业信用，盐钞、钱引、交子、票据，也能用作支付凭证，这也是商业信用。农业社会，你借给我两担米，明年我还给你还是两担，靠的是血缘和亲情。商业社会，借你两担，明年还两担五斗，立有契约，这个契约就是商业信用。

雇佣劳动力出现了，我给你举个例子。在神宗年间，苏轼给神宗皇帝上了个奏折，说我们徐州最近十多年发现了大量的煤矿和铁矿，这里发展起来了上百个冶铁手工业作坊。每个作坊小的雇佣十几个人，大的几十个人，我们有上百个冶铁业作坊，我们的产品卖到江南、河南，矿冶业非常繁荣，政府税收也增加了，各地的流浪人到这里来冶铁，市面繁荣。现在你神宗皇帝下诏，徐州的铁器不可以销往河北、河东、陕西，害怕流入辽朝，流入西夏，被他们用做武器的原料，结果我们的产品销不出去，好多冶铁作坊都要关闭了，好多人都失业了，他们是会造反闹事的，吓唬神宗皇帝。苏轼说你知道这些冶铁工人是什么人吗？一是他们没有土地，流浪工人；二是他们在当地没有老婆孩子可以顾虑的；三是他们都是矿工，五大三粗的，说造反就造反。你这么一搞，大批人就失业，会影响社会稳定。神宗皇帝看到苏轼的奏折后，允许徐州矿冶的铁产品销到河北、河东，扩大你们的市场，但是要防止西夏人欺诈，拿去当武器。苏轼用来吓唬神宗皇帝的徐州矿冶工人，这些人不就是近代产业工人的前身吗？他们离开了土地，没有人身依附关系。他们如果嫌你工资低了，张老板的工资低，可以到王老板那去干活，张老板只好提高工资了，这是有经济斗争的；也有政治斗争的，搞不好要造反的。

农商社会的五个特征讲完了。我概括出的这五大特征，是支持我“农商社会说”的五大支柱，我借用这五个支柱说宋元明清社会是农商社会。现在我们要问，农商社会的运行机制和农业社会有什么区别吗？你说农商社会和自然经济占统治地位的农业社会是不同的，进入农商社会了，它的运行机制有没有变化？我告诉你，它的运行机制是有变化的，原来的农业社会是广泛型增长，它有总量的增加，土地面积的增加，粮食产量的增加，税收的增加，但是没有劳动生产率的提高。到了农商社会，你这个湖州的笔卖到韩国去，能卖出高价，然后商人回来就说我这次运了一船湖州生产的毛笔到韩国，运到朝鲜半岛赚了大笔的钱，他这个消息带回来，会不会有示范效应，促进湖州毛笔生产业的扩大？有，肯定会刺激当地毛笔生产业的扩大。一支笔卖到北京赚了十文钱，卖到朝鲜半岛赚了一百文钱，这个消息回来，大家自然会一拥而上，湖州的笔业慢慢大发展了。所以，农商社会由于它仍然是以农业为基础产业，农业生产率的提高是逻辑起点，这一点和当年的农业社会是接近的。

但是农商社会和农业社会的不同是在哪里呢？不同的是不仅生产效率在提高，交易效率也在提高。你们家有两棵苹果树，家里 3 个小孩子吃不完，你们要运到县城里面去卖掉，然后换粮食谷物回来，如果造船业发达，运河修通，市场开放，税收降低，你家果园里面的苹果树是不是可以换回来好多东西？如果交通不通，县城里面弄两筐苹果去，还没到城里就烂了三分之一，或者市场里面的城管还要把你两筐苹果踢掉，又踢坏了三分之一，你家的果园还能赚钱吗？所以这个交易效率提高啊，也是要有相关条件配合的。你今年两棵苹果树换了一担粮食回来，我把果园扩大，3 年以后卖 20 担苹果到市场上，市场供应量增加了，他自己的收益也增加了，经济作物的收益肯定比粮食作物的收益更好。所以交易效率的提高，反过来又刺激了生产效率，把果园扩大了，生产效率的提高，反过来为市场提供了更多的产品，所以交易效率和生产效率在经济运行、经济增长过程中发生了融合。如果说农业社会仅仅是依靠缓慢的生产效率的提高，现在到了农商社会，交易效率和生产效率共同起作用，经济的增长速度就加快了。

交易效率和生产效率共同起作用的结合点在哪里？结合点在市场。搞那么多城管，不让小商小贩做生意，动不动把小商小贩的车没收了，人家怎么不跟你拼命呢？进城的农民在城市边上做小生意，这是他的谋生权利，任何人不应该剥夺，剥夺他们的谋生权利是错误的，城管这么搞是不合法的。你只能是规范他不要阻碍交通，不要把街道搞得臭烘烘的，乱糟糟的，你要加强管理，加强服务，而不是去整这些小商小贩。要学会管制型政府向服务型政府转变，你要为这些人服务，而不是去整他，整到激动的时候，就会出人命，将人一刀捅死。好不容易买个小三轮车来卖西瓜，你把小三轮车没收了，生活没有了，他当然拼命了，这些年来这些事情有不少。城管错在哪里？城管可以设置，错就错在给自己的功能定位，管制型城管是错的，服务型城管是对的。所以我说生产效率的提高和交易效率的提高发生良性互动的关键就是在市场，你市场越扩大，它的生产效率越高，它的交易效率也就提高得越快。我画了一个图，这是农商社会的经济运行图。大家可以看一下（见下页图）。交易效率的提高，你们家苹果园扩大了，提高了生产效率，提高了生产效率后，就可以卖掉更多的苹果，市场规模扩大，换回来更多的东西。你卖掉苹果的钱是不是投入市场的购买力？你可以用这些钱到市场上买香烛、小孩的书包，买点煤油点灯，你卖苹果的钱又增加了市场的购买力了。市场规模扩大以后，又提高了交易效率，这其实是良性互动，你看双箭头，这就是农商社会的运行机制。

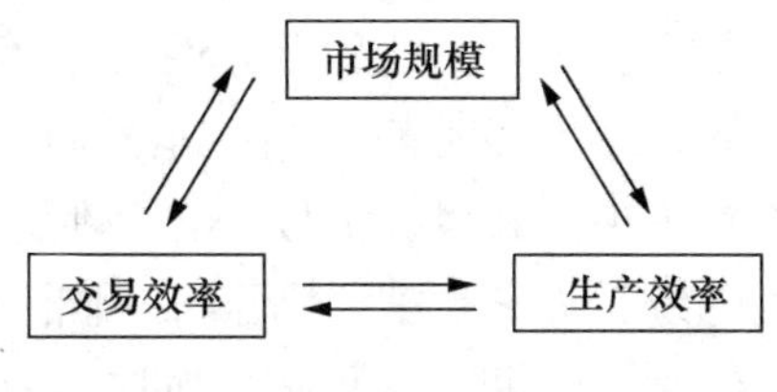

农商社会之运行机制

在此同学就要问了，你讲了五大特征，描绘了我国农商社会的运行机制和基本面貌，那为什么农商社会这么长时间我们国家还没有跑到工商社会来？什么原因呢？你不是说农商社会的前景是工商社会吗？为什么我们农商社会这么长时间还没有顺利地进入工商社会呢？

有三大制约因素。第一个就是战乱，大量的战争消耗了国民经济的活力，我把它概括为一个假说，叫“文明冲力扩散说”。什么叫“文明冲力扩散说”呢？麦子快成熟了，灌浆以后了，马上有十来天的太阳暴晒，这个麦子就丰产了，一亩800斤。如果刚好麦子灌浆了，十多天没有太阳，阴雨绵绵的，这个麦子今年最多500斤。这是常识吧？就在我国内地农耕经济非常成熟的时候，西夏人、契丹人、蒙古人进攻中原，把大量的中原财富、布帛、金银、财宝运到东北去，运到内蒙古草原去，把大量的人用绳子串起来运到市场上去卖。人家麦子要成熟了，你再给我晒两天太阳就丰收了，对不起下雨了。宋辽夏金时期内地大量的财富、人口被掠到关外去当奴隶农奴，动不动几十万几百万；同时大量的老百姓在北方生活不下去，往南方跑，甚至跑到东南亚去，就是今天的华侨，所以叫作“文明冲力扩散”，就是战乱影响文明向更高程度转进，因为向更高文明前进的冲力扩散了。

第二个原因就是生态。黄河流域中唐以后我们看到发展缓慢，长江流域发展快起来了，你们在大学里面听说过我国“经济重心南移”说吧。经济重心南移，学界有好多的说法，最普遍的说法，我也证明过这种说法，我国经济重心南移发生在两宋时期。我们可以看到，利用宋神宗年间的数据，南方的土地占三分之二，南方的税收占三分之二，用徽宗年间的数据，北宋末年南方的人口占三分之二，这就是经济重心南移了。经济重心南移其中一个重要原因就是黄河流域生态破坏，它发展速度慢起来了。

影响中国从农商社会向工商社会转变的第三个原因是制度。明清的迁海，你们都是知道的，康熙皇帝对西方的科技一向是很感兴趣的，结果西方传教士惹怒了他，他把西方传教士抓起来，下令迁海。迁海怎么迁的呢？从山东到江苏到浙江到福建到广东，距离海边30里所有的村庄全部迁出来，一不能打鱼，二不能下海，三不能贸易，四不能运输，把中国完全闭关锁国在孤立主义的立场，割断了中国和世界的联系。我们宋元时期就有一些很强大的海外贸易，根据我的统计，宋时期到南洋，到非洲东部，一共59个国家，强大的海外贸易。到明清时期，这种闭关锁国，这种专制主义，不让城市独立发展，压迫工商业阶层，盘剥他们的金钱，老是国进民退。王安石变法为什么失败了？王安石变法就是国进民退，搞市易司，国家贱价买进，高价卖出。搞均输法，全国各地的资源都要由国家掌握，结果民不聊生。王安石失败最大的一个原因就是搞了集权主义改革，使得工商业阶层没法生存，市场萎缩后老百姓没法生存。我有一个研究生，当年他跟我当研究生的时候说，他小时候家里面很穷，到了四五月份就没饭吃，家里面自留地里种了蚕豆，把蚕豆当饭，吃到胃返酸水。我说这就是20世纪70年代末80年代初，人民公社体制下，不许搞“资产主义”、不许搞市场的结果。如果可以去搞市场经济，你的两分自留地里面，两筐蚕豆挑到武汉城里面一卖掉，可以换四筐米回来了，菜就是比米贵，那你家不就是渡过难关了？但是当时，如果你们敢把菜放到市场上卖，就是投机倒把，就要被城管没收，然后用很低的价格，每斤3分钱给国营市场收购，国营市场再加价，加到7分钱，每斤7分钱给市民销售，这就是不让老百姓活。

所以我说，这三个因素，战乱、生态恶化和制度阻碍了中国农商社会过渡到工商社会，其中三个因素里面哪个最重要？是制度的阻碍作用最重要，正是因为中国没有更快很好地转入工商社会，所以到了近代中国，我们就落后了。这个时候从世界发展大趋势看，中国从两个方面落后。一是政治上集权专制，二是经济上闭关锁国。这就是制度问题。明代郑和下西洋后，长期的闭关锁国，清初短暂的开放，长期的闭关锁国，只留下广州一个通商口岸，十三行行商官商勾结。就像1978年以前的贸易，只允许国营公司搞外贸，如：湖北这么多茶叶，要先卖给国贸，国营贸易公司再进行出口。改革开放后，李岚清先当商务部部长，第一个措施，允许公司企业自己搞外贸，大量的人做外贸发了财，第一批下海的人成功了，他们当年要么是投机倒把分子，要么是劳改释放的人，要么是学富五车却在历次运动中挨整的人，这些人多半是第一批跳进市场经济游泳的人。

正因为中国近代在这两方面落后，所以近代也出现了两条救国路线，经济上落后——实业救国；政治上集权专制，不让经济发展，不让工商业阶层自由成长——那么就民主救国。实业救国路线，比如说张謇办大生纱厂，比如说搞招商局、电报局，就是实业救国。民主救国，革命救国，比如说孙中山搞武装起义。这两条路线，其实都是救国的，只是侧重点不同。实业救国，就是认为要把实业搞起来，怎么能说人家保守派、改良派、拖后腿的？不是这样的。这两条路线都是爱国的，只不过是轻重缓急不同，一个是要从经济上救国，一个是要从政治上救国。一直到辛亥革命，清朝实在搞不下去了，辛亥革命爆发了，孙中山不在中国，在国外。辛亥革命怎么爆发的？甲午中日战争后，民间兴起了办实业的高潮，办矿山、铁路、加工厂，结果清朝要搞国进民退，把所有的铁路收归国有，几十万股民的股票都没有着落，只退60%的股金，40%的还不退，要等以后赚了钱再给，不赚钱就拉倒。全部股本泡汤，打水漂。结果几十万股民和铁路公司就不干了，保路运动就起来了，在四川闹得特别凶，结果清王朝把湖北军队调到四川，这样湖北就空虚了，武昌几百个新军就闹起来了，一下全国就响应了，清朝就完了。凡是和老百姓作对的政府都是没有好下场的。

二　农商社会说的学术背景和理论资源

我们现在进入第二节，这一节我就要向大家和盘托出我的“农商社会说”是怎么形成的。如果说第一节我对支撑“农商社会说”的五个特征做了一个介绍，是做一个饼子，那么第二节我就要告诉大家，这个饼子是怎么做出来的。如果说第一节提供了一个基础，我们在第二节就要深入这个基础的背后，去看看提出这个学说的学术背景是什么，提出这个学说的理论资源是什么。我不仅要把饼子做给你们吃，而且要把怎么做这个饼子告诉你们。我想这个第二节更有启发性，特别是对于坐在这个课堂里的硕士生、博士生而言，你们要从这个第二节的怎么做饼子里面，找到自己的启示，找到自己选择课题的一些方法。

我现在介绍“农商社会说”的学术背景。你们从中学、大学，读到硕士生、博士生，你们都已经知道，中国的教科书，大陆的教科书一般是按照五种社会形态说介绍社会发展脉络的：原始社会、奴隶社会、封建社会、资本主义社会、社会主义社会（共产主义社会的第一阶段），这是一种单线式的，认为这是放之四海皆准的不变真理。那么我要请问一下各位同学，津巴布韦的奴隶社会是什么？封建社会是什么样的？爱斯基摩人的奴隶社会是什么？封建社会是什么样的……这是不可能的。五种社会形态说不可能是放之四海皆准的真理。事实上，对人类社会演进轨迹的概括，可以有多种角度，多种分析工具，多种划分。比如我可以把你们在坐的学生划分为三部分，一是本科生，二是硕士生，三是博士生。我也可以用另一种方法划分，一是女同学，二是男同学。我也可以再用年龄的方式来划分，20 来岁的，25 岁左右，30 岁的，还有一些老师四五十岁的，他们更理解中国社会变迁的轨迹。所以我这个农商社会说的提法就是要突破五种社会形态说这种单线式社会演进方式。坦率地说，中国奴隶社会在哪里？封建社会在哪里？中国资本主义社会在哪里？学术界搞得一塌糊涂，什么魏晋封建说，战国封建说，什么唐代奴隶社会说，宋代近世说……完全无所适从。那么西方史学界和日本东洋史学界（即研究中国史），他们的划分一般是用时间来划分的，上古到古代，然后中世或中古，然后到近世、到现代。那么这样的划分有没有道理呢？有道理，这种划分是按时间来划分，是成立的，但是它是单线的，单一的划分，它不足以反映社会本身发生了什么变化，所以要用五种社会形态说来补充它。那么在我国学术界，对五种社会单线演进说也有反思。天津南开大学的历史学院和中国历史研究的最高杂志，《历史研究》杂志，联合开过三次“中国古代社会高层研讨会”，三次会议我都曾参加，在这三次会议上，提出了一系列新的划分方法，我给大家介绍一下。

首先是张国刚，他原来在南开，后来到了清华，他主张还是用老办法，古代、中古、近代、现代，这个最简单，也最没有争议，这是张国刚的观点。我同意，但是我说时间划分是有道理的，但又是不充分的。林文勋先生，你们云大的校长，学界的老朋友，这个老朋友当了大概 30 年了吧，从林文勋 20 几岁的小伙子，一直到 50 多岁云大校长，我们一直在学术界有所交流。林教授提出了“富民社会”学说。按照林教授的划分方法，他是从社会学的角度进行划分，最早的夏商周“部族社会”，然后进入汉唐的“豪民社会”，然后进入宋元明清的“富民社会”，明清的“士绅社会”是“富民社会”的高级阶段，然后再进入“市民社会”。

与此同时，我在天津南开和《历史研究》举办的论坛上，提出了我的“同质社会说”，先秦称为“部族社会”，和林教授的一样，汉唐我叫它“田制社会”，宋明“租佃社会”，而辽夏金元是什么社会呢？在宋代和明代之间插进来的辽夏金元，那是周边"游牧社会"进来。那么到了清代，是把宋明的汉族的农业社会和五族共和的游牧社会融合进来的"混合社会"。这是我在天津南开大学发表的"同质社会说"。

然后李治安，他是搞元史的，强调元代的那些东西在明代初年还有很多遗留，明代的中叶，才把元代前封建制的游牧民族生活方式，工奴制、农奴制的东西才慢慢消退，回到宋代。这是李治安的说法，宋明是一体的，这个我和李治安又有共同点了，我说宋明是"租佃社会"。

那么赵轶峰先生，说明清是"帝制农商社会"。我在天津南开大学碰到赵轶峰，我说你在东北，我在厦门，我们不约而同地提出了"农商社会"这个说法。林文勋先生当年也曾参加天津的这个会议，我说我们能不能找林校长商量一下，我们发起一个"农商社会""富民社会"的全国性的研讨会，我们来听听学术界的意见，对这个学说有什么反应。跟林校长一商量，林校长说："好啊，第一次就到我们云南大学来开，第二次到赵轶峰东北师范大学来开，今年夏天六月份到首都师范大学来开……"我们连开了三次会议。赵轶峰先生编了一套教材，《中国古代史》教材，你们用的什么教材我不知道，他从文明史的角度划分了几个阶段，夏商周"古典时代"，秦汉"大一统时代"，三国两晋南北朝"民族融合时代"，隋唐"中华文明整合的时代"，辽夏宋金"中华民族多元繁荣时代"，这个跟我不一样了，我把辽夏金元划分为独立的一个体系"游牧社会"，我把元挖出去，把宋明连在一起，这个和李治安不大一样。元明清，新的发展与挑战，李治安把元、明、清划在一块，我把清朝划为中原农业社会和周边游牧社会的一个大综合。

这是农商社会说提出的一个学术背景，各种各样的说法都有。现在我要着重介绍，我这个农商社会学说是怎么提出来的，我用了哪些理论资源。

第一个我用的区域经济史的视角。这个农商社会在中国的哪个区域表现的最明显呢？这在江南表现的最明显。长江三角洲，同时包括福建的闽南金三角（泉州、漳州、厦门），也包括珠三角的广州。这些地区农商社会表现得最明显。美国一个著名的学者施坚雅，他在 1964 年就采用区域史的研究方法，按照他的说法，他认为中国这么大一个国家，作为一个整体来研究是不行的，应该把中国划分为几个大的区域来分别做研究。他在 1985 年说，中国各大区域更有其各自发展的周期，历史盛衰变化的长波在各大地区之间经常是不同步的，比如说江南地区和华北地区，这两个地区的发展没有同步性可言。当华北地区，也就是河北、河内、河南非常繁盛的时候，江南地区还相当落后。司马迁在汉武帝的时候撰写《史记》，他的《货殖列传》，你们读过没有，他说江南是什么？我是上海人，他说我们江南人是“披发文身，鸟语䴕舌，地势低塞，丈夫早夭……”说我们是野蛮人。司马迁说我们华北地区，三河地区，面积占全国面积的1/3，但我们三河的财富和人口占全国的2/3，那时候经济重心在华北。但是经过上千年的开发以后，华北的生态越来越不行。黄土高原你看现在像什么样子，沟壑纵横，但是江南发展快起来了。你们的院长黄纯艳教授，写了一本大作《造船业视域下的宋代社会》，他把造船业作为切入点，来研究宋代社会，结果发现造船业成了一个经济发动的引擎，运输发展了，交通费下降了，城乡联系起来了，把商人、士人流动起来了，整个宋代的效率提升了，整个宋代社会的文化发展了。所以这是我的第一个资源。

第二个我用到的资源就是日本学者的“唐宋变革说”。不管是京都学派也好，还是东京学派也好，他们都认为唐宋之际发生了重大变化。唐以前是农业社会，唐宋以后商业、城市、交通、运输、贸易等发展起来了。那么这种差别表现得最明显的地区在哪里？还是在江南。宫崎市定讲宋代的佃户，斯波义信讲宋代的商业，研究宋代的宁波地区，钱塘江流域都是。还有我们中国学者研究江南地区的也有，你们云南出来的著名的中国经济史专家李伯重，他对江南地区很有研究，他有一本书叫《江南早期工业化》。你们田晓忠老师到复旦去进修，复旦的樊树志，也对江南有研究。台湾学者刘石吉也有研究。如果说樊树志主要研究江南的市镇，你们的李伯重研究的主要是江南的手工业，那么刘石吉主要研究的是江南的商业，说江南在宋代已经成了商业资本主义。刘石吉的商业，加樊树志的市镇，再加李伯重的《江南早期工业化》，这三者加起来等于什么呢？等于“农商社会说”。我这个农商社会说不是平白无故的自己突然做了一个梦，梦见农商社会几个字，不是这样的。是建立在国内外学者研究的基础上，才概括出来的。这叫农商社会，他有五大特征，这五大支柱是建立在国内外学者前期研究的基础上，是积蓄了广大学者大量研究成果，再加上我自己的消化，和我自己的理解才建立起来的。它不是无本之木，无源之水，它是有源头的，源头就是广泛的基础，国内外学者的研究成果。所以我这个农商社会说和你们云南大学李伯重有关系，和你们的校长林文勋教授有关系，和你们的黄纯艳先生有关系，和你们的张锦鹏先生，研究宋代的商品经济商品贸易，商品规模、商品生产有关系啊。是在一大批学者提供了丰富的研究成果，我在这个研究成果上跨了一小步。这是我的又一个理论资源，不是凭空做梦做出来的，是汲取了广泛的研究成果才概括出来的。

第三个理论资源就是法国年鉴学派布罗代尔的“长时段”理论。布罗代尔把历史时间分为三种时间，一种是“长时段时间”，一种是“中时段时间”，一种是“短时段时间”。长时段要记住，是指环境长期不变，政治、组织状态长期不变。中时段就是局势，如政治局势、社会局势等。短时段就是事件。布罗代尔认为市场就是一个长时段结构，他说人类历史的早期就有市场了。你看司马迁在《货殖列传》中提到的千亩橘、千亩树、千亩紫草……每年可以达到20万钱收入，其富可比封侯，封侯也不过一年20万钱的收入嘛。市场很早就是一个长时段的结构。从战国的时候就有很多大商人，巴（蜀地）寡妇清，一个四川的寡妇，然后去经营矿山，矿山里面开了三年矿，后买来牛羊放，结果成了全国著名的女土豪。布罗代尔说市场结构，后来发展成了资本主义，它的活力在哪里呢？活力就在于选择的自由。我可以选择喝可口可乐，我也可以选择喝我们中国的娃哈哈，这就是一种自由。它有选择的自由，资本主义既然能够选择，就能够随风使舵，适应新情况，这就是它具有生命力，这是它具有充沛生命力的一个秘密。布罗代尔长时段研究的一个要点，就是说明市场的核心优点或本质优点就是选择的自由。布罗代尔理论的第二个要点，是说工业革命是一个包罗万象、进程缓慢的现象，如果没有整个市场经济，以及物质生活和市场经济的活力，没有自下而上小型工业的创新，没有生产和技术的全面有效进展，那么工业资本主义没有资金，没法发展。这些意思用一句话概括，同学们怎么概括？——市场化。市场的扩大，市场的运转是工业化的前提，没有市场化的工业化是跛脚的工业化。

我们的计划经济就是没有市场化的工业化，农村搞“统购统销”，城市搞“公私合营”。当时国家全力以赴，从农民那里压低农产品的价格，提高工业品价格，来积累工业化的资金。当年你想想，农民交给国家的公粮，1斤不过9分钱、1毛钱，但是国家卖给居民的一个上海表，要120块钱。20世纪60年代谁要有一个上海表，谁就容易讨到媳妇，那时候不是“三转一响”嘛，一个上海牌手表，一个收音机，一个自行车，不就能讨到老婆吗？20世纪70年代，我在县里面当县委秘书的时候，看到一个材料，震惊极了。这是40年前，国务院有一个简报，批评上海手表厂，说上海手表厂生产的手表，原来的成本每块表4块钱，后来怎么样，改进后定型的上海手表生产成本6块多。近一两年来，上海手表的生产成本上涨到了8块，一下把我震麻了。上海手表120块钱一块，全国一样。成本只要6块钱、8块钱就要卖120块。马克思告诉我们，资本家有一倍的利润、两倍的利润就拼命去干，三倍的利润，脸都不要了，命都不要了。这是几倍的利润啊？120除以8，120除以6……这是我30来岁的时候看到的。农产品价格压低，工业品价格提高，这是不是对老百姓，特别是对几亿农民的残酷剥削？把我震倒了。所以没有市场的工业化又是剥削的工业化。计划经济国家一个接一个地倒台，就是因为它是没有市场化的经济，而市场化就是有选择的自由。

20世纪60年代，周总理开会，连开八次，讨论火柴提价，当时一盒火柴2分钱，这个生产成本是一分几厘，火柴厂没有什么利润还在维持生产。连开8次会，要提价2分钱一盒的火柴。8次会议的结果是什么？提高不了。提高到2分5厘？周总理是多么聪明的人啊，多么能干的人啊，一人之下万人之上，他都解决不了两分钱的问题。什么问题啊？就是没有市场，不是交给市场来抉择，而是用行政命令去抉择。这是我用的第三种理论资源，就是布罗代尔长时段理论，特别是市场理论，没有市场，社会就不能很好地前进，市场扩大过程那就是生产发展的过程。

我用的第四个理论资源就是“新制度经济学”的理论。大家学过经济学吗，经济学强调的是什么？强调一个既定的系统里面，各种要素是如何确定的，生产多少啊，需求多少啊，价格多少啊，然后在这个系统里建立各种模型，进行模拟和分析。没有这个固定的系统，他的模型建立不起来。必须确定哪几个变量去掉，哪几个变量不重要，它把经济学里面的几个要素固定起来。主流经济学追求的是什么？追求的是均衡。什么时候供给和需求均衡了，这时候均衡价格就出现了，这匹马卖200块，我只给你出150块，你降到190块，我出160块，你降到180块，我出170块，商量一下，成交吧，175块，大家都吃5块钱的亏，成交。卖家最低价格和买家最高价格出现了一个均衡。

但是大家想想，经济系统是一个确定的系统吗？经济系统是一个没有发展变化的系统吗？所以后来出现了新制度经济学。新制度经济学认为，就像人类社会生活一样，经济学是一个不断发展变化的系统，你在这一点上均衡了，下一秒钟很可能就不均衡，房价涨涨涨，这个卖家120万元卖给你，好，我们两个签订合同吧，付10万元定金，过了一周，我把110万元打给你，你又说你不卖了，为什么呢？房价又涨到130万元、140万元，你要140万元才卖，我说不行，我们签订合同了，卖家说不行，不卖了，下一秒钟均衡点变了没有？变了，所以制度经济学出来了。制度经济学把世界、把经济系统理解为一个不断变化的，不断发展的，具有不确定性的一个系列。那么这个系统呢，是一个不断变化，不断出现新问题，不断需要新的解决办法的一个系统。那么我怎么办呢？我就要不断应对这个变化的系统，用规则来规范我们的选择。

道格拉斯·诺斯认为，这个世界是不断产生要解决的急需问题，而我们从过去经验中形成的理论又不足以解决这些问题，所以我们要找到变化是怎么发生的，影响变化的力量在哪里。那么为了弥补我们个体能力和决策难度之间的差距，于是就构造规则。规则的集合就构成制度。制度是影响经济增长、经济运行的重要变量。这个规则把选择导向一个更小的行动集，通过这个更小的行动集能让我们在里面选择一种办法，能够控制环境的变化。所以，这个框架的构建是人类文明的重要支柱。既然世界是不断变化的，世界是不确定性的，经济系统里面是有很多新问题要产生的，那么我们怎么样来解决呢？

五个办法。第一个办法是，增加信息。给定既有的知识储量，可以通过增加信息的方式，来减少不确定性。这一点你们的张锦鹏教授是学经济学出身的，非常容易理解。15 世纪欧洲，世界大航海时代，这个商人一船货运到南洋，南洋一船香料运回来赚钱了。但是海洋贸易是有风险的，有的就回不来了，风暴就把船打沉了，人死了，那十几个人放在船上的货物也都沉没了。于是有一批聪明人，把这个船、那个船的船长（主）联系起来，搞保险制度。我们 10 个人每个人出总体货物的 10% 作为保证金，若我们 10 个船老板集起来就是 100%，那么我们这十条船里面，只要有一条船沉了，那么我们的保证金就可以救一个人，我们九个老板继续赚钱，沉船的老板也没有破产。那么这么做的前提是什么呢？前提就是在知识确定的前提下增加信息：保险率怎么确定？确定高了付不起，确定低了赔不起，他必须要收集更多的信息，近十年沉船率和货物损失率的比，算出一个比较合适的比例。所以今天的保险公司，第一件事就是在算这个东西，这是第一个事例。15 世纪的海洋保险出来以后，这些出船的老板放心多了，回得来就赚钱，回不来保险还在，不需要让银行收回房子，让我的老婆、孩子没有住的地方，就可以安心出去赚钱了，这是第一个办法。

应对新问题、新变化、新挑战的第二个办法是什么呢？那就是增加知识，在现有的制度框架中，可以提高知识存量来减少不确定因素。比如说科举制，比如说发明，比如说北宋的灌钢法，比如说苏轼所描写的秧船、秧马，提高拔秧的效率，比如说两宋时期的两税制，北宋初年从越南引进的占城稻，收了早稻后还可以种晚稻，这就是增加知识。良种、灌溉水车、活字印刷术、雕版印刷术、冶金技术、印刷业，这都是增加知识，增加知识生产就上去了，效率就提高了。

第三个办法是，改变制度框架。有的人可以改生产技术，有的人可以改市场规则，什么道理啊？怎么改啊？为什么有的国家一改制度之后就富起来了，有的国家一改制度以后穷下去了，什么道理啊？道格拉斯·诺斯用了一个“路径依赖”。路径依赖，学过经济学的都知道，那就是从过去延伸来的制度和信息影响到了选择的路径。出现了一种新的东西，如果你用怀疑的态度来对待这些创新，就是要把它扑灭掉。如果你的文化遗产让你赞同这种新的创新，新的变化，那么就适应新技术发展。

我举一个例子，我在县城当过县委秘书，过去有规定，家里面留 1 只羊是自留羊，一棵树是自留树，允许的；两棵树就不可以了，资本主义的尾巴要割掉，结果他们家养了 1 只母羊，生了 5 只小羊，你说是把 5 只小羊送到公社里面去，让它们饿死，留下一只活羊呢，还是留下一只小羊，让母羊……这老百姓没法过了。家里种了一棵梨树，嫁接以后长的很好，又再插了一棵梨树，这棵梨树三年以后又结果了，公社里的干部下来了，要么你砍掉老树，舍不得啊，十几年了，要么你砍掉新树，不然你就是资本主义尾巴——这是不让老百姓活。我亲自看到一个案例，当年我们是公务员，一个月有半斤鸡蛋票，到食品公司去买，估计是 6 毛钱一斤。这些鸡蛋哪里拿？是从农民家里收来的，农村供销社收那些鸡蛋多少钱？4 毛 5 一斤，那么家里总是有大量用鸡蛋的时候。你比如说老婆要生孩子了，你肯定要给她准备 50 个 100 个鸡蛋，那半斤鸡蛋怎么够呢。我们就到市场，集市上是有集市管理员的，看到农民都拿着鸡蛋，他就 4 毛 5 一斤给你端走，端到食品公司里去，不许你卖。那么我们就在市场旁边路途上拦住了农民，1 毛钱一个，1 块钱 10 个，1 斤 10 个，比收购价高了一倍，家里老婆生了娃娃有鸡蛋吃了，老百姓也有钱花了，那叫鸡屁股银行。公社农民就靠一个个鸡蛋舍不得吃，用这些鸡蛋换回来一点钱，交两块钱学费，交 1 块钱书本费，买一支铅笔，买一个本子，小孩儿上学，叫鸡屁股银行。结果碰到市场管理员，要没收他的鸡蛋，农民如果不肯给，市场管理员就把他拉到派出所，农民当场把一篮子鸡蛋摔到地上，我们也没有买成，市场管理员也没有收到，这不是财富的浪费吗？我亲眼见过这个事情，农民恨死他了。

当年“三自一包”（自由市场、自负盈亏、自留地和包产到户，简称“三自一包”）是资本主义道路，走资派，全国最大的走资派某某某，全国第二大走资派某某某，当前运动的重点就是整治资本主义走资派，资本主义道路走资派，当权派还在走。当年谁这样做，搞“三自一包”，只有两个结果，要么进监狱，要么被整死。什么道理？他就是怀疑市场，一定要按计划经济来搞嘛，那当然就生产不下去了，这是第三个办法，通过改革制度，搞“三自一包”，农民就放活了，日子就好过了。这是20世纪60年代初的大饥荒之后，邓小平、邓子恢他们恢复生产的办法，就是“三自一包”。

第四个办法是，改变理性信念。在全新条件下，新的信念认识到必须重构经济。改革开放以后是不是重新构造新经济？计划经济不行了，搞农村承包制。当时万里在安徽当书记，赵紫阳在四川当书记，当时老百姓的民谣说：“要吃米，找万里，要吃粮，找紫阳。”万里、赵紫阳他们什么办法？搞承包啊，就是转变信念，不敢说计划经济不好，但是他在计划经济的帽子下搞家庭联产承包制。后来20世纪90年代，当时主持农村经济改革的这个杜润生老先生，在国家国务院农村工作领导小组负责，当时进“农研室”工作的年轻人不懂得这个艰难，改变、重建信念的艰难。这个年轻人问杜润生，说杜老啊，多麻烦啊，这个农村联产承包责任制，什么集体经营，双层经营，这个话说的啰里啰唆的，不就是单干嘛，不就是承包吗？你们当年就说承包就行了嘛，干嘛搞这么麻烦，说复杂了老百姓不好理解。杜润生告诉这个年轻人，说年轻人啊，当年我们不想出这种“双层经营”，在集体经营下的农村集体联产承包责任制，当年农村改革就推不开啊。这就是计划经济理念的阻碍了。我当时要明确提出单干的话，不仅推不开，那是要掉脑袋的啊。一个老革命杜润生对年轻人说的这番话，我们看了心酸啊。这个信念必须重构，必须抛弃那种把农民固定在土地上，把工人固定在工厂里，不许人家流通，不许人家搞市场，不许人家自主择业，这样一些做法。人们在这种体制下去外地讨饭也是不行的，讨饭也是要有“路条”的。没有路条就是“盲流”，是盲流就要被“收容所”关起来了。讨饭的前提条件是什么？到公社去开证明，本地遭受灾荒，允许出去讨饭，那你才不被认为是盲流，否则讨饭也是不行的。所以理性信念必须重构，像杜润生啊，万里啊，赵紫阳啊，他们重构这个信念是多么难啊。

第五个办法是，改变非理性信念—宗教意识形态。马克斯·韦伯写了一本书叫《新教伦理与资本主义精神》，你们看过没有？在新教伦理里面，讲勤俭也是对的，让信众通过劳动来赎自己的原罪，这就是资本主义发展的一个伦理。你们看意识形态，在当年僵化的意识形态下，批刘少奇、邓小平的“三自一包”，极端的意识形态。你们看现在的恐怖分子，IS，那就是伊斯兰原教旨主义。妇女不许工作，不许喝咖啡，不许看电影，上街必须把脸蒙起来，完全的忠实执行者。你偷了东西，按伊斯兰《古兰经》，砍掉一个胳膊。一个英国的小伙子，在新加坡，李光耀统治下，被搜出来有 3 克白粉，犯了吸毒罪，李光耀的法律要当众把英国小伙子的裤子扒下来，在广场上，当众抽好像 15 鞭子，我记不得了。在广场上扒下小伙子的裤子，打 15 鞭子多难看！当时英国的首相撒切尔夫人给李光耀写信求情，李光耀不答应。这就是极端的伊斯兰原教旨主义，搞得不尽人情。当然有些人很欣赏李光耀，觉得他威权主义统治，经济发展了，又把社会给管住了，多舒服啊。有些非理性信念不行，要发展经济就是要通过这五个方面，去消除极端意识形态，消除非理性宗教来为制度的演进开辟道路。

那么道格拉斯·诺斯提出“新制度经济学”的理论基础是什么呢？理论基础、哲学基础是对变化做了两种区分，第一种这个变化比较小，它叫作“各态历经世界”，主要是物理世界，比如说这个粉笔，从这里推到这里，计算有多少毫米，就是可以用数学公式算出来的，物理世界可以确定的。比如说飞机要达到起飞速度，需要达到多少时速，这是可以计算出来的。这叫“各态历经世界”，从第一个状态，到第二个状态，到第三个状态，这是都可以算出来的，基本可以估计到的。女同学走 1 千米大概 10 分钟，男同学大概 8 分钟，这是可以估计到的，这叫“各态历经世界”。但更多情况我们遇到的是非各态因素，它没法预测，比如互联网谁预测到了呢？脸书（face book）谁预测到了呢？微信谁预测到了呢？这叫“非各态历经世界”。人类社会发展是怎么一个关系呢？是“各态历经世界”，就是大致能够确定的东西越来越少。然而不能确定的，“非各态历经世界”越来越多，比如讲技术创新，用经济学语言来讲就是“创造性破坏”，这是预料不到的。

随着物理环境，也就是自然环境不确定性的下降，我们越来越容易控制天气，控制河流，不确定性下降；但是社会是越来越复杂了，社会的复杂性越来越增加了，这样进一步，由于社会越来越复杂，人际关系越来越复杂，推动社会前进的经济系统、社会系统、创新系统、演进系统、制度系统、规则系统越来越复杂，所以产生了一些新问题。而新制度经济学超越主流经济学的地方就是，它的社会系统、制度世界、规则世界、关系世界，不确定性暴露出来了。我们研究经济变化，什么东西推动着经济变化？什么东西阻碍了经济变化？把经济系统理解为发展演变的过程，这就是制度经济学超越主流经济学的地方。这是我用的第四个理论资源。

我的农商社会说还用到一些其他的相关理论。比如我的五大特征里面第三个特征就是早期工业化理论，这是美国、德国经济史家的贡献；用到了发展经济学里面的经济成长理论，如“广泛型成长”“斯密型成长”“库兹涅茨型成长”。同时我的“农商社会说”也用到了我自己前期成果中的一些理论，比如“摊丁入亩说”，农民在中唐“两税法”以后，人身依附关系下降了，有越来越多的可能性去经商，去做工。我1993年在《社会学研究》上发表的《宋代早期工业化》理论，我还用到了自己杜撰的人类经济发展的共同道路说，这个我在下面再说。这样一种人类经济发展共同道路说，我是用两种资源拼合而成，第一个资源是约翰·希克斯的经济史理论。约翰·希克斯有一本著作，小册子，8万字，蓝色的皮子，商务印书馆，20世纪70年代出版的，不知你们见过没。希克斯认为“人类社会的发展道路是从习俗经济，经过命令经济，再向市场经济发展”。在这个过程中经济体制一步一步演进，变得越来越开放，城市向农村开放，农村向城市开放，国内向国外开放，国外向国内开放。

我还用到马克思的经济理论。马克思认为，人类社会是从石器时代、铜器时代、铁器时代、手工业工场时代，然后是机器工业。如果希克斯讲的是经济体制，那马克思讲的是生产发展。我把这两个维度合在一起形成一个经济发展模型。在希克斯的经济理论里面我提炼两个要素。一个要素，经济的封闭形式；第二个要素，经济的开放体系。我在马克思的生产理论里面提炼出了两个要素，一个是手工劳动，一个是机器生产。我把希克斯的两个要素，马克思的两个要素，这四个要素排列组合，出来了四个经济体。你们中学学过排列组合吗？手工劳动加封闭体制，对应传统经济；手工劳动加开放体制，就是原始工业化体制，就是我今天讲的农商社会，又有农业，又有商业。机器生产加开放体制等于市场经济，机器生产加封闭体制等于计划经济。

我这是把希克斯的理论和马克思的理论归纳了一下，把它组合了一下，就构成了这样的两维的经济发展模型。最早既是封闭体制，又是手工劳动，那当然是自然经济啊，男耕女织。然后发展到开放体制，工业革命以前，虽然他是手工劳动，传统手工业有所发展，它的商业发展起来了，但是它还没有技术的迅猛发展，工业革命的发展，所以还是手工劳动。手工劳动加开放体制就是我说的农商社会。然后再发展到工业革命以后，进入机器生产，既是机器生产，又是开放体制，就是现在的市场经济。第四个象限，虽然搞机器生产，但是搞计划经济不搞市场经济，结果它就是跛脚的工业，跛脚的社会经济，短时间内通过压榨农民，而榨取工业化资金，取得很大的成就，长期是不行的。如果说这是个经济效益扩大提升的趋势，这是个时间序列；那么在计划经济期间，可以动用国家的强大能力，集权能力，榨取劳动力，则是非常规的历史进步。比如说这是5%，这是1%，它可以达到6%、7%的生产效率。但是计划经济下，由于不搞市场经济，虽然一段时间生产率很高，但是农民没有积极性，工人没有积极性，生产能力就下降了。

市场经济虽然不像国家集权那样，有那么大的集权动员能力，刚开始4%，通过技术革新后5%、6%，技术瓶颈过了之后，在常规经济的时候，会平衡发展。计划经济时代的生产效率是它渐行向下的，刚开始市场经济可能不如计划经济，没有那么强大的国家动员力，但它慢慢是上升的，这个交汇点就是苏联垮台的交汇点，就是计划经济垮台的交汇点，就是东欧社会主义垮台的交汇点。这就是我在创立农商社会说采用的一些理论资源，来告诉大家。

下面我要讲一下“农商社会说”和其他理论学说的比较。

一是黑格尔的历史哲学。黑格尔认为中国长期的历史发展是有变化的，是有进步的，但在近代停滞了，没有变化。所以我们学术界有一个“封建社会长期停滞说”，长期停滞说就是近代以来，自15世纪发现新航路，进入全球化时代，西方世界突然加速，中国反而停滞了。

二是费正清的“冲击反应说”。近代落后了，那么近代中国怎么变化呢？是靠着外力冲击，鸦片战争失败了，有洋务运动；甲午海战失败了，有维新运动；维新运动失败了，义和团导致八国联军进犯，把慈禧太后逼到西安去了，然后才有我们的改良派、革命派这些。这个说法，主要只讲外因，而忽视了内力，所以我现在写了一篇文章，对费正清的学说做一些修正。我说费正清关于中国大陆帝国的这些说法都是正确的，但是他忽略了一点，那就是中国面向太平洋，也有过向海洋发展的时代，这就是两宋，他忽略了这点。

三是特别是中亚学者，包括伊朗、瑞士的汉学家，他们提出过三种社会形态：一种是大陆农业帝国，一种是海洋帝国，像雅典啊，后来的荷兰、西班牙、葡萄牙、英国日不落帝国，这是海洋帝国；以及地中海沿岸世界，意大利。还有一种是游牧民族，中亚匈奴、突厥这些草原游牧帝国。中亚学者他们提出这三种帝国学说，讲的是帝国的原初形态，而没有讲他们的发展前景，所以这是他们的一个重大缺陷。

四是冯天瑜的“封建考论”说认为，应该划分为四个时代：原始时代、封建时代、皇权时代、共和时代。他这个是从政治体制角度上来划分，有道理，和我的从经济形态角度两个维度的划分是可以并存的。

五是秦晖“大小共同体”的学说。秦晖认为封建的说法是不妥的。因为中国在这个长达两千年的时间内一直是个大共同体时代。大共同体有两种功能，一种是保护本民族抵御游牧民族，发展生产；一种是束缚共同体成员，束缚在大共同体内。秦晖把大共同体延伸到当代，就是当代单位里的厂长对你既有保护功能，你的小孩要上学啊，厂里面有幼儿园，都包起来了。你生病，厂里面有医务室啊，但是有强烈的束缚。像改革开放初期，80 年代初，上海有礼拜天工程师，在工厂里面挣一份工资外，在礼拜六就跑到乡下，帮民工工厂设计产品，挣一份劳务费，结果这些工程师被控贪污，拿着国家的工资，礼拜天又跑到乡下去挣一份。跑一天 100 块，工厂里一个月只挣 50 块，你这就动摇人心，工厂没法搞了，就把他们抓起来了，后来经过审判又放出来了，并没有定他们的罪。这就是新体制产生初期，既有保护又有束缚，礼拜天去民营工厂去当义务工程师就不行啊，那么人就有依附性，对大工厂就有依附性。他的经济基础就是自然经济，所以秦晖在他的《田园诗与交响曲》中提出了，关中地区在近代以来没多少地主，那么封建体现在哪里？封建体现在个人依附共同体。农商社会说恰恰强调的是市场的力量，均田制瓦解了，人民可以谋生了，农民可以进城了，恰恰强调的是这个，强调依附性松弛的结果，正面结果。

三 几点启示

现在讲到最后一个问题，我介绍了农商社会的理论资源，那么这样一种农商社会学说的提出和理论资源的和盘托出能够给我们哪些启示呢？

第一点启示，搞史学要考证、考释，这是对的，但是同时也要有理论分析。理论分析和考据这两个之间互相取长补短，不要你看不起我，我看不起你，没有考据的事实根据，你拿什么来分析啊？没有理论分析，你这个考据出来，说明什么问题啊？就像郭沫若说的，考据朱元璋到底长不长胡子，是大胡子还是小胡子，如果我们的史学研究就这样搞，还有什么生命力呢？当然也是有用的，比如说我们要演一个话剧，那到底是给他弄个大胡子还是小胡子呢？那当然是有用的，但是我们大量的史学家都去做这种工作，那史学就失去了史学的生命力了。所以，考据、义理、辞章之学，要相互支撑。我的做法是，要建立一个理论体系，我们先要搞清细节，把细节与细节联系起来，来支撑你的学术体系。所以我们具体的学术方法就是要有整体观照，在整体关照下再来选择具体课题，否则你选择的课题又有什么意义呢？你这个课题导向哪一种历史认识，哪一种历史分析呢？

第二点启示，这研究方法的第二个启示应该说，我们在肯定实证研究的同时，也要避免碎片化的研究。这一次八月份在广州开宋史年会，我当这个讨论小组的论文总评议人。那些年轻学者提交了五篇论文让我来评论，我的评论是说，中国人的日子一代不如一代。我们做学术的时候那是20世纪70年代末，中国怎么会弱到这么可怜的地步啊，被世界看不起，被台湾人看不起，被日本人看不起，被新加坡人看不起，被德国人、美国人看不起，怎么搞到这个地步啊？民国时候，到了抗战时期，人均GDP500美元，到了1978年，人均GDP178美元，不到民国的1/3，怎么搞到这么悲惨的地步，共和国搞了30年，搞得GDP不到民国的1/3，老百姓怎么过日子啊。所以说我们那个时候考虑的是中国怎么会落后到这个地步，怎么样走出这个困境。现在你们要评职称，为了拿课题，为了拿稿费，你们都是做的短平快，小课题。比如会议的一篇讲宋代西京官制设置的文章，说设了哪些官制。我说，我现在要问你，你考证西京，宋代西京设了哪些官制，你要说明什么，为什么要搞这个考证？搞清了西京官制设置你是要和中央官制比较，还是要和地方官制比较，还是西京官职只是摆设，不起什么作用？你是要说明什么，总要说明一个问题。所以我说现在进入了碎片化时代。碎片化要不要，碎片的考证是要的，不搞清基础事实，没法进行概括，但是光停留在碎片化是不行的。所以大家都去搞这种没有什么意义的课题的话，那布罗代尔的“整体史观”，克罗齐的“一切历史都是当代史”，马克思的结构分析，司马迁的究天人之际，等等，都完全忘到脑后了，成了空谷足音了。

第三点启示，我们要创立一个新的学说，我们要概括中国历史演进的轨迹，必须要有相关的理论分析工具。我说历史学他是科学，也是艺术，说他是科学，他要求实证；但是历史学又是艺术，实证分析下你又要提高理论分析，提高你的解释的能力。

第四点启示，史学工作者要有“痛感”，要关注国家民族的利益。布罗代尔在《15至18世纪的物质文明、经济和资本主义》这本书中讲，“历史的命运目标和深邃动机不就是要解释现在吗？”我提出农商社会学说，核心的核心不就是要搞清中国从哪里来？现在在哪个阶段，今后要往哪里去？不就在说明这个问题吗？布罗代尔说：“历史学随时准备提出问题和解决问题，充当衡量现实和过去的尺度，这是历史学的神圣使命。”我们中国过去哪些做对了，哪些做错了？大跃进肯定做错了，人民公社肯定做错了，不能再重犯那些错误，“国进民退”肯定做错了，要搞民进国退，我们市场经济才有活力。我们就是做这个事情的嘛，就从历史经验来看，作为衡量的尺度，哪些错误犯过不要再犯了；哪些成功经验，会推动我们再往前走吗？布罗代尔说：“对于我们这些长期埋头从事历史工作的人来说，现实是一张方位图，是一张真值表。”你的研究有多少价值，不是看你写了多少文章，不是看你写了多少本书，而是看你对我们现在遇到的困境有什么帮助，对我们判断现在所处的哪个阶段有所帮助，对我们判断应该往哪个方向走有所帮助，这样才对。如果你只写了一篇文章，一本书，也是有功劳的。

所以我说史学工作者要有痛感，痛百姓之痛，痛农民之痛，痛下岗工人之痛，痛六千万名儿童在农村得不到很好的教育而痛。这些六千万名儿童，15 年之后就是我们建设社会的主力军，他们身体不好，素质不好，就在 15 年后影响我们劳动力的质量啊，影响人民自由啊，影响经济前进速度啊，影响 GDP 的提高啊，影响我们的生活啊。我们在为六千万留守儿童，在爷爷奶奶面前得不到太好的关照，得不到很好的教养，我们要为这个感到心痛啊！我们要呼吁国家放开户口制度，允许农民工在哪个城市打工，就把小孩儿带进来，就让他们有书读，享受城市的优质资源，我们要有这种民族之痛、社会之痛、国家之痛、老百姓之痛，而不是像那些御用史学家一样，大唱盛世来了，盛世之歌，那种史学家注定要被人耻笑。

这就是我今天讲课的内容，既介绍了农商社会学说的主要依据和五大特征，又介绍了这个学说提出的学术背景和理论资源。

史料与量化：量化方法在史学研究中的运用讨论之一

李伯重

今天非常荣幸在这里和大家一起交流。云南大学不是我的母校，但是是我的“父校”。因为我父亲李埏先生一辈子在云大工作，所以云大是我父亲的学校，我将其简称为“父校”。他自开始教书起，一直到去世，都在这里。今天我能够站在他曾经讲课的讲台上，接着他讲中国经济史，所以感到格外光荣。

今天我要讲的内容和下一次要讲的内容，都是我近年来研究的一些新想法、新感受。这两讲在清华大学、北京大学举办的“量化史学”暑期班上讲过，但是这次做了比较大的修改，因为这次在座的听众主要是学历史的同学，而在那个量化史学班上主要听众是经济学的学者和学生。因为讲授对象不同，所以我也对讲课内容做了较大的调整。

今天，我们就从史料和量化这个题目入手。量化在今天是一个比较时髦的词，刚才我提到清华、北大量化史学暑期班，已经办了五届，参加的人数大概是有500人以上。我们这里的黎志刚老师、田晓忠老师、董雁伟老师都去过。那么多的学者去参加这个讲习班，可见大家的热情很高，为什么呢？因为我们的学科——历史学，是人类最古老的一门学科，甚至没有文字以前就有历史学了。比方说《圣经》，《圣经》的《旧约》就是犹太人的历史。古代的犹太人一代代口耳相传，把他们的历史传下来，后变成文字，就是《圣经》的《旧约》。在今天迅猛的科技发展和史无前例的时代变幻的冲击下，历史学也要发生大的变化。否则，就会像英国历史学会会长巴勒克拉夫在30年前说的那样：历史学今天到了一个危机的阶段，如果我们不愿意让这条船沉下去，那么我们就要自己努力上进，就要克服我们的保守。今天大家对量化那么感兴趣，因为量化是今天的一种新的方法，但是它只是史学科学化的一个方面而不是全部，它有其适用性也有局限性。

今天我要讲的内容包括5个方面：什么是史学？什么是史料？量化方法

和史料鉴别有什么关系？量化方法和史料处理有什么关系？史料工作中使用量化方法的必要性和局限性。

在座的大部分同学是学历史的，但是大家有没有考虑过史学到底是什么？刘志琴教授几年前写了一篇文章《当代史学功能和热点的转向》，对史学的现状感到真正的痛心疾首："史书的信誉在下降，而戏说历史的各类书籍、讲坛却受到读者的欢迎，愈来愈兴旺。值得玩味的是作者和内容的变化，在市场上走俏的如《明朝那些事儿》《历史是什么玩意儿》《一个都不正经》等几乎都是非历史专业者所撰写。史学的作者从史官、学者，到非专业作家，是述史主体的大变化。……娱乐渗入这门学科，真可算是娱乐至死了，可死的不是娱乐，而是史学的严肃性和真实性。这是专业史家难以认同而又无可奈何的现象！"大家看，史学确实很热，除了刘教授谈到的娱乐性历史故事之外，打开电视机，从《康熙皇帝》《雍正皇帝》一直到《甄嬛传》《芈月传》，再到无数的宫斗戏，天天都有。可见大众对历史很感兴趣。但是对于刘教授的话，我是有保留的。大众对历史是有兴趣的，不然也就不会来看这些电视剧，不会来读这些通俗作品了。而且，不是学历史出身的写作者，也有权利把他们理解的历史写出来给大家看。我们不应该把写历史当作史学工作者专有的工作，别人就不能涉足。但是，刘教授说的有一点也对，即今天史学严肃性受到了很大的挑战。

谈到史学的严肃性，我们首先要问一个问题：什么叫历史？历史在英文里是 history，大家知道的。History 这个词，由 his 和 story 两个词合成。英国从前也是父权社会，Man，可以代表所有的人，所以人类就是 man。History 就是人的故事，也就是人的历史。在文字出现以前，历史记忆都是靠传说。传说就是一代代传下来的故事。我们中国是世界上大概绝无仅有的一个民族，我们很早就有专门的史官，从先秦就开始，把发生过的事情记录下来的。但其他的文明并不是这样。西方的希腊、罗马，历史都是故事，所以人和神都在一起。埃及、印度也是这样。

那么，历史和故事到底有什么差别呢?

今天历史学受到的一个严重挑战来自后现代主义，后现代主义者很有名的一句话，说"小说家编造谎言以便陈述事实，史学家制造事实以便说谎"。历史学者自己当然会否认我们是编造事实以便说谎，但是仔细想想，也未尝没有一点道理。比方说在"文革"中进行"批林批孔"，把孔夫子说成天下第一坏人，一塌糊涂，其实他的所谓"罪行"基本上是编造出来的。这就是典型的编造事实以便说谎。所以后现代主义者对历史学的这个批评，应该引起所有史学工作者的警惕。其实在更早的时候，就有人提出类似的看法了。这里有一段话："实在是我们自己改造过的实在。这个实在里面含有无数人造的分子。实在是一个很服从的女孩子，她百依百顺地由我们替她涂抹起来，装扮起来。好比一块大理石到了我们手里，由我们雕成什么像。"如果是学史学史的同学。一定很熟悉这段话。我父亲那一辈的学者，更是人人都知道这段话。1954 年，毛泽东发动了"批判胡适思想"运动。而胡先生最重要的"反动言论"之一，就是"历史是一个很顺从的女孩子"。但是这句话实际上不是胡先生说的，是他的老师杜威说的。但是在批判运动中把这杜威的话"实在是一个很顺从的女孩子"改成"历史是一个很顺从的女孩子"，栽到了胡先生的名下。1994 年，乔伊斯·阿普尔比（Joyce Appleby）等三位学者在合著的《历史的真相》（*Telling the truth about history*）中也说"历史知识只是为某些利益而建构起来的意识形态，历史是可确立并加强群体认同的一连串神话"。所以在座的同学们，都在研究历史或学习历史，如果你们对"历史是什么"都没有一个清醒的看法，那么别人问你历史是不是编故事、讲故事这些问题时，你们怎么回答呢？

举一个例子，两位著名明史学者和一位有名作家。明史学者是顾诚先生和王春瑜先生，作家是姚雪垠先生。姚雪垠先生最有名的著作是长篇小说《李自成》，他用了几十年的时间来才写成这本小说，出版还经过了毛泽东亲自批准。在"文革"中全国人民只能看八个样板戏时，不知道什么人通过什么途径，把这本书的第一卷送到了毛泽东那里，毛泽东认为不错，允许出版，所以"文革"中人人都在看这本小说。你想，"文化大革命"十年全国人民只能看八个样板戏，所以这本书出来非常风靡，后来它的第二卷、三卷陆续也出来了。这本书发行达 240 万套，当时中国才八亿人口，而且在"文革"时所有大学都关门，中学也很糟糕，识字的人并不很多，能够读书的人也不多，但一本小说能够卖到 240 万套，这个是空前的，今天也没有哪个作家的作品能够发行那么大，当时这个媒体对他一片的称赞。姚雪垠先生说：这本书是一部世界名著。"文革"结束后，他在一个大学做演讲时，说：你们看了这本书，就知道托尔斯泰的《战争与和平》算不了什么。看这本书时，女同学都要带至少三块手绢，因为看这本书时会激动得热泪盈眶。不仅如此，他还认为这是一本史学著作，因为为写这本书他花了几十年时间做了上万张卡片。他说："我首先是一个历史学家，其次才是一个作家"。但是，大家看看他在晚年接受媒体采访时还是说：他不仅是小说家，首先是历史学家，有独立见解的历史学家。姚先生觉得自己是历史学家，所以要对历史学说话。他说：他的《李自成》是对郭沫若先生的《甲申三百年》的批判。郭先生这个小册子，如果你们将来研究中国近代史，都会知道的。它在 1944 年，也就是明亡三百年时郭先生写的。发表之后，毛泽东在延安看了，非常重视，写信给郭说："《甲申三百年祭》，我们把它当作整风文件看待"，又在延安高级干部会议上特别指出："我党历史上曾经有过几次表现了大的骄傲，都是吃了亏的。近日我们印了郭沫若论李自成的文章，也是叫同志们引为鉴戒，不要重犯胜利时骄傲的错误"。中共中央宣传部、中共中央军委总政治部也根据毛泽东的指示向全党、全军发了通知："郭文指出李自成之败在于进北京后，忽略敌人，不讲政策，脱离群众，妄杀干部，实为明末农民起义留给我们的一大教训。作品对我们的重大意义，就是要我们党，首先是高级领导干部，无论遇到何种有利形势和实际胜利，无论自己如何功在党国，德高望重，必须永远保持清醒与学习态度，万万不可冲昏头脑，忘其所以，重蹈李自成的覆辙。"这本书，如果大家有兴趣，我觉得应该看看，因为篇幅很短，而且郭先生的文笔很好。姚先生就对郭先生的书做了很厉害的批评，说这本书参考史料很少，所用的很少一点的史料，也没有认真研究，就匆忙写成，草率论断。他做评论是可以的，因为任何人都可以对他人的著作做评论。但是问题是他站在什么角度上去评论。他觉得自己是一个比郭先生更高明的历史学家，所以他批评的全是历史学的行话来进行批评。他的文章发表以后，王春瑜、顾诚先生在《光明日报》上发表文章，不同意对郭的批判。这两位都是很有独立见解的历史学家。王先生发表文章，引用大量史实，对姚氏之说多有纠谬。顾先生尽管在观点上与郭氏多有相左之处，但对姚氏之见乃至其学风多不认同，对提出姚氏学风提出强烈批评。从他们的文章可以看到：尽管姚氏自称为写《李自成》读了大量明代史料，写了上万张卡片，但是由于没有受过史学研究的训练，依然犯了诸多历史学者不应或者不会犯的错误。因此之故，史学界从未有人承认姚氏为历史学家，这并非史学界的保守和封闭，而是因为到了今天，史学已经成为一门非常专业化的学科，并非任何历史爱好者都能够胜任严肃的史学研究的。这就告诉：姚先生写《李自成》是做了大量工作的，但是他是写故事，不是写历史。故事和历史之间是有很大的差别，姚先生把这个界限弄得混淆所以也把自己定位错了。历史和故事之间根本差别在哪里？历史是过去确实发生过的事，而故事不是。《李自成》里很多东西是虚构的，例如他写崇祯皇帝生活的那些细节是哪里来的？你又没有见到，又没有根据，就是根据他的想象。在这本小说中，李自成军队纪律严明，秋毫不犯、深得人民拥护，但事实上，李自成军队到了北京，郭先生说是“几十万的士兵却屯积在京城里面享乐。尽管平时的军令是怎样严，在大家都陶醉了的时候，竟弄得刘将军‘杀人无虚日，大抵兵丁掠抢民财者也’”。李文治先生的研究说得很清楚：李自成军队在北京城里烧杀抢掠，非常厉害。毛主席也说李自成是流寇主义“我们决不当李自成”。姚雪垠凭自己的想象，说李自成军队纪律严明，秋毫无犯，等等，就是编故事。而故事是文学创作，不必苛求，要讲什么就可以讲什么。金庸的小说里，有很多神神鬼鬼，大家都欣赏他笔下的精彩故事，但是不会认为那是历史事实。因此，追求真实这是历史和故事之间最大的一个差别，我们在座的同学，将来如果有志于做历史或者是运用你们学到的史学知识为社会服务，那么你们就要注意：你们不是小说家，不是剧作家，你们应该谈的是真实发生的事情，而不是你想象的事情。刚才我提到《历史的真相》这本书，在该书的序言里说得很清楚：“这本书所关注的问题是历史学和真理之间什么关系，历史学是否可以做到客观从而反映真实的过去?”这个问题是文学从来不会考虑而历史学一定要考虑的。不遵循这个原则去做，做出来的就不是历史，而是编故事。所以在西方，大学的历史系学生都要一开始上课，老师就要教他：你要了解历史，就要了解历史怎么产生的？它写些什么？是怎么保留下来？还有历史是不是可以由艺术家来做或哲学家来做？等等。如果这些问题不能很好地了解，那么，对不起，就别去学历史了。

所以，什么是历史？就是真实地重现过去。历史研究的是过去真正发生的事情。那么，过去真实发生的事情，我们从哪里得知呢？我们赖以重现过去的根本的基础是史料。有位学者雷戈写了一篇文章《论史料》，认为历史学的工作有两个，一个是扩充史料，发现史料，一个是解释史料，分析史料。当然这只是他个人的观点，但是不管怎么说，历史学是决然离不开史料的。文学可以完全不要史料的。我个人觉得金庸的小说写得比姚雪垠的小说好看多了，而金庸一点史料也没使用。要写一本真正的李自成传，一定要用大量的史料，这是必不可少的，不然你就是写小说了。

史料既然那么重要，怎么去收集史料、鉴别史料、运用史料就成了一门学问，即史料学。史料学是历史学的核心，是一门专门的学问。没有受过史料学的训练，就不知道什么是真的史料，什么是假的史料，哪些史料可以用，哪些史料不可以用。不能认为古书上的话就是史料，那是不行的。

历史学研究要重现真实的过去，根据是史料。下面我们就来讲讲史料。

史学研究必须以可靠史料为基础早在 20 世纪二三十年代，现代中国史学的奠基人之一傅斯年先生就提出了“史学就是史料学”的著名口号。他解释说：“史学的对象是史料，……史学的工作是整理史料，不是作艺术的建设，不是做疏通的事业，不是去扶持或推倒这个运动或那个主义。”中国马克思主义历史学的奠基人之一侯外庐先生也说：研究历史第一步，“当以文献学为基础，作者的时代，著书的真伪，文字的考证，材料的头绪，皆专门学”。不会做史料，就不是历史学家。我们大家都很崇敬的吴承明先生，应该是中国经济史方面的第一号人物，就说得更加清楚了：“史料是史学的根本，要绝对尊重史料，言必有据，论从史出，这是符合史学的优良传统，治史者必须从治史料开始，不治史料，而径谈历史者，非史学家”。没有专门去做史料，就来谈历史，譬如今天我们看到一些学者，动不动就谈中国与西方相比怎么样，中国3000年来怎么样，他们的结论往往很可笑。当然，任何人都有发言权，外行人谈也有外行人的道理，但是外行人不是史学家，这一点我们要搞清楚。

年鉴学派的重要人物拉度里说：“任何历史研究都应当从分析原始资料开始。”我们使用史料时，强调要使用原始史料，而不是后人多次改变的史料。什么叫原始史料？一般也称为第一手史料。有一位学者林国华说：“只有直接反映历史事实的史料，才能算作原始资料。包括历史遗物、当事人或在场人对亲身经历之事或亲眼所见亲耳所闻之事的记载等。”有些人不同意这个说法，认为没有经过后人加工的史料就是原始史料。还有人认为，关于某一件事情最早出现的记载就是原始史料。所以有不同的说法，但总而言之，没有经过后人的改写的记载才叫原始史料。我们可以看到今天很多谈历史的人根本就没有去看原始史料，他们顶多是从别人的书里转引一点东西，也不问问引的史料对不对。早在20世纪20年代中国的“古史辩”运动中，顾颉刚先生提出古书上的很多东西是假造的，比方说三皇五帝，是真的是假的？炎黄子孙，炎帝存在吗？黄帝存在吗？这些到底是传说还是真实？这些学者在1929年就开始在问这些问题，展开了“疑古”运动，怀疑古书上的记载到底是传说，是故事，是神话，还是真实？必须要搞清楚。

意大利的哲学家、历史学家克罗齐有一句话：“一切历史都是当代史”。这大家都知道。但是他接着说：“这些（实证主义）历史学家把他们的信念安放在一份叙述当中，其中每一个字都有一件原本作依据。此外，在他们的著作中什么也没有，有的只是原本中所有的，那是脱离了上下文的，是没有经过语文学叙述者的思想重述出来的。他们的目的是要使他们的历史达到一种综合性汇编的地位。”就是说，使用文献时，每一个字都要找到原始的文本作为依据。这与中国的乾嘉学者说的写文章必须“无一字无出处”，意思是一样的。但是，原始文本中的史料是不是就是真实的？是不是用这些史料写出的历史就是真的历史？这就涉及一个问题：原始史料是不是就是真正的可靠的史料？事实上，我们在看一段史料时，都要问以下问题：这些史料是谁写的？为什么要写？什么时候写？在什么情况下写？用什么语言写？写给什么人看？经过什么人加工？怎么流传下来？不把这些问题搞清楚，使用的很可能就不是真的史料。在座的一些同学可能会问：古书上的东西，我们怎么知道是真是假呢？这就需要史料学的功夫了。史料学非常重要的一个功用，就是辨别史料的真伪。比方说，看到一条史料，要问问是谁记录下来的。为此，就要了解记录者的史学素质。古人说，治史者要史才、史学、史识、史德兼备。才、学、识是指专业技能，德则是指专业操守，就是记录要忠于事实。史德的核心是做历史的人一定要诚实，忠于事实。章学诚说：“能具史识者，必知史德，德者何？著书者之心术也。”所以，做史学研究一定要有史德，他记录下来的历史才是可信的。

在什么样的时代氛围中写出来的历史，也是我们了解史料的真实性的一个非常重要的方面。刚才我说了，在世界主要文明中，中国是唯一一个高度重视历史的文明。但是中国古代重视历史，最重要的目的是用历史来“警世”和“资治”。“警世”就是提醒大家重视现在的问题，“资治”就是帮助统治。怎么才能做到这一点呢？就要对历史进行取舍。孟子说：“孔子作《春秋》而乱臣贼子惧。”孔子写的《春秋》乱臣贼子都会害怕，这就是警世。唐代大史学家刘知几说得更清楚：“史之为务，申以劝诫，树之风声，其有贼臣逆子，淫君乱主，苟直书其事，不掩其瑕，则秽迹彰于一朝，恶名被于千载。”为了达到这个目的，孔子作《春秋》，并不是单纯地记录过去发生了什么事情，而是经过筛选和改写，所谓“笔则笔，削则削”，这叫作“春秋笔法”。笔则笔就是该写的写下来，削则削就不应该写的就把它拿掉。所以中国古代的官修历史即正史，并不都是发生过的事情的客观记录，而是为了达到“警世”和“资治”的目的而经过改写的历史。在这种氛围中，即使是一个正直的史官，也不一定能够客观地记录历史。古代史官的楷模是齐太史、晋董狐，他们都一直被视为史学家的良心，能够不惜用生命来捍卫自己相信的事实。但是他们记录下来的事情是不是真正的史实？却还是问题。哪些该写下来，哪些不该写下来，完全以记录者的道德为标准。一个著名的例子是鲁宣公二年晋灵公被弑事件的历史。当时晋国有六卿，都是权臣，其中一家就是赵家，赵家的一个成员赵穿把晋灵公杀了。而赵家的当家人、赵穿的叔叔赵宣子（即赵盾）当时流亡在外，但还没有逃出国境。然后史官董狐写："赵盾弑其君"，并且在朝堂上公布。赵宣子说，当时我逃亡在外，怎么说是我弑君呢？董狐说：你是正卿，逃亡没有出国境，回来又没有把赵穿抓起来。因此就是你弑君！赵宣子说：哎呀！你太冤枉我了。但是孔子赞扬董狐说：虽然赵宣子是一位贤大夫，但董狐确实是良史。你看，赵宣子是一个贤臣，但是在董狐笔下变成弑君者，而且受到孔子的称赞。董狐这样写有他的道理，因为他认为你赵宣子的族人把国君杀了，而赵宣子流亡回来后不把这个族人抓起来，这就说明他是你指使的，所以就是你弑君。有可能赵穿弑君得到赵宣子的默许，但国君确实不是赵宣子杀的。所以即使是正直的史官记录的历史，也不一定可靠。20 世纪中国的新史学运动中，胡适先生说："中国人作史，最不讲究史料。神话、官书都可以作史料，全不问这些材料是否可靠。却不知道史料若不可靠，所作的历史便无信史的价值。"

这里我讲个大家都知道的故事——司马光砸缸。我想在座的同学都知道这个故事，而且没有人觉得这是假的。这个故事最早的出处是《宋史·司马光传》，怎么会不是事实。但是《宋史》是元朝修的，1343 年动工，1345 年完成。这离司马光生活的时代已有200 年。现在的200 年以前，那是清朝的康熙时代，如果我们凭空说雍正时代某人做了一件事，那么这是真的还是假的？就很悬了。元朝修《宋史》，工作极其马虎，赵翼在《廿二史札记》中就说二十四史中编的最草率的就是《宋史》。那么大的一部书，两年编完，而且主编脱脱、阿鲁图是蒙古人，不懂汉文。当然，元朝修《宋史》也不是没有根据，他们依据的是大量宋朝人写的那些文献，包括诸多民间文献如家传等。赵翼已经指出："元修宋史，度宗以前多本之宋朝国史，而宋国史又多据各家事状碑铭编缀成篇，故是非有不可尽信者。大奸大恶如章惇、吕惠卿、蔡権、蔡京、秦桧等，固不能讳饰，其余则有过必深讳之。即事迹散见于他人传者，而本传亦不载，有功必详着之，即功绩未必果出于是人，而苟有相涉者，亦必曲为牵合，此非作史者意存忠厚，欲详着其善于本传，错见其恶于他传，以为善善长而恶恶短也。盖宋人之家传、表志、行状以及言行、录笔、谈遗之类，流传于世者甚多，皆子弟门生所以标榜其父师者，自必扬其善而讳其恶。遇有功处，辄迁就以分其美，有罪则隐约其词以避之。宋时修国史者即据以立传，元人修史，又不暇参互考证，而悉仍其旧，毋怪乎是非失当也"。也就是说，元朝修《宋史》用了大量宋朝人写的家传、碑铭等文献，而这些文献是所涉及人物的门生、亲戚、故吏写的。没人来和作者较真，辨别所说是真的还是假的，想怎么写就怎么写，而且都说好话不说坏话。元人修宋史时，也不考证，就这么抄下来。今天的司马光砸缸故事，就是出于这样的家传材料。这故事是否可靠无从说明，因为缺乏旁证。司马光在《资治通鉴》写完之后，写了一个《进通鉴表》呈上皇帝，说："臣性识愚鲁，学术荒疏，凡百事为，皆出人下。独于前史，粗尝尽心，自幼至老，嗜之不厌。"也就是说，我这个人，从小就不聪明，做什么事都不如别人做得好。因此司马光砸缸的故事，和司马光自己对自己的评价，显然不符合。所以，司马光砸缸作为一个故事讲给大家听听，那当然很好，但你要作为一个事实来说司马光从小就聪明过人，恐怕就有问题了。从真正严肃的历史学家来说，可以用这个故事，但在真伪考证清楚之前，不能就把它作为无可辩驳的事实。

张荫麟先生很早就指出：他就认为史料的局限有十五种，可以分为两大类：甲类是"绝对之限制"，包括（一）观察范围之限制；（二）观察人之限制；（三）观察地位之限制；（四）观察时之情形之限制；（五）知觉能力之限制；（六）记忆之限制；（七）纪录工具之限制；（八）观察者之道德之限制；（九）证据数量之限制；（十）传讹；（十一）亡佚。乙类为"相对之限制"，包括（一）缘绝对之限制而生之谬误未经发现者；（二）伪书及伪器未经发现者；（三）史料本不误，因史家判断之不精密而致误者；（四）事实之解释。总而言之，由于这些限制，史学家很难得到理想的历史记录。所以古代文献里的史料不一定是可靠，不一定能用作证据。这一点，你们将来一定要注意，如果你想做一个史学工作者的话。古人说"尽信书不如无书"，这也不是完全没有道理的。如果不经过辨别，就不知道所用的史料可靠还是不可靠。如果用了不可靠的史料，那问题就大了，就好像用假冒伪劣产品去建一个大桥，建好后会垮掉的。张荫麟先生写这篇文章，才二十多岁。像他这样绝顶聪明的历史学家，很年轻时就充分认识到了这个问题。今天到他写这篇文章时已经快要一个世纪了，如果大家还没有充分接受他的忠告，那么你就太对不起时代了。

历史到底是艺术还是科学？过去很多人认为是艺术，但今天更多的人认为是科学。国际上最高的历史学家的组织，就叫作国际历史科学委员会。该组织去年在济南举办了国际历史学大会。它叫历史科学委员会，因为大家认为历史学是科学。历史从过去传统的讲故事，到今天的历史科学，经历了一个科学化的过程。这个过程的目标是建立科学的历史学，即 scientific history。这不是科学史，因为科学史是 history of science，而科学的历史学（scientific history），意思就是把历史学变为科学。这种科学化包括两个方面，首先是史料学的科学化，其次是研究方法的科学化。史料学的科学化比方法的科学化出现更早。钱乘旦教授说："兰克之前的历史学著作写作比较随意，包括司马迁的《史记》和希罗多德的《历史》都是这样。你不知道这些记录的来源和出处，无法判断其真实性，也不知道它们运用了哪些史料，或者根本就没有史料、而只是凭道听途说甚至想象。比如'霸王别姬'，威武悲恸、气壮山河，但后人却无法求证。英国历史学家马考莱的《英国史》写到光荣革命，也是生龙活虎，但也无法验证。中世纪的西方编年史有很多是修道院修士们所写，一部分是他们的亲身经历，但也有部分是听说的。中国古代后来编修'正史'，倒是要用《起居录》这一类文字记载，不过也没有一定的规范。"《史记》是中国正史中最伟大的著作，鲁迅先生称赞说是"史家之绝唱，无韵之离骚"。我父亲最后几年，天天看的书就是《史记》。但是我们也不知道司马迁用了哪些史料。谁看到霸王别姬时的悲悲切切？霸王最后带着十八骑跑到乌江边，全都战死了，那么是谁把这个故事告诉出来？所以这个故事的来源就不得而知。中国古代的正史用起居录一类的记载，起居录记录皇帝每天干什么事。但是皇帝自己会去看起居录的。就像唐太宗也想去看。皇帝看到对自己不利的记录，当然就拿掉。所以，正史中许多内容都不是可以信赖的史料。

到了19世纪，德国的史学家兰克掀起了一场史学革命，被称为"兰克革命"。他的目的就是建立一个科学的史学。他倡导用一种非常严谨的方法研究历史、规范其研究方式、把历史学当作一个专业，是从兰克开始的。兰克提出写历史要非常准确、完全真实。为此他制定了一套规范，要找到非常可靠的资料、文书、档案，证明是非常坚实可靠的内容，才可以当作写作素材。使用可靠史料是恢复真实历史的基本出发点，而判断史料的可靠性，就需要依靠一整套完整的科学方法。这样一来，历史研究就变成科学了，通过使用科学方法而写出真实的历史。这样，研究历史就成为了一种专业的专业，只有经过专业训练的人才能做历史研究。

中国的史学虽然源远流长，但是它也有一个很大的弊端。这个弊端，吴承明先生说得很清楚，就是"在考察史料时采用归纳法和实证论，这种经验主义的方法不能在逻辑上肯定认识的真实性；在解释史料和做判断时，由于缺乏公理原则和强调个性，就主要凭史学家的主观推理和直觉"。凭史学家的主观和直觉，那么我觉得这条史料是正确的或者是不正确的进而要想用或者不想用这条史料，都是凭我自己的感觉。因此，要说李自成好，可以找说李自成好的史料来证明；说李自成坏，也可以找说李自成坏的史料来证明，主观随意性非常大。所以，我们可以看到，在20世纪后半期的中国史学里，对于一些历史事件的结论会有天壤之别。比方说在江南经济史方面，到了明清，特别到了18世纪，江南到底是穷还是富？北京大学德高望重的陈振汉先生，在20世纪50年代说这个地区农民极端穷困，连肉体生存都很难保证。到了20世纪90年代末，美国的黄宗智教授还说这个地方人民都生活在一种“维生”（维持肉体生存的水平）上。但是许多史书上都记载，这个地方富甲天下的。如果这个地方的人都是只能穷到维持肉体生存水平，那么中国其他地方的人就难以活下去了。对于同样一个历史现象，为什么结论会有这么大差别？很大程度上就是由于用的史料有问题。说江南人穷的学者，往往只是找证明江南穷的史料；而，说江南富的学者，又只是找证明江南富的史料。所以，只靠史学家的主观和直觉，那是不能进行科学化的史学研究的。

如何鉴定史料的可靠性和可用性，是专门的学问。在这方面，量化的方法也有相当的帮助。刚才我说过，《圣经》旧约是犹太人早期的历史。西方在基督教文化熏陶中2000年，人们都认为《圣经》所说的事都是无可怀疑的。到了20世纪后期，许多考古学家、历史学家都认为考古工作加强人们对《圣经》记载可靠性的信心。著名历史学家和考古学家拉姆塞原来是非常怀疑《圣经》记载的可靠性，后来不断挖掘证据，但都是支持《圣经》记载的，所以最后他认《圣经》说的都是对的，并皈依了基督教。但是，在这个问题上，量化的方法就有用了。比方《圣经》的《出埃及记》记载犹太人跟着摩西逃出埃及，在旷野里漂泊了40年。当时犹太人的人数在《圣经》里有详细的记载，总共有603550名男丁。这个是西方历史上第一次人口统计，而且精确到十位数字，因此是一条非常珍贵的史料。在《圣经》的另外一个地方谈到的人口数字也都一样。因此大家是不是觉得这个数字应当是很可靠的了吧？但是德国《圣经》批评的先驱雷马鲁斯在17世纪末18世纪初就已经提出，这些犹太男丁如果加上妇女和儿童，那么总数将超过300万人。运送这些人，需要6000辆车，10万匹马，30万头牛。这是一个巨大的族群在迁徙，就是今天也是算得上是很大的规模，今天以色列总共也才有500万人，而其中还有100万是阿拉伯人。也就是说，这相当于今天以色列的大部分人口在集体迁徙。这样的大规模迁徙在几千年前的西奈沙漠中是不可想象的。另有一位科伦索，是英国基督教圣公会派到南非的纳塔尔省的主教。他一辈子专门研究《圣经》，最后写了一本书《摩西五经和约书亚书考辩》，在1862年（第二次鸦片战争期间）出版。在这本书里他用量化的方法来审查《圣经》里关于犹太人人数字的可靠性。他指出：犹太人有60万男丁，那么加上老弱妇孺，即使保守地估算，犹太人总数至少可达200万人。活人需要正常生活，其活动空间至少要相当于躺在坟墓中的死人3—4倍。于是他先算出成人棺椁的大小，约为1.8米×0.6米，然后三倍之，便得出成人至少需要3.25平方米的生存空间。200万人就要占据大约6.4平方千米的营寨。如果营盘最小的面积为6平方千米，如果要保证正常生活和活动，曾有其他学者计算，阵营应有30平方千米才转得开。《圣经》中说犹太人在此驻扎了一年时间，那么只需一个月便要消耗掉附近所有的木柴。饮食如何解决？基本的卫生条件如何保障？一个100万人的族群，一天大约会有250名婴儿降生。那么一天当中，既要献燔祭，还要献赎罪祭，这便要做500场法事。科伦索的算盘又在噼里啪啦地响："如果这些献祭仪式分别举行，仅仅这些法事就需耗费2500分钟，差不多42小时。即便是三位祭司齐上阵，每人不停地主持一项祭事，一分钟都不停歇，也不间断，也无法在白天十二小时之内全部完成。如果犹太人严守《圣经》中的规定，那么所有初为人母者每天需要搞到250只雏鸽或者斑鸠。若按照这种消费规模，一年中共要消耗九万只鸽子。"科伦索问道："难道犹太人在逃离埃及之时，还要带足鸽子不成？"他用这个简单的量化方法，就推翻了大家深信不疑的"第一手史料"人。所以，大家看量化方法在判别史料的真伪方面确实有用。科伦索的结论是："《圣经》作者就如同荷马或古罗马早期的编年史作家一样，不曾意识到自己做了错事，也没有捏造史实来欺骗世人。是我们伤害了他们，是我们损害了《圣经》故事真正的辉煌，因为我们认定《圣经》必须符合历史真实，我们认定《圣经》作者要求读者将它作为历史真实来接受和信奉，不仅仅是犹太人，还要所有人类来信奉，直至永远。"我觉得他这个结论非常好，问题不在于史料，而在于使用史料的人。

吴承明先生说："即使做到所用史料都是正确无误，但还不能保证得出正确的结论。"大家觉得这个是不是很令人震惊啊？我用的史料全经过考证都是对的，但是却不能得出正确的结论。有一位学者雷戈说："虽然史料不能直接产生理论，但史料却可以充分限制理论。史料虽然不能肯定什么理论是好的，但史料却可以肯定什么理论是不好的。"比方说，过去的史学界认为中国传统社会中的土地兼并很严重。这在1980年以前那是天经地义的结论，没有任何人怀疑，甚至连农村革命都被认为是从土地兼并引起来的。但是刘正山在他的《土地兼并的历史检视》里指出这个说法是站不住脚的。过去史籍里常常说富人有良田万顷，穷人则一分土地都没有。他对清朝的情况进行了统计，在整个清朝，拥有一万顷土地以上的大地主，总共只有4家，和珅、百龄、陈朝玉和陈元龙，都是高官。他们拥有的土地数字，都是被御史弹劾时提出来的，其中水分很大。冯尔康先生是德高望重的明清史学家，指出清朝拥有1000亩土地以上的地主也只有24个。1000亩就是十顷，而整个清朝才有24个人拥有1000亩土地。所以做一个量化的统计，就可以发现过去我们深信不疑的结论实际上是错误的，栾成显先生对徽州的资料做了很好的研究，从中可以看到，绝大多数农户占有10—30亩耕地，土地兼并的程度很低，绝大多数农户都是有土地的。从前说贫农、下中农、雇农只有很少一点土地，或者完全没有土地，但栾成显用可靠的材料做统计，得出来的结果并不是这样。苏南地区一直被认为是中国土地最集中的地方，早在明末清初顾炎武就说“吴中之民有田者十一，为人佃作者十九”。吴中就是苏州、松江、常州、太仓这几个地方，但是章有义先生对苏州府长洲县的《鱼鳞簿》进行了研究，发现即使在最集中的苏州的湖田区，不足20亩的小土地所有者仍然占有土地的30%以上。他说：“由康熙初年至1949年的二百七八十年间，地主（包括富农）同农民占地的比率几乎稳定在65∶35。看来，人们设想的地主所有制支配下地权不断集中的必然性，在这里没有得到证实。”90%的土地被地主占有的事是从来不存在的。在当时的阶级斗争史学中，这条史料是最常被用的，但是这是一条没有证实史料。苏南地区是全国土地集中程度最高的地方，情况尚且如此，其他地方的情况也可想而知。哈佛大学的柏金斯（Dwight Perkins）教授用20世纪50年代进行土改的材料进行统计，结果发现全国地主占有的土地是所有土地的40%左右。在北方的很多地方，甚至没有地主。所以，我在清华大学历史系的同事秦晖教授，提出了一个著名的说法，即“关中无地主”。以上这些表明：过去许多我们所相信是可靠的史料，用简单的统计方法就可以证明这些史料是不可靠的。

现在我用我自己的研究作为例子，也和在座的同学谈谈在研究中如何判断史料的可靠。云大的中国经济史研究重点是唐宋经济史（特别宋代经济史）。过去中外学界关于中国历史有两个共识，一个是“唐宋变革论”（这个变革在宋代最为显著，所以有“宋代经济革命”之说）；另外一个是“明清停滞论”。首先提出这个观点是日本著名汉学家宫崎市定先生，他提出：“中国文明在开始时期比西亚落后得多，但是以后这种局面逐渐被扭转。到了宋代便超越西亚而居于世界最前列。然而由于宋代文明的刺激，欧洲文明向前发展了。到了文艺复兴，欧洲就走在中国前面了。但起初二者之间的差距还很小，直到 18 世纪还是处于一种雁行状态。但是工业革命一发生，欧洲便把中国远远抛在后面了。”这个观点我想在座的同学恐怕都接受。之后，英国史学家伊懋可先生把宫崎市定和其他日本学者的观点加以理论化，在他写的《The Pattern of the Chinese Past》一书中提出了“中古时期的经济革命”和“帝制晚期的没有技术变化的经济发展”的理论，认为中国在唐宋（特别是宋）时期出现“经济革命”，而自 14 世纪以后则出现重大转折，陷入“量的增加，质的停滞”。在中国，漆侠先生也提出我国封建时代社会生产力的发展的“两个马鞍形”模式，即在秦汉时期达到第一个高峰，魏晋以下低落，隋唐有所恢复和回升，到宋代则“以前所未有的速度迅猛发展，从而达到了一个更高的高峰”，“把宋代中国推进到当时世界经济文化发展的最前列”；元代急遽下降，明代中叶恢复到宋代水平，以后虽有所发展，但在一定程度上显现了迟缓和停滞（他也说：在金、元时期出现“逆转”，以后则“逐渐地缓慢、停滞下来”）。因此中国、日本、西方的学者都是持有相同的看法，即宋代出现了经济革命。这个说法一直影响到今天。著名经济学家麦迪森（Angus Maddison）先生晚近用经济学的方法对中国历史上的人均国内生产总值（GDP）做了估算，结果是：无论是作纵向的还是横向的比较，宋代在世界经济史上都具有一种非同寻常的地位：在 960—1280 年，尽管中国人口增加了 80%，但人均国内生产总值却由 450 美元增加到 600 美元，增加了 1/3；但以后一直到 1820 年都保持着此水平，到 1952 年更下降到 537 美元。与此相对照，欧洲在 960—1280 年人口增加了 70%，人均国内生产总值则从 400 美元增至 500 美元，只增加了 1/4；而 1700 年达到 870 美元，超过中国；1820 年达 1129 美元，将中国远远抛在后面。所以，“宋代经济革命”观点似乎无可置疑了。但是，我们要看一看，所谓“宋代经济革命”的基础是什么？伊懋可先生说这个革命包括农业革命、水运革命、货币信贷革命、市场结构、都市化革命和科学技术革命，而斯波义信先生则将其归纳为农业革命、交通革命、商业革命和都市化革命。只有农业出现重大进步，其他的“革命”才可能出现，因为大家知道，如果农业不能提供足够的食物和原料，其工业和商业就发展不起来，所以这是一个关键。赞同“宋代经济革命”的学者都同意这个经济革命主要发生地区在江南。所以农业方面有没有发生革命，江南是关键。很多学者认为是宋代江南农业有重大进步，或者说是出现了“农业革命”。其重要标志是江南水稻亩产量有大幅度提高。例如余也非先生说江南的水稻亩产量，是唐代1.5石，宋代2石；吴慧先生说是唐代1石，宋代2石；斯波义信先生较早的估计是北宋初1石，南宋后期2石，较后的估计是北宋1.5—2石，南宋2—3石。闵宗殿先生认为两宋均为2.5石；顾吉辰先生则认为北宋苏州一带水稻亩产4石，“接近于今天的水平”，江南其他地区则在2石上下。而漆侠先生的估计是最有权威的，他在1983年估计江浙地区的亩产量，宋仁宗时为2—3石，南宋初年为3—4石，南宋晚期为5—6石；1986年时的估计是两浙路太湖地区的水稻亩产量，北宋时为3石，南宋时为5—6石或6—7石；而1987年的估计是江浙地区亩产量，南宋初期为3—4石，南宋中后期为5—6石，而在以太湖流域为中心的两浙地区达6—7石；如与前代和后代相比，则宋代江南亩产量为唐代的2—3倍，与明清相差无几，“虽然不能说它已达到封建时代的最高水平，但至少可以说是接近这个水平了”。

这些学者都使用了宋代关于江南水稻亩产量的记载，都是从宋人的不同的著作里取得的，特别斯波义信先生用的是宋代江南的学田的记录，不仅数字较多，而且是官方记录。但是我就对他的看法提出质疑，发表了《“选精”、“集粹”与“宋代江南农业革命”——对传统经济史研究方法的检讨》和《历史上的经济革命与经济史的研究方法——从〈“选精”、“集粹”与“宋代江南农业革命”〉引起的反响谈起》。第一篇文章发表之后，引起了很大的反应，文章本着“临文不讳”的精神，点名提到了多位学者。其中斯波义信先生和我有多年的交往，也是我最崇敬的前辈学者之一，伊懋可先生也是多年的朋友，梁庚尧先生则是新近结识的朋友。他们读了文章，都给我回信。斯波义信先生态度非常宽厚，说：这个问题提得好，可以研究。伊懋可先生说：你还不能说服我。梁庚尧先生则说：我不同意你的看法。我回答梁先生：最好你写一篇文章发表出来我们辩论，后来他真的写了题为《宋代太湖平原农业生产问题的再检讨》的论文发表。于是我又写了第二篇，用新的方法对宋代亩产量做了分析。首先，我把漆先生的估数折算为今天的亩产量，那么南宋后期江南水稻亩产量比20世纪80年代以前苏州单季晚稻的最高亩产量高出23%—44%，相当于（甚至超过）上海有史以来的最高亩产量。而把顾吉辰的估数折算，则北宋苏州的亩产量也超过了1955年和1975年苏州的平均亩产量。由上述估数来计算宋代江南的农业劳动生产率，南宋江南农户户均种田面积若以漆先生所说的30—50亩计，亩产量以5—6石与6—7石之中数6石计，那么一个农户一年可生产180—300石米。其时江南人均粮食消费量，大约是每人每日1升米，一个五口之家一年食米共 18 石。据此，一个农户所生产的粮食可以养活 10—16.7 个同样规模的家庭（包括该农户在内）。换言之，只要有 6%—10% 的家庭从事农业，就足以养活整个社会。这样的比例，相当于 1994/1995 年度新西兰农业就业人数在社会总就业人数中所占的比例（9.6%），高于我国台湾省（10.5%）、韩国（12.5%）和俄罗斯（14.9%），更远远超过我国大陆（52.7%）。在没有现代科技的宋代，要达到这样高的亩产量和劳动生产率是绝不可能的。此外，如果依照他们的估数，那么宋代江南生产出来的稻米，在扣除了本地消费（留种、食用、酿酒等）和缴纳赋税之后，还有巨大的剩余。宋代虽然有一些江南稻米输出到外地的记载，但这种输出规模十分有限，而且并未形成稳定的常年性输出。这样就出现了两个问题：这些数量巨大的过剩稻米将如何处理？既然无法处理，江南农民为何还要年复一年地生产过剩稻米？又，从投入—产出的角度来看，要获得某个水平的产出（即亩产量），就必须有相应的投入。这些投入不仅包括人工、肥料，而且也包括技术，因为只有在一定的技术条件下，这些投入才会取得合理的效益。宋代江南水田生产中的技术（作物品种、轮作方式等）以及劳动力和肥料供应，都无法保证前引那些学者得出来的每亩产出。因此，这些学者对宋代江南水稻亩产量的估计都显然是大大高于实际亩产量。由此可见，哪怕史料本身正确无误，但是没有经过科学方法的检验而证实其可靠性，那么依据这些史料得出来的结果也可能是错误的。

但是，在史料工作中使用计量方法，既有必要性，也有局限性。为什么我们今天要强调量在史料工作中使用计量方法？因为今天是一个“史料革命”的时代。年鉴学派第三代领军人勒高夫说：“历史学今天正在经历着一场‘资料革命’，这一革命和新史学有千丝万缕的关系。”年鉴学派发起一个“新史学的运动”，因为他们认为历史学科太保守，必须走出一条新路，而这又与“资料革命”有密切关系。我认为所谓“资料革命”包括两个方面，一个方面是“文献资料爆炸”，意思是文学资料的数量暴增，另一个方面是多元史料体系出现。过去的史料种类比较简单，在 20 世纪五六十年代学者进行史学研究，主要是用二十四史、《通鉴》《十通》等“正史”和“官书”。只有我的老师傅衣凌先生，开始使用地方文献，地方志、契约文书等。但是当时还有一些人说傅先生是“野路子”。但是到了今天，情况完全不同了。其实，史料绝对不止是正史。早在 20 年代，王国维先生就说：“吾辈生于今日，幸于纸上之材料外，更得地下之新材料。由此种材料，我辈固得据以补正纸上之材料，亦得证明古书之某部分全为实录，即百家不雅训之言亦不无表示一面之事实。此二重证据法惟在今日始得为之。”实际上，新材料不止二种，而是三种：即（1）新出土的实物、文字和考古；（2）过去不被看作材料（即被认为没有价值）的材料，即扩充材料的范围，如档案、歌谣、风俗物品等；（3）新发现的材料和域外材料。所谓旧材料，是指旧式文人所看重的文字材料，包括少数器物上的文字（而非器物本身）。这些新材料的重要性，绝不低于传统的文献材料。顾颉刚先生：“材料的新旧，在应用上虽有区别，但在研究上是绝对不该有区别的。……我们因为要做真实的研究，所以在我们的眼光里绝对不受应用上的新旧的界限的牵绊：上至石器时代石刀石斧之旧，下至今日时髦女子衣服饰物之新，一律收集，作平等的研究”。也就是说，什么东西其实都可以用作研究的史料。这样一来，史料的数量就非常多了。王国维、顾颉刚先生说这些话的时候，材料虽然增加了很多，但还没有达到“爆炸”的程度。但是到了今天，材料之多是他们无法想象的。仅仅是第一历史档案馆，就有1000多万件清代的档案，一件就是一包。我做研究生时去第一历史档案馆，待了几天之后，下决心不再去，因为那边浩如烟海又没有编目，工作人员拿出一包来，你看后也许一条材料对你都没有用，也不敢叫他再拿一包，中午他们还要回去休息。但今天，这些档案开始数字化了。2005年年底，该馆正式启动《清代档案文献数据库》重点档案文献数字化项目，采用最新信息技术和古籍数字化技术，有计划、分步骤地将这批文献整理出来，最终将建成最具规模的清代档案文献专业数据库。首批成果《大清历朝实录》和《大清五朝会典》已推出。你在家里联上网，就可以看到许多原来看不到的文献。民间文献的数量也非常惊人。山西大学中国社会史研究中心，20多年来收集山西的地方社会历史档案，总数达1500多万件，基本上是集体化时代的农村基层文献。他们派人下到村子里去收集，现在农民也不要了那些东西了，就给他们。这些材料放在中心的库房里面，安排学生在那里整理扫描。此外，上海交通大学历史系以上海郊区、苏南、浙北地区为中心兼及中西部地区的“县级档案与契约文书的收集、整理与研究项目”，已汇集8省50县约档案600万页和民间契30多万件。浙江大学地方文书与编纂中心与浙江龙泉市档案馆合作整理出版的该馆所藏晚清至民国时期地方司法档案总计17333卷宗，88万余页。这里我还要特别讲讲清水江文书，因为清水江地区和我们云南都是少数民族地区，所以可以说多少有点关系。清水江在贵州，前些年发现那边的苗族村民手里面有一些清朝的文书。后来，复旦大学、中山大学、贵州大学、贵州省社会科学院等不同的单位，去那里的不同的村子去收集文书，已收到的文书统称“清水江民间契约文书”，主要是指明末清初以来直至20世纪50年代共约400年中，贵州清水江中下游地区苗族、侗族林农为了经营混林农业和木商贸易而形成的大量民间契约和交易记录。据保守估计，目前至少尚有十多万件遗存于民间，也有专家推测清水江流域各县遗存的这类契约文书可多达30余万件，主要分布和保藏在清水江流域中下游的黎平、锦屏、天柱、三穗、剑河、施秉等县苗族侗族农户家中。2011年10月，凯里学院与中山大学、贵州大学同时获得国家社科基金重大项目“清水江文书整理与研究”立项。之后《清水江文书信息数据库》建设也取得了进展。使用部分清水江文书中的资料，陈春声、刘志伟两位学者写了《贡赋、市场与物质生活——试论十八世纪美洲白银输入与中国社会变迁之关系》，提出而中国自已产的白银很少，远不敷明清中国经济发展的需要，因此从明朝后期起，中国就从美洲大量进口白银。贡德·弗兰克有一本有名的书《白银资本》说17—19世纪中期200年中，世界生产的白银的一半都跑到中国来了。后来这些白银到哪里去了？鸦片战争以后连年赔款，赔了大量的白银，同时白银的进口也剧减，后来干脆就只有流出而没有流入了。鸦片战争后政府不断地加赋，收的是白银，总也能征收到。这些白银是哪里来？当然是先前留下的。但是白银从美洲流入中国后，去向不明。在清水江文书里，有大量的徽州商人来清水江流域买山的文契。他们带来大量的银子，在这里一片山、一片山地买，雇人来去砍树，扎成木排，沿清水江、乌江放到长江，沿江而下，供给中国东部地区。而银子就留在那里了。这个地区苗族女孩子出嫁都要穿戴银饰，有的银饰全套重达三四十斤。这些地方到今天仍然很穷，但是家家都有几十斤银子，确实是有些不可思议。清水江文书中有大量买山的契约文书，就是当地苗族居民的先人留下来的。他们祖祖辈辈不懂汉字，只知道是祖宗留下来的东西，就好好保留着。这里是少数民族地区，地方又非常偏僻，政治运动很少波及这里，所以这些文书都得以幸存下来。各大学的考察队到了这里后，村民很合作，让考察队的人看这些文书。他们看后，与村民商量，取得同意之后把文书扫描出来。这些文件都是第一手资料，内容很丰富，从来都没有学者知道。

计量方法可以使得很多传统史学方法难以处理、运用的资料，现在就可以用了。定宜庄教授说：“（计量方法）不仅使很多以传统史学方法难以处理和运用的资料，例如在各图书馆、档案馆堆积如山的明清时期的户籍册、土地册和族谱等，得以成为研究人口问题的重要依据，也使相关研究在所获结论的准确性、可靠性上较前跨越了一大步。尤为重要的是，计量史学的运用，使史学研究的重点从上层转入底层、从政治史转向经济史、民间生活史成为可行。同时也让人们发现，史学的研究方法并不仅限于定性一种，它还存在着更多的途径，这其中就包括社会科学方法进入史学这种典型的人文学科的可能性。”之所以这样说，是因为资料太多，不用计量的方法，只靠少数几件，是说明不了问题的。过去许多学者说明清的江南极度贫困，但是也有许多学者说江南不贫困，你怎么办？那只好看史料。但是史料中说贫困和不贫困的都很多，可以找到若干条史料说贫困，但也可以找到若干条说它贫困。只有最充分地收集史料，借助计量的方法来做研究，才能得到正确的结论。今天我们说大数据，大数据就是计量的方法，如果我们在座的同学不赶上这个潮流，拒绝学习新的东西，那么你肯定做不过你们的老师辈或者老师的老师辈，你想清朝的那些乾嘉学者，那四五岁就开始背四书五经，五六岁就开始读二十四史，到考场上去做科举考试，一个错字都没有，一下子引经据典，多少字的文章就写出来，一个错字都没有，你想你们做得到吗？你们肯定做不到的。像赵翼他们写这本书，他是军机处的章京，要在夜里值夜班，在那里觉得很无聊，凭记忆就二十四史里面哪一页、哪个字，哪个地方是错的，他都会把你写出来，他们功夫那么好，今天你要去跟他们比，是比不过的。但今天你要借用计量的方法去做，那么他们做不出来。那今天，但是计量方法是有范围的，中国古话说：“过犹不及”。任何真理都有自己适用的范围和条件真理只要再多走一小步，哪怕是向同一方向迈出的一小步，真理就会变成谬误。一个方法很好，但它也有适用范围，超过了这个范围就不行了，所以我们一定要记住这个原则：使用一种方法，必须注意其适用范围，该用则用，不该用就勿用。

刚才我说到要用大数据，为什么呢？因为行外的人已经在向历史学家下战书，发出了挑战了。上海《东方早报》上刊登了一篇文章《计算历史学：大数据时代的读书》。在这篇文章中，作者说：“给中国做历史的提个醒：历史学家要是再不上进，也快没饭了。历史学最近屡被自然科学进犯，这不，前脚遗传学刚走，大数据和计算又来了。随便一个科学家都能到这儿玩个票。司马迁被腐刑之后，中国就没人干实地考据了。即使人家都做好了，也懒得看。现而今，坐绿皮火车去趟莫斯科图书馆回来就算中国史学界大事儿。其实要是真不想去做实际工作，莫斯科都太远，去东莞整一山寨手机，躺在床上就能指导博士生。不信？我先出个题：‘女权运动五百年全球发展史’。然后在 Google Ngrams 里偷偷敲‘penis - 逗号 - clitoris’，并把起始时间设在公元 1500 年。瞧好吧，您呐。所谓‘秀才不出门，便知天下事’”。

"中国文坛讲究排座次，鲁郭茅巴老曹，等等。前几年也不知哪个瞎起哄非要把金庸也拉入伙。二话不说，先把老哥几个的名字一顺给 Ngrams，看看咋说。注意：鲁、郭的名字 20 世纪 70 年代前的拼法分别为 Lu Hsun 和 Kuo Mo－jo。两秒钟出结果：瞧人家画的这图，跟炒股曲线似的。可以看出鲁爷江湖地位不可动摇，20 世纪 80 年代末 90 年代初有点技术性下滑，随后又呈上升态势。但貌似 20 世纪 30 年代和 40 年代，鲁略输郭。不明白为啥曹禺就不带玩了呢，即使输入老拼法 Tsao Yu 也不济。金庸按说是这老几位里英文最好的吧，但就是不受待见，把他小名路易・查良镛（Louis Cha Leung－yung）算上，也不管用。这张小图够北大、复旦那啥系的博导们喝一壶吧"。最后他尖刻地说：以赛亚・伯林（Isaiah Berlin）引用了英国前辈历史学家亨利・托马斯・巴克尔（Henry Thomas Buckle）的话说："历史学之所以没变成科学，主要是因为历史学家的智力不如自然科学家。他设想如果伽利略、牛顿、拉普拉斯有时间顺手玩点历史的话，历史学，说不定早就变成科学的一分子了。话虽损了点，但是出自历史学家自己之口，至少诚恳。"

人家在向我们挑战，我不觉得他说的全是对的，因为使用数据的前提是这些数据必须正确。如果没有这个前提，这种大数据研究很可能变成一种花拳绣腿。在《水浒传》第二回里，王进逃难，逃到史家庄，时看见九纹龙史进在练棒，看了半晌，他说，唉这棒使得也好，只是有些破绽，赢不得真好汉。史进听了大怒：我找过七八个有名的师傅，我不信不如你，来跟我打一架，打一打。这个王进不干，史太公就说跟他打打跟他打打。王进就跟他打，才一棍子打过去，史进就被打倒了，王进就去扶他，史进倒是很谦虚啊，就起来马上就说，这个我经历很多师傅，原来不值半文，只好请教。王进对史太公说：令郎学的是花棒，只好看，上阵无用，行，我来点拨他。大数据等新的方法，很有用，但是如果没有历史学的真功夫，这些新方法就是花拳绣腿，上不得战阵，赢不得真好汉。有人看到一则有趣的报道标题为"生子不是福"，说："芬兰图尔库大学的萨姆利・赫利在最近一期的《科学》杂志上发表文章指出，根据他与同事对 1640 年到 1870 年 375 名妇女教堂记录的分析结果，在前工业化时代，生育儿子会显著缩短妇女寿命，而生育女儿则会对妇女的长寿起积极作用。为了保证分析结果的准确性和确定生男生女的长期效果，研究人员把考察对象限定于年过五旬的妇女。结果表明，生育子女的数目不会影响妇女寿命，但每生一个儿子，却会平均将其缩短 34 周。"根据这项研究的研究者所做的数据，这结论是对的。但是如果从历史学家的角度来看，绝对不是那么简单。的确，这些材料是真的材料，但真的材料就像我刚才说的，你没有一定的方法，你就用计量方法做也是有错误的，刚才我说的，计量的方法可以帮助我们判别史料的真伪，现在反过来说，真实的史料用计量的方法也可以做出错误的结果。只有经过很好的训练的历史学家才能够使用新方法来进行研究。这里我就举一个例子。赵冈先生是一位在威斯康辛大学教书的经济学家。他很喜欢中国历史，早年写过关于《红楼梦》的研究的书，后来兴趣越来越转到经济史方面。他用中文写的经济史著作，在台湾出版，20 世纪八九十年代引入大陆，一度很风行，现在还有一些研究城市史、农业史的文章常引用他的书。他说中国南宋城市化的水平高达 20%。这比 1978 年改革开放以前中国城市化水平还高，因为那个时候只是 18%。因此南宋的城市化水平之高，不仅在当时的世界上无与伦比，而且在中国历史上也空前绝后。他的这个结论是怎么来的呢？主要是根据一位学者霍林斯沃斯对杭州城市人口的估计得出来的。而后者又是根据马可·波罗中关于杭州胡椒消费量的记载，来推算杭州的人口。马可·波罗说：在“天城”（即杭州）：“从大汗海关的一个官吏处得悉，每日上市的胡椒有 43 担，而每担重 223 磅”。亦即每天 4338 公斤，霍林斯沃斯认为这至少是 500 万人的消耗量，从而推算出杭州人口约为 500 万人，赵冈据此就说杭州人口有 500 万人。当我看这个说法时，感到极为吃惊。老天爷，我在杭州住过 8 年，杭州受地理限制，就那么一个小空间，怎么可能住 500 万人？《马可·波罗游记》中有许多可以说就是吹牛，霍林斯沃斯、赵冈这些经济学家居然就把吹牛的话当真了，当作可靠史料，据此来计算，从而得出这么一个结论，你说是不是很荒唐？所以，量化的方法也会出问题。量化方法是有局限性的，不能随便用。每个人的专长是有一定的，历史学家可能对量化方法不熟，而经济学家可能对史学的方法不熟，所以大家应该互相学习，互相配合，取长补短，而不能以为我什么都懂，那就肯定是要出大问题的。

这里我要讲一下，史料和构建史学观点之间的关系。量化方法是一种工具，有助于我们构建一些大的结论。当时，清华有两个非常著名的系，一个是土木系，一个是建筑系。什么叫土木？就是讲房子的各个结构和部件，而建筑是设计房子的样子。两者要配合起来，才能建出一座房子来。此外，清华还有一个材料系，讲的是材料，就是用什么东西做成品。土木负责做出各种结构和部件，建筑负责设计房子的样子，二者缺一不可。建筑很大程度上是艺术，所以在美国报考建筑系都要考绘画，考艺术。而土木和艺术没有关系，讲的是力学，完全是科学。凯恩斯说："经济学，与其说是一种学说，不如说是一种方法，一种思维工具，一种构想技术。"确实如此，如果没有构想技术，就不能盖房子，或者说不能盖好看的房子。但是构想有对的也有错的，有好看的也有难看的。但是，不管设计得再好，没有土木来作结构，房子就盖不好。所以傅斯年先生说："材料之外，我们一点也不越过去说。"这是非常中肯的，也是一种非常科学的态度。

不管用计量的方法、定性的方法、传统方法，只要做得好就行了，当然也不要拒绝新的方法。宋史研究的大家徐规先生，研究工作做得非常细，而且主要做考据。他为纪念陈乐素先生诞辰一百年新撰《〈涑水记闻〉证误》一文，约15000字，字工句饬，考证精核，论断稳妥，是关于宋代史料书研究的力作。所以李埏先生评价徐规先生的著述说："没有一篇是陈言空论，都是严格运用科学的考据方法，探微发覆的力作。我们知道，运用这种方法，要求作者必先博极群书，广征文献，详细地占有材料；然后条分缕析，去伪存真，去粗取精，乃据以作出事有必至、理有固然的结论。"

老一辈的日本学者，比方说加藤繁先生，写的文章几十年还有人读，而许多美国学者提出新观点之后，可能轰动一时，但过几年没有人再会提起了。原因是日本学者在史料上下的功夫很多。余英时先生说："在西方的多元史学传统中，任何新奇的观点都可以觅得容身之地。近年来西方学界涌现了各种新理论方法，包括许多有悖于主流的'异义怪论'，例如德里达（Derrida）、傅柯（Foucault）、哈伯马斯（Habermas）等人的理论系统"，"这些'异义怪论'是否都具有普遍的有效性，尚远有待于事实的证明。……最近海内外中国人文学界似乎有一种过于趋新的风气。有些研究中国文史，尤其是所谓思想史的人，由于受到西方少数'非常异义可怪之论'的激动，大有走向清儒所谓'空腹高心之学'的趋势"。他非常清楚地告诫年轻学者："史学论著必须论证（argument）和证据（evidence）兼而有之，此古今中外之所同。不过二者相较，证据显然占有更基本的地位。证据充分而论证不足，其结果可能是比较粗糙的史学；论证满纸而证据薄弱则并不能成其史学。韦伯的历史社会学之所以有经久的影响，其原因之一是它十分尊重经验性的证据。甚至马克思本人也仍然力求将他的大理论建筑在历史的资料之上。韦、马两家终能进入西方史学的主流，绝不是偶然的。"他说的非常有道理。你们将来如果真的是要做史学，就必须重视余英时先生这段话。

量化与比较：量化方法在史学研究中的运用讨论之二

李伯重

今天又和大家见面了，非常高兴。客气的话上一次已经说过了，这里就不说了。上一讲，我们讲的是史料和量化的关系，即怎样用量化的方法帮助我们鉴别史料，整理史料，运用史料，等等。今天我接着将量化这个题目的第二讲，即量化和比较研究的关系。

今天我要讲的内容有4个方面，即（1）中国经济史与比较史学，（2）以往比较研究中存在的主要问题，（3）比较与量化方法和（4）量化方法在比较研究中的运用实例。下面，我按照这个顺序讲。

一　中国经济史与比较史学

中国经济史学大师吴承明先生说过："任何社会都在一定的机制上运行的，否则不能持久。各种社会的机制不同，但都有再生产的问题，都有增长和负增长模式的问题和发展这些问题，等等。这其中有些运行规律是共同的，有些可以互相参照"。这说的是什么意思呢？一个国家（或者地区）在某个时期的经济，和别的国家（或地区）或者这个国家（或地区）在不同时期的经济，总有一些共同东西。正是因为有了这些共同的东西，所以才有共同规律，因为从多个不同的对象中发现共同的运行机制，才叫共同规律。当然，还有另外一方面，既然是不同的对象，彼此之间也一定有很多不同的东西。比较史学就是通过对不同对象的比较用来发现共同规律和不同之处的。从广泛的意义上来说，比较史学就是通过两种（或者两种以上）的历史现象的比较，来加深、扩大对历史认识的方法。

比较史学兴起于西方，有长久的历史。早在古希腊时代就已经有比较了，后来这个传统一直延续下来。大家可能要问为什么比较史学不是在中国兴起而是在西方兴起？原因很简单，因为西方人很早就注意比较的问题。这里说的西方就是欧洲，而欧洲自古就是分裂的。在历史上，欧洲通常存在诸多大小不等、种类有异的政治实体。有时有较大的政治实体，例如罗马帝国，但是就是罗马帝国，也只是把欧洲部分地区统一了。历史上更多的时候，欧洲分为为数众多的中小国家，甚至在一个国家内也如此。例如神圣罗马帝国，内部有几百个小邦，每个小邦都有自己的君主、政府、军队、法律和货币。所以欧洲是一个分裂的大陆。而欧洲的旁边是北非、中东和西亚，欧洲也置身于不同文化、不同文明包围之中。对于一个欧洲人来说，无论在欧洲内部还是外部，都会遇到和自己不同的人，彼此有很多接触，也经常发生冲突。因此他们会注意别人和自己的不同。比方古希腊人，认为自己是最文明的民族，把周边的民族都称为“蛮族”。他们常常思考这样的问题：那些蛮族和我们有什么不同？我们比他们优越在哪里？为什么？等等。罗马人也如此。要回答这些问题，就要比较。所以欧洲很早就出现了比较研究。7世纪伊斯兰教兴起之后，基督教世界受到严重的挑战，所以欧洲人花了很多气力去研究伊斯兰文明，以了解敌手。当“蒙古旋风”席卷欧洲的时候，欧洲人也想要知道蒙古人为什么会这样强大？他们的行为方式为什么和我们有这么大的不同？等等。所以，这种比较一直延续了下来。但是到了近代，比较研究才成为史学研究的一个重要内容。为什么？因为这时出现了很多民族国家。我们今天所看到的国家绝大多数是民族国家。典型的民族国家，就是一个国家的人民属于同一个民族或者以一个民族为主。这个国家由一个政府治理，有统一的政治、经济、法律制度。在欧洲，民族国家大概 16 世纪左右开始出现。出现之后，国与国之间的关系变得更加复杂，冲突也更多了，于是大家就更要多认识其他国家的情况并且进行比较。而要了解一个国家的现状，就必须了解它的历史。因此到了近代民族国家出现以后，比较史学也随之兴起，发展成了一门学问。由此可见，比较史学在欧洲源远流长，到了近代则日益成熟。

比较史学是通过两种或两种以上的历史现象的比较来加深、扩大和验证对历史的认识的一种方法。实际上，历史比较研究在西方从史学诞生的那天起就出现了，希罗多德、塔西陀等古典史学家在他们的著作中，就曾运用过比较的方法。到了近代早期，历史学家们也都在不同程度上把历史上各个不同的民族加以纵向和横向的对比，通过对比来说明他们庞大的思想体系。孔德把比较研究作为探求社会历史发展规律的一个主要方法，并列举了比较研究的三种方式，这是对历史比较方法的最早的理论探索。但比较真正形成一个独立、系统的史学流派却是 20 世纪初的事情。到了 20 世纪前半期。这个比较史学就更加的产生了斯宾格勒、汤因比这些大家。我们今天大家口头上经常说的东方文明、西方文明、伊斯兰文明、基督教文明这些词语就是汤因比发明的。他说九大文明，就是一种比较，因为没有比较，就不能够区分各种不同的文明、不同的文化、不同的国家。欧洲有这样一个长远的传统，而中国没有，原因是中国很早就是一个大一统的国家。虽然中国周边有很多邻邦，但是在强势的中华文化的影响下，中国人在历史上看不起这些国家，认为中国就是世界的中心，旁边的那些都是蛮夷小邦。乾隆皇帝给英国国王乔治三世的那封有名信，口气非常傲慢，根本不把“蛮夷”看在眼里，哪怕是对强大的英国也如此。但是鸦片战争以后，中国人睁眼看世界，发现世界大变了。中国并不是天下的中心，而只是世界的一部分；中华文明也不是过去想象的那样是世界唯一的伟大文明，除此之外还有很多文明，甚至有些比我们更强势。所以许多中国历史学家感到应该多了解其他国家的历史，以便了解中国。这样，他们就将西方的比较史学引入中国。只有通过和其他国家的比较，才能够认识中国自身的历史。比较史观进入中国后，在中国深深地扎根下来，成为中国现代史学的一个核心部分。

有些同学可能会说：我只研究中国，不研究其他国家，因此不需要进行比较。这个想法是错误的。为什么？因为比较史观已经成为中国现代史学的一个核心部分，你想摆脱它也摆脱不了。这里我举一个例子。魏晋南北朝隋唐史大家王仲荦先生在1985年发表了《中国封建社会的特点》一文，文中写道：“不同国家的封建社会，有它们的共同点，也有它们不同的特征。譬如在欧洲，封建领主土地所有制占统治地位，在东方的印度，村社残余特别严重，土地是村社所有，买卖也受到限制。而在中国却是封建地主土地所有制，土地较早可以自由买卖。中国从春秋战国开始，井田制、书社制的崩溃，土地开始可以自由买卖。即使在曹魏屯田制，西晋占田制，北魏至唐的均田制，辽金的村社组织，土地买卖受到一定限制，地主土地所有制也仍然占主导地位”。王仲荦先生研究魏晋南北朝隋唐史，这时中国与欧洲基本上没有什么往来，因此研究这一段中国历史似乎谈不上中西比较研究。但是王仲荦先生在文章中用的“封建社会”“领主制”等概念，是西方来的。使用别人的概念来研究自己的历史，本身就有一个隐含的意味，即在进行比较，即用西方的历史来和我们的历史进行比较。因此哪怕你下决心只做中国史研究，但你实际上已经受比较史观的影响了，所以才会认为中国是封建社会。如果是乾嘉学者，绝不会认为中国是封建社会的，因为他们从未把中国历史和西方历史进行比较。所以，使用西方引进的历史观念，本身就是比较。

在研究中国古代史的时候，大家都常用“封建社会”这个词。但是这个词是从哪里来的？当然不是中国。中国古代文献里的“封建”是“封邦建国”的意思，而我们现在说的“封建社会”是一种社会形态。“封建社会”这个词是从日本引进的，日本又是从欧洲引进的。日本学者从欧洲引进 feudal 这个词，用了汉字“封建”。确实，这个翻译比较符合日本的历史实际，但是是否符合中国的历史实际呢？中国学者在从日本引进“封建”这个词时，却并没有认真考虑这个问题，更没有考虑“封建制度”在欧洲是否是一种普遍制度的问题。

近年来的研究表明，即使在欧洲，封建制度也并不是一种普遍的社会制度。世界史专家马克垚先生在《论封建主义》这篇文章中指出：“中世纪的西欧人并不知道有我们今天所说的封建制度，更没有说过什么封建政府，封建社会之类的话。今天西方史学家说的封建制度，中世纪时在西欧只是支离破碎地存在着，各地多有不同，记载它的习惯法更因地、因时而异，并无统一规定。……无论是把封建主义当作中世纪西欧社会中的一种政治、法律制度，还是把它当作一个独立的社会经济形态，都会遇上它能否适用于其他地区、其他国家，即封建有无普遍性的问题，而关于这一问题的争论从很早就开始了。……西方学者把封建作为一个社会中的政治、法律制度概括时，所依据的主要是狭小的罗亚尔河、莱茵河地区 9—13 世纪（甚或 10—12 世纪）的材料，用这些有限的材料作出过分简单化的封建主义的理想典型。这一时代，是原始的日耳曼人开始建立国家的时代，所以显得生产落后，文化荒芜，政治原始，被启蒙学者称之为黑暗时代。后来封建渐被赋于一个社会一个经济形态的意义，这种短期的特征，如依附关系的统治，庄园制，农奴制，自然经济，中央权力衰落甚或无国家等便被当作一个社会、一个时代的特征，所以与广大的西欧地区情况有时也不相适应，更不要说放之四海了”。因为封建制度这个概念依靠的是欧洲某些部分发现的材料得出的结论，所以把封建社会当做西欧的普遍的政治经济形态也是有问题的。至于这个结论是不是放之四海皆准，更要进行检验了。如果我们对这个概念没有进行很好的分析就拿它作为一个标准去衡量中国历史，实际上就是用一个有问题的概念作为比较多标准，来衡量中国的历史。这样做，问题就大了。所以，在 1929 年出现了一个“社会史大论战”，中心议题就是中国到底有没有封建社会。到了 1950 年以后，史学界接受了中国确实有封建社会的观点。但是到了 20 世纪 80 年代，又出现了争议：中国封建社会和欧洲封建社会是一样的吗？我的老师傅衣凌先生提出：中国的封建社会不是西方那种封建社会，因此他把中国的封建社会称为“早熟而又不成熟”的封建社会。我当时在跟傅先生读书，问他：“‘早熟又不成熟’，到底应当怎么理解?”傅先生对此也感到困惑，因为这还是以欧洲的历史发展模式为标准来看中国历史，而这种模式又是从欧洲一个很小的地域发现的材料得出的。到了现在，欧洲的材料发现了很多，学者们认为欧洲即使有过封建社会，也是各种各样，并不是一样的。因此之故，傅先生到了生命的最后时刻，郑重申明不再使用“封建社会”这个名词，而改用“传统社会”。因此，用什么样的标准来进行比较是一个非常重要的问题。如果我们比较的标准改变了，比较史观也要随之不断修正，才能更好地认识中国的历史。

二　以往比较研究中存在的主要问题

以前的比较研究存在的主要问题有以下几点。首先，比较简单化。通常只要找出两个事物的一些共性与个性，就可以得出结论。所以在你们从前读的一些书中，常常说中国怎么样，西方怎么样，然后就得出大结论，说中国优于西方或者不如西方，论证非常简单，没有提供很多证据。其次，描述多，进行表象的比较。这里我举一个例子，20 世纪 80 年代有一本风行的书《东西方经济发展的比较研究》，对“东方”和“西方”3000 年的历史进行比较。在当时，大家要解放思想，因此这个比较有一些积极的作用。但是如果从学术的角度来说，这本书的问题当然就大了。比如“东方”指哪些地区？在中国之外，印度是不是东方？日本是不是东方？东南亚是不是东方？蒙古是不是东方？同样的，“西方”，今天大多指基督教世界，而基督教内部有天主教、东正教、新教，基督教世界有众多国家，从欧洲延伸俄罗斯、南北美洲、大洋洲。还有，在基督教兴起之前，还有希腊罗马等非基督教文明。这样大的地域范围和这样长的时间范围，你怎么去比较？所以这样的比较，只是一种简单化的和描述性的比较。

那么，什么才是正确的比较呢？我认为正确的比较需要具备以下几个方面。第一，比较的事物必须有可比性；第二，比较的对象应该有确定的时空范围；第三，比较应该有一个统一的标准；第四，比较应该分为不同的层级，该进行哪一级的比较，就应该进行哪一级的比较。有了以上这些，才能进行正确的比较，而不能把所有的事情煮成一锅粥，胡乱炖出结论来。

首先，我们看可比性。不同的对象之间是不是有可比性，取决于事物本身的性质。早在先秦时，墨子就说过："异类不比"。意思是不同性质的东西是不能比较的。他还举了一些例子证明这一点，这些例子非常有意思。比方说，我们说一棵树很长，漫漫长夜也很长，两者哪个更长？我们说这个人是智多星，智慧很多，而粮仓里的米也很多，到底哪一个更多？当然有人可能说，我们不会进行这样荒唐的比较，但是你们要记住：过去很多比较实际上也是进行不同性质事物的比较。比方说马克斯·韦伯的《商人伦理和资本主义精神》是一本经典著作，到今天为止还是西方社会科学知识结构深层的支柱之一。在这本书里，韦伯对世界上的各种文明进行了比较，结论是在各种文明中，只有新教文明可以引起社会经济的进步，导致资本主义的发展，其他的文明都不行。他特别批评中国的儒家文明，说这是一个保守的、落后的意识形态，妨碍社会经济的现代化。他这个观点有深远的影响，特别是在中国。在"文化大革命"中，红卫兵冲到孔子的家乡曲阜，把孔子后裔的坟掘了，把历代皇帝的题匾砸了，把孔府里的藏书都一把火烧掉。在"批林批孔"运动，要批林彪，也要把孔夫子拿来陪斗。这是荒诞无比的，是在世界各主要文明中这是空前绝后的现象。你能想象基督教徒会到耶路撒冷去掘圣墓吗？穆斯林会到麦加对天房进行亵渎吗？为什么中国人会这么做？原因就是中国人把近代中国落后的根源归结到儒家思想。正是因为这样，韦伯的理论传入中国后，迅速被接受，影响很深远。韦伯比较的是文化，但是文化是不是一种同质的东西？可不可以进行比较？怎么进行比较？对于这些问题，学界的争论一直都很大。如果没有弄清这些问题，比较可能就有问题。到了20世纪80年代，余英时先生出版了《中国近世宗教伦理与商人精神》一书，明确批驳韦伯的理论。余先生指出：从第二次世界大战以后世界经济发展的情况来看，儒家精神并没有阻拦现代化的进程，相反，在某些方面还取得了比基督教精神更大的成就，比方说日本和"四小龙"的兴起。所以余先生认为韦伯的错误在于限于时代的局限，韦伯并不很了解其他的文明。其次，我认为韦伯进行文化的比较，而文化中很大程度上是不可比的。所以，即使像韦伯这样伟大的思想家，如果进行的比较是不同性质对象的比较，得出的结论也很可能有问题。

其次，比较还必须有明确的时空范围。刚才说的"东西方"比较，"东方"到底指什么？"西方"又指什么？按一般人的理解，"东方"就是欧亚大陆的东部。那么，亚洲包括多少种不同性质的文明呢？至少包括儒家文明、伊斯兰文明、印度教文明、佛教文明等大文明，而每种大文明中又包括了许多次文明。因为有非常多不同东西包括在内，怎么能说它是一个同质的

"东方"呢?"西方"的情况也是一样。所以,没有一个明确的空间范围,就无法进行真正的比较。同样的,没有一个明确的时间范围,也很难进行正确的比较。以往人们常讨论中国封建社会和欧洲封建社会有什么的异同,但是具体指的是哪一个时段,也并不明确。因此一些学者往往把欧洲一些地区在中世纪全盛时期(中世纪中期)的情况,作为标准来观察、判断中国明清时期的情况。这显然是很成问题的。所以,要进行正确的比较,就要选择合适的时空单位。

选择合适的时空单位,第一是要看是否有充足的资料。比方说,要把中国和欧洲 3000 年的文明进行比较,那么就要问问:中国的资料在哪里?欧洲的资料在哪里?你是否掌握了这些资料?否则就不能进行比较。第二要看看所研究单位是否有可比性。比方说过去许多学者常常拿中国和英国进行比较,以了解中国为何不能像英国那样出现工业革命和经济近代化。但是,这两个国家在国土和人民方面有巨大的差异。今天中华人民共和国的领土是 960 万平方公里,而在鸦片战争之前,中国的领土比现在要大出 1/3。那么大的一个国家,居住着众多的人口。1750 年,中国人口达到 2. 7 亿,按照李中清和王丰教授的估计,当时中国人口大约占全世界人口的 40%,也就是说,每 5 个人中有两个人生活在中国。但是,英国今天的面积才 27 万平方公里,而在 1750 年,英国大约才 570 万人。那么巨大的差别,怎么进行比较?

因为中国太大,国内各地的差别又非常大,因此在和英国或者其他国家进行比较的时候,我们经常可以见到这样的做法:即选几个地方作为代表,来和这些国家进行比较。在经济史方面,第一个被选的地方就是江南,即长江三角洲。江南至少从唐代后期以来就是中国最富裕的地区。找一个中国最富裕的地区作为中国的代表来和其他国家进行比较,这个做法当然是不对的。今天江南的人均 GDP,依照购买力平价计算,2011 年已达到 21190 美元,等于同年英国人均 GDP 的 60%,法国的 65%,大大高于苏联集团的国家。而中国的西藏、甘肃、贵州等地,与江南的差别就非常很大了。如果你认为江南可以代表中国,那么我可以问为什么西藏、甘肃、贵州不可以代表呢?因此,这种做法是有问题的。只有要把中国的各个地区进行研究好,找到共性,才能说这是中国,然后和他国进行比较。我们的经济史学是从西方引进的,因此在过去的研究中,也往往套用西欧经济发展的模式。比如封建社会瓦解,接着工业革命发生,通过工业化进入现代社会,这本来是英国经济发展的模式,但大家却都认为所有的国家都必须按照这个模式才能够实现经济现代化，因此这是人类社会发展的共同规律。我们一直认同这个共同规律，但这是不是在任何地方都行得通？却是一个大问题。事实上，到今天为止，能够比较顺利地完成工业化的国家还是少数，大多数第三世界国家到今天还远远没有走到这一步。

我们在谈比较的时候，还要注意比较对象的“个性”与“共性”的问题。刚才我讲了，过去我们在用欧洲得出来的模式观察和判断中国历史的时候会遇到很多难以解释的问题。比方说在20世纪50年代前半期，中国史学界展开了全盘学苏联的运动，把中国传统社会看成是一个垂死的、停滞的、没落的、衰败的社会，没有内在的活力，不可能走向现代社会。唯一的出路是革命，而革命又是在外部影响下出现的。也就是说，西方帝国主义的侵略激发中国人民的反抗，导致了革命的发生。这实际上是费正清著名的“冲击—回应”理论模式的运用。从某种程度上来说，这个解释是有道理的，但是把中国社会的发展变化都归结为外界影响，肯定是不对的，因为事物的变化，内因是主要的。大家可以看到菲律宾，先后受到西班牙、美国统治了好几个世纪，非常西化，但今天是东亚最贫穷的国家之一。相反，没有受西方统治的日本，成为第一个成功实现现代化的亚洲国家。所以，把外力的影响放在第一位是不对的。但是，如果中国的传统社会真是一个停滞的社会的话，社会发展的动力就只能来自外部，对此中国学者感到很困惑，于是对中国“封建社会”的停滞性提出质疑，提出了一个重要的理论，即“中国资本主义萌芽”理论。依照这个理论，中国传统社会内部也有发展动力，这种动力和西方近代早期社会发展的动力相似，即资本主义。但是中国的资本主义始终没有发展起来，所以只是“资本主义萌芽”。“资本主义萌芽”这个理论在马克思、列宁的著作中完全没有，是中国经济史学家的发明，而吴承明先生是这个理论的集大成者。根据这个理论，从明朝后期开始，资本主义萌芽就已出现在中国，成为推动中国经济向前发展的内在动力之一，但由于各种原因，资本主义没有发展起来。到了鸦片战争以后，由于西方资本主义的到来，中国自己的资本主义的发展进程就中断了。这个理论的提出是中国经济史学的重大创新，值得高度评价。但是它还是用西欧（主要是英国）的发展模式为标准进行比较，仍然希望用这种“共同规律”来指导对中国历史的研究。因此到了后来，越来越多的学者发现这个理论的问题，就连吴承明先生到了晚年，也不再提资本主义萌芽，而改用市场经济这个概念。

刚才说到傅衣凌先生提来的“中国封建社会”理论。这个理论也是中国经济史学的重大创新。根据这个理论，中国的封建社会确实是和欧洲的封建社会不同，所以说是“早熟又不成熟”。但是什么是“早熟又不成熟”？“成熟”是以西欧封建社会的情况为标准，而中国传统社会与欧洲封建社会的差距如此之大，很难用西方的“共性”来套中国的“个性”。因此后来傅先生临终前在病榻上说，他觉得中国没有封建社会。

最后，比较的层级。根据不同的需要，有些比较是浅层级的，有些是深层级的。比方说进行社会性质的比较，就是非常高的层级的比较，做起来很不容易。浅层级的比较做起来容易一些。例如在经济史研究中，选取16世纪江南的某一个小地方（例如一个村子）的农民的生产能力和同一时期的英国、日本或者印度的某一个小地方农民的生产能力进行比较，这属于浅层级的比较。如果材料充分，这个比较研究可以做得很好。因此每个学者都应该根据自己的能力、条件以及所关注的问题，选择合适的对象进行合适的比较。如果你不顾一切就进入最高的层级的比较，那么最后说出来就是空话、大话、废话。这里我给大家介绍一下彭慕兰的《大分流》这本书，这是加州学派的代表作之一，让“大分流”成为国际学界十几年来一个经久不衰的话题。这本书2000年出版后，就我个人所知道，在不同国家已举行了四次大型国际讨论会，每一次讨论都有大批学者参加，而历史学家往往不是参加讨论的主体。比方说，这本书才出来后不久，加州大学洛杉矶分校的黄宗智教授组织了一次大型讨论会，有近80位各国学者参加。其中不仅有历史学家，更多的是政治学家、经济学家、人类学家，大家进行了激烈的辩论，辩论了三天还是没有结论。我最后一次参加的是2014年在威尼斯举行的讨论会，也是热烈争论。大家对这个话题这么热衷，为什么？因为大家对这个话题感兴趣。

在这本书中，彭慕兰特别强调进行合适的比较的问题。他说：“用英国与印度或中国来比较。印度和中国各自在面积、人口和内部多样性方面与整个欧洲而不是单个的欧洲国家更具可比性。……欧洲或者亚洲内的地区差别可能非常大，比方说荷兰和乌克兰，或者甘肃和长江三角洲。……国家不是合适的比较单位。在这两个次大陆内部，其自身与英国或尼德兰具备可比性的一个区域，又与包括亚洲那些与巴尔干、南意大利、波兰等地对等的区域在平均性方面失去了意义。”因此，只能选择那些具有较大可比性的地区进行比较。

彭慕兰说这个道理，对于研究中国、印度这样的国家特别重要。中国和印度都人口众多，国内差异性巨大，因此很难把一个这样的大国作为一个整体，来和一个人口较少、内部差异较小的欧洲国家进行比较。对于印度的情况，大家可能不太清楚，这里我略说几句。印度近年来也是世界上经济发展最快的国家之一，去年印度的 GDP 增长速度已超过中国。中国经济发展现在已经到达了一个瓶颈期，而印度正在迅速发展的势头上，因此一些经济学家说未来的十年将是印度的十年。不管怎么样，印度和中国一样都是非常重要的国家。与中国相比，印度内部的多样性之大，大家可能想象不到。例如印度有多种不同的语言，其中一千万以上的人口讲的语言就有 16 种。这些语言不是方言，而是完全不相同的语言，语法、词汇都不相同。其中使用最广泛的语言是由古代梵文发展来的印地语，但使用这种语言的人也就只占印度人口的 40%，其他人都不讲印地语。因此在英国人统治印度之前，印度人之间是没有办法相互交流的。英国殖民者把英语当作官方语言，这使得印度各地人也得以相互沟通，所以直到今天，英语仍然还是印度的官方语言。如果不用英语而用任何一个本土的语言作为国语的话，使用其他语言的人都会反对。即使是用印地语为国语也不行，因为其他不讲印地语的人就会很愤怒：我们的语言有上千万人在讲，怎么不能作国语？因此，印度人只能用英语作为共同语。印度国内不仅在语言上有那么大的差异，在政治上也非常多样，有各种各样的政体。印度独立时国内有很多土邦，这些土邦实际上都是半独立的国家。这一点和我们中国非常不同。中国有两千年统一的历史，有统一的官方语言、文字、法律、文化。即使如此，中国内部差异也不小。中国有几十个民族，都有自己的特点。即使是汉族人民，在语言、习惯和生活方式方面也存在相当大的地区差异。比如说当年我在厦门大学读研究生，前后近 7 年，学会了日语，还翻译了一些日文的著作，但却一直听不懂闽南话。我也力图学说闽南话，但是没有学习的语言环境，因为闽南同学在学校里平时也不讲闽南话，都讲普通话。为什么？因为福建有五大方言，彼此之间很难沟通，所以不得不讲普通话。广东也是这样，说白话、潮州话和客家话的人，彼此也无法沟通。所以在这些地方，不讲普通话也不行。仅仅从语言方面，就可以看到中国内部的地方差异这么大。中国、印度国内地方差异那么大，拿来和单个的欧洲国家比较，怎么能够比较呢？彭穆兰说：欧洲、亚洲在经济上内部地区差异太大，所以不能将欧洲或者亚洲视为均质体。他特别举例说，在欧洲内部，荷兰和乌克兰之间的差别非常之大。由于乌克兰内战，今天大家知道乌克兰这个国家。但是 20 年前我到麻省理工学院访问的时候，见到一个乌克兰学者。因为我年轻的时候学过俄文，读过一些旧俄时期舍甫琴科、果戈理等乌克兰作家用俄文写的作品，因此就和这位学者聊了一下，提到这几位作家。她大为感动，说：“我在哈佛快一年了，一讲到乌克兰这个国家，这里居然都没有人知道，甚至以为就是乌兹别克。但是我们乌克兰是欧洲第一领土大国，世界上第三核大国（苏联解体后，俄罗斯和乌克兰继承了苏联的核武器），这里居然大多数人从来没有听说过我的国家!”到今天为止，乌克兰的军工业还是很发达的，我国也向乌克兰购买先进武器。我国的辽宁号航母就是从乌克兰买来的。为什么一般欧美人不知道乌克兰？一个原因是乌克兰在历史上非常落后，引不起人们的注意。在旧俄时期，乌克兰落后到什么程度？你们难以想象。我读过苏联领导人赫鲁晓夫的传记，他是乌克兰人，在乌克兰农村出生长大。在他小时候，乌克兰许多农村里没有人识字，连东正教牧师也不识字，都只能很简单的背一点经文。乌克兰是世界三大黑土分布区之一，黑土面积占全世界黑土总面积的40%，具有得天独厚的农业生产条件，因此号称“欧洲粮仓”。但是因为各种原因，人民很穷困。19 世纪时，农村里大多数人一辈子就洗三次澡：出生的时候、死的时候和结婚的时候各洗一次。贫穷落后到这样的程度，怎么能够和荷兰这样的国家放在一起作为“欧洲”？荷兰今天是欧洲最富有的国家之一，而在 16、17 世纪更是西方世界最富有的国家。彭慕兰说：不仅欧洲是这样，中国也是这样。中国的甘肃和江南，在经济上的差别也非常大。今天甘肃的整体情况我不清楚，但是我知道有一个地方叫做西海固，是西吉县、海原县和固原县三县县名首字的简称，原属甘肃省，后划归宁夏回族自治区。西海固地区极其穷困，被联合国世界粮食计划署确定为全球最不适宜人类居住的地区之一。与此相对照的是江南，因为非常富裕，一直被称为“富甲天下”。甘肃和江南之间的经济差别如此大，不逊于乌克兰和荷兰之间的差别，甚至还更大。因此彭慕兰说不能把欧洲作为一个整体，也不能把中国作为一个整体。他指出：在中国和欧洲这两个大陆内部，有一些具有可比性的地区，例如英国、荷兰和中国的江南。用这样的地区和欧洲的巴尔干、南意大利、波兰和中国的甘肃等地区进行比较，就非常不合适。所以他在《大分流》中指出：“分布于整个旧大陆的各种各样的核心区——长江三角洲、关东平原、英国和尼德兰、古吉拉特——共同拥有某些重要的特征，而这些特征是它们周围其他大陆或次大陆地区不具备的（例如，相对自由的市场、广泛发展的手工业生产、高度商业化的农业）。在这种情况下，为什么不对这些区域直接进行比较，而宁可引入那些无论日常生活还是贸易、技术传播及其他等等的主要模式都没有多少相关的有着很大程度随意性的大陆单位呢?”因此，要进行比较，就应该比较这些地方，而不应该用这些地方和那些不能比较的地方去比较。他这本书紧紧扣住了这一点来进行比较，推翻了过去历史学界的很多共识，在世界上引起轰动，结果他也当选了美国历史学会主席。大家想想，如果中国史学会让历史学家投票选举学会主席的话，一个做美国史的人是不会被选中的，在中国历史学界，研究中国史的学者占绝对多数。美国也是一样，研究美国史、西欧史的学者也是绝对多数。现在大家选举一个研究中国历史的学者做学会主席，而且这个人才50来岁，是很不寻常的。这是对彭慕兰成就的肯定，特别是对他提出“大分流”理论的肯定。

三 比较与量化方法

刚才引用了墨子的话“异类不比”，接着还有一句是“说在量”，完整的句子就是“异类不比，说在量”。这两句话的意思是说，比较的对象不仅要属于同一性质，而且要有数量，才能够比较。以往中国经济史中进行的比较，主要是用描述的方法，欧洲出现了什么事情，中国出现了什么事情，就进行比较。例如以往通过一些欧洲人写的游记等文字，说英国人因为有清教传统，所以工作很勤奋，而中国人没有这种传统，所以很懒惰。但是我们也不难找出相反的材料，说中国人很勤奋而英国人懒惰。这种比较是没有意义的，因为要找到支持自己看法的描述性材料是非常容易的。要克服这种缺陷，就要改进方法。而在这个改进方面，量化方法是很重要的。例如，过去比较研究中常犯的一个错误，是所研究的实际上只是中国经济史的一个侧面，但得出来的结论却是全局的，因此得出来的结论很容易被质疑甚至推翻。比方说江南地区，这是中国经济史研究最充分的地区。我40年前读研究生的时候，就选取了这个地区作为研究对象。1982年，我开始写博士学位论文，找来日本编写的《东洋学文献类目》，看看国际学界在这个方面的研究成果。《东洋学文献类目》是由京都大学人文科学研究所附属汉字情报研究中心发行，是今日世界上最具权威性的中国史研究索引之一。当时厦门大学订的这个杂志，收录了中、英、日、法、俄五种文字发表的中国史研究论著的篇名和简单介绍。其中法文、俄文文献数量较少，我也看不懂。仅就中、日、英三种文字写成的中国经济史论著来看，研究江南的就占了1/3左右，研究中国全国性问题的大部分论著，也都会或多或少地涉及江南。那么小的一个地区，有那么多人研究，所以在中国经济史研究中，江南研究是最充分的。江南经济史研究的论著，涉及经济的各个方面，诸如工业、农业、租佃制度、货币、贸易，等等，无一被忽略。但这些，都是经济的一些方面，彼此之间的关系可以说是平行的，因此把这些方面合起来，得出来的是一个平面的图像。但是一个经济是由其各个部分以一定的方式组合而成的。而工业、农业、商业、交通、政府、教育等各个部分是怎么组合起来成为一个整体的？却一直未有研究。没有这个整体，仅只就自己研究的某个侧面，就对江南的经济整体水平进行评价，说它怎么发达或者怎么落后。这显然是不科学的，就有点“盲人摸象”的味道。因此，即使是过去中外学界研究最好的江南，由于比较存在上述的问题，所得出的结论也会出现很多矛盾和冲突。

下面，我还是以江南经济史为例来看看这种矛盾与冲突。江南地区从地域来说有狭义和广义之分。广义的江南包括如今的上海、江苏南部和浙江北部的16个市；狭义的江南则是清代的苏州、松江、常州、镇江、江宁、杭州、嘉兴和湖州八个府和太仓州。我为什么会花几十年研究这一地区的经济史？一个主要原因是这个地区的资料非常丰富。江南是中国文化最发达的地区，因此也是中国科举最盛的地区。像苏州、杭州这样的地方，一个府出的进士数量，就超过其他一个省出的进士。这更不是像云南这样的边疆省份所能够想象的。作为云南人，我很惭愧，因为云南在历史上总共就只出过一个状元袁嘉谷。但是在苏州一个府却出过50个状元。江南文化发达，受教育的人多，所以在科举方面具有巨大优势。明朝初年的一次会试，北方没有一人被录取，被录取的绝大部分是江南学子。朱元璋杀了主持会试的考官，设立了南北榜，限制江南人的进士名额，以保持各地区之间的平衡。由此可见，江南在文化上确实厉害，留下的东西也特别多。仅就地方志来说，江南的府、州、县的地方志，基本上都是几十年就修一次，而且每一次修志都很认真。不仅府、州、县，连市镇、村子也都有自己的地方志。虽然江南地区也经历了战火和政治动荡许多地方文献被毁了，但是保留了下来仍然是全国最多的。你们可以去看看《中国地方志综合目录》，这个地方志数量之多是全国任何一个地区无法比的。因此做江南经济史研究来，材料也当然比别处充分。然而，虽然江南地区材料非常丰富，学界对江南经济史的研究也比对中国其他任何地方更深入，但是明清时期江南整体的经济状况到底如何，到今天为止都没有一个定论。不同学者得出的结论，简直是天差地别。例如，过去人们说江南“富甲天下”，但是到20世纪，大多数学者却认为这个地方非常贫困。著名的经济史学前辈学者陈振汉先生在20世纪50年代发表的一篇文章中说：在明清时期的江南地区，“地租额不仅侵吞了（农民）全部的剩余劳动，甚至已榨取了大部分的必要劳动，使得农民所有，甚至不足‘维持肉体生存’”。必要劳动和剩余劳动是马克思主义政治经济学的术语，在座的各位不一定了解。用通俗一些的话来说，就是说这个地方的地主剥削农民太厉害，使得农民连维持肉体生存都很难做得到。到了 1990 年底，著名学者黄宗智先生在研究江南农民的专著中，也认为在明清至民国的几百年中，江南人民生活水平非常低，仅能维持人类肉体生存的最低物质需要。也就是说，仅仅不饿死而已。他们得出的共同结论就是江南人民生活极其贫困。陈振汉先生认为这是农民起义主要的根源，黄宗智先生认为是 1950 年到 1980 年实现集体化等的前提。为了证实这些说法，这些学者都做了大量工作。陈振汉先生从史籍中收集了大量的史料。黄宗智先生从美国专门跑到上海松江，待了十个月，进行实地调查。因此他们的结论是有资料支持的。

但是也有另外的记载，给我们提供了完全不同的景象。英国东印度公司职员胡夏米于 1832 年 6 月来到中国的上海，在他的日记中写道：“人口看来甚为稠密，乡民们身体健康，吃得也不错。小麦做成的面条、面饼是他们的主食。我们在此期间，地里小麦刚收割完毕，土地耕耙、灌溉后紧接着又种上水稻。水稻要到九月份收割。此足见当地土壤之肥沃异常。当地的冬天据说十分寒冷，有些年份数尺深的积雪可经月不化，冰块大量地存放到夏季，主要用于保存鲜鱼……”“（在上海县城）除了在中国任何地方都难以买到的牛肉之外，这里各类食物的供应既便宜又充沛。山羊很多，羊肉供应也同样充沛。这里的水果比南方的好得多，我们逗留之时，正值桃子、油桃、苹果和枇杷等上市，价格十分便宜，各种各样的蔬菜供应也十分丰富”。由此可知，在英国人眼里，这里的人民生活得不错。上海当时还不是江南最繁荣的城市，苏州才是。到太平天国战争把苏州摧毁后，苏州的有钱人都跑到上海去了，在租借地的保护下，上海才取代苏州成为江南最发达的城市。那么，在太平天国战争之前的苏州是什么一个样呢？1845 年，法国有一个商务代表团到中国来访问，代表团成员耶德到了苏州，称苏州为“世界最大的都市”，并说：“谚语说：‘上有天堂，下有苏杭’，特别是苏州更是了不起。在那里耀眼的魅惑人的东西应有尽有。物产丰富，气候温和，举凡娱乐、文学、科学、美术的东西无一或缺。这里是高级趣味的工艺和风靡全国的风尚的源泉地。这里一切东西都是可爱的、可惊叹的、优美的、高雅的、难得的美术品。这个都市是江南茶、丝之邦的首府，不仅是美术与风尚的女王，而且是最活跃的工业中心，又是最重要的商业中心、货物集散地。总之一句话，是世间的极乐土，使人深感古来诗人、史家和地理学者之言的确不假。”他对苏州的称赞绝非信口开河。在当时，苏州是世界上最大的都市，居民大概有150万人，等于欧洲各国首都城市人口的总和。一个来自巴黎的商务官员，亲自到了苏州，得到这样的印象，可见苏州一带绝对不是贫困的地区。这两个外国人都亲眼看到当时江南人民的生活如此富裕，因此江南绝不会是一个极度贫困的地区。

为什么对同样的事情，不同的人会得出不同的结论？你可以说陈振汉、黄宗智先生说的只是农民。但是在当时的江南，农民占人口主体。如果农民生活极度贫困，那么这个地方怎么可能那么繁荣？因此，对于同一个事物，如果不采取合适的方法，哪怕有了可靠的第一手史料记载，得出的结论也可能是错误的。这就是我上一次讲座中引用吴承明先生的话：即使所用的史料正确无误，也不一定能得出正确的结论。要得到正确的结论，还需使用合适的方法。在这方面，量化方法是很有帮助的。

四 量化方法在比较研究中的运用实例

量化方法的适用领域之一是GDP的研究。GDP，即国内生产总值，大家不要以为是今天才有的。事实上，人类自出现以来就在创造GDP，因为人做的各种有用工作都能够创造价值，而这些价值加起来就是GDP。作为反映经济活动总量的指标，GDP比任何描述行业或产业的指标更能反映经济全貌。同时，因为GDP衡量的是全部生产和服务创造的增加值，比衡量总值的指标更少重复计算。而且，GDP不用成本、利润等会计方法，计算时较少“灵活性”。因此相对而言，GDP是一个比较客观的指标。所以在今天，从最不发达的国家如巴布亚新几内亚，到最富的国家如美国，都可以用GDP这个客观的中性指标来表现其经济状况。GDP研究能不能应用到过去的经济活动的研究上？是可以的，叫作历史GDP研究。历史GDP研究是西方学者创立的，他们在这个方向做了很好的贡献。

我对19世纪初期江南和荷兰经济状况进行的比较研究，就是用GDP研究的方法。这个研究的主要结果是我2010年出版的《中国的早期近代经济——1820年代华亭—娄县地区GDP研究》。这本书出版后获得了第四届郭沫若中国历史学三等奖和第六届中国高校人文社会科学研究经济学优秀成果三等奖，现在这本书正在翻译为英文，2018年将在剑桥大学出版社出版。这本书所研究的地方是19世纪20年代松江府的华亭县和娄县两个县。在今天，这两个县是上海市的松江区，是一个很小的地方，面积为 600 平方公里，人口 66 万。在 19 世纪 20 年代时，面积稍大，而人口约有 52 万。

因为我从来没有做过历史 GDP 研究，现在要做这个地区的历史 GDP 研究，所以一切都要从头开始。我很幸运，有一位荷兰经济史学家范赞登，是荷兰经济史的权威，也是历史 GDP 方法的创始者之一。2001 年，我们参加了一个在瑞典开的会，那是我第一次见到他。有一天，我们一起散步闲聊，他对我说："我读了你的那本关于江南农业的书（即《Agricultural Development in Jiangnan, 1620—1850》），很感兴趣。如果把书中的地名、人名、术语和农作方式换成荷兰文，就好像在说荷兰一样。"我以前对荷兰经济史基本上是一无所知，因此他的话使我非常吃惊，说："真有那么像吗?"他说："是真的！既然江南和荷兰那么相像，那我们一起来写一篇江南和荷兰比较研究的文章，怎么样?"我说："好呀。"但是回国之后仔细想想，觉得就像那部好莱坞动作大片的片名"Mission Impossible"一样，这几乎是一个不可能完成的任务。为什么？因为他用历史国民账户系统对近代早期荷兰 GDP 进行研究，而这种方法我当时连听都没有听过。他把他的书寄给我，于是我就看他是怎么做的，然后进一步读关于历史账户系统的方法的书。学会这种方法，我收集史料，建立自己的研究数据库，设计各种计算公式，进行分析和研究。这本书写完后，我和他合写了 *Before the Great Divergence? ——Comparing the Yangzi Delta and the Netherlands at the beginning of the nineteenth century* 一文。在这篇文章中，我们比较江南和荷兰两个地区在 19 世纪初期的经济状况。由于我们的比较有明确的时空范围，使用同样的标准和方法，因此所得到结论当然比较接近真实。

这里我简单说说为什么选择 19 世纪初期的荷兰和松江进行比较。今天是大家觉得荷兰是一个不太重要的小国。不错，荷兰是一个小国，面积很小，19 世纪初人口才 200 多万人，但是在历史上它曾经非常的辉煌。在英国兴起之前，荷兰是整个西方最发达的国家。在 16 世纪，荷兰是西方世界的海上霸王，在亚、非、美洲都有很大的海外殖民地，今天的印度尼西亚、南非等地都在其殖民帝国中。它在美洲的一个重要殖民地是今天的纽约，那时叫纽阿姆斯特丹，后来被英国占领之后才改为纽约。这个比较的另外一方是江南。江南至少是从南宋以来，就是东亚最发达的地区。到了明代后期和清代前期，这里出现了许多被称为"资本主义萌芽"的新变化。

在近代早期的经济成长方面，江南和荷兰也有很大的可比性。在荷兰方面，至少 1400 年以来，荷兰的经济发展一直在欧洲名列前茅。1579 年荷兰脱离了西班牙的统治后，更进入快速大经济增长。这是一个长达一个多世纪的快速而持续的增长，在历史上前所未有的，因此被称为经济史上的“荷兰奇迹”。我们今天讲中国奇迹、东亚奇迹等，而在世界经济史上，最早出现的是荷兰奇迹。到了17世纪，荷兰在生产率和技术上都是西方世界的领袖，自1600—1820年，荷兰的人均收入水平一直是欧洲最高的。这话不是我说的，而是著名经济学家安古斯·麦迪森做的结论。英国虽然后来居上，但英国的发展从荷兰受惠很多。17世纪中期，英国陷入了长期的内乱，国内没有办法调节各种矛盾，最后邀请英国国王的女婿荷兰执政奥兰治公爵带着荷兰海陆军进入英国，成为英国国王，即威廉三世，英国才稳定下来。英国大量招募荷兰农民、工匠、技术人员等到英国开荒、建立各种工业。由此英国才迅速发展起来。到了英国崛起后，荷兰就被英国所超越了，而且还受到了英国的压制。很有意思的是，在历史上，日本也长期受惠于中国的江南。到日本兴起后，迅速超过了江南，并给江南严重的破坏。这两个曾经的先进地区，都被临近的岛国的压制，这也是一种经济史上的可比性。

在地理位置上，荷兰和江南都位于大洋边，并靠近西欧和东亚最大的河流的出海口。江南在长江口，荷兰在莱茵河口。这样的地理位置，使得这两个地区能够进行广泛的内贸和外贸。荷兰被称为欧洲的“海上马车夫”，拥有欧洲4/5的商船，荷兰的商人跑遍全世界。江南是中国和东亚的商业中心，全中国的大商人都跑到了这里做生意，江南的产品畅销全世界。例如，江南产的丝绸的80%都销往外地，远及欧洲和美洲。西班牙在墨西哥的殖民当局为保护西班牙的丝织业，限制中国丝织品进口，因为中国丝织品主要产自江南，价格便宜，质量又好，西班牙的产品竞争不过。但是，这个措施引起了墨西哥民众的愤怒，说：“为什么逼着我们买西班牙生产的又贵又差的丝绸，我们要中国的丝绸！”于是出现了暴动。到了清代，江南出产的棉布也大量销往欧美。在这方面，地理位置给这两个地区非常大的便利。这又是一个可比性。

在空间范围方面，这两个地区的可比性也很高。广义上的江南的陆地面积是39000平方公里，而荷兰是34000平方公里。但是两地人口差别很大，19世纪初两地相差人口差别达十倍以上。这两个地区内部的地形也非常相像。江南地势低洼，东部江南平原的平均海拔高度只有4米左右。而荷兰更有过之而无不及，1/3的国土是填海造出来的。19世纪初拿破仑的大军来进攻时，荷兰人把海堤扒开，把大片国土都淹掉，阻止了法军的入侵。现在为止，荷兰还有很多土地低于海平面。另外，这两个地区都有大量的湖泊、沼泽、运河。江南自古被称为水乡泽国，但是今天已经不是了。苏州号称水城，但是现在到苏州，早已看不到那些小桥流水，因为河都被填掉了。但是到了阿姆斯特丹，到处都是河和桥，感到这才是真正的水乡。阿姆斯特丹河网密集，比威尼斯毫不逊色，甚至有过之而无不及，令人叹为观止。这里我想顺便说一下，中国人对祖先留下的东西并不那么爱惜。你到了阿姆斯特丹，才会感受到这里的历史悠久。许多房子都是17、18世纪建的，今天依然住着人。我参观了一些老房子，陪我去的荷兰学者告诉我：维护一座老房子的花费，比建一座新房子的花费要高得多，但是荷兰人仍然要花大钱维护，而不像中国一样大拆新建。在阿姆斯特丹城里没有汽车，而郊区有很大的汽车停车场，也有世界上最大的自行车停车场，两万辆自行车停在那里。人们从城外开车到郊区，把汽车停在多层停车场里，然后骑着自行车进城，因此城里到处都是自行车。而曾经的自行车王国——中国，现在在城市里自行车已经很少见了。当然，这个是题外话。由于区内河流综合交错，使得这两个地区内部的经济联系非常紧密。这也是一个可比性。

综上所述，我们可以总结一下两个地区的可比性。两个地区空间范围大体相当，地理位置、地理状况也都大体相似，在近代早期的经济发展的程度也都比较接近，而且后来的命运也都颇为类似：荷兰被英国超过，江南被日本超过。因为有这么多的可比性。我们才选择这两个地区进行比较。而我们选的这个时间也有一定可比性。在19世纪的头20年，这两个地区的经济发展都进入了一个重要的转折时期。在这个时期，它们都失去了自己原来的领先地位，被临近的岛国超过，因此对这两个地区来说，这个时期都是命运发生转折的时期。从学术史来看，英国是世界上唯一一个自行发生工业革命并通过工业革命而进入近代社会的国家，其他的国家则或多或少是在受英国工业革命的影响才进入近代社会的。荷兰和江南的经济曾经都很发达，但是没有自行出现工业革命。这一点，和大多数国家有共同之处。因此研究荷兰和江南为什么不能自行发生工业革命，对于世界经济史研究具有非常重大的意义。

要对19世纪初期荷兰和江南的整体经济状况进行比较，必须借助于量化的方法，进行GDP的研究。具体来说，就是要使用历史国民账户系统（Historical system national account）进行研究GDP研究有不同的方法，现在用的最普遍的就是国民账户系统。这种方法就像记账，记下所有的投入（input）、产出（output），然后计算创造出来的增加值（value）。这个增加值就是GDP。研究过去的GDP，就必须用历史国民账户系统的方法来研究。

使用这种方法，我得出了自己的研究结果，然后和范赞登使用同样方法得出来的荷兰经济的结果进行比较。具体的结果，你们可以看我那本书。大体上来说，在19世纪10年代的荷兰和19世纪20年代的松江，第一产业（农业），在GDP中所占的比重，松江大概为占到31%左右，荷兰则占27%左右。也就是说，都不到1/3。第二产业（工业）所占的比重，松江约为35%，荷兰约为30%。第三产业所占的比重，江南为36%，荷兰则为46%。与此相应，在劳动力就业结构方面，江南从事农业生产的劳动力只占全体劳动力的27%，而荷兰为43%。从前大家认为在工业革命以前，农业是最大的产业部门，人口的大多数是农民。但在19世纪初期的江南和荷兰两个地区，情况已经不是这样了。所以这两个地方都已经不再是农业社会，而是工商业主导的社会了。因为工商业主要是集中在城市，这两个地区城镇化的水平也很高。在荷兰城镇居民数量占全部居民总数的35%，松江则占40%。住在农村里的居民，也有许多人不从事农业而从事工商业，因为很多工业在农村里。

从这个比较中，我们也可以看到这两个地区经济的差异。例如，荷兰的外贸在GDP中的比重远大于江南。这是因为江南主要依靠广大中国国内市场，而荷兰则因为和欧洲其他国家的关系并不很好，经常被敌国封锁，因此不得不向海外发展。

最后，我和范赞登合作探讨19世纪初期江南和荷兰两个地区的人均国民收入问题。我们把两地的人均国民收入用购买力平价（PPP）计算出来，折算为1990美元，结果为松江（华娄）1015美元，荷兰1838美元，而麦迪森计算的同期西欧的人均国民收入是1194美元。也就是说，松江的人均国民收入大约为荷兰的55%，而与西欧持平。这里说的西欧指英国、法国和低地国家（荷兰、比利时、卢森堡），是欧洲最发达的地区。因此我们可以说，19世纪松江人民的生活水平与西欧相近而低于荷兰。这样，我们就能够看到利用量化的方法得出来的结论了：19世纪初期的江南不是一个贫困的地区，整体经济的发展水平与西欧差不多而落后于西欧最发达的地区。以往学界对鸦片战争以前江南经济和人民生活水平的两种看法——富甲天下和极度贫困，尽管双方都列出了许多证据，但仍然不能服人。要得出真正客观的结论，量化方法是非常必要的。这是量化方法在比较史学中运用的一个例子。

从用量化方法中得出来上述结论，我们可以对中国的历史有更好地了解。世界上的第一个近代经济，从前大家认为是英国，但荷兰学者德弗里斯的《世界上第一个近代经济：荷兰经济的成功、失败与持续，1550—1815》这本书告诉我们：世界上的第一个近代经济国家不是英国，而是荷兰。他说：荷兰经济在16世纪到19世纪初的时期中，已经发展为一种近代的、城市的商业经济，但是所依靠的还是传统的技术。因此，尽管使用的是传统的技术，仍然可以出现一种近代经济，即早期近代经济。这是荷兰的经验所体现出来的发展模式。我对19世纪初期松江经济进行的研究，所得出来的结果与荷兰颇为相似，因此我们可以说江南也可以出现一种近代的、城市的商业经济，尽管也依靠的是传统的技术。德弗里斯说：早期近代经济不必具有20世纪工业经济的外观，而是包含了那些使得上述外观成为可能的普遍特征。这些特征中最重要者如下：（1）市场：包括商品市场和生产要素（土地、劳动和资本）市场，都相当自由和普遍；（2）农业生产率：足以支持一个复杂的社会结构和职业结构，从而使得意义深远的劳动分工成为可能；（3）国家：其决策和执行都关注产权、自由流动和契约合同，但同时对大多数人民的生活的物质条件则漠不关心；（4）技术与组织：一定水平的技术和组织，能够胜任持续的发展和提供丰富的物质文化以维持市场导向的消费行为。也就是说，一个经济如果具备了他所列举的近代经济的那些重要特征，就可以说是一个近代的经济，当然如果还依靠传统技术的话，就是一个早期近代的经济。这些特征，江南经济都具有，因此可以说在鸦片战争之前，江南已经是一个早期近代经济。

推动荷兰这个世界上第一个近代经济的是斯密型经济成长。斯密型成长与工业革命开始后出现的库兹涅兹型成长都是近代经济成长。但是，斯密型的成长是一种依靠市场扩展和劳动分工的近代经济成长，没有技术革命和组织变革；而库兹涅兹成长建立在急剧的结构变化、制度创新和新技术的持续发展与使用的基础之上，因此二者有很大的不同，而且彼此之间的关系也很复杂。斯密型成长并不一定必然导致库兹涅兹型成长，但没有斯密型成长，库兹涅兹型成长是不可能的。英国工业革命是库兹涅茨类型成长的开端，通过在工业革命，出现了我们一般理解的近代经济。斯密型成长也会导致一种由商业化推动的近代经济。这两者都是近代经济。工业革命并非到处可以发生，它的发生需要各种各样的条件。比方说，英国著名经济学家里格莱认为能源是英国经济革命最重要的基础，因为英国拥有丰富而易于开采的煤矿。《鲁滨逊漂流记》的作者、被称为“英国小说之父”和“英国报纸之父”的笛福在18世纪初已注意到了煤矿对英国的重要影响，说：大自然对英国特别惠爱，使它拥有最好的地理位置、急湍的流水和不易淹没的煤矿。由于产煤多，英国的人均煤消费量在 17 世纪末已达 459 公斤，伦敦更高达 816 公斤。这个人均消费量，即使用今天的标准来看也是相当高的。与此相对照，荷兰在能源方面条件很差，其能源主要靠泥炭，产量不高，热值很低，不符合工业革命对能源的要求。至于江南，那就更差了，我在写博士学位论文的时候就注意到了这个问题。清代中期江南的人均能源消耗量折合成煤，只是几公斤而已。如果没有煤，就没有办法建立重工业；没有发达的重工业，社会的再生产就难以扩大。所以荷兰和江南没有、也不可能自行出现工业革命。

尽管斯密型成长不能导致库兹涅兹型成长，但是二者都是近代经济成长，因此都有一些共同的经济近代性，比方说有充分发展的市场，以合理地配置各种资源；有足够高的农业劳动生产率，提供足够的粮食以养活日益增加的工商业人口；有完备的金融体系，为工商业发展筹集资金；等等。如果没有这些，工业革命是不能够出现的。在这些方面，19 世纪的荷兰和江南都走在世界上大多数地区前面。因此这两个地区虽然没有出现工业革命，但是它们的斯密型发展也为后来留下了一份宝贵的遗产。留给江南的这份遗产，是中国其他任何一个地区所不能比的。这就是为什么从 19 世纪以来，江南在近代工业化方面比其他地方表现更为出色的原因之一。19 世纪中后期上海兴起之后，迅速成为仅次于日本的亚洲第二个工业化地区。到了抗战前，上海的现代工业产值占中国现代工业总产值的 1/3。上海迅速实现工业化，很大程度上说得益于西方资本、技术与管理的引进，这一点是毋庸置疑的。除了资本、技术和管理之外，还有一个重要的方面，即西方的到来也使得长期困扰江南经济发展的许多问题得以解决。例如在抗战以前，上海每年输入 400 万吨煤，解决了以往能源严重匮缺的问题。江南也缺乏金属矿产，这时也大量进口各种金属材料。能源和材料的大量输入，为上海的工业化奠定了基础。

但是江南的现代工业的发展，虽然外来因素发挥了重大作用，但不是最关键的原因。在中国，香港所接受的外来因素比上海更多，因为香港是英国直接统治的殖民地。但是直到 1950 年，与上海相比，香港依旧是一个第二等的商港，没有什么工业，贸易量也远比不上上海。当时中国的金融中心、工业中心都在上海，上海的人口也比香港多好几倍。香港的兴起是 1950 年以后，那时大批的上海资本家和技术人员跑到了香港，这些人中就有董建华的父亲。这些人带去了资金、技术和管理，香港才发达起来。

著名经济学家柏金斯指出：今天中国经济之所以能够起飞，一个最重要的原因是中国有几个世纪的“经验与复杂的组织和制度的预先积累”。没有这个预先累积，今天的经济奇迹是不可能发展。这个观点很好地解释了为什么江南在晚清和民国时期能够在现代化的过程中一马当先，也解释了为什么这个地区近几十年来会出现经济奇迹。全国的改革开放始于1978年，但江南的改革开放实际上从1992年才开始，比广东、福建晚了十多年。因此在改革开放的头一二十年，大部分外资、技术和管理是到了广东和福建，所以四个经济特区都在这两省。广东、福建（特别是珠三角）经济发展得很不错，成为中国经济发展的领军地区。但是到了1992年上海真正开放之后，江南发展就迅速赶上并超过了广东和福建。在改革开放时期，中国各地区中经济表现得最好的另外一个地区是广东。广东和江南的人口差不多，都是8000多万人，面积则比江南大很多。但是2009年广东全省的GDP总量和人均GDP，都只是江南的2/3。如果和内地其他地区相比，这个差别就更大了。例如江南的苏州市，一个市的GDP就比我们云南一个省的GDP还多。

我有一篇文章《“江南经济奇迹”的历史基础——新视野中的近代早期江南经济》，专门讨论江南在1992年以来的经济成长。从这篇文章，大家可以看到这个经济成长是多么的了不起。1978年江南GDP只有443亿美元，到1992年也就增到654亿美元。但是到了2009年，却猛增到8786亿美元。这个速度在世界是史无前例的。广义的江南地区有8000万人口，大致相当于一个中等国家。如果江南是一个独立的经济体的话，它的GDP将和意大利并列全世界第十名，比俄罗斯、韩国都更大，比墨西哥、土耳其、印尼这些大国更要大很多。从人均GDP来看，江南1978年人均GDP大约只相当1200美元，比松江在一个世纪以前差不了太多，还不到同时期法国的1/8，英国的1/5，只相当于是西欧最穷的国家葡萄牙的1/2。但是到了2009年，江南的人均GDP，按购买力平价计算为21000美元，相当于同时期英国的60%，法国的65%，和葡萄牙持平，大大高于苏联集团经济状况最好的国家匈牙利和波兰，比俄罗斯更要高出许多。所有这一切都是20年之内出现的，所以堪称世界历史上最大的经济奇迹。

为什么江南的经济表现如此优秀？如果没有它几个世纪的早期经济近代化经历所留下的结果，是不可能的。在改革开放的头20年，中央给广东、福建比给江南更优惠，广东、福建向中央上缴的财政收入比江南要少很多，但到了后来，广东和福建还是无法赶上江南。为什么？最重要的原因就在于历史基础不同。至于中国西部的大部分省区，特别是边疆地区，中央每年还会给大量的财政补贴，但是这些地区的经济表现并不很出色。因此，一个地区没有柏金斯所说的“经验和复杂组织制度预先积累”，就是给它优惠的条件和大量的援助，它也不一定发展得起来。这种情况普遍存在于第三世界国家。例如，中国为坦桑尼亚和赞比亚提供了大量的援助。“文革”时期，中国的铁路远远不能满足国内需要，但还是调集了大量财力和人力为这两个国家建铁路，即坦赞铁路。这条铁路直到今天仍然是一条问题铁路。中国人一走，火车就开不了，于是坦、赞政府又要中国无偿地派人去弄好。弄好了，火车又动了，于是中国人走了。但很快火车又停了，于是上述情况又再重演。我不认为人种有优劣之分，坦、赞之所以无法管好这条铁路，是因为他们没有柏金斯所说的经验和复杂组织制度预先积累，因此无法很快接受现代技术和管理。在这种情况下，即使给他们现代技术和资金，也不一定起到好的效果。有一本书叫作《资源的诅咒》，说许多非洲国家丰富的自然资源带来灾难。例如，尼日利亚有很多石油，请外国人来开采出来后，有了大量的石油收入，但结果是政府却变得非常腐败，社会矛盾日益激化，人民生活更加困难了。

马克思有一段话非常有名，和柏金斯的话有共同之处。这段话说得非常好:“人们不能自由选择自己的生产力——这是他们的全部历史的基础，因为任何生产力都是一种既得的力量，以往的活动的产物。所以生产力是人们的实践能力的结果，但是这种能力本身决定于人们所处的条件，决定于先前已经获得的生产力，决定于在他们以前已经存在、不是由他们创立而是由前一代人创立的社会形式。”从鸦片战争以来，中国人都期待把中国变成现代化的发达国家。但是依照马克思的话，这不可能够光凭愿望就做到。新中国成立后，我们走了不少弯路。1958 年提出要“跑步进入共产主义”，原来计划要用 15 年赶上英国，很快改成 5 年赶上英国，稍后又再改为 3 年赶上英国。这种做法导致了巨大的经济损失。

最后，我还回到江南来。刚才我说了，松江（以及江南）在 200 年前就已经是一个工商业社会，已经有相当的“预先累积”，因此一旦给它合适的条件，它就能够很好地发展起来。我在我的《Agricultural Development in Jiangnan, 1620—1850》那本书里说道：解放后实行城乡分离的政策，农村里聪明的孩子念了高中和大学都不愿意回去，因此形成了长期的人才单向流出。但是到了改革开放开始以后，留在农村里的农民却创造出了经济发展的奇迹。他们靠的是什么？就是世世代代留下来的经验和能力，所以他们可以迅速地适应新的市场经济，成为农民企业家和技术工人。这就是“经验与复杂的组织和制度的预先积累”所起作用。在没有这种“预先积累”的地方，人为地去扶植这个地区的现代经济发展，是很困难的。20 世纪 50 年代，中国领导人说“一张白纸，没有负担，好写最新最美的文字，好画最新最美的图画”。在这种思想的指导下，人为地抹去历史的遗迹，来创造这张白纸，最终却导致了严重的后果。历史就是不能割断的，如果割断历史，是要受到历史的惩罚的。

最后，我用德国诗人大歌德两个世纪前写的一段话来结束这次讲课：“我认为但丁伟大，但是他的背后是几个世纪的文明；罗斯柴尔德家族富有，但那是经过不止一代人的努力才积累起来的财富。这些事全部隐藏得比我们想象的要深”。在座的各位都是学历史的，因此从很深的地方去挖掘今天中国的成功和问题的根源，是你们未来的责任。

大数据时代与经济史计量研究

陈争平

大家好！很高兴能有这个机会在这里和大家做学术的交流。我今天要讲的题目《大数据时代及经济史计量研究》。

我们经济史是一个交叉学科，在我们课程当中可能有较多老师是从史学的角度来研究经济史，所以我这次偏重于从大数据时代，以经济学的角度来探讨经济史的计量研究。

我们目前承担的国家社科基金重大项目“近代中国经济统计研究”，是吴承明先生在1997年就提出来的，当时日本文部省做了一个项目“亚洲长期经济统计”其中有中国的部分，日本集中了大量的人才在研究中国经济史。吴老希望中国学者在研究自己国家的近代经济统计方面要能够超越日本学者做的，给了我们一个很重要的任务，专门找我去谈了这个项目的一些要求。我有幸在读硕和读博阶段，两个阶段都听过吴老的讲课，毕业后工作也经常得到吴老的教诲和帮助，在这里我把吴老对计量研究的一些观点想法，在吴老那里学来的，再结合我自己的思考展开一些讨论，和大家进行一些交流。

一　为何要抛弃计量史学

近年来我国国内关于量化历史的研究正在升温。著名经济学家陈志武先生之前主攻金融学，他现在也开始把研究的学术重点转到这方面，他在北京组办了四届量化历史讲习班，国内经济史学界有很多年轻的学者都参加。中国经济史核心期刊《中国经济史研究》也开辟专栏鼓励推动量化历史的研究。

20世纪80年代，在我们读研究生的时候，国内开始流传计量史学。它和近年来流传的量化历史有什么区别？我曾经就这个问题请教过李伯重教授。李伯重教授对国外学术动态有较多了解，他认为计量史学与量化历史就是一回事。[①] 后来我自己专门在网上和图书馆查阅相关资料，对计量史学（Cliometrics）与量化历史（Quantitative History）这两者的定义和发展历程进行了检索，最后发现确实是一回事。

客观地从名称上看，Cliometrics 比 Quantitative History 更简洁更有学术性。那么，近年来推动量化历史研究的一些学者为何要抛弃 Cliometrics 这一名称而宁愿采用 Quantitative History 这一较次的选择？联系到吴承明先生指出计量史学发展业绩为“只曾盛行于美国。在欧洲虽有短暂反应，但不成气候”，“在中国则无响应”，而在美国“进入 21 世纪，计量史学已消失生气”。[②] 想来由于计量史学发展业绩不好，名声坏了，“人自宋后羞名桧”。所以后来那些学者抛弃“计量史学”而改用“量化历史”（Quantitative History）这一名称。

总结以往计量史学发展业绩差的原因，对于更好地开展经济史计量研究有重要意义。我在清华大学备讲《历史统计与计量史学》课程时，曾经对以往计量史学发展业绩差原因做过一些分析，现在概括一下。以往计量史学业绩差原因主要是存在四方面问题。

第一方面是以往一些计量史学方法的倡导者过分夸大了历史数据的客观性及代表性。细考中国历史上一些数据来源，往往会发现它们来自某个官员或士子的估算，后来又有一些研究者再根据这些估算作进一步推论，使得结论的主观性更强，客观性更低。一些中国近代农史研究者推崇民初卜凯调查，实际上这一调查在地区的选择、指标的规定等方面都有较大主观性。[③] 卜凯所用调查人员多是年轻学生，他们多出生于富足人家所以当时才能上大学，回乡调查也是多问自家长辈和管家等，有关数据就会偏向富人，对于当时农村总体而言代表性较差。卜凯的著作中提到的贵州遵义平均单位面积产量，大大高于另一外国教授在实地调查中得到的数字。该教授认为，造成这种较大差异的原因在于，卜凯的著作仅以优质土地为样本，而实际上这种土

① 我也想过，这可能存在翻译问题，有的英语名词译成中文有不同的译法，却被认为是一种新的概念，新的创新，实际上在英语世界它们是一回事。但是这里要讨论的“计量史学”与“量化历史”的英语也不一样，所以不是翻译问题。

② 吴承明：《经济史：历史观与方法论》，上海财经大学出版社 2006 年版，第 242 页。

③ 梁方仲：卜凯《中国土地的利用》评介，原载《社会科学杂志》第 9 卷，第 2 期，1947 年 12 月。

地在遵义的耕地中只占非常小的比例。①

第二方面是夸大计量方法的作用，甚至断言用计量方法就能把历史学变成真正的科学。这种夸大不但不能提高真正业绩，还会引起另一些史学家的反感，导致计量史学一再遭遇质疑和批评，一些计量史学倡导者热情冷却又回归传统叙事方法。我认为，计量方法只是史学走向科学的必要条件，而不是充要条件。把必要条件当作充要条件，就会使人狭隘，所得出的研究成果也会有偏差。计量方法仅是众多研究方法中的一种。正如吴承明先生所言："研究经济史应根据不同对象和史料条件，采取不同方法。"② 总的来说，史学研究还是要走定性分析与定量分析相结合之路。

第三方面是各种数量模型的应用都有各自的前提条件，以往一些计量史学研究不论时空差异盲目套用模型，以致扭曲历史真相，甚至会得出一些荒谬结论（当然，也并非任何模型都不能用，要视具体情况作具体分析）。

第四方面是历史数据缺失，使得计量分析面临极大的史料困难。吴承明先生认为，在计量方法中，必须有连续十年的系列数据才能建立一个模型。在中国，这种连续十年的系列历史数据严重缺失，以致在20世纪八九十年代国内那些计量史学的鼓吹者自己也始终停留在鼓吹阶段，没有做出什么业绩，身体力行的只有吴承明先生。

既然"量化历史"原本是改名换姓的"计量史学"，那么导致以往计量史学发展业绩差的四方面问题，值得现在从事量化历史研究的学者们警惕。

二 大数据时代来临

近年来国内关于量化历史研究正在升温时，恰遇一个新时代来临。英国学者维克托·迈尔·舍恩伯格、肯尼思·库克耶在《大数据时代：生活、工作与思维的大变革》一书中宣告：大数据时代来临。

近几十年来随着计算机技术全面融入社会生活，信息爆炸已经积累到了一个开始引发变革的程度。在云计算技术推动下，一个大规模生产、分享和应用数据的时代正在开启。大数据很可能成为发达国家在下一轮全球化竞争

---

① 梁方仲：卜凯《中国土地的利用》评介，原载《社会科学杂志》第9卷，第2期，1947年12月。

② 吴承明：《中国经济史研究方法杂谈》，载《中国近代经济史资料》1987年第6辑。

中的利器，而发展中国家依然处于被动依附的状态之中。大数据建立在加强国家治理能力，在加强国际竞争力等方面将发挥日益重要的作用。现代历史上的历次技术革命，中国均是学习者。而在这次大数据新变革中，中国与世界的距离最小，在很多领域甚至还有着创新与领先的可能。只要我们以开放的心态、创新的勇气拥抱“大数据时代”，就一定会抓住历史赋予中国创新的机会。①

大数据时代的精髓与三个重大的思维转变有关，这三个转变是相互联系和相互作用的，这些转变将改变我们理解和组建社会的方法。

第一个转变就是，在大数据时代，我们可以分析更多的数据，有时候甚至可以处理和某个特别现象相关的所有数据，而不再依赖于随机采样。大数据是指不用随机分析法这样的捷径，而采用所有数据的方法。生活中真正有趣的事情经常藏匿在细节之中，而采样分析法却无法捕捉到这些细节。与局限在小数据范围相比，使用一切数据为我们带来了更高的精确性，也让我们看到了一些以前无法发现的细节——大数据让我们更清楚地看到了样本无法揭示的细节信息。②

第二个转变就是，研究数据如此之多，以至于我们不再热衷于追求精确度。当我们拥有海量即时数据时，绝对的精准不再是我们追求的主要目标。当然，我们也不是完全放弃了精确度，只是不再沉迷于此。适当忽略微观层面上的精确度会让我们在宏观层面拥有更好的洞察力。③

第三个转变因前是两个转变而促成，即我们不再热衷于寻找因果关系。在大数据时代，我们无须再紧盯事物之间的因果关系，而应该寻找事物之间的相关关系，这会给我们提供非常新颖且有价值的观点。相关关系也许不能准确地告知我们某件事情为何会发生，但是它会提醒我们这件事情正在发生。因果关系只是一种特殊的相关关系。相关关系分析通常情况下能取代因果关系起作用，即使不可取代的情况下，它也能指导因果关系起作用。大数据的相关关系分析更准确、更迅速，而且不易受偏见的影响。④

---

① ［英］维克托·迈尔—舍恩伯格，肯尼思·库克耶：《大数据时代：生活、工作与思维的大变革》，田溯宁序，浙江人民出版社 2012 年版。

② ［英］维克托·迈尔—舍恩伯格，肯尼思·库克耶：《大数据时代：生活、工作与思维的大变革》，第一章，浙江人民出版社 2012 年版。

③ ［英］维克托·迈尔—舍恩伯格，肯尼思·库克耶：《大数据时代：生活、工作与思维的大变革》，第二章，浙江人民出版社 2012 年版。

④ ［英］维克托·迈尔—舍恩伯格，肯尼思·库克耶：《大数据时代：生活、工作与思维的大变革》，第三章，浙江人民出版社 2012 年版。

大数据绝不会叫嚣"理论已死"，但它毫无疑问会从根本上改变我们理解世界的方式。很多旧有的习惯将被颠覆，很多旧有的制度将面临挑战。①

三 经济史计量研究中的三大学派

吴承明先生希望在有关经济史的研究中"凡是能够计量的，尽可能作些定量分析"。② 吴老指出，定量分析可以检验已有的定性分析以尽量避免随意性定性判断，它还可以揭示多种变量相互之间的内在关系，揭示经济事物发展变化趋势，可以使人们对许多历史问题的认识不断深化。

吴老指出，经济史计量分析大致有统计学、计量经济学、计量史学三大类方法。③ 他告诫我们，计量研究是一项要小心谨慎，要下苦功的工作，统计是经济史计量研究的基础。

对于计量经济学方法，吴老认为它可以用于"检验已有的定性分析，而不宜用它创立新的论点"。④ 计量经济学方法依赖于特定的经济学理论，而吴老认为至今仍"没有一个古今中外都通用的经济学"，"计量经济学方法用于经济史研究有很大局限性"。⑤ 他不主张用小数据样本加数量模型来研究经济史，还有一主要原因是数量模型里无"人"，看不见"人"的主观能动性。他曾批评说："从司马迁起，写人物就是中国史学的优良传统。但近代史学，尤其是经济史，似乎丢掉了这个优良传统"。⑥

至于计量史学，吴老认为它"已消失生气"。所以吴老指出，经济史计量研究仍然"主要是统计学方法"。⑦

实际上，从计量经济史学派（亦可称之为"模型派"）、量化历史派（亦可称之为"计量史学派"）已有成果看，他们所用的计量方法仍然常用频率分析、回归分析等初级统计方法。至于主成分分析、判别分析与聚类分

---

① ［英］维克托·迈尔一舍恩伯格，肯尼思·库克耶：《大数据时代：生活、工作与思维的大变革》，浙江人民出版社2012年版，第94页。

② 吴承明：《市场·近代化·经济史论》，云南大学出版社1996年版。

③ 吴承明：《经济史：历史观与方法论》，上海财经大学出版社2006年版，第242页。

④ 同上书，第248页。

⑤ 吴承明：《经济史：历史观与方法论》，上海财经大学出版社2006年版，第214、215、219、221—224、282页。

⑥ 许涤新、吴承明主编：《中国资本主义发展史》第1卷，人民出版社1985版，第12页。

⑦ 吴承明：《经济史：历史观与方法论》，上海财经大学出版社2006年版，第242、250页。

析等高级统计推断方法在史学界还很少有人用，更遑论灰色系统理论及 GM 模型的运用了。高级统计方法在中国史学研究中的运用，还有待年轻学者去努力实践。

受吴老启发，对于经济史计量研究中三大学派之争，我们认为，统计学派更加贴近大数据时代主要特点，更符合时代要求，因为：（1）大数据的“大”是相对而言，意思就是要分析与某事物相关的所有数据，而不是依靠分析少量的数据样本。我们的国家社科基金重大项目《近代中国经济统计研究》工作就是要尽最大可能收集整理与近代中国经济相关的所有数据，在此基础上开展计量分析；（2）《大数据时代》书中有这样的论断——“大数据的简单算法比小数据的复杂算法更有效”。据此可以推论以统计为基础的经济史计量研究比小数据样本加数量模型更可靠、更有效；（3）需要强调的是：大数据建设对于加强国际竞争力有重要意义，而本项目研究是中国大数据建设的一部分。我认为，在一定场合，方法仍然有优劣之分：“孤证”优于“无证”（细考以往已发表的计量史学成果，有不少数据来源“无证”，纯属研究者臆断），“罗列”优于“孤证”，“统计”优于“罗列”。所以我赞同吴老说的经济史计量研究仍然“主要是统计学方法”观点。

近几年经济史计量研究三大学派在我国发展形势有喜人变化：三大学派都有中青年学者参与。吴老注重统计的思想需要有人践行，我们的《近代中国经济统计研究》项目团队有数十位中青年学者正在披荆斩棘，努力做好这方面工作，我们这一拨算是统计学派；陈志武先生主办的“量化历史讲习班”吸引了一批又一批青年学人，他们以后在方法论上究竟会有什么走向还不好说，我们暂时按照讲习班的名称把讲习班师生这一拨归为年轻的计量史学派；广东外语外贸大学刘巍教授组建了中国计量经济史研究中心，编印了《中国计量经济史研究动态》学术通讯，发表了一系列重要成果。从他们所用方法来看，应属于模型派代表。新时期三大学派各自努力，互相激励，都在推动我国经济史计量研究。

三大学派可以说现在都在打基础，尤其是我们统计学派打基础需要花费更多精力。我相信，三大学派各自会做出何种业绩，预计十年后可以初见分晓。

四 建设经得起检验的数据库

现在中国经济史计量研究状况有两大问题，一是历史数据资料缺乏仍然很严重，二是已有的数据资料集存在较多问题，需要进行检验，不能拿来就用。我发现，在已有的中国经济史数据资料集中，严中平主编的《中国近代经济史统计资料选辑》学术价值较高，但也存在较多问题。[①] 我们现在进行数据库建设，既要注意数量使得规模尽可能大，又要抓好质量，要建设经得起检验的数据库。

我们的《近代中国经济统计研究》项目预期成果包括建成两大套数据库：一整套近代中国经济统计原始数据库（Primary Data，可供大家查询和检验，有较高资料文献价值），以及一整套经过我们努力考证、核校、插值形成的近代中国经济统计改进数据库（Improve Data），可供大家查询。

我们先要下大功夫做好以往研究综述及主要用史学方法广泛收集相关统计资料，在此基础上合成一整套近代中国经济统计原始数据库，再运用相关史学、经济学、统计学方法，进行认真细致地考证，去伪存真；同时要整理关于中国各地近代计量单位的资料，切实解决各地各时期计量单位换算等问题；并结合其他资料，用科学插值法进行补充和修正，做出系列统计表，合成一整套近代中国经济统计改进数据库。

习近平主席最近提出要“以数据集中和共享为途径，建设全国一体化的国家大数据中心”。我们要做的关于中国近代经济这两大系列数据库是中国大数据建设的一部分，对于经济学、统计学、历史学学科建设都有着重要意义，也是我们进一步展开分析的基础，将按基金管理有关规定提供给社会各界使用。

据我初步了解，陈志武、李中清等学者也在从事有关中国历史数据库建设工作。我们的数据库建设工作都是中国大数据建设的一部分，这些工作将有助于大大减少中国经济史计量研究面临的历史数据缺失困难，进一步推动经济史计量研究的开展。

---

① 汪敬虞先生曾参加编写《中国近代经济史统计资料选辑》工作，他后来又曾委托我对《选辑》中的错误部分进行核校修订。但是该项核校修订刚刚进行一个多月，汪老又突然下令停止。这方面的工作成果只能在我们《近代中国经济统计研究》项目成果中体现了。

五 经济史计量研究与经济学理论发展

吴老在给研究生讲课时曾经指出，定量分析可以检验已有的定性分析以尽量避免随意性定性判断，它还可以揭示多种变量相互之间的内在关系，揭示经济事物发展变化趋势，可以使人们对许多历史问题的认识不断深化。他曾以清代江西景德镇制瓷业研究为例，告诉我们：从当时史料数量看景德镇官窑留下的史料多，民窑的很少，不做计量研究则会给人以清代景德镇制瓷业是以官窑为主的印象；做了计量研究才发现当时官窑的产量和占用的技术力量都不到民窑的1%。吴老还列举其他一些案例，使我们对经济史研究中计量方法的重要性有了较深的印象。

吴老也告诫我们，定量分析要与定性分析相结合，“已有的定性分析常有不确切、不肯定或以偏概全的毛病，用计量学方法加以检验，可给予肯定、修正或否定”；而计量经济学方法可以用于“检验已有的定性分析，而不宜用它创立新的论点”。①

吴老肯定了经济史计量研究对检验已有的定性分析的作用。至于吴老的后一句，我要表示一点不同意见。我认为，经济史计量研究也可以帮助创立新的论点。诺贝尔经济学奖获得主 M. 弗里德曼等人通过对1867—1960年美国货币史的统计研究，推导出了著名的货币层次理论及货币供应决定模型，就是这方面的一个典型案例。

19世纪中叶德国统计学家恩格尔的工作也是这方面的一个典型案例。恩格尔对当时比利时三个阶层的消费结构做了统计调查，得出下表：

	食粮费	衣着费	住宅费	燃料费	文教卫生娱乐费
一般劳动者家庭	62%	16%	12%	5%	5%
中等阶层家庭	55%	18%	12%	5%	10%
高等阶层家庭	50%	18%	12%	5%	15%

从这一统计表，推出了经济学上著名的恩格尔定律。上表显示，贫困家庭食粮费支出的比率反而高。随着家庭收入的增加，食粮费支出比率渐次减

① 吴承明：《经济史：历史观与方法论》，上海财经大学出版社2006年版，第248页。

少，衣着费的支出比率先上升后持平，住宅费、燃料费的支出比率保持不变，文教卫生娱乐等杂项费用支出比率随家庭收入增加而明显增长。1868年，德国统计学家修瓦彭研究了柏林市民的所得额与住房支出的关系，推翻了恩格尔的关于住房支出比例相对不变的结论。但是，恩格尔关于收入水平变化与食物支出比率变化函数关系的推定得到广泛的认同。人们据此得出一个消费结构变化规律：一个家庭收入越少，家庭总支出中用来购买食物的支出所占的比例就越大，随着家庭收入的增加，家庭总支出中用来购买食物支出所占比例则会下降。推而广之，一个国家越穷，每个国民的平均收入中（或平均支出中）用于购买食物的支出所占比例就越大，随着国家的富裕，这个比例呈下降趋势。这一定律被称为恩格尔定律，反映这一定律的系数被称为恩格尔系数。其公式为：

恩格尔系数（%）＝食品支出总额/家庭或个人消费支出总额×100%

在经济分析中常用恩格尔系数来衡量一个国家和地区人民生活水平的状况。根据联合国粮农组织提出的标准，恩格尔系数在59%以上为贫困，50%—59%为温饱，40%—50%为小康，30%—40%为富裕，低于30%为最富裕。

笔者认为，恩格尔定律仍有较大的拓展空间。可以推论：随着收入的增加，消费结构中食物支出比例（恩格尔系数）下降时，其他方面的支出所占总支出比例会相应上升。我们进一步要问的是：消费结构其他方面的变化又有什么规律？明太祖九世孙、“东方百科全书式的人物”朱载堉创作的散曲《山坡羊·十不足》，结合上述恩格尔关于比利时不同家庭消费结构的统计表第3列数据，可以提出有关假设：

《十不足》讲：“逐日奔忙只为饥，才得有食又思衣”。贫民一旦填饱肚子，就要考虑穿衣问题。结合上述恩格尔关于比利时不同家庭消费结构的统计表第3列数据，可以假设：当恩格尔系数由59%移向50%时，人们由“糊口”走向“温饱”时，消费重心开始向“穿”的方向移动，衣着所占总支出比例会有较大幅度上升。《十不足》接着讲：“置下绫罗身上穿，抬头又嫌房屋低”。据此可以假设：当恩格尔系数由50%移向40%，人们由“温饱”走向“小康”时，消费重心开始向“住”和“用”的方向移动，住房及日用必需品等支出所占总支出比例会有较大幅度上升。我们还可以继续推论：当恩格尔系数由40%移向30%，人们由“小康”奔向“富裕”时，消费重心开始向“文体娱乐”方向移动，文教卫生娱乐费（包括旅游交通费及雇用仆人费用）等支出所占总支出比例会有较大幅度上升。当恩格尔系数由30%下移，人们由“富裕”迈向“最富裕”时，消费重心开始向“社会公益事业”方向移动，慈善活动费及社会公益费用等支出所占总支出比例会有较大幅度上升。

当然，上述关于恩格尔定律拓展的思考，只是受《十不足》前两句的启迪而作出的理论猜想，还有待经济史统计的证明。如果能得到证明，可以将其命名为“扩展型恩格尔定律”（恩格尔定律+消费结构其他方面变化规律），以向著名统计学家恩格尔致敬。当然，亦可以命名为“恩格尔—陈定律”。这个“扩展型恩格尔定律”可以较好地解释中国前一段时间由“糊口”走向“温饱”时，纺织品及服装等所占总支出的比例有较大幅度上升；中国开始走向小康了，房地产业成为带动经济增长的一个重要行业。可以推断，随着中国人收入进一步增加，文化娱乐及旅游等所占总支出的比例会有较大上升。现在有越来越多的中国人去国外旅游，去新马泰、去日本、去俄罗斯等，钱都让外国人赚取。像云南这一旅游大省应该抓住机遇，要改进服务吸引更多的游客，让要去国外旅游的人更多地到云南来。

地权市场与农户经营：制度经济学的考察

龙登高

与西欧传统经济相比，中国传统经济有两个根本性或基础性的特征，一是土地产权及其交易，二是个体家庭经营。这是理解中国传统经济的切入点。本文重点是探讨土地交易市场和个体家庭农场之间的关系以及他们对于传统经济的作用和影响。我希望以此可以重新审视学术界其他有关传统经济和变迁的相关问题，特别是反思一些认识误区；并由此建立系统的分析框架，把握传统经济的本质特征和发展脉络。

一 多样化的地权交易形式

（一）地权交易形式的历史演进

首先，多样化的地权交易形式。从历史演进的角度，通常说土地买卖导致土地兼并，战国秦汉可能差不多是这样。那时只有两种交易形式，一个是土地所有权的买卖，一个是土地租佃权的租佃。农民的选择非常有限。到了唐宋以后，在买卖和租佃之间还出现了“典”，而且成了普遍的交易形式；到了明清又进一步出现了新的交易形式：“活卖”和“押租”。

图1所示是土地权利层次，从经济学上可分为所有权、占有权、使用权；从法学上可分为自物权、他物权、用益物权及担保物权。而在战国秦汉时就是所有权的买卖和占有权的租佃，到了唐宋时候，特别是宋以后，占有权或他物权的交易——“典”，成为普遍形式。此前魏晋南北朝已出现担保物权的抵押。明清时期在典和绝卖之间，又出现了“活卖”；在典与租佃之间又出现了“押租”。可见，宋以后特别是明清时期土地交易形式多样化。农民具有多种选择，根据自身偏好与需求选择合适的交易形式。这样形成了土地交易体系，包括土地股权交易、胎借、租佃、押租、典、活卖、绝卖等

形式的土地流转和交易的多样化的渠道。①

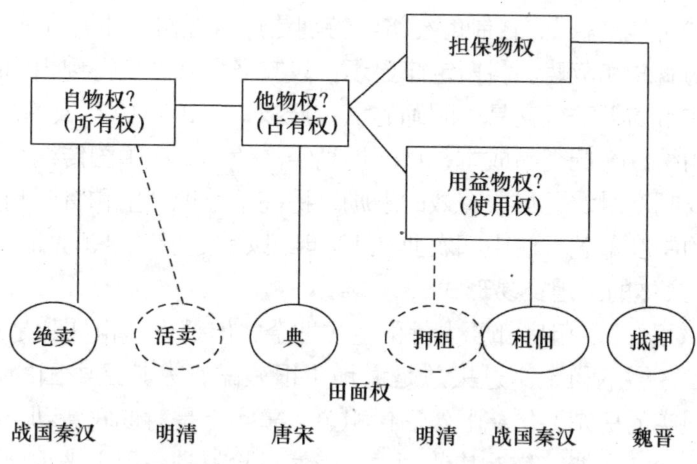

图1　土地权利分层及其交易形式

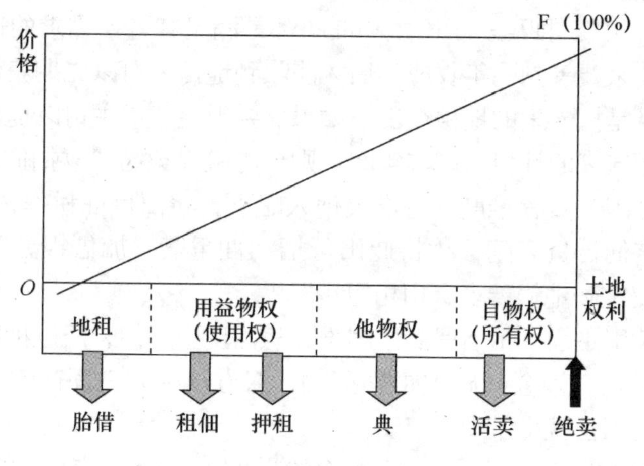

图2　土地权利层次与价格

图2所示，横轴表示土地权利由小到大，纵轴表示土地交易价格。土地权利越大价格越高。通俗地说，土地权利可以100%交易出去，也可以50%交易出去，或30%，从而获得不同的价格。如果不愿意卖出土地所有权，

① 龙登高、林展、彭波：《典与清代地权交易体系》，《中国社会科学》2013年第5期。

可以典当土地占有权（或他物权），以押租的形式出租土地使用权，也可以获得一定的“现金流”。

关于“土地产权”，在制度经济学特别是产权经济学中是非常重要的一个基础性的概念和范畴。科斯定律显示：只有当私有产权得到明确的界定之后，才能在市场上进行交易。明确的私有产权，可以形成有效的激励机制，可以减少纠纷，降低交易成本，从而提高经济效率。在中国传统社会中，土地私有产权制度对农民形成有效的激励，提高了土地产出和资源利用率，是精耕细作的制度基础，使中国农业在18世纪以前处于世界领先地位。

（二）具体的土地交易形式

先看“租佃”。租房都要先付租金或押金，但是土地租佃却是租赁土地有收成之后才缴纳租金。过去总是说地主很残酷，尤其是中国的地主最残酷，但比现实的房东要仁慈吧？后付租金，事实上是对佃农劳动、经营的一种变现，使得佃农能够释放其劳动力，当然风险就是由田主来承担了。所以租佃事实上就是土地与劳动力的结合形式。

先付一部分租金甚至于支付全部租金的形式，就是宋以后特别是明清时期出现的“押租”。押租对于田主和佃农都是满足其各自需求的选择。对于田主来说，本来要等到明年收成之后才能收到地租，可以先期获得一部分租金，事实上就是把未来的地租变现。如果需要现金，田主可以提高押租，相应的就减少了未来的地租。咸丰年间一则台湾租佃契约“立招佃耕字”：

番人田主因“日食难度，有借欠他人账项，将田付佃耕作，扣抵利息，究难清款。奈何告贷无门，故将此田再招别佃重贌，加借银元”。与中人、新佃“三面议定碛地银要多，田租愿少”。①

这个土著田主由于生活遇到了困难，急需现金还债，所以把租出去的田收回来重新以较高押金（碛地银）招佃，双方及中介三面商议，押金要多一点，以后的田租就可以少一点。

对于有能力的佃农，事实上就用现金购买佃权，从而获得更强的佃权控制。

由此可见，押金能够在某种程度上满足主佃双方的融通需求，此其一。其二，押金对佃农是土地使用权的保证金，如果不欠租，田主就不能违约撤佃；对田主而言，押租是风险保证金，如果佃农赖租，田主可从押金中扣除。其三，押租是对佃农的一种筛选。田主通常选择富有能力和财力的佃农，种田能手能够保障土地高产出与地租偿付，谁也不愿意将肥田沃土交到

① 刘泽民编著：《平埔百社古文书》，《国史馆》台湾文献馆，2002年3月，第127页。

一个懒惰的二流子手上。于是，土地越来越多地集中到种田能手或富农的手里，使得土地亩产量增加，土地的总产出增加。如：

“（奉天省）东丰土地膏腴，地主复多远在他邑，不能亲自经营。故招佃时，若不加以选择，误招贫乏者，则拖欠租项，不易索讨。”故押租金，每垧地百数十元不等，地主支付利息（每年每百元约粮二三石不等），从租额中扣除。“倘非殷实佃户，则押租无力缴纳，不致误招贫户。”①

招佃的时候需要谨慎地选择，通过押金考察其信用、能力与财力；无力交纳押金，可能不是一个种田能手。从这个角度而言，押租制就是对劳动能力和经营能力的一种筛选，也是一种激励。土地向种田能手手中集中，从而提高稀缺资源的利用率。

典，这种交易形式被黄宗智和中国一些法学家、经济史学家称之为“最具中国特色”的一种交易形式。英文似乎没有一个专门的术语与之对应，不能说西欧没有这种交易形式，但不像中国的典发育得这么充分。

典，指以约定期限内的土地物权转移与经营收益来偿还借债：①地权所有者出让约定期限的物权获得贷款，以土地经营权与全部收益支付资本利息；②但出典人保留最终所有权凭证（或自物权），在政府产权登记中不发生交割过户；③期满之后，备原价赎回土地。②

土地通常出典给谁呢？谁会愿意来承典土地呢？一是那种追求未来收益的资本，愿意投资承典土地。二是典给种田能手，希望耕种更多的土地，实现规模化经营，获得更高的土地产出。对于田主，则通过“典”既度过财务危机，又保留了土地所有权。

李协和有田11亩8分，“兹因急用，与祖母及母亲商议，愿将此田出典与人，要取典价银叁佰两正，连典拾年为期，自癸亥年起，至壬申年底。银不计利，田不计租。……自典之后，任显收租抵息，输纳粮务。期满之日，方得收赎。如未满期收赎，协要补回筑锹银叁拾两正。”③

李协和出典田地，获得现银300两满足急需。承典人任显并不是自己耕种土地，而是出租，投资获取未来的地租。

土地出典给原来的佃户，在原有信用基础之上能够低成本达成交易。当

---

① 《民商事习惯调查报告录》，司法行政部，1930年，第761页。

② 龙登高、温方方：《论中国传统典权交易的回赎机制——基于清华馆藏山西契约的研究》，《经济科学》，2014年第5期。

③ 萧国键、卜永坚：《广东香山县小榄华平社萧氏文献专辑》，《华南研究资料中心通讯》2008年1月，第50期。标点略有改动。

田主直接典给原有佃户时，双方的角色发生了有趣的变化。如福建莆田王宪清有田1亩，以40两典给佃户王其光父子。乾隆十二年（1747），备原价取赎。此时佃户又成为银主，即田主的债权人。如果从剥削的角度，此时就变成佃户剥削地主了。这种情况，在19世纪的台湾相当普遍，即汉佃成为原住民田主的债权人。① 其实，这里佃户所拥有的土地权利扩大了，从使用权扩展为“他物权”。

出典人把土地典出去后，还可以把土地租回来，自己来耕种。出典人一方面获得了现金；另一方面又可以通过租佃的协议获得土地使用权，获得农庄经营收益，当然得需要缴纳地租。

赵喜、赵文阁父子的24亩地典与高山，光绪三十年再找价得典资共4000吊，“宣统二年，赵文阁向高山将该典地租回耕种”。②

出典人在保留最终所有权而让渡他物权的同时，还可通过租佃获得土地使用权；而承典人拥有土地他物权，可以行使租佃的权利，即出让使用权，只不过出让给作为所有权人的出典方。

承典人的权利与收益包括如下相关的三个部分。

（1）获取经营收益可以自己耕种。以其土地经营权建立个体家庭农庄，获得全部土地收益，可称之为“经营收益”。

（2）追求投资收益则可以出租获取地租。将其中的土地使用权出租，获取投资收益，即未来的地租。

（3）变现未来收益则可以转典或抵押。行使典田的担保物权功能，通过转典或抵押获得现金，即未来收益的变现，或跨期调济。

（三）各地权交易形式的比较

下面比较一下典、押租和佃这几种地租交易形式。它们之间事实上是相互关联的。如图3所示，横轴表示的是远期收益，纵轴表示当前的收益，也就是现金。一般租佃，田主希望全部是未来的收益。典则是约定期限内收益全部变现，未来收益在期限内就没有了。如果支付押租，意味着未来的地租就会减少到D这个位置。再把押租提高到C这个位置，未来的收入就进一步地减少，当全部未来收益变现的时候，就类似于典，被称为“干押”。虽然有不同的名称，但事实上它们是相通的，可以灵活转变的，可以做出自由

① 陈秋坤：《清代台湾土著地权》，（中国台湾）“中央研究院”近代史所，2009年，第7章。

② 宣统三年三月十四日《盛京时报》所载承德地方审判厅民事案，引自南满洲铁道株式会社调查课《满洲旧惯调查报告书》“后篇第一卷附录”，（“新京”）大同书馆，1915年，第49页。

的选择，从而满足自身的需求。

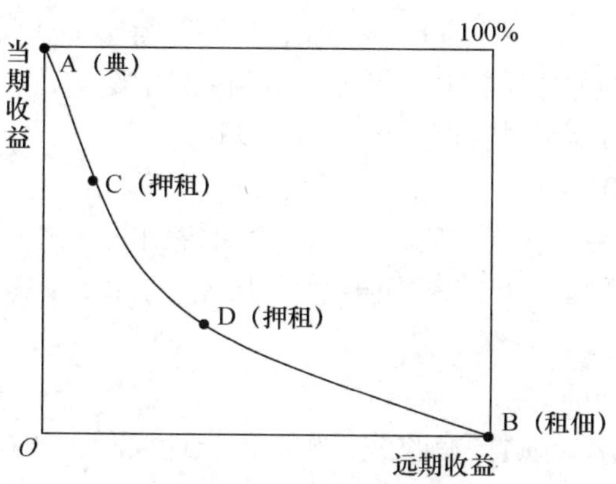

图3　典、押租、租佃之关联

抵押和典都是以地权为中介和担保的放贷，但二者的不同在于：

典——先让渡他物权；

抵押——后让渡自物权。

因此，在宋代抵当、抵押等被视为“不正当”的交易。抵当属于高利贷款，利滚利，弱势农民容易失去所有权。

典的取向是为了保护业主或债务人对土地产权的控制，原价备赎，亦无风险。有学者主张以抵押来替代典，就在于没有从根本上把握典的交易特征。有人认为，与其将不动产出典而获得典价，不如以之设定抵押以获得更多的借款。这会减少多样化选择，特别是典在维护所有权与规避风险方面是抵押不可替代的。

活卖和典常被混同。二者的相似之处是都可回赎。不少研究者将活卖、典不加区分。二者有两点重要的差异：（1）是否发生产权交割。活卖必须发生产权转让，典则不然；（2）活买的土地通常不具备担保物权的功能，无法转典或抵押，卖方则不再拥有任何权利。承典人则拥有转典的权利。

二　地权形态及其实现形式

（一）投资与交易获得某种层面的产权

通过投资与交易获得土地产权，既是一种自然法则，也是一种乡规民俗，还能获得国家法律的认可和保护。

通过投资工本获得对土地的控制权。投资与劳动，包括投资水利设施建设使土地肥力增加，使得土地产出增加，从而获得土地获益的增量。

福建南平，“例如甲之田，年可收谷百石，招乙承佃，乙因勤劳农事，不惜工料，致其田年可收谷百五十石。”① 即：

100 + 50 = 150 石

多收之 50 石由乙获得，曰税田。甲原有之田曰苗田。二者都“可以单独买卖、让与、继续（承）”② 如果进一步增加工本，产量继续增加至 250 石，则：

100 + 150 = 250 石

增量达 150 石，超过原有收成，相应的土地权利，佃农也超过原主。

这就是所谓“粪土银”“灰肥田”。如果不交易，就不会有增加值。这就是资源配置带来的效益增加。

湖北竹溪县，“顶当权”，亦称“明租暗典”。例如“甲买乙田，议价银 400 两。旋因甲无银足价，乃将该田出顶与丙耕种，得受顶首银 300 两偿清乙价。丙每年向甲纳稞。在顶田限期存续以内，丙并得任意转顶与丁，非甲所能干涉”。③ 即：

100 + 300 = 400 两

也可以视为甲乙共同出资买田，分享土地权利。甲以 1/4 的田价，获得所有权或自物权，获得地租。乙以 3/4 的田价，支配独立的他物权。也因为乙投资了 3/4 的田价，其权利不受甲干涉。这反映了要素组合与资源配置。

再举一个例子，江苏宝山沙田，沙田本来就跟荒地一样，通过佃农围岸造田，变成了肥田，业主与佃农草据一纸，名曰“副度据”。“此副度据可以买卖”。④ 副度据可以买卖，跟田主没有关系，所以这种交易激励了佃农对土地的投资，因为其当前收益和未来收益都是得到保障的，而且未来收益可以通过交易变现。

（二）田面权的制度框架

在同一块土地上，形成两个产权——“田面权”与“田底权”。田底业主拥有土地所有权，收获地租；田面业主则拥有土地经营权和“田面”的

---

① 《民商事习惯调查报告录》，司法行政部，1930 年，第 509 页。

② 同上书，第 509 页。

③ 同上书，第 337 页。

④ 同上书，第 344 页。

收益支配权、交易处置权，不仅可以就“田面”进行出租、转让、置换，而且可以行使抵押、典当与担保。田面出租可以获得另一份地租（称为顶租或佃租），抵押或典当可以获得贷款。田面转让不影响田底权变动及其地租收益。

田面权拥有从使用、收益、抵押、转让等产权束中的各项权利，并且是排他性地拥有，不受田底权所有者的干预。从大陆法系的角度，田面权不仅具有用益物权，同时还具有担保物权的功能，因而能够以之抵押、典当等。可见具有物权形态——“他物权”或“限制性物权”。

田底权与田面权相互关联，彼此约束，由双方通过协商订立契约，明确各自权益。二者相对独立地交易和流转，形成相应的市场价格。

在江西会昌县，明朝时邱姓顶耕金姓祀田3石3斗3升（计1亩9分4厘）。至清乾隆时期，佃主邱世传移居万安县，田交邱庭奉承佃耕作，庭奉每年向世传付纳“顶租”，并完纳金姓的租谷。乾隆四十二年，邱世传从万安回会昌收取顶租，因路远不便，欲将田转退与人承耕。田主金姓请佃主邱世传吃酒，议定退回顶价12000文，田主金姓自己耕种。但邱世传又凭中另退与王世怀，则得钱24600文。佃主选择了出价高的买方成交，田主金姓对此虽心怀不满，但也只能要求退还酒席钱文而已。

在长期的产权激励下，田面权主对水利设施、土壤改良及提高土地产出不遗余力，以获取增值权益。外地与城市居民则可以通过田底权的交易将资本投入土地与农业。田面权、田底权分离，降低了土地交易流转门槛，丰富了农民的选择，促进了生产要素的组合，提高了土地资源配置效率。在土地面积没有大幅增加的情况下，清代土地产出多养活了二三亿人口。

田面权的物权性质，相当程度上减缓了近代的地权分配不均，扩大了“农民中产阶级”，成为社会长期稳定的基础。

三　地权市场：家庭农场的制度基础

土地产权及其市场与个体农户家庭经营有什么样的关系？多层面的土地产权有利于个体农民建立其家庭农庄，使没有或有很少土地所有权的农民可以通过多样化的土地流转形式，建立个体农场独立经营。农户可以租佃土地，即以未来地租为担保获得土地使用权，开展独立经营。当他具有更强的能力时，可以通过预交押租获得更强的土地控制权。进而可以通过各种渠道获得“定限物权”，如典权、田面权、永佃权等，此时土地的支配权、收益权与交易权可以在不与所有权冲突的前提下自由支配。多样化的交易形式，根据风险偏好与不同层面的价格选择，地权交易形式的差异化与多样化能够满足各种不同取向的需求。

回赎机制延缓地权转移交割。典、活卖、押租，都能够回赎，其功能都是避免地权的最终转移，但回赎的对象明显不同。地权交易的民间惯例与法律条文在维护所有权的同时，还保护了弱势群体。为农户渡过时艰、恢复和重建农场独立经营提供了可能，从而有效减少了土地所有权的买卖，成为地权集中的对冲因素——“负反馈机制”。“找价”与“喜礼银”等惯例，在某种程度上也可视为对失地农民的救济。因此，地权交易的民间惯例与法律条文在维护所有权的同时，还保护了弱势群体。

与西欧相比，这种制度安排适应和促进个体农户独立经营不断增强，并具有持久的竞争力，这也成为中国传统经济的基本特色并具有生命力的重要因素。

四　家庭农场的作用与影响

（一）对农民意味着什么

家庭农庄对农民意味着什么？我们先来看佃农，佃农在过去教科书和人们印象当中都是和雇农一样的弱势群体。但是，佃农也分佃中农、大佃农、佃富农，而且佃农和雇农有质的区别，张五常的名作《佃农理论》就是把佃农和雇农未加区分。佃农和雇农有何区别？佃农虽然不一定拥有土地所有权，但是通过租佃、押租、典当、田面权等方式从市场上获得土地，建立自己农庄的时候，他就成为了农业企业家，这时候对自己的农场拥有“剩余控制权”和“剩余索取权”，即在契约规定之外的权益由自己控制和获取。

租佃契约通常缴纳50%的地租，一般来说是一季作物收成的比例，佃农一般会耕种两季，第二季收成是不需要缴纳地租的，由佃农自己支配。佃农还会在田埂上种蔬菜，在水田里面养殖稻花鱼，这都是属于佃农自己的收益，但为了维持良好的主佃关系，佃农会送上两条稻花鱼给田主，这就是“剩余控制权”。作为农业企业，佃农获得经营性收入、投资性收入和风险收益。未来是不确定的，气候、收成与市场都具有不确定性，对未来的不确定性做出判断和决策，从而获得风险收益。雇农获得的只是劳动收益，劳动收入就是工资，雇工不承担风险，更没有经营性收入。

当佃农建立自己的农庄时，就可以获得企业家财富，多数佃农成为中产阶级，短缺经济时代的中产阶级。加上自耕农、半自耕农，当然还有地主、富农，那么，农场所有者或是农民企业家获得经营性收入者，土地所有者包括田面权所有者获得财产性收入，传统时代的中产阶级构成社会的主体，有利于社会的稳定。

（二）相对稳定的中国传统经济：与西欧前控的比较

长期以来流传一种说法，中国一两百年或是两三百年就有一个王朝更替，一个新的王朝替代旧的王朝，称为中国社会的不稳定性。可是，放到世界范围去看，这么一个庞大的帝国，200 年左右的王朝周期延续 2000 年，已经是相当稳定的长周期了，可以说是一个奇观。其稳定之源就是中产阶级。陈志武、林展的统计成果表明，皇帝被农民起义所杀害的只占到 1.6%，皇帝死于非命的，主要是死于大臣、贵族和敌对国。如果按照过去的说法，200 年左右还不够稳定，就意味着从秦王朝建立开始延续 2000 年不变，那只能是乌托邦。

唯其稳定，变化就不容易发生，新的因素受到抑制。资本主义萌芽迟迟得不到成长，原生性的工业革命不能内生成长，后发的工业化迟滞而成本高昂，就是稳定抑制了变化。

与中产阶级相对的是无产阶级，将中国与西欧进行比较会得到有趣的差异。中国纯粹的雇农就是无产阶级，按照毛泽东的调研：雇农是没有经济基础娶老婆和养孩子的，没有能力去建立自己的家庭与农庄，没有能力独立进行人口再生产与物质再生产，雇农就被残酷地淘汰了。但是在中国这种雇农为数很少，占到 2%—3%。因为地权市场的发育，使得没有土地的人可以通过租佃土地建立农庄，除非实在缺乏基本的能力或先天的不足才会被淘汰。事实上有的雇农，把小块土地（或田底田面）出租，自己外出打工，这些并非严格意义上的无产阶级。

西欧的无产阶级，按照彭慕兰的估计在工业革命前大概是 10%。为什么西欧中世纪的无产阶级多？根源在于个体农户独立经营的能力弱小，农民对庄园的依赖性强，离开庄园就不能独立开展农业经营。同时，庄园具有整体性和不可分割性。这与其产权属性相关，也与庄园农牧结合的经营方式相关。因此，随着人口增长，庄园容纳不下的新增人口分溢出去，就可能难以建立自己的农业独立经营，有的成为无产者。

长子继承制也与此相关。为什么庄园及其财产不平均分配给后代？因为庄园如果一再分割，其整体性经营就会受到破坏，从而效率下降。同时，其虚位产权特性，上级领主也不允许下级领主分割庄园。在平均预期寿命40多岁的时代，“长子继承制”成为合适的选择。但其他儿子就只能另谋出路，有的就变为无产阶级。

西欧无产阶级的数量较多，而且不断地再生产出无产阶级，为工业革命前的产业工人准备了队伍。特别是在“圈地运动”后，纯粹的雇工来源增加。无产阶级对社会的影响是最具革命性和破坏力，这是马克思、毛泽东都论述过的，所以革命就要靠无产阶级了，他们“失去的只是锁链”①。工业革命前后，英国发生了长达两三百年的革命。

或者说中产阶级则希望不要失去财产，他们追求社会稳定。加之中国无产阶级少，推动社会改变的力量小，或者说改变起来成本更高。到了近代，中国的产业工人主体主要是由农民工组成，农民到矿厂或城市工作就变为工人或服务业从业者，但农民工都与土地和家乡有着割不断的联系，过去和现在都是如此。

从中产阶级和无产阶级的比较可看到，相对稳定的传统社会，就是因为有庞大的独立经营的家庭农庄，而这种家庭农庄之所以能够得以实现，就是因为土地产权和土地市场。如果没有相当发育的土地产权和土地市场，个体家庭农庄就难以占主导地位，难以形成长期延续的生命力。通过市场建立和经营家庭农庄富有韧性和生命力，成为主导中国传统经济的主要形态和本质特征，两者是相辅相成的。土地产权及其市场与个体农户经营，与西欧相比，这是中国传统经济的鲜明的根本性特征，具有内在的逻辑。所以土地产权交易体系是中国个体农户具有活力的重要制度保障。

和西欧庄园比较，个体农户的家庭经营具有较低的门槛、可分割性、易复制性和易恢复性。家庭人口增多，可以通过开垦荒地实现独立经营。因为农庄具有可分割性，可以把土地平均分配给后代，四代同堂的大家庭通常没有竞争力。尽管皇帝表彰四代同堂，但它不会成为主流的形态和常态。另一方面，规模化经营与走向市场资本主义农业经营在中国相对较少。“诸子均分制”就是为了适应个体家庭农庄经营的生命力和竞争力。为什么西欧不去分割土地而要保持庄园的整体性？为了保持庄园的整体性就得实行长子继承制。法人产权都是如此，企业分割了就可能散架；王朝当然更是绝对不能分割。庄园也具有同样的逻辑，产权形态难以分割，经营形态难以分割。

① 《马克思恩格斯选集》（第1卷），人民出版社1995年版，第307页。

西欧将庄园分给长子，小儿子去哪里？①成为无产阶级，潜在的革命力量；②成为工商业者，在封建城堡之外经营，进而形成新兴的城市。这种城市独立于原有体系之外，不属于庄园或是贵族，工商业者自我管理，城市具有自治性；③成为航海家、探险家，还有雇佣兵，欧洲小国之间战争不断，需求不小；④当专业的神职人员，推动神学发展，神学进而推动哲学和科学体系。

其共同点都是从事原有的农业之外的行业，在旧有体制之外自生自灭。中国的诸子均分制之下，个体农户独立经营不断地复制下去，本质的因素不断强化，质变越来越难以发生。在西欧，异质因素不断增强去冲击原有的本质因素，最终异质因素替代了原来的本质因素，从而发生了质变。

总之，明确的土地产权和多样化的地权市场，与独立经营的个体家庭农庄，构成中国传统经济的鲜明特征与发展脉络。通过市场配置土地等生产要素，形成短缺经济时代的农庄的较高土地产出和效率，也为当前的农地制度改革提供了市场化道路的启示。

多元视角下的中国古代消费研究

吴晓亮

今天我讲的这个题目是“多元视角下的中国古代消费研究”。

这个题目源于我读硕士时候的想法。为什么？因为我读硕士的时代，正是中国处于一个思想解放的时代，是学术界认真思考的时代。之所以如此，是因为新中国成立以来，史学界一直是在马克思主义史学的指导下进行研究。但是，当马克思主义史学理论被教条化地运用很长时间后，人们会不断地反思——历史真实的面貌究竟是怎样的。在当时，研究城市的学者一般认为只有生产型城市，才能推动社会的进步。但是如果熟悉中国古代社会的发展就会知道，古代的城市通常都是以消费见长。我就想，为什么消费也会托起中国古代的城市文明？我们中华文明之所以如此辉煌，消费在其中有积极意义吗？这是我在攻读硕士学位时候的想法。从那时到现在已经过去30多年了。应该说，现在我对这个问题有了比较肯定的答案，那就是，消费一样可以托起一片文明！

今天，我主要讲三个方面的问题：一是问题的提出；二是研究的理论、方法与视野；三是中国古代消费的相关研究。第一个问题是把消费的一些基本概念作一个介绍；第二个问题是研究中我们应该注意怎样学习理论，如何运用理论，以及注意怎样拓展自己的学术视野，最终将研究做得更好；第三部分是我自己的研习心得。

一　问题的提出

（一）消费是什么

马克思早就说过，“人从出现在地球舞台上的第一天起，每天都要消费，不管在他开始生产以前和生产期间都是一样”。（《资本论》第一卷）这已回答了一个问题，即只要是人，他从呱呱落地，开始生存及成长就离不开消费，每天如此。我所定义的消费，即人类为了满足自身的生存和发展需要，对物质和精神财富的使用或者是利用的过程。消费是社会再生产的重要环节。消费最初可以说主要是一种经济行为，但是由于人类丰富的社会性，消费又会展现出其他的内容。我们可以这么说，人有多丰富，消费就有多丰富。

（二）消费仅属于经济范畴吗

我们说，消费首先是一个经济行为。但要注意，从我们开始消费，就会出现一系列问题：比方说，一旦有了满足心理需求的消费，消费就具有主观精神层面的内容，如我们吃过一个东西，你觉得这个东西很好，你还想再要，这里面就有了主观的因素。如果我们的消费涉及职业、性别、年龄、消费过程中人与人的关系和不同民族习俗等方面时，消费就具有明显的社会性。其实男性和女性、不同年龄段、不同职业对同一个东西的消费完全会出现不同的认识和行为表现。由此，消费又是一个社会的问题，我们要学会用社会的眼光来观察它。如果说，我们涉及国家消费，它就一定会包含国家的政治、经济、军事以及社会等多种因素（具体的我下面会详细讲）。由于消费是人类的活动，从人类产生到今天从未停止，故消费又属于历史的范畴。

从上面几点来看，我们就知道消费它不仅只是属于经济范畴，也随着我们对消费认识的拓展和加深，随着社会的发展，我们对消费的研究一定会成为政治的、文化的、社会的命题。

（三）消费研究的对象是什么

消费研究的对象与人类的整个活动有关系，所以内容极其丰富，把它稍加归类，大致如下。

1. 消费一定有消费品，也可叫作消费资料

对消费品，我们首先要区分什么是生活消费品，什么是生产消费品。我们日常衣、食、住、行所需的东西，即生活消费品；但是在生产劳动中，比方说农业生产中，种子、农具就是生产消费品。它们是人类社会发展中最基本的消费资料。

但我们还需进一步划分必需品和奢侈品。为什么要作这样的划分？因为，在一定条件下，这种划分可以衡量社会经济发展水平，观察社会究竟是处于良性抑或是病态的发展（在今天，这个问题比较容易理解）。具体说就是当一个人需要生存时，他/她首先需要生活必需品的支撑，也就是需要衣、食、住、行最基本的物品的支撑。但是，当经济发展到一定水平和人的欲望发展后，人们对消费会有更高的要求，远远超出了人们的基本需要。人类很

早就有对奢侈品的需求，因为它是财富的标志也是身份的象征之一，同时也体现了人们的精神需求。在衡量一个社会时，我们首先会看它的生活必需品是不是能够满足大众的需要。如果大众的生活必需品充足，那这个社会的发展就是良性发展；但是如果一个社会的奢侈品大量充斥消费市场，那这个社会肯定是有问题的。所以，我们的研究要关注消费品中生活必需品和奢侈品的问题。

我们还要关注物质消费品和精神消费品。就是说，当人们有了衣、食、住、行等基本消费，人还会有精神追求。有一位古典经济学家认为人类最重要的是吃的问题，但他对当时社会对戏剧之类的欣赏和万般推崇却不赞同。他甚至认为，对这一类的精神消费应当坚决取缔。但随着社会的发展，经济学理论的发展，后来的经济学家又充分肯定了精神消费对人类社会发展的重要性。

2. 我们可以把消费分成几类

具体的分类可随研究的侧重点不同而有差异。比方说，生活消费、文化消费、生产消费、投资发展消费等，这大致可分属一个类型。此外，个人消费、家庭消费、社会消费或者大众消费以及国家消费，这又是另外一个类型。又如，实物消费、服务消费和价值消费等，实物消费大家容易理解，那就是物质的消费。服务消费实际上是对劳力的消费。那么价值消费呢？更多的涉及一个理论层面的东西：我们知道，决定商品价值的是社会必要劳动时间，既有客观存在形式也有主观存在形式。那么，价值消费就存在“价值”和“消费”的关系问题。再如，当涉及微观经济学或者宏观经济学时，微观消费大致集中在个人、家庭，其消费的整个情况是由个人或家庭的收入来决定的。宏观消费指的是国家和整个社会的消费，这部分消费通常由经济发展和国家收入来决定。

3. 消费结构的研究

消费结构也是消费研究当中的一个重要课题，主要是指各类消费支出在总消费支出中的比例，主要包括个人或者家庭消费结构和社会消费结构。前者，明显属于微观消费结构；后者，属于宏观消费结构。随着研究对象的不同，消费结构会更加细化。消费结构的研究还存在一个质和量的问题，各种消费方式、消费形式、消费群体以及各地区消费水平之间的比例关系，等等。由此可知，消费结构是一个宏大的研究命题。

4. 消费方式的研究

消费方式，指在一定条件下人们用以取得满足消费品的手段。受一定地理环境、经济水平和民风习俗等影响，人们消费的方式就不一样。比方说，饮食过程中中国人使用筷子，西方人用刀叉，在一些地区和国家则用手抓等等。我们说，消费具有社会属性，那么，消费就一定会产生人与人、个人和组织之间的关联，会有人与人之间的关系以及个人与社会的关系，等等。

5. 消费水平的研究。

消费水平一般是以消费品的数量和质量来衡量的。譬如从人们的衣食住行消费，物质与精神消费等方面，用恩格尔系数来体现。恩格尔系数，主要指食品支出占个人消费支出总额的比重。一般说来，如果恩格尔系数中食品支出的比重越大，说明这个家庭越贫困，因为食品支出是整个家庭收入当中的必要支出。对国家而言也是这样的。如果我们的国民用于购买食物的平均支出低于30%，那就属于富裕国家了（就现在较通行的认识来看）；若在50%以上，则是属于贫困国家。就我们现在所说的“奔小康”或者说我们“进入小康”，那么恩格尔系数一般是指50%以下，或说40%—49%。

6. 我们要注意消费群体的问题

在研究消费的过程当中，我们不能笼而统之的说人类消费怎样。因为，人类的消费一定会与不同的人群、不同的职业等有密切的关系；不同的群体对同一消费会完全不同。

7. 要注意消费心理与消费决策的问题

我们知道，消费一定会涉及个人和大众的消费欲望与实际的消费能力的问题。而且，消费欲望会对未来经济的发展有一定的引导作用，个人的消费决策与社会和国家的发展也是密切相关。今天我们能理解中国为什么会用消费来拉动经济，可见消费对国家的作用。我们都知道，中国的房地产有泡沫，之所以形成泡沫，其中有大众的心理问题。中国有一个奇怪的现象，有钱人买房，没有钱的人也一定要买房。这种情况在国外少见，年轻人大多是租房。在中国，房子在人们的生活中占有非常重要的地位。“一定要拥有自己的房产”这样一种心理实际上成为推动房地产形成泡沫的一个因素。现在国家正在做调整，以降息等手段来引导大众的消费。这样的措施是在解决个人消费和国家的关系。可见，个人的决策，国家的决策，对消费都是有很大影响的。

8. 我们还要关注消费者的行为

消费者行为这一问题是近些年学术界研究的一个热点，它包括了个人和组织为获取、使用、处置消费物品或服务所采取的各种行动，还包括先于且决定这些行动的决策过程。就是说，消费者行为不仅指行动，还包括了决策的过程，这也会涉及很多层面。

目前对消费者行为的定义，有不同的侧重，比方说有“决策过程论”，它是把消费者行为定义为消费者购买、消费和处置的决策过程，这是一种。另外是“体验论”，认为消费者行为是消费者的体验过程，往往是一种感性的行为，消费者在体验中购买、在体验中消费、在体验中处置。现在一些不法分子利用个人体验消费的模式专门组织一些退休的大妈等去体验，由此骗他们购买所谓保健等消费品等。还有一种“刺激—反应论”，认为消费者行为是消费者对刺激的反应，从消费者与刺激的关系中去研究消费者行为。还有“平衡协调论”，它认为消费者行为是消费者与营销者之间的交换互动行为，是双方均衡的结果。

9. 我们还需注意消费相关的几个关系

生产与消费的关系、收入与消费的关系、市场与消费的关系、需求与供给的关系、税收与消费的关系、个人消费与社会国家发展的关系、欲望与消费的关系、物质消费与精神消费的关系等，这些关系在消费中非常重要的。

二　消费研究的理论、方法与视野

由于消费是人类的经济活动，所以，我们的研究生对经济学中消费理论的发展应该略作了解。又由于消费所具有的社会属性，故我们对消费的分析研究需要有更为广阔的政治、文化、社会的视野。我自己的切身感受就是，作为一个研究者，如果没有理论，我们的研究会觉得就好像没有筋骨；有了理论，这个骨架就会比较好。由于相关的理论非常的多，这里只能是做一个简单的勾勒。

（一）消费理论发展线索的梳理（主要是凯恩斯之前的理论梳理）

1. 古典经济学家的消费理论

在座的同学应该对古典经济学或者叫古典政治经济学有一定的了解。所谓古典政治经济学，指产生在17世纪中叶一直到19世纪初的经济理论，以英国的威廉·配第（1623—1687）、亚当·斯密（1723—1790）和大卫·李嘉图（1772—1823），以及法国的R. 布阿吉尔贝尔（1646—1714）、魁奈（1694—1774）、西斯蒙第（1773—1842）为代表。他们的著述非常多，主要是对劳动价值理论等作深入的探讨或者说解说。他们多在论述某一个问题时涉及消费，还没有形成系统的消费经济学说。但他们的消费观，对我们的消费研究有非常重要的启示。

比方他们对土地、货币、财富的论证。他们或认为财富即土地，或认为财富指货币，探讨并论证财富与消费关系怎样，生活必需品的消费与奢侈品消费怎样，等等。他们对生活必需品的消费和奢侈品的消费有很多论述，有的也认为奢侈品消费会影响社会发展，这是一种消费观。对物质消费与精神消费的问题，古典经济学家也有论述，有的对戏剧出现和存在分析认为戏剧起源于生产，是人们为了庆祝丰收，在举行一系列欢庆活动的过程中逐渐形成。无论是悲剧还是喜剧，一开始就是大众享受的东西。但有的古典经济学家就非常理性的认为，戏剧的产生以及从事这一职业的戏子都是危害社会的，应当禁止。事实上，随着社会的发展，人们已经认识到戏剧、娱乐可以给人们另外一种享受，它们也是人们生活当中不可缺少的部分。又如对公共消费方面的认识等。上述涉及观点阐述还不是完整、系统的理论，但为后世消费理论的发展奠定了重要基础。

2. 谈谈萨伊的消费理论

让·巴蒂斯特·萨伊（1767—1832）是法国著名的经济学家，他的理论在世界经济学领域里影响巨大，他的一些观点直到今天都可供借鉴。他一生著述非常丰富，代表作就是《政治经济学概论——财富的生产、分配与消费》（1803）。该书专辟“财富的消费”一篇并作深入阐述，人们认为他是把消费正式纳入经济学理论体系的第一人。

他强调生产和消费、供给和需求的相互影响，他认为这种影响决定了市场容量和产品价格。“供给创造自己的需求”即是著名的“萨伊定律”（后来的凯恩斯理论就有对他的批判）。他把国家的总消费分为公共消费、私人消费；前者属于社会消费，后者是个人和家庭消费。可以看出，萨伊对宏观消费和微观消费已经有比较明确的分野。另外，他对政府消费和国家消费对社会的影响作了较深入地阐述。他还认为，贫富不均的程度越大，虚假的需求越多。他对鼓励消费政策的评价也令人们思考。他认为鼓励生产是贤明的政策，而鼓励消费是拙劣的政策。为什么？他认为，困难不在于刺激消费的欲望，而在于供给消费的手段。强调只有生产能供给这些手段。在这里，他对生产和消费两者的态度是非常明确的。

他强调“生产创造效用而非物质”的观点被视为开边际效用理论之滥觞。我们知道，马克思在论证价值时认为，在生产一个产品的时候，价值就已经蕴藏在这个产品当中。但是效用理论认为，这个产品生产出来以后，真正体现的价值在于它的效用。比方一瓶矿泉水，是放在当下饮用还是由一个身处沙漠中的人饮用，到底哪一个的价值更高？这就是人们在认识和理解边际效用理论时一个不能不面对的问题。他的观点对后世的影响巨大。

3. 谈谈马克思的消费理论

马克思（1818—1883）的消费理论主要集中在《〈政治经济学批判〉导言》（1857）当中。他对生产、分配、流通、消费有一整体论述，他关于生产和消费的辩证关系有经典论述。在中国学界，以往对马克思的消费观通常是这样来解释的：生产决定消费，消费反作用于生产。这一解释占据了中国学术界的主导地位数十年。

改革开放以后，人们对马克思主义的学说和理论进一步深入探讨和思考。近些年，又有一些学者从哲学的层面重新解读，认为“作用和反作用”或者说“相互作用”在黑格尔那里属于两个不同的哲学范畴。因此，马克思的生产与消费的辩证关系应当概括为在不同历史时期内，表现为“相互决定、相互中介、直接同一”的辩证关系。之所以介绍这两种观点，是因为近些年来关于消费也决定生产的观点也占据比较突出的地位。

在此，希望我们的同学在做研究时要认真读原著，认真领会马克思的原意。

4. 谈谈“边际革命”与消费理论

19世纪70年代，经济学领域爆发了一场革命，由于它是用边际效用学派的边际效用理论出现为标志，所以被称之为“边际革命”。19世纪初，萨伊就提出“生产创造效用而非物质”的观点，学界认为其开边际效用理论之滥觞。到19世纪60年代，德国经济学家赫尔曼·海因里希·戈森（1810—1858），则基本完成了边际效用理论的雏形。直到20世纪初，“边际革命”延续了数十年，其代表人物主要有英国经济学家W. S. 杰文斯（1835—1882），法国的经济学家M. E. L. 瓦尔拉斯（1834—1910）和奥地利学派的C. 门格尔（1840—1921）以及他的弟子欧根·冯·庞巴维克（1851—1914）。所谓“边际革命”，一个重要特点就是几乎在同一个时期，不同国家的几位经济学家几乎同时发现了“边际效用递减原理”。他们的“边际效用价值论”以及“边际生产力论”成为微观经济学的核心，也是后来宏观经济学进行总量分析的前提和基础。

边际效用理论如果运用于消费，其中一点就是我们不能否认它所具有的非常明显的主观心理因素。比方在解释效用时，人们常以矿泉水这一物品为例，提出究竟是一个人在平常环境里所拥有的矿泉水的价值高，还是一个人地处沙漠里所拥有的那瓶矿泉水的价值高？它实际上已经具有明显的心理消费的特点了（尽管它有客观的环境因素）。在中国，我们常说“物以稀为贵”，什么东西少，它的价值就高。换句话说，就是边际效用高。如果用这种观点作为分析的出发点，以此确定物品的价值形成过程应该说它是有局限的。但是，对我们理解和研究消费时，理解人的欲望、需求和消费价值以及对生产的影响，却是有积极意义的。

5. 谈谈阿弗雷德·马歇尔的消费理论

阿弗雷德·马歇尔（1842—1924）是19世纪末至20世纪初最著名的经济学家。一般认为他使经济学成为一门独立的学科。他的代表作是《经济学原理》（1890年），与亚当·斯密的《国富论》（1776）和大卫·李嘉图的《赋税原理》（1817）并称为划时代的著作。

他的消费理论可以分为微观消费和宏观消费，最重要的是他的需求理论。一般认为他的需求理论是属于微观经济学的范畴。他运用了边际效用规律论证需求，提出了几个概念如欲望饱和规律，需求规律，需求的价格弹性，消费习惯的作用和消费者剩余等。像消费者剩余理论，在很多情况下国家和个人在制定政策时都会用到它。比方说，我买一套房子的心理预期价格是30万元，结果我20万元就买到了，那么，有10万元就是消费者剩余。在这一过程中，营销者就会利用这个来做文章。再如他的社会消费趋势理论，又属于宏观经济学的范畴。他认为，凡是进入市场的商品种类的变动趋势是随经济发展而变化的；社会消费水平会随技术进步而提高；货币和信用的发展将创造新的消费方式；等等。在今天，我们中国人可能对货币和信用的发展所创造的新的消费方式会有更深刻的感受吧。

6. 再看凯恩斯革命与宏观经济学当中的消费理论

约翰·梅纳德·凯恩斯（1883—1946）是20世纪最有影响力的经济学家之一。1936年，他发表了《就业、利息和货币的通论》一文，批判了传统理论，系统地提出了国家干预经济的政策和理论，创建以需求管理的政府干预为中心思想的收入分析宏观经济学。而以20世纪30年代西方经济危机为背景的经济学领域的变革，就被称为“凯恩斯革命”。凯恩斯“所创立了宏观经济分析，其国民收入、总需求、总供给、储蓄与投资等指标，国家干预经济的措施”等等，“直到今天，都为东西方国家广泛所运用”（吴承明）。他的消费理论主要是“消费函数理论”，它成为消费理论形成的重要基础，而消费理论又成为宏观经济学基础理论的重要分支。至此，消费理论的独立性和系统性比较明晰。

7. 一般认为，消费经济学作为一门新兴的、独立的学科主要是产生在第二次世界大战以后在西方世界爆发经济大危机的历史背景下

凯恩斯对萨伊定律提出质疑，认为供给不能自动创造需求，经济也不能自动达到均衡。面对严峻的现实社会，他主张放弃经济自由主义，以国家干预的方针和政策来整治危机，即经济的发展必须实行国家控制（到今天为止，社会发展让我们知道，无论是自由的还是国家的，可能都不能偏废）。

第二次世界大战后，西方国家进入一个经济恢复期，在生产技术和市场销售方式上出现了很大的变化。由于产品和服务供给数量的增加，无论是企业家还是经济学家，甚至政府，都要考虑究竟怎样才能让生产更适应市场的需求，以减少商品滞销，增加企业的盈利。政府也在考虑怎么才能避免20世纪30年代大危机的重演，怎样按照凯恩斯的理论调节和稳定资本主义国民经济。在这种前提下，为了加强对消费和投资变动前景的预测和研究，消费经济学开始作为一门独立的学科发展。非常明显的是，当消费经济学形成后，经济学家确实提出了一些符合社会经济发展的理论，也为政府决策提供了有效的依据。作为分支的消费经济学，充分体现出现代经济学一个最强大的功能——服务现实、服务国家。

（二）消费研究的方法与视野

在“凯恩斯革命”以后的一段时间内，西方国家都以凯恩斯的理论作为制定经济政策的依据。但是，随着社会发展和形势的变化，理论也在发生变化，可以说是日新月异。经济学领域的经济学流派是不停地更新替代，比如制度学派、结构学派等；消费理论又有向消费行为、符号消费、消费社会等方面多元化的延展。在此我们就面临一个问题，在众多理论频现的情况下，在理论不断推新和发展的情况下，我们的消费研究应当怎样把握理论和研究的关系？我们的同学经常会问：老师，究竟哪一种理论更好？下面仅谈几点。

1. 我们要正确认识理论的价值

在现实社会，西方理论更新替代非常快，我们在学习和消化新理论的前提下面，吴承明先生的一段话特别适合我们的初学者。为我们在学术研究中，究竟应当怎样认识及如何运用理论方法提供了绝佳的思路。他说“任何伟大的经济学说，在历史的长河中都会变成一种分析方法”“在经济史研究中，一切经济学理论都应视为方法论”。他多次强调“史无定法”，应该“根据时空条件、问题性质和史料的可能，选用适当的经济理论作为分析方法”。

我们教书那么多年，自己也是从学生一步一步走过来的。我认为吴承明先生的这个观点可以供大家分享。也就是说，任何一种理论，都应视为方法论。这样，你就不会很苦恼：我怎么用这个理论不行，用那个理论也不行；这个理论怎么又推翻了那个理论，那个理论又推翻了另一个理论。

2. 在研究当中，我们一定要认识消费的多元关系。因为人有多丰富，消费就有多丰富

（1）消费与个人、家庭、社会和国家

作为个人和家庭，我们一般的消费除了衣食住行，婚丧嫁娶等基本消费外，随着我们收入的增长，我们会有精神的需求，就会有精神的消费。我们需要教育子女，就会有发展性消费；我们要扩大企业，也会有发展性消费。而且，个人的消费欲望和实际能力有密切的关系。比方说，我很想要一套豪宅，但实际上我的钱囊瘪瘪，根本不可能支付购房费。所以，我们的研究对人们的消费欲望和实际能力是否般配是需要了解的。同时我们要知道，这种欲望会成为一种动力。当我想要买一套房子的时候，我会努力地工作，努力地挣钱，努力地存钱，为我的目标而奋进。在这里，个人的消费欲望对个人的家庭的发展是一个动力，同样，对社会也是一样的。个人与家庭的消费对社会、对国家的贡献也是密切相关的。因为，当个人的消费汇集成为大众的消费时，它会推动产品的增加，也会让资金得到更多的积累。在这个过程中，国家的赋税也会有所调整。如我们熟悉的中国古代社会，商税从什么时候开始征收？为什么？为什么在以前它不叫商税？商税的出现正是由于商品经济的发展，商品的交换越来越普遍、越来越大众化。只有在这样的条件下，商税的征收才成为可能。

消费与社会的关系存在一个社会产品数量、种类与可供消费对象、群体等问题。今天我们常说，我们的房子怎么会有那么那么多。但是，没有房子的人还是那么那么多。有如此多的房产但可供消费的对象或说群体究竟是什么样的呢？这些都是我们需要思考的。不同社会群体消费及其对社会消费的引领作用也不要小视。在古代，消费有一个明显的倾向即贵族或富人的消费会对整个社会消费有一定的引领作用，今天似乎也有这样的趋向，即富人的消费对社会有影响，崇富的观念和风气在中国十分突出。比方说奢侈品消费。我们常听说中国游客出国购物多买奢侈品，如买 LV 包，他们认为这是身份的象征。我看到 LV 包价格昂贵就不会买，我宁愿去旅游。这就是观念的不同。从这个例子可以说明，某个社会群体的消费，会对一个社会的消费起引领作用，它有时是积极作用，有时是消极作用。

消费欲望、需求对社会生产、分配、流通的推动和促进。如果我们将改革开放前的中国与改革开放后的中国作比较，我们就会知道，改革开放前的中国是一个非常贫困的国家。那个时候，大众的消费要靠各种各样的票来限量供给，这说明当时社会的物品是非常不充分的。改革开放以后，人们的消费欲望随着社会的发展同步推进、上升，人人都希望生活能过得更好。比如《历史转折中的邓小平》那部电视剧中讲到一个例子，在那个特殊年代，有一个农民养了三只以上的鸭子就被批判是资本主义，就要割其资本主义尾巴。那是违背经济发展的极“左”思想的例子，也是当时中国的实情。改革开放以后，我想那些养鸭子的人都希望能养一群，成为专业户，从养殖规模的扩大中为自己、为家庭带来更大的经济收益。专业户成为改革开放后一个新群体，从出现到成长壮大，为中国经济发展和人民生活水平的改善提升做出重要贡献。这也是中国的实情。由此说明，当消费欲望与需求成为一种正向动力的话，那它对社会生产、分配和流通的推动、促进也是呈正向的。

国家消费问题。我认为，国家的财政支出就等于国家消费，其包括官员的薪俸，各个政府机构的设置和开支，大型公共设施如大型水库、桥梁、公路等兴建的费用，文化教育的投资，维护国家安全的军费等，这些开支都用于维护国家机器的正常运转。从古至今，这些资金多是源于国家的税收。一经使用，就可以视为进入消费领域，即可称为国家消费。

国家政策可以直接影响个人、社会的消费。我们这一代，经历过改革开放前后的历史，能够充分领会这一点。此外，国家资源的处理方式也是直接影响个人和社会消费的重要因素。最简单的一个事例，即我们现代国家对土地资源的处理方式，它直接影响到当代每一个中国人的个人消费和中国社会的消费。

（2）消费与地理空间的关系

西方有地理环境决定论，这一理论在中国相当一段时间内都是受到批判的。现在可以肯定的说，在人类生活的早期，地理环境是决定人类最初的消费形式的。比方说，我们在座的同学有南方人和北方人，由于各自家乡地形地貌、纬度高低、温度、湿度等地理环境的差异，人们生产出来的粮食种类就不一样。之所以会有北方人喜吃面食，南方人好吃稻谷的差别就是这些原因。这是一个最简单的例子。由于地理环境和自然条件存在差异，会对民风民俗产生影响，故人们的消费对象、消费习惯、消费方式和消费观念会有很大的差别。我们举个例子，在座有北方的同学，你们到昆明的感觉可能还不明显，但你们到江浙可能会觉得那里的人吃东西特别小气，因为杯盘碗盏小而精致，饭或菜的量都不大。而我们到北方去，一看人们抬出一大盘或一大碗的肉，会吓一跳地说我一块儿都吃不下，因为量太大。记得有一次我负责办学术年会，北方的老师对接待非常不满，说我们办得非常不好，说我们荤菜不足太吝啬。但是在我们看来，那已经是比较丰盛的饭菜了。细细想来，北方人为抵御寒冷，多吃肉可以增加脂肪，多食肉已经成为习惯。而南方湿热重，食肉多反而会不舒服。所以，尽管那次会议有老师指责我们主办方，我们很委屈，但一想到那是由于地理环境差异带来的消费观念、消费习惯的差异，心里也就释然许多。

若从几个自然空间要素观察，消费是会有变化的。我们知道，世界几大文明都源自大河流域，那里土壤肥沃，水资源丰沛，这是农耕文明形成的先决条件。由于气候对地球产生影响，那对人类社会的发展必然有影响。比如气候变化会引起粮食作物、植物品种和种植时间的差异，改变了人们的消费进而改变生活习惯。据竺可桢先生研究，在中国仰韶文化时期和西周时期，竹子和梅子都生长在黄河流域，但如今它们都生长在南方，成为南方人熟悉的植物。从更大的方面看，中国农业区与游牧区的分野及变化、中国历史上几次较大规模的人口迁移等，都与气候变化有关。这些都能从一个侧面说明，自然环境对人类的消费影响早期起决定性作用的，以后仍然发生着作用。

我们还要看到，随着社会的发展，地理空间会呈立体化的发展，消费的自然空间的地理特质会减弱，消费会形成新的特点。可以举几个例子：如政治地理。政治地理最初是以主权国家的地域范围为基础划分的。但随世界局势的变化，逐渐会发展成大区域甚至跨区域的政治概念，它不再指主权国家的地理概念，如欧洲的政治地理。再看边疆的概念。以前，我们所认识的边疆一定是指主权国家的边疆。但是，到后来却发展出“概念边疆”。这个边疆的概念就已经跨越了一个主权国家的范围。如美国对亚太地区的态度，他们就是把这个区域看成是他们概念边疆的一部分。可见，政治地理的空间范围具有跨国度、跨区域的特点，已经超出单纯的自然地理空间的范畴。再看经济区。人们划分经济区最初是以自然地理及经济发展条件为基础的，其经济有一定的相似性。但是，随着经济社会的发展变化、国家政策的引导，会出现新的区域概念，会建造新的经济区，形成新的消费观念、消费方式。如欧盟，它是由若干个欧洲国家组成，各国的地理环境和经济发展是有差异，但是，面对世界时它们有共同的经济利益。欧盟各国用统一使用欧元、统一关税等政策保护并发展自身经济。在这里，即是政治联盟也是一个大经济区。这个经济区的地理空间虽然具有跨国度、跨区域的特点，但欧盟各国的消费方式具有共同点，如对欧元的使用。另外，城市空间和乡村空间的消费差异是非常大的。

总的来说，消费随着社会的发展，它的自然空间会被打破，区域的外延会发生变化，会有新的消费特征。

3. 消费与时间的关系

我们研究一定要有时间概念，这是历史研究的要素之一。不过，时间有长有短。一天，是时间，我们对一天的消费有所了解是必要的；一个朝代历时较长，了解一个朝代的消费也是必要的。但需要注意的是，由于某种消费对个人而言可能是瞬间完成的，但对一个社会而言，仅观察个人的瞬间消费对客观认识全局消费会有一定的局限。

以个人的消费能力为例，今天有钱，吃得很饱。明天钱没了，就会饿着肚子。我们不能仅以他今天或明天的消费行为作结论，笼而统之地说他很有钱或者说他没有钱，说他的消费是充足或不充足，对不对？如果我们把观察时段稍微放得宽一点，对他的观察和认识会更为客观。

我认为，在更多情况下，对一个相对长的时间比如跨越朝代的消费研究会更为客观。政治的变化可以是瞬间或说较短时间完成，是显性的，看得见的。但是，经济的变迁通常是隐性的，我们需要一定的时日才能够看清楚。比方我们常说中国古代有商品经济发展有几个高峰、唐宋经济的变迁、赋税制度变迁，土地的制度变迁等，这些变化都经历相对长的历史时段，我们必须跨朝代时限才能够认清。

综上，由于人类社会发展的多样性、复杂性，我们的学术研究需要有多学科理论方法的支撑。对我们中国古代经济史而言，除了历史学、经济学理论外，社会学、民俗学、地理学、心理学、文化学等多学科的理论方法都是我们研究的工具。

（三）学术研究的视野一定要开阔、高远

虽然我们研究古代，但是一定要有现实关怀，因为现实社会的消费会给我们新的启示，会帮助我们进行研究。我们的研究虽然是中国历史的，但是我们需要认识和了解世界历史。只有这样，我们才能真正的客观认识中国，认识中国的地位。消费的研究也是这样。

有一个典型的例子，就是 2016 年诺贝尔经济学奖的获得者安格斯·迪顿。他的代表著作有《经济学与消费者行为》《理解消费》还有《家庭调查分析：发展政策的微观经济方法》等。他的研究领域非常广泛，但是诺贝尔评奖委员会最关注的是他对消费问题的研究，尤其是在三个方面。第一，是他建立的需求系统，他主要是用来分析在不同消费品上的预算决策。这是一个纯经济学的。第二，他考察一个较长时间段，研究总消费量是如何决定的（注意，他把时段拉长，才能够看得清楚消费的真实情况）。第三，他在发展中国家进行调查，以了解并研究当地的贫困问题。这是他获诺贝尔奖的三个非常重要的方面。我之所以举这个例子就是为了让大家看看，一个经济学家的研究方法是什么样的。作为诺贝尔经济学奖的获得者，他的研究方法绝不是一个纯粹的、建立某种模式的问题。

三　中国古代消费研究

（一）国家消费研究

什么是国家消费？我所谈的国家消费，即是将国家作为一个直接的消费主体。当国家需要生存并发展时，会将其所得收入（也就是指的国家的各项税收），用于国家机器的正常运转。所支出部分（我们通常叫作财政支出）即是国家消费，或者说是国家的直接消费。国家消费大致包括：行政支出，公益支出和军事开支这三种。行政支出主要是用于国家行政管理等各项支出，如行政机构的设置及运行费用，国家官员薪俸的开支等。公益支出用于社会发展、社会福利、文化教育等，像救灾救荒、兴修水利、交通、办学等。军事费用指军队的开支及维护国家安全支出的种种费用。

1. 从悬泉置汉简看国家的消费①

悬泉置遗址，地处今天的甘肃西部瓜州县和敦煌市交界处。悬泉置，在汉代属于敦煌郡效谷县。置，即汉代的邮驿机构。据考古资料显示，悬泉置遗址是迄今保存最完整，规模最大，时代最早的邮驿机构遗址。这个遗址的年代包含汉、魏晋，主要是汉代。它出土的文物丰富，特别是 3 万多枚的汉简中有 2.3 万枚有文字，对我们认识当时的边疆与内地、地方与朝廷、汉朝与周边，以及丝绸之路和欧亚大陆的世界具有重要意义。2014 年，悬泉置遗址被联合国教科文组织评为世界文化遗产。

过去，人们对秦汉历史的认识多源自已有的文献，诸如《史记》《汉

---

① 本文所引悬泉置资料多参照 2016 年 10 月 13 日《光明日报》第 11 版张德芳《悬泉汉简中的中西方文化交流》。

书》等，但因为历史遥远，故有限的文字记载对人们客观认识那一时代是有局限的。自越来越多的简牍出土面世以后，其记录秦汉社会的资料丰富而翔实，大大推进了学术研究。

（1）从悬泉置遗址及出土的汉简中，可以较清晰地认识悬泉置机构的设置、人员配备以及它的职能：

在50米×50米的正方形院落遗址中，有27间大小不等的房屋供人居住和办公，院落外有马厩，均是汉代遗存。汉简记载悬泉置的人员有定额：有官、卒、徒、御一共37个人，也就是说从官到吏有37个人；有员马，定额为40匹；传车有10—15辆；除养马外还饲养一定数量的牛，有牛车5辆。我们可以设想一下，维持这样一个机构及供给相关人员，国家要付出多少钱物？

悬泉置的主要工作是什么呢？首先是传递公文、信件、情报和私人的信函、物品。其次，专门接待出使西域的官员、东来西往的官员、使节和行旅（也有学者研究认为悬泉置主要接待官方人员而不接待私人）。再次，除了接待朝廷的官员、出使西域的使者以及公主出嫁和亲等国家事务以外，还接待西域各国包括中亚、西亚、南亚次大陆有关国家和地区往中原进贡、受封、觐见、通使等人员，这些人都要在悬泉置歇脚、吃饭。

（2）既然悬泉置的职能有接待人员歇脚、吃饭的问题，那么，这个地方究竟有多大的接待能力？消费量是多少？

前面我们说到悬泉置的人员配置为37人，那么，他们的工作量有多大呢？在出土的汉简当中，《悬泉置元康五年正月过长罗侯费用簿》的记录非常典型。它由18枚简牍组成，如实记录了公元前61年长罗侯常惠的部属路过悬泉置的生活情况：消费的物品有酒、肉、鱼、米、豉、酱；随行人员的身份有长吏、军候丞、司马、斥候、弛刑士等；路过的人数分别有12人、72人、75人、300人不等。我们分析一下，30余工作人员接待12个人问题不大，但是如果是30余人要接待300人，那悬泉置的接待能力是不错的。而且，仅从食物的消费看，300余人的粮食消费也是不少的。

再看，悬泉汉简还保留了大量西域都护府设立后，直到西汉末年西域30余国前往中原王朝国都时在悬泉置停留的珍贵记录。不仅体现了汉朝与西域各国，以及其他国家和地区的联系交往，也体现出悬泉置接待能力的不凡。如公元前77年，楼兰王及200余人路过悬泉置。公元前52年，康居国使团的使者、贵人和从者，一共76人；随行的牲口有78头，主要是骆驼、马、牛、驴等。如大宛国，汉简记载有“大宛贵人食七十一，凡三百一十八人”。那就是接待使团至少有 71 个，一共 318 人，接待的规模不小。汉简还记载，汉昭帝年间的某一个二月，两天之内就接待前往中原的鄯善、且末、皮山、莎车、于阗、疏勒、渠勒、拘弥等西域国的使者一共 34 人。这也就说明，悬泉置的接待任务重，东西方往来交通是非常繁忙的。

（3）上述资料会引出一个问题，即悬泉置的国家行政消费会是怎样的？一要看官吏薪俸及开支（下文会讲汉代的薪俸）。虽然悬泉置官员的官阶不高，但是会有开支。再从机构职能的发挥看，必然会产生支出，比方邮传费、接待费、牲畜的饲养费，这些都算作行政消费。

（4）从悬泉置汉简资料，我们还可以看到敦煌地区的国家行政消费怎样？生活消费及生产消费怎样？

据记载，在当时的敦煌郡，像悬泉置这样的驿传机构共有 9 座，每个置相距 30 千米，从东到西一线排开，承担了国家的接待和传递任务。虽然其他 8 置的资料不详，但人员配置和接待应当与悬泉置差不多。再细一点想，每 30 千米设 1 个置，那么，国家要为 9 个置支出多少或说国家的行政消费是多少呢？（有资料说这个地方实际上是国营农场的性质，因未找到更详细的资料故不展开）我们从悬泉置的接待情况看，若以人均食量/1 天 X 过往人次，牲畜所需粮草/1 天 X 过往牲畜数量，人所吃的、牲口所吃的粮食的数量应该是非常大的。这些粮食无论是由国家拨付或是农场自付，都应属于国家消费。

汉简中记录的饮食有酒、肉、鱼、米、豉、酱等，这不仅反映饮食消费，一定程度也反映了当地的物产情况。此外，还可以看到牲畜的作用，有车、有马、有牛、有骆驼，它们既是重要的生产、交通工具，也是生活资料。

2. 从先秦两汉官员的薪俸看国家消费①

在古代中国，官员的薪俸是国家财政支出的重要部分，由于薪俸源于国家税收，所以成为国家消费的重要内容。这里我们要注意几个问题，一是古代薪俸制的形成。二是薪俸的构成和比重。今天，我们的工资都是用货币支付的，但在古代，薪俸的组成和支付情况较复杂，有谷物，有绢帛，有钱，

---

① 薪俸部分主要参考黄惠贤、陈锋主编：《中国俸禄制度史》（武汉大学出版社 1996 年版）；罗庆庚《汉代俸禄制度的特点》（《湖南师大社会科学学报》1987 年第 1 期）；杨有礼《秦汉俸禄制度探论》（《华中师范大学学报》1997 年第 2 期）；张兆凯《两汉俸禄制度研究》（《中国社会经济史研究》1996 年第 1 期）；阎步克《从稍食到月俸——战国秦汉禄秩等级新探》（《学术界》2000 年第 2 期）；葛剑雄《中国人口史》第一卷，复旦大学出版社 2002 年版，等等。

有劳力等；给钱或物的情况居多。在这当中，我们尤其要注意物和钱的比重会有怎样的变化？这个变化与社会发展密切相关。

（二）中国古代俸禄制形成

根据学者的研究，薪俸制的形成大约经历这样一个发展线索：从西周的世官世禄制到战国，秦行俸禄制，这是薪俸制的初步形成期；至两汉完善；汉代以后，变化虽大，但俸禄主要是看组成的变化、货币和实物比重的变化、数额的变化等等。我们要有一个概念，并不是说某个朝代的薪俸所给货币的比重大，后代就一定如此。实际上中国历史的发展是有起伏的，魏晋时期多战乱，行钱不易，故靠实物支付就是事实。

俸禄制是在东周初步形成，主要是在秦国。早在西周时，中国社会是一个以血缘为基础的社会。它有两个最重要的制度，即是宗法制和分封制，两个制度都是以血缘为基础，据血缘的亲疏远近分大宗、小宗，再由此分封土地。在此基础上实行世官世禄制，使那些获得封地的公卿贵族有爵有禄，享有实际的爵级、名分和与之相应的经济利益。对公卿贵族、有功德者颁予采邑，这些人有土地有百姓，可世代享用并领有。这是西周的情况。

到了东周特别是战国，进入群雄争霸的时代。世官世禄制逐渐崩溃而俸禄制逐渐形成。在这种时期，各国以军功作为奖励的基础，促进俸禄制的形成。在当时，以谷物为俸禄的情况比较普遍，在秦国逐渐制度化。秦统一后，这种方式对后世影响深远。当时思想基础是什么？由于是群雄争霸，秦倡导以功论赏，定爵位。商鞅就有一句话：“民力尽而爵随之，功立而赏随之，人君能使其民信于此，则兵无敌矣。”墨子也说“以劳定赏”“量功分禄”。意思都是一样的，只要是做了事情，就要给予爵禄；若立有战功，一定要给予奖赏。

此外，春秋后期郡县制逐渐形成。一些小国在征战的过程中，对所占领的地区开始用行政层级管理取代原有宗法制下的封邦建国。这是一个非常大的变化。今天实行的就是行政层级的管理。古代实行行政层级管理后，各地方不再是以血缘为基础的私家管理，官员是由国家委派，俸禄由国家供给，国家的性质就更加突出。与此同时，官员的薪俸也开始从过去的爵禄进入秩禄的阶段，并经历了一个发展过程。

（三）俸禄制自秦国开始制度化，以实行军爵禄制和行政官禄制为特点

秦国军爵是论功行赏，杀一“甲首”“赏爵一级，益田一倾，益宅九亩，除庶子一人，乃得入兵官之吏”。就是说，此时的爵位不再是宗法制下的贵族享有，百姓若有战功不仅有爵禄，还可成为军事长官。在当时，军爵

有高低，其伙食供给量会有不同。对秦国的行政官员而言，俸禄的多少也显示出官员级别的高低，即形成与爵禄相对应的禄秩。秦国的行政官有称五十石之官、百石之官，千石之官等差别。其五十石、百石、千石、两千石等，既是官员每年所得的俸禄数量，又是官员的级别。之所以称 XX 石，是因为“石”是当时衡量谷物重量的尺度之一。战国时官员的俸禄以谷支付，多是“年俸”，但秦简中已有“月食”的记载，至汉代则正式“以石论秩”“按月支付”（就是我们说的月薪）。此外，还会配给一定的牛车以及可役使之人。你们看，我们今天的官员配给车辆，其实有渊源可寻，并不是今天才有。

（四）当时的俸禄就是禄米，它和消费的关系是什么样的呢

有学者测算，秦国五十石之官所得的俸禄一共是 1712.5 公斤，是 5 口之家一年的口粮。那是五十石之官，一千石之官可得禄米 3.4 万多斤，可享受奢侈生活。根据《秦律》，六百石以上官“皆为显大夫”，即高官；五十石是一般的小官，这个是秦国的情况。到了两汉，汉承秦制，以秩石定官吏级别，按月领取俸禄。除俸禄以外，官员还可以享受大量的赏赐，这些都构成了官员的收入。此外，致仕也就是退休以后，还可以享受一定的经济待遇。我们今天也是这样的。这些，都是国家消费的组成部分。

（五）两汉的俸禄与消费

汉承秦制，以秩石定官吏级别，按月领取俸禄更加完善。除俸禄外，官员还可以享受大量赏赐；官员致仕仍可享受一定的经济待遇；这些都是官员的收入，不仅是国家消费的组成部分，也直接影响到官员的个人消费。

1. 汉代的官员数量

根据《通典》卷 19 记载统计，西汉末年有 13.0285 万人，据《汉书·百官志》记载统计是 12.0285 万人。西汉的人口和官员的比例大约是 495∶1 或 457∶1，就是 400—500 个人比 1 个官员（这个比重是根据《汉书》元始二年的人口数 59 594 978 计算的）。又据《通典》卷 36 记载统计，东汉官吏共有 152 986 人，其中内外文武官有 7567 人，诸色职役有 145 419 人，有学者测算人口与官员的比例是 325∶1。

2. 汉代禄秩的表述与秦代不同

与秦不同，汉代官吏是以石之多少显示秩别与级差。总体上，秩四百石以上为官，秩四百石以下为吏，六百石以上为显官，如高级官员有中二千石、二千石、比二千石。在两汉，90% 以上都是四百石以下的小官吏，这里只是以石来表示职位的高低而非俸禄的多少。

3. 汉代的俸禄构成及变化

西汉初年，俸禄以谷为主，两千石官月俸180斛；最低的吏为一百石，月俸只有16斛。由此可知斛之多少体现俸禄的高低，且是以实物谷粟为主，称禄米。最迟从汉武帝开始，国家以钱为主给付俸禄，称为月俸钱。这是西汉的情况。东汉的俸禄是“半钱半谷”，一般认为是按50%给付谷物，另外一半则是按1斛谷100钱的情况折算并发放的。另外，西汉还有“廪食太官”之说，即无论官和吏的秩位高低，国家都要给予一定的口粮，一般是三石三斗三升，盐每人每月三升，一些特殊的还有肉菜钱，来保证生活的必需。

由上可知，两汉的俸禄是以钱为主还是以谷为主是有变化的，西汉初期是以米为主，至迟至汉武帝时则以钱为主，俸禄构成变化的原因是什么呢？为什么或以钱或以谷？

我们从先秦至汉的历史背景分析不难理解这个问题。东周战争比较频繁，局势动荡，有钱但可能买不到东西，故钱不是很好用；而在动荡时期，谷物实实在在可以果腹，故禄米有实用价值。以钱代谷是与社会经济及国家财政收入相适应的。汉代社会经济的发展中，盐铁是最大的商品，最富有的商人是盐铁商人。汉武帝之前，地方郡国都是可以铸钱的，故社会上的货币比较充足。国家财政收入中有征算赋、口赋等得来的钱，也使国库中的货币量丰饶。文景之治，府库充盈，史称“太仓有不食之粟，都内有朽贯之钱”，为汉武帝以钱为主支付俸禄奠定了基础。到了东汉，俸禄是半钱半谷，可能与王莽改制和时局变化有关。

从俸禄的称谓变化也能从一个侧面看出当时社会经济的变化。西汉俸禄以斛计多少，继承了先秦的习惯称禄米。但在西汉的史籍中，常以奉钱表述，很少禄、钱并称。有学者认为，这种称呼上的变化，与俸禄的内容由实物向钱币转化有关。

（六）汉代官员的俸禄与消费

在汉代，国家给官员的俸禄支出占国家财政的比重非常大。有史料说，“汉定以来，百姓赋敛，一岁四十余万万，吏俸用其半，余二十万万藏于都内为禁钱”。这条史料出自两汉交替时期的人物，是桓谭《新论·离事篇》里面的记载，很有说服力。可见西汉末年朝廷一年有40余万万收入，但是一半都用于支付官吏俸禄，让我们明显看出国家收入和消费的关系。税赋是国家的收入，而付给官员的薪俸就是国家消费，而且是国家的直接消费。这里，我们还可以拓展思考，如果国家官吏的人员设置超过实际需要，人员繁冗，必然造成国家收入和支出的失衡。这种情况下，国家会出现问题吗？回答是肯定的。

从官员个人看，当领到俸禄特别是拥有一定量的货币后会怎么使用？因消费而使用货币的过程就从原属于国家消费的层面进入个人消费的层面。董仲舒曾经对食禄官员有这样的评价，他说这些人“身宠而载高位，家温而食厚禄，因乘富贵之资力，以与民争利于下”。这些人“众其奴婢，多其牛羊，广其田宅，博其产业，畜其积委”的行为，会导致“民日削月浸，浸以大穷。富者奢侈羡溢，贫者穷急愁苦；穷急愁苦而不上救，则民不乐生”（《汉书》卷56）。从这条史料中，我们看到官员俸禄的走向和结果，也可以看到官员个人的消费过程及其个人消费后引起的社会后果。一些官员把俸禄用于与民争利，强取民宅，造成严重的贫富分化。虽然他们是以单个个人的消费行为开始，但若干人的不当消费必定会影响社会以及国家的生产、分配、流通、消费的全过程，甚而影响国家社会的稳定。

（七）消费变迁的研究——以唐宋城市消费为例

我这里讲的消费变迁研究主要以唐宋城市消费为例，第一个问题讲消费资料从生活需要转向精神需要；第二个问题则从饮食消费变化看消费品质的提高。

1. 消费资料从生活需要转向精神需要——从大宗商品的变化说起

（1）由汉至唐，大宗商品从盐、铁到绢帛、茶的变化。我们知道，从汉至唐，大宗商品有一个从盐、铁到丝、茶的变化。汉代的大宗商品是盐和铁，它们是大众生活和生产的必需品。盐，是日常生活所需，人人所需；铁，是农业生产所必需，军队所必需。限于当时社会经济的发展水平，故两者是当时的大宗商品。

在唐代前期，大宗商品是绢、帛。对这个问题有学者研究，如李埏先生。当时，绢帛在国内主要由贵族享用，或者是充当货币与铜钱同时流通；在塞外，受各民族、各国家的欢迎，沿丝绸之路远销至西亚、乃至罗马。我们若从绢帛的生产成本和价值分析，就能知道究竟什么样的人群能穿绢帛？可以肯定的是那绝对不是一般的老百姓。它的消费群体一定是比较高层次的，或有政治地位或有经济地位或二者兼而有之；虽然它能远销至国外，但也是有限的。

在唐中期以后，绢帛虽照样流通，但茶叶成为商品之大宗，跃居至第一位。它成为城乡大众的日常生活消费品，从量上达到一个前所未有的高度。此前，饮茶风俗主要在江南，到唐代中期以后，已遍及大江南北以及塞外民族。这个变化说明什么？它肯定反映出当时的社会经济发展中有较大的生产剩余，商品经济有较大的发展。只有粮食生产有剩余，人们才有时间种茶；茶的生产达到一定的规模，才可能更多地走向市场；只有社会发展水平达到一定的高度，才会有更多的人群将茶作为闲暇消费。这个过程，就反映出人们的消费资料从生活必需品向非必需品的转变。茶虽列大宗商品之首，但与汉代大宗商品盐铁不同，它是生活消费品但不是生活必需品。

不过，尽管我们说唐代中后期茶已经成为大众的日常消费品，但就唐代的资料看，对茶的消费还未像宋代那样达到一个更高层面的精神享受。据唐代资料记载，“茶，……南人好饮之，北人初不多饮”。开元中，“自邹、鲁、沧、棣，渐至京邑，城市多开店铺，煎茶卖之，不问道俗，投钱取饮。其茶自江淮而来，舟车相继，所在山积，色额甚多。……古人亦饮茶耳，但不如今人溺之甚。穷日尽夜，殆成风俗。始自中地，流于塞外”（封演《封氏闻见记》卷6《饮茶》）。这就是说，饮茶早已有之，但不像唐代那么爱饮成风，那么“穷日尽夜，殆成风俗”。虽“始自中地”但已“流于塞外”。这是唐中叶以后关于饮茶的非常生动的记载。

（2）宋代以后，茶不仅满足了大众日常生活的需要，也满足了大众的精神需要。文献记载说“茶之尚，盖自唐人始，至本朝为盛。而本朝又至祐陵时益穷极新出，而无以加矣”（蔡絛《铁围山丛谈》卷6）。我们大家都看过《清明上河图》，在《清明上河图》中沿街茶店酒肆鳞次栉比。孟元老《东京梦华录》的记载中的茶坊酒肆不计其数，散落全城。如朱雀门外“以南东西两教坊，余皆居民或茶坊，街心市井，至夜犹盛”；在东十字大街，“茶坊每五更点灯”等。从这两条史料我们可以看出，北宋后期城市中饮茶已经大众化、市场化，这是非常明显的，与唐代史料记载的风貌不一样。

至南宋，饮茶之风有变化，追求精神层面的内容更加突出，甚而有些奢侈。据《梦粱录》记载杭城“处处有茶坊”，数量之多自不待言。关键是，此时各种茶坊的功能已远非简单的吃喝可以言说，而是增加了更多的人情和文化。如《都城纪胜》中记载杭州有“人情茶坊”。这种茶坊不全是以喝茶为目的，去那里“非以茶汤为正，但将此为由，多下茶钱也”。就是说多给点钱，捧捧场。有“挂牌”茶坊，在里面学乐器、歌吟之类。这个茶坊显然有饮茶消费之外的其他功能。还有“茶汤会”，每遇寺院有斋会，便“以茶汤助缘”。从上述关于茶的消费记载看，宋人饮茶已具有较浓厚的文化含义。宋代还有“斗茶”习俗，在品茶之后对茶优劣进行评价。据说这种习俗源自福建茶农对新茶优劣的品尝比赛，后由乡村逐渐走向城市，不仅为上层官贵所接受，也为广泛大众所接受。这也说明这不是简单的饮茶消费了。又如福建对茶的消费，除了追求口味以外，还引起茶具生产和改良的推进，如精美的建盏。宋代的饮茶推进了饮茶礼仪的讲究，进而形成茶文化。南宋的文献对此记载是非常明晰的。

宋代的茶从一般的饮品发展到精神消费品。过去人们在主食消费之外，需要饮茶，这只是饮品而已。随着社会的发展，在饮茶日益大众化、市场化之后，人们有更高的追求。当人们对饮茶有更高的追求之后，就会出现更多的从形式到内容的讲究。现在在成都等地方，倒茶的服务员就很有范儿，一只手背着，一只手高提茶壶，“唰”的就把茶水倒入茶杯，动作很漂亮但水也不会溅出。这是技巧，需要积累到一定的时候才能达到这样的程度。

2. 从饮食消费变化看消费品质的提高

唐宋变迁是学术研究的一个重要问题，如果从饮食消费看，唐与宋究竟发生了怎样的变化？

（1）唐代饮食消费分析

史载“是时，海内富实，……道路列肆，具酒食以待行人”①。又有记载说“东至宋、汴，西至岐州，夹路列肆待客，酒馔丰溢。……南诣荆襄，北至太原、范阳，西至蜀川、凉府，皆有店肆，以供商旅”②。这是两条有关饮食店肆的记载，它们有一个共同点就是服务旅途上的商旅。在城市当中，也有“庾家粽子”“萧家馄饨”“洛阳李环饧”等记载，那是服务城市市民。唐代还有很多关于精美食品的记载，但是如果仔细看就会发现，精美食品大多出自宫廷、达官显贵之家的消费，比方说李林甫家的“甘露羹”，虢国夫人家厨所做的美味，还有士人初次任官或者是晋升的，都要举办“烧尾宴”。据不完全统计，仅“烧尾宴”的菜品就达50种以上。③

由上述记载来看，关于唐代饮食经营和食品种类丰富的记载不少，那其消费有什么特点呢？其饮食消费的社会化、市场化程度怎样？

我们可以从唐代城市实行的坊市制度来分析消费的水平。唐代坊市制度对人们的活动有严格的时、空限制。坊门的开闭、市的开市闭市有严格的规定，晚上实行宵禁。可以设想一下，在实行宵禁的情况下，城市的夜生活会

---

① 《新唐书》卷51《食货志》。

② 《通典》卷7《食货典》。

③ 《说郛》卷95上。

是什么样？肯定是有局限的。虽然官贵仍然有饮宴歌舞，但多是某府邸的夜生活而非城市社会的夜生活。这与唐后期及宋代以后完全市场化的夜生活是不可比的。据此我认为，唐代饮食消费的大众化、专业化和市场化的程度是不高的，所以，消费也是有局限的。

（2）宋代的饮食消费

宋代的饮食消费是怎样的呢？从《东京梦华录》《梦粱录》《都城纪胜》《武林旧事》《西湖老人繁盛录》这 5 本书中对两宋都城生活的记载，我们明显看到宋代有一个突出的变化：饮食店肆多有装饰，饮食用具非常讲究，饮食品种非常之多、制作之精细，服务之周到已大大超越前代。而且，面向城市不同等级居民的饮食服务特点明显。

我们首先看为大众服务的饮食环境。据《东京梦华录》记载，“凡京师酒店门首皆缚彩楼欢门。……在京，正店七十二户，此外不能遍数”。正店是什么？就是今天的大酒店。开封正店有 72 家，且“酒店门首皆缚彩楼欢门”，就像我们今天店铺开业时的装饰。除 72 家大酒店，还有无数小店，大多“绣锦相招，掩翳天日”。这种彩旗飘飘，招揽顾客的场景我们今天特别能理解。但在改革开放以前的中国是难以想象的。

从《梦粱录》的记载看，北宋的饮食店肆开始“张挂名画，所以勾引观者，流连食客”，饮食店体现出文化品位。到了南宋则是“插四时花，挂名人画，装点门面”；有的茶肆“列花架，安顿奇松异桧等物于其上……敲打响盏歌卖，止用瓷盏漆托供卖”“诸店肆俱有庭院廊庑，排列小小稳便阁儿，吊窗之外，花竹掩映，垂帘下幕”。这些都可以看出，饮食消费场所环境优雅，开始融入文化要素。可以想见，其服务也会是高品质的。

其次，我们看服务不同等级居民饮食消费的情况。前面饮食消费排场我们理解为服务于有钱人。对更多的中下阶层而言，宋代城市中还有许多中、低档的酒店茶肆（如北宋开封的小酒店即“脚店”，也就是今天我们说的大排档），中档一点的是“卖贵细下酒”“迎接中贵饮食”。大街上还有“车担设浮铺”，就是推着叫卖，服务非常灵活。还有“沿门歌叫熟食……应千市食”，或“就门供卖，可以应仓卒之需”。《梦粱录》的记载尽显宋代饮食消费层次的多样性，其服务基本可以涵盖不同等级的城市居民。这也是唐代所不及的。

再次，宋代饮食过程讲究，有规矩，服务到位，顾客至上。据《梦粱录》卷 16 的记载，在南宋临安有的大酒店“具用全桌银器皿沽卖……于他郡却无之”。有一个卖梅花酒的酒肆，“以鼓乐吹梅花引曲，破卖之。用银盂、杓、盏子”[①]，鼓乐就像我们今天吃饭的伴奏，使用银器显示档次。有的茶肆“止用瓷盏，漆托供卖”，这也是显示茶具的品质及上茶的讲究。杭州“诸店肆俱有庭院廊庑，排列小小稳便閤儿，吊窗之外，花竹掩映，垂帘下幕，随意命妓歌唱，虽饮宴至达旦，亦无厌怠也”。如此赏心悦目的环境，如此惬意、愉悦的饮食消费过程，在宋代已经大众化并达到一种境界。

在宋代，饮食者懂规矩，服务者有序到位。史称“大凡入店不可轻易登楼，恐饮宴短浅。如买酒不多，只坐楼下散座，谓之门床马道”。当顾客“初坐定，酒家人先下看菜，问酒多寡，然后别换好菜蔬……”；各色冷热食品，任由“呼客随意索唤”“凡点索茶食，大要及时”；从点菜到上菜，井井有条；如有差错，顾客可告知店主，服务人员会受到处罚，甚者被开除。[②]

这些史料让我们认识到宋代社会的个人所具有的素质，营业者应具有的服务意识与规范。而这些个人、企业、社会的规矩，文明与和谐的情况令今人感慨。

自古以来人们都说“民以食为天”，当食物充裕，经济发展后，饮食消费水平可以代表一个社会生活消费的高度。唐代前期饮食的种类多，饮食经营的店肆也不少，但唐后期至两宋，饮食消费品的数量和品质、消费的大众化、市场化、程式化，消费规模和消费质量的发展显而易见。从社会的角度看，宋人的饮食消费已经开始更多地关注文化精神特性与形象价值。饮食消费不仅体现了个人和家庭开支的增加，还表现了社会或说集体消费的增长。从这个意义上，也反映出那一时期消费水平的高度。

由古鉴今，我们是不是还要进一步思考一些问题：品质消费和奢侈性消费的差异是什么？分界点在哪里？引领大众消费的究竟是什么？消费对社会、国家的影响是什么？从一定角度看，今天的中国处于一个消费时代，若人们多不歌颂劳动，而是歌颂或宣扬消费，这是有问题的。今天是一个抛砖引玉的习得讲解，更多的问题期待我们的同学做更深入的探究。

---

① 《梦粱录》卷16《茶肆》。

② 见《梦粱录》卷16。

唐宋变革论与宋代经济史研究

黄纯艳

有学者把历史研究的理论分为三个层面：一个层面是史观，如马克思主义唯物史观是最高层次的理论；一个层面是作为分析工具和认识框架的理论；一个层面是研究技巧或研究方法。我今天所讲的“唐宋变革论”属于第二个层面的理论框架。从20世纪以来，在宋史研究中以内藤湖南为代表的“唐宋变革论”为影响最大的理论。当然，唐宋变革的理论研究不仅仅是日本学者提出，也不仅仅是日本学者关注。

一 唐宋变革与“唐宋变革论”

（一）对唐宋变革的认识

唐宋时期中国历史发生了巨大的变革，但“变革”与“变化”中间有什么关系？“唐宋变革论”对唐宋变革提出了什么样的认识框架？首先看看对唐宋变革的认识。唐宋历史出现了很多的变化，但是这些变化不一定都是变革。柳立言先生指出变化不等于改变，唐宋变革期不等于唐宋时期，要区分这两组概念。什么是唐宋变革呢？唐宋变革是指唐宋时期发生的各种变化中，那些把唐代和宋代分割成不同性质时代的巨大变化，即唐代属于中古，宋代以后属于近世。而且它不仅仅是指唐代与宋代之间发生一些转变，而应该是指中国从中古到近世根本性的革命性的变化。

唐宋变革期是一个什么概念呢？唐宋变革期就是指那些巨大变化发生到逐步稳定的一个阶段，一般认为起自中唐下到北宋中期，有人认为到北宋中叶结束，也有认为到南宋初期结束，没有定论。总的来说，唐宋变革期是一个过渡时期，从中古到近世的过渡阶段称为唐宋变革期，变革期结束以后，就稳定的进入到近世了。之所以对变革在什么时候结束有不同的看法，就是因为各个领域的变化结构是不一样的，政治、经济、法律的变化周期是不一样的，所以对其起止时间也会有不同看法。对于唐宋变革意义上的这种变化的认识是自古以来就有了。有学者把其最早追溯到南宋的郑樵。郑樵在其《通志》里有这样一段话："自隋唐而上，官有簿状，家有谱系，官之选举必由于簿状，家之婚姻必由于谱系"① "自五季以来，取士不问家世，婚姻不问阀阅"②。他在这里讲了由唐入宋两个方面的巨大的变革。一个变化就是入仕的变化，也就是政治的变化，一个变化是婚姻的变化，也就是社会的变化，就是后来的学者所讲的，从荐举制到科举制，从重门阀到不问出身。婚姻也是如此，从重门第到不问出身的变化。

明代的陈邦瞻认为中国历史进入文明社会以来一共发生了 3 次巨大变化："宇宙风气，其变之大者三：鸿荒一变而为唐虞，以至于周，七国为极；再变而为汉，以至于唐，五季为极；宋其三变，而吾未睹其极也。今国家之制，民间之俗，官司之所行，儒者之所守，有一不与宋近乎？"③ 从唐尧、虞、舜开始，是第 1 次大的变化，这个变化的顶峰是在周，到七国就是战国，变化终结了。第 2 次变化出现在汉代，在唐代达到顶峰，五代的时候变化终止了。在宋代是出现了第 3 次大的变化，我还没有看到它的终点。陈邦瞻认为自己所处的明代还是在宋代的变化轨迹当中。所以他讲，明代的国家制度、民间风俗、官府运行方式、儒家基本生存规则，都与宋代接近。这是从宏观上总体讨论中国历史的变革。

近代以来，马克思主义者和非马克思主义者都对唐宋的变革做出过论述，当然各自的视角会有所差异。非马克思主义者的代表性人物主要有夏曾佑，夏曾佑是清朝末年和民国时期的人。他把中国历史分为三个时期：上古、中古和近古。上古到周末，即东周；中古到唐代，近古是从宋代一直到他所处的时代。

王国维也指出过宋代的变化。他说"天水一朝人智之活动，与文化之多方面，前之汉、唐，后之元、明，皆所不逮也。近世学术，多发端于宋人"④。"天水一朝"指宋朝，"天水"是赵姓的郡望，宋朝皇帝姓赵，所以大家通常用"天水一朝"指代宋朝。他认为宋代的时候，思想、文化的发展是汉唐、明清都赶不上的，元明也赶不上，近世的很多学说都发端于

---

① （宋）郑樵：《通志》卷二十五《氏族略第一》，浙江古籍出版社 1988 年版，第 439 页。

② （宋）郑樵：《通志》卷二十五《氏族略第一》，浙江古籍出版社 1988 年版，第 439 页。

③ （明）陈邦瞻：《宋史纪事本末・原叙》，文渊阁《四库全书》影印本，1990 年，总第 353 册，第 2 页。

④ 王国维：《宋代之金石学》，出自《王国维遗书》第 5 册，上海书店 1983 年版，第 70 页。

宋朝。

钱穆在《国史大纲》和《中国文化史导论》中也提出了中国历史发展的变革。他特别强调古今之变最主要在宋代，宋代是最关键的变化时期。他也把中国历史分为三期：先秦以前为第一期；唐代以前为第二期；从宋代开始进入第三期，他指出宋代的第三期可说是中国的近代史。可见他认为唐和宋是中国的中古到近代的过渡。

陈寅恪也谈到唐和宋的变化，他把唐代的历史分为两个阶段，唐代历史的前期结束了魏晋南北朝的旧局面，后期开启了宋代的新局面。他从唐代中期把它划分为两个阶段，而且认为政治、经济、文化、社会、学术各个方面发生了总体的变化。

这是近代的一些非马克思主义学者的认识，他们从局部或是宏观对变革做出论述，但是他们没有提出关于唐宋变革的系统的理论体系，也没有把唐宋变革当作一个独立的学术命题加以讨论。我们可以说这样的唐宋变革是一个朴素的唐宋变革观，还不是一个理论体系或是认识框架。

马克思主义学者对唐宋变革的关注，我们也举几个代表性的例子。一个是侯外庐，他以两税法为转折点把唐分为前期和后期，他说中唐以后由于生产力的发展和劳动熟练程度的提高，以实物地租为支配的形态代替了以劳动为支配的形态。以实物作为地租代替了服劳役作为地租是一个巨大的变化，这个变化他认为是两税法开始的，而且不仅是农业的生产领域，从农民起义领域也可以看得出它的变化。在中唐以前，农民起义主要是反徭役，争取人身权，中唐以后主要是要求分产、均产。我们能从中体会到马克思主义学者关注点与前面的不同之处。

另一个有代表性的马克思主义学者胡如雷也论述过唐宋变革。他把唐代和宋代的变化分为早期和盛期两个阶段，以均田制的瓦解为起点一直到宋朝初期，是一个大的变革期。他主要从三个方面讨论变革。第一个方面是阶级斗争。他认为从秦到唐，农民起义的锋芒指向的是地主政权，要推翻政权。从北宋时期一个巨大的变化是指向所有制，要推翻的是地主统治；第二个方面表现在地主政权与地主间的斗争。本来在马克思主义史学家中，地主政权是地主阶级的总代表，但是地主阶级的总代表与地主阶级也有矛盾，他们的矛盾在唐以前是对农民的直接剥削，就是劳动人口的争夺，在后期是对土地的剥削，然后再争夺劳动人口；第三个方面是土地所有制的发展。早期主要是国有土地制度巩固和地主所有制受到限制，宋代以后是地主所有制的很大的发展，农民由国家的佃农变为地主的佃农。他的研究主要是关注经济基础的变革，而且把它视为封建社会内部的变化。

著名的马克思主义史学家——宋史研究大家漆侠认为唐代中叶以来国有土地日益衰落，向私有制转化，从生产关系讲是农奴制度向封建租佃制度转化，从社会层面看是新的土地兼并势力取代旧有的山东士族，而且这样的一些经济领域的变化引起了文化、思想领域的巨大变化。

以上所举的三人代表了马克思主义史学家对唐宋变革的认识。他们的几个认识有几个特点和共性。第一个共性是五种社会形态的指导下，他们认识的唐宋社会的变化是封建社会内部的变革，是封建社会由前期向后期的转变。事实上就是认为在唐宋之际没有出现社会性质的根本变化，还是处于封建社会这个大的区域形态之中；第二个共性是以经济基础决定上层建筑理论的影响下，重点在于讨论经济基础，对政治和文化领域的变化相对忽视。

西方学者也对唐宋变革有所论述，我们举两个例子。一个是非常著名的中国史研究专家郝若贝，他认为从唐到北宋出现了经济革命和人口爆炸，导致国家权力变小和地方权力、地方精英的参与空间扩大。他主要是以精英变化的特征来论述唐宋变革。他认为唐代是世袭精英的阶层，到宋代是职业精英的阶层，到南宋是地域精英的阶层。他认为两宋时期的精英群体在报效朝廷和奉行地方主义上有策略的不同。他的重点在于关注两宋，路径在于关注精英阶层的变化，是一个社会分层的理论。

郝若贝的学生韩明士对南宋抚州精英群体进行过研究，之所以那么关注抚州，因为抚州是王安石的故乡，他认为这时候的精英不再关注国家的权力中心，也不追求高官厚禄，而是把注意力转向巩固他们在故乡的基础。在社会观念里他认为出现了地方精英主义。就是精英不再往上层发展，而是在地方发展。郝若贝和韩明士的理论对中国大陆中青年学者产生了很大的影响。从近年来一些青年学者博士论文的选题及论文取向，可以明显看到他们对精英分层理论的接受。

此外，西方学者如费正清、伊懋可、包弼德等都对唐宋变革或两宋变革从不同角度做出过论述。

自 20 世纪 90 年代以来，我们国内掀起了“唐宋变革”研究的热潮，学界广泛讨论的唐宋变革的显著特点是研究者作为研究范式的都是内藤湖南为代表的“唐宋变革论”。

（二）“唐宋变革论”

20 世纪 90 年代的后期到 21 世纪初期各学校纷纷举行关于唐宋变革主题的专题会议，葛金芳、卢向前、邱添生、林文勋、李华瑞都出了专门讨论唐宋变革论的著作。如葛金芳《唐宋变革期研究》、卢向前《唐宋变革论》、邱添生《唐宋变革期的政经与社会》、林文勋《唐宋社会变革论纲》、李华瑞《唐宋变革论由来与发展》。还有一些书名不是以唐宋变革为题目，但其旨趣和主要问题是讨论唐宋变革论。20 世纪 90 年代以来还有一个变化就是研究领域有所扩展，不再局限于经济基础和阶级斗争，而扩大到经济、政治、文化、社会生活、思想等各个领域。

国内的学者主要是把内藤湖南为主的“唐宋变革论”作为研究范式，有如下几个理由。

1. 对教条地运用五种社会形态理论的反思，以及探索中国历史发展规律的渴求。大家明显地感受到我们教条地运用五种社会形态理论不能完全准确地概括中国历史发展自身的规律，需要探索新的研究框架和理论体系，这就出现了有学者所称的“理论的饥渴”，特别是在 90 年代开始。因为 80 年代到 90 年代是学界一个换代的时期，前面都是在相对封闭的单一的马克思主义教育背景下成长的一批学者，到后期出现一些思想比较活跃或者是接受新的思想理论的学者，他们对新理论的探索有强烈的渴望。

2. 中国学者对唐宋变革的论述还没有形成完整的理论体系，难以作为理论研究的具体的认识框架。前面举过具有代表性的学者都是这样，不能现成地拿来用。而日本学者“唐宋变革论”问题指向明确，理论体系完整。

3. 力图克服史学研究中碎片化的倾向，加强对历史问题的整体认识。当我们在反思宏观理论局限性没有指向的时候，我们会深入研究一些具体的问题，导致碎片化，这也使一些学者警醒，要重视整体研究。

90 年代以来研究的主要是日本学者的“唐宋变革论”，当然中国学者比日本学者更早指出唐宋变革。与我们 90 年代运用，将“唐宋变革论”作为主要研究范式是不矛盾的。

日本学者的“唐宋变革论”是怎么发展和演变的呢？日本“唐宋变革论”的首倡者是内藤湖南，名内藤虎次郎，湖南是其号，所以更准确的应该叫内藤虎次郎。他是儒学世家，通晓中国历史，40 岁以前是一个记者，很关心时政，其研究取向也体现出这个特点，后来转到京都大学任教。1922 年他发表了《概括的唐宋时代观》，比较系统地提出了唐宋变革的基本观点。这篇文章后来被收入《日本学者研究中国史论著选译》第一册第一篇。全文中译本只有五千四百余字，却提出了一个宏观的构想。而他的基本观点在 1909 年讲授“支那近世史”时已经提出。

内藤湖南把中国历史分为三个时期：第一个时期称为“上古时期”，从开天辟地到后汉的中期；第二个时期从五胡十六国到唐代的中期，称为“中世时期”；第三个时期从唐代中叶到宋代，作为一个过渡时期，其后为“近世时期”。他的分期方法受到西方历史研究的影响，比照西欧的几个历史阶段划分，但他又把中国历史当作一个独立的历史体系。内藤湖南的唐宋变革论包含如下几个内容。

政治上：贵族政治转变为君主独裁政治，人民地位上升，财产与居住自由获得承认。所谓贵族政治就是皇帝作为贵族的共有物，是我们通常讲的魏晋南北朝到唐朝前期士族垄断政治和社会的阶段。政治是皇帝和贵族间的协议式的政治。宋代过渡到君主独裁的政治。君主独裁就是皇帝变为了人民的公有物，夹在中间的士族阶层消失，皇帝直接面对人民或百姓。百姓直接成为皇帝的臣民，而不是士族或是贵族的依附民。人民的地位提高，人民与贵族之间的依附关系解除，他们（百姓）获得了自己的财产权和人身自由。

经济上：交换经济空前发展，实物经济向货币经济转变。当然不能理解为唐代以前没有商品经济或是货币经济，而是货币经济发展还不够充分，特别是还在使用实物货币，唐前期还将绢帛作为货币。到宋代，金属货币成为普遍的货币，而且发行纸币，白银货币化加速，真正进入货币经济时代。

文化上：贵族文学到庶民文学，经学注重家法到独立表达等的变化。所谓的贵族文学主要是文学的生产者和消费者主要是贵族，宋代以后，文学的消费者逐渐转向庶民。带来的一系列的变化，如体裁上，以前的赋、诗是主要体裁，宋代开始话本成为重要体裁，明清小说成为主要体裁。汉学的特点就是不破坏家法，宋学的主要特点是直抒胸臆，抒发自己主观的思想。

这是内藤湖南关于唐宋变革的基本观点，他没有对上述的观点做深入实证的研究，只是基于自己的知识积累和直觉判断得出的结论，但具有非常重要的意义。

其再传弟子谷川道雄对其意义有过概括：他将中国历史看作一个独立的历史体系，一个自然生长的独立体系或自然生成的世界史。

内藤湖南把东亚历史看作中国文化的发展史，中国文化自身的发展、向外的扩散影响东亚历史的发展。东亚历史接受中国的文化创造他们自己的历史，然后形成中央与边境之间的互相的影响，即中国往外辐射和周边往中国辐射。创造出很大的研究空间。

学者们也注意到内藤湖南创立此说既是高屋建瓴的学理思考，也有其为日本军国主义张目的私衷。内藤湖南的近世论潜在的逻辑是中国是一个早熟的文明，到宋代中国已经进入近代，达到一个高峰，之后中国会走向衰落，需要用先进国家日本的经验输入中国，激活中国，让中国重新走向自立过程。

内藤湖南的学生宫崎市定、谷川道雄等进一步充实和发展了内藤湖南的学说，其发展主要表现在两个方面。

1. 把内藤湖南的假说概括为“唐宋变革论”，进行深入的实证研究，将其假说发展为一个完整的理论体系。

2. 逐渐褪去内藤湖南关注现实政治的色彩，对宋代近世说进行学理的论证，将其回归到学理的探讨。

宫崎市定等日本“唐宋变革论”支持者（以内藤湖南任教的京都大学及其学生的“京都学派”为主，也有其他背景的学者赞成此说）将唐宋变革在政治、经济、文化等各个方面做了深入、实证、系统的研究。

宫崎市定的基本贡献是进一步论证了唐宋变革的表现。政治上，九品官人法到科举制的变化，门阀政治向官僚政治的转变，君主独裁依靠制度的维持，而非皇帝个人能力。深入的从政治制度演变的脉络论证内藤湖南的唐宋变革。九品官人法是荐举制，科举制是考试制度，荐举制是士族垄断荐举权的政治，考试制是皇帝直接掌握官员任免权的政治。由于制度的发展和成熟使得君主的独裁是靠制度维系，而非皇帝个人的权威维系。经济上，农业时代向商业时代的变化。商业时代开启了广阔的讨论空间，一个是财政的变化，从原来主要依靠农业税来支持国家的财政格局变成了从两税加课利两条腿走路的财政格局。课利就是工商业收入，包括商税、专卖等。从发展的路径上看，唐代是内陆中心，北宋是运河中心，到南宋是沿海中心。从城市发展看，表现出极大的商业化，坊市制度变化，作为最基层市场的草市大量兴起，“行”在坊市制度下是国家严格管控的城市管理办法，坊市制度瓦解后，“行”是商人自治组织的经济管理办法。对身份制的打破，贱民的解放，租佃契约制的发展，一般的民众从部曲到佃户再到自由民的转变做了深入探讨。

第二次世界大战后，“唐宋变革论”在日本学界引起学术大讨论，一方面是对内藤湖南理论的深化和发展；另一方面是对其理论的驳难，有发展其理论，也有批评其理论。著名的宋代经济史研究大家柳田节子深化了宋代租佃契约制总体趋势下的地域差异，指出一些后进地带人身依附的存在。佐竹靖彦研究了宋代庄园制与地主租佃制同时存在的大经营与小经营状况。对内藤湖南学说下经济史领域的拓展，以斯波义信和宫泽知之为代表，拓展了原有的命题。

斯波义信强调商业在唐宋变革中的作用，对商业的作用主要从三方面展开了论述：一是宋代的城市化，即城市工商业发展和城市特性改变，农村集市发展及其新的城乡关系的形成；二是全国市场形成，即交通运输业的发展、流通规模的扩大和金融信用的发展，他称之为远程商业，并基于远程商业的发展来论述全国市场体系的形成；三是关注经济体制转换，排除私人土地所有制的均田制和租庸调制向私人土地所有制和货币经济的两税法的转变。斯波义信所关注的民间经济与官府经济，中央利益和地方利益的互动，特别从商业的角度对唐宋变革论的论述大大拓展了。

宫泽知之对流通经济做了充分的论述。他认为全国的市场不是累积形成的，即不是自然生成的过程。宋代的全国市场是财政为主形成的。北宋由于军粮供给与专卖的联结，发挥了组织全国物流的作用。为什么称为军粮供给和专卖的联结？唐代或以前军粮的供给主要是政府自己组织运输，宋代政府把掌握的几种主要的专卖品盐和茶等用来招引商人，运输政府需要的军粮到指定的地点，用这些专卖品去偿付，把这两者连通起来组织整个全国的财政转输。财政物流不是简单的政府的组织，而是商业组织发展和市场参与为基础的，与唐代的政府自运有根本不同。

从流通经济看，中国的经济出现两次变革，一次是唐宋时期的变革，在市场流通一定发展的基础上，有所变化的财政性物流反过来控制市场物流，虽然是政府组织，但不是像唐代以前的政府自己组织运输，而是通过政府调动商人运输。到明清的时候，市场性物流决定财政性物流。

对“京都学派”的驳难以日本历史研究会派为代表。前田直典、石母田正、仁井田陞等学者就对内藤湖南代表的“唐宋变革论”提出了质疑。他们也主张唐宋发生巨大的社会变革，他们否认内藤湖南代表的唐宋变革论认为唐代到宋代是中世到近世的过渡，而是认为唐代到宋代的巨大变化是古代向中世的过渡。

中国学者也有不同意或不接受“唐宋变革论”者，如李伯重认为宋代没有发生经济革命，宋代经济革命是“选精”“集粹”的方法下构建的虚像。美国学者刘子健认为：“唐宋变革论”把宋代称为近世比附欧洲近代，是机械地在时间上切成段落，没有指出每一个段落的主要特色，所以还应当另辟蹊径来讨论。他主张南宋发生了重要转折，即转向内在。

但“唐宋变革论”在今天依然带动着学术研究，成为唐宋两代若干历史议题研究一个重要的引擎。对“唐宋变革论”的意义所有的阐述中，牟发松的论述最为深刻。他认为“唐宋变革论”的意义，或其学术生命力一是来自其独创性。“宋代近世”的概念既以中国古代历史为核心，又与西洋近代相重合，是具有中国特色的“近世”。他的独创性包含非常复杂与交融的内涵；二是来自其开放性。表现为其独特性与普遍性的矛盾与张力，既是讲中国历史的特殊性，也是讲世界历史发展的规律问题，为这一学术命题的继承、发展、证伪、立异留下广阔空间，并不断激发出新的课题。既可以同意拓展，也可以反对证明其错误性，也可以提出不同的意见。

在运用“唐宋变革论”的解释框架或理论体系时候，我们的目的不是简单地赞成它或证伪它，而是激发对唐宋研究的不断深入并提出新的议题。以上所讲的就是唐宋变革论发展的基本脉络。

二 “唐宋变革论”下宋代经济史研究的框架和路径

我们要在什么样的大的宏观框架下讨论宋代经济史的一些变化，在什么样的原则和基本路径下讨论宋代经济史？总体而言，需在长时段变迁和比较研究视野下进行讨论。唐宋变革是一个历史分期理论，是探讨中国历史长时段变化的理论，讨论的变化是唐代和宋代的不一样，是有比较的视野。我们需要关注长时段变化的轨迹，关注唐与宋不一样的特点。

（一）制度变迁和经济运行

制度变迁是唐宋社会变革最显性的表征，最容易让我们看得到的变化，制度是社会运行的基本契约，除此之外还应该认识到制度的设立是社会运行的新机制，社会历史会在新的机制下运行。这种机制的运行会出现很多的变化、差异，我们应探讨运行的形态。

1. 私有制发展

均田制瓦解意味着限制土地私有的制度的废除，土地私有制得到保障，大力发展，并占据主导地位，官田也逐步以各种方式私有化。以均田制为代表的中古的田制，其一个显著的特点是限制占田的数量，限制土地兼并和私有制发展。总体上体现局限私有制的发展取向。唐代中后期到宋代私有制发展得到保障，占据主导，官田也以各种形式私有化。在此背景下，去认识宋代的土地制度或是农村经济。

不仅农业领域，手工业和矿业领域也是这样，官营不断收缩，民营日渐扩大，私有制不断增强和发展。总体上宋代经济的各领域，私有制发展是一个显著特征。这一特征对经济运行的发展和刺激是非常之大的，私有制使人们对生产资料和劳动成果的占有得到了更大的保障，激发了劳动者的积极性和创造力，在农业、手工业、商业中都得到了充分的体现。这一点在先秦时期大家就注意到了，到 1978 年以来的变化更能够直观的体会得到。

2. 人身依附关系的松弛

领主部曲关系消失，租佃契约制成为最基本的生产关系。租佃契约制下地主与佃户都是国家的编户齐民。劳役地租逐步减少，实物地租和货币地租成为主要形态，人身的自由扩大。

在手工业和商业中，唐代官营手工业出现了劳役制向雇募制过渡的趋势。宋代雇募制更成为了普遍的方式。都体现了契约关系的加强。不再是人身依附关系，不再是领主和农奴的人身占有关系。人身自由大为增加，出现了新型的社会关系和经济关系。应在此制度框架下认识宋代若干的经济问题。

3. 经济活动中的官退民进

宋代出现了第一次大规模的官退民进的浪潮，国家越来越多地退出经济的直接经营，把更多的经济空间让渡给民间。国家完全依靠建立在农业基础之上的赋役系统支撑国家机器运转（即“食租衣税”），完全垄断很多利益丰厚的经济资源（即完全专卖）的状况有了很大的改变。在唐代中期以前，国家的机器主要是依靠来自农业的赋税、役支持。唐代中后期开始发生变化，唐代中期前，把专卖商品的产、购、销全部环节由国家独占经营，完全排除社会，这种状况在宋代发生了变化。宋代禁榷专卖制开始向间接专卖制过渡，更多的吸纳商人参与，酒的专卖开始出现买扑的方式，间接专卖制就是产、购、销的全部或是部分环节让渡给商人。买扑制度是把国家原来垄断的一些酒坊让民间认交酒坊的课额，自己经营和盈利。

在其他的手工业和商业领域也是如此。如宋代的瓷器、矿业、纺织、海外贸易等领域，民营都占据了主导地位，而官营经济也通过多种方式向民间开放。

4. 国家政策注重经济手段和经济效益

以前主要注重于政府的控制，所有的都由国家垄断。宋代的经济管理较以前更多地使用经济的手段，更多的注重经济效益。如完善商税制度，改变了以前“重农抑商”的政策，以前没有一个完整的商税制度的体系，以前商税是赋税体系中一个比较小的附属物，主要来自对城市市租的征收和过关过桥的税收。在坊市制度下，整个市场是封闭的，商税来源非常少。

宋代制定了系统的商税制度，如征收过税和住税，即流通税和营业税，设置一系列的商税机构，上至都商税院和都商税务，下到各个地方的商税务和商税场，形成商税征收的体系。国家和商人之间的关系发生变化，允许商人经商和扩大商品经营的规模，国家从商税中获得利益，国家用经济的手段调动商人，商业越发展，国家商税增多，国家财政效益变好。

财政转输领域明显看到经济手段的运用和对经济效益的重视。如漕运中宋朝大量雇募民间人船，运输官府的物资，包括粮食等。以前是由官府自己组织，成本非常高。宋代招募民间船舶运输，积极性增强。沿边军需供给调动商人解决，通过入中、和籴等方式。入中是政府招募商人把政府所需要的物资运输到政府指定的地点，称为入中，政府会把手上的专卖品偿付商人入中的物资，称为折中。入中和折中之间有非常高的利润，商人在进行政府的入中时比普通的商业利润更高，而比起政府自己组织纲运，入中的效率要高得多，成本更低。和籴是市籴制度中的一种，即政府需要的物资通过市场购买。

城市管理也体现了经济手段的运用，国家不再严格地管控城市，把城市当作治安管理的空间，而是越来越多的当作经济发展的空间，如大宗商品的行，政府让其自行组织和贸易，同时向他们征收行役，代政府购买东西等。在城市中征收各种税，城市管理的方式发生了变化。

从汉代到唐代，海外贸易的发展都受到限制。如唐代玄奘西游，鉴真东渡都是偷渡出去的。宋代用经济手段管理海外贸易，鼓励百姓出海，但是对商人进行抽解，对贸易抽税。博买是指进口品中市场销路最好的商品，由政府按照官定的价格收购，政府再去卖。宋代的博买远远超出宫廷自己的消费需要，数量巨大，变成政府谋利的手段。在此背景下，确立了新型的国家与社会关系。国家认识到“富商大贾为国贸迁”。

5. 新的社会利益分配格局的形成

西汉至唐前期在“重农抑商”的政策和观念背景下，尚没有完备的制度可以把商人的财富合理而有效地转化为国家财政，在社会财富的分配中，商人与国家更主要的是对立和争利的关系。

唐宋时期由于采用了经济手段，注重经济效益，国家越来越多退出，民间越来越多进来，使得国家和商人分利的机制发生变化。如商税制度、间接专卖制度、买扑制度、雇募制度在前面讲过。二八抽分制度在矿冶业中出现，民间经营的矿业，国家抽取两分的税，然后用市场的价格买八分，是一种分利机制。这种制度在宋神宗的时候出现，到宋哲宗直至南宋的时候一直沿用。国家的商人与普通的民众之间形成了共利分利的机制，社会利益增长得越多，国家利益就越大。在此情况下，国家不会再抑商和抑制民间经济的发展。这个格局与今天的一样，今天也是国家与社会共利分利的机制，现在民营企业发展，市场繁荣，国家财政收入越多。宋代已经形成一个完全新型的分利机制。

（二）经济变革的原因

社会经济变革是一个现象，同时也是一个结果。制度变革并非社会经济以外的某种力量根据自己的意志制定新的社会经济运行模式，而是社会经济发展的结果，来源于社会经济发展的现实需求。唐宋时期没有发生足以影响社会经济变革的技术革命，像西方的工业技术革命、煤铁革命或是近代的技术革命。唐宋变革主要的来源是商品经济的发展，从李埏先生以来，特别注重商品经济与社会关系的研究，林文勋写过商品经济与唐宋变革的论文，商品经济的发展一方面使社会经济呈现多元的态势，另一方面培植了巨大的工商业群体，工商业收入逐步成为国家财政最主要的收入。唐代后期出现两个支柱，宋代后两个支柱中的农业税收入小于工商业税收入。商品经济的发展带来如此巨大的变化。

在探讨变化的时候，一方面要注重经济发展的自然趋势，另一方面也应该注意到各个历史阶段自己独特的特点，或是独特的环境。即历史中有变也有不变，之所以一个时期和另一个时期不一样，是一个时期和另一个时期历史发展的环境有所变化。之所以在总体上表现出一个经济的总体特点，或者是中国人成为中国人，也说明历史中有一些恒定不变的因素在塑造，所以在唐宋变革中特别注意到唐宋特殊的历史环境导致的一些制度的变革，如财政的制度，财权分割的体制发生很大变化，财政转输的体制也发生了很大变化。财权分割体制，皇帝掌握巨大的内藏财富，进而控制整个国家财政。由于北宋政治中心在北边，经济中心在南边，财政转输通过巨大的“入中”。南宋格局不一样，形成四大战区的财政分区供给，川陕战区、荆襄战区、淮东战区、淮西战区和行在（杭州）五大财政区域，整个财政的运行围绕五大财政区域展开，是历史的特殊性，这样的格局在唐代和明代都没有。宋代需要关注其特殊的历史，如海洋贸易。很多制度并非是唐代简单的演进结果，而是在宋代新的环境下新生和发展的。所以我们要深入地探讨这样一些因素。

总的来说经济变革不仅是一种现象也是一种结果，是机制和动力，要多层面、多视角地认识，在研究中要特别注意长时段和比较研究视野。

三 “唐变变革论”下研究议题的深化和衍生

就是我们继续沿着什么样路径和框架展开对“唐宋变革论”的研究。以我自己做研究的两个方面来讲一些体会。前面我们简单概括了一下，目前对唐宋变革论研究的深化的几个议题，前面我们曾经讲到过像宫崎市定、柳田节子、佐竹靖彦等人的研究，都是在内藤湖南“唐宋变革论”框架下，把学理的研究继续推向深入。把研究的议题空间不断扩大。

近来国内的学者也是将“唐宋变革论”推向深入，提出了一些新的议题。城市史的研究领域，这是一个日本唐宋变革论学者关注的比较早的一个重要的领域，但是在近年来也有很多新的进展。比如说对坊市制度瓦解到厢坊制和街市制度形态的变化的研究比以前更加深入了。以前我们指出了唐代和唐代以前的坊市制度，坊和市分开，坊是居住区，市是交易区，一个城市里面只能固定在定时定点开关的市中进行交易。坊是有围墙的，也是定时定点开门。到唐代后期，特别是五代及入宋以后，坊市制度逐步瓦解，逐步消失了，作为一种制度开始向厢坊制和街市制过渡。这样的一种过渡，以前研究的是比较多的，但是过渡到厢坊制和街市制以后的形态是怎么样的，城市是如何管理，如何组织的呢？以前研究的是不够的，特别是大量的坊，事实上已经不再作为一个管理的单元，但是名称却大量存在的时候，体现着一种什么样的城市管理格局。这样的一些时态的研究，以前研究的是不够的。

包括包伟民、陈振等一些学者，对此做了很深入的研究，但这样深入的研究也是在不断地纠错，不断地补充过程中向前推进的。陈振认为在大的城市中是一种厢和坊，在州和县以下的城市会出现隅管坊。包伟民对此就提出了异议，认为隅是不管坊的，隅是一个军事单位。包伟民这个说法是对的。但是坊是不是一个真正的管理单位呢？到宋代特别是南宋，其实它又不是了，不代表一个管理单位，坊很多的时候只是一个表示地理的标志，在某个地方设一个坊牌，表示这个地方是什么。有的时候是为了表彰某一种品德，孝义坊、状元坊等，它完全不代表一种管理单位。那么这样的一种坊，当它不代表一个管理单位时，城市里仍然是要有区划的，至少征税是要有区划，这种区划就逐渐过渡到界和巷来管理，特别是后来南宋出现了一种界，界不是一根线而是一个区（陈振对此做过纠正），它是事实上的一个管理区，取代了坊的一个管理区。所以就是对这样一种管理区实际的运行形态的研究，大大的推进了。不仅指出了坊市制向厢坊制的过渡，而且进一步探索清楚了在厢坊制下，城市是如何得进行细化的管理和组织的。

还有以前较少的研究的就是城市空间的研究。城市空间都是有功能的，比如说政治空间、社会空间。政治空间比如说官衙、皇城，或者是在首都的城市里有官衙的办公区、住宿区等一些政治空间，当然还有举行一些祭祀的政治活动的空间。社会空间，比如说宋代的一些勾栏瓦舍、酒肆茶楼，都是社会空间。这也是以前没有的。在唐代的时候，在市里面，可能会有酒肆、茶楼，但是它是局限在固定的市里的。宋代酒肆茶楼遍布城市的各个地方，成为了社会生活的一个新的空间。社会生活空间出现了很多延伸的产品。

还有城市社会的研究，也是以前关注不多的。比如说城市的群体，城市里生活着不同的群体，有官员有商人，有乞丐，有流动的人群，等等。还有城市的人口，城市的社会组织，城市的社会生活的研究都大大地深入了，特别是对城市空间，城市群体这种研究宁欣做了很多新的工作，使得从唐到宋整个城市的变革更加丰满起来。

还有林文勋的宋代富民社会研究。作为专题他会专门的讲一次，我这里只是简单的介绍一下，也是大大拓展了唐宋变革的议题。他从商品经济的角度出发，从商品经济所催生的社会力量来探索唐宋变革，商品经济的发展导致了数量比较大的财富力量的崛起，财富力量的发展，孕育着一个中间层、稳定层、动力层的富民群体、富民阶层，形成了一个富民社会。他从这个角度来解释从唐到宋的变革是从豪民社会到富民社会都是新的视角、新的议题对“唐宋变革论”的发展。

（一）商品经济与中央集权（君主独裁）

下面我具体讲述两个方面的议题，讨论“唐宋变革论”对我们研究宋代经济史有哪些启发。

一个议题是商品经济与中央集权的关系。“唐宋变革论”理论一方面强调政治上的君主独裁，另一方面又指出特别显著的现象就是货币经济。也就是说君主独裁和商品经济表现出同步增长趋势。这跟我们通常逻辑中的集权和经济的活力之间会有很大的矛盾。宫崎市定也讲到，在宋代，国家的权利在缩小，因为经济的革命和人口的爆炸，地方的权力和经济的空间在扩大，也就是说在宋代一方面君主独裁，一方面商品经济发展，另一方面地方的权利又在扩大，这到底表现出一种什么样的逻辑关系呢？那么这些看似矛盾的现象是如何相得益彰的构成了唐宋变革的图景的呢？我从财政的角度做一讨论。

从专卖制度发展的角度来看，专卖制度在宋代是重要的财政来源。从汉到唐实行的主要是直接专卖制度，所谓直接专卖制度就是指一个商品的产、供、销全部由国家独占经营，也就是官搬官卖。

唐朝再次恢复食盐专卖时实行的就是西汉的直接专卖制度。隋朝和唐朝前期是不实行食盐专卖的，在唐朝中期均田制瓦解，特别是出现方镇的变乱，中央财政陷入了很大的困境，急需重新开辟财源以巩固中央集权。作为开辟财源的手段之一就是实行专卖，当然还有其他一系列的方法，包括两税法的确立、漕运体制的变化。第五琦“就山海井灶，收榷其盐，立监院官吏。其旧业户洎浮人欲以盐为业者，免其杂役，隶盐铁使”①。国家垄断所有环节直接专卖，就是国家设置盐井盐灶煮盐，设置盐官卖盐。这个整个的产供销的环节就是从盐户、官府、到消费者。具体运行如图1所示：

图1　直接专卖制度运行过程

在这个环节之中我们可以看到商人是完全排除在食盐专卖制度之外的。这个收购、运输、销售都是由中央盐铁使来承担。当然不可能豢养庞大的运盐、贩盐的中央盐铁使系统，很多的方面就要借助于地方政府。比如说要靠地方政府运，靠地方政府来卖，中央有一套监管的系统来管理。地方政府参与运销环节，就能从参与的环节中分夺盐利。这种专卖制度下是商人完全被排除在外，地方政府的参与程度非常大，中央的收入在第五琦的时候是60万贯，不太大。

刘晏接替第五琦之后发生了很大的变化。刘晏是唐代的一个非常著名的理财官，他是从一个神童入仕发展起来的一个官员，当然他作为一个改革家也很独特。他的财政的改革是一个系统性的，包括扩大地税、户税的增收，改变整个漕运体系，对专卖制度也进行了很大的变化。专卖制度的变化整体上可以概括为官购商销的间接专卖制度。“国家榷盐，粜与商人，商人纳榷，粜与百姓。则是天下百姓无贫富贵贱，皆已输钱于官矣，不必与国家交手付钱”②。流程是国家榷盐，卖给商人，商人得到盐以后，就缴纳专卖税，

① （后晋）刘昫等：《旧唐书》卷四十九《食货下》，中华书局1975年版，第2116页。

② （宋）马端临：《文献通考》卷十五《征榷考二》，中华书局2011年版，第431页。

然后卖给百姓，老百姓就不是直接从国家手里买盐，而是从商人手里买盐。如图 2 所示：

图 2　间接专卖制度运行过程

与直接专卖制度相比产购销流程发生了变化。盐户的盐是直接卖给官府的，也就是官府垄断收购，官府在批发给商人的过程中进行加价，达到获得专卖利润的目的，比如他向盐户收购价的是 10 文钱一斤，卖给商人的是 110 文一斤。因为他把所有的收购环节都垄断了，商人要得到盐只能通过官府，所以他只要垄断了一个环节，就可以实现加价。现在我们的很多专卖也是如此，如香烟的专卖就是如此，香烟是由百姓来生产，收购和加工是由国家来垄断，批发给商户时再进行加价。所以间接专卖制度就是通过对一个环节的垄断进行加价，批发给商人，商人来运输销售，是这样的一个基本流程。

在间接专卖的流程中，主要是将运输和销售环节让渡给商人，形成了官商分利的机制，地方政府的参与受到了限制，地方政府可能在部分的运输和收购中承担责任，比如说从原料产地运到巡院；但是远距离的运输和销售他就退出来了，所以地方政府参与的环节就受到了抑制。中央的盐利收入因此大大增加，间接专卖制下达到了 600 万贯。这个 600 万贯是一个什么概念呢？占据了当时财政收入中的货币收入的一半以上，那就是一个巨大的财政概念，所以在第五琦的盐法以后，唐代的财政已经出现了二元制，就是原来主要靠农业财政税收支撑的财政体制，变成了从农业税和专卖税共同支撑的格局，当然这个时候的专卖还很弱小，但已经出现了二元结构。

这样一个变化为什么会带来如此巨大的增长呢？其实韩愈他们当时就认识到了，当然刘晏作为制度的设计者他也能够看到。韩愈就讲过这样一段话："城郭之外，少有见钱，粜盐多用杂物贸易。盐商则无物不取，或赊贷徐还，用此取济，两得利便。今令吏人坐铺自卖，利不关己，罪则加身，非得见钱，必不敢受。如此则贫者无从得盐，自然坐失常课，如何更有倍利"①。就是城郭之外的一些老百姓，他们很少有现钱，没有现钱来源。所

① （宋）马端临：《文献通考》卷十五《征榷考二》，中华书局 2011 年版，第 431 页。

以当时韩愈还有一首诗，“私家无钱庐，平地无铜山，胡为夏秋税，岁岁征铜钱”①。所以他是反对对老百姓直接征钱的，那时是讲两税的，老百姓又不能造钱，平地又没有可以炼铜的炉子，为什么还年年都征钱呢？其实他只认识到了其中的一个方面，没有认识到货币是在流通中出现的，通过交换获得的，不是自己家里生产出来的，商品经济发展，货币就会流通。当然他对盐的认识还是有一些见解的，对两税法的认识有一些保守。在城郭之外的老百姓他没有现钱，当你卖盐给他，他只能用各种各样的实物跟你交换。如果让盐商卖盐给老百姓，盐商的手段就很灵活，什么东西他都收，只要他能转手再卖去盈利，赊贷也可以，后面他还可以加价收你的钱。所以两得其便，我得了盐吃，你得了利润。商人愿意这么做，因为他就是为了获取利润。但是如果所有的环节都由国家来垄断的话，就是由盐官来卖盐，他拿的是俸禄，那可不一样了，他坐在铺子里，乡村里的老百姓没有盐，商人愿意挑着一担盐去卖了，但是盐官不会，没有现钱是不会卖给你的，一方面他没有这方面的积极性，另一方面上面也要考核他。这样的话没有现钱的老百姓就没办法买到盐，官府课利自然是收不到，遑论成倍的增长，而让商人承担运输和销售，商人就会想尽一切办法扩大食盐的销售。

扩大了食盐的销售也就意味着国家的专卖税增长，所以国家和商人之间也是两得其利，这个过程中除了国家、市井商人的参与以外，地方政府被排斥了，地方政府的成本减低了，也就意味着地方政府不用养那么多官，不用造那么多的盐仓，而且不要你运输，也减少了运输当中的损失。盐利从这样一个制度设计中得到巨大的增长。我们可以看到国家的钱多了，而且直接掌握在国家的手里面。中央集权我们很大的程度是讲中央和地方之间的权利分割，而不是讲国家和社会之间。从这里我们也可以看到中央集权加强了。

在宋代仍然是沿着这样的一个基本趋势在变化，盐是如此，茶也是如此，而且茶的专卖表现得最为突出，因为它变得更加彻底。我们以茶为例来讲一讲，茶专卖制如何在实现中央集权加强的同时，商品经济的发展也在这个制度框架下大大加强了。茶的专卖在北宋前期主要实行“交引法”，所谓交引法就是政府在长江的沿线设六个榷货务，在淮南产茶的地方设十三山场。榷货务和十三山场就是垄断收购茶叶的机构，商人要贩茶就到京城交钱买茶引，然后到榷货务和山场去换茶，所以叫交引法。这一办法的基本流程

① （唐）白居易：《白氏长庆集》卷二《续古诗十首》，文渊阁《四库全书》影印本，1990年，总第1080册，第21页。

就是园户卖茶给官府，官府垄断收购，再批发给商人，商人承担运输和销售环节，卖给消费者。官府垄断了收购，就在收购和批发的环节进行加价，可以获取茶利。如图 3 所示：

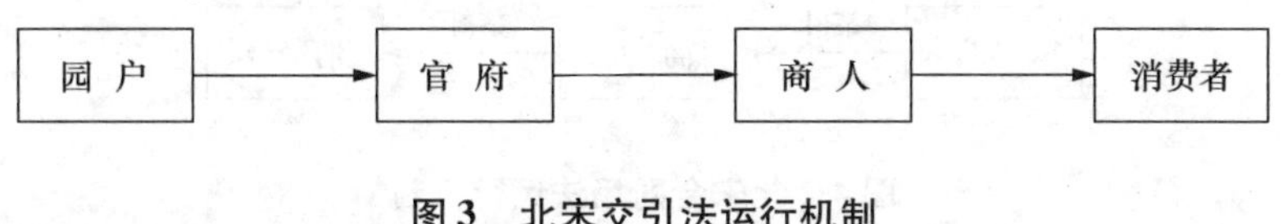

图 3　北宋交引法运行机制

交引法下政府承担部分运输环节，就是长江六个榷货务收购东南各路的茶，从江西、浙江到达榷货务，官府要组织运输，这个组织运输就是由地方政府主持，地方政府来参与这个环节。从六个榷货务到市场是由商人承担。地方政府还是有所参与，商人承担部分运输和销售的环节。宋代中央茶利多的时候 100 多万贯，这是实利（净利润），少的时候几十万贯。

到宋徽宗的时候榷茶制度有一个很大的改革，我把它叫作合同场法或者以引榷茶制度。这种制度下是如何运行的呢？

太府寺造茶引，中央的机构垄断造茶引，其他人不能造茶引，在京城把茶引卖给商人，商人拿着茶引跟园户去购茶。这个茶引就写清楚了，该商人可以到什么地方去买什么品种的茶，多少斤，那么商人就拿着茶引到规定地方，买规定数量，规定品种的茶。商人持引到园户那里购了茶以后不可以直接去卖，必须把他买到的茶和茶引一起运到官府的合同场去勘验。合同场就会根据茶引来勘验，商人买的茶是不是按照茶引上规定的数量、规定的品种、规定的地点买的，若是对的，就用政府造的笼子包装起来打上封条，商人就可以运到住卖地去卖。所谓的住卖地就说商人你想到哪儿卖就到哪儿卖是不行的，国家会指定这个茶到什么地方去卖，商人自己承担运输。到了住卖地，住卖地的商税务会检验你的茶引，路上有没有偷卖，有没有减少，有没有加重，等等。如果都是对的，批个条子，你就可以卖了。然后就卖给消费者。消费者也不是买了就完了，还要做好登记，哪个人买了多少。所有的茶都卖完了，把茶引重新拿到合同场去勘验，检验无误，就销毁掉。这是一个完整的售茶过程。运行机制如图 4 所示：

这个过程官府怎么获利呢？官府从卖茶引获利，卖的茶引的价格就是专卖税，通过茶引的管理和发卖来实现垄断茶利的目的。商人只有获得茶引后才能买茶，买了茶才能销售。这个过程都是严格的监管之下。通过这样的管理政府获得茶的专卖税。所有的环节，从收购、运输、销售都全部让渡给了

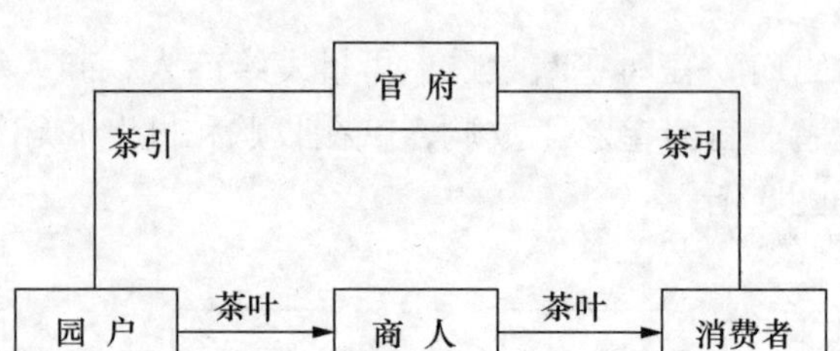

图 4 北宋合同场法运行机制

商人，政府已经完全的从茶叶经营中退出来了，地方政府在任何环节都不再承担直接经营，不卖，不运，也不收购，官府唯一的作用就是监管，检查茶引的情况，所以地方政府已经完全地排除在专卖利润分割的体制之外。中央的茶利由此达到了400 万贯。

我们在讲刘晏的盐法的时候谈到，只要调动了商人的积极性，不管是盐也好，茶也好，它销售的规模会大大地增长。整体销售的扩大也就意味着国家茶利的增高，这就是国家利润增长的原因。当然他排除了地方政府分担茶利，也是中央财政增长的一个原因。所以在合同场法下，中央的茶利达到400 万贯，达到宋代茶专卖利润的最高点，所以南宋也继承了这个制度，元代也是这个制度。而且北宋茶的各个地方政策不统一，到南宋的时候完全地统一为合同场制，可见合同场制在增长财政上面有多大的吸引力。

另一方面也顺应了商品经济的发展趋势，商人参与的空间越来越大，与商品经济发展的背景是相一致的，所以实现了中央的集权加强和商品经济发展同步的趋势。这一制度不是当时某些人拍脑袋就想出来的，而是宋代对商品经济发展的理性认识的结果。

欧阳修曾讲过："商贾坐而权国利，其故非他，由兴利广也。夫兴利广则上难专，必与下而共之，然后通流而不滞……夫欲十分之利，皆归于公，至其亏少，十不得三，不若与商共之，常得其五也"①。现在利益来源多了，国家已经垄断不了了，国家要是想从中获得十分的收入，常常得到的不足三分，若跟商人一起来合作共利的话，常常可以得到五分。他懂得了向商人开放，官商共利的巨大的好处。

李纲在分析茶利的时候也曾讲道："祖宗之时，茶盐之利在州县，则州县丰饶。崇观以后，茶盐之利在朝廷，则朝廷富贵""异时官运收息，郡县

① （宋）李焘：《续资治通鉴长编》卷一百二十九，中华书局2004 年版，第3069 页.

之用所以足者，以茶盐之利在郡县也。比年走商贾，实中都，朝廷之用所以足者，以茶盐之利在朝廷也”[①]。北宋前期，郡县地方政府的财政比较充裕，为什么呢？茶盐的利益很大一部分被地方政府分夺了，那么崇观以来，蔡京以来，通过调动商人来增加中央财政收入，把钱都收到京师来，中央的财政就充实了。什么原因呢？因为茶和盐的利润通过这些制度设计，都集中到了中央。

马端临从整体上对此也有一个论述“官卖未必能周遍，而细民之食盐者不能皆与官交易，则课利反亏”[②]。这跟韩愈的想法是一样的，官府贩盐范围有限。“古人之立法，恶商贾之趋末而欲抑之；后人之立法，妒商贾之获利而欲分之”[③]。古人指唐代以前的人。唐代以前的人在设计制度的时候，讨厌商人追逐利润，而想办法去抑制他，堵他们的路。后来的人，主要是宋代的人，设计制度的时候主要是眼红商人的利润，想把它分一部分到国家手里。为了这样一个目的进行的设计。从专卖制度可以看到君主独裁，中央集权加强和商品经济发展共存并同步增长。

前面我们也讲到，地方政府的权利也在扩大。除了专卖制度还有很多其他的制度相配套地总体加强中央集权，像北宋的无额上供钱、经制钱等来收夺所谓的地方余利来强化中央的财权，中央财政大大加强了，在这个过程中还有一些制度设计来巩固皇权，让皇帝能够操纵整个国家财权。宋代所谓的内藏制就是宋代皇帝直接掌握一部分巨大的国家财政，叫内藏财政或叫内藏财赋，已经远远超过了皇室的需要。内藏财政是一种储备财政。所谓储备财政就是备不时之需，不承担“经费”。承担“经费”的是什么呢？是三司和户部。所谓“经费”就是日常稳定的财政支出，如军费、官俸等。但是三司和户部的钱又是捉襟见肘，制度设计给他的钱就是紧紧巴巴，所以他永远都依赖皇帝从内藏财政里借给他，赏赐给他。所谓的借是还不了。他永远都是这么紧张，没法还。通过这样一个永远都不还的借，皇帝就操纵了三司和户部，进而操纵整个国家的财政。整个财政的权利通过这种方式集中到中央。

那么地方的权力扩大在哪里呢？宋代有了明确的税权分隶，地方有了明确的税权，就是说有一些税征收的权力分到了地方。分的方式有很多，有些

---

① （唐）李纲：《梁谿集》文渊阁《四库全书》影印本，第1125册，第1002页、第1126册，第613页。

② （宋）马端临：《文献通考》卷十五《征榷考二》，中华书局2011年版，第432页。

③ （宋）马端临：《文献通考》卷二十《市籴考一》，中华书局2011年版，第570页

是完全分给地方，有些是通过中央和地方共享分成的方式，比如说 70% 归中央，30% 归地方，或 60% 归中央，40% 归地方，这样的方式来分成。那么地方可以说有了明确的税权，这是宋代以前从来没有过的。从地方财权的角度来说，其演变跟我们 1949 年以后基本相同，从统收统支到地方包干到地方分权，从汉代到唐朝的前期是统收统支，所有的财政都由国家统管，收入都归国家，当然支出也都是由国家统筹安排。我们在 1978 年以前也是这样。两税法以后，实行了地方包干，就是在两税三分制收的总数中有一笔是根据地方自己申报的当年支出多少财政，而划拨一笔下去，实行财政包干，也就是说结余不缴，亏损不补。1978 年以后一直到 1994 年实行分税制前我们也实行财政包干。所以在财政包干下地方的财权比较大。当然唐中后期是总额分成式的包干。

但是，到了宋代就不仅仅是划一个总数，而是规定哪些具体的税目是由地方来征收，征收了就归地方，这是一个巨大的变化，地方的权力更加明确。这个税分给了它之后，是不是就变成了它的小金库了呢？是不是支出的时候还像汉代到唐朝前期那样的统收统支，由国家统一支出呢？不是。地方税权的明确是跟他们所承担的事权相对应的。也就是说在宋代，地方政府得到那么多的税权是因为他要承担那么多的事情，甚至他要承担比所得税权要更大的事情。在汉代和唐朝前期地方政府要做一件事情，比如一项公共工程，要修个桥修个路，怎么办呢？地方政府就打报告给朝廷，朝廷就批款下来，1949 年以后就这样，打报告从中央财政给地方批一笔钱，你来做这个事情。宋代地方的公共工程大部分都由地方承担，变成了地方的事权。而且不止公共工程，地方要豢养官员，豢养军队，那么地方的事权就大大地增加了。

这种巨大的变革其实也就意味着中国的地方治理的模式也发生了巨大的变化。事权和税权之间会有很大的差异。在加强中央集权的总体趋势下，中央总是把地方财权往上收夺。通过制度性的、非制度性的收夺，地方政府就越来越捉襟见肘。捉襟见肘之后就乱征乱收，所以北宋后期到了南宋，我们通常所讲的苛捐杂税多如牛毛，真的多如牛毛。是什么原因呢？是不是我们以前解释的地主阶级残酷地剥削农民，贪得无厌地剥削农民，就解决了呢？恐怕你再问为什么这样呢？他就回答不上来了。就是因为我们在理论正确的情况下一句话把这个问题堵死了，不能获得真相了。当然有加重剥削的成分，更多的是因为他要承担那么多的事情，确实是不够用。我们通过一点就可以看得出来，比如说地方政府法外加征制度允不允许？制度大部分是不允许的。但是，不允许也只是问题的一个层面，事实上是不是存在是问题的另一个层面。如果是制度不允许但是事实上又是存在的，那就可以理解为是中央所默许的。中央一方面在制度上严禁地方政府加征，另一方面在地方官进行考核的时候又不追究他加征的责任，事实上就承认你可以通过这种法外滥征、加征的手段来解决其承担的事权。所以宋代财政史的研究中还有很多的问题需要去讨论。地方的权力是否扩大了，地方的运行又是怎样的一种格局，等等。

（二）海上贸易研究

我的博士学位论文就是写宋代海外贸易。现在我回过头来在海外贸易这个路径上做了朝贡体系的研究，现在又做了造船业的研究，其实总的趋势是相关联的。在这个过程中，我也在反思，我自己原来做的海外贸易研究有很多的局限，一个显著的问题就是主要关注中国国内的贸易制度的考察，最多延伸到进口品的消费的问题，如香药消费问题，而不太关注海上贸易的机制和格局到底出现了哪些新的创新；也不太关注中国以外的海洋空间发生了哪些显著的变化。葛金芳讲到内陆帝国向海洋帝国的转变。大家都意识到了宋代，特别是南宋海洋对国家的重要性。

1. 对外贸易重心完全转移到海上

对外贸易重心在宋代完全转移到海上，是一个巨大的变革。宋代以前对外贸易重心是在西北陆上。其原因是中国政治重心在北方，经济重心在北方。政治重心在北方也就意味着军事重心也在北方。汉朝和唐朝要解决的最主要的问题就是匈奴和突厥，即草原势力的问题。重大的战略就是经营西域，断突厥右臂。开通西北丝绸之路是政治目的推动的。整个的对外贸易重心都在西北。

但宋代的对外贸易重心完全转移到了海上。具体的表现就是海陆贸易的规模和商人的数量远远超过了西北陆路。宋代第一次设立了专门管理海上贸易的机构和专门管理海上贸易的制度，海上贸易第一次有了财政的意义。有些人说唐代建了市舶司，宁志新的研究已经表明唐代的市舶使是一个使职，不是一个机构。宋代才是真正第一次有了市舶机构。就是从管理、从重要性、从规模来看，整个的都转移到了海上。这种转移表明海上丝路已经全面超过了陆上丝路，完成了对外贸易重心的由西北陆路到东南海路的转移。这种转移首先是政策开放导致的，宋代是鼓励中外商人进行贸易的，其次是经济重心南移大趋势下的产物。经济重心南移就意味着出口商品的供给地和进口商品的消费地转移到南方。当然还有造船和航海技术的进步，为海上贸易的空前发展获得了巨大的支撑。在这样一个大的背景下，导致整个对外贸易的重心完全转移到了海上。这是一个大的变革。

2. 近海区域市场和南海贸易体系的形成

海上的另一变化就是近海区域市场和南海贸易体系的形成。近海区域市场林文勋、张锦鹏等都进行过论述，大家共同的认识就是在宋代形成了一个有独立特点的近海区域市场。近海区域市场是在近海贸易发展的基础之上形成的。

近海贸易就是指近海地区之间的贸易。这样一个贸易的发展有了非常稳定的商品结构、非常稳定的贸易的力量和非常明确的区域市场的空间，形成了一个可以独立运转或者自在运转的市场体系。这个近海贸易体系的核心的区域是从长江口到琼州，也就是在东南沿海。它的基本的市场机制或者市场关系就是以浙东地区和福建地区为主的粮食输入及工商业品的输出与浙西地区和广东地区（不包括海南岛）为主的粮食的输出和其他商品的输入为主的互补性的贸易。

在宋代，浙东地区和福建地区都是粮食的稳定输入区。即使丰收的年景里这些地区都是缺粮的。因为这些地区都发展出了以工商业为基础的经济结构。这种经济结构就依靠近海的贸易和近海市场的支撑。如果没有近海市场的支撑，没有粮食的补给，这些人怎么可能去从事工商业呢？怎么可能发展出以工商业为基础的经济结构呢？所以这种稳定的互补性的贸易形成了一个稳定的结构。近海贸易商人既有大量的职业商人，也有沿海的居民。沿海的居民或者滨海之民主要的生计方式就是渔盐和近海贸易。比如说浙东沿海三个州的船只的统计有3/4是梁宽一丈以下的船只，只适合于近海航行，只有1/4的船只是可以远洋贸易的，也就是说，大部分船户的生计或者大部分船夫的生计是依靠近海获得的。所以除了职业商人以外大量的近海居民也从事近海贸易。宋朝也允许外国来的商人从事近海贸易，只要是在几个市舶司抽解完了以后就可以进行近海贸易。所以近海贸易有一个非常稳定的商人群体。

往江北，淮南路也有近海的贸易，主要是长江以南地区往它那里输出商品，当然淮南也有盐。在密州以北，也有贸易，但主要是走私贸易。北宋中后期和南宋初期都禁止百姓往登州、莱州贸易，南宋绍兴初已变成了金朝的辖地。海南岛商品经济很发达，但是它主要是出产香药，需要从大陆地区输入粮食，形成了非常活跃的近海贸易。还有广西的钦州，也有一定的贸易但规模比较小。

中国的近海贸易的运行为远洋贸易提供了基础，进口商品的分销也好，出口商品的运输也好都要通过近海贸易完成，近海市场的形成大大的推动了宋代的海上贸易。

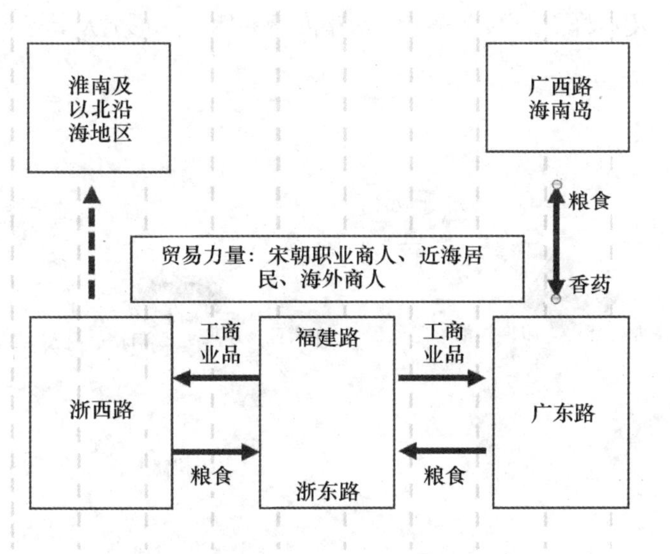

图 5　宋代近海市场构成

南海贸易体系是指以南海为中心，东南亚为纽带的，以印度洋沿岸地区东亚沿海为两极的自在运行的贸易体系。它的形成有几个明确的标志。

第一是形成了稳定的商品结构和互补性的市场关系。这与近海贸易似乎相似但是又有不同。所谓的互补性的商品结构就是说在远洋贸易中中国稳定的向海上市场海外市场供给大量的瓷器、丝绸、铁器、铜钱等手工业商品，特别是瓷器。海外诸国向中国供给香药、珠宝、药材等资源性商品。一方是技术性商品，另一方是资源性商品，两者之间形成一种互补。所谓的互补是不可取代的，宋朝由于地理环境决定的局限，不可能大量地生产印度洋地区东南亚地区出产的香药、珠宝、象牙。海外诸国由于技术的局限，不能大量地生产或者获得中国的瓷器、丝绸等手工业商品因素。这些导致了互补性贸易。

第二是形成了稳定的贸易力量。贸易力量中最突出的就是中国民间商人的参与。宋朝鼓励民间商人发展，沿海地区商人大量地参与海上贸易，而且中国的民间商业在商品结构、航海技术和造船技术上都有优势，也包括商人数量上的优势。所以宋朝商人在海上贸易占据着绝对主导地位。另外跟中国商人并重的就是阿拉伯商人。阿拉伯商人不仅从唐代以来就是 7 世纪以来就是中国海上贸易的重要力量，而且在宋代有了巨大的变化。当然还有印度、东南亚、日本、高丽等本地商人也在不断地成长和参与海上贸易。

第三是形成了有稳定贸易关系的市场区域。就是以东南亚为纽带，东到中国、高丽、日本，西到非洲、西亚，是个稳定的区域。

我们也可以用这样一个图来表示宋代南海贸易体系的形成及其运行机制。

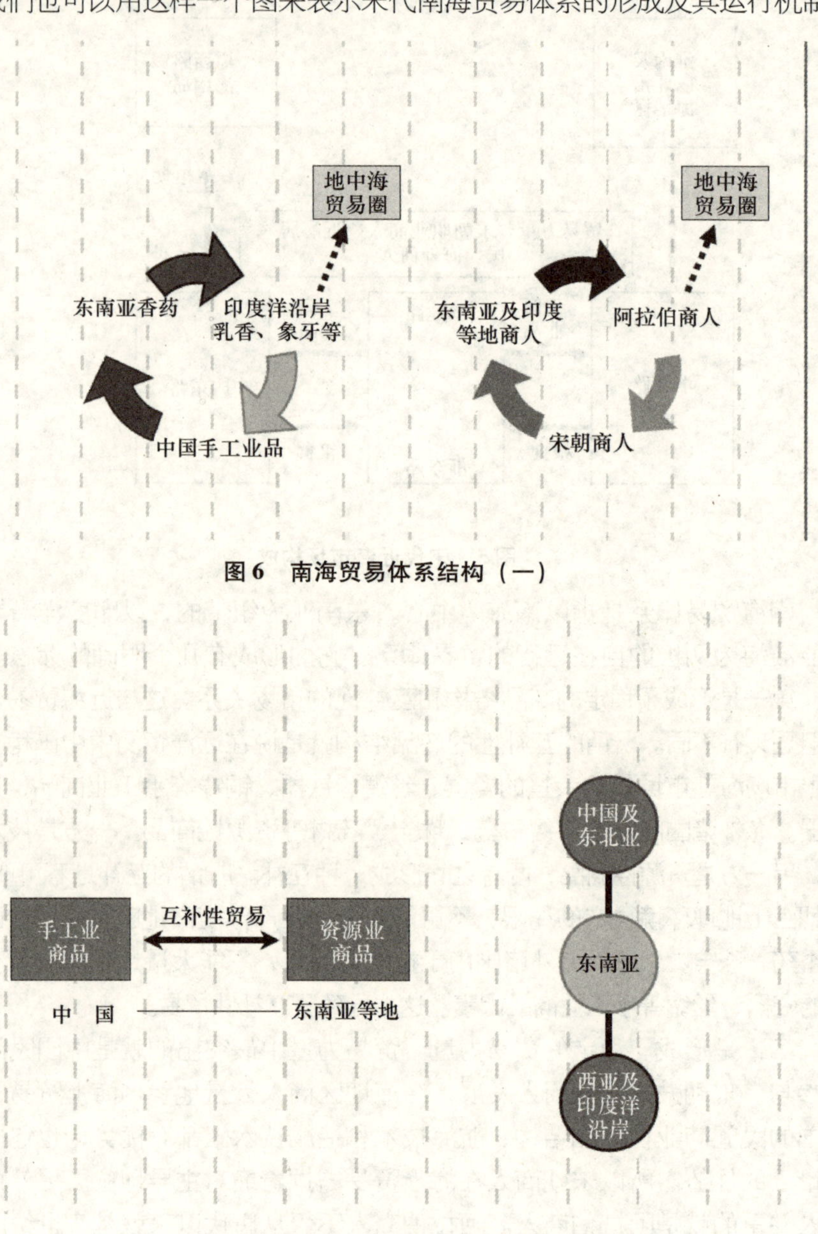

图6 南海贸易体系结构（一）

图7 南海贸易体系结构（二）

从商品结构来说，是中国的手工业品交换东南亚和印度洋沿岸地区的香药、象牙等商品，形成这样一个自在的循环，不需要欧洲的任何参与，但事实上有一定的参与。完全不需要地中海贸易的参与就可以独立地运行，而地中海贸易的运行很大程度上依靠南海贸易体系的支撑。从贸易力量上来说，宋朝商人成为主要的力量，跟东南亚商人和阿拉伯的商人相交换，形成一种相互交换互相支撑的贸易力量。商品结构也可以看出互补关系。宋代形成了一个新的贸易体系。明清的亚洲经济圈，或亚洲的海上贸易体系其实发端于宋朝所形成的南海贸易体系，是南海贸易体系的继续成长和发育的结果。

3. 东南沿海地区地域特点的形成：以福建为例

在海上贸易的推动下，沿海地区会形成一个以工商业为主的经济结构，使得民众的生计方式发生很大的变化，主要利用海上的行业，渔业、商业、手工业等为生计方式。这样的生计方式会生长出独特的观念、思想、习俗。这些独特的观念、思想、习俗就表现为独特的地域特点。我们今天讲福建人，就跟我们云南人不一样，也和中原的人不一样。那么福建人在以前是哪里的？他主要是中原人，唐末、五代、宋代，大量中原人迁徙过来，这些来到福建的中原人到了现在跟中原人、跟他的祖籍的人完全不同，他们善于经商，敢于到海外去发展，敢于闯荡，等等。那么这样的一种地域特点什么时候形成的呢？其形成的重要时期就是宋代，甚至我们可以说，宋代的福建人，已经有七分像今天的福建人，或者说今天福建的地域特征在宋代已经形成了70%。他的特征是怎么形成的？

首先是贸易的发展。贸易的发展也包括区域经济的发展，沿海区域市场的发展。其最大动力就是泉州，北宋成为全国大港，在南宋成为全国成为贸易最大港，同时也是全世界的最大港。泉州成为了近海贸易和远洋贸易的一个最重要的枢纽。推动了整个经济结构向以工商业为主的转变。比如说外销瓷，在宋代和元代，海外贸易非常繁荣的时候瓷器的产地都是在沿海地区，靠近港口的地方，到明代又回到瓷土非常丰富的德化地区去了。这就说明在贸易的拉动之下瓷器制造业大兴。

还有丝绸，宋代福建的丝绸可以跟杭州相媲美，那是在巨大的海外市场的推动下形成。还有金属品，不管是铜、铁，福建、广州都是居于全国前列。现在“南海Ⅰ号”上初步发掘出土了55吨铁器，有人觉得奇怪，我觉得太不奇怪了，首先这艘船肯定是通过违法或者是非法的方式出港的，或正常出港后有非法贸易。为什么呢？因为铁是不可以出境的，而且目前发现了两万多枚铜钱，只是一部分，这铜钱也是不可以出去的。福建和广东就是南宋最重要的铜和铁的产地，而且福建的铁质量远远高于北方的铁，因为北方的铁是用煤烧的，福建的铁是用炭烧的，煤烧的去硫技术不高的时候，铁容易碎容易生锈，所以到宋徽宗的时候打开武器库很多武器都不能用，都碎掉了。炭烧的会增强铁的碳元素，质量好。还包括农业商品化，宋代的福建出现了专门生产蔗糖的糖霜户，专门生产荔枝的荔枝户。他们的产品都通过海上的贸易远销到海外和内地的其他地方。

还有茶叶。宋代的茶叶哪里最好呢？福建的最好，福建官焙的龙团凤饼是供给皇帝的。宋代的大臣要得到一团龙饼是非常荣耀的，是最好的。福建茶也远销各地。还有一个重要的表现就是他的粮食短缺，即使是在最丰收的年景粮食都是不足的。从这个经济结构上来看到，已经是工商业为主了。

从风气上来说，宋代福建的经商之风盛行，大家都纷纷合资造船，出海贸易。福建商人是宋朝海上贸易中最活跃的群体。例如高丽的宋朝的商人非常多，其首都开城里有华人数百，大部分是福建人。可以统计到宋朝赴高丽贸易的商人有明确人次的4000多人。没有记载的还有很多，中间大部分是福建的商人，往日本贸易的也是福建的商人为主。宋神宗朝有一个日本僧人成寻到中国来，搭乘的就是福建商人的船，该船的三个船头都是福建人。目前保存下来的宋朝唯一的一份贸易公凭（就是贸易许可证）保存在日本，这个贸易许可证记载的商人是谁呢？是福建泉州的商人李充。这个公凭已经不是宋代的原件了，但是格式和内容都是宋代的。公凭是泉州客人李充的，往日本和高丽的贸易只有明州可以发放贸易公凭，那么在这一管理制度下应该两浙路的商人更得先机，但是我们看到大量的记载是福建的商人，可见在与日本和高丽的贸易领域中福建商人也是占据主导地位的。

南方的贸易是怎么样呢？也是以福建商人为主。比如说交趾。“交趾公卿贵人多闽人”，朝中有很多福建人，本来宋朝是禁止商人到交趾贸易的，宋朝的贸易制度把交趾排斥在市舶贸易体系之外，但还是有这么多福建商人到那里去。南宋的晚期，蒙古人对中国进行大包抄，先灭大理，通过大理往东然后再往南，灭交趾，大包抄宋朝。这个时候宋朝最希望获得的就是蒙古军人的动静，但是通过各种手段都无法获得准确的情报，派人到自杞那去打探，少数民族语言他们也不懂，获得的信息也不准确，打探回来的人不知所云。最后不得已，主持广西军政的李曾伯就下令选择三山仕于湖广者，就是在湖南做官的福建人。为什么要找福建人呢？因为交趾朝中很多福建人。最后就找到一个叫廖扬孙的福建人，把他派到交趾去，他通过老乡的关系获得了准确的情报回来，报告给李曾伯。在东南亚国家也有大量的福建商人在活动，泉州和广州就是专门发放往东南亚国家南海诸国贸易公凭的港口。海南岛也有大量的福建商人。

福建商人善于经商已经形成了普遍的影响，朝野皆知，所以朝廷需要在海上选商人去传递信息，或者干什么事的时候，首先就是想到福建商人。比如宋神宗的时候曾经想重新恢复跟高丽的交往，宋神宗以前宋朝同高丽中断了 40 多年的交往，直接派个使臣去有点丢身份，只能找商人去传达个信息。找谁呢？找福建商人。所以特意叫担任过福建转运使的罗拯，找到了福建的海商黄真，去传达信息。在宣和宋徽宗的时候，徐兢等人出使高丽，按照宋朝出使高丽的惯常做法，征用民船作为座船，然后到明州改造装饰。所有梢工水手都是民船上的原班人马。宣和五年出使高丽的使团，就是征用的福建商人的“客船”。为什么我能肯定他是征用福建商人的“客船”呢？是因为他们在海上遇到了海难，这些福建商人就去拜神。他们拜谁呢？拜妈祖，拜昭应。昭应信仰、妈祖信仰都是福建的地域信仰。妈祖在南宋册封圣妃，由一个地域信仰变成以海上为主的商人集团的信仰。这个使团回来以后就上奏朝廷说得妈祖的保佑，得昭应的保佑，建议朝廷赐封。所以朝廷就赐封妈祖，使得妈祖的信仰从此开始向各地传播，传播到杭州，传播到明州，传播到长江的下游的沿江地区。

福建商人在近海地区的贸易也发挥着非常重要的作用。由于福建沿海地区工商业为主的经济结构和生计方式使他们的信仰风俗都发生了很大的变化。所以宋代的福建人在皇帝眼里他都是不同的人。李曾伯也是首先想到用福建人。所以这种地域观念为贸易发展从观念的动力上，从经济的基础上提供了巨大的支撑。还有宋代温州人也有三分像今天的温州人。

4. 东南亚和印度洋沿岸地区贸易与“早期伊斯兰化”

另外一个我们要关注的就是东南亚和印度洋沿岸的贸易发展和“早期伊斯兰化”的问题。贸易持续的发展不是中国一个国家的变革所能推动的，而是整个贸易体系里面的参与者共同推动的。从中国的角度来说也可以把它理解为海外市场的发展。一个是东南亚和印度洋沿岸地区贸易的发展。麦克弗森整个问题的角度和外部的眼光，或者全局的眼光，认为 8—14 世纪的东方贸易是伊斯兰帝国和中华帝国前所未有的高度繁荣所推动的，8—14 世纪两个帝国是主要发动机，改变了海上贸易的节奏。看待这个问题的时候我们还要在帝国疆域之外来看，我们才能很好的理解这一贸易。他主要讲印度洋贸易，当然我们可以扩大到南海贸易体系。

东南亚地区贸易的发展最明显的体现是海岛地区的发展，半岛地区到

10 世纪以后也进入飞速发展的阶段，统一国家逐步形成，大乘佛教向小乘佛教转变，是一个巨大变革的时期，包括经济发展。从贸易发展的角度中南半岛地区是持续的发展，主要的是海岛地区，比如说菲律宾群岛，在 10 世纪以前它处于一个缓慢的自我发展的状态，没有人知道他们的情况是什么，但是在宋代第一次看到了有关菲律宾群岛上的有关国家的记载，如麻逸、三屿等已经是中国重要的贸易伙伴。这是首次发生记载。原有的贸易国也有了巨大的发展。比如说室利佛逝，宋代称为三佛齐，成为了一个商业贸易大国和东亚地区最重要的贸易中心。还有马打蓝国，宋代史籍中间叫阇婆罗国，在爪哇岛上，也成为了一个重要贸易中心。这两个国家的贸易在宋代都获得了巨大的发展。

东非沿岸，大量的阿拉伯人因为宗教的原因、政治的原因、商业的原因，大量地移居，建立了一系列的城邦国家。他们的主要的生计就是贸易。把东非地区生产的那些珠宝、象牙等从东非贩运到中国，所以宋朝的海外贸易进口的最优质的象牙主要来自东非，宋朝全部由官府博买的一项产品就是 30 斤以上的象牙，是从非洲过来的。因为东南亚和中国的象牙，又短，又红，颜色不太好。阿拉伯的商人就把这些商品运到中国来，东非也成为了非常重要的商品供给地。

9 世纪以后，印度次大陆的两翼有非常活跃的阿拉伯商人，本来印度洋南端的一些国家也非常重视贸易，注辇国也是这样。另一个持续的推动贸易发展的力量就是阿拉伯的所谓伊斯兰化。阿拉伯海上的发展在这个时期主要表现是商业的发展，也有局部的武装扩张。伊斯兰化不仅是表现在人员即商人大量往东部来迁徙发展，也表现为其重商的文化在不断地扩散。

7—8 世纪阿拉伯商人已经把伊斯兰教传到东南亚地区，8—13 世纪伊斯兰文化在东南亚包括东非和南亚次大陆的沿海地区持续地增长。10 世纪以前东南亚的主要的文化是印度文化，有的西方学者称之为印度化，当然有些人不同意，但是总的来说在这以前印度文化在东亚地区社会上层占据主导地位，但是从 8 世纪开始，在逐步地转换，半岛地区始终是印度文化，但海岛地区伊斯兰文化在逐步地增强，有的学者就把这样的一个趋势称之为伊斯兰化。

也有人提出不同的意见，认为东南亚的伊斯兰化是从 13 世纪以后开始，或者 13 世纪末开始。那么从 13 世纪以前伊斯兰的扩张主要表现为什么特点呢？主要表现为建立若干的贸易据点。比如说我们以东南亚为例，蓝无里就是苏门答腊岛的最北西端，是一个中国商人和阿拉伯商人集聚的聚居点，也有人把它称之为商业殖民地。还有三佛齐也有大量阿拉伯人的聚居，也是个聚居点，阇婆国也形成了阿拉伯人的聚居点，马六甲也形成聚居点，占城也有阿拉伯人聚居点。在《诸蕃志》中我们能看到。在 11 世纪的占城发现的碑刻也显示占城是阿拉伯人聚居点。中国的广州和泉州是当时阿拉伯人最大的海外聚居点，可以说数以万计。唐朝末期广州就至少有十万以上。据说黄巢在广州杀了蕃客十多万，所以阿拉伯人又退到东南亚，也大量增加了东南亚地区阿拉伯人的分布。入宋以后，阿拉伯人又大量的重新回到中国，形成大量的聚居点。通过聚居点逐步传播和扩散阿拉伯的文化，包括阿拉伯的商业的观念。

8 世纪时开始了阿拉伯人的扩散，有人把它叫作伊斯兰化。更多的学者认为 13 世纪以后东南亚地区才有了普遍的伊斯兰化。但至少我们可以说从宋代开始由于贸易的发展，阿拉伯人向东的迁徙以及与之相伴的伊斯兰教的传播是 13 世纪末大规模的伊斯兰化的一个重要基础，也是这个 8 世纪以来持续运动的结果，一种惯性的发展，所以我们可以把它称之为早期的伊斯兰化。早期的伊斯兰化和中国的近海市场、南海贸易市场、东南沿海地域特点的形成等因素共同构成了整个海上贸易，包括南海贸易、印度洋沿岸地区的贸易新的运行机制。到明代施行海禁，禁得再凶，也禁不绝。因为贸易已经不是中国的事情，也不是内陆的事情，而是整个东方海洋世界的事情。

四　总结

最后做一个简单的总结。唐宋时期发生了诸多变革，“唐宋变革论”是阐释这一历史现象的一种视角，并非唯一的理论，也绝非正确或错误的简单评价所能界定，但形成了系统的认识框架，极大地激发了唐宋变革及相关问题的研究。在“唐宋变革论”的推动下，宋代经济史研究领域不断拓展，研究议题不断涌现。“唐宋变革论”作为一种方法论，我们研究的目的既不是要证成它，或为其作注，也不是简单地否定它，而是要在这一阐释框架启发下不断推动宋代经济史研究的学术创新。

王朝贡赋体系与经济史

刘志伟

谢谢云南大学的邀请，我很高兴今天有机会在云南大学把自己学习经济史的一些很不成熟的想法提出来同各位交流。云南大学是中国经济史研究的重镇，李埏先生多年来在这里培养了一支杰出的经济史研究的学术队伍。李先生是我的老师，我读研究生时的“中国经济史”课程就是35年前由李先生上的，来到云南大学讲经济史问题，谈一些自己不成熟的想法，有一种学生汇报学习体会的感觉，期待听到云大的老师和同学的批评。

我好像是第二次在这个场所做讲座，上一次在这里讲座是关于我从事的另一个研究领域，而这次则是谈谈我在中国经济史领域多年来做研究和教学的一些想法。这个题目是我在自己本行里多年关心的问题，即古代中国的贡赋经济问题。我上一次在这里讨论的话题就内容来说，属于民族学、人类学领域，其实与我有兴趣研究的贡赋经济体系有内在的关联。对我来说，在这里做的两次讲座，其实要问的是同一个问题，只是从两个不同角度，循两个路径去探求。这两个路径分属不同的学科领域，要说明其中的关联，并在整体上讨论传统中国的社会经济体系结构，需另作专门的讨论，今天这是一个经济史课程，所以我想只从经济史的概念来谈一些想法。

今天我讲的题目叫“王朝贡赋体系与经济史”，这个表达并不十分准确，但是我想来想去，好像想不出什么表述回更精确，可能用“贡赋经济史”还更确切一点，但这很容易被误读为赋役制度史，或者财政史。我们要面对的内容，当然是赋役制度史，是财政史，但是我其实要讲的，是关于作为一个经济体系的贡赋制度的思考。我不是在一般经济史范畴内去讨论赋税财政问题，而是把贡赋理解为一种经济体系的核心范畴和本质关系，这就涉及到经济史研究的基本理论和方法的问题了。我去年在台湾大学讲明清经济史课程，我用了一个可能有点大胆生造出来的概念，叫“食货经济史”。但是，我现在还是不敢在正式写出来的文字里用这个说法，因为我虽然一直试图要说明中国传统的“食货”经济与从古典经济学出发建立的经济史之间是什么关系，有什么相同或不同，但我一直未能够真正讲清楚，我自己做的研究，也没有在这样一种深度达致系统化的认识，能够建立一种基于“食货”而不是经典的经济学的“生产—流通—分配”三段式的经济史体系和范式。但是，在这里可以同各位作一点交待，多年来，我一直努力要从这个方面去探讨，这是我学经济史入门的时候，阅读梁方仲先生的著作时形成的一种理念。梁方仲先生的经济史研究是从贡赋经济着力的，这个学术传统我们今天怎样继承，并从中发展出认识中国传统经济结构的研究视角，是我希望继续努力的方向。

一　引言：由希克斯的《经济史理论》谈起

我想先从一本在经济学领域大家已经很熟悉的经济史理论的著作开始提出问题，这部著作是约翰·希克斯的《经济史理论》，包括了他几个演讲，中文本早在1987年商务印书馆就出版了。之所以从他的这部著作引出，首先是因为经济史本来就是西方学术体系的范畴，中国学术传统里并没有经济史这个范畴，我们讲经济史，还是应放在西方经济学的脉络上。但西方经济学的经典分析，整套概念和方法，都是以市场体制为基础的，希克斯明确提出并在理论上论述了把非市场体制纳入经济学和经济史的视域，他指出；

> 在经济学的发展上有过一个阶段（当我自己在20世纪20年代开始研究经济学的时候，我们中的大多数人还处于那个阶段），其实经济学家们都埋头于市场经济学上，以致都不愿意考虑任何其他事情——不愿意承认还有别的什么体制可供选择。市场可能有的比较完善，有的比较不完善：经济学家的职责就在于找到使它们尽可能完善的方法。从那时以来情况已经有了很大变化。部分是由于战时的经验，部分是由于对“中央计划经济”中出现的情况所作的观察，部分是由于某些纯理论上的发展（在福利经济学和线性规划方面），我们已经认识到对非市场体制应更加认真地加以重视。在市场体制和非市场体制之间进去比较已经成为正常的做法，利用非市场体制作为一种判断市场的参考标准。但是这样被用来作为一种标准的非市场体制它本身就被看成是一种“完善的”体制；然而一个完善的非市场体制，正像一个完善的市场一样，是不现实的。

由他这段话，我们至少可以读出以下几层意思，第一，经济学本来只是以市场体制为对象的，在经济学的分析框架下，非市场体制的存在，只是作为市场经济不完善的状态来对待，而相应的研究取向，则是以市场经济从不完善到完善作为基本问题。这一点在我们过去的中国经济史研究中很典型地体现为以商品经济发展作为主要线索。第二，20 世纪中期以后，经济学无论在关注的对象还是理论的发展上，都越来越重视非市场体制的研究。第三，在这种比较的思路上，对市场体制和非市场体制的分析，仍然是建立在完善与不完善之间的发展轴上去认识，需要走出这种完善与不完善的角度，对不同的经济体制的结构和特性做出解释。

希克斯提出，在人类历史上，还有习俗经济和指令经济或岁入经济这些非市场体制的经济，应该作为同市场经济体制并列的不同经济类型或经济发展阶段，也应该纳入为经济史研究的对象。这样一来，非市场体制类型的经济，就在经济史研究中具有了独立的理论意义，经济史研究就有可能走出以市场体制为标准，以由市场经济导出的理论体系、分析概念和方法来讨论其他经济类型的范式。这一点，对于我下面的讨论是一个很基本的出发点。

由希克斯提出的这种经济史架构启发，我认为中国王朝时期的贡赋体系，也应该作为一种非市场体制的经济来认识。我们也许需要走出过去在基于市场经济建立的经济学研究范式，发展出一种基于不同于市场（发达或不发达）体制的逻辑的研究视角和分析工具。

就其基本性质和结构而言，我在这里要谈的中国王朝时期的贡赋体系，大略属于希克斯说的指令经济或岁入经济，这在逻辑上似乎是可以成立的。但是，中国这种贡赋体制的经济，究竟是一种经济类型还是经济发展历程的一个阶段，现在要下断语，可能还为时过早。直到今天，中国加入毫无疑问属于市场体制的世贸组织已经有很多年了，可西方国家最近还有一种声音，说不能接受中国市场经济的地位。这个现实令我们保持一种思考的空间，究竟市场体制和非市场体制是在人类历史上共同的发展模式下的时间上的序列，还是一个不同的经济类型？也许需要让今后的历史来回答，我有生之年可能是看不清楚的了。从我们在目前能够认识的历史经验中，我们还只能先把这两种体制看成是按进化的逻辑发展的阶段，但是我思考的时候，同时保留一种可能的取向，就是把贡赋经济作为一种类型。我用贡赋经济这个概念，而不是希克斯指令经济或岁入经济的概念，隐含着我对贡赋经济的理解，与希克斯的指令经济的概念有一个可能是重要的差别。这个差别在于，我以为中国王朝历史上的“贡赋体制”，不只是通过指令或岁入的机制来运作的，而是在这个体制内，内在地包含了市场，贡赋也是通过交换和流通机制来运作的。这是一个复杂的问题，我后面的讨论要从这个假设出发。

虽然存在着这点实质上颇为重要的分歧，但是我还是需要先从希克斯提出的这个概念出发去思考，理由我前面说了，我们的经济史研究在传统上还是在西方以市场经济为主体的经济学逻辑上建立起来的，我们不可能一下子另起炉灶，事实上我也是希克斯提出的这个概念得到启发去考虑中国王朝时期的贡赋经济的问题，正是希克斯讲非市场体制纳入经济史的事业，促使我们可以从基于市场经济分析传统的经济史出发，去发展研究非市场体制经济的研究方法。

希克斯所谓的“岁入经济”，是指“在这种经济中食物和其他的必需品的剩余是从耕作者榨取得来并用以维持政府官员的生计的。与市场形式相比，它是一种名副其实的经济组织形式，它是研究市场发展的重要背景。”他接着指出非市场体制的经济和市场体制是可能共存的。他说：

> 岁入经济先于市场，但它当然比市场存在得更长久。及时在自由放任的全盛时期，岁入经济也不曾完全消失。国家照样有其雇员，而他们需要供给。当今，公共部门的成长就是大规模向岁入经济摆回去。但这是向这样一种岁入经济摆回去，这种岁入经济，即使是它的最标准的社会主义形式，也是根据市场势力的经验作了深刻的改造的。市场势力用以改造岁入经济的办法之一是为它提供了经济核算的机会，而在最早的岁入经济中几乎完全不具备这种条件。虽然促使转向岁入经济的某些原因都是军事上的原因，这些原因与那些使最早的岁入经济向指令的方向转变的原因，大体相似；但还有一些原因与国家性质的改变有关，而国家性质的改变除了通过市场经验，几乎不可能发生。

在这样一种角度讨论市场体制和非市场体制的关系，经历过中国改革开放历史的我们可能不难理解。中国在20世纪八九十年代改革要面对的议题，就是市场经济和非市场经济体制之间关系。不论是拿两种体制做对比，思考优劣，还是探讨转换或替代的可能路径，还是论证两种体制可以结合互补，种种论说，实际上都是在处理这两种经济体制的关系，但都是立足于把这两种体制看成是两种经济类型，虽然也包含着将其视为两个不同的发展阶段的意义，但其先后次序是倒过来的。当时发明了一个词，叫做中国特色的社会主义，就是要把市场的机制引入到一个非市场的体制里面来。30多年过去，这条路走得怎么样，还有待历史去证明和评价。我提到这个事情，只是希望说明，这对了解中国经济是一个非常有意义的现实和理论问题。回到我们经济史的研究视野，我们从中国这个历史经验很容易理解，所谓经济，其实可以是市场经济体制，也有非市场经济体制，如果在历史中认识两种体制的关系，也许是中国经济史研究可以对一般经济史乃至经济学理论做出贡献的地方。

我们的经济史研究要从中国王朝时期的经济体制的经验事实中去认识希克斯提出来的问题，关键在于我们能否既从基于市场经济经济学框架出发，再摆脱或超越这个框架，从贡赋经济的运作去认识市场体制的经济与非市场体制的经济及其相互关系。由于我们是在历史系的学生中讨论这个问题，这里也许要先从经济学的基本逻辑说起。

我们知道，经济学的基本问题，是资源配置问题，即如何实现短缺资源的配置以满足人类生活需求的最大化，根据基于市场体制的经济学的逻辑，实现这个目标是通过市场机制，而市场则是基于分工和交换形成的。因此，由这个逻辑出发，分工的发展和交换的扩大是基于市场体制的经济史研究的逻辑起点。在这个意义上，希克斯所说的经济史研究的三种类型的区别，主要是在资源配置机制的不同，习俗经济建立在传统主体上，其资源的配置也由传统决定。在指令经济或者岁入经济中，食物和其他必需品的剩余是从耕作者榨取得来，并用以维持政府官员的生计，资源配置在这样一种经济组织的权力机制下进行。这显然也是中国王朝时期贡赋经济体系的一个最基本特征，在这个意义上，可以认为贡赋经济属于指令经济。但是，交换与流通在中国王朝时期的贡赋体制运作中一直起着非常重要的作用，甚至是不可或缺的一种机制。如果我们同意在广义上，商品的交换与流通就构成市场的话，也可以说市场是内在于贡赋体系中的。希克斯说市场势力用来改造岁入经济方法之一就是提供经济核算的机会，而我们在明清以前，似乎看到的是，市场是贡赋经济运行的重要机制，明朝中叶以后，市场为贡赋经济提供经济核算的机会，这也是一个很重要的变化，但在相当长的时期，市场与贡赋经济的关系似乎主要不是市场为贡赋提供核算的机会。

因此，我们研究中国经济史，如何超越西方经济学的逻辑，从中国王朝时期贡赋经济的实态分析入手，建立一个关于贡赋体系的经济史，应该成为我们的追求。这个经济史其实在中国有一个传统的范畴，叫做“食货”，所以，我的讨论也就从“食货”的概念出发。

二　食货——贡赋经济的基本原理

我们知道，在中国历代王朝的正史中，关于经济问题的内容，主要是在《食货志》中记载，《史记》还没有《食货志》，叫做《平准书》和《货值列传》，从《汉书》开始，历代都叫《食货志》了。“食货”这个范畴，在很多年前，经济史学界有一个说法，认为“食货”没有科学表达“经济”的内容。因为在当时流行的马克思主义政治经济学的观念上，“经济”首先要讨论的，是生产力和生产关系，没有关于生产领域的内容，当然就不是“经济”。现在我们很少听到这样的说法了，在座同学们可能都没有听过这个说法。尽管如此，大家做经济史的，还是把历代《食货志》作为入门阅读的经典和基本的史料。

精确地说，“食货”与作为现代经济学研究对象的“经济”（economy），就其本来的内涵来说，的确不是同一个范畴。尽管如此，中国经济史研究能不能离开“食货”呢？我认为是不应该也不可能的。更重要的是，中国经济史的一个基本的使命，正是要从中国历史的经验中，提出能够丰富和提升经济学理论的原理性知识。在这个目标下，我认为必要把“食货”作为中国经济史研究的主要研究对象和基本分析范畴，当然，这样就需要一个概念的转换或调适，考究“食货”如何可以纳入经济史研究的框架，以及把食货纳入到经济史的框架会对经济史研究带来什么新的视野和解释。

从内容的形式上看，在现代经济学概念体系中，正史《食货志》的内容可以理解为属于国家财政经济的范畴。不过，我想这样的理解太狭隘了，我把它理解为一种国民经济体系，甚至更进一步，理解为一种经济体制的类型。就是相对于我们刚才说的现代经济学的那个以资源稀缺跟欲望无穷怎么去解决资源配置出发的那个经济，“食货”是另一种经济体系，有不同的理性与运行逻辑。

“食货”与“经济”作为一种认识的范畴，最基本的区别，在于两者基于不同的财富观。“食货”是基于一种自然财富观，所谓财富，是天地生出的自然物，食货要解决的问题，是如何获得、占有和分配这些自然物；而“经济”则是基于在分工基础上的生产活动，要解决的问题是怎样利用有限的资源获得最大的收益。《礼记·曲礼下》有一段关于这种财富观的典型表达：

> 问国君之富，数地以对，山泽之所出。问大夫之富，曰有宰食力，祭器衣服不假。问士之富，以车数对。问庶人之富，数畜以对。

这里反映出来的财富观念，是很典型的自然财富观。在这种自然财富下面，经济活动是以什么来评价呢？就是你控制了多少地和多少人，财富的规模就是由人跟地的多少来决定的。讲到这一点，我们又回到了经济学的最基本的问题，就是资源配置，在这个意义上，似乎是经济学的问题。但是，人与地和牲畜一类生产资料的关系，在这样一个框架下，不是一个为更高的产出而采用的资源配置方案问题，因此，实质上又不是经济学的问题。中国经济史多年来也讨论人与土地，但关心的问题是生产率问题、无论是土地产出率还是劳动力生产率，都是土地跟劳动力怎么配合，这才是经济学本身的逻辑。但是在中国王朝时期，讨论“食货”问题，着眼点不在这个问题上。那着眼点在是什么呢，我们再读读下面这一段《礼记·大学》的文字：

> 是故君子先慎乎德。有德此有人，有人此有土，有土此有财，有财此有用。德者本也，财者末也，外本内末，争民施夺。是故财聚则民散，财散则民聚。是故言悖而出者，亦悖而入；货悖而入者，亦悖而出。

这个逻辑是什么呢？一个国家的君主有德才有人，有人了才有土，有土才有财，有财才能够有收益。所谓的效益，是这样的逻辑产生出来的。这里讲的是什么，就是说一个在社会上有地位有权力的人，权力多少是取决于你能够控制多少人，控制人的规模决定了控制土地的规模。马克思曾经说过，封建主的权力不是看你的领土的多少，是看你的臣民的多少。以中国历史上的情况来说，宋代以前，当土地资源还不是稀缺资源的时候，控制人是最重要，而控制人的条件是你的政治权力，而政治权力的来源是所谓的“德”。到宋代以后，控制土地变得更重要了，情况有一些改变，这是后话。后面这几句话特别值得好好体味，非常辩证，所谓“财聚则民散，财散则民聚”，我认为是我们理解王朝时期中国经济的非常关键的一个概念。前面说了有德才有人，有人才有土，有土才有财。不错，但是，问题是财聚民就散，民散了土也没了，财也没了，这样的一个有点悖论的关系，恐怕不是近代的经济学能够解释的。其他朝代我不熟悉，以我稍熟悉一点的明朝来看，当时处理这个看起来属于财政经济的问题，就是解决这个悖论的。本来控制了民你就有财嘛，所以明朝朱元璋很重视这个黄册，要把民控制住，然后用很严厉的办法，看起来应该非常有效的里甲制度，来控制民。但结果呢？这个办法的结果就是民散，逃户成了明王朝政治社会和经济面对的最大问题。之后就有了所谓的财政改革，经济改革，政治改革，目标都是要解决怎么样把逃户再收回来。这个财聚则民散，财散则民聚的逻辑，是我研究古代经济史的时候思考了很多的问题。我当年读到这句话的时候，想了半天，你前面才说有人就有财，现在又说财聚民就散，后来一看，似乎历代王朝的问题都出在了这里，“是故言悖而出者，亦悖而入”，字面意思就是你跟人家用不讲理的办法去处理，那人家也用不讲理的办法对付你，我引申其意，就是你以为以一种很有效的办法去得到的东西，也就要承受办法带给你的后果。这可以理解为一个悖论，这也是中国王朝时期的贡赋体制的一个逻辑。国家、朝廷想以敛财的方式来敛财，你可以成功，但最后的也要承受相反的结果，说白一点，就是要自食其果。明朝朱元璋用的办法，不到几十年就破绽百出，问题就出在了这里。所以，这种自然财富观和“食货”体制下，要解决的这种本来看起来用处理资源配置问题的经济学方式可以解决的问题，是行不通的。由此可见，这里的问题其实不是资源配置的问题，而是个政治问题，是个统治的问题，是个社会治理的问题。这些问题与经济学的逻辑格格不入。这是理解中国经济史一个很基本的角度。接下来我们要讨论的问题都应该从这样的一个逻辑起点，去考虑我们的一整套关于食货经济的解释。

究竟什么是“食货”，我们需要首先弄清楚。你把它视为与经济不同的范畴也好，视为一个经济的范畴也好，或者是经济的同义词也好，也或者是经济的某种类型也好，都首先要弄清楚在中国的文献中，这个概念的含义是什么。因此，我想我们应该首先好好读一读《汉书·食货志》的序。二十四史里，《汉书》是首先设了以“食货”为名的篇章的，《汉书·食货志》有一篇颇长的序，表达了关于“食货”的最基本的意涵。这篇序中很多话，都出自于先秦的经典，一开头就从《尚书·洪范》中关于“食”与“货”的概念开始，之后引用了《周易》《论语》，把古代经典里面表述的在汉代人理解上属于“食货”范畴的概念综合起来，构成一套逻辑严密的论述，表达了当时人理解的“食货”，并且对后世影响深远。我认为，学经济史的人要研究中国经济史，应该从这里入手去认识在中国往往被视为经济的这套“食货”的道理和逻辑。

《汉书·食货志》开篇即清楚界定了“食货”的意义：

> 《洪范》八政，一曰食，二曰货。食谓农殖嘉谷可食之物，货谓布帛可衣，及金、刀、鱼、贝，所以分财布利通有无者也。二者，生民之本，兴自神农之世。

这是“食货”最本原也是最经典的定义。今天的人们读着这两句关于“食”与“货”的定义，很容易放在我们现代经济的框架里理解，简单说，可能把“食”理解为农业，“货”理解为工商业，因此，农业生产、手工业生产和市场流通合在一起，自然就属于现在的经济范畴了。接下来引《周易》里面的话，做进一步阐发：“斫木为耜煣木为耒，耒耨之利以教天下”，而食足；“日中为市，致天下之民，聚天下之货，交易而退，各得其所”，而货通。似乎更是讲生产与流通。不过，再读下去，话一转，就是“国实民富，而教化成。”读到这里，我们都可以说生产搞好了，市场流通活跃了，就国实民富了。现代经济也是这样，经济搞好了，国家就强大，社会秩序就稳定，社会风气也都好起来。似乎与现在经济没有什么不同，但是再读下去，如何达到这个目标呢，就讲到先朝圣王的一些做法，首先是“通其变，使民不倦”，然后就是“敬授民时”，舜命后稷以“黎民祖饥”，是为政首。这个看起来有点像希克斯的指令经济的内容了，在这点上跟我们现在的经验好像也没有什么不同，然后“禹平洪水，定九州，制土田”，平洪水看起来时改善生产条件，但更根本的是“定九州，制土田”，这是建立自然资源的控制系统，而不是生产资源配置的问题。在这个基础上，进一步落实到的地方，是“各因所生远近，赋入贡棐，茂迁有无，万国作乂。”我认为这几句是认识“食货”体制很关键的地方。这个很显然不是一个生产资源的配置，而是自然资源的控制，领土划好了，土地也划好了，就有了“各因所生远近”的问题了，有了这个问题，就有物资的流动的需要，而物资流动通过什么机制，尤其是在实物的流动中，其产出的自然形态和消费的使用价值之间如何对应起来，就产生了“茂迁有无”的问题。因此，从“各因所生远近”这个出发点，“赋入贡棐”自然要引出“茂迁有无”的机制。由此可见，在这个王朝贡赋体系下，“食”与“货”是不可分离的，前面说“二者，生民之本，兴自神农之世”，就是这个道理。在这里，“赋入贡棐”与“茂迁有无”是同一体系的两个组成部分，而不是分别属于“岁入经济”和“市场经济”。两者之间的关系恐怕不是一个我们在一般经济学理念上述理解的财政与市场的关系，这是中国王朝时期贡赋体系，或曰“食货”体制的基本特点。

我们再读下去，你看，“《诗》《书》所述，要在安民，富而教之。”落实到这点，就要回到刚才讲的财聚则民散，财散则民聚这样一个道理上去考虑。岁入经济是以聚财为目的的，但食货体制则以安民为要，这是一个矛盾。解决这个矛盾的关键，是富而教之，要有什么条件，通过什么途径才能实现富而教之呢？继续读下去：

> 故《易》称：“天地之大德曰生，圣人之大宝曰位；何以守位曰仁，何以聚人曰财。”财者，帝王所以聚人守位，养成群生，奉顺天德，治国安民之本也。故曰：“不患寡而患不均，不患贫而患不安；盖均亡贫，和亡寡，安亡倾。”是以圣王域民，筑城郭以居之；制庐井以均之；开市肆以通之；设庠序以教之；士、农、工、商，四人有业。学以居位曰士，辟土殖谷曰农，作巧成器曰工，通财鬻货曰商。圣王量能授事，四民陈力受职，故朝亡废官，邑亡敖民，地亡旷土。

我们需要仔细理解这里表达的逻辑。我们刚才读《礼记·大学》那段话，不是说要“有财”的逻辑前提是“有德”吗，这里说天地生出自然财富，是天地之大德，而这些自然财富在帝王（国家）支配下，得用以“养成群生”，才成为社会财富。由天地所生之财到养成群生之财的转换的关键，是奉顺天德的圣人。财要成为圣人治国安民之本，就要依赖圣人能够聚人守位，养成群生。

圣人怎样做到聚人守位呢？关键要懂得“不患寡而患不均，不患贫而患不安；盖均亡贫，和亡寡，安亡倾”这套道理。这几句话字面上读起来逻辑有点复杂，有些注释家怀疑是否有文字的舛误，我以为如果假定文字无误，是否大致可以这样理解：造成贫（社会财富不足）的原因，不是因为寡（天地所生的物资缺乏），而是因为财富分配不均；只要财富分配均等了，人群之间的关系达到“和”，就不会出现天地所生缺乏（寡）的情况，民就可以“安”了，而民安，则圣人之位就守住不会倾倒了。要理解这几句话，关键在于先确定一个基本的观念，就是天地之大德曰生，既然生是天地之大德，天地所生就是不缺的资源，缺的只是社会不均产生的不和、不安，也就是说，财的问题，不是自然资源的问题，而是社会和政治的问题。在这一点上，“食货”的理念同以资源短缺为出发点的经济学是明显不同的。既然不是从资源短缺出发来，那么，要达到“食货”体制下“聚人守位，养成群生”的目的，就不是从生产领域的资源配置入手，而是要从如何通过“均”与“和”达到“安”。“均”是化解“财聚则民散，财散则民聚”这个矛盾的关键。因此历代王朝处理食货问题的核心价值，都以“均”为依归，均田、均输、均赋、均役，成为历代统治者理财的基本手段。

如何达到“均”，上面那段引文的后半段讲的就是君主在“食货”体制下的治国之道了。首先，“均”的目标是“圣王量能授事，四民陈力受职”，要达到这个目标，治理国家的基本途径，是“筑城郭以居之；制庐井以均之；开市肆以通之；设庠序以教之”，让“士农工商”四民都能够在这个体制下各安其业，各尽其职。这里请大家注意，“四民”是基本的社会分工，但“四民”之业，不是一种自然的社会分工，是由圣王“授事”，四民“受职”，这个授与受，表达的是君主与臣民的关系，而“量能”和“陈力”则是“均”的基本标准。

在这里，我特别提醒各位注意，在以古典经济学为框架的经济史研究中，大家常常会以从“自然经济”到“商品经济”的进化逻辑，把古代中国的贡赋体制理解为“自然经济”，把“商”堪称是这个体制的异己因素，甚至视为是一种“新”的具有革命性的因素。但我们看到，在“食货”的体制下，“商”是这个体制不可缺少的基本构成部分。为什么？我认为这是认识“食货”体制的一个关键。前面曾经提到，“食货”的基本机制是“赋入贡棐，茂迁有无”，“茂迁有无”是中国古代贡赋经济运作的基本机制，这个机制是要通过商人的活动来实现的。因此，我们后面讨论以“食货”体制为主要对象的中国经济史研究中一个很核心的问题就是贡赋与市场的关系。

以上谈的是我读《汉书·食货志》序的一些认识，这样一套原理，基本上是汉代人从先秦经典文献中综合而成的。我想可以从这套原理性的表达，作为理解中国古代以“食货”为核心的“经济结构”。这样一个经济体制的深层结构可能先秦时期已经形成，不过，我们在历史文献中，对先秦时期的情况还是不能有太多的了解，但至迟是在汉代已经形成这个体制的基本结构大概是没有疑问的。我的专业领域是明清史，但我觉得要理解“食货”体制的结构原理，需要从汉代开始，甚至可能要追溯到春秋战国时期。这个体制形成并理论化为一整套原理性的结构，对后来历代王朝产生的深远的影响，即使具体的关系和相关制度一直因应着时代的变化而改变，但这个原理的结构一直存续下来，成为处理历代王朝处理经济问题的既定结构。因此研究明清经济史的学者，我认为也应该对这个结构的原理有一定的了解，这样就可能对很多明清时期的问题可能会有与只从近代经济发展的原理出发的认识有不一样的理解。

前面我们从《汉书·食货志》序了解到"食货"体制包括了"赋入贡棐"和"茂迁有无"两项内容，用我们熟悉的经济学概念，这两项内容或者分别属于"岁入经济"和"市场经济"的范畴，但是，在中国历代王朝体制中，两者都属于贡赋经济的核心内容，探究两者之间的关系，从赋役征派与交换流通之间的机制入手去展开研究，是"食货"经济史研究贯穿不同时代的主题。在这里，我想从司马迁的《史记》与班固《汉书》的相关篇章开始，谈一点我对这个主题的一点最粗浅的认识。

同后来的正史都以"食货志"为篇名不同，司马迁的《史记》中记述经济问题的内容分别在《货殖列传》和《平准书》中，《货殖列传》是关于商人及其商业活动的，更像我们今天观念下的经济问题；《平准书》的内容比较接近后来的《食货志》，讲的是王朝怎样建立国家的经济管理体制。在体例上，《史记》与后来历代正史明显不太一样，这个体例上的特点，可能与司马迁个人的经济思想和政治观念有关。我没有专门的研究，只是读《史记》《货殖列传》和《平准书》时的感觉，我觉得司马迁是比较倾向于发挥市场机制的独立发展。《史记·货值列传》中有一段议论：

> 夫山西饶材、竹、谷、纑、旄、玉石；山东多鱼、盐、漆、丝、声色；江南出楠、梓、姜、桂、金、锡、连、丹沙、犀、玳瑁、珠玑、齿革；龙门、碣石北多马、牛、羊、旃裘、筋角；铜、铁则千里往往山出釭置：此其大较也。皆中国人民所喜好，谣俗被服饮食奉生送死之具也。故待农而食之，虞而出之，工而成之，商而通之。此宁有政教发征期会哉？人各任其能，竭其力，以得所欲。故物贱之征贵，贵之征贱，各劝其业，乐其事，若水之趋下，日夜无休时，不召而自来，不求而民出之。岂非道之所符，而自然之验邪？

司马迁这一段讨论显示出古代的商业，是由不同地区自然禀赋的差异，有不同的产出，这些地域性的产品为人民生活所需，通过商人的活动运销到全国各地，形成商品的市场流通。虽然这种流通不是基于生产分工，但自然条件的差异形成的商品流通。在这一点上，可以看出在司马迁的观念上，由生产到流通，存在着一种由"人各任其能，竭其力，以得所欲"而产生的市场调节的机制，所谓"物贱之征贵，贵之征贱"，意思是市场上商品价低，生产流通就会减少，也就是价格将会上涨的征候，反之亦然。这种机制是一种自然的趋势，不需要人为地改变。这一套观念，显然接近古典经济学那只“看不见的手”。如果只是看到这一点，我们也许可以从司马迁的这段讨论中，可以看到由于交换的发展，市场的扩大而促进分工，在分工发展的基础上又推动交换的发展，也是古代经济发展的一种自然趋势。不过，这段话中有一句话值得我们注意：“此宁有政教发征期会哉?”，这句以质疑的语气表达的意见，显示出司马迁的见解与现实之间的不同，也就是说，现实是基于地域自然禀赋差异的市场流通是与“政教发征期会”结合在一起的。我们在这里可以看到前面我们在《汉书·食货志》序中所读到的“食货”原理，是一种现实的结构，司马迁对这样一种关系提出了质疑，恰恰表明了现实并不如司马迁所主张那样。这一点清清楚楚在《平准书》记载的史实中反映出来。

《史记》卷三十，《平准书第八》记曰：

> 汉连兵三岁，诛羌，灭南越，番禺以西至蜀南者置初郡十七，且以其故俗治，毋赋税。南阳、汉中以往郡，各以地比给初郡吏卒奉食币物，传车马被具。而初郡时时小反，杀吏，汉发南方吏卒往诛之，间岁万馀人，费皆仰给大农。大农以均输调盐铁助赋，故能赡之。然兵所过县，为以訾给毋乏而已，不敢言擅赋法矣。
>
> 其明年，元封元年，卜式贬秩为太子太傅。而桑弘羊为治粟都尉，领大农，尽代仅筦天下盐铁。弘羊以诸官各自市，相与争，物故腾跃，而天下赋输或不偿其僦费，乃请置大农部丞数十人，分部主郡国，各往往县置均输盐铁官，令远方各以其物贵时商贾所转贩者为赋，而相灌输。置平准于京师，都受天下委输。召工官治车诸器，皆仰给大农。大农之诸官尽笼天下之货物，贵即卖之，贱则买之。如此，富商大贾无所牟大利，则反本，而万物不得腾踊。故抑天下物，名曰“平准”。天子以为然，许之。

在这段记载的前一段，我们看到的事例显示出王朝贡赋体制的结构，同王朝扩张过程相联系，国家权力对不同领土区域的控制关系，直接影响到中央对地方之间的贡赋体系架构与运转方式。大一统的王朝国家贡赋体系的这种地域性架构，关系到王朝的资源获取、调配和使用，需要利用交换流通环节作为其运转机制之一。于是，我们在第二段看到王朝国家如何通过控制和利用商品流通市场实现其贡赋体制的运转。汉代的平准均输制度，是贡赋体制与市场机制结合的一种最具典型意义的制度，这个制度内含的原理以及由此形成的国家市场体制，成为后来相当长时期不同的王朝所建立的不同的经济体制的深层结构，因此可以作为我们认识和理解“食货”经济体制的一个基本模型。

均输平准法的具体内容，看起来并不复杂，大致是：由于中央政府通过专卖获取财政资源，各地官员需要通过市场交易来做，造成物价上涨，获得的收入还不足以作为运输费用。为改变这个状况，桑弘羊建议，由中央设立大农部丞数十名，分派到各郡国的掌管大农事，各往主要县分设立均输盐铁官，当本地某物价格上涨时，就到商贾贩入该物的出产地，以赋税方式征收该物，在各地官府之间互相调配。同时，在京师设平准机构，汇集天下输纳的贡赋。由大农出资制造运输工具，把天下征纳的物质都集中到中央政府的控制下，价格高时就卖出，价格低时就买入，这样富商大贾就不能从中谋取高额利润，回到正常的经营，而市场上也不会出现物价飞涨的情况。

这样一种做法可以用现在经济学的逻辑，解释为一种国家力量干预市场，平抑物价的行为，但我宁愿从“食货”体制的角度看成是国家力量进一步利用市场机制来实现贡赋征集的措施。其实，在实行均输平准之前，早已经如太史公所曰：“农工商交易路通，而龟贝金钱刀布之币兴焉。所从来久远。”（《史记·平准书》）而这种市场是由贡赋体制下，“各因其土地所宜，人民所多少而纳职焉”的运作催生出来的，这是一个贡赋系统下的物质流转机制。但市场一旦生成并吸纳了社会的财货进入流通，就会在流通过程造成财富聚集于商人之手的结果，威胁甚至侵害着国家贡赋收入的利益。面对这种状况，王朝国家需要对商人的力量进行掌控。从《史记·平准书》记述汉武帝时期从卜式到桑弘羊在治国理财方面的改变，我们约略可以感觉到国家聚敛财富和商人主导流通环节之间的互动，有不同的实现方式，而行均输平准，令市场更进一步成为国家贡赋体制运转的产物和实现的工具，食货之体制遂成一种长久稳定的经济体制。这种体制的基础，是王朝聚敛社会财富，而运作的机制则通过市场交换流通来实现。这就是“食货”的基本原理。

三　中国王朝贡赋经济体制的若干特点

上面我们通过阅读《汉书·食货志》序和《史记》中的《货殖列传》

和《平准书》的一些段落，很粗浅地对“食货”体制的原理作了一点讨论和思考。简单地说，我们虽然可以大略认为中国王朝时期的贡赋经济体制在性质上属于希克斯说的指令经济或岁入经济，但是，“食货”是由“赋入贡棐”和“茂迁有无”两种机制一体构成的体制，简单套用我们熟悉的概念，也可以说是由“岁入”与“市场”两方面构成。下面，我想稍微更具体一点做一点讨论。

由于我们的认识逻辑，还是从希克斯的论述开始，在抽象意义上把经济体制分成市场体制和非市场体制。这样，我们不妨先将中国王朝的贡赋体系假定为一种非市场经济体制，在这个假设下，我们先概略地讨论一下中国王朝贡赋体系的一点特点。

首先第一点是大一统的中央集权王朝体制，这一点是中国王朝国家贡赋体制的基础，大家都很清楚，似乎不用多讨论。不过，需要点出的，是我们前面已经提到过的，这个大一统中央集权的国家体制，包括了一个幅员广大的辖区，一方面不同地域的物产差异，由贡赋的品类和构成差异引起需要利用交换的渠道去满足王朝消费的多样化需求；另一方面，由于贡纳地与京畿距离远近的差别，需要通过不同的输送方式和途径来运输，就产生了由贡赋输出地与王朝中央的距离形成不同的国家与地方的关系，构成一个独特由贡赋关系构成的王朝政治地理体系。《尚书·禹贡》表述的那个“五服”的结构，虽然不一定是一个实际存在的状况，却可以视为一种由贡赋关系构成的国家的理想化模型。这个模型构成中国王朝贡赋体系运作的基本架构。

另一点也需要指出的是，在这个中央集权的大一统王朝体制中，并不是所有的国家行政资源，都是控制在王朝中央政权手中的，也可以说，王朝贡赋制度处理的财富征集调运和分配，主要是供应王朝国家的运转的财政资源，至于地方衙门的财政资源，主要由来自于编户齐民的差役责任承担。

在一个大一统的集权王朝国家体制下地方财政资源与中央财政资源的关系，是认识贡赋体制需要进一步深入研究的非常复杂的问题。因为王朝的贡赋就本质上来说，是属于中央王朝控制的财政资源，但财政资源事实上都是集中到中央，再中央重新分配的，历代王朝都不是这样运作。我们从历代正史《食货志》中看到的贡赋体系的内容，主要是中央政府直接控制的贡赋的管理机制，但实际上，有中央控制的贡赋的征调、供应和再分配，并不是解决整个大一统中央集权体制国家运作的资源获取的唯一来源。在地方行政的层面上的财政资源的运作，包括地方为中央政府征调财政资源的机制，我们研究得还很不够。

第二个特点，中国王朝时间的贡赋体系，是基于需求多样化和地域自然禀赋差异的物资调运供应网络来运转的。我们讲王朝时期的“食货经济”，这样一个系统是非常重要的基础，前面说到的“食货”体系中的“懋迁有无”，实质上就是这样一个系统。《史记·货殖列传》就很精彩地勾勒出这样一幅图画，类似的描述，在以后的文献里面也可以看到，下面我们将看到的明代张瀚的《松窗梦语》中的《商贾记》，就是模仿《货殖列传》，但是写得更详细。

我们说王朝时期的贡赋体制从一开始就与市场流通不可分离，很大程度上是由于这种地域的广大和自然物产的差异，王朝国家对不同地方的不同的物产的需求，决定了贡赋体制并不是一般想象那样，把作为田赋的粮食给一班贵族官员糊口，王朝国家需要的，是不同地方的不同土特产。通过什么机制集中到王朝国家的手上，被他控制呢。各个地方贡纳物之是基于地域性的自然禀赋的差异，而消费是庞大的王朝和官僚的多样化需求。这就需要有一个这样的物资供应调运的网络，这是一个很早很早就已经存在的物流网络。至少在司马迁时代以前更早的时代，就已经存在。

地域性的自然物产的多样性决定了贡赋体制运作需要依赖市场机制来实现，同王朝对海上物产和西南矿产有很大的需求相联系。《史记·货殖列传》提到的那些海上来的东西，玳瑁啊，香药啊，等等，长期都是王朝的必需品。西南地区对于宋以后特别明清的王朝运作的意义，很重要的是矿业。这个需求又同货币在贡赋体制下的重要性联系在一起。后面我们会谈到贡赋体制依赖货币运转，因此对货币的需求特别的大。甚至可以说，在相当长的时间里，贡赋体系很重要的基础是货币制度。所以西南成为王朝国家要花大气力去经营并且花很大的代价去控制的一个地方。

与此相联系的，是我相独立列出来加以强调的第三个特点，就是政治中心跟经济重心分离的格局。这个格局，做经济史的学者都很熟悉。刚才我提到《松窗梦语》里，就特别提到：“国家财赋尽仰给于东南，而西北所供，不足以当东南之半”。所谓东南，在疆域上其实是很小的地方，而西北的疆域要大得多，而历代的政治中心和军事防卫重地在地理上又处在北方，主要在北方开支消费的财政资源大部分来自东南，这是唐宋以后贡赋体系的基本格局。历代王朝维持政治与军事稳定要面对的一个基本问题，是如何实现以一个疆域狭小，距离京城遥远的地方，供应京城和北方的军事需求，每一朝代管理经济问题的官员都努力去想出好的办法来处理这个问题，其实从来都没真正解决好。所以这个问题成为历朝财政政策的核心问题所在。

我们研究中国古代史后期研究的人，对这样一个政治中心与政治重心分离的格局的这个影响尤其重视。关于这一点，陈寅恪先生的《隋唐制度渊源略论稿》有非常精辟的见解。陈寅恪先生讨论唐代财政制度的南朝地方化和北朝地方化的两个重要的制度“和籴”与“回造纳布”，就是由政治中心与经济中心分离这样一种格局产生出来的制度。

由于存在这些特点，我们就不要以为古代的贡赋体制的基础只是农民向地主和皇帝交租赋，实际上，王朝要花更多精力考虑的，是怎么解决长距离的物资调运的问题。因此，我们要研究这个体制，就需要贯穿始终的着眼于贡赋运作的系统跟市场运行的机制上面。在这个体制下，一方面始终存在一个有效的市场，尤其是长距离贩运，一直都有可观的规模；另一方面也就造成了市场的运作、市场的性质，以及市场产生出来的对经济发展的影响和动力，就不能只简单地从一般的生产的分工出发去理解。

再下来是第四个特点。就是王朝的贡赋，基本上是由赋税、差役跟土贡来构成的。这一点可能与大家对财政经济史的一般理解有一些不一样。在一般的理解中，王朝国家的财政收入主要由田赋和力役构成，由于“有田则有赋，有丁则有役”是一个基本的原则，就会进一步把田赋理解为土地税，把力役理解为人头税。在古人的记载表述中，一般都会读出这个意思。但其实，从贡助彻到租庸调，再到两税，以及宋代以后的差役，到明清时期的赋役，我以为都不能简单地同现代概念的土地税或人头税等同起来。区别何在？在不同的时代，不同的制度下，具体的解释可能是不同的，但在性质上，不同形式，不同征派原则和征派方式的贡赋，都是基于王朝体制下编户齐民对君主的臣属关系，由这种臣属关系产生的一种义务，一种责任。因此，赋税差役与土贡，都是向臣民征收的，不是向财产征收的，由土地或其他的财产差别计算的负担轻重，只是一种达至均平目标的方式。在以赋为土地税，役为人头税的惯性理解方式下，我们可以用“赋中有役，役中有赋”的说法来打破两者的边界。从形式上看，赋税是按照土地的产出或流通的商品价值来征收的，但这不是现代的赋税，不是根据财产或收益按照比例来征派的。虽然历代田赋都有税率有科则，规定每亩征多少，但是在这个税率背后，还包括了缴纳者承担的相关义务。对于这一点，我想我们年长一点的人会相对容易理解，我们年轻时候经历过的，那个时候，我们的田赋叫做公粮。农民要交公粮的责任，不是因为农民拥有土地，要缴纳土地税，那个时候有一个说法，叫做“为国家种田”，很准确的道破了交公粮的实质。这个实质就是种田是一种义务，一种役。因此，交公粮就是一种向国家服的差役。公粮看起来是一种土地税，但那个时候交公粮，农民要敲着锣鼓，扎着红布，打着红旗，浩浩荡荡到城里去交公粮，那个运送的成本，是交粮的人要承担的。于是昆明附近的农民交公粮跟住在远一点的山里面的人交公粮的负担就不一样了，虽然税率可能相同。我用这个当代例子，可能不是太恰当，因为交公粮的地点一般不会离乡下很远，交公粮的劳动力和材料消耗成本大概也不高，最多可能就是半天的工分和一顿午饭。但在王朝时期，运送的距离可能远至京城，这个成本就可能是非常高，甚至可以高过税率本身。这个成本，实际上就是一种差役。也许大家可以把这个差役也理解为按人头征调的劳役，其实不是，负担的轻重是同财富多少相关的。不过，这种差役的真正负担是无法衡量的，比如宋代的衙前役，负担是多少，算不清楚；明代里长也可能因应役而破产。由此可以说，差役的负担既按财产也按人丁分派轻重不等，但不是按财产、按人丁根据一定的比例计征的。

赋和役之外，还有土贡，这是我们说的王朝贡赋的典型形态，但一般来说，土贡不被看成是赋税，但它又是实在在的臣民的义务。在明代以后，土贡有一个赋税化的趋势。怎么理解和把握这几类的关系，是认识贡赋体系的很关键的问题。

我想提及的第五个特点，是实物财政体制的市场运作机制。王朝时期的贡赋体制，如果用现代概念来看，属于实物财政的范畴，但我们前面已经说过，这个体制很大程度是通过市场机制运作的，市场在其中发挥重要的作用，甚至可以说，这种体制的运作离不开市场。因此，我们不能把研究王朝国家的贡赋体制简单理解为一个赋税制度史或是财政史的问题，尤其是不能跟市场的研究分离开来。离开了市场，无法理解这套贡赋体系的运作；反过来也一样，离开了贡赋体系，也无法理解中国传统市场。这点我们前面已经讨论过，这里不展开。

第六个特点是，由于贡赋体制离不开市场运作，因而要以货币作为贡赋征调、储藏和会计的手段。前面我们读的《汉书·食货志》序言一开始释“货”的含义是“货谓布帛可衣，及金、刀、鱼、贝，所以分财布利通有无者也”，可见食货之“货”，其中一个意义是货币，也反映出货币在贡赋体系里有一个基本的角色。当然，我们从来不会认为贡赋体制是一种市场经济，如果要归类，贡赋体制本质上属于实物经济范畴，贡赋体制的一个重要特点，就是在这个实物经济运转种，货币有着特别的角色。当然，既然货币登场了，背后必然是市场交易的关系。关于货币在贡赋体制中的重要性，可以举一些例子，比如全汉昇先生有一篇文章叫《唐宋政府岁入与货币经济的关系》，其中列出了唐宋岁入中钱币所占的百分比，宋代曾经超过 50%。又如明代，运向北部的国防开支，即所谓边饷的银两，在明代后期，已经到了差不多三百万两的规模，其他还有京师的财政开支，还有地方政府的财政收支，都大量运用白银。之所以有需要以货币作为贡赋运作的手段，很大程度上是因为前面所说的那些特点，例如政治中心跟财赋供应地的分离，还有北部边防线的财政供应，都需要货币作为调拨支付的手段。很直接可以看到的一个典型情况是，明代永乐之后以北京为京师，最直接的影响就是发薪俸，促成在明代财政货币化过程的一个重要契机，就是金花银的产生。当时官员们需要在北京上班，薪俸则在南京领取，开始是发米跟钞，官员到南京领了薪俸，他就会在南京卖掉，再拿钱到北京去买米来吃。因为大家到南京去领了米资都要卖，那南京的米价就会很便宜，北京的米价就会很贵。明朝的官员说，这么麻烦，干脆我们发钱就发银子就好了，所以就改为发银子。银子从哪里来？就有了税粮折征银子，这就是金花银。还可以举一个例子，浙江师大的胡铁球教授写了一篇非常重要的文章，论证财政白银化可以追溯到差役中的柴薪皂隶的折银。他告诉我们。明朝的官员工资虽然大家都说很低，但是其实他们有多种差役被他们差使的，这些差役构成了地方官员的收入来源和地方政府的财政资源。官员身边有一帮服务他们的差役，有一种叫做柴薪皂隶。到了宣德年间，柴薪皂隶不用应役，改为交银，这部分的收入成为明朝地方官员收入的很大一部分。这些例子，都说明了货币在贡赋体制运作中的角色。

四　贡赋体制下的市场要素

接下来，我想就贡赋体制下的市场流通提出一些我正思考的问题。由于贡赋运作需要通过流通领域来进行，因此，长期以来，我们看到的商业活动，尤其是大宗商品和长距离贸易的市场，实际上是由贡赋体制的运作拉动的，因此，所谓市场也就是简单地由分工交换为基础的商品流通而形成的市场。在历史上长期实行的市场制度，实际上也是贡赋制度的组成部分。例如，我们前面已经提过的“均输、平准”，还有“和籴”“禁榷”等制度，都既是市场制度又是贡赋制度。这些制度都是中国经济史上大家很熟悉的，我在此不多展开了。

在明清时期，我们知道在市场上最有势力的商人，是徽商、晋商、清代还有广州的洋商，晋商、徽商发展起来的市场，是在“开中”制度的基础上发展起来的市场，而洋商则是在市舶制度下垄断着对外贸易，形成了后来西方国家称为“广州贸易制度”的独特市场体制。还有漕运制度，不但是运河沿线市场发展的基础，还可能促进了江南漕粮供应地的粮食市场。从文献记载的赋役条目，漕粮无疑是一种实物财政，从江南往北京调运的粮食，当然是实物，但漕粮的征集，是谁都离不开市场的。漕粮是需要有比较好的米，或者指定的某一些品种的米，很难想象是直接来自每家每户的农民上纳的米，宫廷大概不会接受吃这种混杂的米，所以州县常常是在市场上购买的，这就在漕粮输出地培育出一个粮食市场来。

简单说，从这些属于贡赋体系的制度，我们不仅看到了市场的作用，更看到了市场在这些制度运作中怎样形成和发育起来。因此，我们的经济史要做市场研究，不可能不放在一个贡赋体系下去考察。市场经济研究的一个基本问题，是市场要素的问题，市场最基本的要素，是商品、商品供应者，还有消费者。吴承明先生曾经有多篇论明清时期的市场的文章，建议大家去读读。我们这里选他三十多年前发表的《论清代前期我国国内市场》（《历史研究》1983 年第一期）来看看，这篇文章揭示的国内市场的商品、商品供应者跟消费者的关系，对我很有启发。他着重考察了粮食、布盐和棉丝茶三大类商品的流通关系，这几类商品的大量交换是在这个小生产者之间的交换，但是牵涉长距离贸易的流通，是一个城市跟乡村的交换，对于这种流通，他用了一个概念，就是叫做单向流通，就是说粮食和布进了城市，不是因为城市有相当的或者等价的商品流出来供应到农村，如果是那样的话就是一种我们熟悉的市场经济。吴先生指出，城市居民拿来跟生产者交换的，是城市里面皇帝开始，到为皇帝官员服务的各种城市居民手上的财富。这财富怎么来的，当然是有贡赋来的。所以，我们认识明清时期的市场，其实是在一个贡赋供应链跟流通链里面发展起来的，贡赋收入透过市场才能实现，才能够获得城市居民消费所需要的东西，这样形成的所谓单向的流通，构成了我们理解传统时期的市场的一个很基本的模型。我们从这个模型中看到的市场要素，从商品来说，他是由于贡赋运转而形成了这种商品，尤其长距离贸易大规模流通的商品；然后从市场商品的供应者来说，基本上都是乡村的小生产者，他们不是因为自己生产的剩余，是因为交纳贡赋。

有一个在经济史中常常被提及的事实，是大家都熟悉的：江南的农村市场，其实是在江南重赋政策下发展起来的。我们知道，太湖流域地区是明代的主要的农产品商品生产供应地，但这个地方的商品生产都是小商品的生产，小生产者之所以会有大量剩余产品投进市场作为商品，是因为这个地方的重赋压力。明代的徐光启在《农政全书》讲得很清楚：

> 尝考宋绍兴中，松郡税粮十八万石耳。今平米九十七万石；会计加编，徵收耗、剩，起解、铺垫，诸色役费，当复称是。是十倍宋也。壤地广袤，不过百里而遥；农亩之入，非能有加于他郡邑也。所繇共百万之赋，三百年而尚存视息者，全赖此一机一杼而已。非独松也，苏杭常镇之币帛枲苎，嘉湖之丝纩，皆恃此女红末业，以上供赋税，下给俯仰。若求诸田亩之收，则必不可办。故论事者，多言"东南之民，勤力以事上，比于孝子顺孙"，不虚耳。

他在这里讲松江，因为他是松江人，但他也指出，苏杭常镇嘉湖都是如此。这个被认为商品生产最发达的地区，小生产者生产的产品，之所以转向商品性生产，并成为商品流进市场，是因为在重赋下靠种粮食应付不了，只能以发展商品性生产的方式来去应付。这是一个在贡赋体制下面小生产者的产品成为商品来进入市场的一个很典型的例子。

当然，这也是一个很特殊的例子，不可以讲这个状况扩大推延到其他地区，但这个地区商品生产和地方市场最为发达，而且在长距离贸易市场中也有着重要的角色，同时，在其他地区，市场要素与贡赋经济的关系虽然不一定表现为这种形式，但也会以其他不同的方式存在。这个例子呈现出来的是商品和商品供应者这两种市场要素，我们如果再来看商品消费者，从消费市场的性质去看，更能看出市场要素与贡赋体制的关系。我们不妨读一读我们前面提到的张瀚《松窗梦雨·商贾记》的这些描述：

> 余尝宦游四方，得习闻商贾盈缩。京师负重山，面平陆，地饶黍谷驴马果（军鸟）之利，然而四方财货骈集于五都之市。彼其车载肩负，列肆贸易者，匪仅田亩之获；布帛之需，其器具充栋与珍玩盈箱，贵极昆玉、琼珠、滇金、越翠。凡山海宝藏，非中国所有，而远方异域之人，不避间关险阻，而鳞次辐辏，以故畜聚为天下饶。

我们在这里看到，明代最重要的消费市场，是在京师，所谓"四方财货骈集于五都之市"。但是，"车载肩负，列肆贸易者"，不仅是田亩之获，布帛之需，什么都有。于是，"远方异域之人，不避间关险阻，鳞次辐辏"，所以“畜聚为天下饶”，天下的商品都集中到京师，但是这个消费市场，不是由本地的生产形成的，是由于财赋大量的集中在京师。这种情况，到今天也没有真正改变。

既然市场要素是在贡赋体制的驱动下形成和成长的，那么，市场发展的动力主要来自哪里也能很清楚了。刚才我们提到了“开中”“漕运”等等属于贡赋体制范畴的制度，是明清市场发展的主要驱动力。在这些制度下成长起来的商人的市场活动，不仅拉动了大宗商品的长距离贸易，更由这些制度下的商品流通和交易活动，带动其他商品的市场流通。

五　结语：食货经济史研究基本问题举要

以上的讨论希望能够给各位一个认识或印象，就是研究王朝时期的中国经济史，基本上不可能在既有的古典经济学的概念和方法中找到现成的分析工具和解释逻辑。我们要面对的，不是一个简单地从生产分工、交换流通和消费构成市场经济体系，也不是简单基于国家指令的岁入经济的运作，而必须把“赋入贡棐”与“茂迁有无”作为一种经济体制的整体来研究，这种经济体制我倾向于称之为“食货经济”。对于食货经济的研究，我认为我们还没有开始，我自己也不可能给出多么深入的解释，更不可能提出一种研究的范式，建立一套可以用于分析性研究的概念体系。在这里，我想提出几个我想到可以入手的问题，我期望我们能够从这些问题出发，通过大量深入的实证性的研究，最终形成一种关于“食货经济”的理论解释和分析工具。以下是我想到的一些问题：

贡赋体制下生产要素的性质与配置原则（例如劳动力和土地）
贡赋经济体制下“商品”的性质与价值
贡赋供应的空间格局与市场的整合机制
商品价格形成和调节机制
财政运作中货币的角色与流通机制及其与市场流通的关系
贡赋体制下的劳动分工

贡赋与市场的主导角色是否可能发生转变，是否存在一个转折点？转变的契机何在？

在国际贸易体系中，贡赋经济与世界市场如何整合，对国内经济体制会产生何种影响?

这些问题，不少是我多年思考的问题。不过，很坦白说，由于我没有能够通过更多的实证研究去深入探索，一直没有能够找到令自己满意的答案，更没有形成有说服力的解释，只是朦朦胧胧地意识到现有的经济史理论和方法没有能够解决。因此，我希望能够借这个机会提出来，期望日后有更多年轻的经济史研究者能够把研究向前推进。

后记　公孙树下荟鸿儒

——“中国经济史研究理论与方法”课程记

黄纯艳

秋天的云南大学最令人向往的风景是金黄的银杏。大概是昆明气候的原因，银杏叶由绿转黄，不紧不慢，直到深冬，仍有金黄的叶片挂在枝头。赏银杏的去处很多，据说昆明著名的就有八处。百年学府云大的银杏独有意蕴，自然美景铺陈在文化的底色中，最牵动人心。有个排行榜把云大校园列为最美校园全国第四，可见云大不惟称美于云南，更闻名于全国。

大概少有人知道云大的参天银杏出自数十年前一个普通校工武文忠。武师傅一株一苗种下夹道百余米的银杏苗，长成如今闻名全国的风景。银杏树不仅贡献美，还贡献价值很高的白果，但它生长缓慢，公公栽树，孙子摘果，又称公孙树。李埏先生佩服武师傅的奉献和成就，把他创立的中国经济史学科比作公孙树，特作了《我爱公孙树》的寄语。他筚路蓝缕，从一己之力起步，建立队伍，培养学生，希望他栽下的公孙树苗，两代三代以后成长为参天大树。

如先生所期望，从先生到武建国、林文勋、吴松、吴晓亮、张锦鹏等三代数十人的努力，云南大学中国经济史学科这棵公孙树从一棵幼苗长成了参天大树，先后成为全国最早的两个唐宋经济史博士点之一、云南省重点学科和国家重点学科，形成了以商品经济史、土地制度史为主的学术特色，建立了享誉海内外的学术声誉。

2016 年 9 月到 2017 年 1 月，我们邀请清华大学、北京大学、北京师范大学、山东大学、中山大学、厦门大学、武汉大学、台湾大学、中正大学（台湾）、云南省社科院的十二位中国经济史研究顶级学者和四位云南大学中国经济史研究所学者，共同开设“中国经济史研究理论与方法”课程。如刘志伟教授、陈锋教授等多位学者表答的：他们应邀在李先生开创的学科讲坛上授课，心怀崇敬，感到荣幸。作为先生的学生，坐享海内外名流大家在云大经济史讲坛上纵论古今，各现其美，我们首先感念先生的恩泽，是先生的崇高影响和他建立的云大中国经济史学科的良好声誉使诸位名流大家欣然应邀授课并觉荣光。历时四月余，先生题额的文渊楼和文津楼中，每周一位名家登台，展现学问之美，人格之光，真乃稷门盛事。从游之乐虽然易逝，醍醐余音仍绕梁不绝。

9 月 2 日，葛金芳教授在摄影机、化妆师和一众服务者的簇拥下，以贯通古今的满腹经纶和“三十五公岁”（葛老师自诩）的阅历自信，在讲台上下恣意挥洒，以满堂彩开启了课程的第一讲。葛老师的老友虞云国教授以特殊的亲密方式称赞葛老师“素颜倾城，何须化妆”。自此，课程的化妆环节成为最惹眼的亮点。

周建波教授既是经济史研究名家，也是教学名师，他生动活泼的讲课风采、历史现象的经济学阐释，让听者叹为观止。李伯重教授、陈争平教授、仲伟民教授是清华经济史团队的领军人物，也引领着中国经济史研究理论的潮流。李老师深入浅出、举重若轻的讲授，古今中外融于一炉，令学生们高山仰止，以至于不敢轻易提问。陈老师令学生们第一次见识了文科一级教授的温和博雅，感受了陈老师对其导师吴承明先生的无限尊崇。仲老师睿智敢言，思想敏锐，引来众多粉丝聆听讲课，杨毅主编还率领云大学报编辑部全军出动，迎接这位全国期刊界的领头人。

诸位名家的授课吸引着云大、师大、财大，以及来自社会的人士慕名聆听，而听众来得最远的是刘志伟教授的课堂，刘老师的两位学生和粉丝不远千里，从内蒙古和浙江的专程赶到昆明听课。徐泓老师为赶着课程的化妆时间，匆匆刮脸留下的血痕，边化妆边草草用餐，令我愧疚不已。幸有王芝芝老师对着徐老师的定妆一句惊叹“原来你这么帅啊”，让我觉得可算给徐老师留下了值得纪念的瞬间。

杨宇勋教授的学问和酒量皆令我高不可攀，但九天的出入相伴，更让我见识了他豪放大气之下的细致和宁静。宇勋教授与徐泓老师在昆时间交错几日，对徐老师，如同他私下对我说的“在老师面前要做乖小孩”，执弟子礼甚恭。北门书屋的豪饮轻取了晓忠和志刚后，四顾无敌的他爱上了昆明莲花池的素食。当然，难忘的还有我们不约而同地背着同款的 Samsonite 双肩包。

钞晓鸿教授为两讲课程花了一个多月的时间精心备课，除了用严谨的逻辑、深入的挖掘，呈现了两堂精彩的课程，他对史事细节、文献版本完美主义的追求，也为同学们上了一堂绝佳的学术训练课。陈锋教授是最后一位外校授课专家。他备课以前认真地看了此前所有课程的形式和内容，从课程内容和服装领带都作了巨细靡遗的准备。课后的黑盐井考察让我和小平教授跟着陈老师又受了一堂精彩的现场教学。

登高教授、文成教授、晓亮教授、锦鹏教授和我等先生一众弟子由掌门师兄文勋校长亲自领衔，轮番登台，如同给先生的学业汇报。文勋教授在身不由己的政事中，见缝插针地讲授了两讲，成为了云大学生们的盛宴。“听了校长大大的课”成为学生网上传扬的喜讯。听校长的讲话或有机会，而听作为学者和学术名家的校长两堂精心准备的课，不是每届学生都能有的幸遇，一定会成为他们大学生活可长久回味的美好纪念。

龙登高教授是先生最赏识的弟子之一，先生曾手书杜甫“当代论才子，如公复几人”诗相赠。如今名满学界的登高教授积极参与了课程筹划，认真准备授课内容。看着课堂上意气风发的登高教授，心里不由想起先生称许的“当代论才子，如公复几人”。文成教授以他一贯的严谨认真，西装革履，如临盛典，展示了他博士论文宋代白银研究向金元的拓展。晓亮教授和锦鹏教授是课程中仅有的两位女学者，化妆师锦上添花的装扮，有如神仙下课堂，学生们惊叹、合影、献花，掀起了二十讲课程中的两次高潮，当然还有相映成辉的精彩讲授。

如课程规划的预期，二十讲课程全面地反映了目前中国经济史研究理论和方法的整体状况。计量经济史、制度经济学、富民社会、农商社会、贡赋体系、社会经济史、水利史、技术史、财政史……精彩纷呈、新思涌动的每一讲汇聚成中国经济史研究理论创新的浪潮，呈现出中国经济史研究理论和方法的前沿动态与发展趋势。而这些浪潮的背后我们可以窥见其清晰的来路：传统理论的扬弃、中国话语的构建和国外理念的借鉴。

传统理论的扬弃即继承、反思和创新。仲伟民教授系统梳理了中国近代史研究的诸种范式及其演变历程，从经济史角度反思了中国近代史的开端。徐泓教授讨论了曾是五朵金花的“资本主义萌芽”研究的局限和贡献，探索学术创新的路径，提示学术反思的理性。陈锋教授和杨宇勋教授总结了中国财政史研究的史料、理论与方法，评说众家之长，揭示研究路径。钞晓鸿教授讲述了如何继承与发展傅衣凌先生中国社会经济史和冀朝鼎先生中国水利史研究的理论与方法。王文成教授、吴晓亮教授和张锦鹏教授在李埏先生商品经济史研究的路径上开拓发展，讨论了金元货币体系、古代消费经济和空间经济问题。周建波教授以经济学的视野重新阐释了山西商人金融体系的特点和创新。黄纯艳教授反思了中国古代技术史研究的视角和方法，讨论了中国古代技术发展的空间与制约。学术研究正是在扬弃传统中寻找前行的方向。

传统理论的自身局限和简单运用的偏离史实，促使学者探索更契合中国历史发展特点的阐释框架和理论体系。林文勋教授讲授的中国古代“富民社会”理论体系正是阐释中国历史演进脉络的中国话语，其从分工论视角对先秦历史的解构也是如此。葛金芳教授系统讲述了其农商社会说的理论体系、学术背景和理论资源，从另一个角度构建了阐释中国历史发展特点的中国话语。刘志伟教授提出的王朝贡赋体系有别于以往的阐释框架，揭示了中国古代政治体制下有别于市场体系而又与其密切相关的贡赋体系构成的经济演进。这些探索和成就正是当前中国学者构建中国学术话语体系的使命和努力。

国外理论的借鉴和激发历来是推进中国经济史研究的重要动力。计量（量化）史学是近年来方兴未艾的经济史研究方法。李伯重教授对量化方法在史学研究中运用的讨论，指出了对史料的量化处理可以揭示其他方法难以反映的问题，也有利于更清晰的比较研究，首先是史料的正确辨识和运用，以及比较前提的成立。陈争平教授分析了目前经济史计量研究的三个流派，提倡立足于历史学方法，以系统数据搜集和辨析为基础的经济史计量研究。龙登高教授用制度经济学的视角和方法阐释了中国古代地权市场与农庄经营，揭示了中国古代社会如何创造出复杂多层的地权形式，解决多样的经济关系和经济需求，并以古代智慧为现实经济寻求出路。黄纯艳教授梳理了唐宋变革论的演变及其对宋代经济史研究的影响，指出重新审思唐宋变革其要不在证成或者辨伪，而在其产生百年来对宋代经济史研究变换角度、拓展视野、激发议题的重要意义。

而最令人感触的还是学术传承的力量，学术基因潜移默化地塑造着学者们的学术生命。十六位来自中国经济史研究重镇的学者，以他们的讲题取向和学术风格演绎了一部当代中国经济史研究学案，讲述着中国经济史研究的学派源流。梁方仲先生和汤明檖先生开创的中山大学中国经济史研究重视从赋役和财政角度阐释中国古代经济发展，刘志伟教授继承和发扬了方先生和汤先生的学术路径。武汉大学中国经济史研究由李剑农先生、彭雨新先生创立，形成通贯研究，注重财政史的传统，陈锋教授的研究正是在这一基础上发扬和拓展。厦门大学傅衣凌先生开创了社会经济史研究，钞晓鸿教授继承了傅衣凌先生、陈支平先生的学术衣钵。李埏先生在云南大学开创了重视商品经济史、土地制度史，关注两次社会经济变革的学术特点，林文勋教授从商品经济史研究生发出财富力量和富民社会的理论体系，从分工论阐释春秋战国重大的社会变革，正是对这一学术特点的继承和发展。葛金芳教授农商社会理论则可以看到赵俪生先生关注土地制度、农民问题的影响。陈争平教授一切理论皆为方法论的研究态度正是吴承明先生学术思想的要义。授课专家皆为各有建树，成一家之言的名家，却无不接续着前辈的学术生命，立足前人，开拓创新。

感谢十六位学者共襄盛举，开创了一件中国经济史研究史上未有之事。参加这一盛举的不仅是十六位授课专家。云南大学研究生院赵琦华院长将本课程列为云大第一门研究生慕课课程，聘请了清华 51 制课团队和云南省电视台的摄制和化妆团队，使本课程从内容到形式真正成为一门“高大上”的课程。徐媛媛副院长直接指导、协调课程的具体事宜，并多次到课堂听课。云南大学社科处李晨阳处长为课程顺利运行给予了切实的支持。薛蛟老师作为制作团队的负责人以精益求精的职业态度为课程拍摄提供了有力保障。云南省电视台的化妆师童老师和她的化妆团队每次课程都最早到达工作岗位。还有使课程拍摄始终顺利而几乎未让人感受其存在的三位摄制人员，贯彻了薛蛟老师不介入、不影响的工作原则。衷心感谢大家的支持和付出。

本学期是中国经济史研究所的诸位同仁：黎志刚、田晓忠、董雁伟、张锦鹏、薛政超，以及经济史研究所的研究生胡燕、项露林、陈娅娜、李俊杰、欧阳志敏、柴玲玲、武婷婷、杨媛媛、陈琳玲、朱琳等最忙碌的一个学期。大家各负其责，分担着课程的教室、公告、报销、录音、整理、联系专家、安排食宿等等各项具体工作。呈现给听众的二十讲精彩讲课和九场专题讲座，背后繁杂一应事务主要由志刚、晓忠和雁伟精心安排，没有出过一次差错。他们都是中国经济史研究所培养的优秀人才，真所谓打虎亲兄弟，上阵父子兵。多位授课专家夸奖了我们的研究生比他们 985 高校学生素质更高，听课之认真，互动之积极，提问水平之高在他们授课经历中不多见。我想，一则是云大学生素质确实值得骄傲，二则是该课程积聚了最优秀的学者、最前沿的研究，令同学们心怀敬畏和虔诚。感谢同学们的积极参与，感谢他们为母校赢得荣誉。

学科建设有忙于种花者，有热衷植树者。花儿应景、夺目、热烈，但生命短暂，随风变换。而李先生以栽种公孙树的精神建设中国经济史学科，历三十余载，茁壮成长，根深叶茂。“中国经济史研究理论与方法”课程是众人在先生开创的园地里协力栽下的一棵公孙树。它不会因讲台的落幕而中止，随着纸质教材的出版和网络慕课的完成，必将嘉惠更多学子，永留于中国经济史学术事业的史册上。